OAB

1ª e 2ª FASES

DIREITO E PROCESSO DO TRABALHO

TEORIA

RENATO SARAIVA
ROGÉRIO RENZETTI

DIREITO E PROCESSO DO **TRABALHO**

TEORIA

OAB

1ª e 2ª FASES

29ª edição revista atualizada ampliada

2025

EDITORA JusPODIVM
www.editorajuspodivm.com.br

EDITORA *Jus*PODIVM
www.editorajuspodivm.com.br

Rua Canuto Saraiva, 131 – Mooca – CEP: 03113-010 – São Paulo – São Paulo
Tel: (11) 3582.5757
• Contato: https://www.editorajuspodivm.com.br/central-de-relacionamento

Diagramação: Equipe *Jus*PODIVM

Capa: Ana Caquetti

S243d Saraiva, Renato
Direito e Processo do Trabalho - Teoria - 1ª e 2ª Fases da OAB - 43º Exame de Ordem / Renato Saraiva e Rogério Renzetti – 29. ed., rev., atual. e ampl. - São Paulo: Editora JusPodivm, 2025.
544 p.

ISBN: 978-85-442-6057-9

1. Direito do Trabalho. I. Saraiva, Renato. II. Renzetti, Rogério. III. Título.

CDD 342.6

BIBLIOTECÁRIA RESPONSÁVEL

Ana Carolina Ribeiro Mois – CRB7 – RJ 007348/0

SUMÁRIO

CAPÍTULO 1

DIREITO INDIVIDUAL DO TRABALHO – INTRODUÇÃO

1.1 FONTES DO DIREITO DO TRABALHO

A expressão "fontes do direito", no sentido mais amplo, genérico, significa o manancial, o início ou o princípio de onde surge o direito.

Portanto, fonte seria a expressão utilizada para designar a origem das normas jurídicas.

Podem-se dividir as fontes em **materiais** e **formais**.

1.1.1 Classificação

A) Fontes materiais – No âmbito laboral, representam o momento pré-jurídico, a pressão exercida pelos operários em face do trabalho, como, por exemplo, a greve exercida pelos trabalhadores em busca de novas e melhores condições de trabalho.

B) Fontes formais – Representam o momento eminentemente jurídico, com a regra já plenamente materializada e exteriorizada. É a norma já construída.

Por sua vez, as fontes formais se dividem em:

• **Fontes Formais Heterônomas** – são aquelas cuja formação é materializada por um agente externo, um terceiro, em geral o Estado, sem a participação imediata dos destinatários principais das mesmas regras jurídicas.

São fontes formais heterônomas: a CLT, a CF/1988, a lei complementar e a lei ordinária, a medida provisória, o decreto, a sentença normativa, a sentença arbitral e de acordo com o art. 927 do CPC, as decisões do Supremo Tribunal Federal em controle concentrado de constitucionalidade, os enunciados de súmula vinculante, os acórdãos em incidente de assunção de competência ou de resolução de demandas repetitivas e em julgamento de recursos extraordinário e especial repetitivos, os enunciados das súmulas do Supremo Tribunal Federal em matéria constitucional e do Superior Tribunal de Justiça em matéria infraconstitucional e a orientação do plenário ou do órgão especial aos quais estiverem vinculados.

Impende destacar que os Tratados e Convenções Internacionais, uma vez ratificados pelo Brasil, passam a fazer parte do ordenamento jurídico pátrio como leis infraconstitucionais, consideradas a partir de sua ratificação como fontes formais heterônomas.

• **Fontes Formais Autônomas** – sua formação caracteriza-se pela imediata participação dos destinatários das regras produzidas, sem a interferência do agente externo, do terceiro.

São fontes formais autônomas a Convenção Coletiva de Trabalho, o Acordo Coletivo de trabalho e o costume (art. 8º, CLT).

Quanto ao regulamento empresarial, embora o tema seja polêmico, as bancas de concursos têm considerado o regulamento empresarial como fonte formal autônoma do direito.

Importante destacar que de acordo com a nova redação do art. 8º, § 2º da CLT, as súmulas e outros enunciados de jurisprudência editados pelo Tribunal Superior do Trabalho e pelos Tribunais Regionais do Trabalho não poderão restringir direitos legalmente previstos nem criar obrigações que não estejam previstas em lei.

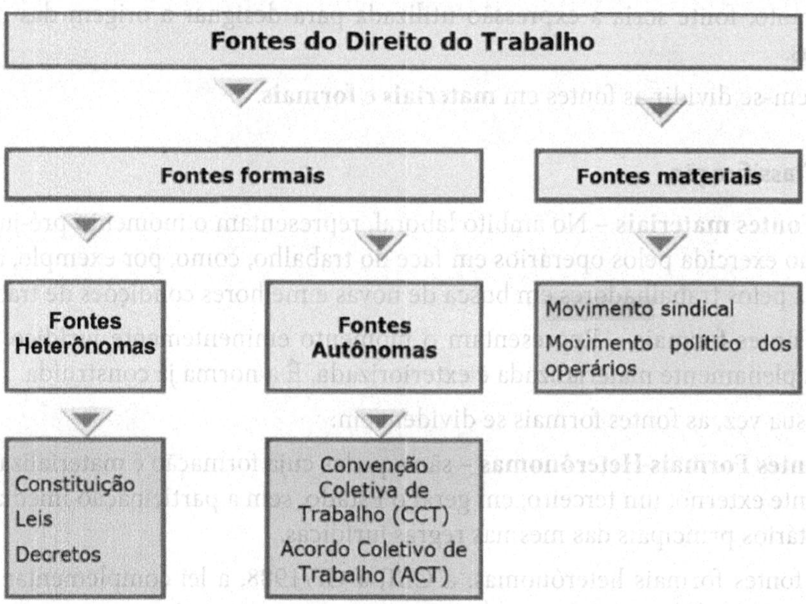

1.1.2 Hierarquia entre as fontes justrabalhistas

Em relação à hierarquia das fontes no direito comum, no vértice da pirâmide temos a Constituição. A partir dela, em grau decrescente, as demais fontes vão se escalonando, obedecendo à seguinte ordem:

a) Constituição;

b) emendas à Constituição;

c) lei complementar e ordinária;

d) decretos;

e) sentenças normativas e sentenças arbitrais em dissídios coletivos;

f) convenção coletiva;

g) acordos coletivos;

h) costumes.

Não obstante, no âmbito do direito do trabalho, o critério informador da pirâmide hierárquica é distinto daquele adotado no Direito Comum, rígido e inflexível.

A pirâmide normativa trabalhista é estabelecida de modo flexível e variável, elegendo para seu vértice dominante a norma jurídica mais favorável ao trabalhador, salvo nos casos em que o negociado sobrepõe ao legislado e que acordo coletivo prevalece sobre a convenção coletiva, arts. 611-A e 620 da CLT.

1.2 PRINCÍPIOS DO DIREITO DO TRABALHO

Podemos destacar os seguintes princípios do Direito do Trabalho:

1.2.1 Princípio da proteção

O princípio da proteção, sem dúvida o de maior amplitude e importância no Direito do Trabalho, consiste em conferir ao polo mais fraco da relação laboral, o empregado, uma superioridade jurídica capaz de lhe garantir mecanismos destinados a tutelar os direitos mínimos estampados na legislação laboral vigente.

O princípio protetivo desmembra-se em outros três, a saber:

- **Princípio do *in dubio pro operario*** – induz o intérprete, ao analisar um preceito presente na regra trabalhista, a optar, dentre duas ou mais interpretações possíveis, pela mais favorável ao empregado.

Cumpre ressaltar que, no campo probatório, não se aplica o princípio do *in dubio pro operario*, pois o direito processual (arts. 818, CLT e 373, CPC) impõe ao autor a prova do fato constitutivo do direito e ao réu, a prova do fato modificativo, extintivo ou impeditivo do direito.

- **Princípio da utilização da norma mais favorável** – aplica-se a norma mais favorável ao trabalhador, independentemente de sua posição na escala hierárquica, mitigado pelo fato que, de acordo com o art. 611-A da CLT, o negociado se sobrepõe o legislado e que, como prevê o art. 620 do mesmo diploma legal, acordo coletivo prevalece sobre a convenção coletiva.

Nesse diapasão, sendo as condições estabelecidas em um novo regulamento de empresa mais vantajosas do que as dispostas no regulamento antigo, surgem para o aplicador do Direito duas teorias que objetivam solucionar a celeuma: a teoria do conglobamento e a teoria da acumulação.

Pela teoria do *conglobamento*, que prevaleceu em nossa doutrina, aplicar-se-ia o instrumento jurídico que, no conjunto de normas, fosse mais favorável ao obreiro, sem fracionar os institutos jurídicos.

Já a *Teoria da Acumulação* prevê a aplicação dos dois instrumentos jurídicos (Convenção Coletiva e Acordo Coletivo), extraindo-se de cada norma as cláusulas mais favoráveis ao trabalhador, aplicando-as, isoladamente, aos contratos de trabalho.

Parte da doutrina elenca uma terceira teoria intermediária, chamada de *Teoria do Conglobamento Mitigado*, defendendo que a norma mais favorável deve ser buscada mediante a comparação das diversas regras sobre cada instituto ou matéria, respeitando-se o critério da especialização.

A Lei 7.064/1982, que dispôs sobre a situação de trabalhadores brasileiros contratados ou transferidos para prestar serviços no exterior, acolheu a Teoria do Conglobamento Mitigado, ao mencionar no art. 3.º, II, que:

> "Art. 3.º (...)
>
> II – a aplicação da legislação brasileira de proteção ao trabalho, naquilo que não for incompatível com o disposto nesta lei, quando mais favorável do que a legislação territorial, no conjunto de normas em relação a cada matéria".

• **Princípio da aplicação da condição mais benéfica** – determina que as condições mais vantajosas estipuladas no contrato de trabalho do obreiro ou mesmo as constantes no regulamento da empresa prevalecerão, independentemente da edição de norma superveniente dispondo sobre a mesma matéria, estabelecendo nível protetivo menor.

A nova regra jurídica criada somente produzirá efeitos para os novos contratos de trabalho a serem firmados.

Contudo, o princípio da condição mais benéfica não tem aplicação no âmbito do Direito Coletivo do Trabalho, uma vez que a conquista de direitos trabalhistas formalizados em norma coletiva vigora pelo prazo máximo de 2 anos.

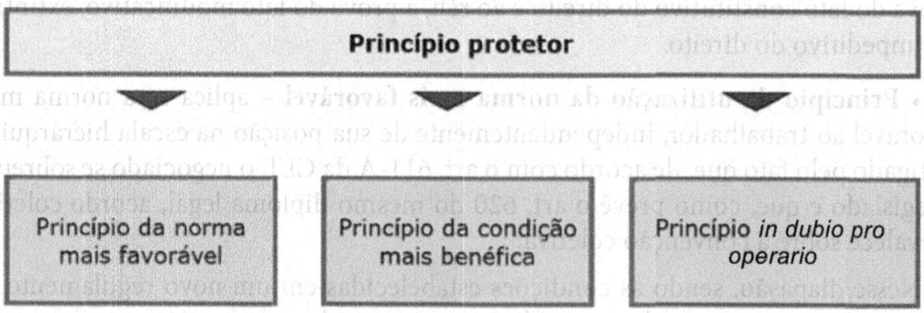

1.2.2 Princípio da irrenunciabilidade de direitos

O princípio da irrenunciabilidade de direitos, também chamado de princípio da indisponibilidade de direitos ou princípio da inderrogabilidade, foi consagrado pelo art. 9.º da CLT, ao mencionar que:

> "Art. 9.º Serão nulos de pleno direito os atos praticados com o objetivo de desvirtuar, impedir ou fraudar a aplicação dos preceitos contidos na presente Consolidação".

Tal princípio torna os direitos dos trabalhadores irrenunciáveis, indisponíveis e inderrogáveis, conferindo importante mecanismo de proteção ao obreiro em face da pressão exercida pelo empregador, o qual, muitas vezes, utilizando-se de mecanismos de coação, induz, obriga o trabalhador a dispor contra a vontade de direitos conquistados a suor e trabalho.

Exceção a esta regra é o aviso-prévio, que pode ser renunciado desde que o empregado tenha comprovadamente obtido um novo emprego.

O tratamento diferenciado em questão se faz necessário, pois, caso contrário, o aviso prévio, que tem o escopo de proteger o empregado acabaria prejudicando, na hipótese de um empregado que, no curso do aviso prévio cumprido, consiga um novo emprego para início imediato.

Nesse caso, se não fosse possível sua dispensa, o empregado deveria pedir demissão do antigo emprego ou perder a nova oportunidade.

Para que não haja prejuízo, deve ele renunciar ao cumprimento do término do aviso prévio, rescindir o contrato naquele momento e receber os dias trabalhados até aquela data e suas verbas rescisórias.

Este entendimento já se encontra pacificado pelo E. Tribunal Superior do Trabalho por meio da edição da Súmula 276 desse órgão.

> "SÚMULA 276, TST. O direito ao aviso prévio é irrenunciável pelo empregado. O pedido de dispensa de cumprimento não exime o empregador de pagar o respectivo valor, salvo comprovação de haver o prestador dos serviços obtido novo emprego".

É importante destacar que a renúncia acima citada só será possível quando o aviso prévio for concedido pelo empregador, tendo o empregado que cumprir o aviso ou indenizá-lo quando pedir demissão.

1.2.3 Princípio da continuidade da relação de emprego

A regra presumida é que os contratos sejam pactuados por prazo indeterminado, passando o obreiro a integrar a estrutura da empresa de forma permanente, somente por exceção admitindo-se o contrato por prazo determinado ou a termo.

Diante disso, não pode o empregador, dentro de sua mera liberalidade, realizar contratações por prazo determinado, sob pena de tal predeterminação de prazo não possuir validade jurídica.

Ainda sob esta ótica, tendo em vista a presunção de que todo contrato de trabalho é por prazo indeterminado, havendo a ruptura do pacto laboral, será ônus do empregador a prova do despedimento, como prevê a Súmula 212 do TST.

> "SÚMULA 212, TST. O ônus de provar o término do contrato de trabalho, quando negados a prestação de serviço e o despedimento, é do

> empregador, pois o princípio da continuidade da relação de emprego constitui presunção favorável ao empregado".

Ademais, há hipóteses em que não há prestação de serviços (interrupção e suspensão do contrato), mas o vínculo empregatício continua intacto.

A Reforma trabalhista acrescentou o §3º ao art. 443 da CLT para prever nova hipótese de contrato de trabalho: a prestação de trabalho intermitente. De acordo com o novo dispositivo, o trabalho intermitente compreende o contrato de trabalho, cuja prestação dos serviços com subordinação não é contínua, havendo alternância de períodos de prestação de serviços e de inatividade.

Essa nova modalidade contratual é uma hipótese de flexibilização do princípio da continuidade da relação de emprego, pois apesar de ser um contrato por prazo indeterminado, é ele marcado por períodos de inatividade do emprego, sem que haja remuneração e contagem do tempo de serviço.

1.2.4 Princípio da primazia da realidade

Estabelece o princípio da primazia da realidade que a verdade real prevalecerá sobre a verdade formal, predominando, portanto, a realidade sobre a forma.

Esse princípio é muito aplicado no âmbito laboral, principalmente para impedir procedimentos fraudatórios praticados pelo empregador no sentido de tentar mascarar o vínculo de emprego existente, ou mesmo conferir direitos menores do que os realmente devidos.

Exemplo: pagamento "por fora", recibo assinado em branco etc.

Diante do advento da Reforma Trabalhista, será essencial a utilização deste princípio para a manutenção do sistema protetivo trabalhista.

1.2.5 Princípio da inalterabilidade contratual lesiva

Tem origem no direito civil, especificamente na cláusula *pacta sunt servanda*, segundo a qual os contratos devem ser cumpridos.

O art. 468 da CLT somente permite a alteração das cláusulas e condições fixadas no contrato de trabalho em caso de mútuo consentimento (concordância do empregado) e desde que não cause, direta ou indiretamente, prejuízo ao mesmo, sob pena de nulidade da cláusula infringente desta garantia.

A alteração proibida nas relações de emprego é a prejudicial, lesiva aos interesses do empregado, visto que as modificações que venham a trazer maiores benefícios ao empregado serão sempre válidas e estimuladas.

1.2.6 Princípio da intangibilidade salarial

O salário tem caráter alimentar, visando prover os alimentos do trabalhador e de sua família.

- O princípio da intangibilidade salarial inspirou a criação de diversos dispositivos normativos objetivando defender, especificamente, o salário do obreiro em face:

a) das condutas abusivas do próprio empregador, por meio de regras jurídicas que previnam a retenção, atraso, sonegação ou descontos indevidos de salário (exemplos: arts. 459, 462, 463, 464 e 465, todos da CLT);

b) dos credores do empregado, estipulando, por exemplo, o art. 833, IV, do CPC, a impenhorabilidade dos salários;

c) dos credores do empregador, estabelecendo o art. 83, inc. I, da Lei 11.101/2005 em caso de falência da empresa, a preferência dos créditos derivados da legislação trabalhista, limitados a 150 (cento e cinquenta) salários-mínimos por credor.

Derivado do princípio da intangibilidade salarial, surge o **princípio da irredutibilidade salarial,** descrito na Constituição Federal de 1988, no art. 7.º, VI, determinando, como regra, a impossibilidade de redução de salários.

No entanto, a própria Carta Maior acabou por flexibilizar o princípio da irredutibilidade salarial, pois possibilitou, por meio de convenção ou acordo coletivo de trabalho, a redução temporária de salários, passando o princípio da irredutibilidade salarial a ser relativo e não mais absoluto.

Não obstante, frise-se que a regra geral continua sendo a da irredutibilidade salarial, somente sendo permitida, por exceção, a redução temporária de salários mediante a assinatura de acordo ou convenção coletiva de trabalho, não podendo haver redução salarial por imposição unilateral do empregador, ou mesmo mediante acordo individual escrito entre empregado e empregador.

1.3 RELAÇÃO DE TRABALHO E RELAÇÃO DE EMPREGO – DIFERENCIAÇÃO

Relação de trabalho corresponde a qualquer vínculo jurídico por meio do qual uma pessoa natural executa obra ou serviços para outrem, mediante o pagamento de uma contraprestação.

Podemos afirmar que a relação de trabalho é gênero da qual a relação de emprego é uma espécie.

Em outras palavras, podemos afirmar que toda relação de emprego corresponde a uma relação de trabalho, mas nem toda relação de trabalho corresponde a uma relação de emprego.

Após a modificação do art. 114 da CF/1988, imposta pela EC 45/2004, a Justiça do Trabalho passou a ter competência para processar e julgar qualquer demanda envolvendo relação de trabalho onde o prestador de serviços seja a pessoa física ou natural. Logo, além das demandas oriundas da relação de emprego, passou a Justiça Laboral a ter competência para dirimir conflitos envolvendo trabalho autônomo, eventual, estágio, voluntário etc.

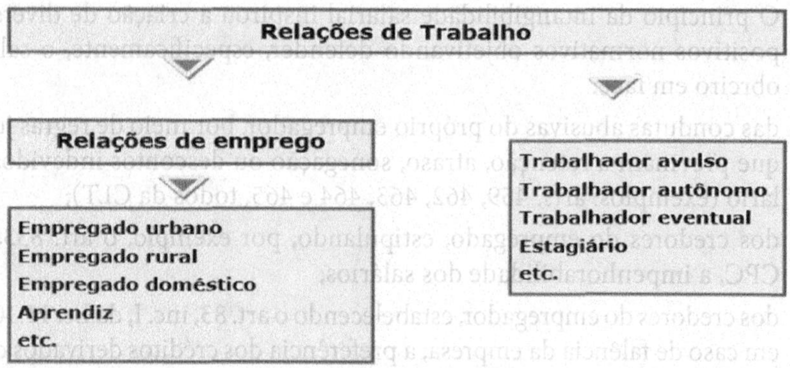

Diversas são as formas de estabelecimento de relação de trabalho, cumprindo destacar as espécies a seguir:

1.3.1 Relação de trabalho autônomo

Nesta espécie de relação de trabalho não existe dependência ou subordinação jurídica entre o prestador de serviços e o respectivo tomador, como dispõe o art. 442-B da CLT.

> "Art. 442-B. A contratação do autônomo, cumpridas por este todas as formalidades legais, com ou sem exclusividade, de forma contínua ou não, afasta a qualidade de empregado prevista no art. 3º desta Consolidação."

No trabalho autônomo, o prestador de serviços desenvolve o serviço ou obra contratada a uma ou mais pessoas, de forma autônoma, e com habitualidade, atuando por conta e risco próprio, assumindo o risco da atividade desenvolvida.

1.3.2 Relação de trabalho avulso

Esta relação de trabalho possui duas espécies: a do trabalhador avulso portuário e a do trabalhador avulso em atividades de movimentação de mercadorias em geral, disciplinada pela Lei 12.815/2013.

A relação de trabalho avulso exercido em porto possui três atores sociais envolvidos: o Órgão Gestor de Mão de Obra (OGMO), o operador portuário (representante do armador no porto) e o trabalhador portuário avulso (estivadores, conferentes, vigias portuários, arrumadores, trabalhadores de bloco etc.).

Nessa relação não existe vínculo permanente entre o trabalhador portuário avulso e o tomador de serviço, mas apenas uma relação de trabalho autônoma na qual o OGMO atua na escalação dos avulsos devidamente registrados e treinados na carga e descarga dos navios que chegam aos portos nacionais e que são representados pelos operadores portuários credenciados.

O trabalhador avulso, embora mantenha uma relação de trabalho no porto organizado, não mantém vínculo de emprego com o OGMO ou mesmo com o armador ou o operador portuário. Não obstante, o art. 7.º, XXXIV, da CF/1988 assegurou igualdade de direitos entre o trabalhador com vínculo empregatício permanente e o trabalhador avulso, e os arts. 643, § 3.º, e 652, V, ambos da CLT, fixaram a competência material da Justiça do Trabalho para processar e julgar as ações entre trabalhadores portuários e os operadores portuários ou o OGMO.

A segunda espécie de relação de trabalho avulso se caracteriza nas atividades de movimentação de mercadorias em geral, desenvolvidas em áreas urbanas ou rurais sem vínculo empregatício, mediante intermediação obrigatória do sindicato da categoria, por meio de acordo ou convenção coletiva de trabalho, conforme regulamentação dada pela Lei 12.023/2009, a qual sugerimos a leitura integral. É muito importante salientar que essa nova lei não se aplica aos avulsos portuários.

Por fim, existe ainda a figura dos chamados "**chapas**". Esses trabalhadores, ficam à beira de estradas, para carregar e descarregar caminhões, trabalham sem intermediação de mão de obra e não possuem nenhuma proteção legal. São, portanto, **autônomos**.

1.3.3 Relação de trabalho eventual

Trabalho eventual é aquele realizado em caráter esporádico, temporário, de curta duração, em regra não relacionado com a atividade fim da empresa.

O trabalhador eventual não exerce o seu labor permanentemente, mas em caráter eventual, fazendo "bico", atuando hoje como pintor, amanhã como ajudante de pedreiro, depois como eletricista, enfim, não exerce a atividade com habitualidade, mas apenas esporadicamente.

1.3.4 Relação de trabalho institucional

É a relação de trabalho de natureza estatutária existente entre servidores públicos e as pessoas jurídicas de direito público interno.

Os servidores estatutários não mantêm vínculo de emprego com a administração pública, e sim vínculo institucional, estatutário.

1.3.5 Relação de trabalho – Estágio

Em relação ao estágio, a Lei 11.788/2008, que revogou a Lei 6.494/1977, passou a estabelecer as seguintes regras:

- Estágio é o ato educativo escolar SUPERVISIONADO, desenvolvido no ambiente de trabalho, que visa à preparação para o trabalho produtivo de educandos que estejam frequentando o ensino regular em instituições de educação superior, de educação profissional de ensino médio, da educação especial e nos ANOS FINAIS DO ENSINO FUNDAMENTAL, na modalidade profissional da educação de jovens e adultos (art. 1.º);

- No estágio, temos os seguintes atores sociais envolvidos: o estagiário (educando), a instituição de ensino, a parte concedente do estágio e os agentes de integração públicos e privados (auxiliares no processo de aperfeiçoamento do instituto do estágio (art. 5.º);
- A parte concedente do estágio poderá ser uma pessoa jurídica de direito privado, a Administração pública ou Profissionais liberais de nível superior;
- O estágio não cria vínculo de emprego com a parte que o concede, desde que atendidos os seguintes requisitos: matrícula e frequência regular ao curso de educação, celebração de termo de compromisso entre o educando, a instituição de ensino e a parte concedente do estágio, compatibilidade entre as atividades desenvolvidas no estágio e aquelas previstas no termo de compromisso (art. 3.º, *caput* e incisos I a III);
- A manutenção de estagiários em desconformidade com a Lei 11.788/2008 caracteriza vínculo de emprego do educando com a parte concedente do estágio (art. 15). A instituição privada ou pública que reincidir na irregularidade ficará impedida de receber estagiários por 2 (dois) anos, contados da data da decisão definitiva do processo administrativo correspondente (art. 15, § 1.º);
- Segundo o art. 10, a jornada será definida em comum acordo entre o educando, a instituição de ensino e a parte concedente do estágio, não podendo ultrapassar: a) 4 (quatro) horas diárias e 20 (vinte) horas semanais, no caso de estudantes de educação especial e dos anos finais do ensino fundamental; b) 6 (seis) horas diárias e 30 (trinta) horas semanais, no caso de estudantes de ensino superior e ensino médio regular;
- O estágio relativo a cursos que alternam teoria e prática, nos períodos em que não estão programadas aulas presenciais, poderá ter jornada de até 40 (quarenta) horas semanais, desde que previsto no projeto pedagógico do curso e da instituição de ensino (art. 10, § 1.º);
- A duração do estágio na mesma parte concedente, não poderá exceder 2 (dois) anos, salvo no caso de portador de deficiência (art. 11);
- O estagiário poderá receber bolsa ou outra forma de contraprestação que venha a ser acordada, sendo compulsória a sua concessão, bem como o auxílio transporte, na hipótese de estágio não obrigatório, não caracterizando tal concessão como vínculo de emprego (art. 12, § 1.º). Poderá o educando inscrever-se e contribuir como segurado facultativo do Regime Geral de Previdência Social (art. 12, § 2.º);
- É assegurado ao estagiário, sempre que o estágio tenha duração igual ou superior a 1 (um) ano, período de recesso de 30 (trinta) dias, a ser gozado,

preferencialmente, durante suas férias. Quando o estagiário receber bolsa, o recesso deverá ser remunerado. Caso a duração do estágio seja inferior a 1 (um) ano, os dias de recesso serão concedidos de maneira proporcional (art. 13);

- Aplica-se ao estagiário a legislação relacionada à saúde e segurança no trabalho, sendo sua implementação de responsabilidade da parte concedente do estágio (art. 14);
- O número máximo de estagiários em relação ao quadro de pessoal das entidades concedentes de estágio deverá atender às seguintes proporções (art. 17): a) de 1 (um) a 5 (cinco) empregados: 1 (um) estagiário; b) de 6 (seis) a 10 (dez) empregados: até 2 (dois) estagiários; c) de 11 (onze) a 25 (vinte e cinco) empregados: até 5 (cinco) estagiários; d) acima de 25 (vinte e cinco) empregados: até 20% (vinte por cento) de estagiários (a proporção acima não se aplica aos estágios de nível superior e de nível médio profissional, art. 17, § 4.º);
- O art. 17, § 5.º, da Lei 11.788/2008 assegurou às pessoas portadoras de deficiência o percentual de 10% (dez por cento) das vagas oferecidas pela parte concedente do estágio;
- O art. 75-B, § 6º, da CLT permitiu expressamente a adoção do regime de teletrabalho ou trabalho remoto para os estagiários.

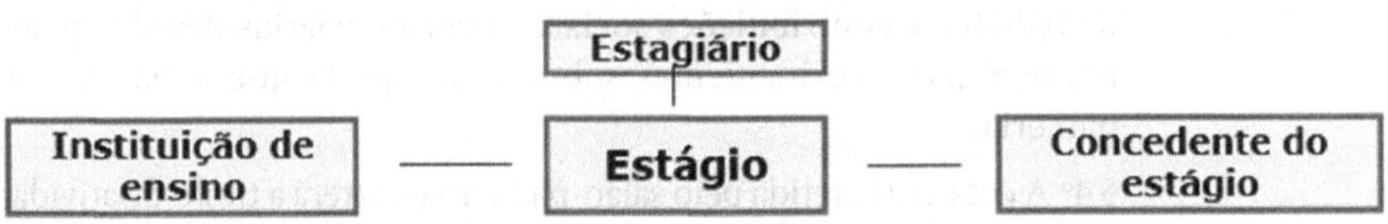

1.3.6 Relação de trabalho – Trabalho voluntário

Regulado pela Lei 9.608/1998, o serviço voluntário é prestado, em regra, a título gratuito, sem o recebimento de qualquer remuneração, não sendo possível reconhecer-se o vínculo empregatício do trabalhador voluntário com o tomador de serviços (art. 1.º, parágrafo único, da Lei 9.608/1998).

1.3.7 Salão parceiro – Profissional parceiro

A Lei 13.352/2016 exclui a possibilidade de vínculo de emprego nas profissões de cabeleireiro, barbeiro, esteticista, manicure, pedicure, depilador e maquiador, desde que formalizado um contrato de parceria, nos moldes do que exigiu a nova norma legal; veja o dispositivo abaixo:

LEI Nº 13.352, DE 27 DE OUTUBRO DE 2016

Altera a Lei nº 12.592, de 18 de janeiro 2012, para dispor sobre o contrato de parceria entre os profissionais que exercem as atividades de Cabeleireiro, Barbeiro, Esteticista, Manicure, Pedicure, Depilador e Maquiador e pessoas jurídicas registradas como salão de beleza.

O PRESIDENTE DA REPÚBLICA Faço saber que o Congresso Nacional decreta e eu sanciono a seguinte Lei:

Art. 1º A Lei nº 12.592, de 18 de janeiro de 2012, passa a vigorar acrescida dos seguintes arts. 1º-A, 1º-B, 1º-C e 1º-D:

"Art. 1º-A Os salões de beleza poderão celebrar contratos de parceria, por escrito, nos termos definidos nesta Lei, com os profissionais que desempenham as atividades de Cabeleireiro, Barbeiro, Esteticista, Manicure, Pedicure, Depilador e Maquiador.

§ 1º Os estabelecimentos e os profissionais de que trata o caput, ao atuarem nos termos desta Lei, serão denominados salão-parceiro e profissional-parceiro, respectivamente, para todos os efeitos jurídicos.

§ 2º O salão-parceiro será responsável pela centralização dos pagamentos e recebimentos decorrentes das atividades de prestação de serviços de beleza realizadas pelo profissional-parceiro na forma da parceria prevista no caput.

§ 3º O salão-parceiro realizará a retenção de sua cota-parte percentual, fixada no contrato de parceria, bem como dos valores de recolhimento de tributos e contribuições sociais e previdenciárias devidos pelo profissional-parceiro incidentes sobre a cota-parte que a este couber na parceria.

§ 4º A cota-parte retida pelo salão-parceiro ocorrerá a título de atividade de aluguel de bens móveis e de utensílios para o desempenho das atividades de serviços de beleza e/ou a título de serviços de gestão, de apoio administrativo, de escritório, de cobrança e de recebimentos de valores transitórios recebidos de clientes das atividades de serviços de beleza, e a cota-parte destinada ao profissional-parceiro ocorrerá a título de atividades de prestação de serviços de beleza.

§ 5º A cota-parte destinada ao profissional-parceiro não será considerada para o cômputo da receita bruta do salão-parceiro ainda que adotado sistema de emissão de nota fiscal unificada ao consumidor.

§ 6º O profissional-parceiro não poderá assumir as responsabilidades e obrigações decorrentes da administração da pessoa jurídica do salão-parceiro, de ordem contábil, fiscal, trabalhista e previdenciária incidentes, ou quaisquer outras relativas ao funcionamento do negócio.

§ 7º Os profissionais-parceiros poderão ser qualificados, perante as autoridades fazendárias, como pequenos empresários, microempresários ou microempreendedores individuais.

§ 8º O contrato de parceria de que trata esta Lei será firmado entre as partes, mediante ato escrito, homologado pelo sindicato da categoria profissional e laboral e, na ausência desses, pelo órgão local competente do Ministério do Trabalho e Emprego, perante duas testemunhas.

§ 9º O profissional-parceiro, mesmo que inscrito como pessoa jurídica, será assistido pelo seu sindicato de categoria profissional e, na ausência deste, pelo órgão local competente do Ministério do Trabalho e Emprego.

§ 10. São cláusulas obrigatórias do contrato de parceria, de que trata esta Lei, as que estabeleçam:

I – percentual das retenções pelo salão-parceiro dos valores recebidos por cada serviço prestado pelo profissional-parceiro;

II – obrigação, por parte do salão-parceiro, de retenção e de recolhimento dos tributos e contribuições sociais e previdenciárias devidos pelo profissional-parceiro em decorrência da atividade deste na parceria;

III – condições e periodicidade do pagamento do profissional-parceiro, por tipo de serviço oferecido;

IV – direitos do profissional-parceiro quanto ao uso de bens materiais necessários ao desempenho das atividades profissionais, bem como sobre o acesso e circulação nas dependências do estabelecimento;

V – possibilidade de rescisão unilateral do contrato, no caso de não subsistir interesse na sua continuidade, mediante aviso-prévio de, no mínimo, trinta dias;

VI – responsabilidades de ambas as partes com a manutenção e higiene de materiais e equipamentos, das condições de funcionamento do negócio e do bom atendimento dos clientes;

VII – obrigação, por parte do profissional-parceiro, de manutenção da regularidade de sua inscrição perante as autoridades fazendárias.

§ 11. O profissional-parceiro não terá relação de emprego ou de sociedade com o salão-parceiro enquanto perdurar a relação de parceria tratada nesta Lei."

"Art. 1º-B Cabem ao salão-parceiro a preservação e a manutenção das adequadas condições de trabalho do profissional-parceiro, especialmente quanto aos seus equipamentos e instalações, possibilitando as condições adequadas ao cumprimento das normas de segurança e saúde estabelecidas no art. 4º desta Lei."

"Art. 1º-C Configurar-se-á vínculo empregatício entre a pessoa jurídica do salão-parceiro e o profissional-parceiro quando:

I – não existir contrato de parceria formalizado na forma descrita nesta Lei; e

II – o profissional-parceiro desempenhar funções diferentes das descritas no contrato de parceria."

"Art. 1º-D O processo de fiscalização, de autuação e de imposição de multas reger-se-á pelo disposto no Título VII da Consolidação das Leis do Trabalho – CLT, aprovada pelo Decreto-Lei nº 5.452, de 1º de maio de 1943.

Art. 2º Esta Lei entra em vigor após decorridos noventa dias de sua publicação oficial."

Brasília, 27 de outubro de 2016;
195º da Independência e 128º da República.

MICHEL TEMER

Marcos Pereira

Geddel Vieira Lima

1.4 REQUISITOS CARACTERIZADORES DA RELAÇÃO DE EMPREGO

Podemos elencar os seguintes requisitos caracterizadores da relação de emprego:

a) trabalho por pessoa física;

b) pessoalidade;

c) não eventualidade;

d) onerosidade;

e) subordinação.

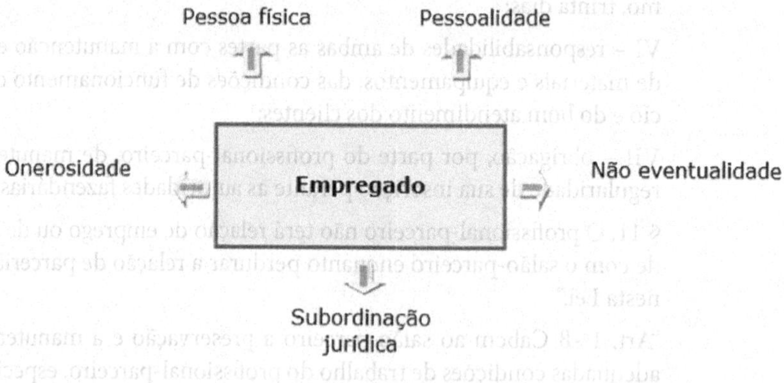

1.4.1 Trabalho por pessoa física

Para caracterização da relação de emprego, o serviço deverá ser prestado sempre por pessoa física ou natural, não podendo o obreiro ser pessoa jurídica.

1.4.2 Pessoalidade

O serviço tem que ser executado pessoalmente pelo empregado, que não poderá ser substituído por outro.

O contrato de emprego é *intuitu personae* em relação ao empregado.

A relação de emprego para o obreiro reveste-se de caráter de infungibilidade, devendo o laborante executar os serviços pessoalmente.

Diante disso, não pode se fazer substituir por um terceiro. Exemplo: o empregado que não quer trabalhar na próxima sexta-feira, não pode mandar o seu pai trabalhar no seu lugar. A pessoalidade é requisito essencial para a configuração da relação de emprego.

- **empregado**, a infungibilidade (pessoalidade, prestação de serviços *intuitu personae*).
- **empregador**, a fungibilidade (de que é exemplo a sucessão de empregadores).

1.4.3 Não eventualidade

A conceituação de trabalho não eventual não é tarefa das mais fáceis para os operadores de direito.

Várias teorias surgiram para determinar o real sentido de trabalho não eventual, prevalecendo a Teoria dos Fins do Empreendimento, considerando o trabalho não eventual aquele prestado em caráter contínuo, duradouro, permanente, em que o empregado, em regra, se integra aos fins sociais desenvolvidos pela empresa.

A prestação do serviço com habitualidade, contínua e permanentemente, em que o obreiro passa a fazer parte integrante da cadeia produtiva da empresa, mesmo que desempenhando uma atividade meio, caracteriza o trabalho não eventual.

A não eventualidade na prestação de serviços não se confunde com o trabalho realizado diariamente. Exemplo: professor que leciona, há cinco anos, todas as terças-feiras na universidade "x" será empregado pois há habitualidade na prestação de serviços.

A Reforma Trabalhista acrescentou o §3º ao art. 443 da CLT para prever nova modalidade de contrato de trabalho: a prestação de trabalho intermitente. De acordo com o novo dispositivo legal, o trabalho intermitente compreende o contrato de trabalho, cuja prestação de serviços ocorre com subordinação, mas não é contínua, havendo alternância de períodos de prestação de serviços e de inatividade.

1.4.4 Onerosidade

A principal obrigação do empregado é a prestação dos serviços contratados. Em contrapartida, seu principal direito é o do recebimento da contraprestação pelos serviços prestados (remuneração).

A relação de emprego impõe a onerosidade, o recebimento da remuneração pelos serviços executados.

A prestação de serviços a título gratuito descaracteriza a relação de emprego, apenas configurando mera relação de trabalho como ocorre no caso do trabalho voluntário (Lei 9.608/1998).

1.4.5 Subordinação

O empregado é subordinado ao empregador.

Em função do contrato de emprego celebrado, passa o empregado a ser subordinado juridicamente ao empregador, devendo aquele acatar as ordens e determinações emanadas deste.

Em função da subordinação jurídica, nasce para o empregador a possibilidade de aplicar penalidades ao empregado (advertência, suspensão disciplinar e dispensa por justa causa).

A **subordinação** como elemento fático-jurídico da relação de emprego

▼

~~técnica~~ **jurídica** ~~econômica~~

1.5 QUESTÕES

1. (VIII Exame de Ordem Unificado – FGV) Segundo expressa previsão em nossa ordem jurídica, assinale a afirmativa que indica o trabalhador que possui igualdade de direitos com os que têm vínculo empregatício permanente.

(A) Trabalhador doméstico.

(B) Trabalhador voluntário.

(C) Trabalhador avulso.

(D) Trabalhador eventual.

2. (OAB/BA 2010.1 – CESPE) Os requisitos necessários à caracterização do vínculo de emprego abrangem

(A) onerosidade, exclusividade, subordinação jurídica e alteridade.

(B) eventualidade, pessoalidade, onerosidade e subordinação jurídica.

(C) subordinação, não eventualidade, onerosidade e pessoalidade.

(D) dependência econômica, continuidade, subordinação e alteridade.

3. (X Exame de Ordem Unificado – FGV) Adriana submete-se a um ato educativo supervisionado, desenvolvido no ambiente de trabalho, que visa à preparação para o trabalho produtivo daqueles que estejam frequentando o ensino regular em instituições de educação superior, educação profissional, ensino médio, da educação especial e dos anos finais do ensino fundamental. Logo, pode-se dizer que Adriana é uma

(A) estagiária.
(B) aprendiz.
(C) cooperativada.
(D) empregada.

4. (X Exame de Ordem Unificado – FGV) Os direitos constitucionais relacionados a seguir já foram regulamentados por Lei, à exceção de um. Assinale-o.

(A) Aviso-prévio proporcional ao tempo de serviço.
(B) Participação nos lucros ou resultados.
(C) Adicional por atividade penosa.
(D) Licença-paternidade.

5. (XI Exame de Ordem Unificado – FVG) A empresa Gomes Sardinha Móveis Ltda. é procurada por um jovem portador de deficiência, que tem 30 anos, e deseja ser contratado como aprendiz de marceneiro. A empresa tem dúvida sobre a possibilidade legal dessa contratação. A partir do caso relatado, assinale a afirmativa correta.

(A) Não se aplica a idade máxima ao aprendiz portador de deficiência, de modo que a contratação é possível.
(B) A idade máxima do aprendiz é de 24 anos, não havendo exceção, pelo que não é possível a contratação.
(C) Havendo autorização da Superintendência Regional do Trabalho, o jovem poderá ser contratado como aprendiz, haja vista sua situação especial.
(D) Não existe idade máxima para a contratação de aprendizes, daí por que, em qualquer hipótese, a admissão é possível.

6. (OAB/FGV – XXVI EXAME DE ORDEM) Paulo é policial militar da ativa da Brigada Militar do Rio Grande do Sul. Como policial militar, trabalha em regime de escala 24h x 72h. Nos dias em que não tem plantão no quartel, atua como segurança em uma joalheria de um shopping center, onde tem que trabalhar três dias por semana, não pode se fazer substituir por ninguém, recebe remuneração fixa mensal e tem que cumprir uma rotina de 8 horas a cada dia laborado. Os comandos do trabalho lhe são repassados pelo gerente-geral da loja, sendo que ainda ajuda nas arrumações de estoque, na conferência de mercadorias e em algumas outras funções internas. Paulo não teve a CTPS anotada pela joalheria. Diante dessa situação, à luz das normas da CLT e da jurisprudência consolidada do TST, assinale a afirmativa correta.

(A) Estão preenchidos os requisitos da relação de emprego, razão pela qual Paulo tem vínculo empregatício com a joalheria, independentemente do fato de ser policial militar da ativa, e de sofrer eventual punição disciplinar administrativa prevista no estatuto do Policial Militar.
(B) Estão preenchidos os requisitos da relação de emprego, mas Paulo não poderá ter vínculo empregatício com a joalheria, em razão da punição disciplinar administrativa prevista no estatuto do Policial Militar.

(C) Não estão presentes os requisitos da relação de emprego, uma vez que Paulo poderá ser requisitado pela Brigada Militar e não poderá trabalhar nesse dia para a joalheria.

(D) Estão preenchidos os requisitos da relação de emprego, sendo indiferente à relação de emprego uma eventual punição disciplinar administrativa prevista no estatuto do Policial Militar, mas Paulo não pode ter vínculo empregatício com a joalheria tendo em vista que a função pública exige dedicação exclusiva.

7. (OAB/FGV – XXXIIII EXAME DE ORDEM) Carlos foi contratado como estagiário, em 2018, por uma indústria automobilística, pelo prazo de dois anos. Todas as exigências legais foram atendidas, e o estágio era remunerado. Após um ano de vigência do contrato, ele procura você, como advogado (a), para saber se terá direito a férias nos 12 meses seguintes. Sobre a situação narrada, de acordo com a Lei de regência, assinale a afirmativa correta.

(A) Não haverá direito a qualquer paralisação, porque somente o empregado tem direito a férias.

(B) O estagiário tem direito a férias normais acrescidas do terço constitucional.

(C) Uma vez que a Lei é omissa a respeito, caberá ao empregador conceder, ou não, algum período de descanso a Carlos.

(D) Carlos terá direito a um recesso remunerado de 30 dias, mas sem direito ao acréscimo de 1/3(um terço).

8. (OAB/FGV – XXXVIII EXAME DE ORDEM) Francisco é caseiro desde 2019 em uma chácara localizada em área urbana, cujo proprietário aluga o imóvel por temporada por meio de um site especializado neste tipo de negociação. Francisco tem a incumbência de manter limpa a casa, receber os locatários e atender às eventuais necessidades deles no tocante ao conforto e à segurança. Além disso, de 2ª feira a sábado, Francisco faz a manutenção geral do local, independentemente de estar locado, para que a aparência esteja sempre impecável e, assim, os hóspedes recomendem a estadia na chácara a outros candidatos.

Diante desta situação e das normas de regência, assinale a opção que indica a categoria profissional de Francisco.

(A) Trabalhador intermitente.

(B) Empregado doméstico.

(C) Empregado rural.

(D) Empregado comum.

GABARITO: As respostas destes testes encontram-se no final do livro.

CAPÍTULO

2 CONTRATO INDIVIDUAL DE TRABALHO

2.1 CONCEITO DE CONTRATO INDIVIDUAL DE TRABALHO

A Consolidação das Leis do Trabalho – CLT – conceitua o Contrato Individual de Trabalho no art. 442, ao dispor: "Contrato individual de trabalho é o acordo tácito ou expresso, correspondente à relação de emprego".

Contrato individual de trabalho é o acordo de vontades, tácito ou expresso, pelo qual uma pessoa física, denominada empregado, se compromete, mediante o pagamento de uma contraprestação salarial, a prestar trabalho não eventual e subordinado em proveito de outra pessoa, física ou jurídica, denominada empregador.

Qualquer que seja o ramo de atividade da sociedade cooperativa, não existe vínculo empregatício entre ela e seus associados, nem entre estes e os tomadores de serviços daquela.

Não existe vínculo empregatício entre entidades religiosas de qualquer denominação ou natureza ou instituições de ensino vocacional e ministros de confissão religiosa, membros de instituto de vida consagrada, de congregação ou de ordem religiosa, ou quaisquer outros que a eles se equiparem, ainda que se dediquem parcial ou integralmente a atividades ligadas à administração da entidade ou instituição a que estejam vinculados ou estejam em formação ou treinamento, conforme parágrafo 2º do art. 442 da CLT, acrescentado pela Lei 14.647/2023.

Atenção! Esta regra não será aplicada em caso de desvirtuamento da finalidade religiosa e voluntária. Nesse caso, poderemos sim ter a formação do vínculo empregatício.

Frise-se que o contrato de trabalho deve possuir *objeto lícito*, pois do contrário será nulo, conforme OJ 199 da SBDI-1 do TST:

> "OJ 199 SBDI-1. JOGO DO BICHO. CONTRATO DE TRABALHO. NULIDADE. OBJETO ILÍCITO (TÍTULO ALTERADO E INSERIDO DISPOSITIVO) – *DEJT* divulgado em 16, 17 e 18.11.2010.
>
> É nulo o contrato de trabalho celebrado para o desempenho de atividade inerente à prática do jogo do bicho, ante a ilicitude de seu objeto, o que subtrai o requisito de validade para a formação do ato jurídico".

Vale destacar, ainda, que a Lei 11.644, de 10 de março de 2008, acrescentou o art. 442-A à Consolidação das Leis do Trabalho – CLT –, impedindo a exigência de comprovação de experiência prévia por tempo superior a 6 (seis) meses, para fins de contratação de empregado.

Vejamos o inteiro teor do novo art. 442-A da CLT:

> "Art. 442-A. Para fins de contratação, o empregador não exigirá do candidato a emprego comprovação de experiência prévia por tempo superior a 6 (seis) meses no mesmo tipo de atividade".

2.2 SUJEITOS DO CONTRATO DE TRABALHO

São sujeitos do contrato de emprego: o empregado e o empregador.

Analisemos os sujeitos do contrato de emprego isoladamente:

2.2.1 Empregado

2.2.1.1 Conceito

O art. 3.º da CLT conceitua empregado como "toda pessoa física que prestar serviços de natureza não eventual a empregador, sob a dependência deste e mediante salário".

Por meio do conceito de empregado descrito no diploma consolidado (art. 3.º) podemos identificar a presença de cinco requisitos caracterizadores da relação de emprego. São eles: a) **trabalho prestado por pessoa física**; b) **pessoalidade**; c) **não eventualidade**; d) **subordinação jurídica** (dependência); e e) **onerosidade** (pagamento de salário).

O empregado descrito no art. 2º da CLT é espécie de empregado urbano, visto que o empregado rural é regido por legislação própria (Lei 5.889/1973).

Vale frisar que o parágrafo único do art. 3.º da CLT e o art. 7.º, inciso XXXII, da CF/1988 estabelecem que não haverá distinções relativas à espécie de emprego e à condição de trabalhador, nem distinções entre o trabalho manual, técnico e intelectual ou entre os profissionais respectivos.

2.2.1.2 Trabalho em domicílio e o Teletrabalho

A Lei 12.551/2011 alterou a redação do art. 6.º da CLT, passando a disciplinar o trabalho em domicilio e a distância. Senão vejamos:

> "Art. 6.º Não se distingue entre o trabalho realizado no estabelecimento do empregador, o executado no domicílio do empregado e o realizado a distância, desde que estejam caracterizados os pressupostos da relação de emprego".

Por sua vez, o parágrafo único do art. 6.º da CLT passou a estabelecer que os meios telemáticos e informatizados de comando, controle e supervisão se equiparam, para fins de subordinação jurídica, aos meios pessoais e direitos de comando, controle e supervisão do trabalho alheio.

O exemplo típico do trabalho em domicílio é o da costureira que realiza seu trabalho em casa, na sua residência, não havendo controle, pelo empregador, da jornada do obreiro (que labora na hora que bem entender, em geral conciliando as atividades domésticas com as profissionais), mas tão somente fiscalização sobre a produção efetuada.

De acordo com o art. 75-B, da CLT, considera-se teletrabalho ou trabalho remoto a prestação de serviços fora das dependências do empregador, de maneira preponderante ou não, com a utilização de tecnologias de informação e de comunicação, que, por sua natureza, não se configure como trabalho externo.

É importante destacar que o comparecimento, ainda que de modo habitual, às dependências do empregador para a realização de atividades específicas, que exijam a presença do empregado no estabelecimento, não descaracteriza o regime de teletrabalho ou trabalho remoto.

Tal modalidade deverá constar expressamente do contrato individual de trabalho, que especificará as atividades que serão realizadas pelo empregado, podendo ser realizada por determinação do empregador, sendo garantido o prazo de transição mínimo de quinze dias para a alteração entre regime presencial e de teletrabalho desde que haja mútuo acordo entre as partes, registrado em aditivo contratual.

O empregador não será responsável pelas despesas resultantes do retorno ao trabalho presencial, na hipótese do empregado optar pela realização do teletrabalho ou trabalho remoto fora da localidade prevista no contrato, salvo disposição em contrário estipulada entre as partes.

As disposições relativas à responsabilidade pela aquisição, manutenção ou fornecimento dos equipamentos tecnológicos e da infraestrutura necessária e adequada à prestação do trabalho remoto, bem como ao reembolso de despesas arcadas pelo empregado não integram a remuneração, e serão previstas em contrato escrito.

O regime de teletrabalho ou trabalho remoto não se confunde e nem se equipara à ocupação de operador de telemarketing ou de teleatendimento.

Fica permitida a adoção do regime de teletrabalho ou trabalho remoto para estagiários e aprendizes.

Atenção! O tempo de uso de equipamentos tecnológicos e de infraestrutura necessária, e de *softwares*, de ferramentas digitais ou de aplicações de internet utilizados para o teletrabalho, fora da jornada de trabalho normal do empregado não constitui tempo à disposição, regime de prontidão ou de sobreaviso, exceto se houver previsão em acordo individual ou em acordo ou convenção coletiva de trabalho.

Aos empregados em regime de teletrabalho aplicam-se as disposições previstas na legislação local e nas convenções e acordos coletivos de trabalho relativas à base territorial do estabelecimento de lotação do empregado.

Os empregadores deverão conferir prioridade aos empregados com deficiência e aos empregados e empregadas com filhos ou criança sob guarda judicial até quatro anos de idade na alocação em vagas para atividades que possam ser efetuadas por meio do teletrabalho ou trabalho remoto.

Por fim, merece destaque mencionarmos a Lei nº 14.437 de 2022 que autoriza o Poder Executivo Federal a dispor sobre adoção por empregados e empregadores, de medidas trabalhistas alternativas e sobre o Programa Emergencial de Manutenção do Emprego e da Renda, para enfrentamento das consequências sociais e econômicas de estado de calamidade pública.

Poderão ser adotadas, dentre as medidas trabalhistas alternativas, o teletrabalho.

O empregador poderá, a seu critério, durante o prazo previsto no ato do Ministério do Trabalho e Emprego (até 90 dias, prorrogável enquanto durar o estado de calamidade pública em âmbito nacional ou em âmbito estadual ou municipal reconhecido pelo Poder Executivo Federal), alterar o regime de trabalho presencial para teletrabalho ou trabalho remoto, além de determinar o retorno ao regime de trabalho presencial, independentemente da existência de acordos individuais ou coletivos, dispensado o registro prévio da alteração no contrato individual de trabalho.

2.2.1.3 Empregado – Outras espécies

- **Empregado rural** – é o empregado que presta serviços na atividade da agricultura e pecuária a empregador rural, em propriedade rural ou prédio rústico.

O trabalhador rural, após a promulgação da Constituição Federal de 1988, passou a ter os mesmos direitos dos trabalhadores urbanos, conforme acentua o *caput* do art. 7.º da Carta Maior.

A Emenda Constitucional nº 28/2000 alterou o art. 7.º, inciso XXIX, igualando o prazo prescricional para os créditos trabalhistas e urbanos em cinco anos até o limite de dois anos após a extinção do contrato de trabalho.

A CLT não se aplica aos trabalhadores rurais, conforme dispõe o art. 7.º consolidado, sendo os mesmos regidos pela Lei 5.889/1973.

O trabalho noturno do empregado rural tem horário diferenciado. Considera-se horário noturno o realizado entre às 21h de um dia e às 5h do dia seguinte, para o trabalho executado NA LAVOURA; e das 20h de um dia às 4h do dia seguinte, na atividade PECUÁRIA (art. 7.º da Lei 5.889/1973).

DICAS PARA MEMORIZAR:

- Na agricultura, números ímpares: das 21h às 5h.
- Na pecuária, números pares: das 20h às 4h.

A hora noturna reduzida (ou ficta), que para o empregado urbano é de 52m30s, não se aplica ao trabalhador rural. Para compensar, seu adicional noturno será maior, acrescendo 25% sobre a remuneração normal.

O horário noturno do empregado urbano é das 22h às 5h, e o percentual é de 20% (art. 73, CLT).

O menor de 18 anos não pode realizar trabalho noturno (arts. 8.º da Lei 5.889/1973 e 7.º, XXXIII, da CF/1988).

Em relação aos intervalos **intrajornada e interjornadas**, dispõe o art. 5.º da Lei 5.889/1973 que, em qualquer trabalho contínuo de duração superior a seis horas, será obrigatória a concessão de um intervalo para repouso ou alimentação, observados os usos e costumes da região, não se computando este intervalo na duração do trabalho. Entre duas jornadas de trabalho, haverá um período mínimo de 11 horas consecutivas para descanso.

O Decreto nº 10.854/2021, em seu art. 87, §1º, dispõe que será obrigatória, em qualquer trabalho contínuo de duração superior a seis horas, a concessão de intervalo mínimo de uma hora para repouso ou alimentação, observados os usos e os costumes da região.

Em relação aos descontos a serem realizados pelo empregador sobre o salário mínimo do empregado rural, deve ser respeitado o limite de 20% para moradia e 25% para alimentação, bem como podem ser descontados adiantamentos em dinheiro (art. 9.º da Lei 5.889/1973).

> "Art. 9.º Salvo as hipóteses de autorização legal ou decisão judiciária, só poderão ser descontadas do empregado rural as seguintes parcelas, calculadas sobre o salário-mínimo:
>
> (...)
>
> § 5.º A cessão pelo empregador, de moradia e de sua infraestrutura básica, assim como bens destinados à produção para sua subsistência e de sua família, não integram o salário do trabalhador rural, desde que caracterizados como tais, em contrato escrito celebrado entre as partes, com testemunhas e notificação obrigatória ao respectivo sindicato de trabalhadores rurais".

Em 2008, foi inserido à Lei 5.889/1973 o art. 14-A, que cria a modalidade de trabalhador rural por pequeno prazo (é uma espécie de safrista). Esse trabalhador tem direito à remuneração equivalente à do trabalhador rural permanente, bem como os demais direitos de natureza trabalhista.

Só pode ser contratado por produtor rural pessoa física (proprietário ou não, que explore diretamente atividade agroeconômica) e o prazo da realização do trabalho precisa ser curto, não podendo perdurar mais de dois meses dentro do período de um ano (trata-se, portanto, de um contrato por prazo determinado).

O trabalhador rural contratado por pequeno prazo não precisa ter CTPS anotada. Sendo o empregador pessoa física, será facultado a ele anotar ou não a carteira de trabalho desta modalidade de empregado.

• **Empregado doméstico** – Empregado doméstico é aquele que presta serviços de natureza contínua e de finalidade não lucrativa à pessoa ou à família, no âmbito residencial dessas, pelo menos três vezes por semana.

O empregado doméstico é regido pela Lei Complementar (LC) 150/2015, aplicando-se a ele a CLT de forma subsidiária.

O trabalhador doméstico não exerce atividade econômica, sendo seus serviços desenvolvidos à pessoa ou à família, sem o intuito de lucro.

Caso o trabalho seja exercido pelo obreiro com fins lucrativos, o empregado não será doméstico, mas sim empregado regido pela CLT, ou mesmo empregado rural, dependendo da hipótese.

Imaginemos a hipótese em que o trabalhador labora na residência do empregador, preparando refeições que irão ser comercializadas. Nesse caso, embora labore no âmbito residencial de seu empregador, está exercendo uma atividade lucrativa, econômica, sendo empregado regido pela CLT.

Outro exemplo seria o do caseiro de um sítio que plantasse hortaliças não apenas para consumo próprio e da família, mas para comercialização, venda para terceiros. Nessa hipótese, o obreiro não seria trabalhador doméstico, mas sim trabalhador rural.

Outrossim, se o serviço doméstico prestado pelo trabalhador for acumulado com a prestação de serviços em atividade lucrativa, prevalecerá o regime mais favorável ao trabalhador, isto é, o da CLT.

São domésticos, além do trabalhador que realiza tarefas domésticas diárias (lavar e passar roupas, cozinhar, arrumar a casa etc.), o motorista particular, o caseiro, a babá, a enfermeira particular etc.

Os empregados de condomínios descritos na Lei 2.757/1956 (porteiros, serventes, faxineiros, zeladores etc.), desde que a serviço da administração do edifício e não de cada condômino em particular, não são domésticos, sendo regidos pela CLT.

Doutrina e jurisprudência têm rechaçado a possibilidade de reconhecimento do vínculo empregatício doméstico envolvendo cônjuges, seja nas relações matrimoniais formais, seja na união estável do casal, em face da inexistência de hierarquia entre os cônjuges, mas sim de sociedade de fato ou de direito.

A Emenda Constitucional n.º 72 estendeu aos domésticos, por meio do art. 7.º, parágrafo único da CF, diversos direitos concedidos aos trabalhadores urbanos e rurais. São eles:

> IV – salário mínimo, fixado em lei, nacionalmente unificado, capaz de atender a suas necessidades vitais básicas e às de sua família com moradia, alimentação, educação, saúde, lazer, vestuário, higiene, transporte e previdência social, com reajustes periódicos que lhe preservem o poder aquisitivo, sendo vedada sua vinculação para qualquer fim;
>
> VI – irredutibilidade do salário, salvo o disposto em convenção ou acordo coletivo;
>
> VII – garantia de salário, nunca inferior ao mínimo, para os que percebem remuneração variável;

> VIII - décimo terceiro salário com base na remuneração integral ou no valor da aposentadoria;
>
> X - proteção do salário na forma da lei, constituindo crime sua retenção dolosa;
>
> XIII - duração do trabalho normal não superior a oito horas diárias e quarenta e quatro semanais, facultada a compensação de horários e a redução da jornada, mediante acordo ou convenção coletiva de trabalho;
>
> XV - repouso semanal remunerado, preferencialmente aos domingos;
>
> XVI - remuneração do serviço extraordinário superior, no mínimo, em cinquenta por cento à do normal;
>
> XVII - gozo de férias anuais remuneradas com, pelo menos, um terço a mais do que o salário normal;
>
> XVIII - licença à gestante, sem prejuízo do emprego e do salário, com a duração de cento e vinte dias;
>
> XIX - licença-paternidade, nos termos fixados em lei;
>
> XXI - aviso-prévio proporcional ao tempo de serviço, sendo no mínimo de trinta dias, nos termos da lei;
>
> XXII - redução dos riscos inerentes ao trabalho, por meio de normas de saúde, higiene e segurança;
>
> XXIV - aposentadoria;
>
> XXVI - reconhecimento das convenções e acordos coletivos de trabalho;
>
> XXX - proibição de diferença de salários, de exercício de funções e de critério de admissão por motivo de sexo, idade, cor ou estado civil;
>
> XXXI - proibição de qualquer discriminação no tocante a salário e critérios de admissão do trabalhador portador de deficiência;
>
> XXXIII - proibição de trabalho noturno, perigoso ou insalubre a menores de dezoito e de qualquer trabalho a menores de dezesseis anos, salvo na condição de aprendiz, a partir de quatorze anos;

Fazem jus, ainda, aos direitos seguintes, estes dependentes de regulamentação:

> I - relação de emprego protegida contra despedida arbitrária ou sem justa causa, nos termos de lei complementar, que preverá indenização compensatória, dentre outros direitos;
>
> II - seguro-desemprego, em caso de desemprego involuntário;
>
> III - fundo de garantia do tempo de serviço;
>
> IX - remuneração do trabalho noturno superior à do diurno;
>
> XII - salário-família pago em razão do dependente do trabalhador de baixa renda nos termos da lei;
>
> XXV - assistência gratuita aos filhos e dependentes desde o nascimento até 5 (cinco) anos de idade em creches e pré-escolas;

XXVIII – seguro contra acidentes de trabalho, a cargo do empregador, sem excluir a indenização a que este está obrigado, quando incorrer em dolo ou culpa;

Vale salientar que, de acordo com o art. 25, parágrafo único, da LC 150/2015, fica vedada a dispensa arbitrária ou sem justa causa da empregada doméstica gestante desde a confirmação da gravidez até 5 (cinco) meses após o parto. Desta forma, a empregada do lar tem direito à estabilidade no emprego pelo fato de encontrar-se grávida.

O mesmo dispositivo legal em seu art. 17, estabelece que o empregado doméstico terá direito a férias anuais remuneradas de 30 (trinta) dias, com pelo menos, 1/3 (um terço) a mais do que o salário normal.

O período de férias poderá, a critério do empregador, ser fracionado em até 2 (dois) períodos, sendo 1 (um) deles de, no mínimo, 14 (quatorze) dias corridos.

O empregado do lar também tem direito ao repouso remunerado nos dias de feriados civis e religiosos, além do repouso semanal remunerado preferencialmente aos domingos (o que já era assegurado pela CF/1988, art. 7.º, parágrafo único).

O art. 18 da lei dos domésticos dispõe ser vedado ao empregador doméstico efetuar descontos no salário do empregado por fornecimento de alimentação, vestuário, higiene ou moradia, sendo que tais despesas não terão natureza salarial nem serão incorporadas à remuneração para quaisquer efeitos. Estabeleceu ainda o § 2.º que poderão ser descontadas as despesas com moradia quando essa se referir a local diverso da residência em que ocorrer a prestação de serviço, e desde que essa possibilidade tenha sido expressamente acordada entre as partes.

É facultado ao empregador efetuar descontos no salário do empregado em caso de adiantamento salarial e, mediante acordo escrito entre as partes, para a inclusão do empregado em planos de assistência médico-hospitalar e odontológica, de seguro e de previdência privada, não podendo a dedução ultrapassar 20% (vinte por cento) do salário.

O direito ao vale-transporte foi estendido ao trabalhador doméstico por força do Decreto nº 10.854/2021 (art. 106, V).

No passado assunto polêmico em nossos tribunais trabalhistas dizia respeito à configuração ou não do vínculo de emprego do obreiro que executa serviços domésticos em apenas alguns dias da semana.

Com a edição da LC 150/2015, ficou estabelecido em seu art. 1.º o vínculo de emprego para o trabalhador doméstico que executa serviços na mesma residência mais de duas vezes na semana.

Em caso de morte do empregador doméstico, não há sucessão trabalhista, devendo, todavia, os herdeiros responderem pelas verbas rescisórias devidas ao obreiro do lar.

Na hipótese de eventual reclamação trabalhista movida por empregado doméstico, o empregador doméstico poderá fazer-se representar na audiência por outra pessoa, conforme previsto na Súmula 377 do TST.

Outrossim, a Lei 8.009/1990, que dispõe sobre a impenhorabilidade do bem de família, em especial o imóvel residencial próprio do casal ou de entidade familiar, inclusive os móveis que guarnecem a casa, se aplica aos empregados domésticos, ou seja, quando a reclamação trabalhista for promovida por obreiro do lar, em caso de eventual execução, esta não poderá incidir sobre o imóvel e/ou bens móveis onde reside o empregador doméstico.

Ademais, em relação à prescrição para o doméstico pleitear na Justiça do Trabalho seus direitos trabalhistas, de acordo com o art. 43 da LC 150/2015, aplica-se o mesmo prazo previsto no art. 7.º, XXIX, da CF/1988, ou seja, de 5 (cinco) anos na vigência do contrato de trabalho, limitados a 2 (dois) anos após a extinção do pacto laboral.

Quanto à duração normal do trabalho, ela está limitada a 8 horas diárias e 44 semanais, podendo em caso de hora suplementar ser realizada a compensação de jornada.

Na hipótese de rescisão do contrato de trabalho sem que tenha havido a compensação integral da jornada extraordinária, o empregado fará jus ao pagamento das horas extras não compensadas, calculadas sobre o valor da remuneração na data de rescisão.

No caso de trabalho doméstico é facultado às partes, mediante acordo escrito, estabelecer horário de trabalho de 12 (doze) horas seguidas por 36 (trinta e seis) horas ininterruptas de descanso, observados ou indenizados os intervalos para repouso e alimentação.

Em relação ao empregado doméstico responsável por acompanhar o empregador prestando serviços em viagem, serão consideradas apenas as horas efetivamente trabalhadas no período, podendo ser compensadas as horas extraordinárias em outro dia.

O acompanhamento do empregador pelo empregado em viagem será condicionado à prévia existência de acordo escrito entre as partes, e a remuneração-hora do serviço em viagem será, no mínimo, 25% (vinte e cinco por cento) superior ao valor do salário-hora normal.

O intervalo para repouso e alimentação, de acordo com o art. 13 da referida lei, pode mediante acordo entra as partes ser reduzido para 30 minutos, e no caso do empregado que resida no local de trabalho pode ser fracionado em dois períodos, podendo chegar a 4 horas.

O empregado doméstico que for dispensado sem justa causa fará jus ao benefício do seguro-desemprego, na forma da Lei 7.998, de 11 de janeiro de 1990, no valor de 1 (um) salário-mínimo, por período máximo de 3 (três) meses, de forma contínua ou alternada. Ressalte-se que a referida lei aplica-se aos trabalhadores domésticos, consoante determina o art. 26 da Lei Complementar 150/2015.

É devida a inclusão do empregado doméstico no FGTS, na forma do regulamento editado pelo Conselho Curador e pelo agente operador do FGTS, no âmbito de suas competências.

O empregador doméstico depositará a importância de 3,2% (três inteiros e dois décimos por cento) sobre a remuneração devida, no mês anterior, a cada empregado, destinada ao pagamento da indenização compensatória da perda do emprego, sem justa causa ou por culpa do empregador.

Nas hipóteses de dispensa por justa causa ou a pedido, de término do contrato de trabalho por prazo determinado, de aposentadoria e de falecimento do empregado doméstico, os valores destinados à indenização compensatória serão movimentados pelo empregador.

Na hipótese de culpa recíproca, metade dos valores previstos no *caput* será movimentada pelo empregado, enquanto a outra metade será movimentada pelo empregador.

O art. 31 da LC 150/2015 instituiu o regime unificado de pagamento de tributos, de contribuições e dos demais encargos do empregador doméstico.

O Simples Doméstico assegurará o recolhimento mensal, mediante documento único de arrecadação, dos seguintes valores:

- 8% (oito por cento) a 11% (onze por cento) de contribuição previdenciária, a cargo do segurado empregado doméstico, nos termos do art. 20 da Lei 8.212, de 24 de julho de 1991;
- 8% (oito por cento) de contribuição patronal previdenciária para a seguridade social, a cargo do empregador doméstico, à luz do art. 24 da Lei 8.212, de 24 de julho de 1991;
- 0,8% (oito décimos por cento) de contribuição social para financiamento do seguro contra acidentes do trabalho;
- 8% (oito por cento) de recolhimento para o FGTS;
- 3,2% (três inteiros e dois décimos por cento), na forma do art. 22 desta Lei; e
- imposto sobre a renda retido na fonte de que trata o inciso I do art. 7.º da Lei 7.713, de 22 de dezembro de 1988, se incidente.

Foi instituído também o Programa de Recuperação Previdenciária dos Empregadores Domésticos (Redom), nos termos do art. 39 da LC 150/2015.

Também foi concedido ao empregador doméstico o parcelamento dos débitos com o INSS relativo à contribuição de que tratam os arts. 20 e 24 da Lei 8.212, de 24 de julho de 1991, com vencimento até 30 de abril de 2013.

O parcelamento em questão abrangeu todos os débitos existentes em nome do empregado e do empregador, na condição de contribuinte, inclusive débitos inscritos em dívida ativa, que poderão ser pagos com redução de 100% (cem por cento) das multas aplicáveis, de 60% (sessenta por cento) dos juros de mora e de 100% (cem por cento) sobre os valores dos encargos legais e advocatícios, parcelados em até 120 (cento e vinte) vezes, com prestação mínima no valor de R$ 100,00 (cem reais).

- **Empregado público** – é o empregado que mantém vínculo de emprego, contratual, com uma entidade da administração pública direta ou indireta. São os empregados públicos da União, Estados, Municípios, Distrito Federal, Autarquias, Fundações Públicas, Empresas Públicas e Sociedades de Economia Mista.

- **Trabalhador temporário** – segundo o art. 2.º da Lei 6.019/1974, "trabalho temporário é aquele prestado por pessoa física a uma empresa, para atender necessidade transitória de substituição de seu pessoal regular ou a acréscimo extraordinário de serviços".

O contrato de trabalho temporário deve originar uma relação triangular (trilateral), pois envolve a empresa de trabalho temporário, o trabalhador e a empresa tomadora.

São direitos do Trabalhador Temporário (art. 12 da Lei 6.019/1974):

- Remuneração equivalente à percebida pelos empregados da mesma categoria da empresa tomadora ou cliente, calculada conforme a base horária, garantida em qualquer hipótese a percepção do salário-mínimo regional.
- Jornada de oito horas diárias, remuneradas as extras, não excedentes a duas, com acréscimo de, no mínimo, 50%.
- Férias proporcionais de 1/12 por mês de serviço ou fração igual ou superior a 15 dias, salvo dispensa por justa causa ou pedido de demissão.
- Descanso semanal remunerado.
- Adicional noturno.
- Indenização por dispensa sem justa causa ou término normal do contrato, correspondente a 1/12 (um doze avos) do pagamento recebido.
- Seguro contra acidente de trabalho.
- Proteção previdenciária.
- Fundo de Garantia por Tempo de Serviço (art. 15 da Lei 8.036/1990).
- Assinatura da CTPS (art. 13, CLT).

Segundo o art. 16 da Lei 6.019/1974, no caso de falência da empresa de trabalho temporário, a empresa tomadora ou cliente é **solidariamente responsável** pelo recolhimento das contribuições previdenciárias no tocante ao tempo em que o trabalhador esteve sob suas ordens, assim como relativamente ao mesmo período, pela remuneração e indenização previstas nesta Lei.

Como a referida lei atribuía responsabilidade solidária da tomadora somente em caso de falência e referente às poucas verbas que especifica, veio a Súmula 331 do TST fixar que o inadimplemento das obrigações trabalhistas por parte da empresa prestadora de serviços gera **responsabilidade subsidiária** da tomadora em relação a todas as obrigações trabalhistas decorrentes dessa terceirização, desde que a tomadora tenha participado da relação processual e conste também do título executivo judicial (Súmula 331, IV, TST).

• **Aprendiz** – Conforme disposto no art. 428 da CLT, contrato de aprendizagem é o contrato de trabalho especial, ajustado por escrito e por prazo determinado, em que o empregador se compromete a assegurar ao maior de 14 e menor de 24 anos inscrito em programa de aprendizagem em formação técnico-profissional metódica, compatível com o seu desenvolvimento físico, moral e psicológico, e o aprendiz, a executar com zelo e diligência as tarefas necessárias a essa formação.

O prazo determinado para duração do contrato de aprendizagem não pode ser superior a dois anos, salvo se o aprendiz com deficiência (art. 428, § 3º, CLT).

Para que o contrato de aprendizagem seja válido, é necessário haver (art. 428, § 1º, CLT):

- Anotação na Carteira de Trabalho e Previdência Social;
- Matrícula e frequência do aprendiz na escola, caso não haja concluído o ensino médio. Nas localidades onde não houver oferta de ensino médio, a contratação do aprendiz poderá ocorrer sem a frequência à escola, desde que ele já tenha concluído o ensino fundamental;
- Inscrição em programa de aprendizagem desenvolvido sob orientação de entidade qualificada em formação técnico-profissional metódica.

Ao aprendiz, salvo condição mais favorável, será garantido o salário-mínimo/hora. A duração do trabalho do aprendiz não excederá seis horas diárias, sendo vedadas a prorrogação e a compensação de jornada (art. 432, CLT).

O limite previsto neste artigo poderá ser de até oito horas diárias para os aprendizes que já tiverem completado o ensino fundamental, se nelas forem computadas as horas destinadas à aprendizagem teórica.

O aprendiz tem direito ao FGTS, mas no valor de 2% sobre a remuneração, e não de 8%, como os demais.

> "Art. 433, CLT. O contrato de aprendizagem extinguir-se-á no seu termo ou quando o aprendiz completar 24 (vinte e quatro) anos, ressalvada a hipótese prevista no § 5º do art. 428 desta Consolidação, ou ainda antecipadamente nas seguintes hipóteses:
>
> I – desempenho insuficiente ou inadaptação do aprendiz, salvo para o aprendiz com deficiência quando desprovido de recursos de acessibilidade, de tecnologias assistivas e de apoio necessário ao desempenho de suas atividades;
>
> II – falta disciplinar grave;
>
> III – ausência injustificada à escola que implique perda do ano letivo;
>
> IV – a pedido do aprendiz".

2.2.2 Empregador

2.2.2.1 Conceito

O art. 2º disciplina o conceito de empregador ao dispor:

> "Considera-se empregador a empresa, individual ou coletiva, que, assumindo os riscos da atividade econômica, admite, assalaria e dirige a prestação pessoal de serviços".

Por sua vez, o § 1º do mesmo artigo menciona que:

> "Equiparam-se ao empregador, para os efeitos exclusivos da relação de emprego, os profissionais liberais, as instituições de beneficência, as associações recreativas ou outras instituições sem fins lucrativos, que admitirem trabalhadores como empregados".

O conceito do velho diploma consolidado revela-se ultrapassado e distante da melhor linguagem jurídica.

Preferimos conceituar o empregador como sendo a pessoa física ou jurídica que, assumindo os riscos da atividade econômica, admite, assalaria e dirige a prestação pessoal de serviços.

À luz do art. 456-A, *caput* e parágrafo único, da CLT, insere-se no poder diretivo do empregador definir o padrão de vestimenta no meio ambiente laboral, sendo lícita a inclusão no uniforme de logomarcas da própria empresa ou de empresas parceiras e de outros itens de identificação relacionados à atividade desempenhada, sendo que a higienização do uniforme é de responsabilidade do trabalhador, salvo nas hipóteses em que forem necessários procedimentos ou produtos diferentes dos utilizados para a higienização das vestimentas de uso comum.

2.2.2.2 Grupo econômico

A CLT, em seu art. 2º, §§ 2º e 3º dispõe que:

> "§ 2º Sempre que uma ou mais empresas, tendo, embora, cada uma delas, personalidade jurídica própria, estiverem sob a direção, controle ou administração de outra, ou ainda quando, mesmo guardando cada uma sua autonomia, integrem grupo econômico, serão responsáveis solidariamente pelas obrigações decorrentes da relação de emprego.
>
> § 3º Não caracteriza grupo econômico a mera identidade de sócios, sendo necessárias, para a configuração do grupo, a demonstração do interesse integrado, a efetiva comunhão de interesses e a atuação conjunta das empresas dele integrantes." (NR)

A nova redação do §2º do art. 2º da CLT estabelece o reconhecimento de duas formas de grupo econômico:

➔ **Grupo econômico por subordinação ou vertical:** modalidade já prevista na CLT. Neste caso, o grupo pode ser formado na hipótese de existência de hierarquia entre as empresas, ou seja, se houver uma empresa mãe, controladora das demais.

➔ **Grupo econômico horizontal ou por coordenação:** mesmo que as empresas guardem cada uma sua autonomia, estará configurado grupo econômico.

Portanto, se, por exemplo, quatro empresas formam um grupo econômico, todas elas serão solidariamente responsáveis pelo adimplemento das obrigações decorrentes do contrato de trabalho celebrado pelo empregado com qualquer delas.

Comprovada a existência do grupo de empresas, e consequente responsabilidade passiva solidária, o obreiro credor de alguma verba trabalhista poderá exigi-la do seu empregador direto, ou mesmo de todas ou algumas empresas do grupo.

Considerando que prevaleceu a teoria do empregador único para configuração do grupo de empresas, restou também consagrada na doutrina e jurisprudência a responsabilidade ativa solidária das empresas do grupo, podendo todas exigirem, salvo o disposto em contrário, serviços do obreiro, durante o mesmo horário de trabalho, sem que isso configure a existência de mais de um pacto de emprego (Súmula 129, TST).

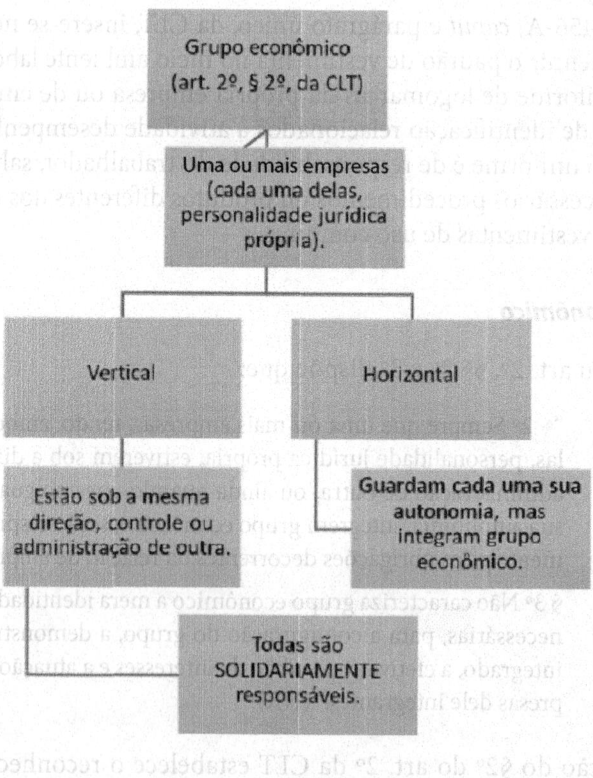

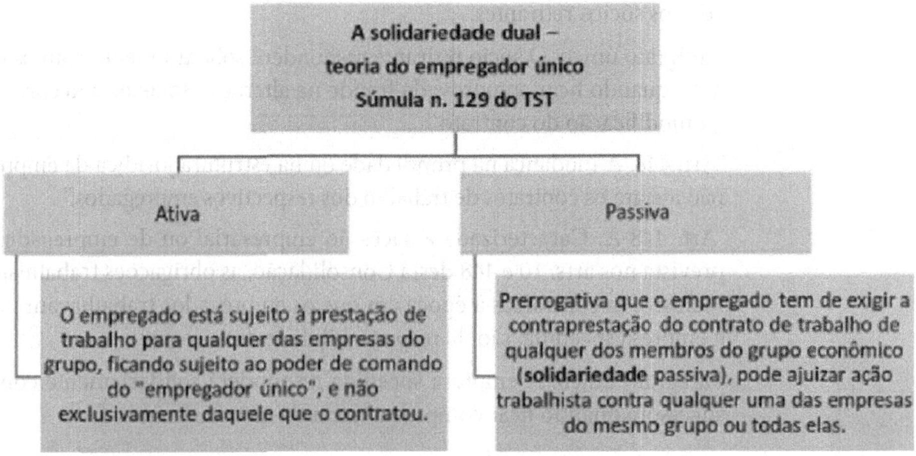

2.3 SUCESSÃO DE EMPREGADORES

2.3.1 Conceito

Sucessão de empregadores é a alteração subjetiva do contrato de trabalho (polo do empregador), com a transferência da titularidade do negócio de um titular (sucedido) para outro (sucessor), assumindo o novo titular do empreendimento todos os direitos e dívidas existentes.

Enquanto a atividade do empregado é personalíssima, o empregador poderá ser substituído ao longo da relação empregatícia, sem que isso provoque a ruptura ou mesmo descaracterização do liame laboral (princípio da despersonalização do empregador).

A sucessão de empregadores é regulada exatamente pelos arts. 10, 10-A, 448 e 448-A consolidados, consistindo na alteração subjetiva (empregador) do contrato de trabalho, em que a titularidade do negócio é transferida de um titular para outro, operando-se a transmissão de todos os créditos e dívidas trabalhistas entre o sucedido e o sucessor.

Nessa esteira, temos os arts. 10, 10-A, e 448 da CLT, que dispõem:

> "Art. 10. Qualquer alteração na estrutura jurídica da empresa não afetará os direitos adquiridos por seus empregados".
>
> "Art. 10-A. O sócio retirante responde subsidiariamente pelas obrigações trabalhistas da sociedade relativas ao período em que figurou como sócio, somente em ações ajuizadas até dois anos depois de averbada a modificação do contrato, observada a seguinte ordem de preferência:
>
> I – a empresa devedora;
>
> II – os sócios atuais; e

> III – os sócios retirantes.
>
> Parágrafo único. O sócio retirante responderá solidariamente com os demais quando ficar comprovada fraude na alteração societária decorrente da modificação do contrato."
>
> "Art. 448. A mudança na propriedade ou na estrutura jurídica da empresa não afetará os contratos de trabalho dos respectivos empregados."
>
> "Art. 448-A. Caracterizada a sucessão empresarial ou de empregadores prevista nos arts. 10 e 448 desta Consolidação, as obrigações trabalhistas, inclusive as contraídas à época em que os empregados trabalhavam para a empresa sucedida, são de responsabilidade do sucessor.
>
> Parágrafo único. A empresa sucedida responderá solidariamente com a sucessora quando ficar comprovada fraude na transferência."

Dois são os requisitos mencionados pela doutrina para configuração da sucessão trabalhista:

- Transferência do negócio de um titular para outro;
- Continuidade na prestação de serviços pelo obreiro.

A sucessão trabalhista é aplicada em todo e qualquer vínculo empregatício, seja urbano ou rural.

Quanto aos efeitos, operada a sucessão trabalhista, passa o sucessor a ser o único e principal responsável pelo adimplemento e execução dos contratos de emprego anteriormente mantidos com a empresa sucedida.

Entende o TST que os contratos em vigor na data da sucessão passam a ser de responsabilidade da empresa sucessora.

Contudo, a Reforma Trabalhista admitiu a responsabilização **solidária** da empresa sucedida, integrando a mesma o polo passivo de eventual reclamação trabalhista (litisconsórcio), quando verificada que a sucessão deu-se com intuito fraudatório, objetivando lesar os direitos trabalhistas dos obreiros, ou mesmo nos casos em que, embora não configurada a má-fé, a empresa sucessora não possua saúde financeira para arcar com os créditos trabalhistas dos pactos laborais anteriormente mantidos com a sucedida.

Podemos mencionar três exceções, nas quais não se caracterizaria a sucessão de empregadores:

- Empregados domésticos: não há falar em sucessão de empregadores no âmbito doméstico por vários motivos: o empregador doméstico sempre será a pessoa ou a família, jamais sendo pessoa jurídica, não havendo como se materializar a sucessão, visto que no liame empregatício doméstico o requisito da pessoalidade ocorre tanto na figura do empregado como na do empregador doméstico; e, por último, a atividade do trabalhador doméstico opera-se no âmbito residencial sem fins lucrativos, sem caráter econômico, não havendo como falar em transferência de titularidade de negócio.

- Empregador pessoa física: constituindo-se o empregador em pessoa física (empresa individual), faculta-se ao empregado, na hipótese do art. 483, § 2.º, da CLT, rescindir o vínculo empregatício em caso de morte de empregador.

Portanto, mesmo que o negócio prossiga com os herdeiros, o empregado não é obrigado a aceitar a alteração subjetiva do pacto, sendo-lhe facultada a rescisão contratual, equivalendo a um pedido de demissão em que o obreiro não precisará conceder aviso prévio.

- Venda dos bens da empresa falida (realização do ativo): estabelece o art. 141, II, da Lei 11.101/2005 que, na alienação conjunta ou separada dos ativos da empresa em processo falimentar (inclusive a própria empresa e filiais), o objeto da alienação estará livre de qualquer ônus e não haverá sucessão do arrematante nas obrigações do devedor, inclusive as de natureza tributária, as derivadas da legislação do trabalho e as decorrentes de acidentes de trabalho.

Finalmente, observem-se as Orientações Jurisprudenciais seguintes:

> "OJ 408, SBDI-1. JUROS DE MORA. EMPRESA EM LIQUIDAÇÃO EXTRAJUDICIAL. SUCESSÃO TRABALHISTA.
>
> É devida a incidência de juros de mora em relação aos débitos trabalhistas de empresa em liquidação extrajudicial sucedida nos moldes dos arts. 10 e 448 da CLT. O sucessor responde pela obrigação do sucedido, não se beneficiando de qualquer privilégio a este destinado."
>
> "OJ 411, SBDI-1. SUCESSÃO TRABALHISTA. AQUISIÇÃO DE EMPRESA PERTENCENTE A GRUPO ECONÔMICO. RESPONSABILIDADE SOLIDÁRIA DO SUCESSOR POR DÉBITOS TRABALHISTAS DE EMPRESA NÃO ADQUIRIDA. INEXISTÊNCIA.
>
> O sucessor não responde solidariamente por débitos trabalhistas de empresa não adquirida, integrante do mesmo grupo econômico da empresa sucedida, quando, à época, a empresa devedora direta era solvente ou idônea economicamente, ressalvada a hipótese de má-fé ou fraude na sucessão."

2.3.1.1 Dono da obra

Tema de importância abordado pela doutrina e jurisprudência consiste em definir se o dono de um imóvel em construção ou reforma (dono da obra) assume a responsabilidade pelos obreiros que prestam serviços ao empreiteiro contratado para executar o serviço.

Prevalece o entendimento de que o dono da obra, por não exercer uma atividade econômica, apenas por estar construindo ou reformando o seu imóvel, sem qualquer intenção de lucro, não pode ser considerado empregador dos obreiros que prestam serviços ao empreiteiro contratado nestas condições, não podendo assumir, por consequência, qualquer responsabilidade direta, subsidiária ou solidária.

Por outro lado, se o dono da obra é uma construtora, uma imobiliária, uma incorporadora, que constrói com o fim de obter lucro, nasce a responsabilidade subsidiária pelos contratos firmados entre o empreiteiro contratado e seus empregados, pois, nesse caso, há clara exploração de atividade econômica.

Vejamos a nova redação da OJ 191 da SDI-I do TST:

> "OJ-SDI1-191. CONTRATO DE EMPREITADA. DONO DA OBRA DE CONSTRUÇÃO CIVIL. RESPONSABILIDADE (NOVA REDAÇÃO) – RES. 175/2011, *DEJT* DIVULGADO EM 27, 30 E 31.05.2011
>
> Diante da inexistência de previsão legal específica, o contrato de empreitada de construção civil entre o dono da obra e o empreiteiro não enseja responsabilidade solidária ou subsidiária nas obrigações trabalhistas contraídas pelo empreiteiro, salvo sendo o dono da obra uma empresa construtora ou incorporadora."

Segundo tese firmada no julgamento de Recurso de Revista Repetitivo n.º 190-53.2015.5.03.0090, o TST instituiu os seguintes entendimentos *in verbis*:

I) A exclusão de responsabilidade solidária ou subsidiária por obrigação trabalhista a que se refere a Orientação Jurisprudencial n.º 191 da SDI-1 do TST não se restringe à pessoa física ou micro e pequenas empresas, compreende igualmente empresas de médio e grande porte e entes públicos (decidido por unanimidade);

II) A excepcional responsabilidade por obrigações trabalhistas prevista na parte final da Orientação Jurisprudencial n.º 191, por aplicação analógica do art. 455 da CLT, alcança os casos em que o dono da obra de construção civil é construtor ou incorporador e, portanto, desenvolve a mesma atividade econômica do empreiteiro (decidido por unanimidade);

III) Não é compatível com a diretriz sufragada na Orientação Jurisprudencial n.º 191 da SDI-1 do TST jurisprudência de Tribunal Regional do Trabalho que amplia a responsabilidade trabalhista do dono da obra, excepcionando apenas "a pessoa física ou micro e pequenas empresas, na forma da lei, que não exerçam atividade econômica vinculada ao objeto contratado" (decidido por unanimidade);

IV) Exceto ente público da Administração Direta e Indireta, se houver inadimplemento das obrigações trabalhistas contraídas por empreiteiro que contratar, sem idoneidade econômico-financeira, o dono da obra responderá subsidiariamente por tais obrigações, em face de aplicação analógica do art. 455 da CLT e *culpa in eligendo* (decidido por maioria, vencido o Exmo. Ministro Márcio Eurico Vitral Amaro);

V) O entendimento contido na tese jurídica n.º 4 aplica-se exclusivamente aos contratos de empreitada celebrados após 11 de maio de 2017, data do presente julgamento - ED-IRR - 190-53.2015.5.03.0090.

2.3.1.2 Contratos de subempreitada

O art. 455 da CLT dispõe que:

> "Nos contratos de subempreitada responderá o subempreiteiro pelas obrigações derivadas do contrato de trabalho que celebrar, cabendo, todavia, aos empregados, o direito de reclamação contra o empreiteiro principal pelo inadimplemento daquelas obrigações por parte do primeiro".

O parágrafo único do mesmo art. 455 consolidado legitima o empreiteiro principal demandado a propor a ação regressiva, na Justiça comum, além de facultar-lhe a reter importâncias devidas para a garantia da dívida.

O TST firmou entendimento que a responsabilidade do empreiteiro principal é solidária, cabendo destacar os seguintes julgados:

> "AGRAVO DE INSTRUMENTO EM RECURSO DE REVISTA. RESPONSABILIDADE SOLIDÁRIA. CONTRATO DE SUBEMPREITADA. EMPREITEIRO PRINCIPAL. A decisão do Tribunal Regional que reconheceu a responsabilidade solidária da empreiteira principal pelos encargos trabalhistas oriundos do contrato de trabalho está conforme o disposto no art. 455 da CLT, sendo certo que o dispositivo assegura ao empregado o direito de acionar em juízo o empregador (subempreiteiro) ou o empreiteiro principal. Agravo de instrumento a que se nega provimento" (TST - AIRR 42371/2002-900-02-00 - 7.ª Turma - *DJ* 07.03.2008).

> "RESPONSABILIZAÇÃO SOLIDÁRIA. CONTRATO DE SUBEMPREITADA. ART. 455 DA CLT. 1. Consoante o disposto no art. 455 da CLT, nos contratos de subempreitada responderá o subempreiteiro pelas obrigações derivadas do contrato de trabalho que celebrar, cabendo, todavia, aos empregados o direito de reclamação contra o empreiteiro principal pelo inadimplemento daquelas obrigações por parte do primeiro. 2. *In casu*, o Regional registrou tratar-se de contrato de empreitada firmado entre a dona da obra e o Consórcio Cigla Sade, empreiteiro principal, que subempreitou parte da obra a terceira empresa. Dessa forma, condenou o Consórcio-Reclamado a responder solidariamente pelos pedidos deferidos ao Autor na sentença de origem. 3. Observa-se, portanto, que a Corte de origem decidiu a controvérsia em harmonia com a diretriz do art. 455 Consolidado, não havendo que se falar, assim,

em violação dos arts. 265 do CC, e 2.º, § 2.º, da CLT. Agravo de instrumento desprovido" (TST – AIRR 178/2006-046-24-40 – 4.ª Turma – *DJ* 28.09.2007).

2.3.1.3 Empregador – Outras espécies

- **Empregador rural** – é o conceituado no art. 3.º da Lei 5.889/1973 como "a pessoa física ou jurídica, proprietária ou não, que explore atividade agroeconômica, em caráter permanente ou temporário, diretamente ou através de prepostos e com auxílio de empregados".

- **Empregador doméstico** – é a pessoa ou a família (o empregador doméstico não pode ser pessoa jurídica) que admite empregado doméstico para lhe prestar serviços de natureza contínua no âmbito residencial, sem objetivar lucro.

- **Empregador público** – quando a União, os Estados, os Municípios, o Distrito Federal, as autarquias e as fundações públicas contratam trabalhadores sob o regime da CLT, serão estes considerados empregadores públicos.

Outrossim, as empresas públicas e a sociedade de economia mista são pessoas jurídicas de direito privado (art. 173, § 1.º, II, CF/1988), sempre contratando empregados regidos pela CLT. São também empregadoras públicas.

- **Empresa de trabalho temporário** – o art. 4.º da Lei 6.019/1974 conceitua a empresa de trabalho temporário como "a pessoa jurídica, devidamente registrada no Ministério do Trabalho, responsável pela colocação de trabalhadores à disposição de outras empresas temporariamente".

2.4 CARACTERÍSTICAS DO CONTRATO DE TRABALHO

Podemos destacar as seguintes características do contrato de trabalho:

- De direito privado: as partes são livres para estipular as cláusulas do contrato, desde que respeitem as normas de proteção mínima ao trabalhador inscritas na Constituição Federal de 1988 e no diploma consolidado.
- Informal – a regra é a informalidade nos contratos de trabalho, admitindo-se, inclusive, que seja celebrado de forma verbal ou tácita (art. 443, CLT).
- Bilateral – gera direitos e obrigações para ambas as partes (empregado e empregador).
- *Intuitu personae* em relação ao empregado – o empregado tem que prestar o trabalho pessoalmente.
- Comutativo – deve existir uma equivalência entre o serviço prestado e a contraprestação.
- Sinalagmático – as partes se obrigam a prestações recíprocas e antagônicas.
- Consensual – nasce do livre consentimento das partes.

- De trato sucessivo ou de débito permanente – a relação mantida entre obreiro e respectivo empregador é de débito permanente, contínuo, duradouro, onde os direitos e obrigações se renovam a cada período.
- Oneroso – a prestação de trabalho corresponde a uma prestação de salário. Não há relação de emprego se o serviço for prestado a título gratuito.

2.5 CLASSIFICAÇÃO DOS CONTRATOS DE TRABALHO

Conforme dispõe o art. 443 da CLT, os contratos de trabalho se classificam em:

- tácito ou expresso;
- verbal ou escrito;
- por prazo indeterminado;
- por prazo determinado;
- intermitente.

2.5.1 Contrato tácito

No contrato tácito, a reiteração na prestação de serviços pelo obreiro ao empregador, sem oposição do último, caracteriza um ajuste tácito.

A prestação contínua de serviços pelo empregado, sem a oposição do empregador, muito embora o contrato e respectivas cláusulas não tenham sido expressamente acordados (de forma verbal ou escrita), revela a existência de contrato de trabalho, firmado de maneira tácita.

2.5.2 Contrato expresso

É o que foi acordado de forma clara, precisa, sendo todas as cláusulas e condições do pacto laboral previamente acordadas. O contrato expresso pode ser verbal ou escrito.

2.5.3 Contrato escrito

A simples assinatura da CTPS - Carteira de Trabalho e Previdência Social já caracteriza um contrato escrito (art. 29, CLT).

Não obstante, também pode ser firmado um contrato escrito por meio de assinatura, pelas partes, de pacto específico, contendo o nome e qualificação do empregador e empregado, o objeto do contrato, direitos e obrigações dos contratantes, jornada etc.

2.5.4 Contrato verbal

Em função de a informalidade ser uma característica do contrato de trabalho, admite expressamente o art. 443 consolidado a pactuação de liame empregatício verbal. O fato de a CTPS não ter sido assinada no prazo de 5 dias úteis contados da admissão (art. 29, CLT) gera simples ilícito administrativo (passível de autuação pelo auditor fiscal do trabalho), nada impedindo que as partes tenham pactuado verbalmente o contrato de emprego, fixando salário, horário, objeto etc.

2.5.5 Contrato por prazo indeterminado

A regra é que os contratos sejam pactuados por prazo indeterminado, atendendo-se, assim, ao princípio da continuidade da relação de emprego.

Somente por exceção, nos casos permitidos pela legislação vigente, é que se admite o contrato por prazo determinado.

2.5.6 Contrato por prazo determinado

Também denominado *contrato a termo*, o contrato por prazo determinado é o celebrado por tempo certo e determinado, ou pelo menos com previsão aproximada de término, como acontece nos contratos de safra.

No contrato a termo, as partes já sabem, desde o início, o fim exato ou aproximado do contrato.

O contrato por prazo determinado, em virtude do princípio da continuidade da relação de emprego, somente pode ser celebrado nos casos permitidos em lei.

2.5.7 Contrato intermitente

De acordo com o art. 443, § 3.º, considera-se como intermitente o contrato de trabalho no qual a prestação de serviços com subordinação não é contínua, ocorrendo com alternância de períodos de prestação de serviços e de inatividade, determinados em horas, dias ou meses, independentemente do tipo de atividade do empregado e do empregador, exceto para os aeronautas, regidos por legislação própria.

O contrato de trabalho intermitente deve ser celebrado por escrito e deve conter especificamente o valor da hora de trabalho, que não pode ser inferior ao valor horário do salário-mínimo ou àquele devido aos demais empregados do estabelecimento que exerçam a mesma função em contrato intermitente ou não.

O empregador convocará o empregado por qualquer meio de comunicação eficaz, para a prestação de serviços, informando qual será a jornada, com, pelo menos, três dias corridos de antecedência.

Havendo recusa não haverá a descaracterização da subordinação para fins do contrato de trabalho intermitente.

Caso o empregado aceite a oferta para o comparecimento ao trabalho, a parte que descumprir, sem justo motivo, pagará à outra parte, no prazo de trinta dias, multa de 50% (cinquenta por cento) da remuneração que seria devida, permitida a compensação em igual prazo.

Para tais trabalhadores o período de inatividade não será considerado tempo à disposição do empregador, podendo o trabalhador prestar serviços a outros contratantes.

É importante destacar que ao final de cada período de prestação de serviço, o empregado receberá o pagamento imediato das seguintes parcelas: remuneração; férias proporcionais com acréscimo de um terço; décimo terceiro salário proporcional; repouso semanal remunerado; e adicionais legais.

Na espécie de contratação em tela o empregador efetuará o recolhimento da contribuição previdenciária e o depósito do Fundo de Garantia do Tempo de Serviço, na forma da lei, com base nos valores pagos no período mensal, e fornecerá ao empregado comprovante do cumprimento dessas obrigações.

> "Art. 452-A. O contrato de trabalho intermitente deve ser celebrado por escrito e deve conter especificamente o valor da hora de trabalho, que não pode ser inferior ao valor horário do salário-mínimo ou àquele devido aos demais empregados do estabelecimento que exerçam a mesma função em contrato intermitente ou não.
>
> § 1º O empregador convocará, por qualquer meio de comunicação eficaz, para a prestação de serviços, informando qual será a jornada, com, pelo menos, três dias corridos de antecedência.
>
> § 2º Recebida a convocação, o empregado terá o prazo de um dia útil para responder ao chamado, presumindo-se, no silêncio, a recusa.
>
> § 3º A recusa da oferta não descaracteriza a subordinação para fins do contrato de trabalho intermitente.
>
> § 4º Aceita a oferta para o comparecimento ao trabalho, a parte que descumprir, sem justo motivo, pagará à outra parte, no prazo de trinta dias, multa de 50% (cinquenta por cento) da remuneração que seria devida, permitida a compensação em igual prazo.
>
> § 5º O período de inatividade não será considerado tempo à disposição do empregador, podendo o trabalhador prestar serviços a outros contratantes.
>
> § 6º Ao final de cada período de prestação de serviço, o empregado receberá o pagamento imediato das seguintes parcelas:
>
> I – remuneração;
>
> II – férias proporcionais com acréscimo de um terço;
>
> III – décimo terceiro salário proporcional;
>
> IV – repouso semanal remunerado; e
>
> V – adicionais legais.
>
> § 7º O recibo de pagamento deverá conter a discriminação dos valores pagos relativos a cada uma das parcelas referidas no § 6º deste artigo.

> § 8º O empregador efetuará o recolhimento da contribuição previdenciária e o depósito do Fundo de Garantia do Tempo de Serviço, na forma da lei, com base nos valores pagos no período mensal e fornecerá ao empregado comprovante do cumprimento dessas obrigações.
>
> § 9º A cada doze meses, o empregado adquire direito a usufruir, nos doze meses subsequentes, um mês de férias, período no qual não poderá ser convocado para prestar serviços pelo mesmo empregador."

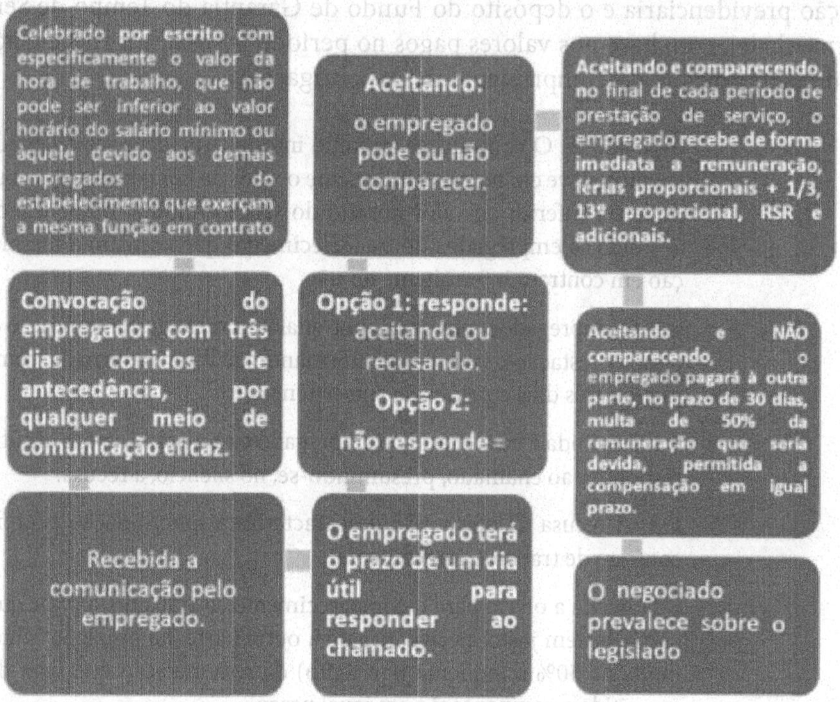

Há vários aspectos do trabalho intermitente que não ficaram claros na lei. Todavia, para o exame de ordem, precisaremos nos ater à literalidade dos dispositivos.

2.6 CONTRATO POR PRAZO DETERMINADO DA CLT

O art. 443 e seus §§ 1.º e 2.º da CLT estabelecem:

> "Art. 443. O contrato individual de trabalho poderá ser acordado tácita ou expressamente, verbalmente ou por escrito e por prazo determinado ou indeterminado, ou para prestação de trabalho intermitente.
>
> § 1.º Considera-se como de prazo determinado o contrato de trabalho cuja vigência dependa de termo prefixado ou da execução de serviços especificados ou ainda da realização de certo acontecimento suscetível de previsão aproximada.

§ 2.º O contrato por prazo determinado só será válido em se tratando:

a) de serviço cuja natureza ou transitoriedade justifique a predeterminação do prazo;

b) de atividades empresariais de caráter transitório;

c) de contrato de experiência.

(...)".

No contrato por prazo determinado, as partes ajustam antecipadamente o seu termo, ou seja, os contratantes desde o início já sabem o dia do término do contrato ou mesmo têm uma previsão aproximada do término.

Os requisitos de validade do contrato por prazo determinado são:

- Serviço cuja natureza ou transitoriedade justifique a predeterminação do prazo – nesta hipótese, o que importa é a natureza ou periodicidade do serviço que vai ser desempenhado pelo empregado na empresa.
- Atividades empresariais de caráter transitório – dizem respeito à atividade desempenhada pela empresa e não ao empregado ou ao serviço. Nesta hipótese, a atividade da empresa é temporária, provisória.
- Contrato de experiência – o contrato de experiência é uma modalidade de contrato por prazo determinado.

No contrato de experiência, ambos os contratantes irão se testar mutuamente.

O empregador irá verificar se o empregado cumpre corretamente a jornada de trabalho, se atende às determinações emanadas, se realiza o serviço com zelo e dedicação, o relacionamento com os demais empregados etc.

Já o empregado durante o pacto experimental observará se o empregador lhe trata com urbanidade, se cumpre em dia com as obrigações salariais pactuadas, verificando também o ambiente de trabalho, as condições oferecidas etc.

O prazo máximo de validade do contrato de experiência é de 90 dias (parágrafo único do art. 445 da CLT), admitindo-se, dentro do prazo máximo de validade, uma única prorrogação (art. 451 consolidado).

Apesar de não existir no texto consolidado a obrigatoriedade de o contrato de experiência ser pactuado por escrito, em vários concursos públicos onde este tema foi abordado a resposta considerada correta apontou que deve ele ser por esta forma estipulado.

- **Regras atinentes ao contrato por prazo determinado da CLT:**

a) art. 445 da CLT – Prazo. O contrato por prazo determinado não poderá ser estipulado por período superior a dois anos;

b) art. 451 da CLT – Prorrogação. O contrato a termo somente admite uma única prorrogação, dentro do prazo máximo de validade. Em função disso, da segunda prorrogação em diante, o contrato será considerado por prazo indeterminado;

c) art. 452 da CLT - Contratos sucessivos. Entre o final de um contrato por prazo determinado e o início do outro, é necessário que haja decorrido mais de seis meses, sob pena do segundo contrato ser considerado por prazo indeterminado, salvo se a expiração deste dependeu da execução de serviços especializados ou da realização de certos acontecimentos (ex. safra);

d) art. 487 da CLT – Ausência de aviso prévio. Nos contratos por prazo determinado, em regra, não há que se falar em aviso prévio, haja vista que as partes já sabem, desde o início, quando o contrato vai findar, salvo na hipótese do art. 481 da CLT;

e) art. 479 da CLT e art. 14 do Decreto 99.684/1990 (decreto regulamentador do FGTS) - Indenização - Empregador que rompe o contrato sem justo motivo antes do termo final. O empregador que romper o contrato por prazo determinado antes do termo final, pagará ao obreiro metade dos salários que seriam devidos até o final do contrato (art. 479, CLT), além da multa de 40% do FGTS (art. 14 do Decreto 99.684/1990);

f) art. 480, caput e parágrafo único, da CLT – Indenização – Empregado que rompe o contrato sem justo motivo antes do termo final. O empregado que rompe o contrato por prazo determinado, antes do termo final, indenizará o empregador pelos prejuízos causados. O valor máximo não excederá àquele que teria direito o obreiro em idênticas condições;

g) art. 481 da CLT – Cláusula assecuratória do direito recíproco de rescisão. Se no contrato por prazo determinado existir a denominada cláusula assecuratória do direito recíproco de rescisão, em caso de rompimento imotivado antecipado do contrato, seja pelo empregado ou pelo empregador, não se aplicará o disposto nos arts. 479 e 480, utilizando-se apenas as regras atinentes aos contratos por prazo indeterminado.

   Nessa esteira, existindo a cláusula assecuratória, rompendo o empregador o contrato a termo sem justo motivo, concederá ao obreiro o aviso-prévio e pagará a multa de 40% do FGTS. Por outro lado, caso o empregado rompa o contrato, apenas terá que conceder aviso prévio ao empregador, não precisando arcar com qualquer indenização ao patrão;

h) De acordo com a Súmula 244, item III, do TST, garante-se à gestante o direito à estabilidade provisória, mesmo na hipótese de contratação por tempo determinado.

2.7 TERCEIRIZAÇÃO

Terceirizar significa transferir parte das atividades de uma empresa para outra empresa. *A priori*, são transferidas atividades não relacionadas com a atividade principal (atividades-fim) da empresa para uma outra, especializada em atividades periféricas (atividades-meio).

Entretanto, a terceirização revelou ser um instituto que não apenas repassa a uma terceira empresa uma parcela do processo produtivo e, por decorrência, a responsabilidade por obrigações trabalhistas e previdenciárias, mas que origina também patamares diferenciados entre os empregados diretos e os terceirizados.

A relação de terceirização possui um caráter tríplice, sendo composta pelo empregado, pelo empregador, que é uma empresa de interposição de mão de obra, e pelo tomador do serviço.

TRABALHADOR ⟹ PRESTADOR DE SERVIÇOS ⟹ TOMADOR DE SERVIÇOS

A terceirização está prevista nos arts. 4.º-A e 5.º-A da Lei 6.019/74, vejamos:

> "Art. 4.º-A. Considera-se prestação de serviços a terceiros a transferência feita pela contratante da execução de quaisquer de suas atividades, inclusive sua atividade principal, à pessoa jurídica de direito privado prestadora de serviços que possua capacidade econômica compatível com a sua execução.
>
> (...)." (NR)
>
> "Art. 4.º-C. São asseguradas aos empregados da empresa prestadora de serviços a que se refere o art. 4.º-A desta Lei, quando e enquanto os serviços, que podem ser de qualquer uma das atividades da contratante, forem executados nas dependências da tomadora, as mesmas condições:
>
> I – relativas a:
>
> a) alimentação garantida aos empregados da contratante, quando oferecida em refeitórios;
>
> b) direito de utilizar os serviços de transporte;
>
> c) atendimento médico ou ambulatorial existente nas dependências da contratante ou local por ela designado;
>
> d) treinamento adequado, fornecido pela contratada, quando a atividade o exigir.
>
> II – sanitárias, de medidas de proteção à saúde e de segurança no trabalho e de instalações adequadas à prestação do serviço.
>
> § 1º Contratante e contratada poderão estabelecer, se assim entenderem, que os empregados da contratada farão jus a salário equivalente ao pago aos empregados da contratante, além de outros direitos não previstos neste artigo.
>
> § 2º Nos contratos que impliquem mobilização de empregados da contratada em número igual ou superior a 20% (vinte por cento) dos empregados da contratante, esta poderá disponibilizar aos empregados da

contratada os serviços de alimentação e atendimento ambulatorial em outros locais apropriados e com igual padrão de atendimento, com vistas a manter o pleno funcionamento dos serviços existentes."

"Art. 5.º-A. Contratante é a pessoa física ou jurídica que celebra contrato com empresa de prestação de serviços relacionados a quaisquer de suas atividades, inclusive sua atividade principal.

(...)" (NR)

"Art. 5.º-C. Não pode figurar como contratada, nos termos do art. 4.º-A desta Lei, a pessoa jurídica cujos titulares ou sócios tenham, nos últimos dezoito meses, prestado serviços à contratante na qualidade de empregado ou trabalhador sem vínculo empregatício, exceto se os referidos titulares ou sócios forem aposentados.

"Art. 5.º-D. O empregado que for demitido não poderá prestar serviços para esta mesma empresa na qualidade de empregado de empresa prestadora de serviços antes do decurso de prazo de dezoito meses, contados a partir da demissão do empregado."

- Nas terceirizações regulares, surge para o tomador de serviços, seja ele empresa particular ou mesmo ente da administração pública direta, indireta, autárquica e fundacional, a responsabilidade subsidiária pelo inadimplemento das obrigações trabalhistas por parte do empregador prestador de serviços.
- Neste sentido, realizada a regular licitação pela administração pública, assinado o respectivo contrato administrativo com o contratado (prestador de serviços), será a administração contratante subsidiariamente responsável pelo adimplemento das obrigações trabalhistas dos empregados que lhe prestaram serviços por meio da empresa interposta (empresa contratada prestadora de serviços).
- Em relação à Administração Pública, na qualidade de tomadora de serviços, a mesma somente será responsabilizada de forma subsidiária, se for verificada e comprovada a sua culpa, ou seja, se ficar caracterizado que a Administração Pública não fiscalizou a execução do contrato administrativo.

2.8 QUESTÕES

1. (OAB 2010.2 – FVG) No contexto da teoria das nulidades do contrato de trabalho, assinale a alternativa correta.

(A) Configurado o trabalho ilícito, é devido ao empregado somente o pagamento da contraprestação salarial pactuada.

(B) Os trabalhos noturno, perigoso e insalubre do menor de 18 (dezoito) anos de idade são modalidades de trabalho proibido ou irregular.

(C) O trabalho do menor de 16 (dezesseis) anos de idade, que não seja aprendiz, é modalidade de trabalho ilícito, não gerando qualquer efeito.

(D) A falta de anotação da Carteira de Trabalho e Previdência Social do empregado invalida o contrato de trabalho.

2. (OAB/MG - AGOSTO/2008) São trabalhadores regidos pela CLT, exceto:

(A) bancários.

(B) cooperados.

(C) ferroviários.

(D) químicos.

3. (OAB 2009.1) Assinale a opção correta de acordo com o contrato individual de trabalho regido pela CLT.

(A) O referido contrato somente poderá ser acordado de forma expressa.

(B) É exigida forma especial para a validade e eficácia do contrato em apreço, motivo pelo qual não é permitida a forma verbal.

(C) Um contrato de trabalho por prazo determinado de dois anos poderá ser prorrogado uma única vez, por igual período.

(D) No contrato mencionado, o contrato de experiência poderá ser prorrogado uma única vez, porém não poderá exceder o prazo de noventa dias.

4. (OAB/BA 2011.2 - FGV) Uma empresa põe anúncio em jornal oferecendo emprego para a função de vendedor, exigindo que o candidato tenha experiência anterior de 11 meses nessa função. Diante disso, assinale a alternativa correta.

(A) A exigência é legal, pois a experiência até 1 ano pode ser exigida do candidato a qualquer emprego, estando inserida no poder diretivo do futuro empregador.

(B) A exigência não traduz discriminação no emprego, de modo que poderia ser exigido qualquer período de experiência anterior.

(C) A exigência é ilegal, pois o máximo que o futuro empregador poderia exigir seriam 3 meses de experiência.

(D) A exigência é ilegal, pois o máximo que o futuro empregador poderia exigir seriam 6 meses de experiência.

5. (OAB/BA 2009.3 - CESPE) Na hipótese de a justiça do trabalho declarar nulo contrato de trabalho celebrado entre a administração pública e servidor público que não tenha sido previamente aprovado em concurso público, o empregado

(A) não terá direito a nenhuma verba, dado que o contrato foi declarado nulo.

(B) terá direito a férias proporcionais ou integrais, saldo de salário e 13.º salário.

(C) fará jus ao pagamento da contraprestação pactuada em relação ao número de horas trabalhadas, respeitado o valor da hora do salário-mínimo, e dos valores referentes ao depósito do FGTS.

(D) terá direito somente ao salário devido.

6. (IX Exame de Ordem Unificado – FGV) Buscando profissionais experientes para manusear equipamentos de alta tecnologia e custo extremamente elevado, uma empresa anuncia a existência de vagas para candidatos que possuam dois anos de experiência prévia em determinada atividade. A partir da hipótese apresentada, assinale a afirmativa correta.

(A) A manifestação é inválida porque o máximo de experiência que pode ser exigida é de seis meses.

(B) A manifestação é inválida, pois o empregador não tem o direito de exigir experiência pretérita do candidato a emprego.

(C) A manifestação é inválida porque o máximo de experiência que pode ser exigida é de um ano.

(D) A manifestação é valida, em razão do valor do equipamento, visando à proteção do patrimônio do empregador.

7. (X Exame de Ordem Unificado – FGV) Uma empresa contrata plano de saúde para os seus empregados, sem custo para os mesmos, com direito de internação em quarto particular. Posteriormente, estando em dificuldade financeira, resolve alterar as condições do plano para uso de enfermaria coletiva, em substituição ao quarto particular. Após a alteração, um empregado é contratado, passa mal e exige da empresa sua internação em quarto particular. Diante dessa situação, assinale a afirmativa correta.

(A) O empregado está correto, pois não pode haver alteração contratual que traga malefício ao trabalhador, como foi o caso.

(B) O empregado está errado, pois sua contratação já ocorreu na vigência das novas condições, retirando o direito ao quarto particular.

(C) O empregado está correto, pois as vantagens atribuídas à classe trabalhadora não podem retroceder, sob pena de perda da conquista social.

(D) O empregado teria direito ao quarto particular se comprovasse que a doença teve origem antes de ser contratado e antes da alteração das condições do plano de saúde.

8. (XI Exame de Ordem Unificado – FVG) Rodrigo foi admitido pela empresa Dona Confecções, a título de experiência, por 45 dias. No 35° dia após a admissão, Rodrigo foi vítima de um acidente do trabalho de média proporção, que o obrigou ao afastamento por 18 dias. De acordo com o entendimento do TST:

(A) Rodrigo não poderá ser dispensado pois, em razão do acidente do trabalho, possui garantia no emprego, mesmo no caso de contrato a termo.

(B) O contrato poderá ser rompido porque foi realizado por prazo determinado, de forma que nenhum fator, por mais relevante que seja, poderá elastecê-lo.

(C) Rodrigo poderá ser desligado porque a natureza jurídica da ruptura não será resilição unilateral, mas caducidade contratual, que é outra modalidade de rompimento.

(D) Rodrigo não pode ter o contrato rompido no termo final, pois, em razão do acidente do trabalho sofrido, terá garantia no emprego até 5 meses após o retorno, conforme Lei previdenciária.

9. (XI Exame de Ordem Unificado – FVG) Paulo, motorista de ônibus, mantém contrato de trabalho com a empresa Transporte Seguro S/A, no qual há estipulação escrita de que o motorista envolvido em acidente de trânsito será descontado pelas avarias e prejuízos causados. Em um dia comum, Paulo ultrapassou o sinal vermelho e colidiu com veículo que vinha do outro lado do cruzamento. Não houve vítimas, mas os veículos ficaram impedidos de trafegar em razão das avarias e o coletivo foi multado por avanço de sinal. A empresa entendeu por bem descontar do salário de Paulo o conserto do ônibus, bem como as despesas com o conserto do veículo de passeio. Diante disso, assinale a afirmativa correta.

(A) A empresa agiu de forma incorreta, pois não poderia descontar nada de Paulo, dado o princípio da intangibilidade salarial.

(B) A empresa agiu de forma incorreta, pois só poderia descontar um dos danos, pois todos os descontos acarretaram *bis in idem*.

(C) A empresa agiu corretamente, pois Paulo agiu com culpa e havia previsão contratual para tanto.

(D) A empresa agiu de forma incorreta, pois não houve dolo por parte do empregado e é dela o risco do negócio. Logo, o desconto é descabido.

10. (OAB XX EXAME – FGV) Um determinado empregado é vigilante e, por meio do seu empregador, sempre prestou serviços terceirizados a uma instituição bancária privada. Após ser dispensado, o ex-empregado ajuizou ação contra o seu antigo empregador e a instituição bancária, reclamando horas extras, diferença por acúmulo de funções e indenização por dano moral.

Sobre a situação apresentada, assinale a afirmativa correta.

(A) Caso haja sucesso na demanda, a instituição bancária não poderá ser condenada em qualquer nível porque não foi o empregador.

(B) A instituição bancária poderá ser condenada de forma solidária pelos créditos porventura deferidos porque terceirizou atividade-fim.

(C) O banco poderia ser condenado de forma mista, ou seja, pagaria todos os direitos devidos exceto dano moral.

(D) A instituição bancária será condenada de forma subsidiária por todos os créditos porventura deferidos.

11. (OAB/FGV – XXIII EXAME DE ORDEM) Um grupo econômico é formado pelas sociedades empresárias X, Y e Z. Com a crise econômica que assolou o país, todas as empresas do grupo procuraram formas de reduzir o custo de mão de obra. Para evitar dispensas, a sociedade empresária X acertou a redução de 10% dos salários dos seus empregados por convenção coletiva; Y acertou a mesma redução em acordo coletivo; e Z fez a mesma redução, por acordo individual escrito com os empregados.

Diante da situação retratada e da norma de regência, assinale a afirmativa correta.

(A) As empresas estão erradas, porque o salário é irredutível, conforme previsto na Constituição da República.

(B) Não se pode acertar redução de salário por acordo coletivo nem por acordo individual, razão pela qual as empresas Y e Z estão erradas.

(C) A empresa Z não acertou a redução salarial na forma da lei, tornando-a inválida.

(D) As reduções salariais em todas as empresas do grupo foram negociadas e, em razão disso, são válidas.

12. (OAB/FGV – XXIV EXAME DE ORDEM) José trabalhou como despachante para a sociedade empresária Vinhos do Sul Ltda. Frequentemente ele reparava que, nas notas de despacho, constava também a razão social da sociedade empresária Vinhos e Sucos de Bento Gonçalves Ltda. Os CNPJs das sociedades empresárias eram distintos, assim como suas respectivas personalidades jurídicas, porém, os sócios de ambas eram os mesmos, sendo certo que a sociedade empresária Vinhos e Sucos de Bento Gonçalves Ltda. era sócia majoritária da sociedade empresária Vinhos do Sul Ltda., além dos sócios pessoas físicas. Com base no caso narrado, assinale a opção que apresenta a figura jurídica existente entre as sociedades empresárias e o efeito disso perante o contrato de trabalho de João, em caso de eventual ação trabalhista.

(A) Trata-se de consórcio de empregadores, havendo responsabilidade solidária.

(B) Trata-se de consórcio de empregadores, havendo responsabilidade subsidiária.

(C) Trata-se de grupo econômico, havendo responsabilidade solidária.

(D) Trata-se de grupo econômico, havendo responsabilidade subsidiária.

13. (OAB/FGV – XXIV EXAME DE ORDEM) Carlos, professor de educação física e fisioterapeuta, trabalhou para a Academia Boa Forma S/A, que assinou sua CTPS. Cumpria jornada de segunda a sexta-feira, das 7h às 16h, com uma hora de intervalo para almoço. Ao longo da jornada de trabalho, ele ministrava quatro aulas de ginástica com 50 minutos de duração cada, e, também, fazia atendimentos fisioterápicos previamente marcados pelos alunos da Academia, na sociedade empresária Siga em Boa Forma Ltda., do mesmo grupo econômico da Academia, sem ter sua CTPS anotada. Dispensado, Carlos pretende ajuizar ação trabalhista. Diante disso, em relação ao vínculo de emprego de Carlos assinale a afirmativa correta.

(A) O caso gera a duplicidade de contratos de emprego, sendo as empresas responsáveis solidárias dos débitos trabalhistas.

(B) O caso gera a duplicidade de contratos de emprego, sendo as empresas responsáveis subsidiárias dos débitos trabalhistas.

(C) O caso gera duplicidade de contratos de emprego, cada empresa com sua responsabilidade.

(D) O caso não gera coexistência de mais de um contrato de trabalho.

14. (OAB/FGV – XXV EXAME DE ORDEM) Jerônimo Fernandes Silva foi admitido pela sociedade empresária Usina Açúcar Feliz S.A. em 12 de fevereiro de 2018 para exercer a função de gerente regional, recebendo salário de R$ 22.000,00 mensais.

Jerônimo cuida de toda a Usina, analisando os contratos de venda dos produtos fabricados, comprando insumos e materiais, além de gerenciar os 80 empregados que a sociedade empresária possui.

A sociedade empresária pretende inserir cláusula compromissória de arbitragem no contrato de trabalho. Diante da situação retratada e dos preceitos da CLT, assinale a afirmativa correta.

(A) A cláusula compromissória de arbitragem pode ser estipulada no momento da contratação, desde que o empregado manifeste concordância expressa.

(B) A cláusula compromissória de arbitragem é viável, se o empregado for portador de diploma de nível superior.

(C) Não cabe arbitragem nas lides trabalhistas individuais, pelo que nula eventual estipulação nesse sentido.

(D) É possível a estipulação de cláusula compromissória de arbitragem, desde que isso seja homologado pelo sindicato de classe.

15. (OAB/FGV – XXV EXAME DE ORDEM) Efigênia foi empregada da sociedade empresária Luz Eterna S.A., exercendo, por último, o cargo de chefe do setor de Recursos Humanos. Após décadas de dedicação à empresa, Efigênia se aposentou por tempo de contribuição e saiu do emprego por vontade própria, recebendo a indenização legal.

Ocorre que, após seis meses da jubilação, Efigênia passou a sentir falta da rotina que o seu trabalho gerava e também do convívio com os colegas de trabalho, daí por que manifestou desejo de retornar ao mercado de trabalho.

Ciente disso, a ex-empregadora ofereceu novamente o emprego a Efigênia, nas mesmas condições vigentes antes da aposentadoria, já que ela era excelente empregada e tinha profundo conhecimento das rotinas do setor de RH.

Com base na situação retratada e na Lei, assinale a afirmativa correta.

(A) Uma vez que Efigênia se aposentou, ela não pode assumir emprego na mesma sociedade empresária na qual se jubilou, por vedação legal expressa, sob pena de nulidade do segundo contrato.

(B) Se Efigênia voltar a trabalhar na sociedade empresária, o seu contracheque terá o desconto do INSS mensal, sendo irrelevante que ela seja aposentada.

(C) A ex-empregada pode voltar a trabalhar porque sua liberdade é garantida pela Constituição da República, mas deverá optar entre receber o salário do empregador ou a aposentadoria pelo INSS, já que não é possível o acúmulo.

(D) O tempo trabalhado antes da aposentadoria, caso seja quitado pela sociedade empresária, será considerado para fins de pagamento de adicional por tempo de serviço no segundo contrato.

16. (OAB/FGV – XXVII EXAME DE ORDEM) Paula trabalha na residência de Sílvia três vezes na semana como passadeira. Em geral, comparece às segundas, quartas e sextas, mas, se necessário, mediante comunicação prévia, comparece em outro dia da semana, exceto sábados, domingos e feriados. A CTPS não foi assinada e o pagamento é por dia de trabalho. Quando Paula não comparece, não recebe o pagamento e não sofre punição, mas Sílvia costuma sempre pedir que a ausência seja previamente comunicada. Paula procura você, como advogado(a), com dúvida acerca da sua situação jurídica. À luz da legislação específica em vigor, assinale a opção que contempla a situação de Paula.

(A) Paula é diarista, pois trabalha apenas 3 vezes na semana.
(B) Paula é autônoma, porque gerencia seu próprio trabalho, dias e horários.
(C) Paula é empregada eventual.
(D) Paula é empregada doméstica.

17. (OAB/FGV – XXVII EXAME DE ORDEM) Uma sociedade empresária do ramo de informática, visando à redução de custos, decidiu colocar metade de seus funcionários em teletrabalho, com possibilidade de revogação, caso não desse certo. Sobre o regime de teletrabalho, com base na legislação trabalhista em vigor, assinale a afirmativa correta.

(A) Poderá ser realizada a alteração do regime de teletrabalho para o presencial por determinação do empregador, garantido o prazo de transição mínimo de 15 dias, com correspondente registro em aditivo contratual.
(B) Os materiais fornecidos pelo empregador para a realização do teletrabalho representam utilidades e integram a remuneração do empregado.
(C) A jornada do empregado em teletrabalho que exceder o limite constitucional será paga como hora extra.
(D) A empresa pode implementar, por vontade própria, o teletrabalho, sendo desnecessária a concordância expressa do empregado, já que seria mais vantajoso para ele.

18. (OAB/FGV – XXXII EXAME DE ORDEM) Luiz e Selma são casados e trabalham para o mesmo empregador. Ambos são teletrabalhadores, tendo o empregador montado um home office no apartamento do casal, de onde eles trabalham na recepção e no tratamento de dados informatizados. Para a impressão dos dados que serão objeto de análise, o casal necessitará de algumas resmas de papel, assim como de toner para a impressora que utilizarão.

Assinale a opção que indica quem deverá arcar com esses gastos, de acordo com a CLT.

(A) Cada parte deverá arcar com 50% desse gasto.
(B) A empresa deverá arcar com o gasto porque é seu o risco do negócio.
(C) A responsabilidade por esse gasto deverá ser prevista em contrato escrito.
(D) O casal deverá arcar com o gasto, pois não há como o empregador fiscalizar se o material será utilizado apenas no trabalho.

19. (OAB/FGV – XXXII EXAME DE ORDEM) Uma indústria de chocolates constatou que precisava de mais trabalhadores para produzir ovos de Páscoa e, em razão disso, contratou vários trabalhadores temporários, pelo prazo de 30 dias, por meio de uma empresa de trabalho temporário. Maria era uma dessas trabalhadoras temporárias. Ocorre que a empresa contratada (a empresa de trabalho temporário) teve a falência decretada pela Justiça e não pagou nada a esses trabalhadores temporários.
Maria procura você, como advogado(a), para saber se a indústria de chocolates, tomadora do serviço, teria alguma responsabilidade.

Sobre a hipótese, de acordo com a norma de regência, assinale a afirmativa correta.

(A) A indústria de chocolates contratante terá responsabilidade solidária.
(B) Não haverá qualquer tipo de responsabilidade da contratante, porque a terceirização foi lícita.

(C) A então contratante se tornará empregadora dos trabalhadores temporários em razão da falência da empresa contratada.

(D) A indústria de chocolates contratante terá responsabilidade subsidiária se isso estiver previsto no contrato que entabulou com a empresa prestadora dos serviços.

20. (OAB/FGV – XXXIV EXAME DE ORDEM) Júlia é analista de sistemas de uma empresa de tecnologia e solicitou ao empregador trabalhar remotamente. Sobre a pretensão de Júlia, observados os termos da CLT, assinale a afirmativa correta

(A) O teletrabalho só pode ser assim considerado se a prestação de serviços for totalmente fora das dependências da empresa.

(B) O ajuste entre Júlia e seu empregador poderá ser tácito, assim como ocorre com o próprio contrato de trabalho.

(C) O computador e demais utilidades que se fizerem necessárias para o trabalho remoto de Júlia não integrarão sua remuneração.

(D) O ajuste entre as partes para o trabalho remoto deverá ser por mútuo consentimento, assim como o retorno ao trabalho presencial.

21. (OAB/FGV – XXXV EXAME DE ORDEM) A churrascaria Boi Gordo tem movimento variado ao longo dos diversos meses do ano. A variação também ocorre em algumas semanas, razão pela qual decidiu contratar alguns empregados por meio do chamado contrato intermitente. Diante disso, esses pretensos empregados ficaram com dúvidas e consultaram você, como advogado(a), para esclarecer algumas questões. Assinale a opção que indica, corretamente, o esclarecimento prestado.

(A) O tempo de resposta do empregado em relação à convocação para algum trabalho é de um dia útil para responder ao chamado, e o silêncio gera presunção de recusa.

(B) O empregador poderá convocar o empregado de um dia para o outro, sendo a antecedência de um dia útil, portanto.

(C) Para o empregado existe um limite de recusas por mês. Extrapolado o número de três recusas no mês, considerar-se-á rompido o contrato.

(D) O contrato intermitente pode ser tácito ou expresso, verbal ou escrito.

22. (OAB/FGV – XXXVI EXAME DE ORDEM) Lúcio Lima foi contratado para trabalhar em uma empresa no ramo da construção civil. Seu empregador descumpriu inúmeros direitos trabalhistas, e, notadamente, deixou de pagar as verbas rescisórias. No período, Lúcio Lima prestou serviços em um contrato de subempreitada, já que seu empregador fora contratado pelo empreiteiro principal para realizar determinada obra de reforma. Diante desse cenário, Lúcio Lima contratou você, como advogado(a), para ajuizar uma reclamação trabalhista. Sobre a hipótese, segundo o texto legal da CLT em vigor, assinale a afirmativa correta.

(A) Cabe ação em face de ambas as sociedades empresárias, que figurarão no polo passivo da demanda.

(B) Trata-se de grupo econômico, o que induz obrigatoriamente à responsabilidade solidária de ambas as sociedades empresárias.

(C) Cabe apenas ação em face do efetivo empregador, já que não se trata de terceirização de mão de obra.

(D) A subempreitada é atividade ilícita por terceirizar atividade fim, razão pela qual se opera a sucessão de empregadores, configurando-se fraude.

23. (OAB/FGV – XXXVI EXAME DE ORDEM) A sociedade empresária Mangiare Bene, do ramo de serviços de alimentação, tem um plano de expansão em que pretende assumir as atividades de outros restaurantes, passando a deter a maioria do capital social destes. Preocupada com os contratos de trabalho dos futuros empregados, ela consulta você, na condição de advogado(a). Em relação à consulta feita, considerando a CLT em vigor, assinale a afirmativa correta.

(A) A mudança na propriedade ou na estrutura jurídica da sociedade não afetará os contratos de trabalho dos respectivos empregados, mas, em caso de sucessão de empregadores, as obrigações trabalhistas, inclusive as contraídas à época em que os empregados trabalhavam para a empresa sucedida, são de responsabilidade do sucessor.

(B) A mudança na propriedade ou na estrutura jurídica da empresa não afetará os contratos de trabalho dos respectivos empregados, mas, operando-se a sucessão de empregadores, as obrigações trabalhistas contraídas à época em que os empregados trabalhavam para a empresa sucedida serão de responsabilidade desta; já as obrigações trabalhistas posteriores à sucessão são de responsabilidade do sucessor.

(C) Em caso de comprovação de fraude na sucessão de empregadores, a empresa sucessora responde como devedora principal, e a sucedida responderá subsidiariamente.

(D) Em caso de sucessão trabalhista, esta implicará novação dos contratos de trabalho dos empregados admitidos antes da sucessão, de modo que poderão ocorrer alterações contratuais pelo atual empregador por se entender como novo contrato, respeitado apenas o tempo de serviço.

24. (OAB/FGV – XL EXAME DE ORDEM) Em 2024, uma companhia imobiliária contratou Olívia como estagiária. Olívia foi designada para trabalhar em regime de teletrabalho (trabalho em domicílio, *home office*) na confecção de planilhas de locatários inadimplentes, que, em seguida, são enviadas ao setor jurídico da sociedade empresária. Considerando os fatos e o que dispõe a CLT, assinale a afirmativa correta.

(A) O regime de teletrabalho é incompatível com o estágio, por frustrar o seu objetivo principal que é a vivência prática das rotinas.

(B) Havendo autorização prévia do Juiz do Trabalho, é possível, em caráter excepcional, o regime de teletrabalho no estágio.

(C) Somente se estivesse na cota de estagiário com deficiência, ela poderia trabalhar em regime de teletrabalho.

(D) Se for conveniente para as partes, o regime de teletrabalho pode ser adotado nos contratos de estágio.

25. (OAB/FGV – XL EXAME DE ORDEM) A empresa de trabalho temporário Sempre Alerta Ltda. terceirizará o serviço de limpeza da sociedade empresária Extintores Infalíveis Ltda., nela alocando 10 (dez) auxiliares de limpeza que se revezarão em turnos de 12 x 36 horas.

No contrato apresentado, que vigora a partir de janeiro de 2024, por 180 dias, e é regido pela Lei nº 6.019/74, existe cláusula de reserva que proíbe a contratação de qualquer auxiliar pela empresa tomadora ao fim do prazo em que ele tenha sido colocado à sua disposição. Considerando os fatos e a norma de regência, assinale a afirmativa correta.

(A) A cláusula de reserva é válida, se ambas as partes a aceitarem.

(B) Para a validade da cláusula de reserva, é necessária a chancela do sindicato de classe dos empregadores.

(C) A inserção da cláusula de reserva é possível, desde que prevista em acordo coletivo de trabalho.

(D) A cláusula de reserva é nula de pleno direito.

26. (OAB/FGV – XLI EXAME DE ORDEM) Antônio Valente é seu cliente por conta de uma reclamação trabalhista ajuizada anteriormente, na qual vocês se sagraram vitoriosos. Agora, trabalhando para outro empregador, Antônio Valente viu a possibilidade de passar a exercer suas atividades em teletrabalho, mas sem saber exatamente o que configuraria essa modalidade.

Antes de se candidatar à vaga, Antônio resolveu consultar você a respeito do tema. Assinale a opção que apresenta, corretamente, sua orientação.

(A) O teletrabalho pode ser pactuado, tácita ou expressamente, entre empregado e empregador, não necessitando constar do instrumento individual de contrato de trabalho.

(B) O trabalho em regime de teletrabalho não pressupõe a prestação dos serviços por jornada, por produção ou por tarefa.

(C) O teletrabalho será descaracterizado, caso o empregado, habitualmente, tenha que comparecer às dependências do empregador e o empregado retornará ao sistema de trabalho presencial.

(D) O teletrabalho se dá, total ou parcialmente, fora das dependências do empregador, não se configurando como trabalho externo, pressupondo a utilização de tecnologias de comunicação e informação.

27. (OAB/FGV – 42º EXAME DE ORDEM) Os irmãos Décio e Beatriz são empresários. Décio explora a atividade pesqueira, enquanto Beatriz tem duas lojas de calçados. Em 2023, a sociedade empresária de Décio teve uma reclamação trabalhista ajuizada por um operador de produção que inseriu, na petição inicial, a sociedade empresária de Beatriz, advogando existir grupo econômico, apenas em razão do parentesco entre Décio e Beatriz. Considerando esses fatos e o que dispõe a CLT, assinale a afirmativa correta.

(A) O autor está correto, pois existe vínculo familiar entre Décio e Beatriz.

(B) Para se caracterizar grupo econômico somente é necessário haver identidade de sócios.

(C) Não há grupo econômico porque não há direção, controle ou administração de uma empresa sobre outra.

(D) O grupo econômico pode ser reconhecido pelo parentesco, mas apenas na fase executória da reclamação.

GABARITO: As respostas destes testes encontram-se no final do livro.

CAPÍTULO 3

ALTERAÇÃO, INTERRUPÇÃO E SUSPENSÃO DO CONTRATO DE TRABALHO

3.1 ALTERAÇÃO BILATERAL – REGRA GERAL

O art. 468 da CLT menciona que:

> "Art. 468. Nos contratos individuais de trabalho só é lícita a alteração das respectivas condições por mútuo consentimento, e, ainda assim, desde que não resultem, direta ou indiretamente, prejuízos ao empregado, sob pena de nulidade da cláusula infringente desta garantia.
>
> § 1.º Não se considera alteração unilateral a determinação do empregador para que o respectivo empregado reverta ao cargo efetivo, anteriormente ocupado, deixando o exercício de função de confiança.
>
> § 2.º A alteração de que trata o § 1.º deste artigo, com ou sem justo motivo, não assegura ao empregado o direito à manutenção do pagamento da gratificação correspondente, que não será incorporada, independentemente do tempo de exercício da respectiva função."

Prestigiou a norma consolidada o princípio da inalterabilidade contratual prejudicial ao trabalhador, não se admitindo que a alteração do liame empregatício importe ao obreiro prejuízos diretos ou indiretos, mesmo que o trabalhador tenha concordado com a modificação do contrato de emprego.

Mesmo que o empregado concorde com a alteração, se esta lhe for prejudicial, será nula de pleno direito, pois haverá uma presunção (relativa) de que o trabalhador, em função de sua hipossuficiência, foi coagido, constrangido a concordar com a modificação, sob pena de sofrer sanções pelo empregador, em especial a dispensa do emprego.

As alterações do contrato de trabalho podem ser subjetivas e objetivas.

As alterações subjetivas referem-se à alteração dos sujeitos do contrato de emprego, principalmente relacionadas com a sucessão de empregadores.

As objetivas se referem às modificações ocorridas nas cláusulas do contrato de trabalho, alterando-se, por exemplo, o local da prestação de serviços, a quantidade de trabalho, a qualidade do trabalho, a remuneração do obreiro etc.

Ressalte-se que as alterações do contrato de trabalho também podem decorrer de norma jurídica impositiva, quando resultam de lei, convenção ou acordo coletivo, de sentença normativa ou de autoridade administrativa.

3.2 ALTERAÇÃO UNILATERAL: *JUS VARIANDI* E *JUS RESISTENTIAE*

No pacto de emprego, é o empregador que dirige a prestação pessoal dos serviços do empregado, sendo dotado o patrão do poder de mando, de comando, de gestão e direção das atividades empresariais.

Em função disso, o empregado é subordinado juridicamente ao empregador, podendo ser punido em caso de cometimento de falta, estando sujeito, portanto, à pena de advertência, suspensão disciplinar ou mesmo dispensa por justa causa.

Os riscos da atividade econômica desenvolvida também são suportados única e exclusivamente pelo empregador, visto que o obreiro presta serviços por conta alheia (princípio da alteridade).

Em função do exposto, na qualidade de dirigente do seu negócio, admitem a doutrina e jurisprudência pátria que o empregador efetue, unilateralmente, em certos casos, pequenas modificações no contrato de trabalho, desde que não venham a alterar significativamente o pacto laboral, nem importem em prejuízo ao empregado.

É o que a doutrina denominou *jus variandi*, decorrente do poder de direção do empregador.

Podemos citar como exemplos do *jus variandi* a alteração de função do empregado, o horário de trabalho, o local da prestação de serviços etc., desde que não causem, direta ou indiretamente, prejuízos ao empregado.

O empregado de confiança (art. 468 da CLT, parágrafo primeiro), ilustrativamente, pode retornar, por determinação do empregador, a prestar seu labor no antigo posto que anteriormente ocupava antes do exercício do cargo de confiança.

Por outro lado, como materialização do *jus variandi*, a jurisprudência tem firmado entendimento no sentido de que pode o empregador, unilateralmente, transferir o empregado do turno noturno para o diurno, uma vez que o trabalho noturno é mais desgastante, prejudicando a saúde do trabalhador. Evidentemente, a transferência do obreiro do horário noturno para o diurno implica a perda do referido adicional noturno (Súmula 265, TST).

Abusando o empregador do exercício do *jus variandi*, poderá o empregado opor-se às modificações implementadas, pleiteando, se for o caso, a rescisão indireta do contrato (art. 483, CLT). É o chamado *jus resistentiae* do empregado.

3.3 TRANSFERÊNCIA DE EMPREGADOS

O art. 469 da CLT assim versa:

> "Art. 469. Ao empregador é vedado transferir o empregado, sem a sua anuência, para localidade diversa da que resultar do contrato, não se

> considerando transferência a que não acarretar necessariamente a mudança do seu domicílio.
>
> § 1.º Não estão compreendidos na proibição deste artigo os empregados que exerçam cargos de confiança e aqueles cujos contratos tenham como condição implícita ou explícita, a transferência quando esta decorra da real necessidade de serviço.
>
> § 2.º É lícita a transferência quando ocorrer extinção do estabelecimento em que trabalhar o empregado.
>
> § 3.º Em caso de necessidade de serviço o empregador poderá transferir o empregado para localidade diversa da que resultar do contrato, não obstante as restrições, do artigo anterior, mas, nesse caso, ficará obrigado a um pagamento suplementar, nunca inferior a 25% (vinte e cinco por cento), dos salários que o empregado percebia naquela localidade, enquanto durar essa situação".

A regra para transferência do empregado, definitivamente, de uma localidade para outra é que haja o consentimento do obreiro, conforme se depreende da análise do art. 469, *caput*, consolidado.

Todavia, os §§ 1.º, 2.º e 3.º do art. 469 da CLT estipulam exceções em que o obreiro pode ser transferido de uma localidade para outra de forma unilateral pelo empregador.

O art. 469 é claro ao afirmar que não se considera transferência a que não acarretar necessariamente a mudança de domicílio do obreiro.

Logo, não haverá transferência se o empregado continuar residindo no mesmo local, embora trabalhando em município diferente.

Os empregados que exerçam cargo de confiança ou que tenham nos seus contratos condição implícita de transferência (ex.: trabalhadores de circo, que laboram em feiras ou exposições agropecuárias etc.) ou explícita (ex.: aeronauta, atleta profissional, vendedor viajante etc.), desde que haja a real necessidade de serviço (Súmula 43, TST), podem ser transferidos.

Será considerada lícita a transferência quando houver extinção do estabelecimento em que trabalhar o empregado.

A transferência provisória depende da real necessidade do serviço. É imprescindível que o serviço a ser executado seja necessário, ou seja, que o trabalho do operário não possa ser executado por outro empregado na localidade.

O § 3.º do art. 469 consolidado determina a transferência provisória independentemente da vontade do empregado, constituindo-se num ato unilateral do empregador, sendo apenas exigido que o empregador comprove a necessidade do serviço, visando a coibir transferências determinadas por motivos pessoais, de perseguição ao empregado etc.

O adicional de transferência (25% dos salários) somente será devido na transferência provisória, sendo mantido apenas enquanto durar essa situação.

O adicional de 25% pode ser suprimido quando do término da transferência provisória, ou mesmo quando a transferência se estabeleça definitivamente, com a anuência do empregado.

O adicional de transferência também é devido nas transferências provisórias dos empregados que ocupam cargo de confiança ou mesmo para aqueles em que exista previsão contratual de transferência, conforme entendimento consubstanciado na OJ/SDI-I/TST 113.

Neste contexto, tendo em vista que o art. 469 da CLT (transferência de empregados dentro do Brasil) é muito exigido em provas de Exame de Ordem, preparamos, abaixo, um quadro com o intuito de facilitar o estudo do leitor, como adiante demonstrado:

Transferência de empregado – Art. 469 da CLT

Dispositivo legal	Tipo de transferência	Alto	Empregados abrangidos	Condições
Art. 469, *caput*, da CLT	Definitiva	Bilateral	Qualquer empregado da empresa	Anuência do empregado. Tem que haver mudança de domicílio
Art. 469, § 1.º, da CLT	Definitiva	Unilateral	Empregados que exerçam cargo de confiança ou que os contratos tenham como condição implícita ou explícita a transferência	Tem que decorrer da real necessidade de serviço. Não depende da anuência do empregado
Art. 469, § 2.º, da CLT	Definitiva	Unilateral	Todos os empregados do estabelecimento extinto	Tem que haver a extinção do estabelecimento. Não depende da anuência do empregado
Art. 469, § 3.º, da CLT	Provisória	Unilateral	Qualquer empregado da empresa	Depende da real necessidade do serviço. Independe da vontade do obreiro. Pagamento nunca inferior a 25% dos salários enquanto durar a transferência provisória

Por último, impende destacar que no caso de transferência do empregado de uma localidade para outra, as despesas resultantes da transferência correrão por conta do empregador, nos termos do art. 470 da CLT.

3.4 INTERRUPÇÃO: CONCEITO E HIPÓTESES DE INTERRUPÇÃO DO CONTRATO DE TRABALHO

3.4.1 Conceito

A interrupção do contrato de trabalho ocorre quando o empregado suspende a realização dos serviços, mas permanece recebendo normalmente sua remuneração, continuando o empregador com todas as obrigações inerentes ao liame empregatício.

3.4.2 Hipóteses de interrupção do contrato de trabalho

Abaixo, destacamos as principais hipóteses de interrupção do contrato de trabalho e respectiva previsão legal:

Hipótese de Interrupção	Previsão legal
Até 2 (dois) dias consecutivos, em caso de falecimento do cônjuge, ascendente, descendente, irmão ou pessoa que, declarada em CTPS, viva sob sua dependência econômica.	Art. 473, I, da CLT.
Até 3 (três) dias consecutivos, em virtude de casamento.	Art. 473, II, da CLT.
Por um dia, em cada 12 meses de trabalho, em caso de doação voluntária de sangue devidamente comprovada.	Art. 473, IV, da CLT.
Até 2 (dois) dias, consecutivos ou não, para o fim de se alistar eleitor, nos termos da lei respectiva.	Art. 473, V, da CLT.
No período de tempo em que tiver de cumprir as exigências do Serviço Militar.	Art. 473, VI, da CLT.
Nos dias em que estiver comprovadamente realizando provas de exame vestibular para ingresso em estabelecimento de ensino superior.	Art. 473, VII, da CLT.
Pelo tempo que se fizer necessário, quando tiver que comparecer a juízo.	Art. 473, VIII, da CLT.
Licença-paternidade de 5 (cinco) dias.	CF/1988, Art. 7.º, XIX, c/c o ADCT, art. 10, II, § 1.ºe art. 473, III, da CLT.
Encargos públicos específicos (ex.: Participar de Tribunal de Júri, atuar em eleições etc.).	(...)
Acidente de trabalho ou doença – primeiros 15 dias.	Art. 60, § 3.º, da Lei 8.213/1991.
Repouso semanal remunerado.	Art. 7.º, XV, da CF/1988.
Feriados.	Lei 605/1949, art. 1.º.
Férias.	Art. 7.º, XVII, da CF/1988.
Licença-maternidade.	CF/1988, art. 7.º, XVIII, c/c o art. 71 da Lei 8.213/1991.
Licença remunerada em caso de aborto não criminoso.	Art. 395 da CLT.
Casos diversos de licença remunerada.	(...)
Empregado membro da Comissão de Conciliação Prévia, quando atuando como conciliador.	Art. 625-B, § 2.º, da CLT.

Hipótese de Interrupção	Previsão legal
Licença-maternidade da mãe adotiva – 120 dias.	Art. 392-A da CLT.
Pelo tempo que se fizer necessário, quando, na qualidade de representante de entidade sindical, estiver participando de reunião oficial de organismo internacional do qual o Brasil seja membro.	CLT, art. 473, IX.
Dispensa do horário de trabalho pelo tempo necessário para acompanhar sua esposa ou companheira em até seis consultas médicas, ou exames complementares, durante o período de gravidez.	CLT, art. 473, X.
Por 1 (um) dia por ano para acompanhar filho de até 6 (seis) anos em consulta médica.	CLT, art. 473, XI.
Por até 3 (três) dias, em cada 12 (doze) meses de trabalho, em caso de realização de exames preventivos de câncer devidamente comprovada.	CLT, art. 473, XII.

Com relação à licença-maternidade, vale frisar que a Lei 11.770/2008 instituiu o Programa Empresa Cidadã, destinado a prorrogar por 60 (sessenta) dias a duração da licença-maternidade prevista na CF/1988 (art. 7.º, XVIII). Decisão:

> O Tribunal, por unanimidade, conheceu da ação direta de inconstitucionalidade como arguição de descumprimento de preceito fundamental e, ratificando a medida cautelar, julgou procedente o pedido formulado para conferir interpretação conforme à Constituição ao artigo 392, § 1º, da CLT, assim como ao artigo 71 da Lei n. 8.213/91 e, por arrastamento, ao artigo 93 do seu Regulamento (Decreto n. 3.048/99), de modo a se considerar como termo inicial da licença-maternidade e do respectivo salário-maternidade a alta hospitalar do recém-nascido e/ou de sua mãe, o que ocorrer por último, prorrogando-se em todo o período o benefício, quando o período de internação exceder as duas semanas previstas no art. 392, § 2º, da CLT, e no art. 93, § 3º, do Decreto n. 3.048/99, nos termos do voto do Relator. Falaram: pela requerente, a Dra. Sofia Cavalcanti Campelo; e, pela Advocacia-Geral da União, a Dra. Natália de Rosalmeida, Advogada da União. Plenário, Sessão Virtual de 14.10.2022 a 21.10.2022.

A prorrogação será garantida à empregada da pessoa jurídica que aderir ao Programa, desde que esta a requeira até o final do primeiro mês após o parto, e será concedida imediatamente após a fruição de licença-maternidade prevista na Carta Maior (art. 1.º, § 1.º, da Lei 11.770/2008).

Nos termos da Lei 14.457/2022, a prorrogação de que trata o inciso I do caput do art. 1º, da Lei nº 11.770/2008, poderá ser compartilhada entre a empregada e o empregado requerente, desde que ambos sejam empregados de pessoa jurídica aderente ao programa e que a decisão seja adotada conjuntamente, na forma estabelecida em regulamento.

Nesta hipótese, a prorrogação poderá ser usufruída pelo empregado da pessoa jurídica que aderir ao programa somente após o término da licença-maternidade, desde que seja requerida com trinta dias de antecedência.

A administração pública direta, indireta e fundacional pode instituir programa que garanta prorrogação da licença-maternidade para suas servidoras (art. 2º).

Durante o período de prorrogação da licença-maternidade, a empregada terá direito à sua remuneração integral, nos mesmos moldes devidos no período de percepção do salário-maternidade pago pelo regime geral de previdência social, não podendo a obreira exercer qualquer atividade remunerada nem manter a criança em creche ou organização similar (arts. 3.º e 4.º).

A pessoa jurídica tributada com base no lucro real poderá deduzir do imposto devido, em cada período de apuração, o total da remuneração integral da empregada pago nos 60 (sessenta) dias de prorrogação de sua licença-maternidade (art. 5.º).

Sobre a licença-paternidade, é importante destacar que a Lei 13.257/2016 alterou o Programa Empresa Cidadã, previsto na Lei 11.770/2008, possibilitando a prorrogação por mais 15 (quinze) dias da duração da licença-paternidade prevista na CF/1988.

A prorrogação será garantida ao empregado da pessoa jurídica que aderir ao programa. Durante o período de prorrogação da licença-paternidade o empregado terá direito a sua remuneração integral, nos mesmos moldes do período de percepção do salário-paternidade inicial, não podendo o obreiro exercer qualquer atividade remunerada no período em questão.

A Lei 14.457/2022 incluiu ainda, os seguintes dispositivos na Lei nº 11.770/2008:

> Art. 1º-A. Fica a empresa participante do Programa Empresa Cidadã autorizada a substituir o período de prorrogação da licença-maternidade de que trata o inciso I do caput do art. 1º desta Lei pela redução de jornada de trabalho em 50% (cinquenta por cento) pelo período de 120 (cento e vinte) dias. (Incluído pela Lei nº 14.457, de 2022)
>
> § 1º São requisitos para efetuar a substituição de que trata o caput deste artigo: (Incluído pela Lei nº 14.457, de 2022)
>
> I – pagamento integral do salário à empregada ou ao empregado pelo período de 120 (cento e vinte) dias; e (Incluído pela Lei nº 14.457, de 2022)
>
> II – acordo individual firmado entre o empregador e a empregada ou o empregado interessados em adotar a medida. (Incluído pela Lei nº 14.457, de 2022)
>
> § 2º A substituição de que trata o caput deste artigo poderá ser concedida na forma prevista no § 3º do art. 1º desta Lei. (Incluído pela Lei nº 14.457, de 2022)

3.4.3 Férias

A licença anual remunerada não representa prêmio a ser concedido ao empregado, e sim um direito irrenunciável assegurado na Constituição Federal de 1988 (art. 7.º, XVII) e no diploma consolidado (art. 129 e ss.).

As férias, como modalidade de interrupção do contrato de trabalho, visam proporcionar descanso ao trabalhador, após certo período de trabalho, quando já se acumularam toxinas no organismo.

A Carta Maior, conforme já mencionado, assegurou a todos os trabalhadores urbanos e rurais o direito às férias anuais remuneradas, com pelo menos 1/3 a mais do que a remuneração normal (terço constitucional, art. 7.º, XVII).

Para ter direito às férias, o empregado deve cumprir o que se chama de **período aquisitivo**, ou seja, 12 meses de trabalho.

Portanto, a cada 12 meses de trabalho se configurará um período aquisitivo que dará direito ao empregado do gozo de férias.

O art. 130 da CLT estabelece o período de férias do empregado a cada 12 meses de trabalho, levando-se em conta os dias em que o empregado faltou e não justificou sua ausência ao labor, na seguinte proporção:

30 dias de férias	Até 5 faltas injustificadas
24 dias de férias	6 a 14 faltas injustificadas
18 dias de férias	15 a 23 faltas injustificadas
12 dias de férias	24 a 32 faltas injustificadas

Interpreta-se que, se o empregado faltar mais de 32 dias, deixará de adquirir o direito a férias naquele determinado período aquisitivo.

DICA

- Se tiver até 5 faltas injustificadas, não haverá qualquer desconto, e o empregado terá 30 dias de férias. A partir da 5.ª falta, para cada grupo de 9 dias de falta, perdem-se 6 dias de férias.

Os descontos nas férias acima enumerados tratam de faltas injustificadas. Se as faltas forem justificadas, não podem ser descontadas de forma alguma. Confira-se a Súmula 89 do TST, nesse sentido:

> "SÚMULA 89, TST. Se as faltas já são justificadas pela lei, consideram-se como ausências legais e não serão descontadas para o cálculo do período de férias".

Desde que haja concordância do empregado, as férias poderão ser usufruídas em até três períodos, sendo que um deles não poderá ser inferior a quatorze dias corridos e os demais não poderão ser inferiores a cinco dias corridos, cada um.

É vedado o início das férias no período de dois dias que antecede feriado ou dia de repouso semanal remunerado.

O art. 131 da CLT retrata ausências que não serão consideradas faltas do empregado:

- nos casos do art. 473;
- durante o licenciamento compulsório da empregada por motivo de maternidade ou aborto, observados os requisitos para percepção do salário-maternidade custeado pela Previdência Social;
- por motivo de acidente do trabalho ou enfermidade atestada pelo Instituto Nacional do Seguro Social - INSS -, desde que o afastamento não seja superior a seis meses. O tempo de afastamento será computado no período aquisitivo de férias;
- que sejam justificadas pela empresa, entendendo-se como tais as que não tiverem determinado o desconto do correspondente salário;
- durante a suspensão preventiva para responder a inquérito administrativo ou por prisão preventiva, quando o empregado for impronunciado ou absolvido (caso esse empregado seja impronunciado ou absolvido, seu tempo de afastamento será computado no período aquisitivo de férias);
- nos dias em que não tenha havido serviço, salvo na hipótese do inciso III do art. 133;
- os dias de falta do empregado em virtude das medidas preventivas para fins de controle da epidemia decorrente do Coronavírus.

Além dos descontos que o empregado pode sofrer em suas férias em razão de faltas injustificadas, o art. 133 da CLT traz mais algumas hipóteses de perda do direito a férias pelo empregado:

- deixar o emprego e não ser readmitido dentro de 60 dias subsequentes à sua saída;
- permanecer em gozo de licença, com percepção de salários, por mais de 30 dias;
- deixar de trabalhar, com percepção do salário, por mais de 30 dias, em virtude de paralisação parcial ou total dos serviços da empresa;
- receber da Previdência Social prestações de acidente de trabalho ou de auxílio-doença por mais de seis meses, embora descontínuos.

Ocorrendo uma dessas hipóteses e restando prejudicado o período aquisitivo de férias, tem início um novo período aquisitivo assim que o empregado retornar ao serviço (art. 133, § 2.º, CLT).

No caso do empregado afastado para prestar serviço militar, se ele retornar ao trabalho em até 90 dias da data da correspondente baixa, seu tempo de trabalho anterior à apresentação ao serviço militar será computado para fins de cálculo do período aquisitivo de férias (art. 132, CLT).

Os trabalhadores em tempo parcial podem converter 1/3 de suas férias em pecúnia (art. 58-A, § 6º, CLT).

Cumprido o período aquisitivo pelo empregado, menciona o art. 134 consolidado que o empregador deverá conceder as férias nos 12 meses subsequentes à data em que o empregado tiver adquirido o direito. É o que se chama de período concessivo de férias.

Sempre que as férias forem concedidas após o prazo de que trata o art. 134 da CLT, o empregador pagará em dobro a respectiva remuneração.

ATENÇÃO!

- O empregado cujas férias forem concedidas após o período concessivo não usufruirá 60 dias de férias, apenas receberá o pagamento em dobro.

Vencido o período concessivo sem que o empregador tenha concedido as férias, o empregado poderá ajuizar reclamação pedindo a fixação, por sentença, da época de gozo delas (art. 137, § 1.º, CLT).

Nesse sentido, observe-se a Súmula 450 do TST:

> "FÉRIAS. GOZO NA ÉPOCA PRÓPRIA. PAGAMENTO FORA DO PRAZO. DOBRA DEVIDA. ARTS. 137 E 145 DA CLT. (conversão da Orientação Jurisprudencial n.º 386 da SBDI-1) – Res. 194/2014, *DEJT* divulgado em 21, 22 e 23.05.2014. É devido o pagamento em dobro da remuneração de férias, incluído o terço constitucional, com base no art. 137 da CLT, quando, ainda que gozadas na época própria, o empregador tenha descumprido o prazo previsto no art. 145 do mesmo diploma legal".

ATENÇÃO!

Em 09/08/2022, o Supremo Tribunal Federal, no julgamento da Arguição de Descumprimento de Preceito Fundamental (ADPF) nº 501, por maioria dos votos, declarou **inconstitucional** a súmula nº 450 do TST.

A lei só prevê o pagamento das férias em dobro no caso de atraso na sua concessão, já a súmula, estipulou o pagamento em dobro no caso de atraso no pagamento das verbas que acompanham o período de descanso. Desta forma, tem-se que a súmula 450 do TST criava uma penalidade, utilizando uma analogia.

A concessão de férias será participada, por escrito, ao empregado, com antecedência mínima de 30 dias, mediante recibo passado pelo laborante.

O empregado não poderá entrar em gozo de férias sem que apresente ao empregador sua CTPS para que nela seja anotada a respectiva concessão.

Conforme determina o art. 136 da CLT, a época de concessão de férias será a que melhor consulte os interesses do empregador.

Os membros de uma família que trabalharem no mesmo estabelecimento ou empresa, terão direito a gozar férias no mesmo período, se assim o desejarem e se disto não resultar prejuízo para o serviço (art. 136, § 1.º, CLT).

O empregado estudante menor de 18 anos terá direito a fazer coincidir suas férias com as férias escolares (art. 136, § 2.º, CLT).

O art. 139 da CLT permite que o empregador conceda férias coletivas a todos os empregados de um setor da empresa ou mesmo a todos os empregados da empresa, as quais poderão ser concedidas em dois períodos anuais, desde que nenhum deles seja inferior a 10 dias corridos.

O empregador deverá dar ampla publicidade das férias coletivas, comunicando com 15 dias de antecedência à Secretaria de Trabalho, ao sindicato profissional e afixando, em igual prazo, aviso no quadro de avisos da empresa.

Os empregados contratados há menos de um ano, em caso de concessão de férias coletivas, gozarão férias proporcionais (art. 140, CLT).

O art. 143 da CLT faculta ao empregado converter 1/3 do período de férias a que tiver direito em abono pecuniário (é direito potestativo do empregado ao qual o empregador não poderá se opor), no valor da remuneração que lhe seria devida nos dias correspondentes, devendo o abono de férias ser requerido até 15 dias antes do término do período aquisitivo.

O art. 144 da CLT versa que o abono de férias, desde que não exceda de 20 dias de salário, não integrará a remuneração do empregado para os efeitos da legislação do trabalho.

O empregado perceberá, até dois dias antes do efetivo gozo, nos moldes do art. 145 da CLT, a remuneração que lhe for devida na data da sua concessão. A este valor acrescenta-se o percentual de 1/3 (art. 142 da CLT e art. 7.º, XVII, da CF/1988).

Quando o salário for pago por hora com jornadas variáveis, apurar-se-á a média do período aquisitivo, aplicando-se o valor do salário na data da concessão das férias.

Quando o salário for pago por tarefa, tomar-se-á por base a média da produção no período aquisitivo do direito a férias, aplicando-se o valor da remuneração da tarefa na data da concessão das férias.

Quando o salário for pago por percentagem, comissão ou viagem, apurar-se-á a média percebida pelo empregado nos 12 meses que precederem a concessão das férias.

A parte do salário paga em utilidades será computada de acordo com a anotação na Carteira de Trabalho e Previdência Social (art. 142, §§ 1.º a 4.º, CLT).

Os adicionais por trabalho extraordinário, noturno, insalubre ou perigoso serão computados no salário que servirá de base ao cálculo da remuneração das férias (art. 142, § 5.º, CLT).

Se, no momento das férias, o empregado não estiver percebendo o mesmo adicional do período aquisitivo, ou quando o valor deste não tiver sido uniforme, será computada a média duodecimal recebida naquele período, após a atualização das importâncias pagas, mediante incidência dos percentuais dos reajustamentos salariais supervenientes (art. 142, § 6.º, CLT).

As gratificações anuais, semestrais ou trimestrais, apesar de possuírem natureza salarial, não se incorporam na remuneração das férias.

O período de férias, sim, é computado no período de referência das gratificações trimestrais, semestrais e anuais.

A **remuneração simples** das férias é a regra geral: valor do salário referencial do empregado acrescido de 1/3 constitucional. É o que se aplica para as férias usufruídas no período concessivo ou devidas no caso de dispensa do empregado durante o período concessivo. É a figura das férias simples.

As férias proporcionais são remuneradas também de forma simples, porém em valor reduzido, em razão da proporcionalidade aos meses do período aquisitivo.

O TST, por meio da Resolução do Tribunal Pleno 121/2003, alterou duas Súmulas (171 e 261), passando a reconhecer o direito do obreiro à indenização das férias proporcionais em caso de pedido de demissão, mesmo que conte com menos de um ano de empresa.

Objetivando facilitar o estudo do aluno, preparamos o seguinte quadro analítico:

Término do contrato de trabalho	**Férias integrais + 1/3 constitucional**	**Férias proporcionais + 1/3 constitucional**
Dispensa sem justa causa	Caso não tenha gozado as férias recebe a indenização das férias integrais acrescida do terço constitucional	Recebe a indenização das férias proporcionais acrescida do terço constitucional
Dispensa por justa causa	Caso não tenha gozado as férias recebe a indenização das férias integrais acrescida do terço constitucional	Não recebe

Término do contrato de trabalho	Férias integrais + 1/3 constitucional	Férias proporcionais + 1/3 constitucional
Pedido de demissão do empregado com mais de um ano de empresa	Caso não tenha gozado as férias recebe a indenização das férias integrais acrescida do terço constitucional	Recebe a indenização das férias proporcionais acrescida do terço constitucional
Pedido de demissão do empregado com menos de um ano de empresa	Não recebe, pois ainda não completou o período aquisitivo de férias	Recebe a indenização das férias proporcionais acrescida do terço constitucional

Quanto à prescrição para postular na Justiça do Trabalho o gozo ou indenização das férias, o art. 149 da CLT estabelece que o prazo prescricional começa a correr do término do período concessivo de férias, ou, se for o caso, da cessação do contrato de trabalho.

O art. 133 da CLT destaca quatro hipóteses que, uma vez ocorridas no curso do período aquisitivo, fazem com que o obreiro perca o direito às férias, iniciando-se um novo período aquisitivo após o retorno do empregado ao trabalho, quais sejam:

- deixar o emprego e não ser readmitido dentro dos 60 dias subsequentes a sua saída;
- permanecer em gozo de licença, com percepção de salários, por mais de 30 dias;
- deixar de trabalhar, com percepção de salário, por mais de 30 dias, em virtude de paralisação parcial ou total dos serviços da empresa;
- ter percebido da previdência social prestações de acidente de trabalho ou de auxílio-doença por mais de seis meses, ainda que descontínuos.

3.5 SUSPENSÃO: CONCEITO E HIPÓTESES DE SUSPENSÃO DO CONTRATO DE TRABALHO

3.5.1 Conceito

Na suspensão do contrato do trabalho ambos os contraentes suspendem suas obrigações contratuais. O obreiro não presta os serviços e o empregador deixa de remunerar o empregado. Com raras exceções, não há contagem de tempo de serviço, nem recolhimento fundiário ou mesmo previdenciário, havendo a paralisação provisória dos efeitos do contrato.

3.5.2 Hipóteses de suspensão do contrato de trabalho

Podemos destacar os seguintes casos de suspensão do contrato de trabalho:

- O afastamento por motivo de doença após o 15.º dia é considerado suspensão do contrato de trabalho, uma vez que o obreiro entra em gozo de auxílio-doença, pago pela Previdência (art. 59 da Lei 8.213/1991).
- A greve é um direito assegurado no art. 9.º da CF/1988, regulamentado pela Lei 7.783/1989. No entanto, o movimento de paralisação dos serviços pelos trabalhadores é considerado pelo art. 7.º da Lei de Greve como sendo de suspensão do contrato de trabalho.
- O empregado eleito para o cargo de dirigente sindical, nos termos do art. 543, § 2.º, da CLT, quando no exercício de suas funções sindicais, permanece em licença não remunerada, sendo caso de suspensão. Não obstante, se houver cláusula contratual, de convenção ou acordo coletivo, mantendo a obrigação patronal pelo pagamento da remuneração e demais vantagens ao empregado, estaremos diante de uma modalidade de interrupção.
- O empregado eleito diretor de S.A. tem seu contrato de emprego suspenso, salvo se permanecer a subordinação jurídica inerente à relação de emprego, hipótese em que o contrato de trabalho continuará produzindo seus regulares efeitos, conforme entendimento consubstanciado na Súmula 269 do TST.
- Qualquer espécie de licença não remunerada constitui modalidade de suspensão do contrato de trabalho.
- O afastamento do obreiro para participar de curso de qualificação profissional, pelo período de dois a cinco meses, à luz do art. 476-A consolidado, consiste em hipótese de suspensão contratual.
- A suspensão disciplinar prevista no art. 474 da CLT, em virtude de o empregado ter cometido falta, também é hipótese de suspensão do contrato de emprego. Ressalte-se que a suspensão disciplinar não poderá exceder de 30 dias, sob pena de se caracterizar a dispensa imotivada ou rescisão injusta do contrato de trabalho.
- O empregado estável (art. 492 consolidado) somente poderá ser dispensado se cometer falta grave, previamente apurada por meio de ação judicial denominada Inquérito para Apuração de Falta Grave (art. 494 c/c o art. 853 da CLT), podendo o empregado ser suspenso de suas funções durante o trâmite do inquérito.
- As faltas injustificadas ao serviço configuram hipótese de suspensão do contrato do trabalho, não fazendo jus o obreiro à remuneração do dia da falta, como também perdendo a remuneração do repouso semanal.
- O afastamento do empregado para exercício de encargos públicos, como o de ministro, secretário de estado, senador, deputado federal etc., nos termos do art. 472 da CLT, não constitui motivo para a rescisão do contrato de trabalho pelo empregador, caracterizando-se hipóteses de suspensão contratual.

- Conforme previsto no art. 475 da CLT, o empregado que for aposentado por invalidez terá suspenso o seu contrato de trabalho durante o prazo fixado pelas leis de previdência social para a efetivação do benefício. Recuperando o empregado a capacidade de trabalho e sendo a aposentadoria cancelada, ser-lhe-á assegurado o direito à função que ocupava ao tempo da aposentadoria, facultado, porém, ao empregador o direito de indenizá-lo por rescisão do contrato de trabalho, à luz dos arts. 477 e 478, salvo na hipótese de ser ele portador de estabilidade, quando a indenização deverá ser paga na forma do art. 497 da CLT. Caso o empregador tenha admitido substituto para o aposentado, poderá rescindir, com este, o respectivo contrato de trabalho sem indenização, desde que tenha havido ciência inequívoca da interinidade ao ser celebrado o contrato.
- Durante o estado de calamidade pública a que se refere a Lei nº 14.020/2020, o empregador poderá acordar a suspensão temporária do contrato de trabalho de seus empregados, de forma setorial, departamental, parcial ou na totalidade dos postos de trabalho, pelo prazo máximo de 60 (sessenta) dias, fracionável em 2 (dois) períodos de até 30 (trinta) dias, podendo ser prorrogado por prazo determinado em ato do Poder Executivo.

3.6 QUESTÕES

1. (OAB 2010.2 – FVG) Com relação ao regime de férias, é correto afirmar que:

(A) as férias devem ser pagas ao empregado com adicional de 1/3 até 30 dias antes do início do seu gozo.

(B) salvo para as gestantes e os menores de 18 anos, as férias podem ser gozadas em dois períodos.

(C) o empregado que pede demissão antes de completado seu primeiro período aquisitivo faz jus a férias proporcionais.

(D) as férias podem ser convertidas integralmente em abono pecuniário, por opção do empregado.

2. (OAB/BA 2010.3 – FGV) Relativamente à alteração do contrato de trabalho, é correto afirmar que

(A) É considerada alteração unilateral vedada em lei a determinação ao empregador para que o empregado com mais de dez anos na função reverta ao cargo efetivo.

(B) O empregador pode, sem a anuência do empregado exercente de cargo de confiança, transferi-lo, com mudança de domicílio, para localidade diversa da que resultar do contrato, independentemente de real necessidade do serviço.

(C) O empregador pode, sem a anuência do empregado cujo contrato tenha como condição, implícita ou explícita, transferi-lo, com mudança de domicílio, para localidade diversa da que resultar do contrato, no caso de real necessidade do serviço.

(D) O adicional de 25% é devido nas transferências provisórias e definitivas.

3. (OAB/BA 2009.3 – CESPE) No que se refere às férias anuais dos trabalhadores, regulamentadas pela CLT, assinale a opção correta.

(A) O período das férias será computado, para todos os efeitos, como tempo de serviço.

(B) É possível descontar do período de férias as faltas do empregado ao serviço, desde que no limite máximo de dez faltas.

(C) Em nenhuma hipótese, o período de férias do trabalhador poderá ser fracionado.

(D) A definição do período de férias atende ao que melhor convenha aos interesses do empregado.

4. (OAB/BA 2010.1 – CESPE) Com relação ao contrato de trabalho, assinale a opção correta.

(A) Constitui motivo para alteração do contrato de trabalho pelo empregador o afastamento do empregado em virtude das exigências do serviço militar.

(B) O empregado poderá deixar de comparecer ao serviço sem prejuízo do salário nos dias em que estiver comprovadamente realizando prova de exame vestibular para ingresso em estabelecimento de ensino superior.

(C) A suspensão do empregado por mais de quinze dias consecutivos importa na rescisão injusta do contrato de trabalho.

(D) Constitui justa causa para rescisão do contrato de trabalho pelo empregador a condenação criminal do empregado proferida pelo juiz de primeiro grau.

5. (OAB/BA 2009.3 – CESPE) Assinale a opção correta acerca da hipótese de alteração do contrato mediante transferência do empregado, consoante o que dispõe a CLT.

(A) É vedada a transferência do empregado na hipótese de extinção do estabelecimento em que ele trabalhar.

(B) Na hipótese de necessidade do serviço, o empregador poderá transferir o empregado para localidade diversa da que resultar do contrato, não sendo obrigado a pagar qualquer acréscimo salarial por isso.

(C) Via de regra, ao empregador é vedado transferir o empregado, sem a anuência deste, para localidade diversa da que resultar do contrato, não se considerando transferência a que não acarretar necessariamente a mudança do seu domicílio.

(D) As despesas resultantes da transferência, segundo regra geral, serão rateadas entre o empregado e o empregador.

6. (OAB 2008.3) Suponha que determinada empregada, admitida em 10.01.2007 para prestar serviço como auxiliar de cozinha em um restaurante, tenha adotado, em 13.11.2008, uma criança nascida em 28.05.2006. Nessa situação, a empregada:

(A) tem direito à gozo de licença maternidade por um período de 60 dias, desde que apresente o termo judicial que comprove a efetivação da adoção.

(B) tem direito a gozo de licença maternidade por um período de 120 dias, desde que apresente o termo judicial que comprove a efetivação da adoção.

(C) não tem direito a gozo de licença maternidade em decorrência da idade da criança adotada.

(D) não tem direito a gozo de licença maternidade por não ser mãe biológica da criança.

OBS.: A Lei 12.010/2009 revogou os parágrafos do art. 392-A da CLT, os quais estabeleciam uma proporcionalidade para a licença maternidade da mãe adotiva conforme a idade da criança. Atualmente, independente da idade da criança adotada, a licença-maternidade da mãe adotiva será sempre de 120 dias.

7. (OAB 2009.2) Pedro exercia, na empresa Atlântico, havia cinco anos, cargo de confiança pelo qual recebia gratificação. Em razão de não ter atendido às metas determinadas pela nova direção da empresa, perdeu o cargo e retornou à função que ocupava originariamente. Com relação a essa situação hipotética, assinale a opção correta.

(A) Pedro não perderá a gratificação pelo cargo de confiança, visto que, após três anos, ela é incorporada ao patrimônio jurídico do trabalhador.

(B) A empresa poderá retirar a gratificação que Pedro recebia pelo cargo ocupado.

(C) Em razão do princípio da estabilidade financeira, a empresa não poderá retirar a gratificação de Pedro.

(D) Em razão do princípio da irredutibilidade salarial e por Pedro ter prestado serviços por cinco anos no referido cargo de confiança, a empresa não poderá retirar-lhe a gratificação.

8. (IX Exame de Ordem Unificado – FGV) Após sofrer um acidente automobilístico de gravíssimas proporções enquanto viajava a lazer, o empregado Pedro foi aposentado por invalidez pelo INSS. Assinale a alternativa que indica o efeito desse fato no seu contrato de trabalho.

(A) O contrato de Pedro será interrompido.

(B) O contrato de Pedro será suspenso.

(C) O contrato de Pedro será extinto.

(D) O contrato de Pedro continuará em vigor e ele terá todos os direitos trabalhistas assegurados.

9. (OAB XX EXAME – FGV) Joana é empregada da sociedade empresária XYZ Ltda., que possui diversas filiais em sua cidade. Como trabalha na filial a 100 m de sua residência, não optou pelo vale-transporte. Dois anos depois, por ato unilateral do empregador, foi transferida para uma filial localizada a 30 km de sua residência. Para chegar ao local de trabalho necessita utilizar duas linhas de ônibus que têm custos distintos.

Com base no caso apresentado, assinale a afirmativa correta.

(A) Como Joana não optou por receber o vale-transporte, deverá custear suas despesas de transporte ou utilizar meio alternativo.

(B) A empresa deverá custear apenas uma tarifa modal de transporte, de acordo com a lei do vale-transporte.

(C) Como o local de residência de Joana é o problema, porque não é servido por transporte público regular, a empresa está obrigada a pagar apenas a tarifa modal.

(D) Se Joana é transferida por determinação do empregador para local mais distante, tem direito de receber o acréscimo que terá na despesa com transporte.

10. (OAB XX EXAME – FGV) Após ter sofrido um acidente do trabalho reconhecido pela empresa, que emitiu a competente CAT, um empregado afastou-se do serviço e passou a receber auxílio-doença acidentário.

Sobre a situação descrita, em relação ao período no qual o empregado recebeu benefício previdenciário, assinale a afirmativa correta.

(A) A situação retrata caso de suspensão contratual e a empresa ficará desobrigada de depositar o FGTS na conta vinculada do trabalhador.

(B) Ocorrerá interrupção contratual e a empresa continua com a obrigação de depositar o FGTS para o empregado junto à CEF.

(C) Ter-se-á suspensão contratual e a empresa continuará obrigada a depositar o FGTS na conta vinculada do trabalhador.

(D) Haverá interrupção contratual e a empresa estará dispensada de depositar o FGTS na conta vinculada do trabalhador.

11. (OAB XX EXAME – FGV) Lúcia trabalha na sede de uma estatal brasileira que fica em Brasília. Seu contrato vigora há 12 anos e, em razão de sua capacidade e experiência, Lúcia foi designada para trabalhar na nova filial do empregador que está sendo instalada na cidade do México, o que foi imediatamente aceito.

Em relação à situação retratada e ao FGTS, à luz do entendimento consolidado do TST, assinale a afirmativa correta.

(A) Lúcia terá direito ao depósito do FGTS enquanto estiver trabalhando no México, que deverá continuar sendo depositado na sua conta vinculada no Brasil.

(B) Usando-se a teoria atomista, chega-se à conclusão que Lúcia terá direito à metade do FGTS, que será depositado na sua conta vinculada.

(C) Uma vez que na legislação do México não há previsão de FGTS, Lúcia não terá esse direito assegurado.

(D) Para que Lúcia tenha direito ao FGTS, deverá assinar documento próprio para tal fim, devidamente traduzido.

12. (OAB XXI EXAME – FGV) Paula e Joyce são empregadas de uma mesma sociedade empresária. O irmão de Paula faleceu e o empregador não autorizou sua ausência ao trabalho. Vinte dias depois, Joyce se casou e o empregador também não autorizou sua ausência ao trabalho em nenhum dia.

Como advogado(a) das empregadas, você deverá requerer

(A) em ambos os casos, a ausência ao trabalho por três dias consecutivos.

(B) um dia de ausência ao trabalho para Paula e de três dias para Joyce.

(C) a ausência ao trabalho por dois dias consecutivos, no caso de Paula e, de até três dias, para Joyce.

(D) a ausência ao trabalho por dois úteis dias no caso de Paula e, de até três dias úteis, para Joyce.

13. (OAB/FGV – XXII EXAME) Célio e Paulo eram funcionários da sociedade empresária Minério Ltda. e trabalhavam no município do Rio de Janeiro. Por necessidade de serviço, eles foram deslocados para trabalhar em outros municípios. Célio continuou morando no mesmo lugar, porque o município em que passou a laborar era contíguo ao Rio de Janeiro. Paulo, no entanto, mudou-se definitivamente, com toda a família, para o município em que passou a trabalhar, distante 350 km do Rio de Janeiro. Dois anos depois, ambos foram dispensados. A sociedade empresária nada pagou aos funcionários quando das transferências de locais de trabalho, salvo a despesa com a mudança de Paulo. Ambos ajuizaram ações trabalhistas. A partir da hipótese sugerida, assinale a afirmativa correta.

(A) Célio e Paulo não têm direito ao adicional de transferência.

(B) Apenas Paulo tem direito ao adicional de transferência.

(C) Apenas Célio tem direito ao adicional de transferência.

(D) Ambos têm direito ao adicional de transferência.

14. (OAB/FGV – XXVI EXAME DE ORDEM) Considerando a grave crise financeira que o país atravessa, a fim de evitar a dispensa de alguns funcionários, a metalúrgica Multiforte Ltda. pretende suspender sua produção por um mês. O Sindicato dos Empregados da indústria metalúrgica contratou você para, como advogado, buscar a solução para o caso. Segundo o texto da CLT, assinale a opção que apresenta a solução de acordo mais favorável aos interesses dos empregados.

(A) Implementar a suspensão dos contratos de trabalho dos empregados por 30 dias, por meio de acordo individual de trabalho.

(B) Conceder férias coletivas de 30 dias.

(C) Promover o lockout.

(D) Implementar a suspensão dos contratos de trabalho dos empregados por 30 dias, por meio de acordo coletivo de trabalho.

15. (OAB/FGV – XXVIII EXAME DE ORDEM) Determinada sociedade empresária ampliou os benefícios de seus empregados para fidelizá-los e evidenciar sua responsabilidade social. Dentre outras medidas, aderiu voluntariamente ao programa de empresa cidadã e, assim, aumentou o período de licença maternidade e o de licença paternidade de seus empregados. Marcondes, empregado da referida empresa, que será pai em breve, requereu ao setor de recursos humanos a ampliação do seu período de licença paternidade, e agora deseja saber quanto tempo ficará afastado.

Assinale a opção que, de acordo com a Lei, indica o período total da licença paternidade que Marcondes aproveitará.

(A) 5 dias.

(B) 10 dias.

(C) 15 dias.

(D) 20 dias.

16. (OAB/FGV – XXXI EXAME DE ORDEM) Enzo é professor de Matemática em uma escola particular, em que é empregado há 8 anos. Após 2 anos de namoro e 1 ano de noivado, irá se casar com Carla, advogada, empregada em um escritório de advocacia há 5 anos.

Sobre o direito à licença pelo casamento, de acordo com a CLT, assinale a afirmativa correta.

(A) O casal poderá faltar aos seus empregos respectivos por até 3 dias úteis para as núpcias.

(B) Carla, por ser advogada, terá afastamento de 5 dias e Enzo, por ser professor, poderá faltar por 2 dias corridos.

(C) Enzo poderá faltar ao serviço por 9 dias, enquanto Carla poderá se ausentar por 3 dias consecutivos.

(D) Não há previsão específica, devendo ser acertado o período de afastamento com o empregador, observado o limite de 10 dias.

17. (OAB/FGV – XXXII – EXAME DE ORDEM) Bruno era empregado em uma sociedade empresária, na qual atuava como teleoperador de vendas on-line de livros e artigos religiosos, usando, em sua estação de trabalho, computador e headset. Em determinado dia, o sistema de câmeras internas flagrou Bruno acessando, pelo computador, um site pornográfico por 30 minutos, durante o horário de expediente. Esse fato foi levado à direção no dia seguinte, que, indignada, puniu Bruno com suspensão por 40 dias, apesar de ele nunca ter tido qualquer deslize funcional anterior. Diante da situação apresentada e dos termos da CLT, assinale a afirmativa correta.

(A) A punição, tal qual aplicada pela empresa, importa na rescisão injusta do contrato de trabalho.

(B) A punição é compatível com a gravidade da falta, devendo Bruno retornar ao emprego após os 40 dias de suspensão.

(C) A empresa deveria dispensar Bruno por justa causa, porque pornografia é crime, e, como não o fez, considera-se perdoada a falta.

(D) A empresa errou, porque, sendo a primeira falta praticada pelo empregado, a Lei determina que se aplique a pena de advertência.

18. (OAB/FGV – XXXIV – EXAME DE ORDEM) Eduarda é auditora contábil e trabalha na sociedade empresarial Calculadora Certa Ltda., exercendo sua atividade junto aos vários clientes do seu empregador. Por necessidade de serviço, e tendo em vista a previsão expressa em seu contrato de trabalho, Eduarda será transferida por 4 (quatro) meses para um distante Estado da Federação, pois realizará a auditoria física no maior cliente do seu empregador.

Considerando essa situação e os termos da CLT, assinale a afirmativa correta.

(A) A transferência é nula, porque o empregado tem a expectativa de permanecer em um só lugar.

(B) A empregada pode ser transferida e receberá um adicional de 10% (dez por cento), que será incorporado ao seu salário mesmo após o retorno.

(C) A transferência somente será possível se houver prévia autorização judicial e, caso permitida, Eduarda fará jus a um adicional mínimo de 50% (cinquenta por cento).

(D) Eduarda poderá ser transferida e terá direito a um adicional não inferior a 25% (vinte e cinco por cento) sobre seu salário, enquanto estiver na outra localidade.

19. (OAB/FGV – XXXIV – EXAME DE ORDEM) Rita trabalha, desde a contratação, das 22h às 5h, como recepcionista em um hospital. Tendo surgido uma vaga no horário diurno, a empresa pretende transferir Rita para o horário diurno. Diante disso, de acordo com o entendimento consolidado da jurisprudência do TST, assinale a afirmativa correta.

(A) A alteração do turno de trabalho do empregado é vedada, pois implica redução remuneratória pela perda do respectivo adicional.

(B) A alteração do turno noturno para o diurno é lícita, mesmo com a supressão do adicional noturno.

(C) A alteração de turno depende do poder diretivo do empregador, mas o adicional noturno não pode ser suprimido.

(D) A alteração do turno de trabalho será lícita, desde que haja a incorporação definitiva do adicional ao salário de Rita.

20. (OAB/FGV – XXXIII – EXAME DE ORDEM) Genilson e Carla trabalham como operadores de atendimento em uma sociedade empresária de telemarketing. Ambos possuem plano de saúde empresarial, previsto no regulamento interno e custeado integralmente pelo empregador, com direito a uma ampla rede credenciada e quarto particular em caso de eventual internação. Ocorre que a sociedade empresária, desejando reduzir seus custos, alterou o regulamento e informou seus empregados que o plano foi modificado, com redução significativa da rede credenciada e que, eventual internação hospitalar, seria feita em enfermaria – e não mais em quarto particular. Sobre a alteração efetuada e de acordo com a CLT, assinale a afirmativa correta.

(A) A alteração não é válida para Genilson e Carla, porque só pode ser efetivada para aqueles admitidos após a mudança.

(B) A alteração é válida para Genilson e Carla, porque o plano de saúde continuou a ser mantido, ainda que em condições diferentes.

(C) A alteração somente será válida para os admitidos anteriormente à mudança.

(D) A alteração, que alcança apenas os admitidos após a mudança, deve ser homologada judicialmente.

21. (OAB/FGV – XXXVI – EXAME DE ORDEM) Sua cliente é uma empresa do setor calçadista com sede em Sapiranga, no Rio Grande do Sul, e lhe procurou indagando acerca da possibilidade de transferir alguns empregados para outras localidades.Diante disso, considerando o texto da CLT em vigor e o entendimento jurisprudencial consolidado do TST, assinale a afirmativa correta.

(A) O empregado com contrato de trabalho no qual consta cláusula expressa de transferência decorrente de comprovada real necessidade de serviço obrigatoriamente deve aquiescer com a transferência, sendo tal concordância requisito indispensável para a validade da transferência.

(B) Apenas serão consideradas transferências aquelas que acarretarem, necessariamente, a mudança de domicílio do empregado.

(C) Em caso de necessidade de serviço, o empregador será livre para transferir o empregado provisoriamente, desde que com a aquiescência deste, sendo desnecessário o pagamento de qualquer outra vantagem ou benefício ao empregado, exceto a ajuda de custo para a mudança.

(D) Havendo transferência provisória com o pagamento do respectivo adicional, as despesas resultantes da transferência serão do empregado, uma vez que já indenizada a transferência pelo adicional respectivo.

22. (OAB/FGV – XXXVII – EXAME DE ORDEM) João Luiz trabalha desde os 18 anos no Banco Dinheiro Futuro S/A. Começou como caixa em 1990. Devido ao seu desempenho brilhante, agora, no dia 30/05/2022, foi eleito diretor. Em razão dessa nova condição, consultou você, na qualidade de advogado(a), acerca dos desdobramentos jurídicos relacionados ao seu contrato de trabalho. Sobre a hipótese, considerando o teor das normas trabalhistas em vigor e o entendimento jurisprudencial consolidado do TST, assinale a afirmativa correta.

(A) O empregado eleito para ocupar cargo de diretor tem o respectivo contrato de trabalho suspenso, não se computando o tempo de serviço deste período, salvo se permanecer a subordinação jurídica inerente à relação de emprego.

(B) Com a eleição do empregado para o cargo de diretor, o respectivo contrato de trabalho será extinto com o pagamento dos direitos rescisórios pertinentes.

(C) A eleição de empregado para o cargo de diretor não induz suspensão ou interrupção do contrato de trabalho, uma vez que se considera promoção, podendo haver a reversão ao cargo efetivo após o término do mandato.

(D) O contrato de trabalho ficará interrompido, já que permanecem as obrigações de pagamento de remuneração, contagem do tempo de serviço e de recolhimento do FGTS.

23. (OAB/FGV – XXXVII – EXAME DE ORDEM) Pedro é empregado em uma indústria farmacêutica, atuando como propagandista. Desejoso de lutar por melhores condições para os brasileiros, Pedro se filiou a um partido político e lançou sua candidatura a deputado federal. Em razão disso, Pedro requereu ao empregador uma licença remunerada por 30 dias para poder se dedicar à campanha eleitoral e aumentar suas chances de ser eleito, já informando que, no caso de indeferimento, irá judicializar a questão. Sobre o caso apresentado, sabendo-se que a norma coletiva da categoria de Pedro nada diz a respeito dessa situação, assinale a afirmativa correta.

(A) Pedro não poderá exigir a interrupção do seu contrato porque não há tal previsão na CLT.

(B) A pretensão de Pedro somente teria cabimento se a campanha fosse para cargo político estadual ou municipal, não prevalecendo se for federal.

(C) O contrato de trabalho de Pedro ficará automaticamente suspenso a partir do lançamento da candidatura.

(D) Pedro poderá ser dispensado por justa causa, pelo fato de concorrer às eleições sem comunicar previamente o empregador.

24. (OAB/FGV – XXXIX – EXAME DE ORDEM) Uma família, composta de pai, mãe e uma filha, respectivamente Jorge, Paula e Rita, trabalha na mesma sociedade empresária como funcionários do departamento de produção.

Rita tem 16 anos de idade, estuda na parte da manhã em uma escola vizinha ao local de trabalho, e está cursando o primeiro ano do ensino médio. Os pais são responsáveis pelo setor de qualidade, que não conta com nenhum outro funcionário.

Os três procuraram você, como advogado(a), porque desejam fazer coincidir as férias escolares de Rita, no mês de julho, com as férias de Jorge e Paula, a fim de viabilizar uma viagem familiar. Entretanto, o empregador indeferiu o requerimento das férias de Jorge e Paula, tendo deferido apenas o de Rita.

Sobre o direito às férias, assinale a afirmativa correta.

(A) Cabe o ajuizamento de reclamação trabalhista requerendo que o juiz marque as férias dos 3 membros da mesma família, pois Rita tem direito às férias no período escolar e deverá ser acompanhada pelos pais.

(B) Cabe aos empregados a designação do período de férias, inexistindo direito ao empregador de indeferi-las.

(C) Os três poderão gozar férias juntos, mas Rita não tem direito de requerer férias concomitantemente com o período de férias escolares.

(D) Rita tem direito a fazer coincidir suas férias no emprego com as férias escolares e seus pais terão direito a gozar férias no mesmo período, desde que isso não resulte prejuízo para o serviço, causa do indeferimento pelo empregador.

25. (OAB/FGV - XXXIX - EXAME DE ORDEM) Você, como advogado, trabalha no setor de recursos humanos de uma grande empresa multinacional. Como o gerente do setor está de férias, e é ele, na condição de gerente, que defere ou indefere as licenças reivindicadas pelos funcionários, a secretária do setor, agora, lhe indagou sobre as solicitações de quatro funcionários: o primeiro está com o contrato suspenso por doença, em gozo de benefício previdenciário de auxílio doença comum e requer pagamento de salário; o segundo requereu o abono de um dia de trabalho, em razão de doação de sangue; o terceiro formulou requerimento de dispensa para ser ouvido como testemunha na Justiça do Trabalho em audiência presencial e, o quarto e último, aduziu que o primo faleceu e requereu a dispensa do dia de trabalho.

Sobre as solicitações, considerando o teor da legislação trabalhista em vigor, assinale a afirmativa correta.

(A) Na hipótese de falecimento do primo, sendo parente do funcionário, a dispensa ao trabalho é devida por um dia.

(B) Em caso de doação de sangue voluntária, devidamente comprovada, o empregado tem direito a um dia de licença remunerada a cada 12 meses.

(C) O empregado em gozo de auxílio doença tem direito a receber a complementação salarial da diferença entre o benefício previdenciário e o salário.

(D) A ausência ao trabalho para comparecimento em juízo refere-se tão somente aos casos de o empregado ser parte na demanda, mas não para servir como testemunha.

26. (OAB/FGV - XLI - EXAME DE ORDEM) Pedro e Vitor trabalham na mesma sociedade empresária. Em 2023, Pedro foi convocado para prestar serviço militar obrigatório e Vitor sofreu um grave acidente de trabalho, que exigiu seu afastamento do emprego por um ano.

Sobre o tempo de serviço dos dois empregados, considerando os fatos narrados e o que dispõe a CLT, assinale a afirmativa correta.

(A) Ambos os empregados terão computado o tempo de afastamento na contagem de tempo de serviço para efeito de indenização.

(B) Somente Pedro terá computado o tempo de serviço militar na contagem de tempo de serviço para efeito de indenização.

(C) Nenhum dos empregados terá computado o tempo de afastamento na contagem de tempo de serviço para efeito de indenização.

(D) Apenas Vitor terá computado o tempo de serviço militar na contagem de tempo de serviço para efeito de indenização.

GABARITO: As respostas destes testes encontram-se no final do livro.

CAPÍTULO

4

REMUNERAÇÃO E SALÁRIO

4.1 REMUNERAÇÃO – CONCEITO

O art. 457 da CLT dispõe que:

> "Art. 457. Compreendem-se na remuneração do empregado, para todos os efeitos legais, além do salário devido e pago diretamente pelo empregador, como contraprestação do serviço, as gorjetas que receber".

Remuneração consiste no somatório da contraprestação paga diretamente pelo empregador, seja em pecúnia, seja em utilidades, com a quantia recebida pelo obreiro de terceiros, a título de gorjeta.

Neste contexto, pela análise do art. 457 consolidado, podemos extrair a seguinte fórmula:

REMUNERAÇÃO = SALÁRIO + GORJETA

Frise-se que o salário é a contraprestação paga diretamente pelo empregador, seja em dinheiro, seja em utilidades (alimentação, habitação etc.).

Já as gorjetas são sempre pagas em dinheiro e por terceiros, não sendo pagas pelo próprio empregador.

4.2 GORJETA

Gorjeta, está definida não só como a importância espontaneamente dada pelo cliente ao empregado, mas também o valor cobrado pela empresa, como serviço ou adicional, a qualquer título, e destinado à distribuição aos empregados.

Esse valor, calculado sobre a média, reflete nas demais verbas trabalhistas, calculadas com base na remuneração, como férias + 1/3, décimo terceiro salário e FGTS. Não integram, contudo, as seguintes verbas calculadas exclusivamente com base no salário: aviso prévio, adicional noturno, horas extras e descanso semanal remunerado. É o teor da súmula nº 354, do TST.

A gorjeta pode constituir-se num valor fixo dado pelo cliente, como num percentual incidente sobre a nota de serviço, normalmente fixado em 10% (dez por cento).

A remuneração não poderá ser fixada exclusivamente à base de gorjeta, haja vista que a gorjeta é paga por terceiros e não pelo empregador.

Atenção! É importante destacar a parcela denominada de guelta. Guelta é o valor recebido pelo empregado, geralmente vendedor, mas pago diretamente pelas empresas fabricantes ou distribuidoras de certos produtos. Há um forte posicionamento, inclusive do TST, a equiparar as gueltas às gorjetas, por serem um valor recebido pelo empregado no âmbito da prestação do serviço, mas pago por terceiro.

4.3 SALÁRIO

4.3.1 Conceito

A palavra salário encontra sua origem semântica no latim *salarium*, querendo dizer sal, o qual já foi utilizado em Roma como forma de pagamento, servindo de "moeda de troca".

Uma das características do salário é a possibilidade de sua natureza composta, ou seja, a possibilidade de parte da contraprestação ser paga em dinheiro e parte em in natura (utilidades).

Portanto, salário é a contraprestação paga diretamente pelo empregador, seja em dinheiro, seja em utilidades (alimentação, habitação etc.).

4.3.2 Características do salário

Podemos elencar as seguintes características do salário:

- Caráter alimentar – objetiva o salário a prover o alimento do trabalhador e de sua família.
- Comutatividade – consiste numa equivalência simbólica entre o serviço prestado e o valor pago.
- Sinalagmático – as partes se obrigam a prestações recíprocas e antagônicas. O trabalhador tem a obrigação de prestar serviços e o direito a receber salário pelos serviços prestados.

Por sua vez, o empregador tem o direito de exigir que o obreiro preste os serviços, mas tem a obrigação de remunerar o trabalhador pelos serviços prestados.

- Caráter forfetário – deriva da alteridade, uma vez tendo sido executado o trabalho, o salário é sempre devido, não correndo o empregado os riscos do empreendimento.
- Duração ou continuidade do salário – o contrato de trabalho é de débito permanente ou de trato sucessivo, em que direitos e obrigações se renovam a cada período. Após cada mês trabalhado, nasce para o obreiro o direito de receber o salário pelos serviços prestados.
- Pós-numerário – o salário somente é devido após a prestação de serviço.
- Irredutibilidade salarial – a regra é que o salário do trabalhador seja irredutível. Todavia, esse princípio não é absoluto, pois a Constituição Federal

de 1988, no art. 7.º, inciso VI, permite a redução temporária dos salários mediante convenção ou acordo coletivo de trabalho.

- Possibilidade da natureza composta do salário – o salário não precisa ser pago exclusivamente em dinheiro, podendo parte ser quitado em pecúnia, parte em utilidades.
- Determinação heterônoma – o Estado intervém para fixar o mínimo de salário que pode ser contratado entre as partes (art. 7.º, inciso IV, CF/1988).

Vale mencionar que, em função do princípio da intangibilidade salarial, o art. 833, inciso IV, do CPC proíbe a penhora dos salários, salvo se o trabalhador for devedor de pensão alimentícia.

4.3.3 Tipos de salário

Podemos identificar as seguintes parcelas integrantes:

- salário básico;
- salário *in natura*;
- sobressalários;
- salário complessivo.

4.3.3.1 Salário básico

Conforme já esclarecido, salário é a contraprestação paga diretamente pelo empregador ao obreiro em função do serviço prestado, podendo ser paga totalmente em dinheiro, ou parte em pecúnia e parte em utilidades.

Por sua vez, o salário é formado pelo somatório do salário básico com as parcelas denominadas sobressalário.

SALÁRIO = SALÁRIO BÁSICO + SOBRESSALÁRIO

O salário básico é aquele pago simplesmente em dinheiro (simples) ou em dinheiro e utilidades (*in natura*).

SALÁRIO BÁSICO = SALÁRIO EM DINHEIRO + SALÁRIO *IN NATURA*

Impende destacar que o salário não poderá ser pago exclusivamente em utilidades, devendo, pelo menos, 30% (trinta por cento) ser pago em dinheiro, conforme previsto nos arts. 82, parágrafo único, e 458, § 1.º, ambos da CLT.

4.3.3.2 Salário in natura

Conforme o art. 458 da CLT, além do pagamento em dinheiro, compreendem-se no salário, para todos os efeitos legais, habitação, vestuário ou outras prestações *in natura* que a empresa, por força do contrato ou do costume, fornecer habitualmente ao empregado. Em caso algum será permitido o pagamento com bebidas alcoólicas ou drogas nocivas.

Qualquer fornecimento diverso de dinheiro feito pelo empregador ao empregado que não seja ferramenta de trabalho é uma utilidade, porém nem toda utilidade possui natureza salarial.

Para identificar se uma utilidade possui ou não natureza salarial, é necessário observar se ela é fornecida para o trabalho ou pelo empregador.

Se uma parcela é fornecida de forma gratuita como um luxo **PELO** empregador, possui natureza salarial, e pode ser chamada de salário *in natura*.

Se a parcela é fornecida como uma ferramenta **PARA** o exercício de suas funções, trata-se de uma utilidade sem natureza salarial.

Todas as prestações *in natura* possuem natureza salarial e o valor das utilidades deve ser computado na base de cálculo das demais verbas. Exemplo: um empregado recebe salário de R$ 2.000,00, o empregador paga sua academia no valor de R$ 200,00, e o empregador ainda paga seu condomínio, no valor de R$ 300,00. Então, seu contracheque deve vir no valor de R$ 2.500,00. E verbas como férias, décimo terceiro salário etc., serão calculadas sobre esse valor total.

> "Art. 458. Além do pagamento em dinheiro, compreende-se no salário, para todos os efeitos legais, a alimentação, habitação, vestuário ou outras prestações *in natura* que a empresa, por força do contrato ou do costume, fornecer habitualmente ao empregado. Em caso algum será permitido o pagamento com bebidas alcoólicas ou drogas nocivas".

4.3.3.2.1 Observações importantes sobre o salário *in natura*

- Não representa salário-utilidade o fornecimento de bebidas alcoólicas ou drogas nocivas (parte final do art. 458 da CLT).
- De acordo com o art. 458, §§ 2.º e 5º da CLT, não se consideram como salário as seguintes parcelas:
  - vestuários, equipamentos e outros acessórios fornecidos aos empregados e utilizados no local de trabalho, para a prestação do serviço;
  - educação, em estabelecimento de ensino próprio ou de terceiros, compreendendo os valores relativos à matrícula, mensalidade, anuidade, livros e material didático;
  - transporte destinado ao deslocamento para o trabalho e retorno, em percurso servido ou não por transporte público;

- assistência médica, hospitalar e odontológica, prestada diretamente ou mediante seguro-saúde;
- seguros de vida e de acidentes pessoais;
- previdência privada;
- valor correspondente ao vale-cultura;
- valor relativo à assistência prestada por serviço médico ou odontológico, próprio ou não, inclusive o reembolso de despesas com medicamentos, óculos, aparelhos ortopédicos, próteses, órteses, despesas médico-hospitalares e outras similares, mesmo quando concedido em diferentes modalidades de planos e coberturas, não integra o salário do empregado para qualquer efeito nem o salário de contribuição, para efeitos do previsto na alínea *q* do § 9º do art. 28 da Lei 8.212, de 24 de julho de 1991.

A doutrina estabeleceu um critério para definir se a prestação fornecida pelo empregador é salário *in natura* ou não:

- se a utilidade é fornecida como uma vantagem **pela** prestação dos serviços, terá natureza salarial (ex.: automóvel que o empregado também se utiliza nos finais de semana, casa fornecida pela empresa etc.), pois representa uma vantagem concedida pelo trabalho executado e não apenas para o trabalho;
- ao contrário, se a utilidade for fornecida **para** a prestação de serviços, estará descaracterizada a natureza salarial (ex.: fornecimento de EPIs, moradia cedida ao caseiro ou zelador de edifício para desempenho de suas funções etc.).

Ainda sobre o salário *in natura*, convém destacar a nova Súmula 367 do TST, criada por meio da Res. 129/2005, *DJ* 20.04.2005, *in verbis*:

> "SÚMULA 367, TST. Utilidades *in natura*. Habitação. Energia elétrica. Veículo. Cigarro. Não integração ao salário.
>
> I – A habitação, a energia elétrica e o veículo fornecidos pelo empregador ao empregado, quando indispensáveis para a realização do trabalho, não têm natureza salarial, ainda que, no caso do veículo, seja ele utilizado pelo empregado também em atividades particulares.
>
> II – O cigarro não se considera salário utilidade em face de sua nocividade à saúde".

4.3.3.3 Sobressalário

Sobressalário é a prestação que, por sua natureza, integra o complexo salarial como complementos do salário básico.

São exemplos de parcelas sobressalário as gratificações legais e comissões pagas pelo empregador. Também são consideradas parcelas sobressalário: o adicional de horas extras, adicional noturno, adicional de insalubridade, periculosidade e o adicional de tempo de serviço (Súmula 203, TST).

As importâncias, ainda que habituais, pagas a título de ajuda de custo, auxílio-alimentação (vedado seu pagamento em dinheiro), diárias para viagem e prêmios não integram a remuneração do empregado.

Consideram-se prêmios as liberalidades concedidas pelo empregador em forma de bens, serviços ou valor em dinheiro a empregado ou a grupo de empregados, em razão de desempenho superior ao ordinariamente esperado no exercício de suas atividades.

O salário-família e o salário-maternidade não têm natureza salarial, mas sim previdenciária.

O TST firmou o entendimento, consubstanciado na Súmula 247, de que a parcela paga aos bancários sob a denominação de *quebra de caixa* possui natureza salarial.

Em relação às comissões, nada impede que o empregado receba seu salário exclusivamente à base de comissões (remuneração variável). Todavia, se, no final do mês, as comissões auferidas não alcançarem 1 (um) salário-mínimo, deverá o empregador complementar o pagamento até aquele valor, vedado qualquer desconto no salário do trabalhador no mês seguinte.

A comissão pode ser paga em percentagem, unidade, valor fixo etc. Estabelece o art. 466 da CLT que o pagamento das comissões e percentagens só é exigível depois de ultimada a transação a que se referem. Nas transações realizadas por prestações sucessivas, é exigível o pagamento das percentagens e comissões que lhes disserem respeito proporcionalmente à respectiva liquidação. A cessação das relações de trabalho não prejudica a percepção das comissões e percentagens devidas.

4.3.3.4 Salário complessivo

Salário complessivo é o pagamento englobado, sem discriminação das verbas quitadas ao empregado.

Revela-se o salário complessivo, também chamado de salário englobado, quando o empregador efetua o pagamento do salário ao obreiro por meio de parcela única, sem discriminar os valores quitados (salário, adicional noturno, horas extras, adicional de insalubridade, férias, gratificação natalina etc.).

O pagamento do salário de forma complessiva é condenado pela doutrina, uma vez que tal procedimento patronal pode vir a prejudicar o empregado, o qual, não tendo como verificar o quanto recebeu atinente a cada parcela, poderá ser lesado em seus direitos, auferindo menos do que o devido.

O TST firmou entendimento contrário ao salário complessivo, materializado na Súmula 91, estabelecendo que é nula a cláusula contratual que fixe determinada importância ou percentagem para atender englobadamente vários direitos legais ou contratuais do trabalhador.

4.3.4 Defesa do salário

4.3.4.1 Defesa do salário em face do empregador

O diploma consolidado é permeado de normas de proteção ao salário do empregado em face do empregador, evitando-se, assim, que o empregador retenha, de modo injustificado, total ou parcialmente, o salário do obreiro. Senão vejamos:

- o menor de 18 anos poderá firmar recibo de pagamento de salários, porém na rescisão do contrato de trabalho deverá estar assistido por seus pais (CLT, art. 439);
- qualquer que seja a modalidade do trabalho, o pagamento não pode ser estipulado por período superior a um mês, devendo ser pago até o 5.º dia útil subsequente ao mês vencido, salvo quanto às comissões, percentagens ou gratificações (CLT, art. 459, § 1.º);
- ao empregador é vedado efetuar qualquer desconto nos salários dos empregados, salvo quando esse resultar de adiantamentos, de dispositivo de lei ou de contrato coletivo (CLT, art. 462);
- em caso de dano causado pelo empregado, o desconto será lícito, desde que essa possibilidade tenha sido acordada, ou na ocorrência de dolo do empregado (CLT, art. 462, § 1.º);
- o salário deve ser pago em moeda do país, entendendo-se como não realizado se for pago em outra moeda (CLT, art. 463);
- o pagamento será feito mediante recibo (CLT, art. 464);
- o pagamento será feito em dia útil e no local de trabalho, dentro do horário de serviço ou imediatamente após o encerramento deste (CLT, art. 465).

4.3.4.2 Defesa dos salários em face dos credores do empregado

O principal diploma de proteção do salário do empregado está previsto no art. 833, IV, do CPC, que declara que os salários são impenhoráveis, salvo para pagamento de prestações alimentícias.

4.3.4.3 Defesa do salário em face dos credores do empregador

A Lei 11.101, de 09.02.2005, que regula a recuperação judicial, extrajudicial e a falência do empresário e da sociedade empresária, trouxe, em seu bojo, algumas inovações quanto à preferência dos créditos trabalhistas em caso de falência da empresa, a saber:

> "Lei 11.101/2005:
>
> Art. 6º A decretação da falência ou o deferimento do processamento da recuperação judicial implica:

> (...)
>
> § 2.º É permitido pleitear, perante o administrador judicial, habilitação, exclusão ou modificação de créditos derivados da relação de trabalho, mas as ações de natureza trabalhista, inclusive as impugnações a que se refere o art. 8.º desta Lei, serão processadas perante a justiça especializada até a apuração do respectivo crédito, que será inscrito no quadro-geral de credores pelo valor determinado em sentença.
>
> (...)
>
> Art. 76. O juízo da falência é indivisível e competente para conhecer todas as ações sobre bens, interesses e negócios do falido, ressalvadas as causas trabalhistas, fiscais e aquelas não reguladas nesta Lei em que o falido regular como autor ou litisconsorte ativo.
>
> (...)
>
> Art. 83. A classificação dos créditos na falência obedece à seguinte ordem:
>
> I – os créditos derivados da legislação do trabalhista, limitados a 150 (cento e cinquenta) salários-mínimos por credor, e aqueles decorrentes de acidentes de trabalho;
>
> (...)
>
> VI – créditos quirografários, a saber:
>
> (...)
>
> c) os saldos dos créditos derivados da legislação trabalhista que excederem o limite estabelecido no inciso I do caput deste artigo;
>
> (...)
>
> Art. 84. Serão considerados créditos extraconcursais e serão pagos com precedência sobre os mencionados no art. 83 desta Lei, na ordem a seguir, aqueles relativos:
>
> I-D – às remunerações devidas ao administrador judicial e aos seus auxiliares, aos reembolsos devidos a membros do Comitê de Credores, e aos créditos derivados da legislação trabalhista ou decorrentes de acidentes de trabalho relativos a serviços prestados após a decretação da falência;

Logo, após a edição da Lei 11.101/2005, podemos concluir que:

- as reclamações trabalhistas, independentemente da decretação da falência da empresa, continuam a ser processadas e julgadas pela Justiça do Trabalho, que informará ao juízo da falência, para efeitos de habilitação, o crédito laboral oriundo da decisão judicial transitada em julgado;
- somente serão considerados créditos privilegiados na falência os limitados a 150 salários-mínimos por credor, sendo os saldos que excederem este limite enquadrados como créditos quirografários;

- em caso de cessão de crédito trabalhista a terceiro, o mesmo será considerado crédito quirografário;
- os créditos trabalhistas devidos aos obreiros que continuarem prestando serviços à massa falida após a decretação de quebra da empresa serão considerados extraconcursais e serão pagos com precedência a qualquer outro.

4.4 ATIVIDADES INSALUBRES E PERIGOSAS

4.4.1 Atividades insalubres

São consideradas atividades ou operações insalubres aquelas que, por sua natureza, condições ou métodos de trabalho, exponham os empregados a agentes nocivos à saúde, acima dos limites de tolerância fixados em razão da natureza e da intensidade do agente e do tempo de exposição aos seus efeitos (art. 189, CLT).

O quadro de atividades e operações insalubres será aprovado pelo Ministério do Trabalho e Emprego, o qual adotará normas sobre os critérios de caracterização da insalubridade, os limites de tolerância aos agentes agressivos, meios de proteção e o tempo máximo de exposição do empregado a esses agentes (art. 190, CLT).

Portanto, para se configurar a existência do direito ao adicional de insalubridade não basta a perícia constatar que o ambiente de trabalho é agressivo à saúde do empregado, sendo indispensável o enquadramento da atividade ou operação entre as insalubres pelo Ministério do Trabalho e Emprego, conforme menciona a Súmula 460 do STF.

A eliminação ou a neutralização da insalubridade ocorrerá com a adoção de medidas que conservem o ambiente de trabalho dentro dos limites de tolerância e com a utilização de equipamentos de proteção individual ao trabalhador, que diminuam a intensidade do agente agressivo a limites de tolerância (art. 191, CLT).

Não há direito adquirido ao recebimento do adicional de insalubridade, sendo que a Súmula 80 do TST menciona que a eliminação da insalubridade pelo fornecimento de aparelhos protetores aprovados pelo Órgão competente do Poder Executivo exclui a percepção do adicional respectivo.

O simples fornecimento do aparelho de proteção pelo empregador não o exime do pagamento do adicional de insalubridade, devendo tomar as medidas que conduzam à diminuição ou eliminação da nocividade, dentre as quais as relativas ao uso efetivo dos equipamentos de proteção individual - EPIs, pelo empregado (Súmula 289, TST).

O adicional de insalubridade é devido ao empregado que presta serviços em atividades insalubres, sendo calculado, em função do contido no art. 192 da CLT, à razão de 10%, 20% e 40% sobre o salário-mínimo, respectivamente para os graus mínimo, médio e máximo.

O trabalho executado em caráter intermitente, em condições insalubres, não afasta, por essa circunstância, o pagamento do adicional de insalubridade (Súmula 47, TST).

O empregado que postular o pagamento de adicional de insalubridade na Justiça do Trabalho deve abrir mão do adicional de periculosidade e vice-versa, não podendo receber os dois cumulativamente (art. 193, § 2.º, CLT).

De acordo com tese firmada no julgamento de Recurso de Revista Repetitivo n.º 356-84.2013.5.04.0007, o TST estabeleceu os seguintes entendimentos in verbis:

1. O reconhecimento da insalubridade, para fins do percebimento do adicional previsto no artigo 192 da CLT, não prescinde do enquadramento da atividade ou operação na relação elaborada pelo Ministério do Trabalho ou da constatação de extrapolação de níveis de tolerância fixados para agente nocivo expressamente arrolado no quadro oficial.
2. A atividade com utilização constante de fones de ouvido, tal como a de operador de telemarketing, não gera direito ao adicional de insalubridade tão somente por equiparação aos serviços de telegrafia e radiotelegrafia, manipulação em aparelhos do tipo Morse e recepção de sinais em fones, para os fins do Anexo 13 da Norma Regulamentadora 15 da Portaria n.º 3.214/1978 do Ministério do Trabalho.

Impende destacar que o direito do empregado ao adicional de insalubridade ou de periculosidade cessará com a eliminação do risco à sua saúde ou integridade física (art. 194, CLT), não havendo que se falar em direito adquirido, conforme entendimento materializado no TST, por meio da Súmula 248, *in verbis*:

> "SÚMULA 248, TST. Adicional de insalubridade. Direito adquirido. A reclassificação ou a descaracterização da insalubridade, por ato da autoridade competente, repercute na satisfação do respectivo adicional, sem ofensa a direito adquirido ou ao princípio da irredutibilidade salarial".

Caso o empregado seja removido do setor ou passe a laborar em outro estabelecimento, perderá o direito ao adicional de insalubridade.

A verificação por meio de perícia da prestação de serviços em condições nocivas à saúde do empregado, considerando agente insalubre diverso do apontado na inicial, não prejudica o pedido de adicional de insalubridade (Súmula 293, TST).

Os efeitos pecuniários decorrentes do trabalho em condições de insalubridade ou periculosidade serão devidos a contar da data da inclusão da respectiva atividade nos quadros aprovados pelo Ministério do Trabalho e Emprego, conforme preceitua o art. 196 consolidado.

Frise-se que o art. 7.º, inciso XXXIII, da CF/1988 proíbe o trabalho noturno, **perigoso ou insalubre** ao menor de 18 anos e de qualquer trabalho ao menor de 16 anos, salvo na condição de aprendiz, a partir dos 14 anos.

Ainda sobre a insalubridade, cabe destacar as seguintes súmulas e orientações jurisprudenciais:

> "SÚMULA 139, TST. Adicional de insalubridade. Enquanto percebido, o adicional de insalubridade integra a remuneração para todos os efeitos legais".
>
> "SÚMULA 448, TST. ATIVIDADE INSALUBRE. CARACTERIZAÇÃO. PREVISÃO NA NORMA REGULAMENTADORA N.º 15 DA PORTARIA DO MINISTÉRIO DO TRABALHO N.º 3.214/1978. INSTALAÇÕES SANITÁRIAS. (conversão da Orientação Jurisprudencial n.º 4 da SBDI-1 com nova redação do item II) – Res. 194/2014, *DEJT* divulgado em 21, 22 e 23.05.2014.
>
> I – Não basta a constatação da insalubridade por meio de laudo pericial para que o empregado tenha direito ao respectivo adicional, sendo necessária a classificação da atividade insalubre na relação oficial elaborada pelo Ministério do Trabalho.
>
> II – A higienização de instalações sanitárias de uso público ou coletivo de grande circulação, e a respectiva coleta de lixo, por não se equiparar à limpeza em residências e escritórios, enseja o pagamento de adicional de insalubridade em grau máximo, incidindo o disposto no Anexo 14 da NR-15 da Portaria do MTE n.º 3.214/1978 quanto à coleta e industrialização de lixo urbano.".
>
> "OJ 103/SDI-I/TST. Adicional de insalubridade. Repouso semanal e Feriados. O adicional de insalubridade já remunera os dias de repouso semanal e feriados".
>
> "OJ 173/SDI-I/TST. Adicional de insalubridade. Atividade a céu aberto. Exposição ao sol e ao calor. (redação alterada na sessão do Tribunal Pleno realizada em 14.09.2012)
>
> I – Ausente previsão legal, indevido o adicional de insalubridade ao trabalhador em atividade a céu aberto, por sujeição à radiação solar (art. 195 da CLT e Anexo 7 da NR 15 da Portaria n.º 3.214/1978 do MTE).
>
> II – Tem direito ao adicional de insalubridade o trabalhador que exerce atividade exposto ao calor acima dos limites de tolerância, inclusive em ambiente externo com carga solar, nas condições previstas no Anexo 3 da NR 15 da Portaria n.º 3.214/1978 do MTE."

4.4.2 Atividades perigosas

O art. 193 da CLT considerou como atividades ou operações perigosas as que, por sua natureza ou métodos de trabalho, impliquem risco acentuado em virtude de exposição permanente do trabalhador a inflamáveis, explosivos ou energia elétrica, roubos ou outras espécies de violência física nas atividades profissionais de segurança pessoal ou patrimonial, colisões, atropelamentos ou outras espécies de acidentes ou violências nas atividades profissionais dos agentes das autoridades de trânsito (conforme inciso III, acrescentado pela Lei 14.684/2023) e o empregado que trabalha sobre motocicleta.

Atenção! Na hipótese de contato do empregado com inflamáveis, não se aplica às quantidades de inflamáveis contidas nos tanques de combustíveis originais de fábrica e suplementares, para consumo próprio de veículos de carga e de transporte coletivo de passageiros, de máquinas e de equipamentos, certificados pelo órgão competente, e nos equipamentos de refrigeração de carga (art. 193, § 5.º, CLT, acrescentado pela Lei 14.766/2023).

O adicional de periculosidade consistirá no percentual de 30% (trinta por cento), calculados sobre o salário-base, sem os acréscimos resultantes de gratificações, prêmios etc. (art. 193, § 1.º, CLT). Serão descontados ou compensados do adicional outros da mesma natureza eventualmente já concedidos ao vigilante por meio de acordo coletivo (art. 193, § 3.º, CLT).

Os empregados que operam bomba de gasolina têm direito ao adicional de periculosidade (Súmula 39, TST).

Não há direito adquirido ao recebimento do adicional de periculosidade. Portanto, eliminado o risco à saúde ou integridade física do trabalhador, cessa o pagamento do atinente adicional.

Mesmo que a empresa não compareça à audiência e seja decretada a sua revelia, em função do disposto no art. 195, § 2.º, da CLT, será obrigatória a realização de prova pericial para que o perito verifique se o reclamante laborava em condições perigosas ou insalubres.

O TST, em relação ao adicional de periculosidade, por meio das Súmulas 132, 191, 364 e 453 esclarece que:

> "SÚMULA 132, TST. Adicional de periculosidade. Integração.
>
> I – O adicional de periculosidade, pago em caráter permanente, integra o cálculo de indenização e de horas extras.
>
> II – Durante as horas de sobreaviso, o empregado não se encontra em condições de risco, razão pela qual é incabível a integração do adicional de periculosidade sobre as mencionadas horas".
>
> "SÚMULA 191. ADICIONAL DE PERICULOSIDADE. INCIDÊNCIA. BASE DE CÁLCULO
>
> I – O adicional de periculosidade incide apenas sobre o salário básico e não sobre este acrescido de outros adicionais.
>
> II – O adicional de periculosidade do empregado eletricitário, contratado sob a égide da Lei nº 7.369/1985, deve ser calculado sobre a totalidade das parcelas de natureza salarial. Não é válida norma coletiva mediante a qual se determina a incidência do referido adicional sobre o salário básico.

III – A alteração da base de cálculo do adicional de periculosidade do eletricitário promovida pela Lei nº 12.740/2012 atinge somente contrato de trabalho firmado a partir de sua vigência, de modo que, nesse caso, o cálculo será realizado exclusivamente sobre o salário básico, conforme determina o § 1º do art. 193 da CLT."

"SÚMULA 364, TST. ADICIONAL DE PERICULOSIDADE. EXPOSIÇÃO EVENTUAL, PERMANENTE E INTERMITENTE.

I – Tem direito ao adicional de periculosidade o empregado exposto permanentemente ou que, de forma intermitente, sujeita-se a condições de risco. Indevido, apenas, quando o contato dá-se de forma eventual, assim considerado o fortuito, ou o que, sendo habitual, dá-se por tempo extremamente reduzido. (ex-OJs da SBDI-1 n.os 05 – inserida em 14.03.1994 – e 280 – *DJ* 11.08.2003).

II – Não é válida a cláusula de acordo ou convenção coletiva de trabalho fixando o adicional de periculosidade em percentual inferior ao estabelecido em lei e proporcional ao tempo de exposição ao risco, pois tal parcela constitui medida de higiene, saúde e segurança do trabalho, garantida por norma de ordem pública (arts. 7.º, XXII e XXIII, CF e 193, § 1.º, CLT)."

"SÚMULA 453, TST. ADICIONAL DE PERICULOSIDADE. PAGAMENTO ESPONTÂNEO. CARACTERIZAÇÃO DE FATO INCONTROVERSO. DESNECESSÁRIA A PERÍCIA DE QUE TRATA O ART. 195 DA CLT. (conversão da Orientação Jurisprudencial n.º 406 da SBDI-1) – Res. 194/2014, *DEJT* divulgado em 21, 22 e 23.05.2014.

O pagamento de adicional de periculosidade efetuado por mera liberalidade da empresa, ainda que de forma proporcional ao tempo de exposição ao risco ou em percentual inferior ao máximo legalmente previsto, dispensa a realização da prova técnica exigida pelo art. 195 da CLT, pois torna incontroversa a existência do trabalho em condições perigosas."

Nessa esteira, se a exposição à atividade perigosa é permanente ou intermitente (não diária, mas que ocorra com certa regularidade), o trabalhador fará jus ao adicional de periculosidade. Todavia, se a exposição for eventual ou ocasional (esporádica, em raras situações ou por tempo extremamente reduzido), o obreiro não fará jus ao respectivo adicional de periculosidade.

Vale mencionar que o TST, por meio da Orientação Jurisprudencial 345, da SDI--I, considerou como devido o adicional de periculosidade ao empregado exposto à radiação ionizante ou à substância radioativa. Vejamos:

"OJ/SDI-I/TST 345. Adicional de periculosidade. Radiação ionizante ou substância radioativa devida. *DJ* 22.06.2005. A exposição do empregado à radiação ionizante ou à substância radioativa enseja a percepção do

> adicional de periculosidade, pois a regulamentação ministerial (Portarias do Ministério do Trabalho 3.393, de 17.12.1987, e 518, de 07.04.2003), ao reputar perigosa a atividade, reveste-se de plena eficácia, porquanto expedida por força de delegação legislativa contida no art. 200, *caput*, e inciso VI, da CLT. No período de 12.12.2002 a 06.04.2003, enquanto vigeu a Portaria 496 do Ministério do Trabalho, o empregado faz jus ao adicional de insalubridade".

Ainda, a OJ 347 da SDI-I/TST estabelece que é devido o adicional de periculosidade aos empregados cabistas, instaladores e reparadores de linhas e aparelhos de empresas de telefonia, desde que, no exercício de suas funções, fiquem expostos a condições de risco equivalente ao do trabalho exercido em contato com o sistema elétrico de potência.

Finalmente, dispõe a Orientação Jurisprudencial 385 da SBDI-1 do TST:

> "OJ-SDI1-385 ADICIONAL DE PERICULOSIDADE. DEVIDO. ARMAZENAMENTO DE LÍQUIDO INFLAMÁVEL NO PRÉDIO. CONSTRUÇÃO VERTICAL – *DEJT* divulgado em 09, 10 e 11.06.2010.
>
> É devido o pagamento do adicional de periculosidade ao empregado que desenvolve suas atividades em edifício (construção vertical), seja em pavimento igual ou distinto daquele onde estão instalados tanques para armazenamento de líquido inflamável, em quantidade acima do limite legal, considerando-se como área de risco toda a área interna da construção vertical".

4.5 EQUIPARAÇÃO SALARIAL

A Constituição Federal de 1988, no art. 7.º, inciso XXX, proíbe qualquer diferença de salários, de exercício de funções e de critério de admissão por motivo de sexo, idade, cor ou estado civil.

Logo, o exercício da mesma função na empresa, atendidos os requisitos impostos pela lei, gera a necessária igualdade de salários, podendo o trabalhador prejudicado ou discriminado postular no Judiciário Trabalhista a equiparação salarial com o modelo ou paradigma.

O requerente da equiparação judicial chama-se paragonado. O modelo chama-se *paradigma*.

A equiparação ou isonomia salarial está disciplinada no art. 461 e §§ da CLT, que estabelecem:

> "Art. 461. Sendo idêntica a função, a todo trabalho de igual valor, prestado ao mesmo empregador, no mesmo estabelecimento empresarial, corresponderá igual salário, sem distinção de sexo, etnia, nacionalidade ou idade.

> § 1.º Trabalho de igual valor, para os fins deste Capítulo, será o que for feito com igual produtividade e com a mesma perfeição técnica, entre pessoas cuja diferença de tempo de serviço para o mesmo empregador não seja superior a quatro anos e a diferença de tempo na função não seja superior a dois anos.
>
> § 2.º Os dispositivos deste artigo não prevalecerão quando o empregador tiver pessoal organizado em quadro de carreira ou adotar, por meio de norma interna da empresa ou de negociação coletiva, plano de cargos e salários, dispensada qualquer forma de homologação ou registro em órgão público.
>
> § 3.º No caso do § 2.º deste artigo, as promoções poderão ser feitas por merecimento e por antiguidade, ou por apenas um destes critérios, dentro de cada categoria profissional.
>
> § 4.º O trabalhador readaptado em nova função por motivo de deficiência física ou mental atestada pelo órgão competente da Previdência Social não servirá de paradigma para fins de equiparação salarial".
>
> § 5.º A equiparação salarial só será possível entre empregados contemporâneos no cargo ou na função, ficando vedada a indicação de paradigmas remotos, ainda que o paradigma contemporâneo tenha obtido a vantagem em ação judicial própria.
>
> § 6.º Na hipótese de discriminação por motivo de sexo, raça, etnia, origem ou idade, o pagamento das diferenças salariais devidas ao empregado discriminado não afasta seu direito de ação de indenização por danos morais, consideradas as especificidades do caso concreto. (Redação dada pela Lei nº 14.611, de 2023)
>
> § 7.º Sem prejuízo do disposto no § 6.º, no caso de infração ao previsto neste artigo, a multa de que trata o art. 510 desta Consolidação corresponderá a 10 (dez) vezes o valor do novo salário devido pelo empregador ao empregado discriminado, elevada ao dobro, no caso de reincidência, sem prejuízo das demais cominações legais. (Incluído pela Lei nº 14.611, de 2023)

Nesse diapasão, o trabalhador, ao pleitear judicialmente a equiparação salarial, deverá obedecer a alguns requisitos. Vejamos:

a) Trabalhar para o mesmo empregador.

b) Trabalhar com a mesma produtividade e perfeição técnica: tais requisitos serão apurados por meio de critérios objetivos. Se o empregador alegar que o requerente e o paradigma não possuíam a mesma produtividade e perfeição técnica, terá que comprovar, sendo seu o *onus probandi* (Súmula 6, VIII, TST).

c) Mesmo estabelecimento comercial: o requerente da equiparação salarial e o paradigma não podem laborar em estabelecimentos comerciais diferentes ainda que no mesmo Município.

d) Possuir identidade exata de função: empregado e paradigma devem exercer exatamente as mesmas funções, desempenhando as mesmas tarefas, não importando a denominação de cada cargo. Se os empregados desempenham exatamente as mesmas tarefas, não importa se o empregador deu a um dos cargos, por exemplo, o nome de gerente administrativo e, ao outro, o de assistente administrativo, ou seja, aplicando-se o princípio da primazia da realidade, o nome do cargo não faz a menor diferença (Súmula 6, III, TST).

e) A diferença de tempo de serviço para o mesmo empregador não ser superior a quatro anos e a diferença de tempo na função não ser superior a dois anos.

f) Simultaneidade na prestação de serviços (contemporaneidade): é mister que haja simultaneidade na prestação de serviços entre equiparando e o paradigma.

O TST firmou entendimento no sentido de ser desnecessário que ao tempo da reclamação envolvendo pedido de equiparação salarial, reclamante e paradigma estejam a serviço do estabelecimento, desde que o pedido se relacione com situação pretérita.

Inexistindo simultaneidade na prestação de serviços, mas sucessividade, em que um empregado sucede a outro na empresa, no desempenho das funções, não há que se falar em isonomia salarial.

Todavia, havendo substituição temporária no desempenho das funções de um obreiro pelo outro, o TST entende que deve haver igualdade de salários entre o substituto e o substituído, durante o interregno da substituição, conforme esclarece a Súmula 159 do TST:

> "SÚMULA 159, TST. Substituição de caráter não eventual e vacância do cargo.
>
> I – Enquanto perdurar a substituição que não tenha caráter meramente eventual, inclusive nas férias, o empregado substituto fará jus ao salário contratual do substituído.
>
> II – Vago o cargo em definitivo, o empregado que passa a ocupá-lo não tem direito a salário igual a de seu antecessor".

g) Inexistência de quadro organizado em carreira: a adoção pelo empregador de quadro organizado em carreira, ou adotar, por meio de norma interna da empresa ou de negociação coletiva, plano de cargos e salários, dispensada qualquer forma de homologação ou registro em órgão público, excluem o direito à equiparação salarial.

4.5.1 Observações

- O trabalhador readaptado em nova função, por motivo de deficiência física ou mental atestada pelo órgão competente da Previdência Social, jamais servirá de paradigma para efeitos de equiparação salarial.

- As vantagens incorporadas ao patrimônio do paradigma, de caráter pessoal, não poderão ser objeto de extensão, não gerando equiparação salarial.
- O empregado ajuizará reclamação trabalhista indicando o paradigma e requerendo a equiparação salarial, provando a identidade de funções (fato constitutivo).
- Ao empregador caberá demonstrar o fato modificativo, extintivo ou impeditivo do direito do autor, como, por exemplo, prova de que paragonado e paradigma executam funções diversas, que não prestam serviços ao mesmo empregador, não laboram na mesma localidade, que o paradigma é trabalhador readaptado etc.

No que se refere à equiparação salarial envolvendo sociedade de economia mista, vejamos a Súmula 455 do TST:

> "SÚMULA 455, TST. EQUIPARAÇÃO SALARIAL. SOCIEDADE DE ECONOMIA MISTA. ART. 37, XIII, DA CF/1988.POSSIBILIDADE. (conversão da Orientação Jurisprudencial n.º 353 da SBDI-1 com nova redação) - Res. 194/2014, *DEJT* divulgado em 21, 22 e 23.05.2014.
>
> À sociedade de economia mista não se aplica a vedação à equiparação prevista no art. 37, XIII, da CF/1988, pois, ao admitir empregados sob o regime da CLT, equipara-se a empregador privado, conforme disposto no art. 173, § 1.º, II, da CF/1988".

4.6 DESCONTOS NO SALÁRIO

Em respeito ao princípio da intangibilidade e objetivando proteger o salário do obreiro em face de descontos abusivos praticados pelo empregador, o art. 462 da CLT dispôs que:

> "Art. 462. Ao empregador é vedado efetuar qualquer desconto nos salários do empregado, salvo quando este resultar de adiantamentos, de dispositivos de lei ou de contrato coletivo.
>
> § 1.º Em caso de dano causado pelo empregado, o desconto será lícito, desde que esta possibilidade tenha sido acordada ou na ocorrência de dolo do empregado".

Neste sentido, o *caput* do art. 462 somente permitiu o desconto no salário do trabalhador quando resultasse de adiantamento, de dispositivos de lei (ex.: contribuição sindical quando houver autorização expressa) ou previsto em norma coletiva (ex.: contribuição assistencial quando houver autorização expressa).

Não obstante, o Colendo TST, por intermédio da Súmula 342 e da OJ 160 da SDI-I, também reconheceu como lícito o desconto efetuado no salário do obreiro, condicionado à autorização prévia, por escrito e livremente consentida do empregado, para ser integrado em planos de saúde, de previdência privada, de entidade recreativa, cultural etc.

Em caso de dano causado pelo empregado, será lícito o desconto, desde que resulte de dolo do empregado, ou que esta possibilidade tenha sido acordada no contrato de trabalho (art. 462, § 1.º, CLT).

Por sua vez, o art. 462, § 2.º, da CLT condena a utilização do sistema de barracão ou armazéns, figura conhecida como *truck system*, ao mencionar que é vedado à empresa que mantiver armazém para venda de mercadorias aos empregados ou serviços destinados a proporcionar-lhe prestações *in natura*, exercer qualquer coação ou induzimento no sentido de que os empregados se utilizem deste armazém ou dos serviços.

O § 3.º do mesmo art. 462 consolidado menciona que quando não for possível o acesso dos empregados a armazéns ou serviços não mantidos pela empresa, é lícito à autoridade competente determinar a adoção de medidas adequadas, visando a que as mercadorias sejam vendidas e os serviços prestados a preços razoáveis, sem intuito de lucro e sempre em benefício dos empregados.

4.7 GRATIFICAÇÃO NATALINA

A gratificação compulsória de natal, também conhecida como "décimo terceiro salário", com a promulgação da Constituição Federal de 1988, passou a constar no rol de direitos sociais dos trabalhadores urbanos e rurais, conforme previsto no art. 7.º, inciso VIII, da Carta Maior.

O décimo terceiro salário, que possui natureza salarial, também é devido ao trabalhador avulso e ao empregado doméstico (art. 7.º, XXXIV e respectivo parágrafo único, da CF/1988).

Apesar de a Carta Maior elencar a gratificação natalina como direito social, o décimo terceiro foi regulamentado, bem antes, por meio da Lei 4.090/1962.

Restou criada a gratificação natalina, a ser paga no mês de dezembro de cada ano, somando-se 1/12 da remuneração devida no mês de dezembro por mês trabalhado, considerando-se a fração igual ou superior a 15 dias como mês integral para efeitos de pagamento da gratificação.

Por sua vez, o art. 3.º da Lei 4.090/1962 normatizou que, havendo rescisão sem justa causa do contrato de trabalho, o empregado terá direito a receber a gratificação devida nos termos dos §§ 1.º e 2.º do art. 1.º da mesma Lei, calculada sobre a remuneração do mês da rescisão.

Posteriormente, foi editada a Lei 4.749/1965, que alterou e acrescentou dispositivos à Lei 4.090/1962, fixando a data para pagamento da gratificação natalina e instituindo o adiantamento do décimo terceiro salário.

Com o advento da Lei 4.749/1965, o décimo terceiro salário passou a ser pago até o dia 20 de dezembro de cada ano, surgindo o adiantamento da gratificação natalina, paga entre os meses de fevereiro e novembro, correspondendo à metade do salário percebido pelo empregado no mês anterior ao do adiantamento.

Embora o empregador não tenha a obrigação de conceder o adiantamento a todos os empregados no mesmo mês, se o trabalhador requerer, no mês de janeiro, o adiantamento da gratificação natalina, esta, obrigatoriamente, deverá ser paga no mês de férias do obreiro.

Por último, Decreto nº 10.854/2021, o qual regulamentou a Lei 4.090/1962, com as alterações introduzidas pela Lei 4.749/1965, disciplinando também o pagamento da gratificação natalina para os trabalhadores que recebem remuneração variável.

Vale mencionar que na hipótese de dispensa sem justa causa do empregado ou mesmo havendo pedido de demissão pelo obreiro, fará jus o trabalhador à gratificação natalina proporcional do ano em curso.

Todavia, sendo o obreiro dispensado por justa causa, não terá o mesmo direito ao décimo terceiro salário do ano corrente (art. 82, do Decreto nº 10.854/2021).

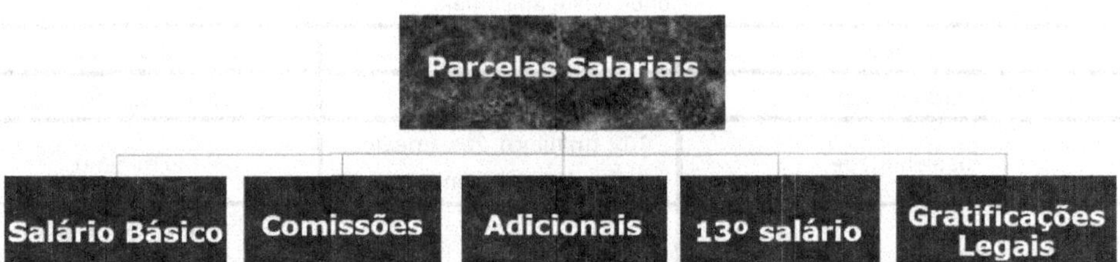

Condições e adicionais		
Condição	Percentual (%)	Base de cálculo.
Periculosidade	30%	Salário básico.
Insalubridade	10% (mínimo), 20% (médio), 40% (máximo)	Salário mínimo.
Transferência provisória	25%	Sobre os salários que o empregado percebia naquela localidade.
Noturno	20% urbano e 25% rural	sobre a hora diurna.
Horas extras	Mínimo 50%	superior à da hora normal.
Hora do serviço doméstico em viagem	25%	superior ao valor do salário-hora normal.

4.8 QUESTÕES

1. (OAB 2011.1 – FGV) José Antônio de Souza, integrante da categoria profissional dos eletricitários, é empregado de uma empresa do setor elétrico, expondo-se, de forma intermitente, a condições de risco acentuado.

Diante dessa situação hipotética, e considerando que não há norma coletiva disciplinando as condições de trabalho, assinale a alternativa correta.

(A) José Antônio não tem direito ao pagamento de adicional de periculosidade, em razão da intermitência da exposição às condições de risco.

(B) José Antônio tem direito ao pagamento de adicional de periculosidade de forma proporcional ao tempo de exposição ao risco.

(C) José Antônio tem direito ao pagamento de adicional de periculosidade de 30% (trinta por cento) sobre o seu salário básico.

(D) José Antônio tem direito ao pagamento de adicional de periculosidade de 30% (trinta por cento) sobre a totalidade das parcelas salariais.

2. (OAB/SP 136) Desde que haja autorização prévia e por escrito do empregado, é lícito ao empregador efetuar desconto ou reter parte do salário no que se refere

(A) às horas em que este falta ao serviço para comparecimento necessário, como parte, à justiça do trabalho.

(B) aos valores relativos a planos de assistência odontológica e médico-hospitalar.

(C) à contribuição sindical.

(D) aos salários correspondentes ao prazo do aviso-prévio quando o empregado pede demissão e não paga ao empregador o respectivo aviso.

3. (VII EXAME de Ordem Unificado – FGV) Um frentista de posto de gasolina sofreu desconto no seu salário referente à devolução de cheque sem provisão de fundos, em razão de não ter observado recomendação prevista em acordo coletivo de trabalho no tocante à verificação da situação cadastral do cliente no ato da venda do combustível. Diante dessa situação hipotética, e considerando que a norma coletiva autoriza o desconto salarial no caso de negligência do empregado, assinale a alternativa correta.

(A) O empregador não podia ter efetuado o desconto no salário do empregado, em razão do princípio da intangibilidade salarial, sendo inválida a norma coletiva autorizadora.

(B) O desconto foi lícito, em face da não observância das recomendações previstas em norma coletiva.

(C) O desconto somente pode ser considerado lícito se comprovado o dolo do empregado.

(D) O desconto é ilícito, pois o empregador não pode transferir ao empregado os riscos da atividade econômica, sendo inválida a norma coletiva que o autoriza.

4. (OAB/Unificado 2010.3 – FGV) Em se tratando de salário e remuneração, é correto afirmar que

(A) O salário-maternidade tem natureza salarial.

(B) As gorjetas integram a base de cálculo do aviso-prévio, das horas extraordinárias, do adicional noturno e do repouso semanal remunerado.

(C) O plano de saúde fornecido pelo empregador ao empregado, em razão de seu caráter contraprestativo, consiste em salário *in natura*.

(D) A parcela de participação nos lucros ou resultados, habitualmente paga, não integra a remuneração do empregado.

5. (VI Exame Unificado 2011.3 – FGV) No direito brasileiro, a redução do salário é

(A) impossível.

(B) possível, em caso de acordo entre empregado e empregador, desde que tenha por finalidade evitar a dispensa do empregado sem justa causa.

(C) possível mediante autorização da Superintendência Regional do Trabalho e Emprego.

(D) possível mediante convenção ou acordo coletivo de trabalho.

6. (OAB/UNIFICADO 2008.1) Francisco trabalhava na Empresa ABC Ltda., a qual, encerradas suas atividades, dispensou todos os seus empregados sem justa causa. Francisco resolveu, então, ingressar com reclamação trabalhista para obter o pagamento do adicional de insalubridade. Com base na situação hipotética apresentada, assinale a opção correta.

(A) Ocorrendo o encerramento das atividades da empresa, fica prejudicado o pedido de pagamento do adicional de insalubridade, pois fica descaracterizada a atividade em condições insalubres.

(B) Uma vez que trabalhou em condições insalubres durante todo o vínculo com a empresa, vindo a pleitear o pagamento do adicional somente após a ruptura do contrato de trabalho, caracteriza-se a renúncia tácita por parte de Francisco ao adicional.

(C) Não é possível estabelecer condenação por adicional de insalubridade, visto que, com o encerramento das atividades da empresa, a realização da perícia torna-se inviável.

(D) Quando não for possível a realização da perícia, por motivo de encerramento das atividades da empresa, o juiz pode utilizar-se de outros meios de prova para julgar o pedido de pagamento de adicional de insalubridade.

7. (OAB/UNIFICADO 2008.1) João moveu reclamação trabalhista contra a Empresa Delta Ltda., pleiteando pagamento de adicional de insalubridade. Alegou, na inicial, que tinha contato permanente com o elemento A, nocivo à saúde. Realizada a perícia, ficou constatado que João trabalhava em condições nocivas, porém em contato permanente com o elemento B e, não, como afirmado na inicial, com o elemento A. Considerando a situação hipotética apresentada, assinale a opção correta.

(A) A ação deve ser julgada improcedente, visto que a prova dos autos não se coaduna com o pedido.

(B) Tendo a perícia concluído que João trabalhava em condições insalubres, o fato de ele ter apontado agente insalubre diverso não prejudica o pedido de adicional de insalubridade.

(C) A reclamação trabalhista movida por João deve ser extinta sem o julgamento do mérito, visto que o pedido se torna juridicamente impossível, em virtude de o elemento nocivo justificador do pedido não ter sido o mesmo detectado pela perícia.

(D) O juiz deve abrir prazo para que João reformule o pedido e substitua o agente nocivo.

8. (OAB/UNIFICADO 2008.2) Em um processo trabalhista que objetivava o pagamento de adicional de insalubridade, o juiz determinou que a parte recolhesse previamente os honorários do perito, para, após, ser realizada a perícia. Em face da situação hipotética apresentada, assinale a opção correta, segundo entendimento do TST.

(A) A determinação do juiz está em perfeita harmonia com o disposto no Código de Processo Civil e deve ser aplicada ao processo do trabalho.

(B) É ilegal a exigência de depósito prévio para custeio de honorários periciais, uma vez que tal exigência é incompatível com o processo do trabalho.

(C) Não é cabível o pagamento de honorários periciais em processos trabalhistas.

(D) Despesas com honorários periciais no processo do trabalho devem ser custeadas pelo próprio tribunal e, não, pelas partes.

9. (OAB/MG – ABRIL/2008) Sobre equiparação salarial é CORRETO afirmar:

(A) Paradigma e paragonado devem ter diferença no emprego superior a dois anos.

(B) O desnível salarial com origem em decisão judicial que beneficiou o paradigma afasta a equiparação de salário, tendo em vista decorrer de vantagem pessoal.

(C) É possível a equiparação salarial em empresa com pessoal organizado em quadro de carreira, desde que seja indicado um paradigma.

(D) Atendidos os requisitos exigidos pelo art. 461, CLT, é possível a equiparação salarial de trabalho intelectual, podendo ser avaliado por sua perfeição técnica, cuja aferição terá critérios objetivos.

10. (OAB 2009.1) Com relação ao décimo terceiro salário, assinale a opção correta.

(A) O empregador deverá proceder ao adiantamento da primeira parcela do décimo terceiro salário no mês de novembro de cada ano e ao da segunda parcela, em dezembro.

(B) Todos os empregados deverão receber o pagamento da primeira parcela do décimo terceiro salário no mesmo mês de cada ano, em face do princípio da igualdade.

(C) Na dispensa com justa causa, cabe o pagamento do décimo terceiro salário proporcional ao empregado.

(D) O pagamento da primeira parcela do décimo terceiro salário deverá ser feito entre fevereiro e novembro de cada ano, e o valor corresponderá à metade do salário percebido no mês anterior, não estando o empregador obrigado a pagar o adiantamento, no mesmo mês, a todos os seus empregados.

11. (OAB 2009.2) Com relação aos conceitos de salário e remuneração, assinale opção correta.

(A) As gorjetas pagas pelos clientes aos empregados de um restaurante integram o salário desses empregados.

(B) A participação dos empregados nos lucros ou resultados da empresa não possui caráter salarial.

(C) A ajuda de custo paga ao empregado possui natureza salarial.

(D) A legislação brasileira autoriza o pagamento de salário complessivo, que é aquele em que todas as quantias a que faz jus o empregado são englobadas em um valor unitário, indiviso, sem discriminação das verbas pagas.

12. (OAB 2009.2) No que se refere ao adicional de periculosidade e ao adicional de insalubridade, assinale a opção correta.

(A) Frentistas que operam bombas de gasolina não fazem jus ao adicional de periculosidade, visto que não têm contato direto com o combustível.

(B) O caráter intermitente do trabalho executado em condições insalubres não afasta o direito de recebimento do respectivo adicional.

(C) A eliminação da insalubridade do trabalho em uma empresa, mediante a utilização de aparelhos protetores aprovados pelo Ministério do Trabalho e Emprego, não é suficiente para o cancelamento do pagamento do respectivo adicional.

(D) As horas em que o empregado permanecer em sobreaviso também geram a integração do adicional de periculosidade para o cálculo da jornada extraordinária.

13. (OAB 2009.2) A respeito do salário utilidade ou in natura, assinale a opção correta.

(A) A habitação fornecida ao empregado, quando indispensável à realização do trabalho, não tem natureza salarial.

(B) O fornecimento, pela empresa, de veículo ao empregado, quando indispensável à realização do trabalho, será considerado salário in natura, o que deixará de ocorre quando o veículo for também utilizado para atividades particulares do empregado.

(C) O fornecimento de cigarro por indústria tabagista ao empregado que nela trabalhe é considerado salário in natura.

(D) A energia fornecida por empresa de energia elétrica ao empregado que nela trabalhe possui natureza salarial em qualquer situação.

14. (OAB XX EXAME – FGV) Flávio trabalhou na sociedade empresária Sul Minas Ltda., e recebia R$ 1.500,00 mensais. Além disso, desfrutava de plano de saúde custeado integralmente pela empregadora, no valor de R$ 500,00. Em sede de ação trabalhista, Flávio pede a integração do valor à sua remuneração.

Com base na hipótese apresentada, na qualidade de advogado da sociedade empresária, assinale a afirmativa correta.

(A) A contestação deverá aduzir apenas que o plano de saúde não tem caráter de contraprestação, sendo concedido como ferramenta de trabalho, por isso não integra a remuneração.

(B) A contestação deverá sustentar a inexistência de caráter remuneratório do benefício, o que está expressamente previsto em lei.

(C) A contestação deverá alegar que as verbas rescisórias foram pagas observando o reflexo do valor do plano de saúde.

(D) A contestação deverá alegar apenas que a possibilidade de o empregado continuar com o plano de saúde após a ruptura do contrato retira do mesmo o caráter remuneratório.

15. (OAB XXI EXAME - FGV) O restaurante Prato Cheio Ltda. resolveu contratar Gustavo para atuar como garçom. Gustavo receberá, como contraprestação, o valor de dois salários-mínimos e as gorjetas cobradas na nota dos clientes que atender.

Em relação à carteira profissional de Gustavo, de acordo com a CLT, assinale a afirmativa correta.

(A) O empregador deverá anotar a CTPS em 24 horas, não havendo necessidade de anotar as gorjetas, mesmo porque elas variam a cada mês.

(B) A CTPS do empregado deverá ser anotada em 48 horas e nela deverá ser anotado o salário e a estimativa das gorjetas.

(C) O empregador tem 30 dias para anotar a carteira profissional e, na hipótese, deve anotar apenas a parte fixa da remuneração.

(D) A CTPS, na ausência de prazo legal, deve ser anotada em 5 dias com o valor da média das gorjetas.

16. (OAB/FGV - XXII EXAME) Lino trabalha como diagramador na sociedade empresária XYZ Ltda., localizada em um grande centro urbano, e recebe do empregador, além do salário, moradia e plano de assistência odontológica, graciosamente.

Sobre o caso narrado, de acordo com a CLT, assinale a afirmativa correta.

(A) Ambos os benefícios serão incorporados ao salário de Lino.

(B) Somente o benefício da habitação será integrado ao salário de Lino.

(C) Nenhum dos benefícios será incorporado ao salário de Lino.

(D) Somente o benefício do plano de assistência odontológica será integrado ao salário de Lino.

17. (OAB/FGV - XXIV EXAME DE ORDEM) Solange é comissária de bordo em uma grande empresa de transporte aéreo e ajuizou reclamação trabalhista postulando adicional de periculosidade, alegando que permanecia em área de risco durante o abastecimento das aeronaves porque ele era feito com a tripulação a bordo. Iracema, vizinha de Solange, trabalha em uma unidade fabril recebendo adicional de insalubridade, mas, após cinco anos, sua atividade foi retirada da lista de atividades insalubres, por ato da autoridade competente. Sobre as duas situações, segundo a norma de regência e o entendimento consolidado do TST, assinale a afirmativa correta.

(A) Solange não tem direito ao adicional de periculosidade e Iracema perderá o direito ao adicional de insalubridade.

(B) Solange tem direito ao adicional de periculosidade e Iracema manterá o adicional de insalubridade por ter direito adquirido.

(C) Solange não tem direito ao adicional de periculosidade e Iracema manterá o direito ao adicional de insalubridade.

(D) Solange tem direito ao adicional de periculosidade e Iracema perderá o direito ao adicional de insalubridade.

18. (OAB/FGV – XXVI EXAME DE ORDEM) Jorge era caixa bancário e trabalhava para o Banco Múltiplo S/A. recebia salário fixo de R$ 4.000,00 mensais. Além disso, recebia comissão de 3% sobre cada seguro de carro, vida e previdência oferecido e aceito pelos clientes do Banco, o que fazia concomitantemente com suas atividades de caixa, computando-se o desempenho para suas metas e da agência. Os produtos em referência não eram do banco, mas, sim, da Seguradora Múltiplo S/A, empresa do mesmo grupo econômico do empregador de Jorge.

Diante disso, observando o entendimento jurisprudencial consolidado do TST, bem como as disposições da CLT, assinale a afirmativa correta.

(A) Os valores recebidos a título de comissão não devem integrar a remuneração de Jorge, por se tratar de liberalidade.

(B) Os valores recebidos a título de comissão não devem integrar a remuneração de Jorge, porque estão relacionados a produtos de terceiros.

(C) Os valores recebidos a título de comissão devem integrar a remuneração de Jorge.

(D) Os valores recebidos a título de comissão não devem integrar a remuneração de Jorge, uma vez que ocorreram dentro do horário normal de trabalho, para o qual Jorge já é remunerado pelo banco.

19. (OAB/FGV – XXXII EXAME DE ORDEM) Regina foi admitida pela sociedade empresária Calçados Macios Ltda., em abril de 2020, para exercer a função de estoquista. No processo de admissão, foi ofertado a Regina um plano de previdência privada, parcialmente patrocinado pelo empregador. Uma vez que as condições pareceram vantajosas, Regina aderiu formalmente ao plano em questão. No primeiro contracheque, Regina, verificou que, na parte de descontos, havia subtrações a título de INSS e de previdência privada.

Assinale a opção que indica, de acordo com a CLT, a natureza jurídica desses descontos.

(A) Ambos são descontos legais.

(B) INSS é desconto legal e previdência privada, contratual.

(C) Ambos são descontos contratuais.

(D) INSS é desconto contratual e previdência privada, legal.

20. (OAB/FGV – XXXII EXAME DE ORDEM) Desde abril de 2019, Denilson é empregado em uma indústria de cosméticos, com carteira profissional assinada. No último contracheque de Denilson verifica-se o pagamento das seguintes parcelas: abono, prêmio, comissão e diária para viagem.

Considerando essa situação, assinale a opção que indica a verba que, de acordo com a CLT, integra o salário e constitui base de incidência de encargo trabalhista.

(A) Abono.

(B) Prêmio.

(C) Comissão.

(D) Diária para viagem.

21. (OAB/FGV - XXXIV EXAME DE ORDEM) Na reclamação trabalhista movida por Paulo contra a sociedade empresária Moda Legal Ltda., o juiz prolator da sentença reconheceu que o autor tinha direito ao pagamento das comissões, que foram prometidas mas jamais honradas, mas indeferiu o pedido de integração das referidas comissões em outras parcelas (13º salário, férias e FGTS) diante da sua natureza indenizatória.

Considerando a situação de fato e a previsão legal, assinale a afirmativa correta.

(A) Correta a decisão, porque todas as verbas que são deferidas numa reclamação trabalhista possuem natureza indenizatória.

(B) Errada a decisão que indeferiu a integração, porque comissão tem natureza jurídica salarial, daí repercute em outras parcelas.

(C) Correta a decisão, pois num contrato de trabalho as partes podem atribuir a natureza das parcelas desde que haja acordo escrito neste sentido assinado pelo empregado.

(D) A decisão está parcialmente correta, porque a CLT determina que, no caso de reconhecimento judicial de comissões, metade delas terá natureza salarial.

22. (OAB/FGV - XXXIII EXAME DE ORDEM) Um grupo de investidores está estimando custos para montar empresas em diversos ramos. Por isso, procuraram você, como advogado(a), para serem informados sobre os custos dos adicionais de periculosidade e insalubridade nas folhas de pagamento. Sobre a orientação dada, de acordo com o texto da CLT, assinale a afirmativa correta.

(A) O adicional de insalubridade varia entre os graus mínimo, médio e máximo sobre o salário mínimo; o de periculosidade tem percentual fixo: 30% do salário básico do empregado.

(B) Os adicionais de periculosidade e insalubridade variam entre os graus mínimo, médio e máximo, sendo, respectivamente, de 10%, 20% e 30% do salário dos empregados.

(C) As atividades com inflamáveis, explosivos e energia elétrica são consideradas as de maior risco, com um adicional de 50% sobre as remunerações dos empregados.

(D) O direito do empregado ao adicional de insalubridade ou periculosidade só pode cessar com a mudança de função ou por determinação judicial.

23. (OAB/FGV - XXXIII EXAME DE ORDEM) Regina foi admitida pela sociedade empresária Calçados Macios Ltda., em abril de 2020, para exercer a função de estoquista. No processo de admissão, foi ofertado a Regina um plano de previdência privada, parcialmente patrocinado pelo empregador. Uma vez que as condições pareceram vantajosas, Regina aderiu formalmente ao plano em questão. No primeiro contracheque, Regina, verificou que, na parte de descontos, havia subtrações a título de INSS e de previdência privada. Assinale a opção que indica, de acordo com a CLT, a natureza jurídica desses descontos.

(A) Ambos são descontos legais.

(B) INSS é desconto legal e previdência privada, contratual.

(C) Ambos são descontos contratuais.

(D) INSS é desconto contratual e previdência privada, legal.

24. (OAB/FGV – XXXIII EXAME DE ORDEM) Desde abril de 2019, Denilson é empregado em uma indústria de cosméticos, com carteira profissional assinada. No último contracheque de Denilson verifica-se o pagamento das seguintes parcelas: abono, prêmio, comissão e diária para viagem. Considerando essa situação, assinale a opção que indica a verba que, de acordo com a CLT, integra o salário e constitui base de incidência de encargo trabalhista.

(A) Abono.

(B) Prêmio.

(C) Comissão.

(D) Diária para viagem.

25. (OAB/FGV – XXXVI EXAME DE ORDEM) A partir de 2021, uma determinada sociedade empresária passou a oferecer aos seus empregados, gratuitamente, plano de saúde em grupo como forma de fidelizar a sua mão de obra e para que o empregado se sinta valorizado. O plano oferece uma boa rede credenciada e internação, se necessária, em enfermaria. Tanto o empregado quanto os seus dependentes são beneficiários. Todos os empregados se interessaram pelo plano e assinaram o documento respectivo de adesão. Em relação a essa vantagem, de acordo com a CLT, assinale a afirmativa correta.

(A) O benefício não é considerado salário utilidade e, assim, não haverá qualquer reflexo.

(B) O plano, por se tratar de salário in natura, vai integrar o salário dos empregados pelo seu valor real.

(C) O valor do plano deverá ser integrado ao salário dos empregados pela metade do seu valor de mercado.

(D) O valor relativo ao empregado não será integrado ao salário, mas o valor referente aos dependentes refletirá nos demais direitos do trabalhador.

26. (OAB/FGV – XXXVIII EXAME DE ORDEM) Sílvio Luiz foi convidado pelo seu empregador para ocupar interinamente o cargo de supervisor administrativo; sendo certo que, em caso de vacância do cargo, este seria preenchido por Sílvio Luiz. Diante desta situação, você foi consultado, como advogado(a) do empregado, para saber acerca dos seus direitos na hipótese.

Sobre o caso apresentado, de acordo com o texto em vigor da CLT e a jurisprudência consolidada do TST, assinale a afirmativa correta.

(A) Caso não haja a vacância e cessada a interinidade do cargo, Sílvio Luiz terá que ser desligado da empresa por motivo econômico, o que afasta o pagamento da multa de 40%, pois a alteração contratual de reversão será ilícita e autorizada a dispensa na hipótese por justo motivo.

(B) Sílvio Luiz, no caso de vacância definitiva do cargo, passará a ocupá-lo e terá necessariamente direito ao salário do seu antecessor.

(C) Sendo a hipótese de férias do efetivo supervisor administrativo que ensejou o trabalho interino de Sílvio Luiz no cargo, este último não faz jus ao mesmo salário do substituído no período.

(D) Considerando que o exercício do cargo será interino, não havendo a vacância posterior, Sílvio Luiz terá garantido o retorno ao seu cargo anterior e a contagem de tempo de serviço no cargo ocupado temporariamente.

27. (OAB/FGV – 42º EXAME DE ORDEM) Geraldo trabalha desde 2022 para uma sociedade empresária, atua na região metropolitana do Estado e recebe um salário fixo de R$ 4.000,00, sem qualquer desconto, exceto o imposto sobre a renda e o INSS. Além disso, desfruta de um pacote de benefícios que inclui auxílio-alimentação em forma de ticket, habitação num luxuoso apartamento, plano de saúde e auxílio-educação (compreendendo os valores relativos à matrícula, à mensalidade, à anuidade, aos livros e ao material didático). Geraldo consultou você, como advogado(a), para saber quais benefícios devem ter seu valor integrado à sua remuneração.

Sobre a questão levantada por Geraldo, de acordo com os dados do enunciado e com o texto da CLT, assinale a afirmativa correta.

(A) Apenas a educação integrará a remuneração.
(B) Apenas o valor do plano de saúde não integrará a remuneração.
(C) Apenas habitação, fornecida pelo trabalho, integrará a remuneração.
(D) Alimentação, habitação, plano de saúde e auxílio–educação integrarão a remuneração.

GABARITO: As respostas destes testes encontram-se no final do livro.

CAPÍTULO

5

JORNADA DE TRABALHO

5.1 JORNADA DIÁRIA, SEMANAL E TURNOS ININTERRUPTOS DE REVEZAMENTO

A Carta Maior de 1988, no art. 7.º, inciso XIII, fixou a jornada em oito horas diárias e 44 semanais, facultando a compensação de horários ou a redução de jornada, mediante acordo ou convenção coletiva.

O Direito do Trabalho adota o critério do tempo à disposição do empregador, portanto, mesmo que o empregado não trabalhe efetivamente, isso não prejudica sua jornada.

A CLT também fixa no art. 58 a jornada diária em oito horas.

De acordo com o art. 59-A da CLT, é admitida a escala de revezamento que fixa a jornada na modalidade de 12 por 36 horas, por acordo individual escrito, convenção coletiva ou acordo coletivo de trabalho, observados ou indenizados os intervalos para repouso e alimentação.

> Art. 59-A. Em exceção ao disposto no art. 59 desta Consolidação, é facultado às partes, mediante acordo individual escrito, convenção coletiva ou acordo coletivo de trabalho, estabelecer horário de trabalho de doze horas seguidas por trinta e seis horas ininterruptas de descanso, observados ou indenizados os intervalos para repouso e alimentação.
>
> Parágrafo único. A remuneração mensal pactuada pelo horário previsto no *caput* deste artigo abrange os pagamentos devidos pelo descanso semanal remunerado e pelo descanso em feriados, e serão considerados compensados os feriados e as prorrogações de trabalho noturno, quando houver, de que tratam o art. 70 e o § 5º do art. 73 desta Consolidação.

Quanto aos trabalhadores que laboram em turnos ininterruptos de revezamento, a Constituição Federal de 1988, no art. 7.º, inciso XIV, disciplinou que:

> "XIV – jornada de seis horas para o trabalho realizado em turnos ininterruptos de revezamento, salvo negociação coletiva".

O trabalho por turno é aquele em que grupos de trabalhadores se sucedem na empresa, cumprindo horários que permitam o seu funcionamento ininterrupto.

No turno ininterrupto de revezamento, os trabalhadores são escalados para prestar serviços em diferentes períodos de trabalho (manhã, tarde e noite) em forma de rodízio.

A Súmula 360 do TST esclarece que a interrupção do trabalho destinada a repouso e alimentação, dentro de cada turno, ou o intervalo para repouso semanal, não descaracteriza o turno de revezamento com jornada de seis horas previsto no art. 7.º, inciso XIV, da CF/1988.

Por sua vez, a Súmula 423 do TST esclarece que estabelecida jornada superior a seis horas e limitada a oito horas por meio de regular negociação coletiva, os empregados submetidos a turnos ininterruptos de revezamento não têm direito ao pagamento da 7.ª e 8.ª horas como extra.

As empresas que possuem mais de 20 empregados são obrigadas a manter controle da jornada dos obreiros em registro mecânico, manual ou eletrônico (art. 74, § 2.º, CLT).

Nos termos do art. 74, § 4º da CLT, é permitida a utilização de registro de ponto por exceção à jornada regular de trabalho, mediante acordo individual escrito, convenção coletiva ou acordo coletivo de trabalho, ou seja, serão registradas apenas situações excepcionais como faltas, atrasos, horas extras etc.

Vale destacar, ainda, as seguintes Orientações Jurisprudenciais do TST:

> "OJ 360 da SBDI-1 – TURNO ININTERRUPTO DE REVEZAMENTO. DOIS TURNOS. HORÁRIO DIURNO E NOTURNO. CARACTERIZAÇÃO. Faz jus à jornada especial prevista no art. 7.º, XIV, da CF/1988 o trabalhador que exerce suas atividades em sistema de alternância de turnos, ainda que em dois turnos de trabalho, que compreendam, no todo ou em parte, o horário diurno e o noturno, pois submetido à alternância de horário prejudicial à saúde, sendo irrelevante que a atividade da empresa se desenvolva de forma ininterrupta".
>
> "OJ-SDI1-395. TURNO ININTERRUPTO DE REVEZAMENTO. HORA NOTURNA REDUZIDA. INCIDÊNCIA (*DEJT* divulgado em 09, 10 e 11.06.2010). O trabalho em regime de turnos ininterruptos de revezamento não retira o direito à hora noturna reduzida, não havendo incompatibilidade entre as disposições contidas nos arts. 73, § 1.º, da CLT e 7.º, XIV, da Constituição Federal".
>
> "OJ-SDI1-396. TURNOS ININTERRUPTOS DE REVEZAMENTO. ALTERAÇÃO DA JORNADA DE 8 PARA 6 HORAS DIÁRIAS. EMPREGADO HORISTA. APLICAÇÃO DO DIVISOR 180. (*DEJT* divulgado em 09, 10 e 11.06.2010) Para o cálculo do salário hora do empregado horista, submetido a turnos ininterruptos de revezamento, considerando a alteração da jornada de 8 para 6 horas diárias, aplica-se o divisor 180, em observância ao disposto no art. 7.º, VI, da Constituição Federal, que assegura a irredutibilidade salarial".

5.2 FORMAS DE PRORROGAÇÃO DE JORNADA

Ocorrerá trabalho extraordinário nos seguintes casos:

a) Quando houver acordo de prorrogação de jornada: trata-se de acordo bilateral entre empregado e empregador ou firmado mediante contrato individual ou coletivo de trabalho (art. 59, CLT).

Em atividades insalubres, a CLT impõe que somente será possível a prorrogação de jornada se autorizada pela fiscalização administrativa do Ministério do Trabalho (art. 60, CLT). Excetuam-se da exigência de licença prévia as jornadas de doze horas de trabalho por trinta e seis horas ininterruptas de descanso.

b) Compensação – acordo tácito ou escrito: como previsto no texto constitucional, é permitida a compensação mediante acordo ou convenção coletiva. O art. 59, §6º prevê a possibilidade de o regime de compensação ser estabelecido por acordo individual tácito ou escrito entre empregado e empregador.

→ **limite máximo de 10 horas diárias;**

→ **compensação das horas trabalhadas no período de, no máximo, um mês.**

Dessa forma, a redistribuição de horas deverá respeitar o limite de 220 horas mensais. A prestação de trabalho extraordinário acima do limite permitido não desconfigura o sistema de compensação de acordo com o posicionamento do art. 59-B, parágrafo único da CLT.

Atenção! Se ausente alguma das solenidades exigidas, como a inexistência de acordo entre as partes ou que a compensação ultrapasse o período de um mês, haverá consequências para o empregador: a primeira é que será autuado pela fiscalização do trabalho, a segunda consequência será prevista no artigo 59-B da CLT.

> Art. 59-B, CLT. O não atendimento das exigências legais para compensação de jornada, inclusive quando estabelecida mediante acordo tácito, não implica a repetição do pagamento das horas excedentes à jornada normal diária se não ultrapassada a duração máxima semanal, sendo devido apenas o respectivo adicional.
>
> Parágrafo único. A prestação de horas extras habituais não descaracteriza o acordo de compensação de jornada e o banco de horas.

c) Em virtude de força maior: possui caráter extraordinário, não é um acontecimento comum. Entende-se como força maior, conforme o art. 501 da CLT, todo acontecimento inevitável em relação à vontade do empregador, e para a realização do qual este não concorreu, direta ou indiretamente. A prorrogação da jornada em razão de força maior não pode exceder o limite de 10 horas diárias e a duração máxima de 45 dias por ano (art. 61, § 3.º, CLT).

d) Em virtude de serviços inadiáveis: também possui caráter extraordinário. Está vinculada à necessidade imperiosa de realização ou conclusão de serviços emergenciais cuja inexecução possa acarretar manifesto prejuízo (Exemplo: armazenagem de produtos perecíveis).

Assim como na prorrogação da jornada por força maior, nesta modalidade o empregador pode determinar a prorrogação unilateralmente, exercendo seu *jus variandi* empresarial (arts. 2º e 61, § 1.º, CLT).

Esse tipo de prorrogação de jornada não pode ultrapassar o limite de 12 horas diárias (art. 61, § 2.º, CLT).

Todas as horas trabalhadas pelo empregado além da jornada normal estabelecida, não importando qual a modalidade de prorrogação, sempre serão remuneradas com o adicional de, no mínimo, 50% sobre o valor da hora normal, previsto no art. 7.º, XVI, da CF/1988, salvo nos casos de domingos e feriados, que seria de 100%.

As horas extras recebidas com **habitualidade** pelo empregado, bem como o referido adicional, integram seu salário e passam a produzir reflexos em outras verbas trabalhistas, como o décimo terceiro salário, as férias acrescidas de 1/3, FGTS, aviso prévio, parcelas previdenciárias etc.

Toda vez que o empregado prestar serviços ou permanecer à disposição do empregador após esgotar-se a jornada normal de trabalho haverá trabalho extraordinário, que deverá ser remunerado com o adicional de, no mínimo, 50% superior ao da hora normal (CF/1988, art. 7.º, XVI, c/c o art. 59, § 1.º, CLT).

> "SÚMULA 291, TST. HORAS EXTRAS. HABITUALIDADE. SUPRESSÃO. INDENIZAÇÃO (nova redação em decorrência do julgamento do processo TST-IUJERR 10700-45.2007.5.22.0101) – Res. 174/2011, *DEJT* divulgado em 27, 30 e 31.05.2011.
>
> A supressão total ou parcial, pelo empregador, de serviço suplementar prestado com habitualidade, durante pelo menos 1 (um) ano, assegura ao empregado o direito à indenização correspondente ao valor de 1 (um) mês das horas suprimidas, total ou parcialmente, para cada ano ou fração igual ou superior a seis meses de prestação de serviço acima da jornada normal. O cálculo observará a média das horas suplementares nos últimos 12 (doze) meses anteriores à mudança, multiplicada pelo valor da hora extra do dia da supressão."

e) Mediante acordo de compensação de jornadas (banco de horas): ocorre quando o excesso de horas laborado em um dia é compensado pela correspondente diminuição em outro dia, respeitado o limite máximo de 10 horas diárias, não sendo pago o adicional de 50% a título de horas extras.

Observe-se que em caso de compensação de jornada, também chamado de banco de horas, celebrado por acordo individual, convenção ou acordo coletivo de trabalho, as horas suplementares laboradas não serão remuneradas.

O banco de horas pode ser anual por negociação coletiva (art. 59, § 2.º, CLT), semestral por acordo individual (art. 59, § 5.º, CLT), ou mensal de forma tácita (art. 59, § 6.º, CLT).

Na hipótese de rescisão do contrato de trabalho, sem que tenha havido a compensação integral da jornada extraordinária, fará o trabalhador jus ao pagamento das horas extras não compensadas, calculadas sobre o valor da remuneração na data da rescisão (CLT, art. 59, § 3.º).

Em caso de força maior, a prorrogação será sem limite de horas, ou seja, a jornada será estendida pelo número de horas necessárias, independentemente de convenção coletiva ou acordo coletivo de trabalho, sempre remunerando o empregador as horas suplementares, com adicional de no mínimo 50% (CLT, art. 61, *caput*, §§ 1.º e 2.º).

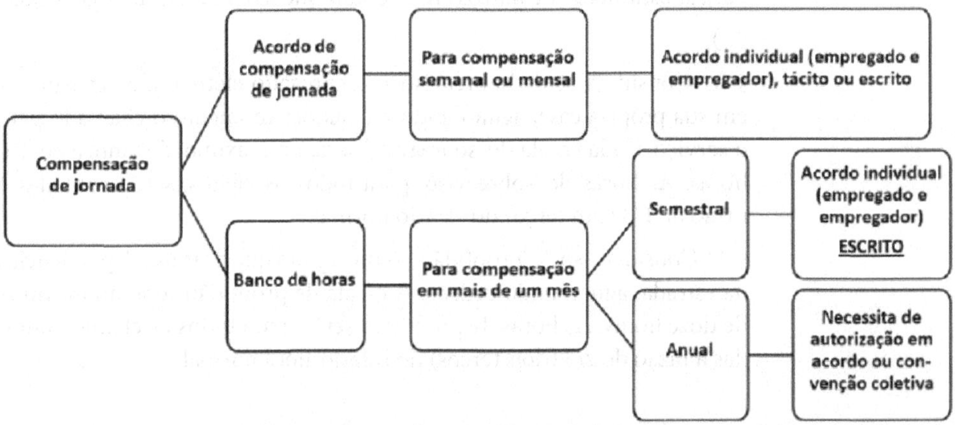

5.3 TEMPO DE SOBREAVISO E PRONTIDÃO

É considerado tempo de sobreaviso o período em que o empregado permanecer em sua própria residência, aguardando a qualquer momento o chamado para o serviço. A escala de sobreaviso não poderá ultrapassar 24 horas. As horas de sobreaviso, para todos os efeitos, serão contadas à razão de 1/3 do salário normal (art. 244, § 2.º, CLT).

Por analogia, as horas de sobreaviso dos eletricitários são remuneradas também à razão de 1/3 sobre a totalidade das parcelas de natureza salarial (Súmula 229, TST).

> "SÚMULA 428, TST. SOBREAVISO APLICAÇÃO. 244, § 2.º DA CLT (redação alterada na ANALÓGICA DO ART sessão do Tribunal Pleno realizada em 14.09.2012) - Res. 185/2012, *DEJT* divulgado em 25, 26 e 27.09.2012.
>
> I - O uso de instrumentos telemáticos ou informatizados fornecidos pela empresa ao empregado, por si só, não caracteriza o regime de sobreaviso.
>
> II - Considera-se em sobreaviso o empregado que, à distância e submetido a controle patronal por instrumentos telemáticos ou informatizados, permanecer em regime de plantão ou equivalente, aguardando a qualquer momento o chamado para o serviço durante o período de descanso."

> "SÚMULA 132, II, TST. Durante as horas de sobreaviso, o empregado não se encontra em condições de risco, razão pela qual é incabível a integração do adicional de periculosidade sobre as mencionadas horas."

Já no caso de prontidão, o empregado fica nas dependências da empresa aguardando ordens, não podendo tal período ultrapassar 12 horas. As horas de prontidão, para todos os efeitos, serão contadas à razão de 2/3 do salário normal (art. 244, § 3.º, CLT):

> "Art. 244. As estradas de ferro poderão ter empregados extranumerários, de sobreaviso e de prontidão, para executarem serviços imprevistos ou para substituições de outros empregados que faltem à escala organizada.
>
> (...)
>
> § 2.º Considera-se de 'sobreaviso' o empregado efetivo que permanecer em sua própria casa, aguardando a qualquer momento o chamado para o serviço. Cada escala de 'sobreaviso' será, no máximo, de vinte e quatro horas. As horas de 'sobreaviso', para todos os efeitos, serão contadas à razão de 1/3 (um terço) do salário normal.
>
> § 3.º Considera-se de 'prontidão' o empregado que ficar nas dependências da estrada, aguardando ordens. A escala de prontidão será, no máximo, de doze horas. As horas de prontidão serão, para todos os efeitos, contadas à razão de 2/3 (dois terços) do salário-hora normal".

5.4 EMPREGADOS EXCLUÍDOS DO CONTROLE DE JORNADA

Os empregados que exercem atividade externa incompatível com a fixação do horário de trabalho, os gerentes, diretores, que exercem cargo de confiança, de mando, comando, gestão dentro da empresa e os empregados em regime de teletrabalho são excluídos do controle de jornada de trabalho, à luz do art. 62 da CLT.

Podemos incluir como trabalhadores que realizam atividade externa incompatível com a fixação de jornada os vendedores, viajantes ou pracistas, os vendedores propagandistas etc.

Em relação aos trabalhadores que realizam atividade externa incompatível com a fixação de jornada, tal situação deve ser anotada na CTPS e no livro ou ficha de registro de empregados.

Também excluídos da jornada temos os trabalhadores que exerçam cargo de confiança, de gerência, com poderes de mando, comando e gestão na empresa, desde que percebam um padrão mais elevado de vencimentos do que os demais obreiros (percebendo gratificação nunca inferior a 40% do salário efetivo), não sendo devidas as horas extras eventualmente prestadas.

Nos termos do inciso III do art. 62 da CLT, os empregados em **regime de teletrabalho que prestam serviço por produção ou tarefa** não têm direito à limitação de jornada. Não possuem jornada de trabalho de 8 horas diárias, consequentemente não tem direito a horas extras, intervalos e adicional noturno. Portanto, ainda que sejam controlados por meios telemáticos e informatizados (como destaca o art. 6º, § único, da CLT), o legislador excluiu o direito à limitação de jornada.

Podemos desta forma concluir que a Lei 14.442/2022 cria duas modalidades de teletrabalho:

1. **Teletrabalho por jornada:** nesse caso, com limitação de 8 horas, intervalos, horas extras etc.; e
2. **Teletrabalho por produção ou tarefa:** sem limitação de jornada de trabalho.

5.5 INTERVALOS INTER E INTRAJORNADA

5.5.1 Intervalo interjornadas

Intervalo interjornadas é a pausa concedida ao obreiro entre o final de uma jornada diária de trabalho e o início de nova jornada no dia seguinte, para descanso do trabalhador.

O art. 66 da CLT assegura um intervalo interjornadas de, no mínimo, 11 horas consecutivas.

Ao trabalhador rural também foi assegurado o intervalo interjornadas de no mínimo 11 horas consecutivas (Lei 5.889/1973, art. 5.º).

Nos termos da Súmula 110 do TST, no regime de revezamento, as horas trabalhadas em seguida ao repouso semanal de 24 horas, com prejuízo do intervalo mínimo de 11 horas consecutivas para descanso entrejornadas, devem ser remuneradas como extraordinárias, inclusive com o respectivo adicional.

Exemplificando: caso o obreiro tenha trabalhado de segunda-feira até sábado (largando às 23 horas no sábado), com repouso semanal remunerado no domingo, ele somente poderá trabalhar na segunda-feira a partir das 10 horas da manhã (11 horas de intervalo interjornada + 24 horas do repouso semanal remunerado, totalizando 35 horas de descanso). Caso ele volte a trabalhar na segunda-feira, por exemplo, às 8 horas, fará jus a duas horas extras, pois somente poderia começar a laborar às 10 horas, havendo prejuízo do intervalo interjornadas.

Vale mencionar que o TST editou a OJ 355, da SDI-I (*DJ* 14.03.2008), estabelecendo que as horas que forem subtraídas do intervalo interjornada serão pagas como horas extras, ou seja, a hora normal acrescida do adicional de 50%. Vejamos o inteiro teor da OJ 355:

> "INTERVALO INTERJORNADAS. INOBSERVÂNCIA. HORAS EXTRAS. PERÍODO PAGO COMO SOBREJORNADA. ART. 66 DA CLT. APLICAÇÃO ANALÓGICA DO § 4.º DO ART. 71 DA CLT. O desrespeito ao intervalo mínimo interjornadas previsto no art. 66 da CLT acarreta, por analogia, os mesmos efeitos previstos no § 4.º do art. 71 da CLT e na

Súmula 110 do TST, devendo-se pagar a integralidade das horas que foram subtraídas do intervalo, acrescidas do respectivo adicional".

5.5.2 Intervalo intrajornada

Intervalo intrajornada são as pausas que ocorrem dentro da jornada diária de trabalho, objetivando o repouso e alimentação do trabalhador.

Podemos citar os seguintes intervalos intrajornada:

- Excedendo a jornada diária de seis horas, é obrigatória a concessão de um intervalo para repouso e alimentação de no mínimo uma hora e, salvo acordo ou convenção coletiva de trabalho, não poderá exceder de duas horas (art. 71, CLT), não sendo computado o intervalo na duração da jornada.
- Quando a duração da jornada diária exceder de quatro horas, mas não ultrapassar seis horas, o intervalo intrajornada será de 15 minutos (art. 71, § 1.º, CLT), não sendo computado o intervalo na duração da jornada.

O limite mínimo de uma hora de intervalo para repouso e alimentação, previsto no *caput* do art. 71 consolidado, poderá ser diminuído por deliberação do Ministério do Trabalho, após prévia fiscalização da empresa, onde reste comprovado que o estabelecimento possui refeitório de acordo com os padrões fixados na norma específica e que os empregados não estejam submetidos à jornada suplementar.

Não sendo concedidos os intervalos previstos no art. 71, *caput* e respectivo § 1.º, da CLT, ficará o empregador obrigado a remunerar o período suprimido com um acréscimo de no mínimo 50% sobre o valor da remuneração da hora normal de trabalho (art. 71, § 4.º, CLT).

A Reforma Trabalhista promoveu duas grandes alterações no §4º do art. 71, da CLT, uma no tocante à natureza da parcela devida na hipótese de supressão ou redução do intervalo e a outra no que se refere ao período devido em razão dessa supressão:

- Natureza indenizatória: retirou-se a natureza salarial do valor pago em razão da supressão ou redução indevida do intervalo intrajornada. Dessa forma, paga-se como multa, sem reflexos em outras parcelas.
- Pagamento apenas do período suprimido: se o empregador apenas conceder parcialmente o intervalo intrajornada, deve ser pago com adicional de 50% sobre o valor da hora normal de trabalho somente o período suprimido.

Ocorre que o art. 611-A, III da CLT prevê a possibilidade de redução do intervalo intrajornada por meio de acordo ou convenção coletiva de trabalho, desde que respeitado o limite mínimo de 30 minutos.

Em relação ao empregado rural, o art. 5.º do Decreto 73.626/1974 assegurou um intervalo intrajornada para repouso e alimentação, em relação às jornadas superiores a seis horas, de no mínimo uma hora, observados os usos e costumes da região, não sendo computado o intervalo na duração da jornada.

IMPORTANTE MEMORIZAR!

- Jornada de trabalho de até quatro horas: sem direito a intervalo intrajornada.
- Jornada de trabalho de quatro a seis horas: direito a intervalo intrajornada de 15 minutos.
- Jornada de trabalho superior a seis horas: intervalo mínimo de uma hora e máximo de duas.

Além do intervalo intrajornada comum, acima descrito, alguns empregados possuem, ainda, o direito a intervalos intrajornada especiais, devido à peculiaridade do trabalho que desempenham, como no caso de serviços permanentes de mecanografia (datilografia, escrituração ou cálculo), em que cada período de 90 minutos de trabalho consecutivo corresponderá a um repouso de dez minutos não deduzidos da duração normal de trabalho (art. 72, CLT).

> "Art. 253. Para os empregados que trabalham no interior das câmaras frigoríficas e para os que movimentam mercadorias do ambiente quente ou normal para o frio e vice-versa, depois de 1 (uma) hora e 40 (quarenta) minutos de trabalho contínuo, será assegurado um período de 20 (vinte) minutos de repouso, computado esse intervalo como de trabalho efetivo".
>
> "Art. 298. Em cada período de 3 (três) horas consecutivas de trabalho, será obrigatória uma pausa de 15 (quinze) minutos para repouso, a qual será computada na duração normal de trabalho efetivo".
>
> "Art. 396. Para amamentar seu filho, inclusive se advindo de adoção, até que este complete 6 (seis) meses de idade, a mulher terá direito, durante a jornada de trabalho, a 2 (dois) descansos especiais de meia hora cada um. (Redação dada pela Lei nº 13.509, de 2017)
>
> § 1º Quando o exigir a saúde do filho, o período de 6 (seis) meses poderá ser dilatado, a critério da autoridade competente.
>
> § 2º Os horários dos descansos previstos no **caput** deste artigo deverão ser definidos em acordo individual entre a mulher e o empregador."

Conforme o § 2.º do art. 71 da CLT, os intervalos de descanso não serão computados na duração do trabalho, portanto não serão remunerados. A referida regra serve para o intervalo intrajornada comum, e não para o intervalo intrajornada especial.

O limite mínimo de uma hora para repouso ou refeição poderá ser reduzido **por ato do Ministro do Trabalho e Emprego,** quando ouvido o Serviço de Alimentação de Previdência Social, se verificar que o estabelecimento atende integralmente às exigências concernentes à organização dos refeitórios, e quando os respectivos empregados não estiverem sob regime de trabalho prorrogado a horas suplementares (art. 71, § 3.º, CLT).

> "SÚMULA 118, TST. Os intervalos concedidos pelo empregador na jornada de trabalho, não previstos em lei, representam tempo à disposição da empresa, remunerados como serviço extraordinário, se acrescidos ao final da jornada".

Caso o empregador desrespeite o intervalo remunerado do empregado, deverá efetuar o pagamento do referido intervalo como se fosse tempo efetivamente trabalhado. O tempo do intervalo remunerado, conforme já mencionado, será computado como jornada efetivamente trabalhada pelo empregado. Se a jornada regular de trabalho for extrapolada, serão devidas horas extras.

5.6 VARIAÇÕES DE HORÁRIO

Quanto às variações de horário, a Lei 10.243/2001 acrescentou o § 1.º ao art. 58 da CLT, dispondo que:

> "Não serão descontadas nem computadas como jornada extraordinária as variações de horário no registro de ponto não excedentes de 5 (cinco) minutos, observado o limite máximo de 10 (dez) minutos diários".

A inclusão do § 1.º ao art. 58 deu-se com o objetivo de coibir o número excessivo de demandas que eram distribuídas ao Poder Judiciário Trabalhista, nas quais os obreiros requeriam, a título de horas extras, o somatório das variações de horário correspondente aos minutos em que marcavam o cartão de ponto antes do início ou após o final da jornada (2 ou 3 minutos antes, 3 ou 4 minutos depois da jornada, por exemplo).

Em verdade, principalmente nas empresas maiores, é absolutamente impossível que todos os empregados marquem o cartão de ponto no mesmo minuto, o que pode gerar uma diferença a maior ou a menor nos registros de entrada e de saída, não acarretando o pagamento de horas extras, se ocorrido nos moldes do § 1.º do art. 58 da CLT.

Sobre o tema, vale transcrever a Súmula 366 do TST, e a OJ 372, da SDI-I/TST, *in verbis:*

> "SÚMULA 366, TST. CARTÃO DE PONTO. REGISTRO. HORAS EXTRAS. MINUTOS QUE ANTECEDEM E SUCEDEM A JORNADA DE TRABALHO. Não serão descontadas nem computadas como jornada extraordinária as variações de horário do registro de ponto não excedentes de cinco minutos, observado o limite máximo de dez minutos diários. Se ultrapassado esse limite, será considerada como extra a totalidade do tempo que exceder a jornada normal".

> "OJ 372, SDI-I, TST. MINUTOS QUE ANTECEDEM E SUCEDEM A JORNADA DE TRABALHO. LEI 10.243, DE 27.06.2001. NORMA COLETIVA. FLEXIBILIZAÇÃO. IMPOSSIBILIDADE.
>
> A partir da vigência da Lei 10.243, de 27.06.2001, que acrescentou o § 1.º ao art. 58 da CLT, não mais prevalece cláusula prevista em convenção ou acordo coletivo que elastece o limite de 5 minutos que antecedem e sucedem a jornada de trabalho para fins de apuração das horas extras."

No que se refere ao motorista profissional, a CLT tem previsão especifica em seu art. 235-C, § 13, prevendo inexistir horário fixo de início, de final ou de intervalos.

> Art. 235-C. A jornada diária de trabalho do motorista profissional será de 8 (oito) horas, admitindo-se a sua prorrogação por até 2 (duas) horas extraordinárias ou, mediante previsão em convenção ou acordo coletivo, por até 4 (quatro) horas extraordinárias.
>
> § 13. Salvo previsão contratual, a jornada de trabalho do motorista empregado não tem horário fixo de início, de final ou de intervalos.

No que tange ao tempo em que o empregado fica a disposição do empregador, o art. 4º da CLT regulamenta de forma clara os períodos que devem ser computados na jornada de trabalho e aqueles que não se consideram tempo à disposição.

> "Art. 4º Considera-se como de serviço efetivo o período em que o empregado esteja à disposição do empregador, aguardando ou executando ordens, salvo disposição especial expressamente consignada.
>
> § 1º Computar-se-ão, na contagem de tempo de serviço, para efeito de indenização e estabilidade, os períodos em que o empregado estiver afastado do trabalho prestando serviço militar e por motivo de acidente do trabalho.
>
> § 2º Por não se considerar tempo à disposição do empregador, não será computado como período extraordinário o que exceder a jornada normal, ainda que ultrapasse o limite de cinco minutos previsto no § 1º do art. 58 desta Consolidação, quando o empregado, por escolha própria, buscar proteção pessoal, em caso de insegurança nas vias públicas ou más condições climáticas, bem como adentrar ou permanecer nas dependências da empresa para exercer atividades particulares, entre outras:
>
> I – práticas religiosas;
>
> II – descanso;
>
> III – lazer;
>
> IV – estudo;
>
> V – alimentação;
>
> VI – atividades de relacionamento social;

> VII – higiene pessoal;
>
> VIII – troca de roupa ou uniforme, quando não houver obrigatoriedade de realizar a troca na empresa."

Merece destaque na modalidade de teletrabalho que, o tempo de uso de equipamentos tecnológicos e de infraestrutura necessária, e de softwares, de ferramentas digitais ou de aplicações de internet utilizados para o teletrabalho, fora da jornada de trabalho normal do empregado não constitui tempo à disposição, regime de prontidão ou de sobreaviso, exceto se houver previsão em acordo individual ou em acordo ou convenção coletiva de trabalho.

5.7 TRABALHO EM REGIME DE TEMPO PARCIAL

No Brasil, o trabalho em regime de tempo parcial surgiu por meio da Medida Provisória 1.709, de 1998 (reeditada várias vezes), a qual adicionou à CLT o art. 58-A.

> Art. 58-A. Considera-se trabalho em regime de tempo parcial aquele cuja duração não exceda a trinta horas semanais, sem a possibilidade de horas suplementares semanais, ou, ainda, aquele cuja duração não exceda a vinte e seis horas semanais, com a possibilidade de acréscimo de até seis horas suplementares semanais.
>
> § 1.º O salário a ser pago aos empregados sob o regime de tempo parcial será proporcional à sua jornada, em relação aos empregados que cumprem, nas mesmas funções, tempo integral.
>
> § 2.º Para os atuais empregados, a adoção do regime de tempo parcial será feita mediante opção manifestada perante a empresa, na forma prevista em instrumento decorrente de negociação coletiva
>
> § 3.º As horas suplementares à duração do trabalho semanal normal serão pagas com o acréscimo de 50% (cinquenta por cento) sobre o salário-hora normal.
>
> § 4.º Na hipótese de o contrato de trabalho em regime de tempo parcial ser estabelecido em número inferior a vinte e seis horas semanais, as horas suplementares a este quantitativo serão consideradas horas extras para fins do pagamento estipulado no § 3º, estando também limitadas a seis horas suplementares semanais.
>
> § 5.º As horas suplementares da jornada de trabalho normal poderão ser compensadas diretamente até a semana imediatamente posterior à da sua execução, devendo ser feita a sua quitação na folha de pagamento do mês subsequente, caso não sejam compensadas.
>
> § 6.º É facultado ao empregado contratado sob regime de tempo parcial converter um terço do período de férias a que tiver direito em abono pecuniário.
>
> § 7.º As férias do regime de tempo parcial são regidas pelo disposto no art. 130 desta Consolidação.

O trabalho em regime de tempo parcial não excederá 30 horas semanais, com salário proporcional à jornada laborada, sendo que a adoção para os empregados já contratados pelo regime integral somente poderá ocorrer mediante autorização contida em convenção ou acordo coletivo de trabalho, e opção manifestada por cada empregado do estabelecimento.

Os empregados contratados na modalidade de regime de tempo parcial poderão prestar horas extras quando o contrato de trabalho não exceder 26h semanais, e poderão converter um terço de férias em abono pecuniário.

As férias dos trabalhadores contratados sob a modalidade de tempo parcial serão iguais às dos trabalhadores em regime integral, estando disciplinadas no art. 130 da CLT.

Vale destacar, por último, a OJ 358 da SDI-I/TST:

> "SÚMULA 358, TST. SALÁRIO-MÍNIMO E PISO SALARIAL PROPORCIONAL À JORNADA REDUZIDA. EMPREGADO. SERVIDOR PÚBLICO (redação alterada na sessão do Tribunal Pleno realizada em 16.02.2016) – Res. 202/2016, *DEJT* divulgado em 19, 22 e 23.02.2016
>
> I – Havendo contratação para cumprimento de jornada reduzida, inferior à previsão constitucional de oito horas diárias ou quarenta e quatro semanais, é lícito o pagamento do piso salarial ou do salário-mínimo proporcional ao tempo trabalhado.
>
> II – Na Administração Pública direta, autárquica e fundacional não é válida remuneração de empregado público inferior ao salário-mínimo, ainda que cumpra jornada de trabalho reduzida. Precedentes do Supremo Tribunal Federal."

5.8 TRABALHO NOTURNO

Trabalho noturno é aquele executado no período da noite, fazendo o obreiro jus ao adicional respectivo, conforme imposto pelo art. 7.°, IX, da CF/1988.

O art. 73 da CLT estabelece o horário noturno dos trabalhadores urbanos por ela regidos como aquele compreendido entre 22 e 5 horas, fixando o adicional noturno em 20% (vinte por cento) sobre a hora diurna.

> "Art. 73, CLT. Salvo nos casos de revezamento semanal ou quinzenal, o trabalho noturno terá remuneração superior à do diurno e, para esse efeito, sua remuneração terá um acréscimo de 20% (vinte por cento), pelo menos, sobre a hora diurna".

Segundo entendimento do STF, a primeira parte do referido artigo não foi recepcionada pela Constituição Federal, pois ao empregado sujeito ao turno ininterrupto de revezamento é devido o adicional noturno (art. 7.°, IX, CF/1988 e Súmula 213, STF).

> "SÚMULA 213, STF. É devido o adicional de serviço noturno, ainda que sujeito o empregado ao regime de revezamento".

Estabelece também o § 1.º do mesmo artigo que a hora de trabalho noturno será computada como de 52 minutos e 30 segundos. É o que a doutrina chama de hora noturna reduzida, em que cada hora trabalhada no horário noturno será computada como de 52 minutos e 30 segundos, e não como uma hora, constituindo-se num benefício para o obreiro.

Com relação aos trabalhadores rurais, o art. 7.º, *caput*, e respectivo parágrafo único da Lei 5.889/1973 fixam:

- Adicional noturno do trabalhador rural: 25% (vinte e cinco por cento).
- Hora noturna do trabalhador rural da lavoura (agricultura) – 21 às 5 horas.
- Hora noturna do trabalhador rural da pecuária – 20 às 4 horas.
- Hora noturna do trabalhador rural: 60 minutos.

A Lei 8.906/1994 (Estatuto da Advocacia) fixa no art. 20, § 3.º, o horário noturno do advogado como o compreendido entre 20 às 5 horas do dia seguinte, sendo o adicional noturno estipulado em 25% (vinte e cinco por cento).

Sobre o trabalho noturno, cabe destacar:

> "SÚMULA 60, TST. ADICIONAL NOTURNO. INTEGRAÇÃO NO SALÁRIO E PRORROGAÇÃO EM HORÁRIO DIURNO.
>
> I – O adicional noturno, pago com habitualidade, integra o salário do empregado para todos os efeitos.
>
> II – Cumprida integralmente a jornada no período noturno e prorrogada esta, devido é também o adicional quanto às horas prorrogadas. Exegese do art. 73, § 5.º, da CLT".
>
> "OJ-SDI1-388. JORNADA 12X36. JORNADA MISTA QUE COMPREENDA A TOTALIDADE DO PERÍODO NOTURNO. ADICIONAL NOTURNO. DEVIDO. (*DEJT* divulgado em 09, 10 e 11.06.2010).
>
> O empregado submetido à jornada de 12 horas de trabalho por 36 de descanso, que compreenda a totalidade do período noturno, tem direito ao adicional noturno, relativo às horas trabalhadas após as 5 horas da manhã".

5.9 REPOUSO SEMANAL REMUNERADO (RSR) E FERIADOS

O repouso semanal remunerado consiste na interrupção semanal do contrato de trabalho, com a sustação pelo prazo de 24 horas da prestação de serviços pelo obreiro, sem prejuízo de sua remuneração e demais vantagens, preferencialmente exercido aos domingos.

De acordo com o art. 611-B, IX, da CLT, constitui objeto ilícito de convenção e acordo coletivo de trabalho a supressão ou redução do descanso semanal remunerado.

Os feriados consistem na interrupção temporal do contrato de trabalho, previstos no calendário anual, indicados pela legislação vigente, objetivando comemorar datas cívicas ou religiosas específicas, ocorrendo a sustação pelo prazo de 24 horas da prestação de serviços pelo obreiro, sem prejuízo de sua remuneração e demais vantagens.

A Constituição Federal de 1988, no art. 7.º, inciso XV, estabeleceu como um direito social dos trabalhadores urbanos e rurais (extensivos aos domésticos - art. 7.º, parágrafo único, da CF/1988) o repouso semanal remunerado, preferencialmente aos domingos.

A CLT, no art. 67 e seguintes, também versa sobre o repouso semanal remunerado.

A Lei 605/1949 veio dispor especificamente sobre o repouso semanal remunerado e feriados.

Não será devida a remuneração do repouso semanal e dos feriados quando, sem motivo justificado, o empregado não tiver trabalhado durante toda a semana anterior, cumprindo integralmente o seu horário de trabalho (art. 6.º da Lei 605/1949).

O empregado que faltou ou chegou atrasado injustificadamente, portanto, não perde o direito ao repouso semanal e ao feriado, mas tão somente à remuneração do dia respectivo.

Tratando-se de empregados que recebem o salário por mês ou quinzenalmente, considera-se que os mesmos já têm remunerados os dias de repouso semanal (art. 7.º, § 2.º, da Lei 605/1949).

Laborando aos domingos, o empregado deverá gozar de folga compensatória, sob pena de receber em dobro a remuneração do dia trabalhado.

O art. 9.º da Lei 605/1949 dispõe que nas atividades em que não for possível, em virtude das exigências técnicas das empresas, a suspensão do trabalho nos dias feriados civis e religiosos, a remuneração será paga em dobro, salvo se o empregador determinar outro dia de folga (folga compensatória).

Importante, ainda, citar as seguintes súmulas e orientações jurisprudenciais:

> "SÚMULA 27, TST. É devida a remuneração do repouso semanal e dos dias feriados ao empregado comissionista, ainda que pracista".
>
> "SÚMULA 146, TST. O trabalho prestado em domingos e feriados, não compensado, deve ser pago em dobro, sem prejuízo da remuneração relativa ao repouso semanal".
>
> "SÚMULA 172, TST. Computam-se no cálculo do repouso remunerado as horas extras habitualmente prestadas".
>
> "OJ-SDI1-410. REPOUSO SEMANAL REMUNERADO. CONCESSÃO APÓS O SÉTIMO DIA CONSECUTIVO DE TRABALHO. ART. 7.º, XV, DA CF. VIOLAÇÃO. (DEJT divulgado em 22, 25 e 26.10.2010)

Viola o art. 7.º, XV, da CF a concessão de repouso semanal remunerado após o sétimo dia consecutivo de trabalho, importando no seu pagamento em dobro."

"OJ-SDI1-394. REPOUSO SEMANAL REMUNERADO – RSR. INTEGRAÇÃO DAS HORAS EXTRAS. NÃO REPERCUSSÃO NO CÁLCULO DAS FÉRIAS, DO DÉCIMO TERCEIRO SALÁRIO, DO AVISO-PRÉVIO E DOS DEPÓSITOS DO FGTS (*DEJT* divulgado em 09, 10 e 11.06.2010).

A majoração do valor do repouso semanal remunerado, em razão da integração das horas extras habitualmente prestadas, não repercute no cálculo das férias, da gratificação natalina, do aviso-prévio e do FGTS, sob pena de caracterização de '*bis in idem*'".

5.10 JORNADA DO ADVOGADO

A Lei 8.906/1994, art. 20, que dispõe sobre o Estatuto da Advocacia, determina que a jornada de trabalho do advogado empregado, quando prestar serviço para empresas, não poderá exceder a duração diária de 8 (oito) horas contínuas e a de 40 (quarenta) horas semanais.

Impende destacar que o Estatuto da Advocacia considerou como período de trabalho o tempo em que o advogado estiver à disposição do empregador, aguardando ou executando ordens, no seu escritório ou em atividades externas, sendo-lhe reembolsadas as despesas feitas com transporte, hospedagem e alimentação (art. 20, § 1.º, da Lei 8.906/1994).

Por último, as horas extraordinárias serão remuneradas com o adicional não inferior a 100% (cem por cento) sobre o valor da hora normal (art. 20, § 2.º, da Lei 8.906/1994).

5.11 APRENDIZ

A Constituição Federal de 1988 proíbe o trabalho noturno, perigoso e insalubre ao menor de 18 anos e de qualquer trabalho ao menor de 16 anos, salvo na condição de aprendiz, a partir dos 14 anos (CF/1988 – art. 7.º, XXXIII).

Em relação ao contrato de aprendizagem, a Medida Provisória 251, de 14 de junho de 2005, alterou a idade para o trabalhador ser contratado como aprendiz, podendo haver a aprendizagem entre 14 e 24 anos (anteriormente, somente era possível a aprendizagem entre 14 e 18 anos), ou com qualquer idade, em caso de trabalhadores portadores de deficiência.

Portanto, após a edição da MP 251/2005, convertida na Lei 11.180/2005, tanto o trabalhador menor (de 14 até 18 anos) pode ser contratado como aprendiz como também o trabalhador maior (entre 18 e 24 anos), sendo que a idade máxima não se aplica aos aprendizes portadores de necessidades especiais.

Considera-se contrato de aprendizagem o contrato especial formulado por escrito (contrato formal) e por prazo determinado (no máximo dois anos), em que o empregador se compromete a assegurar ao maior de 14 anos e menor de 24 anos, inscrito no programa de aprendizagem, formação técnico-profissional metódica compatível com seu desenvolvimento físico, moral e psicológico, e o aprendiz se compromete a executar, com zelo e diligência, as tarefas necessárias a essa formação (CLT, art. 428).

A validade do contrato de aprendizagem exige sua anotação na Carteira de Trabalho, estar o aprendiz matriculado e frequentando a escola, caso não tenha concluído o ensino médio, bem como sua inscrição em programa de aprendizagem desenvolvido sob orientação de entidade qualificada em formação técnico-profissional metódica (CLT, art. 428, § 1º). Onde não houver escola de ensino médio, a contratação do aprendiz poderá ocorrer sem a frequência à escola, desde que tenha sido concluído o ensino fundamental (CLT, art. 428, § 7º).

A duração do trabalho do aprendiz não excederá 6 horas diárias, sendo vedadas a prorrogação e a compensação de jornadas (CLT, art. 432), salvo se os aprendizes já tiverem completado o ensino fundamental, quando a duração diária do trabalho poderá ser de 8 horas, desde que nelas sejam computadas as horas destinadas à aprendizagem teórica.

O contrato de aprendizagem extinguir-se-á no seu termo ou quando o aprendiz completar 24 anos, salvo se o aprendiz for deficiente (CLT, art. 433), não se aplicando o disposto nos arts. 479 e 480 da CLT (indenização dos contratos por prazo determinado da CLT).

Poderá ainda o contrato de aprendizagem ser extinto antecipadamente quando houver: a) desempenho insuficiente ou inadaptação do aprendiz; b) falta disciplinar grave praticada pelo aprendiz, salvo para o aprendiz com deficiência quando desprovido de recursos de acessibilidade, de tecnologias assistivas e de apoio necessário ao desempenho de suas atividades; c) ausência injustificada do menor aprendiz à escola que implique perda do ano letivo; d) a pedido do aprendiz. Nessas hipóteses, também não se aplica o disposto nos arts. 479 e 480 da CLT.

> §3º. O contrato de aprendizagem não poderá ser estipulado por mais de 2 (dois) anos, exceto quando se tratar de aprendiz portador de deficiência.

Em tempo, tivemos outras alterações e novidades. Foi publicado o Decreto nº 11.479, de 6 de abril de 2023 que altera o Decreto nº 9.579, de 22 de novembro de 2018, para dispor sobre o direito à profissionalização de adolescentes e jovens por meio de programas de aprendizagem profissional.

5.12 JORNADA DO BANCÁRIO

A jornada do bancário está regulada nos arts. 224 a 226 da CLT.

Observamos três categorias de bancários:

- bancário comum (jornada de 6 horas diárias e 30 horas semanais);
- bancário exercente de função de confiança (jornada de 8 horas diárias e 40 horas semanais, desde que receba gratificação mínima de 1/3 do salário);
- bancário gerente geral (sem controle de jornada, inserido no art. 62, II, da CLT, desde que receba gratificação mínima de 40% do salário).

Ressalte-se que o fato de não haver trabalho aos sábados não significa que os bancários tenham dois dias repouso semanal remunerado. O domingo é o dia de repouso semanal remunerado, sendo que o sábado é dia útil não trabalhado. Veja a Súmula n. 113 do TST:

Súmula nº 113 do TST – Bancário. Sábado. Dia útil (mantida). Resolução nº 121/2003, DJ de 19, 20 e 21/11/2003. O sábado do bancário é dia útil não trabalhado, não dia de repouso remunerado. Não cabe a repercussão do pagamento de horas extras habituais em sua remuneração.

Os empregados de financeiras, embora não sejam bancários, possuem a mesma jornada dos bancários, dada a similaridade das atividades:

Súmula nº 55 do TST – Financeiras (mantida). Resolução nº 121/2003, DJ de 19, 20 e 21/11/2003. As empresas de crédito, financiamento ou investimento, também denominadas financeiras, equiparam-se aos estabelecimentos bancários para os efeitos do art. 224 da CLT.

5.13 REGISTRO DE PONTO

As empresas com mais de 20 empregados têm a obrigação de manter a anotação de entrada e saída de seus empregados, em registro manual, mecânico ou eletrônico, conforme dispõe o art. 74, §2º, da CLT.

No Processo do Trabalho, a obrigação de controle de jornada faz com quer o empregador tenha maior aptidão para a prova, ou seja, é ele quem possuirá maiores condições de demonstrar os controles, ficando sob sua incumbência demonstrar o registro da jornada do trabalhador.

Desta forma, não apresentado os controles de jornada, sem que haja justificativa, gera a presunção de veracidade da jornada alegada na petição inicial. Trata-se, porém, de presunção relativa, o que significa que pode o empregador afastá-la.

Algumas empresas começaram a adorar um modelo diferenciado de controle de jornada, denominado de "controle de ponto por exceção". Assim, apenas exigem que seus empregados anotem sua jornada quando houver fatos excepcionais, como por exemplo, a realização de horas extras, atrasos, etc.

De todo modo, a Lei nº 13.874/2019 inseriu o §4º do art. 74, da CLT, passando a prever expressamente o sistema de controle de jornada por exceção, não apenas mediante previsão em norma coletiva, mas também por meio de acordo individual escrito.

5.14 QUESTÕES

1. (OAB/BA 2009.3 - CESPE) Assinale a opção correta no que se refere ao acordo intrajornada.

(A) A ausência de intervalo intrajornada acarreta apenas multa administrativa imposta pela fiscalização do trabalho.

(B) O intervalo de descanso será computado na duração do trabalho.

(C) O intervalo mínimo intrajornada pode ser transigido em acordo escrito ou contrato coletivo.

(D) Mediante acordo escrito ou contrato coletivo, a duração do intervalo intrajornada pode ser superior a duas horas.

2. (OAB/BA 2010.3 - FGV) Paulo possuía uma casa de campo, situada em região rural da cidade de Muzambinho - MG, onde costumava passar todos os finais de semana e as férias com a sua família. Contratou Francisco para cuidar de algumas cabeças de gado destinadas à venda de carne e de leite ao mercado local. Francisco trabalhava com pessoalidade e subordinação, de segunda a sábado, das 11h às 21h, recebendo um salário-mínimo mensal. Dispensado sem justa causa, ajuizou reclamação trabalhista em face de Paulo, postulando o pagamento de horas extraordinárias, de adicional noturno e dos respectivos reflexos nas verbas decorrentes da execução e da ruptura do contrato de trabalho. Aduziu, ainda, que não era observada pelo empregador a redução da hora noturna.

Diante dessa situação hipotética e considerando que as verbas postuladas não foram efetivamente pagas pelo empregador, assinale a alternativa correta.

(A) Francisco tem direito ao pagamento de horas extraordinárias e de adicional noturno, não lhe assistindo o direito à redução da hora noturna.

(B) Francisco tem direito ao pagamento de horas extraordinárias, mas não lhe assiste o direito ao pagamento de adicional noturno, já que não houve prestação de serviços entre as 22h de um dia e as 5h do dia seguinte.

(C) Francisco não tem direito ao pagamento de horas extraordinárias e de adicional noturno, por se tratar de empregado doméstico.

(D) A redução da hora noturna deveria ter sido observada pelo empregador.

3. (OAB/BA 2011.2 - FGV) João da Silva, empregado da empresa Alfa Ltda., exerce suas atribuições funcionais em dois turnos de trabalho alternados de oito horas cada, que compreendem o horário diurno e o noturno. Considerando que a atividade de seu empregador não se desenvolve de forma ininterrupta e que não existe norma coletiva disciplinando a jornada de trabalho, assinale a alternativa correta.

(A) João não tem direito ao pagamento de horas extras e à redução da hora noturna.

(B) João tem direito ao pagamento de horas extras, mas não tem direito à redução da hora noturna.

(C) João não tem direito ao pagamento de horas extras, mas tem direito à redução da hora noturna.

(D) João tem direito ao pagamento de horas extras e à redução da hora noturna.

4. (OAB/BA 2011.3 – FGV – questão adaptada) Uma empresa que atua no ramo gráfico, com jornada de trabalho de 8 horas diárias, pretende reduzir o intervalo para refeição de seus empregados para 30 minutos diários. De acordo com a Lei e o entendimento do TST, a pretensão

(A) não poderá ser atendida porque a norma é de ordem pública, tratando da higiene, salubridade e conforto, não passível de negociação.

(B) não poderá ser efetivada.

(C) poderá ser efetivada se autorizada pelo Ministério do Trabalho e Emprego, que verificará se o local tem refeitório adequado e se o empregador não exige realização de horas extras.

(D) poderá ser efetivada se houver autorização judicial.

5. (OAB/BA 2011.3 – FGV) Cíntia Maria ajuíza reclamação trabalhista em face da empresa Tictac Ltda., postulando o pagamento de horas extraordinárias, aduzindo que sempre labutou no horário das 8h às 19h, de segunda a sexta-feira, sem intervalo intrajornada. A empresa ré oferece contestação, impugnando o horário indicado na inicial, afirmando que a autora sempre laborou no horário das 8h às 17h, com 1 hora de pausa alimentar, asseverando ainda que os controles de ponto que acompanham a defesa não indicam a existência de labor extraordinário.

À vista da defesa ofertada e dos controles carreados à resposta do réu, a parte autora, por intermédio de seu advogado, impugna os registros de frequência porque não apresentam qualquer variação no registro de entrada e saída, assim como porque não ostentam sequer a pré-assinalação do intervalo intrajornada. Admitindo-se a veracidade das argumentações do patrono da parte autora e com base na posição do TST acerca da matéria, é correto afirmar que

(A) compete ao empregado o ônus de comprovar o horário de trabalho indicado na inicial, inclusive a supressão do intervalo intrajornada, a teor do disposto no art. 818 da CLT.

(B) diante da impugnação apresentada, inverte-se o ônus probatório, que passa a ser do empregador, prevalecendo o horário da inicial, se dele não se desincumbir por outro meio probatório, inclusive no que se refere à ausência de intervalo intrajornada.

(C) em se tratando de controles de ponto inválidos, ao passo que não demonstram qualquer variação no registro de entrada e saída, não poderá a ré produzir qualquer outra prova capaz de confirmar suas assertivas, porquanto a prova documental é a única capaz de demonstrar a jornada de trabalho cumprida.

(D) diante da impugnação apresentada, inverte-se o ônus probatório, que passa a ser do empregador, prevalecendo o horário da inicial, se dele não se desincumbir, exceto quanto ao intervalo intrajornada.

6. (XI Exame de Ordem Unificado – FGV) Marco Aurélio é advogado empregado em um escritório de advocacia, com CTPS assinada, tendo acertado na contratação a dedicação exclusiva. Num determinado mês, Marco cumpriu jornada de 2ª a 6ª feira, das 12:00 às 21:00h, com intervalo de uma hora para refeição. Com base no caso apresentado, assinale a afirmativa correta.

(A) Não haverá pagamento de adicional noturno porque a jornada não ultrapassou às 22:00h.

(B) Marco tem direito ao adicional noturno de 25% sobre a jornada compreendida entre 20:00 e 21:00h.

(C) Marco tem direito a horas extras, sendo assim reputadas as que ultrapassam a 4ª hora diária, com acréscimo de 50%.

(D) Marco tem direito ao adicional noturno de 20% sobre a jornada compreendida entre 20:00 e 21:00h.

7. (OAB/FGV – XXII EXAME) Um aprendiz de marcenaria procura um advogado para se inteirar sobre o FGTS que vem sendo depositado mensalmente pelo empregador na sua conta vinculada junto à CEF, na razão de 2% do salário, e cujo valor é descontado juntamente com o INSS.

Com relação ao desconto do FGTS, assinale a afirmativa correta.

(A) O FGTS deveria ser depositado na ordem de 8% e não poderia ser descontado.

(B) A empresa, por se tratar de aprendiz, somente poderia descontar metade do FGTS depositado.

(C) A empresa está equivocada em relação ao desconto, pois o FGTS é obrigação do empregador.

(D) A conduta da empresa é regular, tanto em relação ao percentual quanto ao desconto.

8. (OAB/FGV – XXII EXAME) Suely trabalha na casa de Rogério como cuidadora de seu pai, pessoa de idade avançada e enferma, comparecendo de segunda a sexta-feira, das 8:00 às 17:00 h, com intervalo de uma hora para refeição. De acordo com o caso narrado e a legislação de regência, assinale a afirmativa correta.

(A) O controle escrito não é necessário, porque menos de 10 empregados trabalham na residência de Rogério.

(B) A lei de regência prevê que as partes podem acertar, por escrito, a isenção de marcação da jornada normal, assinalando apenas a eventual hora extra.

(C) A Lei é omissa a respeito, daí por que a existência de controle deve ser acertado entre as partes envolvidas no momento da contratação.

(D) Rogério deve, por força de Lei, manter controle escrito dos horários de entrada e saída da empregada doméstica.

9. (OAB/FGV – XXIV EXAME DE ORDEM) Um empresário explora o ramo de farmácias e drogarias, possuindo 18 filiais divididas por dois estados da Federação. Cada filial tem 5 empregados, todos com CTPS assinada. O empresário, desejando saber se precisa manter controle escrito dos horários de entrada e saída dos empregados, procura você para, como advogado, orientá-lo. Diante da situação retratada e com base na CLT, assinale a afirmativa correta.

(A) O controle de ponto deverá ser mantido, porque a empresa possui mais de 10 empregados.

(B) A análise deverá ser feita por cada estado da Federação, sendo obrigatório o ponto se houver mais de 10 empregados no espaço geográfico do estado.

(C) O empresário não precisará manter controle escrito, porque tem menos de 10 empregados por estabelecimento.

(D) A Lei é omissa a respeito, daí por que, a título de cautela, é recomendável que seja marcado o controle, podendo haver a pré-assinalação da pausa alimentar.

10. (OAB/FGV – XXV EXAME DE ORDEM) Jorge trabalhou para a Sapataria Bico Fino Ltda., de 16/11/2017 a 20/03/2018. Na ocasião realizava jornada das 9h às 18h, com 15 minutos de intervalo. Ao ser dispensado ajuizou ação trabalhista, reclamando o pagamento de uma hora integral pela ausência do intervalo, além dos reflexos disso nas demais parcelas intercorrentes do contrato de trabalho.

Diante disso, e considerando o texto da CLT, assinale a afirmativa correta.

(A) Jorge faz jus a 45 minutos acrescidos de 50%, porém sem os reflexos, dada a natureza jurídica indenizatória da parcela.

(B) Jorge faz jus a 45 minutos acrescidos de 50%, além dos reflexos, dada a natureza jurídica salarial da parcela.

(C) Jorge faz jus a uma hora integral acrescida de 50%, porém sem os reflexos, dada a natureza jurídica indenizatória da parcela.

(D) Jorge faz jus a uma hora integral acrescida de 50%, porém sem os reflexos, dada a natureza jurídica salarial da parcela.

11. (OAB/FGV – XXV EXAME DE ORDEM) Lúcio foi dispensado do emprego, no qual trabalhou de 17/11/2017 a 20/03/2018, por seu empregador. Na sociedade empresária em que trabalhou, Lúcio batia o cartão de ponto apenas no início e no fim da jornada efetiva de trabalho, sem considerar o tempo de café da manhã, de troca de uniforme (que consistia em vestir um jaleco branco e tênis comum, que ficavam na posse do empregado) e o tempo em que jogava pingue-pongue após almoçar, já que o fazia em 15 minutos, e poderia ficar jogando até o término do intervalo integral.

Você foi procurado por Lúcio para, como advogado, ingressar com ação pleiteando horas extras pelo tempo indicado no enunciado não constante dos controles de horário.

Sobre o caso, à luz da CLT, assinale a afirmativa correta.

(A) Lúcio não faz jus às horas extras pelas atividades indicadas, pois as mesmas não constituem tempo à disposição do empregador.

(B) Lúcio faz jus às horas extras pelas atividades indicadas, pois as mesmas constituem tempo à disposição do empregador, já que Lúcio estava nas dependências da empresa.

(C) Apenas o tempo de alimentação e café da manhã devem ser considerados como tempo à disposição, já que o outro representa lazer do empregado.

(D) Apenas o tempo em que ficava jogando poderá ser pretendido como hora extra, pois Lúcio não desfrutava integralmente da pausa alimentar.

12. (OAB/FGV – XXVI EXAME DE ORDEM) Felisberto foi contratado como técnico pela sociedade empresa Montagens Rápidas Ltda., em janeiro de 2018, recebendo salário correspondente ao mínimo legal. Ele não está muito satisfeito, mas espera, no futuro, galgar degraus dentro da empresa. O empregado em questão trabalha na seguinte jornada: de segunda a sexta-feira, das 10h às 19h48min, com intervalo de uma hora para refeição, tendo assinado acordo particular por ocasião da admissão para não trabalhar aos sábados e trabalhar mais 48 minutos de segunda a sexta-feira. Com base na situação retratada e na

Lei, considerando que a norma coletiva da categoria de Felisberto é silente a respeito, assinale a afirmativa correta.

(A) Há direito ao pagamento de horas extras, porque a compensação de horas teria de ser feita por acordo coletivo ou convenção coletiva, não se admitindo acordo particular para tal fim.

(B) Não existe direito ao pagamento de sobrejornada, porque as partes podem estipular qualquer quantidade de jornada, independentemente de limites.

(C) A Lei é omissa a respeito da forma pela qual a compensação de horas deva ser realizada, razão pela qual caberá ao juiz, valendo-se de bom senso e razoabilidade, julgar por equidade.

(D) A situação não gera direito a horas extras, porque é possível estipular compensação semanal de horas, inclusive por acordo particular, como foi o caso.

13. (OAB/FGV – XXVII EXAME DE ORDEM) Renato trabalha na empresa Ramos Santos Ltda. exercendo a função de técnico de manutenção. De segunda a sexta-feira, ele trabalha das 8h às 17h, com uma hora de almoço, e, aos sábados, das 8h às 12h, sem intervalo. Ocorre que, por reivindicação de alguns funcionários, a empresa instituiu um culto ecumênico toda sexta-feira, ao final do expediente, cujo comparecimento é facultativo. O culto ocorre das 17h às 18h, e Renato passou a frequentá-lo. Diante dessa situação, na hipótese de você ser procurado como advogado(a) em consulta formulada por Renato sobre jornada extraordinária, considerando o enunciado e a legislação trabalhista em vigor, assinale a afirmativa correta.

(A) Renato não faz jus a qualquer valor de horas extras.

(B) Renato tem direito a uma hora extra semanal, pois o culto foi instituído pela empregadora.

(C) Renato tem direito a uma hora extra diária, de segunda a sexta-feira, em razão do horário de trabalho das 8h às 17h.

(D) Renato tem direito a nove horas extras semanais, sendo cinco de segunda a sexta-feira e mais 4 aos sábados.

14. (OAB/FGV XXVIII EXAME DE ORDEM) Rita de Cássia é enfermeira em um hospital desde 10/01/2018, no qual trabalha em regime de escala de 12x36 horas, no horário das 7:00 às 19:00 horas. Tal escala encontra-se prevista na convenção coletiva da categoria da empregada. Alguns plantões cumpridos por Rita de Cássia coincidiram com domingos e outros, com feriados. Em razão disso, a empregada solicitou ao seu gestor que as horas cumpridas nesses plantões fossem pagas em dobro. Sobre a pretensão da empregada, diante do que preconiza a CLT, assinale a afirmativa correta.

(A) Ela fará jus ao pagamento com adicional de 100% apenas nos feriados.

(B) Ela não terá direito ao pagamento em dobro nem nos domingos nem nos feriados.

(C) Ela terá direito ao pagamento em dobro da escala que coincidir com o domingo.

(D) Ela receberá em dobro as horas trabalhadas nos domingos e feriados.

15. (OAB/FGV XXVIII EXAME DE ORDEM) Você, como advogado(a), foi procurado por Pedro para ajuizar ação trabalhista em face da ex-empregadora deste. Pedro lhe disse que após encerrar o expediente e registrar o efetivo horário de saída do trabalho, ficava na empresa em razão de eventuais tiroteios que ocorriam na regão. Nos meses de verão, ocasionalmente, permanecia na empresa para esperar o escoamento da água decorrente das fortes chuvas. Diariamente, após o expediente, havia culto ecumênico de participação voluntária e, dada sua atividade em setor de contaminação radioativa, era obrigado a trocar de uniforme na empresa, o que levava cerca de 20 minutos. Considerando o labor de Pedro, de 10/12/2017 a 20/09/2018, e a atual legislação em vigor, assinale a afirmativa correta.

(A) Apenas o período de troca de uniforme deve ser requerido como horário extraordinário.

(B) Todo o tempo que Pedro ficava na empresa gera hora extraordinária, devendo ser pleiteado como tal em sede de ação trabalhista.

(C) Nenhuma das hipóteses gera labor extraordinário.

(D) Como apenas a questão religiosa era voluntária, somente essa não gera horário extraordinário.

16. (OAB/FGV XXXIV EXAME DE ORDEM) Determinada sociedade empresária propôs, em 2022, a um grupo de candidatos a emprego, um contrato de trabalho no qual a duração máxima seria de 30 (trinta) horas semanais, sem a possibilidade de horas extras. Como alternativa, propôs um contrato com duração de 26 (vinte e seis) horas semanais, com a possiblidade de, no máximo, 6 (seis) horas extras semanais.

Um dos candidatos consultou você, na qualidade de advogado(a), sobre os contratos de trabalho oferecidos. Assinale a opção que apresenta, corretamente, sua resposta.

(A) Os dois casos apresentam contratos de trabalho em regime de tempo parcial.

(B) No primeiro caso, trata-se de contrato de trabalho em regime de tempo parcial; no segundo, trata-se de contrato de trabalho comum, dada a impossibilidade de horas extras nessa modalidade contratual.

(C) Os dois casos não são contratos em regime de tempo parcial, já que o primeiro excede o tempo total de horas semanais e, o segundo, contém horas extras, o que não é cabível.

(D) Não se trata de contrato por tempo parcial, pois, na hipótese, admite-se tempo inferior ao limite máximo, quando na modalidade de regime por tempo parcial os contratos só poderão ter 30 (trinta) ou 26 (vinte e seis) horas.

17. (OAB/FGV XXXIV EXAME DE ORDEM) Milton possui uma fábrica de massas que conta com 23 (vinte e três) empregados. Em fevereiro de 2021, Milton conversou individualmente com cada empregado e propôs, para trazer maior agilidade, que dali em diante cada qual passasse a marcar ponto por exceção, ou seja, só marcaria a eventual hora extra realizada. Assim, caso a jornada fosse cumprida dentro das 8 (oito) horas diárias, não haveria necessidade de marcação. Diante da concordância, foi feito um termo individual para cada empregado, que foi assinado.

Sobre a hipótese apresentada, de acordo com o disposto na CLT, assinale a afirmativa correta.

(A) O acordo é inválido, porque somente poderia ser feito por norma coletiva, e não individual.

(B) O acerto é válido, porque o registro de ponto por exceção à jornada regular de trabalho pode ser feito por meio de acordo individual.

(C) A alteração, para ter validade, depende da homologação do Poder Judiciário, por meio de uma homologação de acordo extrajudicial.

(D) Para o acerto da marcação por exceção, é obrigatória a criação de uma comisssão de empregados, que irá negociar com o empregador, e, em contrapartida, a empresa deve conceder alguma vantagem.

18. (OAB/FGV XXXV EXAME DE ORDEM) Rogéria trabalha como eletricista na companhia de energia elétrica da sua cidade, cumprindo jornada diária de 6 horas, de 2ª a 6ª feira, com intervalo de 1 hora para refeição. Em um sábado por mês, Rogéria precisa permanecer na sede da companhia por 12 horas para atender imediatamente a eventuais emergências (queda de energia, estouro de transformador ou outras urgências). Para isso, a empresa mantém um local reservado com cama, armário e espaço de lazer, até porque não se sabe se haverá, de fato, algum chamado. De acordo com a CLT, assinale a opção que indica a denominação desse período no qual Rogéria permanecerá na empresa aguardando eventual convocação para o trabalho e como esse tempo será remunerado.

(A) Sobreaviso; será pago na razão de 1/3 do salário normal.

(B) Prontidão; será pago na razão de 2/3 do salário-hora normal.

(C) Hora extra; será pago com adicional de 50%.

(D) Etapa; será pago com adicional de 100%.

19. (OAB/FGV XXXVI EXAME DE ORDEM) Gael foi contratado pela Sociedade Empresária Aldeia da Pipoca Ltda. em fevereiro de 2022 como cozinheiro. No contrato de trabalho de Gael, há uma cláusula prevendo que a jornada de trabalho será de 8 horas diárias de 2ª a 6ª feira, com intervalo de 1 hora, e de 4 horas aos sábados, sem intervalo. Na mesma cláusula, há previsão de que, havendo realização de horas extras, elas irão automaticamente para um banco de horas e deverão ser compensadas em até 5 meses. Em conversas informais com os colegas, Gael ficou sabendo que não existe nenhuma previsão de banco de horas em norma coletiva da sua categoria profissional. Considerando a situação retratada e os termos da CLT, assinale a afirmativa correta.

(A) Trata-se de cláusula nula, porque a instituição do banco de horas precisa ser feita em convenção coletiva de trabalho.

(B) É possível a pactuação individual do banco de horas desde que a compensação seja feita em até 12 meses.

(C) A cláusula é válida, porque a compensação ocorrerá em menos de 6 meses, cabendo acerto individual com o empregado para a instituição do banco de horas.

(D) Trata-se de cláusula nula, porque a instituição do banco de horas precisa ser feita em acordo coletivo de trabalho.

20. (OAB/FGV XXXVII EXAME DE ORDEM) Sabrina era empregada de um grande escritório de contabilidade desde 2021, e sempre chegava ao local de trabalho com 5 minutos de antecedência em relação ao horário contratual para trocar a roupa e colocar o uniforme da sociedade empresária. O empregador permitia que o empregado chegasse uniformizado, mas Sabrina achava melhor trocar a roupa na empresa por questão de segurança. Da mesma forma, após terminar o horário contratual, Sabrina permanecia mais 5 minutos no emprego para tirar o uniforme e colocar a sua roupa pessoal. Sabrina foi dispensada em fevereiro de 2023 e ajuizou reclamação trabalhista postulando 10 minutos diários de horas extras relativas às trocas de roupa. Sobre a hipótese apresentada, diante do que dispõe a CLT, assinale a afirmativa correta.

(A) Sabrina está correta na postulação e, caso comprovada, ensejará o pagamento de horas extras.

(B) A sociedade empresária deverá pagar metade do período como hora extra, uma vez que o excesso era de 10 minutos diários e o objetivo era a troca de uniforme.

(C) Sabrina terá direito ao pagamento dos 10 minutos diários, mas não do adicional de 50%.

(D) Sabrina está errada, pois esse período não será descontado nem computado como jornada extraordinária.

21. (OAB/FGV XXXVII EXAME DE ORDEM) Rachel foi contratada como empregada em 2019 por uma sociedade empresária fabricante de automóveis. Ocorre que a fábrica fica em um lugar longínquo, não servido por transporte público regular, e por isso a sociedade empresária disponibiliza um ônibus para buscar os empregados pela manhã e deixá-los em casa, ao final da jornada. Raquel gasta diariamente, em média, 50 minutos para chegar ao emprego e outros 50 minutos para retorno. Considerando esses fatos e o que dispõe a CLT, assinale a afirmativa correta.

(A) Os 50 minutos gastos na ida e os 50 minutos gastos na volta devem ser pagos como horas extras, na condição de hora in itinere.

(B) O tempo despendido pelo empregado desde sua residência até o posto de trabalho e para seu retorno não será computado na jornada de trabalho.

(C) O tempo gasto no transporte deverá ser pago porque será computado na jornada de trabalho, mas sem adicional.

(D) O juiz, no caso concreto, após a análise da geografia do local, deverá decidir se o tempo gasto no transporte deverá, ou não, ser quitado como hora extra.

22. (OAB/FGV XXXVII EXAME DE ORDEM) A sociedade empresária Soluções Perfeitas Ltda. pretende implantar banco de horas com compensação das eventuais horas extras cumpridas em até 2 meses e, caso não compensadas, com pagamento ao empregado com adicional legal. Considerando esses fatos e o que dispõe a CLT, assinale a afirmativa correta.

(A) A instituição do banco de horas depende de norma coletiva para sua validade, porque a compensação será superior a 30 dias.

(B) O banco de horas poderá ser pactuado por acordo individual escrito, porque a compensação será feita em menos de 6 meses.

(C) O banco de horas é proibido por Lei, independentemente do tempo previsto para compensação das horas.

(D) O banco de horas pode ser feito por acordo individual ou coletivo independentemente do tempo para compensação, desde que seja pago o adicional legal para as horas não compensadas.

23. (OAB/FGV XXXVIII EXAME DE ORDEM) Você advoga para uma rede de farmácias e recebeu uma petição inicial de reclamação trabalhista para elaborar defesa acerca de pedido de tempo despendido com troca de uniforme.

No caso, alega o autor que levava cerca de 20 minutos para vestir o uniforme, composto por calça social comum, camisa social simples e sapato comum, só podendo registrar o ponto já uniformizado. Afirma, ainda, que levava o uniforme diariamente para casa para higienizá-lo, podendo chegar às dependências do empregador já uniformizado.

Sobre a hipótese apresentada, observadas as normas da CLT, assinale a opção que você apresentaria em defesa de sua cliente.

(A) O tempo despendido para a troca de uniforme sempre será computado na duração do trabalho, pois o empregado já se encontra nas dependências do empregador. Já o tempo despendido na higienização não deve ser computado.

(B) Inexistindo obrigatoriedade de troca de uniforme nas dependências do empregador, o tempo despendido não é computado na jornada de trabalho. Tampouco deve ser computado o tempo de higienização.

(C) O tempo despendido na troca de uniforme, assim como o gasto na higienização do mesmo, são computados na jornada de trabalho, pois estão relacionados diretamente com a função desempenhada e a obrigatoriedade de trabalhar com o uniforme.

(D) O tempo despendido na higienização do uniforme deverá ser computado na duração do trabalho, pois reduz o intervalo mínimo entre duas jornadas. Já a troca de uniforme comum não deve ser computado, porque não há obrigatoriedade de troca na empresa.

24. (OAB/FGV XXXIX EXAME DE ORDEM) Em determinada sociedade empresária trabalham, entre outras, as seguintes pessoas: José, que é teletrabalhador e recebe salário por produção; Vanilda, que trabalha externamente sem que o empregador consiga controlar o seu horário, situação que foi anotada em sua CTPS e na ficha de registro de empregados; Regina, que exerce a função de gerente, comanda um grupo de 45 pessoas, é dispensada da marcação de ponto e recebe salário de R$ 8.000,00 acrescido de gratificação de função de R$ 4.000,00.

De acordo com a CLT, em relação ao direito a horas extras, assinale a afirmativa correta.

(A) Somente José terá direito a horas extras, caso ultrapasse a jornada constitucional.

(B) Nenhum dos empregados indicados no enunciado terá direito a horas extras.

(C) Vanilda e Regina terão direito a horas extras, caso ultrapassem a jornada constitucional.

(D) José e Regina terão direito a horas extras, caso ultrapassem a jornada constitucional.

25. (OAB/FGV 42º EXAME DE ORDEM) Leopoldo foi contratado, em 2020, por uma sociedade empresária de terceirização, como auxiliar de limpeza. Ele cumpre jornada em regime de tempo parcial de 22 horas semanais, conforme previsto e autorizado na norma coletiva da sua categoria. Após um ano de trabalho sem faltas injustificadas, é chegado o momento de Leopoldo fruir férias. Sobre a solicitação de Leopoldo, considerando o que dispõe a CLT, assinale a afirmativa correta.

(A) Por ser empregado em regime de tempo parcial, ele não terá direito a férias remuneradas.

(B) Tal qual os demais empregados, ele terá direito a 30 dias de férias com adicional de 1/3.

(C) Ele somente terá direito a férias se isso estiver expressamente previsto na convenção coletiva de sua categoria.

(D) Por cumprir apenas a metade da jornada dos demais empregados, ele terá direito a 15 dias de férias com adicional de 1/3.

26. (OAB/FGV 42º EXAME DE ORDEM) Em sede de acordo coletivo, firmado em janeiro de 2024 e com vigência de dois anos, entre uma sociedade empresária e o sindicato da categoria profissional, constou cláusula determinando que o tempo de deslocamento dos empregados do portão até o interior da sociedade empresária, onde se situa o relógio de ponto, seria computado na jornada de trabalho.

Isso porque o deslocamento é feito em transporte fornecido pela sociedade empresária e dura cerca de 20 minutos. Sobre a jornada, não consta mais nada na norma coletiva.

A sociedade empresária, por liberalidade, mantém salas de recreação, biblioteca e uma capela. A utilização desses espaços antes e após o trabalho e durante os intervalos é facultada aos empregados.

Em razão do ajuizamento de uma ação trabalhista por um ex–empregado, a sociedade empresária indagou a você, como advogado(a), se todos esses períodos, seja o de deslocamento, seja o tempo despendido nos espaços mencionados, deveriam integrar a jornada de trabalho.

Acerca do tema, com base na CLT, assinale a afirmativa correta.

(A) Todos os períodos não se computam na jornada de trabalho dos empregados.

(B) Apenas o tempo de utilização da capela deve ser computado na jornada, pois o Estado é laico.

(C) Apenas o período de deslocamento deve integrar a jornada por força da norma coletiva. Os demais períodos não são considerados tempo à disposição.

(D) O período de deslocamento assim como o período de utilização da biblioteca, voltado para o estudo, devem ser computados na jornada. Os demais períodos não são computados na jornada.

GABARITO: As respostas destes testes encontram-se no final do livro.

CAPÍTULO 6

AVISO PRÉVIO E EXTINÇÃO DO CONTRATO DE TRABALHO

6.1 AVISO PRÉVIO

6.1.1 Conceito

O aviso prévio tem sua origem no Direito Civil, representando a comunicação prévia de uma parte à outra, do desejo de romper o contrato, pondo um termo final na relação jurídica existente entre os contraentes.

No direito do trabalho, em regra, o aviso prévio é utilizado nos contratos por prazo indeterminado, nas hipóteses de resilição contratual.

Neste contexto, toda vez que um dos contratantes do pacto de emprego (empregador ou mesmo o empregado), num contrato sem determinação de prazo, quiser, imotivadamente, romper o liame empregatício, deverá comunicar ao outro contraente, com certa antecedência mínima, objetivando que o avisado tenha um certo lapso temporal para se ajustar ao término do vínculo.

6.1.2 Prazo do aviso

A Constituição Federal de 1988 fixou, no art. 7.º, inciso XXI, como direito dos trabalhadores urbanos e rurais, o aviso prévio proporcional ao tempo de serviço, sendo no mínimo de 30 dias, nas condições da lei.

No mesmo sentido, é a disposição do art. 611-B, XVI da CLT, que proíbe a redução ou supressão do direito ao aviso prévio por meio de negociação coletiva.

A Lei 12.506/2011 regulamentou o art. 7.º, XXI, da CF/1988, tendo o trabalhador acrescidos três dias por ano de serviço prestado na mesma empresa, até o máximo de 60 dias, perfazendo um total de até 90 dias.

> "SÚMULA 441, TST. Aviso-prévio. Proporcionalidade – Res. 185/2012, *DEJT* divulgado em 25, 26 e 27.09.2012. O direito ao aviso-prévio proporcional ao tempo de serviço somente é assegurado nas rescisões de contrato de trabalho ocorridas a partir da publicação da Lei 12.506, em 13 de outubro de 2011."

TABELA DE AVISO PRÉVIO	
TEMPO DE TRABALHO	**DIAS DE AVISO PRÉVIO**
Até 1 ano	30
1 ano	33
2 anos	36
3 anos	39
4 anos	42
5 anos	45
6 anos	48
7 anos	51
8 anos	54
9 anos	57
10 anos	60
11 anos	63
12 anos	66
13 anos	69
14 anos	72
15 anos	75
16 anos	78
17 anos	81
18 anos	84
19 anos	87
20 anos	90

6.1.3 Consequências jurídicas da falta do aviso

A falta do aviso prévio por parte do empregador dá ao empregado o direito aos salários correspondentes ao prazo do aviso, garantida sempre a integração desse período no seu tempo de serviço (art. 487, § 1.º, CLT).

Logo, o período correspondente ao aviso prévio sempre integra o tempo de serviço para todos os efeitos (cálculo de gratificação natalina, férias, recolhimentos fundiários e previdenciários etc.).

O aviso prévio pode ser cumprido nos 30 dias que seguirem o aviso, ou pode ser indenizado (arts. 487, § 1.º, e 488, CLT).

Mesmo que se opte pela segunda possibilidade, o tempo em que seria cumprido o aviso prévio será contado para fins de fixação do término do contrato de trabalho ou para fins de cálculo do FGTS sobre o período contratual (Súmula 305, TST).

Sobre o mesmo tema seguem os verbetes abaixo:

> "SÚMULA 371, TST. A projeção do contrato de trabalho para o futuro, pela concessão do aviso-prévio indenizado, tem efeitos limitados às vantagens econômicas obtidas no período de pré-aviso, ou seja, salários, reflexos e verbas rescisórias. No caso de concessão de auxílio-doença no curso do aviso-prévio, todavia, só se concretizam os efeitos da dispensa depois de expirado o benefício previdenciário".
>
> "OJ 42-SDI-I. I – É devida a multa do FGTS sobre os saques corrigidos monetariamente ocorridos na vigência do contrato de trabalho. Art. 18, § 1.º, da Lei 8.036/1990 e art. 9.º, § 1º, do Decreto 99.684/1990.
>
> II – O cálculo da multa de 40% do FGTS deverá ser feito com base no saldo da conta vinculada na data do efetivo pagamento das verbas rescisórias, desconsiderada a projeção do aviso-prévio indenizado, por ausência de previsão legal".

A baixa da CTPS do empregado deve ser anotada ao término do cumprimento do respectivo período de aviso, mesmo que indenizado (OJ 82, SDI-1, TST).

Por outro lado, a falta do aviso prévio por parte do empregado dá ao empregador o direito de descontar os salários correspondentes ao prazo respectivo (art. 487, § 2.º, CLT).

Ademais, o aviso prévio será contato excluindo o dia do começo e incluindo o dia do vencimento. Essa regra vale tanto para o aviso prévio trabalhado quanto para o indenizado.

Súmula nº 380 do TST. Aplica-se a regra prevista no "caput" do art. 132 do Código Civil de 2002 à contagem do prazo do aviso prévio, excluindo-se o dia do começo e incluindo o do vencimento.

6.1.4 Redução de horário

Toda vez que o empregador, imotivadamente, manifestar desejo de romper o liame empregatício e conceder aviso prévio ao empregado, terá direito o obreiro a redução no horário de trabalho em duas horas diárias (art. 488, CLT), sem prejuízo do salário, sendo facultado ao empregado, a seu critério, optar por faltar sete dias corridos (art. 488, parágrafo único, CLT).

O objetivo da redução de horário é que o empregado tenha tempo de buscar um novo trabalho, uma nova ocupação.

Em relação aos empregados rurais, em caso de aviso prévio concedido pelo empregador, nos termos do art. 15 da Lei 5.889/1973, terá direito o obreiro do campo a faltar um dia por semana, sem prejuízo do salário, para buscar um novo emprego.

Vale frisar que quando a iniciativa da ruptura do contrato de emprego for do empregado (pedido de demissão) não haverá redução de horário.

Caso o empregador não conceda a redução de horário ao empregado, considera-se que o aviso-prévio não foi dado, haja vista o desvio da finalidade do instituto, não tendo sido permitido ao trabalhador buscar novo emprego.

O TST considera ilegal substituir o período que se reduz da jornada de trabalho, no aviso prévio, pelo pagamento das horas correspondentes a título de horas suplementares (Súmula 230), sendo devido novo aviso-prévio.

6.1.5 Reconsideração do aviso prévio

Dispõe o art. 489 e respectivo parágrafo único da CLT que:

> "Art. 489. Dado o aviso-prévio, a rescisão torna-se efetiva depois de expirado o respectivo prazo, mas, se a parte notificante reconsiderar o ato, antes de seu termo, à outra parte é facultado aceitar ou não a reconsideração.
>
> Parágrafo único. Caso seja aceita a reconsideração ou continuando a prestação depois de expirado o prazo, o contrato continuará a vigorar, como se o aviso-prévio não tivesse sido dado".

A concessão do aviso prévio não tem o condão de extinguir o contrato de emprego, mas tão somente de indicar um prazo para o seu término.

O aviso prévio é um ato unilateral, que pode ser exercido individualmente pelo empregador ou mesmo pelo empregado.

Todavia, a reconsideração do aviso prévio é um ato bilateral, vez que uma vez pré-avisada, é facultado à parte aceitar ou não a reconsideração.

A reconsideração pode ser expressa ou tácita.

Dá-se a reconsideração expressa quando a parte pré-avisada, expressamente, de forma verbal ou escrita, aceita a reconsideração.

A reconsideração tácita, por sua vez, ocorre quando, expirado o prazo do aviso, o obreiro continua prestando serviços normalmente, sem a oposição do empregador, caso em que o pacto de emprego continuará a vigorar normalmente, como se o aviso prévio não tivesse sido dado.

6.1.6 Justa causa no curso do aviso prévio

Cometendo o empregador falta grave no curso do aviso, estará o obreiro liberado do cumprimento do restante do aviso-prévio, ficando o empregador obrigado a pagar a remuneração correspondente aos dias remanescentes, sem prejuízo da indenização devida ao trabalhador (art. 490, CLT).

Ao contrário, cometendo o empregado falta grave no curso do aviso prévio, não fará jus o obreiro ao restante do aviso, além de perder o direito às verbas rescisórias de natureza indenizatória (art. 491, CLT), salvo se a falta grave cometida for a de abandono de emprego, pois haverá presunção de que o trabalhador deixou o antigo trabalho em função de ter encontrado novo labor (Súmula 73, TST).

É devido o aviso prévio na despedida indireta (situação em que a resolução contratual dá-se em função da falta grave cometida pelo empregador).

Não é possível a coincidência do aviso prévio dado pelo empregador com os últimos 30 dias de estabilidade provisória do obreiro, nem mesmo a concessão do mencionado aviso durante o período de estabilidade no emprego (Súmula 348, TST).

6.1.7 Estabilidade durante o aviso prévio

Durante o aviso prévio o empregado, em regra, não adquire estabilidade provisória no emprego. Dessa forma, caso o empregado se candidate a membro da CIPA ou dirigente sindical e seja eleito não gozará de estabilidade.

Entretanto, constatada gravidez durante o período do aviso prévio trabalhado ou indenizado, surge direito à garantia provisória de emprego.

> "Art. 391-A, CLT. A confirmação do estado de gravidez advindo no curso do contrato de trabalho, ainda que durante o prazo do aviso prévio trabalhado ou indenizado, garante à empregada gestante a estabilidade provisória prevista na alínea b do inciso II do art. 10 do Ato das Disposições Constitucionais Transitórias.
>
> Parágrafo único. O disposto no caput deste artigo aplica-se ao empregado adotante ao qual tenha sido concedida guarda provisória para fins de adoção".

6.2 TERMINAÇÃO DO CONTRATO DE TRABALHO

Ocorre a extinção do contrato de trabalho quando uma ou ambas as partes resolvem, imotivadamente ou sem justo motivo, romper o pacto de emprego.

Portanto, a terminação contratual pode operar-se:

a) Por iniciativa do empregador:
   - Pela dispensa sem justa causa do empregado;
   - Pela dispensa por justa causa do empregado.

b) Por iniciativa do empregado:
   - Pelo pedido de demissão;
   - Pelo pedido de rescisão indireta.

c) Por culpa recíproca.
d) Por força maior.
e) Em virtude de *factum principis*.
f) Em razão da extinção da empresa.
g) Em razão da morte do empregado.
h) Em razão da ocorrência do termo final do contrato por prazo determinado.
i) Por mútuo acordo, como dispõe o art. 484-A da CLT.

Ocorrendo a dispensa sem justa causa, o obreiro fará jus aos seguintes direitos:

- aviso prévio trabalhado ou indenizado;
- saldo de salários (conforme a hipótese);
- indenização das férias integrais não gozadas, simples ou em dobro (conforme a hipótese), acrescidas do terço constitucional;
- indenização das férias proporcionais, acrescidas do terço constitucional;
- gratificação natalina proporcional do ano em curso;
- indenização compensatória de 40% dos depósitos do FGTS;
- levantamento do saldo existente na conta vinculada do FGTS;
- seguro desemprego.

Também representa hipótese de resilição contratual o pedido de demissão do obreiro, situação em que o trabalhador é que rompe imotivadamente o pacto de emprego.

Ao pedir demissão, o aviso prévio surge não mais como um direito do trabalhador, mas sim como um dever, sob pena de o empregador poder descontar os salários correspondentes ao período do aviso (art. 487, § 2.º, CLT).

Ao pedir demissão, faz jus o obreiro aos seguintes direitos:

- saldo de salários (conforme a hipótese);
- indenização das férias integrais não gozadas, simples ou em dobro (conforme a hipótese), acrescidas do terço constitucional;
- indenização das férias proporcionais, acrescidas do terço constitucional, mesmo que o empregado ainda não tenha completado um ano de empresa (Súmulas 171 e 261, TST);
- gratificação natalina proporcional do ano em curso.

A última hipótese de resilição contratual é o distrato, situação em que o pacto de emprego é extinto imotivadamente por vontade de ambos os contratantes, por mútuo acordo, como dispõe o art. 484-A da CLT.

Todavia, tendo em vista os princípios protetivos vinculados ao Direito do Trabalho, que objetivam proteger o obreiro, parte hipossuficiente na relação jurídica de emprego, operacionalizado o distrato, ao trabalhador deverão ser assegurados por metade o aviso prévio, se indenizado, e a indenização sobre o saldo do Fundo de Garantia do Tempo de Serviço, prevista no § 1º do art. 18 da Lei n. 8.036, de 11 de maio de 1990, e, na integralidade, as demais verbas trabalhistas.

Neste caso, no tocante à movimentação da conta vinculada do trabalhador no Fundo de Garantia do Tempo de Serviço, fica limitada até 80% (oitenta por cento) do valor dos depósitos, não tendo o empregado direito ao seguro desemprego.

Outro exemplo desta modalidade de ruptura contratual é o chamado Plano de Demissão Voluntária (PDV), muito utilizado por empresas públicas e sociedades de economia mista. Nele, são garantidos ao empregado todos os direitos atinentes à dispensa imotivada, somando-se a isso um *plus* remuneratório, que incentive o laborante a aderir ao plano, gerando, de acordo com o art. 477-B da CLT, quitação plena e irrevogável dos direitos decorrentes da relação empregatícia, salvo disposição em contrário estipulada entre as partes.

Quanto à participação nos lucros, observe-se a seguinte súmula:

> "SÚMULA 451, TST. PARTICIPAÇÃO NOS LUCROS E RESULTADOS. RESCISÃO CONTRATUAL ANTERIOR À DATA DA DISTRIBUIÇÃO DOS LUCROS. PAGAMENTO PROPORCIONAL AOS MESES TRABALHADOS. PRINCÍPIO DA ISONOMIA. (conversão da Orientação Jurisprudencial n.º 390 da SBDI-1) - Res. 194/2014, *DEJT* divulgado em 21, 22 e 23.05.2014
>
> Fere o princípio da isonomia instituir vantagem mediante acordo coletivo ou norma regulamentar que condiciona a percepção da parcela participação nos lucros e resultados ao fato de estar o contrato de trabalho em vigor na data prevista para a distribuição dos lucros. Assim, inclusive na rescisão contratual antecipada, é devido o pagamento da parcela de forma proporcional aos meses trabalhados, pois o ex-empregado concorreu para os resultados positivos da empresa."

6.2.1 Dispensa do empregado por justa causa

Tendo em vista que o empregado é subordinado juridicamente ao empregador, pode o obreiro sofrer as seguintes sanções disciplinares: advertência (verbal ou escrita), suspensão disciplinar (art. 474, CLT) e dispensa por justa causa.

Toda vez que o empregado cometer falta considerada pela legislação consolidada como grave, poderá o mesmo ser dispensado por justa causa pelo empregador.

O art. 482 da CLT estabelece as seguintes hipóteses de resolução do contrato de trabalho em face de falta grave praticada pelo empregado:

• **Ato de improbidade (art. 482, *a*, CLT):** consiste o ato de improbidade na desonestidade, fraude, má-fé do obreiro, que provoque risco ou prejuízo à integridade patrimonial do empregador ou de terceiro, com o objetivo de alcançar vantagem para si ou para outrem. Podemos citar como exemplos de atos de improbidade: furto ou roubo de bens da empresa, apropriação indébita de recursos do estabelecimento, falsificação de documentos para obter vantagem ilícita na empresa etc.

• **Incontinência de conduta (art. 482, *b*, CLT):** desregramento da conduta ligado à vida sexual do indivíduo que leva à perturbação do ambiente do trabalho ou mesmo prejudica suas obrigações contratuais, como a prática de obscenidades e pornografia nas dependências da empresa. Podemos citar também como exemplo de incontinência de conduta o assédio sexual, prática de atos de pedofilia na empresa, etc.

• **Mau procedimento (art. 482, *b*, CLT):** constitui termo extremamente subjetivo. Consiste em uma conduta inadequada do empregado, que inviabiliza a manutenção do contrato de trabalho. Exemplo: falta de educação no trato com os colegas.

• **Negociação habitual por conta própria ou alheia sem permissão do empregador e quando constituir ato de concorrência à empresa para qual trabalha o empregado, ou for prejudicial ao serviço (art. 482, *c*, CLT):** o tipo trabalhista descrito, em verdade, envolve duas hipóteses de faltas graves distintas cometidas pelo obreiro, a saber:

a) negociação habitual por conta própria ou alheia, sem permissão do empregador, quando for prejudicial ao serviço – nesta hipótese não há concorrência desleal do empregado, caracterizando-se a falta grave pela desordem que o obreiro causa no ambiente de trabalho ao tentar vender produtos diversos na empresa (bebidas, salgadinhos, produtos de beleza, roupas etc.), prejudicando suas atividades laborais e dos demais empregados;

b) negociação habitual por conta própria ou alheia, sem permissão do empregador e quando constituir ato de concorrência à empresa para a qual o empregado trabalha – trata-se da concorrência desleal, em que o empregado, valendo-se da sua atividade laboral, explora negócio próprio, desviando a clientela da empresa em que trabalha, para vender seus produtos ou oferecer seus serviços por preços menores, em detrimento do seu empregador.

• **Condenação criminal do empregado, passada em julgado, caso não tenha havido suspensão da execução da pena (art. 482, *d*, CLT):** o que vai caracterizar a justa causa não é a condenação criminal com o trânsito em julgado, mas, sim, a não suspensão da pena, permanecendo o empregado preso, o que importaria na impossibilidade física do obreiro prestar os serviços.

• **Desídia no desempenho das respectivas funções (art. 482, *e*, CLT):** é o desempenho das atividades com negligência, imprudência, má vontade, displicência, desleixo, desatenção, indiferença, desinteresse etc.

A desídia, para configuração da dispensa por justa causa do obreiro, impõe um comportamento reiterado e contínuo do obreiro, caracterizado por repetidas faltas que demonstrem a omissão do empregado no serviço.

As faltas anteriores devem, todavia, ter sido punidas pelo empregador, ainda que sob a forma de advertência. Ex.: faltas ou atrasos reiterados ao trabalho, diferenças constantes de numerários no fechamento de caixas etc.

• **Embriaguez habitual ou em serviço (art. 482, *f*, CLT):** inicialmente cabe ressaltar que a embriaguez mencionada no tipo trabalhista tanto pode ser proveniente do álcool como também de drogas nocivas. O tipo em comento comporta desmembramento em duas hipóteses.

Embriaguez habitual: a embriaguez habitual é a que ocorre, repetitivamente, fora do local e horário de trabalho, trazendo consequências para a execução das obrigações contratuais pelo obreiro. Seria a situação do empregado que cumpre a jornada na empresa e, após o fim do expediente, se embriaga, habitualmente, no bar próximo à sua residência.

A jurisprudência trabalhista não mais tem aceitado a embriaguez habitual proveniente do alcoolismo como hipótese justificadora da dispensa por justa causa do trabalhador, uma vez que a Organização Mundial de Saúde – OMS – considera o alcoolismo como uma doença, devendo o obreiro ser submetido a tratamento e não dispensado por justa causa.

Embriaguez em serviço: ela ocorre no local e horário de trabalho, podendo, além de prejuízos à imagem e ao patrimônio da empresa, dependendo da atividade exercida, o obreiro causar riscos a sua própria saúde e integridade física, a dos demais colegas de trabalho e até a coletividade.

• **Violação de segredo da empresa (art. 482, *g*, CLT):** a violação de segredo da empresa constitui hipótese de resolução contratual, pois há quebra de lealdade, fidelidade e confiança pelo empregado.

O segredo de empresa foi elencado pela Reforma Trabalhista como bem juridicamente tutelado inerente à pessoa jurídica para fins de indenização por dano extrapatrimonial caso haja violação (art. 223-D da CLT).

• **Ato de indisciplina e insubordinação (art. 482, *h*, CLT):** a indisciplina no serviço consiste no descumprimento de ordens emanadas em caráter geral, direcionadas a todos os empregados, como as contidas em regulamento de empresa, em ordens de serviço, circulares etc.

Por sua vez, a insubordinação consiste no descumprimento de ordens pessoais de serviço, dadas diretamente pelo empregador ou pelo superior hierárquico, ao obreiro.

• **Abandono de emprego (art. 482, *i*, CLT):** a ausência continuada e injustificada do obreiro ao trabalho por certo lapso temporal configura o tipo trabalhista em exame.

Dois elementos devem estar presentes para configuração do abandono de emprego, quais sejam, o elemento objetivo e o subjetivo.

O elemento objetivo consiste no real afastamento do empregado do serviço, sem qualquer justificativa, por certo lapso temporal.

Como não há nenhum dispositivo legal específico fixando o número de dias de faltas seguidas injustificadas para configuração do abandono de emprego, a jurisprudência tem fixado, como regra, o prazo de 30 dias, baseando-se nos arts. 472, § 1.º, 474 e 853, todos da CLT.

Para configuração do abandono, o obreiro deve faltar por mais de 30 dias contínuos. Caso as faltas não sejam contínuas, porém intercaladas, pode ser configurada a desídia, mas não o abandono de emprego (Súmula 32, TST).

O elemento subjetivo materializa-se com a intenção, o desejo, o ânimo do obreiro de abandonar o emprego. Deve ser demonstrada a clara intenção do empregado de não mais comparecer ao serviço.

• **Ato lesivo da honra ou da boa fama praticado no serviço contra qualquer pessoa, ou ofensas físicas, nas mesmas condições, salvo em caso de legítima defesa, própria ou de outrem (art. 482, *j*, CLT):** o tipo abordado refere-se à injúria, calúnia, difamação e às agressões físicas praticadas contra outros empregados ou contra terceiros, no âmbito da empresa.

A agressão moral ou física deve ser praticada no ambiente de trabalho contra outros empregados ou terceiros, restando claro que a legítima defesa, própria ou de outrem, utilizada de forma moderada, exclui o tipo trabalhista.

• **Ato lesivo da honra e boa fama ou ofensas físicas praticadas contra o empregador e superiores hierárquicos, salvo em caso de legítima defesa, própria ou de outrem (art. 482, *k*, CLT):** também se refere à injúria, calúnia, difamação e às agressões físicas, estas praticadas contra o empregador ou superiores hierárquicos, seja no ambiente do trabalho, ou mesmo fora dele.

A legítima defesa, própria ou de outrem, utilizada de forma moderada, também exclui o tipo trabalhista em comento.

• **Prática constante de jogos de azar (art. 482, *l*, CLT):** a justa causa seria caracterizada nesta hipótese pela prática, habitual, contínua e permanente de jogos de azar, como, por exemplo, o jogo do bicho, loterias, bingo, bacará, cartas, dominó etc.

• **Perda da habilitação ou dos requisitos estabelecidos em lei para o exercício da profissão, em decorrência de conduta dolosa do empregado. CLT, art. 482, *m*:** Seria o caso de um motorista profissional ter suspensa sua carteira de habilitação, ou um médico ter cassado seu registro profissional, por uma conduta dolosa de sua parte.

Salienta-se que se a perda da habilitação e dos requisitos legais se der por conduta culposa ou por força maior, a dispensa por justa causa do empregado não é permitida, fazendo jus à dispensa sem justa causa, sendo devido o pagamento de todas as verbas rescisórias inerentes a este tipo de contrato.

Configurada a justa causa, o empregado não terá direito ao aviso-prévio, às férias proporcionais, ao décimo terceiro salário, ao levantamento do FGTS, à indenização compensatória de 40%, ao seguro-desemprego, apenas fazendo jus ao saldo de salários e à indenização das férias não gozadas, simples ou em dobro, acrescidas do terço constitucional (conforme o caso).

- **Perda da habilitação ou dos requisitos estabelecidos em lei para o exercício da profissão, em decorrência de conduta dolosa do empregado.**

Seria o caso de um motorista profissional ter suspensa sua carteira de habilitação, ou um médico ter cassado seu registro profissional, por uma conduta dolosa de sua parte.

Além do art. 482, existem diversos dispositivos na CLT referentes à justa causa. São exemplos:

> "Art. 158. Cabe aos empregados:
>
> I - observar as normas de segurança e medicina do trabalho, inclusive as instruções de que trata o item II do artigo anterior;
>
> II - colaborar com a empresa na aplicação dos dispositivos deste Capítulo.
>
> Parágrafo único. Constitui ato faltoso do empregado a recusa injustificada:
>
> a) à observância das instruções expedidas pelo empregador na forma do item II do artigo anterior;
>
> b) ao uso dos equipamentos de proteção individual fornecidos pela empresa".
>
> "Art. 240. Nos casos de urgência ou de acidente, capazes de afetar a segurança ou regularidade do serviço, poderá a duração do trabalho ser excepcionalmente elevada a qualquer número de horas, incumbindo à Estrada zelar pela incolumidade dos seus empregados e pela possibilidade de revezamento de turmas, assegurando ao pessoal um repouso correspondente e comunicando a ocorrência ao Ministério do Trabalho, Indústria e Comércio, dentro de 10 (dez) dias da sua verificação.
>
> Parágrafo único. Nos casos previstos neste artigo, a recusa, sem causa justificada, por parte de qualquer empregado, à execução de serviço extraordinário será considerada falta grave".
>
> "Art. 433. O contrato de aprendizagem extinguir-se-á no seu termo ou quando o aprendiz completar 24 (vinte e quatro) anos, ressalvada a hipótese prevista no § 5º do art. 428 desta Consolidação, ou ainda antecipadamente nas seguintes hipóteses:
>
> I - desempenho insuficiente ou inadaptação do aprendiz, salvo para o aprendiz com deficiência quando desprovido de recursos de acessibilidade, de tecnologias assistivas e de apoio necessário ao desempenho de suas atividades;

> II – falta disciplinar grave;
>
> III – ausência injustificada à escola que implique perda do ano letivo;
>
> IV – a pedido do aprendiz.
>
> § 2º. Não se aplica o disposto nos arts. 479 e 480 desta Consolidação às hipóteses de extinção do contrato mencionadas neste artigo".

Destaca-se, ainda, a recusa do motorista profissional a submeter-se a teste e a programa de controle de uso de droga e de bebida alcoólica, instituído pelo empregador, com ampla ciência do empregado (art. 235-B, VII, c/c parágrafo único, CLT).

6.2.2 Rescisão indireta

A rescisão indireta, também chamada de despedida indireta, ocorre quando a falta grave é cometida pelo empregador, justificando a ruptura contratual brusca do liame empregatício.

A CLT, no art. 483, elenca as seguintes hipóteses de rescisão indireta:

- **Exigência de serviços superiores às forças do obreiro, defesos por lei, contrários aos bons costumes ou alheios ao contrato (alínea *a*).**
- **Rigor excessivo no trato pelos superiores hierárquicos ou pelo empregador (alínea *b*).**
- **Perigo manifesto de mal considerável (alínea *c*).**
- **Descumprimento pelo empregador das obrigações do contrato (alínea *d*).**

O principal exemplo a configurar a rescisão indireta, em função do descumprimento pela parte patronal das obrigações assumidas no liame empregatício, é o atraso ou sonegação dos salários, configurando a denominada "mora contumaz".

Considera-se que a empresa está em mora contumaz quando o atraso ou a sonegação de salários devidos ao empregado ocorram por período igual ou superior a três meses, sem motivo grave e relevante (Decreto-lei 368/1968, art. 2.º, § 1.º).

- **Praticar o empregador, ou seus prepostos, contra ele ou pessoas de sua família, ato lesivo da honra e boa fama (alínea *e*).**
- **Ofensas físicas praticadas pelo empregador ou seus prepostos, salvo em caso de legítima defesa, própria ou de outrem (alínea *f*).**
- **Redução do trabalho pelo empregador, sendo este por peça ou tarefa, de forma a afetar sensivelmente a importância dos salários (alínea *g*).**

Apenas nas hipóteses das alíneas *d* e *g* do art. 483 consolidado poderá o obreiro pleitear a rescisão do contrato de trabalho judicialmente e o consequente pagamento das verbas indenizatórias respectivas, permanecendo, a seu critério, laborando até final do processo.

Nas demais hipóteses, deverá o obreiro deixar o emprego e pleitear no judiciário trabalhista as respectivas verbas indenizatórias em função da rescisão indireta configurada.

Deixando o laborante o emprego e pleiteando judicialmente o pagamento das verbas indenizatórias em função da rescisão indireta, caso vença a demanda terá direito o trabalhador a todas as verbas como se tivesse sido imotivadamente dispensado, inclusive aviso prévio (art. 487, § 4.º, CLT).

No entanto, se o magistrado trabalhista concluir que o empregador não cometeu falta grave a ensejar a rescisão indireta, tendo o empregado deixado o emprego, entende a doutrina majoritária que este ato equivalerá a um pedido de demissão do obreiro.

Vale destacar que em caso de morte do empregador pessoa física é facultado ao empregado rescindir o contrato de trabalho (art. 483, § 2.º, CLT). Nesta hipótese, por exceção, o contrato de trabalho também seria *intuitu personae* em relação ao empregador (pessoa física). Logo, morrendo o empregador pessoa física, mesmo que o negócio continue com os herdeiros ou sucessores, é facultado ao empregado pedir demissão sem a necessidade de conceder aviso prévio aos herdeiros/sucessores.

6.2.3 Culpa recíproca

A culpa recíproca ocorre quando tanto o obreiro quanto o empregador cometem falta grave tipificada, respectivamente, nos arts. 482 e 483 consolidados, justificando a resolução contratual.

Na prática, são poucos os casos de culpa recíproca, normalmente declarada pelo Juiz do Trabalho no âmbito de uma reclamação trabalhista, quando verifica que ambos os contraentes agiram culposamente, reduzindo assim, pela metade, a indenização a que teria direito o obreiro em caso de dispensa imotivada.

Portanto, reconhecida a culpa recíproca num contrato por prazo indeterminado, o empregado fará jus, a título de indenização compensatória, à metade dos 40% do montante dos depósitos atinentes ao FGTS devidos em função da dispensa imotivada, ou seja, terá direito a 20% (art. 18, § 2º, da Lei 8.036/1990).

Logo, reconhecida a culpa recíproca, o entendimento do TST é no sentido de serem devidos 50% do valor do aviso-prévio, do décimo terceiro salário e das férias proporcionais (Súmula 14, TST).

6.2.4 Força maior

Ocorrendo motivo de força maior que determine a extinção da empresa, versa o art. 502 da CLT que ao empregado será assegurado o pagamento de indenização pela metade.

Logo, ocorrendo a ruptura de um contrato por prazo indeterminado, por motivo de força maior, terá o obreiro o direito a indenização de 20% (vinte por cento) do FGTS (indenização pela metade).

Atenção! O art. 503 da CLT, que possibilita reduzir o salário de forma unilateral, não foi recepcionado pela CF de 1988.

6.2.5 Fato do príncipe ou *factum principis*

Ocorre fato do príncipe quando a Administração Pública é a responsável pela paralisação das atividades da empresa, art. 486 da CLT. Exemplo: município "x" desapropria a área onde se situa um restaurante para a construção de uma escola pública.

Neste caso, o ente estatal ficará responsável pelo pagamento das verbas trabalhistas advindas da ruptura contratual. As demais parcelas, decorrentes da prestação de serviços, serão suportadas pelo empregador.

6.2.6 Dispensa discriminatória

O TST caracteriza como atitude discriminatória a dispensa do empregado portador do vírus HIV ou outra doença grave que suscite estigma ou preconceito.

> Súmula nº 443 do TST. DISPENSA DISCRIMINATÓRIA. PRESUNÇÃO. EMPREGADO PORTADOR DE DOENÇA GRAVE. ESTIGMA OU PRECONCEITO. DIREITO À REINTEGRAÇÃO – Res. 185/2012, DEJT divulgado em 25, 26 e 27.09.2012.
>
> Presume-se discriminatória a despedida de empregado portador do vírus HIV ou de outra doença grave que suscite estigma ou preconceito. Inválido o ato, o empregado tem direito à reintegração no emprego.

6.2.7 Extinção do contrato por morte do empregado

A morte do empregado extingue o contrato de trabalho, considerando que uma das características da relação de emprego é a pessoalidade.

Ocorrendo a morte do empregado, o empregador deverá ao seu espólio o pagamento do saldo de salário, do décimo terceiro salário proporcional, das férias proporcionais acrescidas de um terço e das demais parcelas vencidas, se houver.

Os depósitos do FGTS serão liberados para os dependentes previdenciários do empregado ou, caso não existam dependentes, para os herdeiros indicados em alvará judicial. Não haverá direito à multa de 40% do FGTS.

6.2.8 Extinção do contrato por tempo determinado

O contrato de trabalho firmado por prazo determinado se extingue quando seu termo final é alcançado.

Assim ocorrendo, o empregado terá direito ao levantamento de depósitos mensais de FGTS pelo período contratual, sem incidência da multa de 40%, ao décimo terceiro salário proporcional e às férias proporcionais acrescidas de um terço.

O empregado não terá direito ao aviso prévio, pois já tinha conhecimento de quando o contrato se encerraria.

Caso o contrato de trabalho seja extinto antes do termo final estipulado, e o empregado seja dispensado por ato arbitrário do empregador, será acrescida também a indenização prevista no art. 479 da CLT, cujo valor corresponde à metade dos salários que seriam devidos pelo período restante do contrato.

Se o empregado contratado por tempo determinado pedir demissão antes do prazo final, lhe serão devidos o décimo terceiro salário proporcional e as férias proporcionais. O empregado ainda pode ter de pagar ao empregador uma indenização pelos prejuízos que tal pedido de demissão lhe causar, e lhe deverá aviso-prévio (art. 480, CLT).

Se havia no contrato cláusula assecuratória do direito recíproco de rescisão antecipada, mesmo que o contrato seja extinto antes do prazo final estipulado, o empregado terá direito à indenização, ao aviso-prévio e à multa de 40% do FGTS.

Se existir cláusula assecuratória e o empregado pedir demissão, os efeitos rescisórios serão equiparados aos previstos para os contratos com prazo indeterminado (art. 481, CLT).

6.2.9 Distrato

A Reforma Trabalhista passou a admitir o distrato como forma de término do contrato de trabalho.

> Art. 484-A, CLT. O contrato de trabalho poderá ser extinto por acordo entre empregado e empregador, caso em que serão devidas as seguintes verbas trabalhistas:
>
> I – por metade:
>
> a) o aviso prévio, se indenizado; e
>
> b) a indenização sobre o saldo do Fundo de Garantia do Tempo de Serviço, prevista no § 1º do art. 18 da Lei nº 8.036, de 11 de maio de 1990;
>
> II – na integralidade, as demais verbas trabalhistas.
>
> § 1º. A extinção do contrato prevista no caput deste artigo permite a movimentação da conta vinculada do trabalhador no Fundo de Garantia do Tempo de Serviço na forma do inciso I-A do art. 20 da Lei nº 8.036, de

> 11 de maio de 1990, limitada até 80% (oitenta por cento) do valor dos depósitos.
>
> § 2º. A extinção do contrato por acordo prevista no caput deste artigo não autoriza o ingresso no Programa de Seguro-Desemprego.

6.3 HOMOLOGAÇÃO DAS VERBAS TRABALHISTAS

A Reforma Trabalhista revogou o §1º e 3º, da CLT, que previam a homologação das verbas rescisórias para os trabalhadores com mais de um ano de serviço e passou a estabelecer apenas a necessidade de comunicação da dispensa aos órgãos competentes.

No entanto, para as empregadas gestantes, entendemos que permanece a exigência de assistência do sindicato na homologação das verbas rescisórias, utilizando o entendimento previsto no art. 500, da CLT, que não foi alterado pelo legislador reformista.

Além da gestante, o menor de 18 anos de idade somente poderá dar quitação do término do contrato de trabalho com a assistência de seus pais ou representantes legais.

Atenção! Houve com a Reforma Trabalhista a extinção da solenidade da homologação das verbas trabalhistas e caberá ao próprio empregado verificar o valor das verbas rescisórias devidas.

O recibo de quitação, qualquer que seja a causa ou forma de dissolução do contrato, deve ter especificada a natureza de cada parcela paga ao empregado e discriminado o seu valor, sendo válida a quitação apenas relativamente às mesmas parcelas.

É importante destacar que o pagamento feito ao obreiro quita as parcelas, mas não o impede de postular no judiciário trabalhista eventuais diferenças ou até mesmo verbas que não foram pagas, sendo este o entendimento predominante extraído do art. 477, § 2.º, da CLT e da Súmula 330 do TST.

O pagamento da rescisão será feito em espécie, depósito bancário ou cheque visado, salvo se o empregado for analfabeto, quando o pagamento somente poderá ser realizado em dinheiro ou depósito bancário (CLT, art. 477, § 4.º).

A compensação feita no ato da homologação das verbas trabalhistas somente pode ser operada entre parcelas de natureza salarial, não podendo exceder a um mês de remuneração do empregado.

O pagamento das parcelas constantes do instrumento de rescisão ou recibo de quitação, à luz do art. 477, § 6.º, da CLT deve ser efetuado no prazo de 10 dias contados do término do contrato de trabalho.

A inobservância do prazo para pagamento dos haveres rescisórios previstos no art. 477, § 6.º, importará no pagamento de uma multa em favor do empregado, em valor equivalente ao seu salário (art. 477, § 8.º, CLT), salvo quando, comprovadamente, o obreiro der causa à mora.

Ressalte-se que, nos termos da Súmula 462 do TST, a circunstância de a relação de emprego ter sido reconhecida apenas em juízo não tem o condão de afastar a incidência da multa prevista no art. 477, § 8.º, da CLT. A referida multa não será devida apenas quando, comprovadamente, o empregado der causa à mora no pagamento das verbas rescisórias.

Por último, cabe destacar o art. 467 consolidado, o qual dispõe que as verbas rescisórias incontroversas (requeridas pelo obreiro e confessadas como devidas pelo empregador) devem ser quitadas na 1.ª audiência, sob pena de serem pagas, acrescidas de 50%, por força de decisão judicial.

Fique de olho

Multa	Art. 477, § 8º da CLT	Art. 467 da CLT
Fato gerador	Atraso no pagamento das verbas rescisórias.	Não quitação das verbas rescisórias incontroversas na data do comparecimento do empregador à Justiça do Trabalho.
Valor	Um salário mensal do empregado.	50% sobre as verbas rescisórias incontroversas, e não sobre todas as verbas rescisórias.
Excludentes	Quando a culpa pelo atraso ou pelo não pagamento for do trabalhador.	Não se aplica contra a Fazenda Pública.

6.4 HOMOLOGAÇÃO DE ACORDO EXTRAJUDICIAL

O término da homologação das verbas rescisórias no final do contrato de trabalho possibilita celebrar acordo extrajudicial homologado pelo Poder Judiciário em processo de jurisdição voluntária.

> Art. 855-B, CLT. O processo de homologação de acordo extrajudicial terá início por petição conjunta, sendo obrigatória a representação das partes por advogado.
>
> § 1º. As partes não poderão ser representadas por advogado comum.
>
> § 2º. Faculta-se ao trabalhador ser assistido pelo advogado do sindicato de sua categoria.
>
> Art. 855-C, CLT. O disposto neste Capítulo não prejudica o prazo estabelecido no § 6º do art. 477 desta Consolidação e não afasta a aplicação da multa prevista no § 8º art. 477 desta Consolidação.
>
> Art. 855-D, CLT. No prazo de quinze dias a contar da distribuição da petição, o juiz analisará o acordo, designará audiência se entender necessário e proferirá sentença.

> Art. 855-E, CLT. A petição de homologação de acordo extrajudicial suspende o prazo prescricional da ação quanto aos direitos nela especificados.
>
> Parágrafo único. O prazo prescricional voltará a fluir no dia útil seguinte ao do trânsito em julgado da decisão que negar a homologação do acordo.

O acordo extrajudicial consiste no ajuste direto entre empregado e empregador, em que pode ser negociado aquilo que não foi pago durante o pacto laboral. Após celebrado o acordo, há necessidade de levá-lo ao Juiz do Trabalho para o procedimento de homologação.

O acordo firmado entre empregado e empregador (interessados), com a presença de seus advogados deve ser apreciado pelo Juiz do Trabalho. A lei prevê que o Juiz tem o prazo de 15 dias para analisar o acordo. Recebida e petição com o acordo, o Juiz pode, se entender necessário, designar audiência para sanar eventuais dúvidas.

Em suma: após a análise, o Juiz do Trabalho pode:

- **homologar o acordo:** neste caso, as partes devem cumprir o que foi pactuado e o empregado não poderá ajuizar reclamação trabalhista em relação às verbas que estiverem presentes no acordo.
- **não homologar o acordo:** o acordo pode ser recusado pelo Juiz do Trabalho, quando as partes não atenderem às condições exigidas para celebração do acordo ou quando apresentar condições desfavoráveis a uma das partes (renúncia).

Caso o Juiz do Trabalho recuse o acordo apresentado, é permitido ao empregado ajuizar reclamação trabalhista para postular todas as verbas não pagas do contrato de trabalho.

Ainda que homologado o acordo, as verbas rescisórias devem ser pagas no prazo de 10 dias após o término do contrato de trabalho conforme prevê o art. 477, §6º, da CLT, sob pena de incidir a multa ao trabalhador no valor de um salário nos termos do art. 477, §8º, da CLT.

Por fim, no tocante ao prazo prescricional, a apresentação do acordo extrajudicial, suspende (não serão contados). Se o acordo não for homologado, nesse caso, após a decisão que não caiba mais recurso, o prazo prescricional volta a correr.

6.5 QUITAÇÃO ANUAL DAS OBRIGAÇÕES TRABALHISTAS

Nos termos do art. 507-B, da CLT, é permitido por acordo individual, entre empregado e empregador, a quitação anual das obrigações trabalhistas. A CLT estabelece a faculdade de empregado e empregador celebrarem termo de quitação perante o sindicato dos empregados da categoria.

> Art. 507-B, CLT. É facultado a empregados e empregadores, na vigência ou não do contrato de emprego, firmar o termo de quitação anual de obrigações trabalhistas, perante o sindicato dos empregados da categoria.

> Parágrafo único. O termo discriminará as obrigações de dar e fazer cumpridas mensalmente e dele constará a quitação anual dada pelo empregado, com eficácia liberatória das parcelas nele especificadas.

6.6 CONTRATAÇÃO PELA ADMINISTRAÇÃO PÚBLICA SEM CONCURSO PÚBLICO

O art. 37 da CF/1988 estabeleceu no inciso II a obrigatoriedade de prévia realização de concurso público para investidura em cargo ou emprego público na administração direta e indireta, autárquica e fundacional.

Observe-se que o § 2.º do mesmo art. 37 da Carta Maior impõe a declaração de nulidade do ato e punição da autoridade responsável nas condições da lei.

Nesse contexto, qualquer contratação de pessoal pela administração direta, indireta, autárquica e fundacional, ressalvadas as nomeações para cargo em comissão declarado em lei de livre nomeação e exoneração, deve ser antecedida de realização de concurso público, conforme mandamento constitucional.

O TST, por meio da Resolução do Tribunal Pleno 121/2003, alterou a redação da Súmula 363, que versa sobre as consequências jurídicas em caso de contratação pela administração pública sem o devido concurso público, ao dispor que:

> "SÚMULA 363, TST. Contrato nulo. Efeitos. A contratação de servidor público, após a CF/1988, sem prévia aprovação em concurso público, encontra óbice no respectivo art. 37, II e § 2.º, somente lhe conferindo direito ao pagamento da contraprestação pactuada, em relação ao número de horas trabalhadas, respeitado o valor da hora do salário-mínimo, e dos valores referentes aos depósitos do FGTS".

Ao alterar a atinente Súmula, o TST incluiu o direito aos depósitos do FGTS, em caso de declaração de nulidade contratual com a administração pública em função da ausência de concurso público.

Por consequência, reconhecida a nulidade do ato da administração direta, indireta, autárquica ou fundacional, os trabalhadores contratados sem o prévio concurso público somente terão direito aos salários pelos dias efetivamente laborados, além dos valores referentes aos depósitos do FGTS.

A Súmula 466 do STJ confirma essa hipótese: "O titular da conta vinculada ao FGTS tem o direito de sacar o saldo respectivo quando declarado nulo seu contrato de trabalho por ausência de prévia aprovação em concurso público."

Vale acrescentar que, mesmo antes da alteração da Súmula 363 pelo TST, a Medida Provisória 2.164-41/2001 já havia acrescentado à Lei 8.036/1990 (Lei do FGTS) o art. 19-A, conferindo ao trabalhador também o direito aos depósitos do FGTS, quando o seu contrato for declarado nulo com a administração em razão de ausência de concurso público, mantido o direito aos salários, *in verbis*:

> "Art. 19-A. É devido o depósito do FGTS na conta vinculada do trabalhador cujo contrato de trabalho seja declarado nulo nas hipóteses previstas no art. 37, § 2.º, da Constituição Federal, quando mantido o direito ao salário".

Em última análise, o trabalhador contratado pela administração direta, indireta, autárquica ou fundacional sem o devido concurso público terá o vínculo mantido declarado nulo, percebendo apenas o salário do respectivo período, bem como aos depósitos do FGTS, em função da legislação e súmulas acima transcritas.

Vale destacar que a Súmula 430 do TST firma o entendimento de que é possível a convalidação do contrato de trabalho com ente da administração *indireta* sem prévio concurso público, tão somente nas hipóteses em que continue a existir após a privatização do ente.

> "SÚMULA 430, TST. Administração pública indireta. Contratação. Ausência de concurso público. Nulidade. Ulterior privatização. Convalidação. Insubsistência do vício – Res. 177/2012, *DEJT* divulgado em 13, 14 e 15.02.2012. Convalidam-se os efeitos do contrato de trabalho que, considerado nulo por ausência de concurso público, quando celebrado originalmente com ente da Administração Pública Indireta, continua a existir após a sua privatização".

6.7 QUESTÕES

1. (OAB 2010.2 – FVG) O empregado João foi contratado para trabalhar como caixa de um supermercado. No ato de admissão, foi-lhe entregue o regulamento da empresa, onde constava a obrigatoriedade do uso do uniforme para o exercício do trabalho. Entretanto, cerca de cinco meses após a contratação, João compareceu para trabalhar sem o uniforme e, por isso, foi advertido. Um mês depois, o fato se repetiu e João foi suspenso por 3 dias. Passados mais 2 meses, João compareceu novamente sem uniforme, tendo sido suspenso por 30 dias. Ao retornar da suspensão foi encaminhado ao departamento de pessoal, onde tomou ciência da sua dispensa por justa causa (indisciplina – art. 482, *h*, CLT). Diante deste caso concreto:

(A) está correta a aplicação da justa causa, uma vez que João descumpriu reiteradamente as ordens genéricas do empregador contidas no regulamento geral.

(B) está incorreta a aplicação da justa causa, uma vez que João cometeu ato de insubordinação e não de indisciplina.

(C) está incorreta a aplicação da justa causa, uma vez que João cometeu mau procedimento.

(D) está incorreta a aplicação da justa causa, uma vez que o empregador praticou *bis in idem*, ao punir João duas vezes pelo mesmo fato.

2. (OAB 2011.1 - FGV - QUESTÃO ADAPTADA) João da Silva ajuizou reclamação trabalhista em face da empresa Alfa Empreendimentos Ltda., alegando ter sido dispensado sem justa causa. Postulou a condenação da reclamada no pagamento de aviso-prévio, décimo terceiro salário, férias proporcionais acrescidas do terço constitucional e indenização compensatória de 40% (quarenta por cento) sobre os depósitos do FGTS, bem como a anotação da extinção do contrato na Carteira de Trabalho e Previdência Social por ser documento hábil para requerer o benefício do seguro-desemprego e a movimentação da conta vinculada no Fundo de Garantia do Tempo de Serviço. Na peça de defesa, a empresa afirma que o reclamante foi dispensado motivadamente, por desídia no desempenho de suas funções (art. 482, alínea "e", CLT), e que, por essa razão, não efetuou o pagamento das verbas postuladas e também não anotou a extinção na carteira de trabalho. Considerando que, após a instrução processual, o juiz se convenceu da configuração de culpa recíproca, assinale a alternativa correta.

(A) O reclamante não poderá movimentar a conta vinculada do FGTS.

(B) O reclamante não tem direito ao pagamento de indenização compensatória sobre os depósitos do FGTS.

(C) A culpa recíproca é modalidade de resilição unilateral do contrato de trabalho.

(D) O reclamante tem direito a 50% do valor do aviso-prévio, do décimo terceiro salário e das férias proporcionais.

3. (OAB/BA 2011.2 - FGV) O sindicato dos empregados de empresa de transporte e o sindicato das empresas de transporte firmaram convenção coletiva, na qual foi estipulado aviso-prévio de 60 dias por tempo de serviço, no caso de dispensa sem justa causa. Dois meses depois de esse instrumento normativo estar em vigor, o motorista Sílvio de Albuquerque foi despedido imotivadamente pela Transportadora Carga Pesada Ltda. Em virtude de não ter a CTPS assinada e de não terem sido pagas suas verbas rescisórias, Sílvio ajuizou ação trabalhista, pleiteando o reconhecimento do vínculo de emprego, assim como o pagamento das verbas rescisórias, observando-se o aviso-prévio de 60 dias, bem como a projeção de 2/12 nas suas férias proporcionais, 13.º proporcional e FGTS, além da contagem desse período no registro do termo final do contrato em sua CTPS. Em contestação, a transportadora impugnou a pretensão de Sílvio, sob o argumento de que ele era autônomo e, ainda que não o fosse, o instituto do aviso-prévio, tal como previsto no art. 7.º, XXI, da CRFB, é de trinta dias, inexistindo lei que o regulamente. Argumentou, ainda, que convenção coletiva não é lei em sentido formal e que, portanto, seria inválida a regulamentação da Constituição por meio da autonomia coletiva sindical.

Com base na situação acima descrita, é correto afirmar que Sílvio

(A) não faz jus ao aviso-prévio de 60 dias, uma vez que o art. 7.º, XXI, da CRFB é norma de eficácia limitada, inexistindo lei que a regulamente.

(B) faz jus ao aviso-prévio de 60 dias, uma vez que o art. 7.º, XXI, da CRFB não é empecilho para a ampliação do período de 30 dias por meio de norma coletiva.

(C) não faz jus ao aviso-prévio de 60 dias, uma vez que não teve a CTPS assinada.

(D) faz jus ao aviso-prévio de 60 dias, uma vez que era trabalhador autônomo.

4. (OAB/BA 2011.3 – FGV – QUESTÃO ADAPTADA) A empresa X pagou em 10/6/2011 as parcelas do rompimento do contrato do empregado Tício, após dação de aviso-prévio, datado de 30/5/2011, de cujo cumprimento o trabalhador foi dispensado. À época da dispensa, o trabalhador, que tinha 11 (onze) anos de tempo de serviço, recebia salário de R$ 700,00 mensais, com forma de pagamento semanal.

Com base no exposto, é correto afirmar que o empregado

(A) não faz jus a uma indenização no valor do salário, porque o empregador teria até 10 dias após o término do aviso-prévio indenizado para fazer o pagamento das verbas resilitórias.

(B) faz jus a uma indenização no valor do salário, por ter superado o prazo de 10 (dez) dias previsto em lei para o pagamento.

(C) faz jus a uma indenização no valor do salário, por ter superado o prazo de 8 (oito) dias para o pagamento de quem recebe por semana.

(D) faz jus a aviso-prévio em dobro, porque contava com mais de 10 (dez) anos de tempo de serviço à época da dispensa e a uma indenização no valor do salário, porque superado o prazo para o pagamento das parcelas decorrentes do rompimento do contrato.

5. (OAB/BA 2011.3 – FGV) Após 23 anos de trabalho numa empresa, Renato é dispensado sem justa causa, no dia 31 de janeiro de 2012.

Na hipótese, ele fará jus ao aviso-prévio de

(A) 90 dias.

(B) 30 dias.

(C) 96 dias.

(D) 99 dias.

6. (OAB/BA 2010.3 – FGV) João da Silva decidiu ampliar o seu consultório médico e, para isso, contratou o serviço do empreiteiro Vivaldo Fortuna. Ambos ajustaram o valor de R$ 5.000,00, cujo pagamento seria feito da seguinte maneira: metade de imediato e a outra metade quando do encerramento do serviço. Logo no início dos trabalhos, Vivaldo contratou os serventes Reginaldo Nonato e Simplício de Deus, prometendo-lhes o pagamento de um salário-mínimo mensal. Ocorre que, passados três meses, Reginaldo e Simplício nada receberam. Tentaram entrar em contato com Vivaldo, mas este tinha desaparecido. Por conta disso, abandonaram a obra e ajuizaram uma ação trabalhista em face de João da Silva, pleiteando os três meses de salários atrasados, além das verbas resilitórias decorrentes da rescisão indireta provocada por Vivaldo.

Diante desse caso concreto, é correto afirmar que João da Silva

(A) Deve ser condenado a pagar os salários atrasados e as verbas resilitórias decorrentes da rescisão indireta, uma vez que é o sucessor trabalhista de Vivaldo Fortuna.

(B) Deve ser condenado a pagar apenas os salários atrasados, mas não as verbas resilitórias, uma vez que não foi ele quem deu causa à rescisão indireta.

(C) Não deve ser condenado a pagar os salários atrasados e as verbas resilitórias decorrentes da rescisão indireta, uma vez que a obra não foi devidamente encerrada.

(D) Não deve ser condenado a pagar os salários atrasados e as verbas resilitórias decorrentes da rescisão indireta, uma vez que é o dono da obra e não desenvolve atividade de construção ou incorporação.

7. (OAB/BA 2010.3 - FGV) O empregado Vicente de Morais foi dispensado sem justa causa. Sete dias depois, requereu a liberação do cumprimento do aviso-prévio, pois já havia obtido um novo emprego. O antigo empregador concordou com o seu pedido, exigindo apenas que ele fosse feito por escrito, junto com a cópia da sua CTPS registrada pelo novo empregador, o que foi realizado por Vicente.

Diante dessa situação, o antigo empregador deverá

(A) Integrar o aviso-prévio ao pagamento de todas as verbas rescisórias por ele devidas, uma vez que o aviso-prévio é irrenunciável.

(B) Deduzir o aviso-prévio do pagamento de parte das verbas rescisórias devidas, uma vez que o empregado renunciou livremente a esse direito, mas o aviso-prévio continuará incidindo sobre as parcelas de natureza salarial.

(C) Deduzir o aviso-prévio do pagamento de parte das verbas rescisórias devidas, uma vez que o empregado renunciou livremente a esse direito, mas o aviso-prévio continuará incidindo sobre as parcelas de natureza indenizatória.

(D) Pagar as verbas rescisórias, excluindo o valor equivalente ao dos dias remanescentes do aviso-prévio.

8. (OAB/BA 2010.1 - CESPE) Considerando o disposto na CLT a respeito do aviso-prévio, assinale a opção correta.

(A) O valor das horas extraordinárias habituais integra o aviso-prévio indenizado.

(B) Na despedida indireta, é incabível o aviso-prévio.

(C) O aviso-prévio é exigido somente do empregado, pois o empregador pode rescindir o contrato livremente, arguindo a subordinação existente na relação de emprego.

(D) O período de aviso-prévio não integra o tempo de serviço para os devidos efeitos legais.

9. (OAB/BA 2009.3 - CESPE) Acerca de rescisão de contrato de trabalho, assinale a opção correta.

(A) Na hipótese de cumprimento do aviso-prévio, o pagamento das parcelas constantes do instrumento de rescisão ou recibo de quitação deverá ser efetuado até o primeiro dia útil imediato ao término do contrato.

(B) Qualquer compensação no pagamento da rescisão contratual não poderá exceder o valor equivalente a um meses de remuneração do empregado.

(C) Para os casos de rescisão do contrato de trabalho de empregado com mais de um ano de serviço, a lei exige a assistência do sindicato ou da autoridade do Ministério do Trabalho e Emprego para a validade do recibo de quitação, formalidade não exigida para o pedido de demissão.

(D) É eficaz a quitação genérica outorgada pelo empregado na rescisão contratual.

10. (X Exame de Ordem Unificado – FGV) Em determinada reclamação trabalhista o juiz, à luz das provas produzidas, considera que a natureza jurídica da extinção contratual foi culpa recíproca (de ambas as partes). Para a hipótese, as alternativas a seguir apresentam direitos deferidos ao trabalhador, à exceção de uma. Assinale-a.

(A) Metade do aviso-prévio.

(B) Metade do 13° salário proporcional.

(C) Seguro desemprego.

(D) Indenização de 20% sobre o FGTS.

11. (XI Exame de Ordem Unificado – FGV) Bernardo é contratado a título de experiência para exercer a função de auxiliar de almoxarife, com prazo de 60 dias. Em seu contrato consta uma cláusula assecuratória do direito recíproco de rescisão. Quarenta dias depois do início do contrato, a empresa manifesta desejo de não mais permanecer com Bernardo em seus quadros. Diante disso, e considerando a legislação de regência, assinale a afirmativa correta.

(A) Bernardo não terá direito a qualquer indenização por tratar-se de contrato de experiência, de modo que sabia que a qualquer momento poderia ter o pacto rompido.

(B) Bernardo terá direito de receber aviso-prévio e sua integração para todos os fins, além dos proporcionais de 13.º salário, férias acrescidas de 1/3, saque do FGTS e indenização de 40% sobre o FGTS.

(C) Bernardo receberá como indenização metade dos dias que faltavam para o término do contrato – 20 dias –, além dos proporcionais de 13.º salário e férias acrescidas de 1/3. Poderá ainda sacar o FGTS, mas sem direito à indenização de 40%.

(D) A empresa será obrigada a ressarcir Bernardo dos prejuízos que a este deu causa, além de ser obrigada a pagar, pela metade, todos os direitos como se fosse uma dispensa sem justa causa – aviso-prévio, 13.º proporcional, férias proporcionais acrescidas de 1/3 e 20% sobre o FGTS.

12. (OAB/UNIFICADO 2008.2) A direção da empresa Vale Verde Ltda. divulgou, por meio de circular interna, a proibição de fumar nos ambientes fechados da empresa, tendo sido estabelecidos locais específicos para a prática do tabagismo. Jorge, empregado da empresa Vale Verde Ltda., fumante há mais de 20 anos, descumpriu tal norma, e, por diversas vezes, foi flagrado fumando nos ambientes fechados da empresa, tendo sido, nessas ocasiões, advertido pelo empregador. Considerando a situação hipotética acima e com base na legislação trabalhista, assinale a opção correta.

(A) A atitude de Jorge não se caracteriza como desobediência à determinação do empregador dado o grau de dependência em relação ao cigarro, já que ele é fumante há mais de 20 anos.

(B) Como a atitude de Jorge não gera prejuízo para a empresa, mas apenas desconforto para seus colegas de trabalho, ele não pode ser punido por fumar em ambientes fechados da empresa.

(C) O ato de fumar nos ambientes fechados da empresa constitui motivo de despedida por justa causa por ato de indisciplina, uma vez que Jorge descumpriu uma ordem geral do empregador.

(D) A atitude de Jorge, que se caracteriza como incontinência de conduta ou mau procedimento, constitui motivo de dispensa por justa causa.

13. (OAB 2009.2) Com base no entendimento do TST acerca da rescisão do contrato de trabalho, assinale a opção correta.

(A) O empregado que rescinde antecipadamente o contrato por prazo determinado não está obrigado a indenizar o empregador.

(B) A pessoa jurídica de direito público que não observa o prazo para pagamento das verbas rescisórias não se submete à multa prevista no art. 477 da CLT.

(C) Nas rescisões antecipadas dos contratos de experiência que contenham cláusula assecuratória do direito recíproco de rescisão antes de seu término, não cabe aviso-prévio.

(D) A indenização de empregado que trabalha por comissão deve ser calculada com base na média das comissões recebidas nos últimos doze meses de serviço.

14. (OAB 2009.1) Assinale a opção correta acerca do aviso-prévio na CLT e em conformidade com o entendimento do TST.

(A) A falta de aviso-prévio por parte do empregador dá ao empregado o direito aos salários correspondentes ao prazo do aviso, mas nem sempre garante a integração desse período no seu tempo de serviço.

(B) É indevido o aviso-prévio na despedida indireta.

(C) É incabível o aviso-prévio nas rescisões antecipadas dos contratos de experiência, mesmo ante a existência de cláusula assecuratória do direito recíproco de rescisão antes de expirado o termo ajustado.

(D) O valor das horas extraordinárias habituais integra o aviso-prévio indenizado.

15. (VII Exame de Ordem Unificado – FGV) Em razão de forte enchente que trouxe sérios prejuízos à localidade, houve o encerramento das atividades da empresa Boa Vida Ltda., que teve seu estabelecimento totalmente destruído pela força das águas. Diante dessa situação hipotética, com relação aos contratos de trabalho de seus empregados, assinale a alternativa correta.

(A) O encerramento da atividade empresarial implicará a resilição unilateral por vontade do empregador dos contratos de trabalho de seus empregados.

(B) Os empregados têm direito à indenização compensatória de 20% (vinte por cento) sobre os depósitos do FGTS.

(C) Os empregados não podem movimentar a conta vinculada do FGTS.

(D) O empregado detentor de estabilidade provisória por ter sido eleito representante dos empregados na Comissão Interna de Prevenção de Acidentes – CIPA tem direito ao pagamento dos salários do período compreendido entre a data da ruptura do contrato de trabalho e o final do período da garantia de emprego.

16. (OAB XXI EXAME – FGV) Plínio é empregado da empresa Vigilância e Segurança Ltda., a qual não lhe paga salário há dois meses e não lhe fornece vale transporte há cinco meses. Plínio não tem mais condições de ir ao trabalho e não consegue prover seu sustento e de sua família. Na qualidade de advogado(a) de Plínio, de acordo com a CLT, assinale a opção que melhor atende aos interesses do seu cliente.

(A) Propor uma ação trabalhista pedindo a rescisão indireta em razão do descumprimento do contrato por não concessão do vale transporte, podendo permanecer, ou não, no serviço até decisão do processo.

(B) Propor uma ação trabalhista pedindo a rescisão indireta em razão do descumprimento do contrato por mora salarial.

(C) Propor uma ação trabalhista pedindo a rescisão indireta em razão do descumprimento do contrato por não concessão do vale transporte, mas deverá continuar trabalhando até a data da sentença.

(D) Propor uma ação trabalhista pedindo as parcelas decorrentes da ruptura contratual por pedido de demissão, além do vale transporte e salários atrasados e indenização por dano moral, mas seu cliente deve pedir demissão.

17. (OAB XXI – FGV) O empregado Júlio foi vítima de um assalto, fora do local de trabalho, sem qualquer relação com a prestação das suas atividades, sendo baleado e vindo a falecer logo após. O empregado deixou viúva e quatro filhos, sendo dois menores impúberes e dois maiores e capazes.

Dos direitos abaixo listados, indique aquele que não é devido pela empresa e, de acordo com a lei de regência, a quem a empresa deve pagar os valores devidos ao falecido.

(A) A indenização de 40% sobre o FGTS não é devida e os valores devidos ao falecido serão pagos aos dependentes habilitados perante a Previdência Social.

(B) As férias proporcionais não são devidas e os valores devidos ao falecido serão pagos aos herdeiros.

(C) O aviso-prévio não é devido e os valores devidos ao falecido serão pagos aos herdeiros.

(D) O 13º salário proporcional não é devido e os valores devidos ao falecido serão pagos aos dependentes habilitados perante a Previdência Social.

18. (OAB/FGV – XXIII EXAME DE ORDEM) João era proprietário de uma padaria em uma rua movimentada do centro da cidade. Em razão de obras municipais, a referida rua foi interditada para veículos e pedestres. Por conta disso, dada a ausência de movimento, João foi obrigado a extinguir seu estabelecimento comercial, implicando a paralisação definitiva do trabalho. Acerca da indenização dos empregados pela extinção da empresa, à luz da CLT, assinale a afirmativa correta.

(A) Caberá indenização ao empregado, a ser paga pelo Município.

(B) Caberá indenização ao empregado, a ser paga pela União.

(C) Caberá indenização ao empregado, a ser paga pelo empregador, sem possibilidade de ressarcimento.

(D) Tratando-se de motivo de força maior, não há pagamento de indenização.

19. (OAB/FGV - XXV EXAME DE ORDEM) Ferdinando trabalha na sociedade empresária Alfa S.A. há 4 anos, mas anda desestimulado com o emprego e deseja dar um novo rumo à sua vida, retornando, em tempo integral, aos estudos para tentar uma outra carreira profissional.

Imbuído desta intenção, Ferdinando procurou seu chefe, em 08/03/2018, e apresentou uma proposta para, de comum acordo, ser dispensado da empresa, com formulação de um distrato.

Diante do caso apresentado e dos termos da CLT, assinale a afirmativa correta.

(A) A realização da extinção contratual por vontade mútua é viável, mas a indenização será reduzida pela metade e o empregado não receberá seguro desemprego.

(B) A ruptura contratual por consenso pode ser feita, mas depende de homologação judicial ou do sindicato de classe do empregado.

(C) O contrato não pode ser extinto por acordo entre as partes, já que falta previsão legal para tanto, cabendo ao empregado pedir demissão ou o empregador o dispensar sem justa causa.

(D) O caso pode ser considerado desídia por parte do empregado, gerando então a dispensa por justa causa, sem direito a qualquer indenização.

20. (OAB/FGV - XXVI EXAME DE ORDEM) Lucas trabalhava em uma empresa estatal, cuja norma interna regulamentar previa a necessidade de sindicância administrativa para apuração de falta e aplicação de suspensão. Após quatro anos de contrato sem qualquer intercorrência, em determinada semana, Lucas faltou sem qualquer comunicação ou justificativa por dois dias consecutivos. Diante disso, logo após o seu retorno ao trabalho, seu superior hierárquico aplicou a pena de suspensão por três dias. Na qualidade de advogado de Lucas, que tem interesse em manter o emprego, você deverá requerer:

(A) a rescisão indireta do contrato por punição excessiva.

(B) a nulidade da punição, pois não foi observada a norma regulamentar da empresa.

(C) a conversão da suspensão em advertência.

(D) a ausência de nexo de causalidade e o decurso de tempo entre a punição e a falta.

21. (OAB/FGV - XXVII EXAME DE ORDEM) Gilda e Renan são empregados da sociedade empresária Alfa Calçados Ltda. há 8 meses, mas, em razão da crise econômica no setor, o empregador resolveu dispensá-los em outubro de 2018. Nesse sentido, concedeu aviso-prévio indenizado de 30 dias a Gilda e aviso-prévio trabalhado de 30 dias a Renan. Em relação ao prazo máximo, previsto na CLT, para pagamento das verbas devidas pela extinção, assinale a afirmativa correta.

(A) Ambos os empregados receberão em até 10 dias contados do término do aviso-prévio.

(B) Gilda receberá até o 10° dia do término do aviso e Renan, até o 1° dia útil seguinte ao término do aviso-prévio.

(C) Gilda e Renan receberão seus créditos em até 10 dias contados da concessão do aviso-prévio.

(D) Gilda receberá até o 1° dia útil seguinte ao término do aviso-prévio e Renan, até o 10° dia do término do aviso.

22. (OAB/FGV – XXVIII EXAME DE ORDEM) Uma sociedade empresaria consultou você, como advogado(a), para encontrar uma maneira de, periodicamente, firmar com seus empregados uma quitação de direitos, de modo a prevenir conflitos trabalhistas. Diante disso, na qualidade de advogado(a) da empresa, assinale a opção que indica a solução proposta.

(A) Poderá ser firmado termo de quitação anual de obrigações trabalhistas, perante o sindicato da categoria dos empregados.

(B) Os termos de quitação firmados entre empregados e empregadores nada valem, apenas sendo válidos os acordos judiciais; logo, a empresa nada pode fazer.

(C) Poderá ser firmado termo anual de quitação de obrigações trabalhistas no sindicato profissional ou no sindicato patronal.

(D) Basta firmar termo de quitação anual das obrigações trabalhistas por mútuo consentimento.

23. (OAB/FGV XXVIII EXAME DE ORDEM) A sociedade empresária Beta Ltda. está passando por grave crise econômica e financeira e, em razão disso, resolveu reduzir drasticamente suas atividades, encerrando unidades e terceirizando grande parte dos seus serviços. Por conta disso, a empresa, que possuía 500 empregados, dispensou 450 deles no dia 23 de janeiro de 2018. Diante do caso apresentado e dos preceitos da CLT, assinale a afirmativa correta.

(A) Trata-se de dispensa em massa, sendo nula porque não autorizada em norma coletiva.

(B) Equivocou-se a empresa, porque para realizar a dispensa coletiva ela é obrigada a oferecer antes adesão ao Programa de Demissão Voluntária (PDV).

(C) A ordem de antiguidade obrigatoriamente deve ser respeitada, pelo que os 50 empregados mais antigos não poderão ser dispensados.

(D) A dispensa ocorreu validamente, pois a dispensa coletiva é equiparada à dispensa individual.

24. (OAB/FGV XXVIII EXAME DE ORDEM) Gerson Filho é motorista rodoviário e trabalha na sociedade empresária Viação Canela de Ouro Ltda. No dia 20 de agosto de 2018, ele se envolveu em grave acidente automobilístico, sendo, ao final da investigação, verificado que Gerson foi o responsável pelo sinistro, tendo atuado com dolo no evento danoso. Em razão disso, teve a perda da sua habilitação determinada pela autoridade competente. O empregador procura você, como advogado(a), afirmando que não há vaga disponível para Gerson em outra atividade na empresa e desejando saber o que deverá fazer para solucionar a questão da maneira mais econômica e em obediência às normas de regência. Diante desta situação e dos termos da CLT, assinale a afirmativa correta.

(A) O contrato de Gerson deverá ser suspenso.

(B) O empregador deverá interromper o contrato de Gerson.

(C) O contrato do empregado deverá ser rompido por justa causa.

(D) A empresa deverá dispensar Gerson sem justa causa.

25. (OAB/FGV XXXI EXAME DE ORDEM) Eduardo e Carla são empregados do Supermercado Praiano Ltda., exercendo a função de caixa. Após 10 meses de vigência do contrato, ambos receberam aviso prévio em setembro de 2019, para ser cumprido com trabalho. Contudo, 17 dias após, o Supermercado resolveu reconsiderar a sua decisão e manter Eduardo e Carla no seu quadro de empregados. Ocorre que ambos não desejam prosseguir, porque, nesse período, distribuíram seus currículos e conseguiram a promessa de outras colocações num concorrente do Supermercado Praiano, com salário um pouco superior.

Diante da situação posta e dos termos da CLT, assinale a afirmativa correta.

(A) Os empregados não são obrigados a aceitar a retratação, que só gera efeito se houver consenso entre empregado e empregador.

(B) Os empregados são obrigados a aceitá-la, uma vez que a retratação foi feita pelo empregador ainda no período do aviso prévio.

(C) A retratação deve ser obrigatoriamente aceita pela parte contrária se o aviso prévio for trabalhado, e, se for indenizado, há necessidade de concordância das partes.

(D) O empregador jamais poderia ter feito isso, porque a CLT não prevê a possibilidade de reconsideração de aviso prévio, que se torna irreversível a partir da concessão.

26. (OAB/FGV XXXIII EXAME DE ORDEM) Suelen trabalhava na Churrascaria Boi Mal Passado Ltda. como auxiliar de cozinha, recebendo salário fixo de R$ 1.500,00 (um mil e quinhentos reais) mensais. Por encontrar-se em dificuldade financeira, Suelen pediu ao seu empregador um empréstimo de R$ 4.500,00 (quatro mil e quinhentos reais) para ser descontado em parcelas de R$ 500,00 (quinhentos reais) ao longo do tempo. Sensibilizado com a situação da empregada, a sociedade empresária fez o empréstimo solicitado, mas 1 mês após Suelen pediu demissão, sem ter pago qualquer parcela do empréstimo. Considerando a situação de fato, a previsão da CLT e que a empresa elaborará o termo de rescisão do contrato de trabalho (TRCT), assinale a afirmativa correta.

(A) A sociedade empresária poderá descontar todo o resíduo do empréstimo do TRCT.

(B) A sociedade empresária poderá, no máximo, descontar no TRCT o valor de R$ 1.500,00 (um mil e quinhentos reais).

(C) Não pode haver qualquer desconto no TRCT, porque o empréstimo tem a natureza de contrato civil, de modo que a sociedade empresária deverá cobrá-lo na justiça comum.

(D) Por Lei, a sociedade empresária tem direito de descontar no TRCT o dobro da remuneração do empregado por eventual dívida dele.

27. (OAB/FGV XXXIII EXAME DE ORDEM) Walmir foi empregado da sociedade empresária Lanchonete Chapa Quente Ltda., na qual atuou como atendente por um ano e três meses, sendo dispensado sem justa causa em julho de 2021.A sociedade empresária procura você, como advogado (a), para saber o modo de pagamento dos direitos devidos a Walmir. De acordo com o que dispõe a CLT, sabendo-se que a norma coletiva nada dispõe a respeito, assinale a afirmativa correta.

(A) Uma vez que o contrato vigorou por mais de um ano, deve ser feita a homologação perante o sindicato de classe do empregado ou perante o Ministério do Trabalho.

(B) O pagamento poderá ocorrer na própria empresa, pois não há mais necessidade de homologação da rescisão contratual pelo sindicato profissional ou pelo Ministério do Trabalho.

(C) Não havendo discórdia sobre o valor devido a Walmir, deverá ser apresentada uma homologação de acordo extrajudicial na Justiça do Trabalho, com assinatura de advogado comum.

(D) A sociedade empresária, ao optar por fazer o pagamento em suas próprias instalações, deverá obrigatoriamente depositar o valor na conta do trabalhador para ter a prova futura do adimplemento.

28. (OAB/FGV XXXIII EXAME DE ORDEM) Bruno era empregado em uma sociedade empresária, na qual atuava como teleoperador de vendas on-line de livros e artigos religiosos, usando, em sua estação de trabalho, computador e headset. Em determinado dia, o sistema de câmeras internas flagrou Bruno acessando, pelo computador, um site pornográfico por 30 minutos, durante o horário de expediente. Esse fato foi levado à direção no dia seguinte, que, indignada, puniu Bruno com suspensão por 40 dias, apesar de ele nunca ter tido qualquer deslize funcional anterior. Diante da situação apresentada e dos termos da CLT, assinale a afirmativa correta.

(A) A punição, tal qual aplicada pela empresa, importa na rescisão injusta do contrato de trabalho.

(B) A punição é compatível com a gravidade da falta, devendo Bruno retornar ao emprego após os 40 dias de suspensão.

(C) A empresa deveria dispensar Bruno por justa causa, porque pornografia é crime, e, como não o fez, considera-se perdoada a falta.

(D) A empresa errou, porque, sendo a primeira falta praticada pelo empregado, a Lei determina que se aplique a pena de advertência.

29. (OAB/FGV XXXVIII EXAME DE ORDEM) Vladimir, formado em Educação Física, 28 anos de idade, era instrutor em uma academia de ginástica há 1 ano, com a CTPS devidamente assinada. Ao ser comunicado pelo empregador de sua dispensa sem justa causa, com aviso prévio que deveria ser trabalhado, Vladimir foi tomado de intensa emoção e teve um ataque cardíaco fulminante, vindo a óbito. De acordo com a situação retratada e a norma de regência, assinale a afirmativa correta.

(A) A sociedade empresária será condenada pelo acidente do trabalho sofrido, mas não haverá indenização pela extinção do contrato porque o aviso prévio não foi cumprido.

(B) As verbas devidas serão pagas, em quotas iguais, aos dependentes de Vladimir habilitados perante a Previdência Social e, na falta, aos sucessores previstos na lei civil.

(C) Não haverá responsabilidade civil do empregador por se tratar de caso fortuito e a Lei determina, no caso de morte suspeita, a consignação em pagamento dos valores devidos.

(D) A morte do empregado extingue o contrato de trabalho e a indenização a ser paga será a metade do que é devido pela dispensa sem justa causa.

30. (OAB/FGV XLI EXAME DE ORDEM) Constantino é empregado em uma indústria de fabricação de móveis.

O empregador ficou ciente de que o Ministério Público Estadual apresentou denúncia contra Constantino pela prática de fato típico, antijurídico e culpável, praticado durante uma assembleia de condomínio contra um morador do mesmo prédio.

A denúncia foi recebida pelo juiz criminal e o processo penal teve início. A sociedade empresária consulta você, como advogado(a), para saber que efeito jurídico essa situação terá no contrato de trabalho.

De acordo com a legislação em vigor, assinale a afirmativa que, corretamente, apresenta sua resposta.

(A) O contrato de trabalho de Constantino ficará suspenso pelo recebimento da denúncia.

(B) O recebimento da denúncia é falta grave que automaticamente ensejará a extinção do contrato por justa causa.

(C) Nenhuma consequência haverá no contrato de trabalho, porque a presunção é de inocência.

(D) O contrato de trabalho ficará interrompido e Constantino será considerado licenciado até o término da ação penal.

GABARITO: As respostas destes testes encontram-se no final do livro.

CAPÍTULO

7

ESTABILIDADE E FGTS

7.1 INDENIZAÇÃO E ESTABILIDADE DECENAL DA CLT E INSTITUIÇÃO DO REGIME DO FGTS

Anteriormente à criação do regime do FGTS (surgido em 1966), o trabalhador regido pela CLT, em caso de dispensa imotivada (sem justa causa), tinha direito a uma indenização de um salário por ano trabalhado, ou fração igual ou superior a seis meses, conforme era previsto nos arts. 477 e 478 consolidados.

Outrossim, o trabalhador, após completar 10 anos de serviços ininterruptos na empresa, se tornava estável, somente podendo ser dispensado se cometesse falta grave, devida e previamente apurada por meio de uma ação judicial denominada inquérito para apuração de falta grave (arts. 492, 494 e 853, todos da CLT).

Esta realidade perdurou até 1966, quando surgiu o denominado Fundo de Garantia do Tempo de Serviço, através da Lei 5.107, criado como alternativa ao antigo regime da CLT, passando a vigorar dois sistemas jurídicos paralelos.

Possuía o obreiro, após a edição da lei fundiária (em 1966), duas alternativas:

a) optar pelo regime do FGTS, passando a fazer jus ao recolhimento mensal na conta vinculada fundiária do percentual de 8% incidente sobre sua remuneração, com direito, em caso de dispensa imotivada, ao saque dos depósitos efetuados, além do pagamento de indenização compensatória de 10% dos valores depositados na conta do FGTS (que passou a ser de 40% após a promulgação da Constituição Federal de 1988);

b) optar pelo sistema da CLT, fazendo jus à indenização em caso de dispensa imotivada nos moldes da antiga redação dos arts. 477 e 478 da CLT (um mês de salário para cada ano trabalhado ou fração igual ou superior a seis meses), alcançando a estabilidade decenal, ao completar 10 anos de serviços ininterruptos na empresa, quando, a partir de então, somente poderia ser dispensado se cometesse falta grave, previamente apurada por intermédio de ação judicial denominada Inquérito para Apuração de Falta Grave.

O optante do FGTS, ao se aposentar, também tinha direito ao levantamento dos valores depositados, sendo que, em caso de morte do obreiro, seus dependentes ou herdeiros faziam jus ao montante existente na conta fundiária.

No entanto, optando pelo regime do FGTS, o trabalhador não tinha direito à indenização até então fixada nos arts. 477 e 478 consolidados e à respectiva estabilidade decenal.

Por sua vez, o laborante que optasse pelo antigo sistema celetista não fazia jus a nenhuma vantagem proveniente do regime do FGTS, sendo que, em caso de aposentadoria ou morte do trabalhador, nem ele nem seus dependentes ou herdeiros tinham direito a qualquer indenização em função do tempo laborado para a empresa.

Frise-se que o trabalhador admitido após a edição da Lei 5.107/1966, ou mesmo os que já eram empregados à época da edição da norma fundiária em destaque, poderiam, a qualquer tempo, optar com efeito retroativo, ao regime do FGTS.

Com a Constituição Federal de 1988, o regime do FGTS passou a ser obrigatório, desaparecendo a indenização fixada nos arts. 477 e 478 da CLT, bem como a figura da estabilidade decenal, sendo assegurado, entretanto, o direito adquirido à estabilidade aos que, na data da promulgação da Carta Magna (05.10.1988), já haviam completado 10 anos de serviço.

Em relação ao FGTS (CF/1988 – art. 7.º, inciso III, Lei 8.036/1990 e Decreto 99.684/1990), cabe destacar as seguintes observações:

- Determina o art. 3.º da Lei 8.036/1990 que o FGTS será regido por um conselho curador, com a função de estabelecer as diretrizes e os programas gerais do sistema fundiário. O conselho curador do FGTS possui composição tripartite, com representantes dos trabalhadores, dos empregadores e dos órgãos e entidades governamentais, sendo a presidência exercida pelo Ministro de Estado do Trabalho e Previdência ou por representante, por ele indicado.
- Os representantes dos trabalhadores e dos empregadores e seus suplentes serão indicados pelas respectivas centrais sindicais e confederações nacionais, serão nomeados pelo Poder Executivo, terão mandato de 2 (dois) anos e poderão ser reconduzidos uma única vez, vedada a permanência de uma mesma pessoa como membro titular, como suplente ou, de forma alternada, como titular e suplente, por período consecutivo superior a 4 (quatro) anos no Conselho.
- Os recursos provenientes do FGTS deverão ser destinados a investimentos no setor de habitação, saneamento básico e infraestrutura urbana.
- A Caixa Econômica Federal assumiu, desde 1991, o controle de todas as contas vinculadas do FGTS, exercendo o papel de agente operador (Lei 8.036/1990, arts. 4.º e 12). Os depósitos efetuados nas contas fundiárias são corrigidos monetariamente, com base nos parâmetros fixados para atualização dos saldos dos depósitos de poupança, mais capitalização de juros de 3% ao ano.
- É contribuinte do FGTS qualquer empregador, pessoa física ou jurídica, de Direito Público ou Privado, que admitir trabalhadores regidos pela CLT. A partir da CF/1988, o empregador rural também passou a ser contribuinte obrigatório do FGTS. As empresas de trabalho temporário (Lei 6.019/1974)

também são contribuintes para o regime do FGTS. O Órgão Gestor de Mão de Obra Portuária (OGMO) e os operadores portuários são solidariamente responsáveis pelo recolhimento do FGTS dos trabalhadores portuários avulsos. Quanto aos trabalhadores avulsos em atividades de movimentação de mercadorias em geral, há solidariedade entre o sindicato intermediador e as empresas tomadoras do trabalho avulso (Lei 12.023/2009, art. 8.º).

- São beneficiários do FGTS os trabalhadores regidos pela CLT, os trabalhadores avulsos, os trabalhadores rurais, os trabalhadores temporários, a mãe social e os empregados domésticos.
- O empregado aprendiz também é beneficiário do FGTS, sendo a alíquota dos depósitos mensais reduzida para 2% da remuneração mensal paga ao menor (Lei 8.036/1990, art. 15, § 7.º).
- Não são beneficiários do regime do FGTS: a) o trabalhador autônomo; b) o trabalhador eventual; c) o servidor público; e d) o militar.
- O art. 15 da Lei 8.036/1990 fixou a obrigação patronal de depositar na conta vinculada do empregado, mensalmente (até o vigésimo dia de cada mês), sem ônus para o obreiro, 8% da remuneração percebida pelo trabalhador, inclusive sobre a gratificação natalina.
- O art. 18 e respectivo § 1º da Lei 8.036/1990 disciplina que "ocorrendo rescisão do contrato de trabalho, por parte do empregador, ficará este obrigado a depositar na conta vinculada do trabalhador no FGTS os valores relativos aos depósitos referentes ao mês da rescisão e ao imediatamente anterior que ainda não houver sido recolhido, sem prejuízo das cominações legais. Na hipótese de despedida pelo empregador sem justa causa, depositará este, na conta vinculada do trabalhador no FGTS, importância igual a 40% (quarenta por cento) do montante de todos os depósitos realizados na conta vinculada durante a vigência do contrato de trabalho, atualizados monetariamente e acrescidos dos respectivos juros".
- Em caso de culpa recíproca ou força maior, a indenização devida será reduzida pela metade, ou seja, será de 20% dos depósitos realizados na conta vinculada do obreiro durante o período do pacto laboral (Lei 8.036/1990, art. 18, § 2º).
- Na rescisão antecipada do contrato por prazo determinado, sem justa causa ou com culpa recíproca, são devidas as indenizações de 40% e 20%, respectivamente, dos depósitos efetuados na conta vinculada do obreiro, sem prejuízo do disposto no art. 479 da CLT.
- O art. 20 da Lei 8.036/1990 estabeleceu as hipóteses de movimentação do saldo existente na conta vinculada do trabalhador nas seguintes situações:

1. despedida sem justa causa, inclusive a indireta, de culpa recíproca e de força maior, sendo o levantamento restrito aos depósitos efetuados em

decorrência do último contrato de trabalho rompido, acrescidos de juros e correção monetária, deduzidos os saques (Lei 8.036/1990, art. 20, § 1.º);

2. extinção total da empresa, fechamento de quaisquer de seus estabelecimentos, filiais ou agências, supressão de parte de suas atividades, declaração de nulidade do contrato de trabalho nas condições do art. 19-A, ou ainda, falecimento do empregador individual, sempre que qualquer dessas ocorrências implique rescisão de contrato de trabalho, comprovada por declaração escrita da empresa, suprida, quando for o caso, por decisão judicial transitada em julgado, sendo o levantamento restrito aos depósitos efetuados em decorrência do último contrato de trabalho rompido, acrescidos de juros e correção monetária, deduzidos os saques (Lei 8.036/1990, art. 20, § 1º);
3. aposentadoria concedida pela Previdência Social;
4. falecimento do trabalhador, sendo o saldo pago a seus dependentes, para esse fim habilitados perante a Previdência Social, segundo o critério adotado para a concessão de pensões por morte. Na falta de dependentes, farão jus ao recebimento do saldo da conta vinculada os seus sucessores, previstos na lei civil, indicados em alvará judicial, expedido a requerimento do interessado, independente de inventário ou arrolamento;
5. pagamento de parte das prestações decorrentes de financiamento habitacional concedido no âmbito do Sistema Financeiro da Habitação – SFH, desde que o mutuário conte com o mínimo de três anos de trabalho sob o regime do FGTS, na mesma empresa ou em empresas diferentes; o valor bloqueado seja utilizado, no mínimo, durante o prazo de 12 meses; o valor do abatimento atinja, no máximo, 80% do montante da prestação;
6. liquidação ou amortização extraordinária do saldo devedor de financiamento imobiliário, observadas as condições estabelecidas pelo conselho curador, dentre elas a de que o financiamento seja concedido no âmbito do SFH e haja interstício mínimo de dois anos para cada movimentação;
7. pagamento total ou parcial do preço de aquisição de moradia própria, ou lote urbanizado de interesse social não construído, observadas as seguintes condições: a) o mutuário deverá contar com o mínimo de 3 (três) anos de trabalho sob o regime do FGTS, na mesma empresa ou empresas diferentes; b) seja a operação financiável nas condições vigentes para o SFH;
8. quando o trabalhador permanecer três anos ininterruptos fora do regime do FGTS;
9. extinção normal do contrato a termo, inclusive dos trabalhadores temporários regidos pela Lei 6.019/1974;

10. suspensão total do trabalho avulso por período igual ou superior a 90 dias, comprovada por declaração do sindicato representativo da categoria profissional;
11. quando o trabalhador ou qualquer de seus dependentes for acometido de neoplasia maligna;
12. aplicação em quotas de Fundos Mútuos de Privatização, regidos pela Lei 6.385/1976, permitida a utilização máxima de 50% do saldo existente e disponível em sua conta vinculada do Fundo de Garantia do Tempo de Serviço, na data em que exercer a opção;
13. quando o trabalhador ou qualquer de seus dependentes for portador do vírus HIV;
14. quando o trabalhador ou qualquer de seus dependentes estiver em estágio terminal, em razão de doença grave, nos termos do regulamento;
15. quando o trabalhador tiver idade igual ou superior a 70 anos;
16. a Lei 10.878, de 8 de junho de 2004, acrescentou o inciso XVI ao *caput* do art. 20 da Lei 8.036/1990, para permitir a movimentação da conta vinculada em caso de necessidade pessoal, cuja urgência e gravidade decorram de desastre natural. Para tanto, o trabalhador deverá ser residente em áreas comprovadamente atingidas de Município ou do Distrito Federal em situação de emergência ou em estado de calamidade pública, formalmente reconhecidos pelo Governo Federal, devendo a solicitação de tal movimentação da conta vinculada ser feita no prazo de 90 (noventa) dias após a publicação do ato de reconhecimento, pelo Governo Federal, da situação de emergência ou de estado de calamidade pública, com valor máximo de saque definido em regulamento;
17. integralização das cotas do FI-FGTS (Fundo de Investimento do FGTS), respeitado o disposto na alínea i do inciso XIII do *caput* do art. 5.º da Lei 8.036/1990, permitida a utilização máxima de 30% (trinta por cento) do saldo existente e disponível na data em que exercer a opção com redação dada pela Lei 12.087/2009;
18. quando o trabalhador com deficiência, por prescrição, necessite adquirir órtese ou prótese para promoção de acessibilidade e de inclusão social;
19. anualmente, no mês de aniversário do trabalhador, por meio da aplicação dos valores constantes do Anexo desta Lei 8.036/1990;
20. a qualquer tempo, quando seu saldo for inferior a R$ 80,00 (oitenta reais) e não houver ocorrido depósitos ou saques por, no mínimo, 1 (um) ano, exceto na hipótese prevista no inciso I do § 5º do art. 13 da Lei 8.036/1990;
21. quando o trabalhador ou qualquer de seus dependentes for, nos termos do regulamento, pessoa com doença rara, consideradas doenças raras

aquelas assim reconhecidas pelo Ministério da Saúde, que apresentará, em seu sítio na internet, a relação atualizada dessas doenças.

- De acordo com o art. 484-A da CLT, havendo a extinção do contrato por acordo entre empregado e empregador, permite-se a movimentação da conta vinculada do trabalhador no Fundo de Garantia do Tempo de Serviço na forma do inciso I-A do art. 20 da Lei 8.036, de 11 de maio de 1990, limitada até 80% (oitenta por cento) do valor dos depósitos.
- Vale destacar que o STJ editou, em junho de 2008, a Súmula 349, estabelecendo que: "compete à Justiça Federal ou aos juízes com competência delegada o julgamento das execuções fiscais de contribuições devidas pelo empregador ao FGTS".
- Por último, cabe lembrar a recente orientação jurisprudencial editada pela SDI-I do TST (dezembro de 2008), de n. 370, *in verbis*:

> "OJ 370, SDI-I, TST. FGTS. MULTA DE 40%. DIFERENÇAS DOS EXPURGOS INFLACIONÁRIOS. PRESCRIÇÃO. INTERRUPÇÃO DECORRENTE DE PROTESTOS JUDICIAIS. O ajuizamento de protesto judicial dentro do biênio posterior à Lei Complementar nº. 110, de 29.06.2001, interrompe a prescrição, sendo irrelevante o transcurso de mais de dois anos da propositura de outra medida acautelatória, com o mesmo objetivo, ocorrida antes da vigência da referida lei, pois ainda não iniciado o prazo prescricional, conforme disposto na Orientação Jurisprudencial nº. 344 da SBDI-1".

7.2 HIPÓTESES DE ESTABILIDADE PROVISÓRIA

7.2.1 Dirigente sindical

A CLT conferiu proteção especial ao emprego do representante sindical para que o mesmo pudesse desempenhar suas funções com independência, sem o receio de sofrer represálias do empregador, conforme se verifica no art. 543, § 3.º, da CLT.

A Carta Magna, no art. 8.º, inciso VIII, elevou a nível constitucional a proteção à atividade sindical, ao dispor que:

> "Art. 8.º É livre a associação profissional ou sindical, observado o seguinte: (...) VIII – é vedada a dispensa do empregado sindicalizado, a partir do registro da candidatura a cargo de direção ou representação sindical e, se eleito, ainda que suplente, até um ano após o final do mandato, salvo se cometer falta grave nos termos da lei".

Sobre a estabilidade do dirigente sindical, cabe destacar as Súmulas 369 e 379, *in verbis:*

> "SÚMULA 369, TST. DIRIGENTE SINDICAL. ESTABILIDADE PROVISÓRIA (redação do item I alterada na sessão do Tribunal Pleno realizada em 14.09.2012) - Res. 185/2012, *DEJT* divulgado em 25, 26 e 27.09.2012.
>
> I - É assegurada a estabilidade provisória ao empregado dirigente sindical, ainda que a comunicação do registro da candidatura ou da eleição e da posse seja realizada fora do prazo previsto no art. 543, § 5.º, da CLT, desde que a ciência ao empregador, por qualquer meio, ocorra na vigência do contrato de trabalho.
>
> II - O art. 522 da CLT foi recepcionado pela Constituição Federal de 1988. Fica limitada, assim, a estabilidade a que alude o art. 543, § 3.º, da CLT a sete dirigentes sindicais e igual número de suplentes.
>
> III - O empregado de categoria diferenciada eleito dirigente sindical só goza de estabilidade se exercer na empresa atividade pertinente à categoria profissional do sindicato para o qual foi eleito dirigente.
>
> IV - Havendo extinção da atividade empresarial no âmbito da base territorial do sindicato, não há razão para subsistir a estabilidade.
>
> V - O registro da candidatura do empregado a cargo de dirigente sindical durante o período de aviso-prévio, ainda que indenizado, não lhe assegura a estabilidade, visto que inaplicável a regra do § 3.º do art. 543 da Consolidação das Leis do Trabalho".
>
> "SÚMULA 379, TST. Dirigente sindical. Despedida. Falta grave, inquérito judicial. Necessidade. O dirigente sindical somente poderá ser dispensado por falta grave mediante a apuração em inquérito judicial. Inteligência dos arts. 494 e 543, § 3.º, da CLT".

Todas as normas previstas ao dirigente sindical aplicam-se igualmente, por força do art. 55 da Lei 5.764/1971, aos empregados eleitos diretores de sociedade cooperativa.

> "Lei 5.764/1971, Art. 55. Os empregados de empresas que sejam eleitos diretores de sociedades cooperativas pelos mesmos criadas, gozarão das garantias asseguradas aos dirigentes sindicais pelo art. 543 da Consolidação das Leis do Trabalho".

É importante enfatizar que o membro do conselho fiscal e o delegado sindical não possuem nenhum tipo de garantia de emprego, como preceituam as OJs 365 e 369, ambas da SDI-1.

> "OJ-SDI1-365. Membro de conselho fiscal de sindicato não tem direito à estabilidade prevista nos arts. 543, § 3.º, da CLT e 8.º, VIII, da CF/1988, porquanto não representa ou atua na defesa de direitos da categoria respectiva, tendo sua competência limitada à fiscalização da gestão financeira do sindicato (art. 522, § 2.º, CLT)".

> "OJ-SDI1-369. O delegado sindical não é beneficiário da estabilidade provisória prevista no art. 8.º, VIII, da CF/1988, a qual é dirigida, exclusivamente, àqueles que exerçam ou ocupem cargos de direção nos sindicatos, submetidos a processo eletivo".

Atenção! As regras ligadas à estabilidade do dirigente sindical também são aplicadas aos dirigentes eleitos para o Conselho de Representantes das **Federação** e **Confederações.**

7.2.2 Empregados eleitos membros da CIPA

A Constituição Federal, no ADCT, art. 10, II, a, assim versou:

> "Art. 10. Até que seja promulgada a lei complementar a que se refere o art. 7.º, I, da Constituição:
>
> (...)
>
> II – fica vedada a dispensa arbitrária ou sem justa causa:
>
> a) do empregado eleito, para cargo de direção de comissões internas de prevenção de acidentes, desde o registro de sua candidatura até um ano após o final de seu mandato".

O conceito de dispensa arbitrária foi estabelecido no art. 165 da CLT, *in verbis:*

> "Art. 165. Os titulares da representação dos empregados na CIPAs não poderão sofrer despedida arbitrária, entendendo-se como tal a que não se fundar em motivo disciplinar, técnico, econômico ou financeiro".

O TST firmou entendimento no sentido de que o empregado eleito suplente da CIPA também goza de estabilidade provisória no emprego, ao mencionar que:

> "SÚMULA 339, TST. CIPA. Suplente. Garantia no emprego.CF/1988.
>
> I – O suplente da CIPA goza da garantia de emprego prevista no art. 10, II, a, do ADCT a partir da promulgação da Constituição Federal de 1988.
>
> II – A estabilidade provisória do cipeiro não constitui vantagem pessoal, mas garantia para as atividades dos membros da CIPA, que somente têm razão de ser quando em atividade a empresa. Extinto o estabelecimento, não se verifica a despedida arbitrária, sendo impossível a reintegração e indevida a indenização do período estabilitário".

Em última análise, tanto os empregados titulares como os suplentes eleitos membros da CIPA – Comissão Interna de Prevenção de Acidentes têm estabilidade no emprego, somente podendo ser dispensados por motivos de ordem técnica, econômica financeira ou disciplinar (falta grave), devidamente comprovada.

Ressalte-se que apenas o membro da CIPA representante dos empregados é eleito; o representante do empregador é simplesmente indicado, não gozando de qualquer estabilidade.

Dispõe o art. 164, § 5.º, da CLT que o empregador designará, anualmente, dentre os seus representantes, o presidente da CIPA, e os empregados elegerão, dentre eles, o Vice-Presidente.

Desse modo, apenas o Vice-Presidente é detentor da estabilidade retrorreferida.

Merece destaque neste ponto, a Lei nº 14.457/2022 que altera a redação do art. 163 da CLT e torna obrigatória a constituição de Comissão Interna de Prevenção de Acidentes **e de Assédio** (Cipa), em conformidade com instruções expedidas pelo Ministério do Trabalho e Emprego, nos estabelecimentos ou nos locais de obra nelas especificadas.

7.2.3 Gestante

Dispõe a Constituição Federal de 1988, no art. 10, II, *b*, do ADCT:

> "Art. 10. Até que seja promulgada a lei complementar a que se refere o art. 7.º, I, da Constituição:
>
> (...) II – fica vedada a dispensa arbitrária ou sem justa causa:
>
> (...)
>
> b) da empregada gestante, desde a confirmação da gravidez até cinco meses após o parto".

A gestante, portanto, desde a confirmação da gravidez, até cinco meses após o parto, tem estabilidade no emprego, não podendo sofrer despedida arbitrária ou sem justa causa, somente sujeita à dispensa por motivos de ordem técnica, econômica, financeira ou disciplinar (falta grave), devendo em caso de morte da genitora tal garantia ser deslocada para quem detiver a guarda da criança conforme LC 146/2014.

Para configuração da estabilidade da gestante, doutrina e jurisprudência adotaram como regra a chamada teoria objetiva, sendo relevante apenas a confirmação da gravidez pela própria gestante, pouco importando se o empregador tinha ou não conhecimento do estado gravídico da obreira.

Sobre a estabilidade da empregada gestante, cabe destacar a Súmula 244 do TST, *in verbis:*

> "SÚMULA 244, TST. Gestante. Estabilidade provisória.
>
> I – O desconhecimento do estado gravídico pelo empregador não afasta o direito ao pagamento da indenização decorrente da estabilidade (art. 10, II, "b", do ADCT).
>
> II – A garantia de emprego à gestante só autoriza a reintegração se esta se der durante o período de estabilidade. Do contrário, a garantia

> restringe-se aos salários e demais direitos correspondentes ao período de estabilidade.
>
> III – A empregada gestante tem direito à estabilidade provisória prevista no art. 10, inciso II, alínea "b", do Ato das Disposições Constitucionais Transitórias, mesmo na hipótese de admissão mediante contrato por tempo determinado".

O art. 25, parágrafo único, da LC 150/2015, estabelece que é vedada a dispensa arbitrária ou sem justa causa da empregada doméstica gestante desde a confirmação da gravidez até 5 (cinco) meses após o parto.

No mesmo sentido, importante frisar que essa estabilidade provisória (prevista no art. 10, II, "b", do ADCT) é garantida à empregada gestante mesmo que a confirmação da gravidez ocorra durante o prazo do aviso-prévio trabalhado ou indenizado, conforme previsão do art. 391-A da CLT.

> "Art. 391-A. A confirmação do estado de gravidez advindo no curso do contrato de trabalho, ainda que durante o prazo do aviso-prévio trabalhado ou indenizado, garante à empregada gestante a estabilidade provisória prevista na alínea b do inciso II do art. 10 do Ato das Disposições Constitucionais Transitórias.
>
> Parágrafo único. O disposto no **caput** deste artigo aplica-se ao empregado adotante ao qual tenha sido concedida guarda provisória para fins de adoção."
>
> **LEI COMPLEMENTAR Nº 146, DE 25 DE JUNHO DE 2014**
>
> Art. 1º O direito prescrito na alínea b do inciso II do art. 10 do Ato das Disposições Constitucionais Transitórias, nos casos em que ocorrer o falecimento da genitora, será assegurado a quem detiver a guarda do seu filho.

Merece destaque a previsão da Lei nº 14.151/2021 que dispõe sobre o afastamento da empregada gestante das atividades de trabalho presencial durante a emergência de saúde pública de importância nacional decorrente do novo coronavírus.

Durante a emergência de saúde pública de importância nacional decorrente do novo coronavírus, a empregada gestante deverá permanecer afastada das atividades de trabalho presencial, sem prejuízo de sua remuneração.

A empregada afastada nos termos da referida lei, ficará à disposição do empregador, para exercer as atividades em seu domicílio, por meio de teletrabalho, trabalho remoto ou outra forma de trabalho a distância.

Contudo, no dia 10 de março de 2022, foi publicada a Lei nº 14.311/2022, que determina o retorno presencial de trabalhadoras grávidas em três hipóteses:

1. encerramento do estado de emergência de saúde pública;

2. após a conclusão do esquema vacinal contra a Covid-19, conforme diretrizes do Ministério da Saúde; e
3. quando a gestante se recusa a se vacinar, desde que assine termo de responsabilidade.

Esse termo, de acordo com a referida lei, é uma expressão do direito fundamental da liberdade de autodeterminação individual da gestante, não podendo ser imposto pelo empregador.

Atenção! A Justiça do Trabalho descarta estabilidade a gestante admitida por contrato de trabalho temporário nos moldes da Lei nº 6.019/1974.

No contrato de experiência, e mesmo nas demais modalidades de contrato por prazo determinado, existe a legítima expectativa de sua prorrogação e transformação em contrato por prazo indeterminado. Já no contrato de trabalho temporário, não há essa expectativa, porque ele é feito justamente para atender a situações excepcionais, de necessidade transitória, nos termos do artigo 2º da Lei nº 6.019/1974.

O artigo 10, II, "b", do ADCT veda "a dispensa arbitrária ou sem justa causa (...) da empregada gestante, desde a confirmação da gravidez até cinco meses após o parto", o que pressupõe a iniciativa do empregador em romper o contrato. O mesmo não ocorre no contrato de trabalho temporário, uma vez que o fim do contrato, nesta modalidade, se dará pelo fim da "necessidade transitória de substituição de seu pessoal regular e permanente" ou ao "acréscimo extraordinário de serviços", conforme previsto na legislação específica. Tratam-se, de requisitos previstos em lei e necessários à própria existência da relação contratual entre a empresa fornecedora da mão de obra temporária e a tomadora de serviços, não havendo, portanto, "arbitrariedade" na dispensa.

Não se pode dizer que o contrato temporário se equivaleria ao contrato por prazo determinado regulado nos artigos 479 a 481 da CLT. Nessa modalidade contratual, há proteção legal inclusive contra a rescisão antecipada, mediante pagamento de indenização pelo empregador (artigo 479) ou pelo empregado (artigo 480). Essa consequência fundada na CLT é inaplicável ao contrato temporário, o qual constitui modalidade especial, celebrada para atender situação específica, regida por estatuto próprio.

7.2.4 Empregado que gozou de auxílio-doença acidentário

O art. 118 da Lei 8.213/1991 estabeleceu nova forma de estabilidade no emprego, em decorrência de acidente do trabalho sofrido pelo obreiro, ao dispor:

> "Art. 118. O segurado que sofreu acidente do trabalho tem garantida, pelo prazo mínimo de doze meses, a manutenção do seu contrato de trabalho na empresa, após a cessação do auxílio-doença acidentário, independentemente da percepção do auxílio-acidente".

A estabilidade de 12 meses do trabalhador que sofreu acidente do trabalho tem início após a cessação do auxílio-doença.

Não havendo a concessão do auxílio-doença não há estabilidade.

O empregado acidentado que retornar do auxílio-doença somente pode ser dispensado se cometer falta grave (dispensa por justa causa) sem necessidade de inquérito para apuração de falta grave.

Sobre a estabilidade do acidentado cabe destacar a Súmula 378 do TST, *in verbis*:

> "SÚMULA 378, TST. Estabilidade provisória. Acidente de trabalho. Art. 118 da Lei 8.213/1991. (inserido item III) – Res. 185/2012, *DEJT* divulgado em 25, 26 e 27.09.2012
>
> I – É constitucional o art. 118 da Lei 8.213/1991 que assegura o direito à estabilidade provisória por período de 12 meses após a cessação do auxílio-doença ao empregado acidentado.
>
> II – São pressupostos para a concessão da estabilidade o afastamento superior a 15 dias e a consequente percepção do auxílio doença acidentário, salvo se constatada, após a despedida, doença profissional que guarde relação de causalidade com a execução do contrato de emprego.
>
> III – O empregado submetido a contrato de trabalho por tempo determinado goza da garantia provisória de emprego decorrente de acidente de trabalho prevista no art. 118 da Lei n.º 8.213/1991".

Além das doenças profissionais e do trabalho, o art. 21 da Lei nº 8.213/1991 assegura outras hipóteses que se equiparam ao acidente de trabalho. Como exemplo clássico, destaca-se o acidente de trajeto (*in itinere*) que compreende aquele que ocorre no percurso casa-trabalho e trabalho-casa por qualquer meio de locomoção.

O acidente de trabalho equiparado produz os mesmos efeitos que o acidente de trabalho típico, tais como a estabilidade ou garantia provisória no emprego do acidentado e indenização por danos morais e materiais.

7.2.5 Empregados eleitos membros do conselho curador do FGTS

Os representantes dos obreiros no Conselho Curador do FGTS, efetivos e suplentes, têm direito à estabilidade, desde a nomeação até um ano após o término do mandato de representação, somente podendo ser dispensados por motivo de falta grave, devidamente apurada por meio de processo sindical (Lei 8.036/1990, art. 3º, § 9º).

7.2.6 Empregados membros do CNPS

Os representantes dos laborantes que estiverem em atividade, titulares e suplentes, no Conselho Nacional de Previdência Social, terão direito à estabilidade, desde a nomeação até um ano após o término do mandato de representação, somente podendo ser dispensados por motivo de falta grave, regularmente comprovada por inquérito (Lei 8.213/1991, art. 3.º, § 7.º).

7.2.7 Empregados eleitos diretores de sociedades cooperativas

O art. 55 da Lei 5.764/1971 (Lei que institui o regime jurídico das sociedades cooperativas) estabeleceu que os empregados de empresas que sejam eleitos diretores de sociedades cooperativas pelos mesmos criados gozarão das garantias asseguradas aos dirigentes sindicais.

Logo, os empregados de empresas que sejam eleitos diretores de sociedades cooperativas são estáveis desde o momento do registro de suas candidaturas até um ano após o final do mandato, somente podendo ser dispensados se cometerem falta grave devida e previamente apurada pela ação judicial de Inquérito para Apuração de Falta Grave.

Os empregados suplentes não gozarão de estabilidade, conforme previsto na OJ 253, da SDI-I/TST.

7.2.8 Empregados eleitos membros de comissão de conciliação prévia

O art. 625-B, § 1.º, da CLT estabelece que é vedada a dispensa dos representantes dos empregados eleitos membros da comissão de conciliação prévia, titulares e suplentes, até um ano após o final do mandato, salvo se cometerem falta grave, nas condições da lei.

7.2.9 Nas empresas com mais de duzentos empregados, é assegurada a eleição de uma comissão para representá-los, com a finalidade de promover-lhes o entendimento direto com os empregadores

De acordo com o art. 510-C, § 3º, da CLT, o membro da comissão de representantes dos empregados não poderá sofrer despedida arbitrária, desde o registro da candidatura até um ano após o fim do mandato, entendendo-se como tal a que não se fundar em motivo disciplinar, técnico, econômico ou financeiro.

7.2.10 Empregado que receber o Benefício Emergencial de Preservação do Emprego e da Renda

A Lei 14.020/2020 Instituiu o Programa Emergencial de Manutenção do Emprego e da Renda; dispõe sobre medidas complementares para enfrentamento do estado de calamidade pública reconhecido pelo Decreto Legislativo nº 6, de 20 de março de 2020, e da emergência de saúde pública de importância internacional decorrente do coronavírus, de que trata a Lei nº 13.979, de 6 de fevereiro de 2020.

Fica reconhecida a garantia provisória no emprego ao empregado que receber o Benefício Emergencial de Preservação do Emprego e da Renda, em decorrência da

redução da jornada de trabalho e do salário ou da **suspensão temporária do contrato de trabalho**, nos seguintes termos:

- durante o período acordado de redução da jornada de trabalho e do salário ou de suspensão temporária do contrato de trabalho;
- após o restabelecimento da jornada de trabalho e do salário ou do encerramento da suspensão temporária do contrato de trabalho, por período equivalente ao acordado para a redução ou a suspensão; e
- no caso da empregada gestante, por período equivalente ao acordado para a redução da jornada de trabalho e do salário ou para a suspensão temporária do contrato de trabalho, contado a partir do término do período da garantia estabelecida na alínea "b" do inciso II do caput do art. 10 do Ato das Disposições Constitucionais Transitórias.

A dispensa sem justa causa que ocorrer durante o período de garantia provisória no emprego sujeitará o empregador ao pagamento, além das parcelas rescisórias previstas na legislação em vigor, de indenização no valor de:

- 50% (cinquenta por cento) do salário a que o empregado teria direito no período de garantia provisória no emprego, na hipótese de redução de jornada de trabalho e de salário igual ou superior a 25% (vinte e cinco por cento) e inferior a 50% (cinquenta por cento);
- 75% (setenta e cinco por cento) do salário a que o empregado teria direito no período de garantia provisória no emprego, na hipótese de redução de jornada de trabalho e de salário igual ou superior a 50% (cinquenta por cento) e inferior a 70% (setenta por cento); ou
- 100% (cem por cento) do salário a que o empregado teria direito no período de garantia provisória no emprego, nas hipóteses de redução de jornada de trabalho e de salário em percentual igual ou superior a 70% (setenta por cento) ou de suspensão temporária do contrato de trabalho.

Atenção! As regras não se aplicam às hipóteses de pedido de demissão ou dispensa por justa causa do empregado.

7.2.11 Programa especial de suporte a empregos

A Lei nº 14.043/2020 instituiu o Programa Emergencial de Suporte a Empregos, tem como objetivo oferecer linha de crédito aos empresários, sociedades empresariais e sociedades cooperativas com a finalidade de pagamento de folha salarial de seus empregados.

Estão abrangidos pelo programa as empresas que tenham receita bruta anual superior a R$ 360.000,00 (trezentos e sessenta mil reais) e igual ou inferior a R$ 50.000.000,00 (cinquenta milhões de reais), calculado com base no exercício de 2019.

Os créditos são destinados a cobrir a totalidade da folha de pagamento, pelo período de 4 meses, limitada ao valor equivalente a até 2 vezes o salário mínimo por empregado. As empresas beneficiadas pelo programa não podem rescindir, sem justa causa, o contrato de trabalho de seus empregados no período compreendido entre a data da contratação da linha de crédito e 60 dias após o recebimento da última parcela do empréstimo. O descumprimento dessa disposição tem como consequência o vencimento antecipado da dívida.

7.3 AJUIZAMENTO DE RECLAMAÇÃO TRABALHISTA

No que toca ao ajuizamento de ação trabalhista após o período de garantia no emprego, observe-se a orientação jurisprudencial seguinte:

> "OJ-SDI1-399. Estabilidade provisória. Ação trabalhista ajuizada após o término do período de garantia no emprego. Abuso do exercício do direito de ação. Não configuração. Indenização devida (*DEJT* divulgado em 02, 03 e 04.08.2010).
>
> O ajuizamento de ação trabalhista após decorrido o período de garantia de emprego não configura abuso do exercício do direito de ação, pois este está submetido apenas ao prazo prescricional inscrito no art. 7.º, XXIX, da CF/1988, sendo devida a indenização desde a dispensa até a data do término do período estabilitário."

7.4 QUESTÕES

1. (OAB/BA 2010.3 – FGV) Tício, gerente de operações da empresa Metalúrgica Comercial, foi eleito dirigente sindical do Sindicato dos Metalúrgicos. Seis meses depois, juntamente com Mévio, empregado representante da CIPA (Comissão Interna para Prevenção de Acidentes) da empresa por parte dos empregados, arquitetaram um plano para descobrir determinado segredo industrial do seu empregador e repassá-lo ao concorrente mediante pagamento de numerário considerável. Contudo, o plano foi descoberto antes da venda, e a empresa, agora, pretende dispensar ambos por falta grave.

Você foi contratado como consultor jurídico para indicar a forma de fazê-lo. O que deve ser feito?

(A) Ajuizamento de inquérito para apuração de falta grave em face de Tício e Mévio, no prazo decadencial de 30 dias, caso tenha havido suspensão deles para apuração dos fatos.

(B) Simples dispensa por falta grave para ambos os empregados, pois o inquérito para apuração de falta grave serve apenas para a dispensa do empregado estável decenal.

(C) Ajuizamento de inquérito para apuração de falta grave em face de Tício, no prazo decadencial de 30 dias, caso tenha havido suspensão dele para apuração dos fatos; e simples dispensa por justa causa em relação a Mévio, independentemente de inquérito.

(D) Ajuizamento de inquérito para apuração de falta grave em face de Tício, no prazo decadencial de 30 dias, contados do conluio entre os empregados; e simples dispensa por justa causa em relação a Mévio, independentemente de inquérito.

2. (OAB 2010.2 – FVG) Paulo, empregado de uma empresa siderúrgica, sofreu acidente do trabalho, entrando em gozo de auxílio-doença acidentário, a partir do décimo sexto dia de seu afastamento. Durante este período de percepção do benefício previdenciário, ele foi dispensado sem justa causa por seu empregador. Diante do exposto, assinale a alternativa correta.

(A) Paulo tem direito a ser reintegrado, com fundamento na garantia provisória de emprego assegurada ao empregado acidentado.

(B) Paulo tem direito a ser readmitido, com fundamento na garantia provisória de emprego assegurada ao empregado acidentado.

(C) Paulo tem direito a ser readmitido, em razão da interrupção do contrato de trabalho que se operou a partir do décimo sexto dia de afastamento.

(D) Paulo tem direito a ser reintegrado, em razão da suspensão do contrato de trabalho que se operou a partir do décimo sexto dia de afastamento.

3. (OAB 2011.1 – FGV) Assinale a alternativa correta em relação ao Fundo de Garantia do Tempo de Serviço – FGTS.

(A) A prescrição da pretensão relativa às parcelas remuneratórias não alcança o respectivo recolhimento da contribuição para o FGTS, posto ser trintenária a prescrição para a cobrança deste último.

(B) Na hipótese de falecimento do empregado, o saldo de sua conta vinculada do FGTS deve ser pago ao representante legal do espólio, a fim de que proceda à partilha entre todos os sucessores do trabalhador falecido.

(C) Durante a prestação do serviço militar obrigatório pelo empregado, ainda que se trate de período de suspensão do contrato de trabalho, é devido o depósito em sua conta vinculada do FGTS.

(D) Não é devido o pagamento de indenização compensatória sobre os depósitos do FGTS quando o contrato de trabalho se extingue por força maior reconhecida pela Justiça do Trabalho.

4. (OAB/BA 2009.3 – CESPE) Assinale a opção correta em relação à Comissão Interna de Prevenção de Acidentes (CIPA).

(A) Tanto os representantes do empregador quanto os dos empregados serão eleitos por escrutínio secreto.

(B) A estabilidade no emprego é garantida ao eleito para o cargo de direção da CIPA, desde o registro de sua candidatura até um ano após o final do mandato.

(C) Para que o empregado possa integrar a CIPA, é necessário que ele seja sindicalizado.

(D) O mandato do membro da CIPA é de dois anos, sendo admitida uma reeleição.

5. (OAB/BA 2010.1 – CESPE) Paula firmou contrato de trabalho, por prazo indeterminado, com uma empresa, onde trabalhou pelo período de três anos. Em 10/10/2008, foi sumariamente demitida, sem justa causa e sem receber qualquer valor rescisório ou indenizatório, embora estivesse com dois meses de gestação.

Em face dessa situação hipotética, assinale a opção correta.

(A) Caso Paula não tenha informado ao empregador, na data da demissão, o seu estado gestacional, ela não fará jus a qualquer indenização decorrente da estabilidade garantida à gestante.

(B) Se ajuizar reclamatória trabalhista até o último dia do prazo prescricional, Paula terá garantido o direito de reintegração ao emprego.

(C) Caso ajuíze reclamatória trabalhista no último dia do prazo prescricional, Paula terá direito tão somente aos salários e demais direitos correspondentes ao período de estabilidade garantido à gestante.

(D) Se for ajuizada reclamatória após o período da estabilidade garantido à gestante, Paula não terá direito a qualquer efeito jurídico referente à estabilidade.

6. (OAB/BA 2010.3 – FGV) Com relação às estabilidades e às garantias provisórias de emprego, é correto afirmar que

(A) O servidor público celetista da administração direta, autárquica ou fundacional não é beneficiário da estabilidade prevista na Constituição da República de 1988, que se restringe ao ocupante de cargo de provimento efetivo em virtude de concurso público.

(B) A empregada gestante tem direito à estabilidade provisória na hipótese de admissão mediante contrato de experiência, uma vez que se visa à proteção do instituto da maternidade.

(C) Os membros do Conselho Curador do FGTS representantes dos trabalhadores, efetivos e suplentes, têm direito à estabilidade no emprego, da nomeação até um ano após o término do mandato de representação, somente podendo ser dispensados por motivo de falta grave, regularmente comprovada por processo sindical.

(D) O registro da candidatura do empregado a cargo de dirigente sindical durante o período de aviso-prévio não obsta a estabilidade.

7. (VIII Exame de Ordem Unificado – FGV) A respeito da estabilidade, assinale a afirmativa correta.

(A) A estabilidade da gestante dura de 28 dias antes até 92 dias após o parto.

(B) A estabilidade do membro da CIPA dura da eleição até 1 ano após o término do mandato, servindo para os representantes dos empregados, inclusive suplentes.

(C) A estabilidade do dirigente sindical dura do registro da candidatura até um ano após o término do mandato, servindo para os representantes dos empregados eleitos e seus suplentes, estando limitada ao número de sete dirigentes sindicais.

(D) De acordo com o entendimento uniformizado do Tribunal Superior do Trabalho, o empregado poderá adquirir a estabilidade no curso do aviso-prévio, pois este integra o contrato de trabalho para todos os efeitos, inclusive pecuniários.

8. (X Exame de Ordem Unificado – FGV) O empregado afastado por incapacidade laborativa, recebendo auxílio-doença previdenciário por trinta dias, tem garantido legalmente o direito

(A) à estabilidade provisória por, no mínimo, doze meses após a cessação do auxílio-doença acidentário.

(B) de exigir de seu empregador os depósitos do Fundo de Garantia do Tempo de Serviço correspondentes ao período em que ficou afastado.

(C) de exigir de seu empregador o pagamento de complementação do benefício previdenciário para manter o valor do salário que recebia antes do afastamento previdenciário.

(D) de gozar férias de trinta dias após período de doze meses de vigência do contrato de trabalho.

9. (OAB XXI EXAME – FGV) As irmãs Rita e Tereza trabalham para o mesmo empregador. Quando Rita engravida, Tereza, que não pode ter filhos naturais, resolve adotar uma criança. Assim, logo após o nascimento da filha de Rita, Tereza adota uma criança de 6 meses de idade. Considerando a situação posta e de acordo com as leis vigentes, assinale a afirmativa correta.

(A) Rita terá garantia no emprego até 5 meses após o parto, enquanto Tereza não.

(B) Ambas sairão em licença-maternidade, mas Tereza, por ser mãe adotiva, terá período um pouco menor, de 60 dias.

(C) Ambas terão estabilidade de até 5 meses, sendo que, para Rita, o período será contado do parto e para Tereza, do momento da adoção.

(D) Ambas terão o salário pago diretamente pelo empregador, enquanto durar a licença-maternidade.

10. (OAB/FGV – XXIV EXAME DE ORDEM) Uma instituição bancária construiu uma escola para que os filhos dos seus empregados pudessem estudar. A escola tem a infraestrutura necessária, e o banco contratou as professoras que irão dar as aulas nos primeiros anos do Ensino Fundamental. Não existe controvérsia entre empregador e empregadas acerca do enquadramento sindical. Diante dessa situação, assinale a afirmativa correta.

(A) Sendo o empregador das professoras um banco, elas são bancárias e estão vinculadas à convenção coletiva dessa categoria profissional.

(B) O professor integra categoria conexa, cabendo às professoras definir a que sindicatos pretendem se filiar.

(C) Uma vez que a atividade desenvolvida pelas professoras não é bancária, caberá à Justiça do Trabalho definir as regras que deverão permear os seus contratos.

(D) As professoras não são bancárias, porque integram categoria diferenciada.

11. (OAB/FGV – XXV EXAME DE ORDEM) Em março de 2015, Lívia foi contratada por um estabelecimento comercial para exercer a função de caixa, cumprindo jornada de segunda-feira a sábado das 8h às 18h, com intervalo de 30 minutos para refeição.

Em 10 de março de 2017, Lívia foi dispensada sem justa causa, com aviso-prévio indenizado, afastando-se de imediato. Em 30 de março de 2017, Lívia registrou sua candidatura a dirigente sindical e, em 8 de abril de 2017, foi eleita vice-presidente do sindicato dos comerciários da sua região.

Diante desse fato, Lívia ponderou com a direção da empresa que não seria possível a sua dispensa, mas o empregador insistiu na manutenção da dispensa afirmando que o aviso-prévio não poderia ser considerado para fins de garantia no emprego.

Sobre a hipótese narrada, de acordo com a CLT e com o entendimento consolidado do TST, assinale a afirmativa correta.

(A) O período do aviso-prévio é integrado ao contrato para todos os fins, daí por que Lívia, que foi eleita enquanto o pacto laboral estava em vigor, não poderá ser dispensada sem justa causa.

(B) Não se computa o aviso-prévio para fins de tempo de serviço nem anotação na CTPS do empregado e, em razão disso, Lívia não terá direito à estabilidade oriunda da eleição para dirigente sindical.

(C) O aviso-prévio é computado para todos os fins, mas, como a candidatura da empregada ocorreu no decorrer do aviso-prévio, Lívia não terá garantia no emprego.

(D) A Lei e a jurisprudência não tratam dessa situação especial, razão pela qual caberá ao magistrado, no caso concreto, decidir se o aviso-prévio será computado ao contrato.

12. (OAB/FGV XXVIII EXAME DE ORDEM) Em uma greve ocorrida há dois dias dentro de uma indústria metalúrgica, o dirigente sindical, que é empregado da referida empresa, agrediu fisicamente o diretor com tapas e socos, sendo a agressão gravada pelo sistema de segurança existente no local. O dono da empresa, diante dessa prática, pretende dispensar o empregado por justa causa. Em razão disso, ele procura você, como advogado(a), no dia seguinte aos fatos narrados, para obter sua orientação. De acordo com o disposto na CLT, assinale a opção que apresenta sua recomendação jurídica e a respectiva justificativa.

(A) Dispensar imediatamente o empregado por justa causa e ajuizar ação de consignação em pagamento dos créditos porventura devidos.

(B) Apresentar notícia-crime e solicitar da autoridade policial autorização para dispensar o empregado por justa causa.

(C) Suspender o empregado e, em até 30 dias, ajuizar inquérito para apuração de falta grave.

(D) Não fazer nada, porque a justa causa teria de ser aplicada no dia dos fatos, ocorrendo então perdão tácito.

13. (Ano: 2020 Banca: FGV Órgão: OAB Prova: FGV - 2020 - OAB - Exame de Ordem Unificado XXXI - Primeira Fase) Rafaela trabalha em uma empresa de calçados. Apesar de sua formação como estoquista, foi preterida em uma vaga para tal por ser mulher, o que seria uma promoção e geraria aumento salarial. Um mês depois, a empresa exigiu que todas as funcionárias do sexo feminino apresentassem atestado médico de gravidez. Rafaela, 4 meses após esse fato, engravidou e, após apresentação de atestado médico, teve a jornada reduzida em duas horas, por se tratar de uma gestação delicada, o que acarretou a redução salarial proporcional. Sete meses após o parto, Rafaela foi dispensada.

Como advogado(a) de Rafaela, de acordo com a legislação trabalhista em vigor, assinale a opção que contém todas as violações aos direitos trabalhistas de Rafaela.

(A) Recusa, fundamentada no sexo, da promoção para a função de estoquista.

(B) Recusa, fundamentada no sexo, da promoção para a função de estoquista, exigência de atestado de gravidez e redução salarial.

(C) Recusa, fundamentada no sexo, da promoção para a função de estoquista, exigência de atestado de gravidez, redução salarial e dispensa dentro do período de estabilidade gestante.

(D) Dispensa dentro do período de estabilidade gestante.

14. (OAB/FGV XXXIII EXAME DE ORDEM) Jorge e Manoel integram a Comissão Interna de Prevenção de Acidentes (CIPA) da empresa na qual trabalham. Jorge é representante do empregador e Manoel, representante dos empregados. Durante a vigência dos seus mandatos, ambos foram dispensados, sem justa causa, na mesma semana, recebendo aviso prévio indenizado. Considerando a situação de fato e a previsão da CLT, assinale a afirmativa correta.

(A) Não há empecilho à dispensa de Jorge, mas Manoel tem garantia no emprego e não poderia ser desligado sem justa causa.

(B) Ambos os empregados podem ser dispensados, porque o empregador concedeu aviso prévio indenizado.

(C) Jorge, por ser representante do empregador junto à CIPA e dele ter confiança, não poderá ser dispensado, exceto por justa causa.

(D) Nenhum empregado integrante da CIPA pode ser dispensado sem justa causa durante o mandato e até 1 ano após.

15. (OAB/FGV XXXV EXAME DE ORDEM) Sheila e Irene foram admitidas em uma empresa de material de construção, sendo Sheila mediante contrato de experiência por 90 dias e Irene, contratada por prazo indeterminado. Ocorre que, 60 dias após o início do trabalho, o empregador resolveu dispensar ambas as empregadas porque elas não mostraram o perfil esperado, dispondo–se a pagar todas as indenizações e multas previstas em Lei para extinguir os contratos. No momento da comunicação do desligamento, ambas as empregadas informaram que estavam grávidas com 1 mês de gestação, mostrando os respectivos laudos de ultrassonografia. Considerando a situação de fato, a previsão legal e o entendimento consolidado do TST, assinale a afirmativa correta.

(A) As duas empregadas poderão ser dispensadas.

(B) Somente Sheila poderá ser desligada porque o seu contrato é a termo.

(C) Sheila e Irene não poderão ser desligadas em virtude da gravidez.

(D) Apenas Irene poderá ser desligada, desde que haja autorização judicial.

16. (OAB/FGV XXXVIII EXAME DE ORDEM) Anne é diretora não-empregada de uma grande multinacional. Ela tem contraprestação pecuniária elevada e algumas vantagens pelo cargo que ocupa como, por exemplo, veículo com motorista e o aluguel de uma espaçosa residência. Na última assembleia, no entanto, Anne levou a debate sua pretensão de receber mensalmente FGTS em conta vinculada.

Sobre a pretensão de Anne, de acordo com a lei de regência, assinale a afirmativa correta.

(A) A pretensão é inviável, porque Anne não tem o contrato regido pela CLT e, assim, não pode ter FGTS.

(B) Se a sociedade empresária desejar, poderá equiparar, para fins de FGTS, o diretor não-empregado aos demais trabalhadores.

(C) A Lei permite atender ao pedido, mas Anne terá creditada metade do percentual do FGTS de um empregado regular.

(D) Para ter direito ao FGTS, Anne terá que renunciar ao cargo que ocupa e passar a ser diretora empregada.

17. (OAB/FGV XXXIX EXAME DE ORDEM) Determinada sociedade empresária possui cerca de 100 funcionários e, em razão de mudança na direção, decidiu realizar algumas dispensas. Ocorre que alguns dos funcionários indicados para a dispensa são detentores de garantias no emprego, sendo uma em decorrência de gestação; outra por ser dirigente sindical; outro por ser membro da Comissão Interna de Prevenção de Acidentes (CIPA) eleito pelos empregados. Além desses casos existe um quarto funcionário, que informou não poder ser dispensado por também ser membro da CIPA, indicado pelo próprio empregador.

Diante disso, a sociedade empresária consultou você, como advogado(a), para saber os períodos e as possibilidades de dispensa.

A esse respeito, assinale a afirmativa correta.

(A) Todas as modalidades de estabilidade ou garantia de emprego possuem a mesma duração.

(B) A estabilidade gestante dá-se da confirmação da gravidez até cinco meses após o parto; a do membro da CIPA eleito pelos empregados, dá-se do registro da candidatura até um ano após o término do mandato, assim como a do dirigente sindical.

(C) Os empregados representantes da CIPA, seja o eleito pelos empregados, seja o indicado como representante do empregador, têm garantia no emprego até um ano após o término do mandato.

(D) O conhecimento por parte do empregador do estado gravídico da empregada gestante é requisito para o reconhecimento da estabilidade.

18. (OAB/FGV XXXIX EXAME DE ORDEM) Plínio Salgado ficou afastado do trabalho por 8 meses em benefício previdenciário decorrente de doença ocupacional relacionada ao trabalho. Ao retornar após a alta médica, foi informado que não teria direito ao gozo de férias, pois necessitaria cumprir mais um ano de trabalho, bem como seu FGTS deixou de ser depositado, já que não houve trabalho. Além disso, seu salário permaneceu congelado, por não haver trabalho, não lhe sendo devidas as diferenças salariais decorrentes do aumento espontâneo concedido pelo empregador aos empregados que estavam ativos.

Na qualidade de advogado(a) de Plínio, assinale a opção que, corretamente, contempla os efetivos direitos de seu cliente.

(A) Plínio apenas faz jus aos depósitos do FGTS do período de afastamento, bem como ao reajuste salarial concedido pelo empregador.

(B) Plínio faz jus aos depósitos do FGTS do período de afastamento, bem como ao reajuste salarial concedido pelo empregador e ao cômputo do período de afastamento no período aquisitivo de férias.

(C) Plínio não tem direito ao reajuste salarial, pois não houve contraprestação no período do aumento espontâneo, não se tratando de norma coletiva.

(D) Plínio não tem direito aos valores do FGTS do período, pois em gozo do benefício previdenciário não há cômputo do tempo de serviço.

19. (OAB/FGV XL EXAME DE ORDEM) Alexandre, Reginaldo e Maurício eram empregados da mesma sociedade empresária, mas em períodos distintos.

Alexandre pediu demissão após 2 (dois) anos de trabalho, pois já estava cansado de trabalhar para o mesmo empregador e já era idoso contando com 71 (setenta e um) anos de idade. Reginaldo se aposentou após 3 (três) anos, pois já contava com idade e tempo de serviço anterior, apesar de ter 62 (sessenta e dois) anos. Maurício foi dispensado sem justa causa, após quatro meses, mesmo sendo jovem e contando com 25 (vinte e cinco) anos de idade.

Os três consultaram você, como advogado(a), acerca da possibilidade de levantamento imediato dos valores depositados a título de FGTS dos contratos terminados.

Observando a legislação em vigor e adstrito aos dados do enunciado, assinale a afirmativa que apresenta, corretamente, sua orientação.

(A) Os três poderão receber, imediatamente, os valores do FGTS.

(B) Alexandre e Maurício não poderão receber os valores imediatamente, pois um pediu demissão e o outro teve contrato inferior a seis meses.

(C) Apenas Alexandre não poderá movimentar sua conta vinculada e receber os valores imediatamente.

(D) Apenas Maurício, por haver sido dispensado sem justa causa, tem direito ao recebimento imediato do FGTS.

20. (OAB/FGV XLI EXAME DE ORDEM) Paulo trabalha desde 2022 na sociedade empresária Auditorias Fidedignas Ltda. como auditor. A empresa possui plano permanente de capacitação e, por isso, Paulo viaja com frequência para realizar cursos de auditoria em todo o país e se manter sempre atualizado. Em uma dessas viagens, Paulo estava no hotel tomando banho e abruptamente, sem motivo aparente, o vidro temperado do banheiro estourou, quebrando-se em vários pedaços, sendo que alguns deles atingiram e cortaram Paulo. Em virtude disso, o empregado precisou se afastar do serviço por 12 dias, findos os quais retornou ao trabalho e reassumiu suas atividades normais. Diante da situação apresentada e da legislação em vigor, assinale a afirmativa correta.

(A) Uma vez que Paulo não estava trabalhando, o evento não é acidente do trabalho, daí porque ele não terá a garantia no emprego por 12 meses.

(B) O evento pode ser considerado acidente do trabalho e, por isso, o empregado terá estabilidade no emprego por 12 meses a partir do retorno.

(C) Trata-se de acidente do trabalho por equiparação, mas Paulo não terá estabilidade quando retornar.

(D) Não se trata de acidente do trabalho, mas, tendo ocorrido o sinistro, Paulo terá a garantia no emprego por um ano.

21. (OAB/FGV XLI EXAME DE ORDEM) Roberta é estagiária numa fábrica de tecelagem, mesmo lugar onde Rogéria atua como aprendiz e que Fabiane trabalha como subgerente. No ano de 2024, as três trabalhadoras engravidaram.

O empregador consultou você, como advogado(a), sobre a possibilidade de dispensar essas trabalhadoras sem justa causa, porque os sócios decidiram investir em máquinas modernas, automatizadas, e dispensar 50% da mão de obra.

Considerando os fatos narrados e a norma de regência, assinale a opção que apresenta a orientação correta que você prestou.

(A) Apenas Fabiane possui garantia no emprego.

(B) Somente Rogéria e Fabiane possuem garantia no emprego.

(C) Roberta, Rogéria e Fabiane não poderão ser dispensadas em razão da garantia no emprego oriunda da gravidez.

(D) Todas as trabalhadoras citadas poderão ser dispensadas sem justa causa em razão da força maior apresentada pela empresa.

GABARITO: As respostas destes testes encontram-se no final do livro.

CAPÍTULO

8 PROTEÇÃO AO TRABALHO DA MULHER

8.1 NOÇÕES GERAIS

A Consolidação das Leis Trabalhistas contém uma seção específica de normas especiais de tutela do trabalho da mulher a partir de seu art. 372.

Logo no art. 373-A, encontramos a proibição de qualquer tipo de discriminação à mulher, *inclusive* realização de revistas íntimas e exigência de atestado para a comprovação de gravidez.

> "Art. 373-A. Ressalvadas as disposições legais destinadas a corrigir as distorções que afetam o acesso da mulher ao mercado de trabalho e certas especificidades estabelecidas nos acordos trabalhistas, é vedado:
>
> I - publicar ou fazer publicar anúncio de emprego no qual haja referência ao sexo, à idade, à cor ou situação familiar, salvo quando a natureza da atividade a ser exercida, pública e notoriamente, assim o exigir;
>
> II - recusar emprego, promoção ou motivar a dispensa do trabalho em razão de sexo, idade, cor, situação familiar ou estado de gravidez, salvo quando a natureza da atividade seja notória e publicamente incompatível;
>
> III - considerar o sexo, a idade, a cor ou situação familiar como variável determinante para fins de remuneração, formação profissional e oportunidades de ascensão profissional;
>
> IV - exigir atestado ou exame, de qualquer natureza, para comprovação de esterilidade ou gravidez, na admissão ou permanência no emprego;
>
> V - impedir o acesso ou adotar critérios subjetivos para deferimento de inscrição ou aprovação em concursos, em empresas privadas, em razão de sexo, idade, cor, situação familiar ou estado de gravidez;
>
> VI - proceder o empregador ou preposto a revistas íntimas nas empregadas ou funcionárias.
>
> Parágrafo único. O disposto neste artigo não obsta a adoção de medidas temporárias que visem ao estabelecimento das políticas de igualdade entre homens e mulheres, em particular as que se destinam a corrigir as distorções que afetam a formação profissional, o acesso ao emprego e as condições gerais de trabalho da mulher".

Com o objetivo de proteger a maternidade com a devida amamentação do recém-nascido, as empresas com pelo menos 30 mulheres são obrigadas a ter uma creche ou subsidiar uma, até que a criança complete seis meses de vida, como dispõe o art.

389, §§ 1.º e 2.º, da CLT, e a mãe terá direito a dois intervalos de 30 minutos para amamentar seu filho, conforme o art. 396 da CLT.

> "Art. 389. Toda empresa é obrigada:
>
> (...)
>
> § 1.º Os estabelecimentos em que trabalharem pelo menos 30 (trinta) mulheres com mais de 16 (dezesseis) anos de idade terão local apropriado onde seja permitido às empregadas guardar sob vigilância e assistência os seus filhos no período da amamentação.
>
> § 2.º A exigência do § 1.º poderá ser suprida por meio de creches distritais mantidas, diretamente ou mediante convênios, com outras entidades públicas ou privadas, pelas próprias empresas, em regime comunitário, ou a cargo do SESI, do SESC, da LBA ou de entidades sindicais.
>
> Art. 396. Para amamentar seu filho, inclusive se advindo de adoção, até que este complete 6 (seis) meses de idade, a mulher terá direito, durante a jornada de trabalho, a 2 (dois) descansos especiais de meia hora cada um.
>
> § 1.º Quando o exigir a saúde do filho, o período de 6 (seis) meses poderá ser dilatado, a critério da autoridade competente.
>
> § 2.º Os horários dos descansos previstos no *caput* deste artigo deverão ser definidos em acordo individual entre a mulher e o empregador."

No que se refere à força muscular máxima que pode ser exigida da empregada, temos o art. 390 da CLT, que limita em 20 kg no caso de trabalho contínuo, e 25 kg, de forma ocasional, não estando compreendida na determinação deste artigo a remoção de material feita por impulsão ou tração de vagonetes sobre trilhos, carros de mão ou quaisquer aparelhos mecânicos.

Nos termos do art. 392 da CLT, a empregada gestante tem direito a licença-maternidade de 120 dias, sem prejuízo do emprego e do salário.

Determina o art. 18 da Lei 13.301/2016 que a licença-maternidade será de 180 dias no caso das mães de crianças acometidas por sequelas neurológicas decorrentes de doenças transmitidas pelo Aedes aegypti, assegurado, nesse período, o recebimento de salário-maternidade.

Em se tratando de adoção ou guarda judicial, a empregada ou empregado terá direito à mesma licença-maternidade concedida à mãe biológica, como preceitua o art. 392-A, 392-B e 392-C da CLT.

> "Art. 392-A. À empregada que adotar ou obtiver guarda judicial para fins de adoção de criança ou adolescente será concedida licença-maternidade nos termos do art. 392 desta Lei.
>
> Art. 392-B. Em caso de morte da genitora, é assegurado ao cônjuge ou companheiro empregado o gozo de licença por todo o período da licença-maternidade ou pelo tempo restante a que teria direito a mãe, exceto no caso de falecimento do filho ou de seu abandono.

> Art. 392-C. Aplica-se, no que couber, o disposto no art. 392-A e 392-B ao empregado que adotar ou obtiver guarda judicial para fins de adoção."

Caso o trabalho exercido pela mulher seja prejudicial à sua gestação, por meio de comprovação mediante atestado médico, poderá ela promover a ruptura do contrato de trabalho de acordo com o art. 394 da CLT.

De acordo com o art. 394-A, da CLT, a empregada deverá ser afastada de atividades consideradas insalubres em qualquer grau.

> "Art. 394. Mediante atestado médico, à mulher grávida é facultado romper o compromisso resultante de qualquer contrato de trabalho, desde que este seja prejudicial à gestação".
>
> Art. 394-A. Sem prejuízo de sua remuneração, nesta incluído o valor do adicional de insalubridade, a empregada deverá ser afastada de:
>
> I – atividades consideradas insalubres em grau máximo, enquanto durar a gestação;
>
> II – atividades consideradas insalubres em grau médio ou mínimo, durante a gestação;
>
> III – atividades consideradas insalubres em qualquer grau, durante a lactação.
>
> § 1º (VETADO)
>
> § 2º Cabe à empresa pagar o adicional de insalubridade à gestante ou à lactante, efetivando-se a compensação, observado o disposto no art. 248 da Constituição Federal, por ocasião do recolhimento das contribuições incidentes sobre a folha de salários e demais rendimentos pagos ou creditados, a qualquer título, à pessoa física que lhe preste serviço. (Incluído pela Lei nº 13.467, de 2017)
>
> § 3º Quando não for possível que a gestante ou a lactante afastada nos termos do **caput** deste artigo exerça suas atividades em local salubre na empresa, a hipótese será considerada como gravidez de risco e ensejará a percepção de salário-maternidade, nos termos da Lei nº 8.213, de 24 de julho de 1991, durante todo o período de afastamento.

No dia 29/05/2019, o plenário do STF, por maioria de votos, decidiu pela inconstitucionalidade de trecho do art. 394-A da CLT, que previa nos incisos II e III: "quando apresentar atestado de saúde, emitido por médico de confiança da mulher que recomende o afastamento". De acordo com o relator, a proteção à maternidade e à criança não podem ser afastadas pela simples apresentação de atestado médico.

Com a decisão na ADI 5.938, as empregadas gestantes e lactantes sempre deverão ser afastadas das atividades insalubres independentemente do grau de insalubridade.

Não sendo possível transferir a gestante ou a lactante para atividade salubre na empresa, a empregada fará jus à percepção de salário maternidade, do momento em que se confirmar a gravidez até o término do período de lactação, uma vez que será considerada gravidez de risco. Nessa situação, será devido à empregada o benefício previdenciário por todo o período que se der o afastamento.

Perceba que a Reforma Trabalhista trouxe uma espécie de salário maternidade estendido, tendo em vista que o benefício pode ser recebido pela empregada gestante durante os nove meses de gestação e mais os meses fundamentais ao aleitamento do bebê. No que se refere ao intervalo de quinze minutos das mulheres e do menor entre a jornada e as horas extras efetuadas, a Reforma Trabalhista revogou o art. 384 da CLT. Este intervalo passa a não mais existir, não havendo assim, a necessidade da exigência da pausa obrigatória antes da realização das horas extraordinárias.

Havendo interrupção da gestação de forma involuntária, é garantido à mulher o direito à interrupção do contrato de trabalho por duas semanas (art. 395, CLT).

> "Art. 395. Em caso de aborto não criminoso, comprovado por atestado médico oficial, a mulher terá um repouso remunerado de 2 (duas) semanas, ficando-lhe assegurado o direito de retornar à função que ocupava antes de seu afastamento".

Merece destaque mencionarmos a Lei 14.457/2022 que apresenta diversas alterações em rotinas trabalhistas, especialmente relativos ao trabalho de pais e mães, mas também com novos regramentos universais de férias e compensação de jornada, suspensão contratual e contratos de aprendizagem.

O grande destaque é a criação do Programa Emprega + Mulheres e Jovens.

Também foi instituído o Programa Nacional Qualifica Mulher por força do Decreto nº 11.309/2022, com a finalidade de fomentar ações de qualificação profissional, de trabalho e de empreendedorismo, para promover geração de emprego e renda para mulheres em situação de vulnerabilidade social, com vistas à sua projeção econômica, por meio da formação de redes de parcerias com os Poderes Públicos federal, estadual, distrital e municipal e com os órgãos, as entidades e as instituições, públicos e privados.

No mês de abril do ano de 2023 foi instituída a Lei nº 14.542 que alterou a Lei nº 13.667/2018, para dispor sobre a prioridade no atendimento às mulheres em situação de violência doméstica e familiar pelo Sistema Nacional de Emprego (Sine).

Desta forma, compete aos Municípios que aderirem ao Sine:

- prestar assistência a trabalhadores resgatados de situação análoga à de escravo **e às mulheres em situação de violência doméstica e familiar**. (grifos nossos)

As mulheres em situação de violência doméstica e familiar terão prioridade no atendimento pelo Sine, às quais serão reservadas 10% (dez por cento) das vagas ofertadas para intermediação. Na hipótese de não preenchimento das vagas reservadas por ausência de mulheres em situação de violência doméstica e familiar, as vagas remanescentes poderão ser preenchidas por mulheres e, se não houver, pelo público em geral.

A Lei nº 14.682/2023 criou o selo empresa amiga da mulher, com a finalidade de identificar sociedades empresárias que adotem práticas direcionadas à inclusão profissional de mulheres vítimas de violência doméstica e familiar.

O selo empresa amiga da mulher será conferido a sociedades empresárias que cumpram ao menos 2 (dois) dos seguintes requisitos:

- reservem percentual mínimo de 2% (dois por cento) do quadro de pessoal à contratação de mulheres vítimas de violência doméstica e familiar, garantido o anonimato dessa condição;
- possuam política de ampliação da participação da mulher na ocupação dos cargos da alta administração da sociedade (incluem-se os cargos de administrador, de diretor e de membro do conselho de administração, do conselho fiscal ou do comitê de auditoria);
- adotem práticas educativas e de promoção dos direitos das mulheres e de prevenção da violência doméstica e familiar, nos termos do regulamento;
- garantam a equiparação salarial entre homens e mulheres, na forma do art. 461 da CLT.

O selo empresa amiga da mulher terá validade mínima de 2 (dois) anos, renovável continuamente por igual período, desde que a sociedade empresária comprove a manutenção dos critérios legais e regulamentares. O regulamento disciplinará os procedimentos de concessão, de renovação e de perda do selo Empresa Amiga da Mulher, bem como a sua forma de utilização e de divulgação.

A Lei nº 14.683/2023 institui o selo empresa amiga da amamentação, para estimular o desenvolvimento de ações de incentivo ao aleitamento materno.

O selo empresa amiga da amamentação será concedido pelo Poder Executivo às empresas que atenderem aos seguintes requisitos:

- cumprimento das disposições constantes do art. 396 da CLT, e de instrumentos de negociação coletiva que estabeleçam os direitos da empregada lactante;
- manutenção de local, de horários e de condições adequados para uso das mulheres lactantes para amamentação ou coleta de leite materno;
- execução de campanha interna para conscientizar sobre a importância do aleitamento materno, estimular a doação aos bancos de leite humano e alertar sobre os malefícios do fumo e do consumo de álcool e de drogas ilícitas para o desenvolvimento fetal, e sobre os riscos da automedicação; e
- iluminação ou decoração de seus espaços externos com a cor dourada no mês de agosto, para conscientizar a comunidade sobre a importância da

amamentação, durante a campanha mundial de incentivo ao aleitamento materno. Este requisito somente será exigido caso não haja vedação expressa em convenção de condomínio.

O selo empresa amiga da amamentação poderá ser utilizado durante o período de sua concessão em embalagens, em anúncios publicitários e em peças de publicidade. O selo será válido por 1 (um) ano e reavaliado periodicamente, observados os mesmos critérios.

A concessão do selo empresa amiga da amamentação poderá ser revogada em caso de advertência, de multa ou de outra penalidade por descumprimento da legislação trabalhista durante todo o período de concessão.

Atenção! É vedada a concessão do selo empresa amiga da amamentação a autuados em processo administrativo concluído ou a condenados pela exploração de trabalho infantil.

A Lei nº 14.786/2023 cria o protocolo "Não é Não", para prevenção ao constrangimento e à violência contra a mulher e para proteção à vítima; institui o selo "Não é Não – Mulheres Seguras".

O protocolo "Não é Não" será implementado no ambiente de casas noturnas e de boates, em espetáculos musicais realizados em locais fechados e em shows, com venda de bebida alcoólica, para promover a proteção das mulheres e para prevenir e enfrentar o constrangimento e a violência contra elas.

CAPÍTULO

9

DIREITO COLETIVO DO TRABALHO

9.1 CONCEITO

O Direito do Trabalho engloba dois segmentos, um individual e outro coletivo, cada um deles composto de regras, institutos e princípios próprios.

O Direito Individual do Trabalho constrói-se a partir da constatação fática da diferenciação social, econômica e política entre os dois sujeitos do pacto de emprego, o empregado e o empregador.

A flagrante hipossuficiência do empregado é que fez despontar o Direito Individual do Trabalho, largamente protetivo, caracterizado por princípios e regras que buscam aproximar, juridicamente, a relação desigual mantida entre o obreiro e empregador.

Já o Direito Coletivo do Trabalho é construído a partir de uma relação jurídica entre pessoas teoricamente equivalentes, de um lado, envolvendo os empregadores diretamente ou por meio dos respectivos sindicatos patronais e, de outro, os empregados, representados pelos sindicatos da categoria profissional (sindicato dos trabalhadores).

Impende destacar que o Direito Coletivo atua intensamente sobre o Direito Individual do Trabalho, pois por intermédio dele se produzem várias regras jurídicas, em especial o acordo coletivo, a convenção coletiva de trabalho (estes dois frutos da chamada autocomposição) e a sentença normativa (heterocomposição).

Portanto, o Direito Coletivo do Trabalho tem como objeto de estudo as organizações sindicais, as negociações coletivas, os instrumentos normativos correlatos, em especial a Convenção Coletiva, o Acordo Coletivo de Trabalho, a sentença normativa (prolatada nos autos de um Dissídio Coletivo) e a arbitragem, além do estudo do fenômeno da greve e *lockout* e suas repercussões nos vínculos de emprego.

9.2 ORGANIZAÇÃO SINDICAL

9.2.1 Conceito

O diploma consolidado não define sindicato, apenas esclarecendo, em seu art. 511, que:

> "Art. 511. É lícita a associação para fins de estudo, defesa e coordenação dos seus interesses econômicos ou profissionais de todos os que, como empregadores, empregados, agentes ou trabalhadores autônomos, ou

> profissionais liberais, exerçam, respectivamente, a mesma atividade ou profissão ou atividades ou profissões similares ou conexas".

Sindicato é a associação de pessoas físicas ou jurídicas que exercem atividade profissional ou econômica, para a defesa dos direitos e interesses coletivos ou individuais da categoria, inclusive em questões judiciais ou administrativas.

9.2.2 Princípios da liberdade associativa e sindical e da autonomia sindical

9.2.2.1 Princípio da liberdade sindical

O princípio da liberdade sindical consiste na faculdade que possuem os empregadores e os obreiros de organizarem e constituírem livremente os seus sindicatos sem que sofram qualquer interferência ou intervenção do estado, objetivando a defesa dos interesses e direitos coletivos ou individuais da categoria, seja ela econômica (patronal) ou profissional (dos trabalhadores), inclusive em questões judiciais ou administrativas.

A liberdade sindical se materializa em dois polos de atuação, a saber:

- Liberdade sindical individual: liberdade que o empregador e o trabalhador, individual e livremente, possuem de filiar-se, manter-se filiado ou mesmo desfiliar-se do sindicato representativo da categoria (arts. 5.º, XX, e 8.º, V, ambos da CF/1988).
- Liberdade sindical coletiva: liberdade que possuem os empresários e trabalhadores agrupados, unidos por uma atividade comum, similar ou conexa, de constituir, livremente, o sindicato representante de seus interesses (arts. 5.º, XVIII, e 8.º, *caput*, ambos da CF/1988).

No entanto, ainda não podemos afirmar que a Constituição Federal de 1988 permitiu a liberdade sindical plena, uma vez que ainda manteve a Carta Maior resquícios da antiga estrutura corporativista, como a unicidade sindical (art. 8.º, inciso II), o Poder Normativo da Justiça do Trabalho (art. 114, § 2.º) e não mais a contribuição sindical obrigatória, já que esta com a reforma trabalhista de 2017 se tornou facultativa.

9.2.2.2 Princípio da autonomia sindical

O princípio da autonomia sindical consiste na faculdade que possuem os empregadores e trabalhadores de organizarem internamente seus sindicatos, com poderes de autogestão e administração, sem a autorização, intervenção, interferência ou controle do estado (art. 8.º, inciso I, da CF/1988).

Decorre do princípio da autonomia sindical a liberdade de os associados encerrarem livremente as atividades do sindicato (autoextinção), exigindo-se para suspensão de suas atividades por ato externo ou dissolução compulsória, decisão judicial; no último caso, impõe-se o trânsito em julgado (art. 5.º, inciso XIX, da CF/1988).

O princípio da autonomia sindical somente ganhou força com a nova Constituição, a qual eliminou o controle do estado sobre a estrutura dos sindicatos quanto à sua criação e gestão, ampliou consideravelmente as prerrogativas de atuação dessas entidades na defesa dos interesses e direitos coletivos ou individuais da categoria, inclusive em questões judiciais ou administrativas (art. 8.º, inciso III), e tornou obrigatória a participação dos sindicatos nas negociações coletivas de trabalho (art. 8.º, inciso VI).

9.2.3 Categoria econômica, profissional e diferenciada

A Constituição Federal de 1988, nos arts. 7.º, parágrafo único, e 8.º, incisos II, III e IV, menciona o sistema de categorias, o que denota que a organização sindical brasileira ainda é feita por categorias, tendo sido recepcionadas as disposições da CLT (art. 570) atinentes às categorias econômicas e profissionais.

A categoria econômica (também chamada de categoria patronal) é formada quando há solidariedade de interesses econômicos dos que empreendem atividades idênticas, similares ou conexas, constituindo vínculo social básico entre essas pessoas (art. 511, § 1.º, CLT).

Atividades similares são as desenvolvidas por empresas que exploram negócios distintos, mas de ramos parecidos, como, por exemplo, os hotéis e restaurantes.

Atividades conexas são as que se complementam, mencionando, ilustrativamente, as várias atividades existentes na construção civil (serviços de alvenaria, hidráulica, esquadrias, pinturas, elétrica etc.).

A categoria profissional (categoria dos trabalhadores) é formada pela existência de similitude de vida oriunda da profissão ou trabalho em comum, em situação de emprego na mesma atividade econômica ou em atividades econômicas similares ou conexas (art. 511, § 2.º, CLT).

Impende destacar que, se a empresa não tiver uma única atividade, mas várias, o empregado será enquadrado de acordo com a atividade preponderante da empresa (art. 581, § 2.º, CLT).

O art. 511, § 3.º, da CLT define categoria diferenciada como:

> "(...) a que se forma dos empregados que exerçam profissões ou funções diferenciadas por força do estatuto profissional especial ou em consequência de condições de vida singulares".

Na categoria diferenciada, a formação do sindicato decorre da união de empregados ligados à mesma profissão.

Como exemplo de categorias diferenciadas (de acordo com o quadro anexo mencionado pelo art. 577 da CLT), podemos citar a dos aeronautas, publicitários, vendedores e viajantes do comércio, professores, condutores de veículos rodoviários (motoristas), cabineiros de elevadores (ascensoristas), secretárias etc.

Com relação à categoria diferenciada vale lembrar que, para a aplicação plena da norma coletiva, impõe-se que todas as empresas, diretamente ou por meio do respectivo sindicato patronal, tenham subscrito a convenção ou o acordo coletivo.

Caso não haja celebração de Convenção Coletiva (CC) ou Acordo Coletivo (AC), é necessário que os sindicatos patronais diversos tenham sido arrolados no polo passivo de eventual Dissídio Coletivo suscitado pelo Sindicato Profissional da Categoria Diferenciada, sob pena de o instrumento normativo não alcançar as empresas que não participaram da relação jurídica.

9.2.4 Sindicato, federação, confederação e centrais sindicais

A estrutura sindical brasileira é formada pelos sindicatos, federações, confederações e Centrais Sindicais (Lei 11.648, de 31 de março de 2008).

As federações e confederações constituem associações sindicais de grau superior.

Federações são entidades sindicais de grau superior organizadas nos Estados.

Dispõe o art. 534 da CLT que as federações poderão ser constituídas desde que congreguem número não inferior a cinco sindicatos, representando a maioria absoluta de um grupo de atividades ou profissões idênticas, similares ou conexas.

Quando as categorias não forem organizadas em sindicato, as federações poderão celebrar convenções coletivas e acordos coletivos, nos casos respectivamente previstos na CLT, arts. 611, § 2.º, e 617, § 1.º, e até mesmo instaurar dissídios coletivos (art. 857, parágrafo único, CLT).

As confederações são entidades sindicais de grau superior de âmbito nacional, sendo constituídas de no mínimo três federações, tendo sede em Brasília (art. 535, CLT).

São as confederações formadas por ramo de atividade (indústria, comércio, transporte etc.). Podemos citar como exemplos a confederação nacional da indústria, confederação nacional dos trabalhadores na indústria, confederação nacional do comércio, confederação nacional dos trabalhadores no comércio etc.

Quando as categorias não forem organizadas em sindicatos e nem em federações, as confederações poderão celebrar convenções coletivas (art. 611, § 2.º, CLT), acordos coletivos (art. 617, § 1.º, CLT) e instaurar dissídios coletivos (art. 857, parágrafo único, CLT).

Vale salientar que a recente Lei 11.648, de 31 de março de 2008, reconheceu as centrais sindicais como entidades de representação geral dos trabalhadores, constituídas em âmbito nacional, com as atribuições e prerrogativas de coordenarem a representação dos trabalhadores por meio das organizações sindicais a elas filiadas e participarem de negociações em fóruns, colegiados de órgãos públicos e demais espaços de diálogo social que possuam composição tripartite, nos quais estejam em discussão assuntos de interesse geral dos trabalhadores.

As centrais sindicais eram consideradas associações civis de âmbito nacional, sem regulamentação formal e, por consequência, sem personalidade sindical.

Podemos mencionar algumas centrais sindicais, dentre elas a Confederação Geral dos Trabalhadores (CGT), a Central Única dos Trabalhadores (CUT), a Força Sindical etc.

Portanto, a partir da Lei 11.648/2008, as Centrais Sindicais foram reconhecidas formalmente como entidades associativas de direito privado, compostas por organizações sindicais de trabalhadores, dotadas doravante de personalidade sindical, e participando, inclusive, do rateio da contribuição sindical arrecadada dos trabalhadores, no percentual de 10% (dez por cento).

9.2.5 Unicidade sindical

A Constituição Federal de 1988, no art. 8.º, inciso II, consagrou a unicidade sindical, impossibilitando a criação de mais de uma organização sindical, em qualquer grau (o que inclui as federações e confederações), representativa de categoria profissional ou econômica, na mesma base territorial, que não poderá ser inferior à área de um Município.

Em verdade, a unicidade sindical imposta pela Constituição Federal de 1988 limita e restringe a plena liberdade sindical, pois impossibilita a livre criação de vários sindicatos representativos da mesma categoria em idêntica base territorial.

9.3 CONVENÇÃO E ACORDO COLETIVO DE TRABALHO

9.3.1 Conceito e sujeitos

O art. 611 define Convenção Coletiva de Trabalho como sendo:

> "(...) o acordo de caráter normativo pelo qual dois ou mais sindicatos representativos de categorias econômicas e profissionais estipulam condições de trabalho aplicáveis, no âmbito das respectivas representações, às relações individuais de trabalho".

Por sua vez, o § 1.º do mesmo art. 611 faculta aos sindicatos representativos das categorias profissionais celebrar Acordos Coletivos com uma ou mais empresas da correspondente categoria econômica, que estipulem condições de trabalho, aplicáveis no âmbito da empresa ou das empresas acordantes às respectivas relações de trabalho.

Logo, a única diferença entre convenção e acordo coletivo de trabalho é quanto aos signatários.

A Convenção Coletiva é o instrumento normativo pactuado entre o sindicato da categoria profissional (dos trabalhadores) e o sindicato da categoria econômica (patronal), objetivando fixar condições de trabalho aplicáveis às relações de trabalho no âmbito das respectivas representações.

Já o Acordo Coletivo de Trabalho é o instrumento normativo pactuado entre o sindicato da categoria profissional e uma ou mais empresas, objetivando estipular condições de trabalho aplicáveis às relações de trabalho, no âmbito da(s) empresa(s) acordante(s).

Os sujeitos na Convenção Coletiva são de um lado o sindicato profissional e de outro o sindicato da categoria econômica.

Por sua vez, os sujeitos no Acordo Coletivo são de um lado o sindicato profissional e de outro uma ou mais empresas.

De acordo com o art. 620 da CLT, as condições estabelecidas em acordo coletivo de trabalho sempre prevalecerão sobre as estipuladas em convenção coletiva de trabalho.

Com a reforma trabalhista proposta pela Lei 13.467/17, foram incluídos os arts 611-A e 611-B na CLT, possibilitando a prevalência do negociado sobre o legislado em pontos específicos, vejamos:

> "Art. 611-A. A convenção coletiva e o acordo coletivo de trabalho têm prevalência sobre a lei quando, entre outros, dispuserem sobre:
>
> I – pacto quanto à jornada de trabalho, observados os limites constitucionais;
>
> II – banco de horas anual;
>
> III – intervalo intrajornada, respeitado o limite mínimo de trinta minutos para jornadas superiores a seis horas;
>
> IV – adesão ao Programa Seguro-Emprego (PSE), de que trata a Lei n.º 13.189, de 19 de novembro de 2015;
>
> V – plano de cargos, salários e funções compatíveis com a condição pessoal do empregado, bem como identificação dos cargos que se enquadram como funções de confiança;
>
> VI – regulamento empresarial;
>
> VII – representante dos trabalhadores no local de trabalho;
>
> VIII – teletrabalho, regime de sobreaviso, e trabalho intermitente;
>
> IX – remuneração por produtividade, incluídas as gorjetas percebidas pelo empregado, e remuneração por desempenho individual;
>
> X – modalidade de registro de jornada de trabalho;
>
> XI – troca do dia de feriado;
>
> XII – enquadramento do grau de insalubridade;
>
> XIII – prorrogação de jornada em ambientes insalubres, sem licença prévia das autoridades competentes do Ministério do Trabalho;
>
> XIV – prêmios de incentivo em bens ou serviços, eventualmente concedidos em programas de incentivo;
>
> XV – participação nos lucros ou resultados da empresa.
>
> § 1.º No exame da convenção coletiva ou do acordo coletivo de trabalho, a Justiça do Trabalho observará o disposto no § 3º do art. 8º desta Consolidação.
>
> § 2.º A inexistência de expressa indicação de contrapartidas recíprocas em convenção coletiva ou acordo coletivo de trabalho não ensejará sua nulidade por não caracterizar um vício do negócio jurídico.

> § 3.º Se for pactuada cláusula que reduza o salário ou a jornada, a convenção coletiva ou o acordo coletivo de trabalho deverão prever a proteção dos empregados contra dispensa imotivada durante o prazo de vigência do instrumento coletivo.
>
> § 4.º Na hipótese de procedência de ação anulatória de cláusula de convenção coletiva ou de acordo coletivo de trabalho, quando houver a cláusula compensatória, esta deverá ser igualmente anulada, sem repetição do indébito.
>
> § 5.º Os sindicatos subscritores de convenção coletiva ou de acordo coletivo de trabalho deverão participar, como litisconsortes necessários, em ação individual ou coletiva, que tenha como objeto a anulação de cláusulas desses instrumentos."

Na tentativa de traçar limites ao alcance da negociação coletiva, o legislador reformista acrescentou o art. 611-B à CLT. Esse dispositivo é responsável por apresentar os direitos que não podem ser suprimidos ou reduzidos, pois constituem objeto ilícito de norma coletiva.

> "Art. 611-B, CLT. Constituem objeto ilícito de convenção coletiva ou de acordo coletivo de trabalho, exclusivamente, a supressão ou a redução dos seguintes direitos:
>
> I – normas de identificação profissional, inclusive as anotações na Carteira de Trabalho e Previdência Social;
>
> II – seguro-desemprego, em caso de desemprego involuntário;
>
> III – valor dos depósitos mensais e da indenização rescisória do Fundo de Garantia do Tempo de Serviço (FGTS);
>
> IV – salário mínimo;
>
> V – valor nominal do décimo terceiro salário;
>
> VI – remuneração do trabalho noturno superior à do diurno;
>
> VII – proteção do salário na forma da lei, constituindo crime sua retenção dolosa;
>
> VIII – salário-família;
>
> IX – repouso semanal remunerado;
>
> X – remuneração do serviço extraordinário superior, no mínimo, em 50% (cinquenta por cento) à do normal;
>
> XI – número de dias de férias devidas ao empregado;
>
> XII – gozo de férias anuais remuneradas com, pelo menos, um terço a mais do que o salário normal;
>
> XIII – licença-maternidade com a duração mínima de cento e vinte dias;
>
> XIV – licença-paternidade nos termos fixados em lei;
>
> XV – proteção do mercado de trabalho da mulher, mediante incentivos específicos, nos termos da lei;

XVI – aviso prévio proporcional ao tempo de serviço, sendo no mínimo de trinta dias, nos termos da lei;

XVII – normas de saúde, higiene e segurança do trabalho previstas em lei ou em normas regulamentadoras do Ministério do Trabalho;

XVIII – adicional de remuneração para as atividades penosas, insalubres ou perigosas;

XIX – aposentadoria;

XX – seguro contra acidentes de trabalho, a cargo do empregador;

XXI – ação, quanto aos créditos resultantes das relações de trabalho, com prazo prescricional de cinco anos para os trabalhadores urbanos e rurais, até o limite de dois anos após a extinção do contrato de trabalho;

XXII – proibição de qualquer discriminação no tocante a salário e critérios de admissão do trabalhador com deficiência;

XXIII – proibição de trabalho noturno, perigoso ou insalubre a menores de dezoito anos e de qualquer trabalho a menores de dezesseis anos, salvo na condição de aprendiz, a partir de quatorze anos;

XXIV – medidas de proteção legal de crianças e adolescentes;

XXV – igualdade de direitos entre o trabalhador com vínculo empregatício permanente e o trabalhador avulso;

XXVI – liberdade de associação profissional ou sindical do trabalhador, inclusive o direito de não sofrer, sem sua expressa e prévia anuência, qualquer cobrança ou desconto salarial estabelecidos em convenção coletiva ou acordo coletivo de trabalho;

XXVII – direito de greve, competindo aos trabalhadores decidir sobre a oportunidade de exercê-lo e sobre os interesses que devam por meio dele defender;

XXVIII – definição legal sobre os serviços ou atividades essenciais e disposições legais sobre o atendimento das necessidades inadiáveis da comunidade em caso de greve;

XXIX – tributos e outros créditos de terceiros;

XXX – as disposições previstas nos arts. 373-A, 390, 392, 392-A, 394, 394-A, 395, 396 e 400 desta Consolidação.

Parágrafo único. Regras sobre duração do trabalho e intervalos não são consideradas como normas de saúde, higiene e segurança do trabalho para os fins do disposto neste artigo."

Precisamos destacar neste tópico, que sem dúvida significa a essência da atual Reforma Trabalhista, que o Decreto nº 11.477/2023, institui Grupo de Trabalho Interministerial, no âmbito do Ministério do Trabalho e Emprego, para elaboração de proposta de reestruturação das relações de trabalho e valorização da negociação coletiva, com objetivo de para tratar sobre a democratização das relações do trabalho e fortalecer o diálogo entre o Governo federal, os trabalhadores e os empregadores.

O Grupo de Trabalho Interministerial é tripartite e composto por trinta e seis membros titulares e igual número de suplentes, dos quais:

- doze representantes do Governo federal;
- doze representantes dos trabalhadores; e
- doze representantes dos empregadores.

9.3.2 Requisitos de validade e formalidades

A Convenção Coletiva de Trabalho, conforme determinação da norma consolidada, deve preencher certos requisitos e formalidades para ser considerada válida, como, por exemplo, em relação à obrigatoriedade da assembleia-geral, duração, registro, divulgação ou difusão e revisão.

Vejamos alguns deles:

- A Convenção Coletiva é um ato formal, devendo, portanto, ser celebrada por escrito, sem emendas nem rasuras, em tantas vias quantos forem os sindicatos convenentes ou as empresas acordantes, além de uma destinada a registro (art. 613, parágrafo único, CLT).
- A legitimidade para celebrar Convenção ou Acordo Coletivo pressupõe capacidade sindical, adquirida com o registro sindical no Ministério do Trabalho e Previdência.
- Para celebrar Convenção ou Acordo Coletivo, os sindicatos deverão convocar assembleia-geral específica, com quórum de 2/3 dos associados da entidade (em caso de Convenção Coletiva) ou dos interessados (em caso de Acordo Coletivo), em primeira convocação, e em segunda convocação 1/3 dos mesmos, conforme preceitua o art. 612 da CLT.
- O quórum de comparecimento e votação será de 1/8 (um oitavo) dos associados em segunda convocação, nas entidades sindicais que tenham mais de 5.000 (cinco mil) associados.
- As Convenções Coletivas e os Acordos Coletivos de Trabalho deverão obrigatoriamente conter: designação dos sindicatos convenentes ou dos sindicatos e empresas acordantes, prazo de vigência, categorias ou classes de trabalhadores abrangidas pelos respectivos dispositivos, condições ajustadas para reger as relações individuais de trabalho durante sua vigência, normas para a conciliação das divergências surgidas entre os convenentes por motivos da aplicação de seus dispositivos, disposições sobre o processo de sua prorrogação e da revisão total ou parcial de seus dispositivos, direitos e deveres dos empregados e empresas e penalidades para os sindicatos convenentes, os empregados e as empresas, em caso de violação de seus dispositivos, tudo conforme previsto no art. 613 da CLT.

- Depósito e registro na DRT/PE: determina o art. 614 da CLT que os sindicatos convenentes ou as empresas acordantes promoverão, conjunta ou separadamente, dentro de 8 (oito) dias da assinatura da Convenção ou Acordo, o depósito de uma via do mesmo para fins de registro e arquivo, no Departamento Nacional do Trabalho (atualmente Secretaria de Emprego e Salário), em se tratando de instrumento de caráter nacional ou interestadual, ou nos Órgãos Regionais do Ministério do Trabalho, nos demais casos.
- A Convenção e os Acordos Coletivos entrarão em vigor somente três dias após a data da entrega dos mesmos no órgão competente do Ministério do Trabalho, conforme art. 614, § 1.º, da CLT.
- Para efeitos de publicidade, cópias autênticas das Convenções e dos Acordos deverão ser afixadas de modo visível, pelos sindicatos convenentes, nas respectivas sedes e nos estabelecimentos das empresas compreendidas no seu campo de aplicação, dentro de 5 (cinco) dias da data do depósito (art. 614, § 2.º, CLT).
- Prazo de validade: não será permitido estipular duração de Convenção ou Acordo superior a 2 (dois) anos (art. 614, § 3.º, CLT).
- A SDI-I do TST publicou no *DJ* 09.12.2003 nova orientação jurisprudencial, de n. 322, declarando inválida cláusula de termo aditivo que prorrogue a vigência do instrumento normativo (CC ou AC) por prazo indeterminado, entendendo que a prorrogação deve se limitar ao prazo máximo de vigência previsto no art. 614, § 3.º, da CLT.
- O processo de prorrogação, revisão, denúncia ou revogação total ou parcial de Convenção ou Acordo Coletivo ficará subordinado à aprovação de assembleia geral específica (art. 615, CLT), respeitado o quórum previsto no art. 612, sendo que, em caso de aprovação, o referido instrumento de prorrogação, revisão, denúncia ou revogação será devidamente depositado e registrado no órgão competente no Ministério do Trabalho, entrando em vigor três dias após a sua efetivação (art. 615, §§ 1.º e 2.º, CLT).
- O art. 617 da CLT esclarece que os empregados de uma ou mais empresas que decidirem celebrar Acordo Coletivo de Trabalho com as respectivas empresas darão ciência de sua resolução, por escrito, ao sindicato representativo da categoria profissional, que terá o prazo de 8 (oito) dias para assumir a direção dos entendimentos entre os interessados, devendo igual procedimento ser observado pelas empresas interessadas com relação ao sindicato da respectiva categoria econômica.
- O mesmo art. 617 consolidado dispõe que expirado o prazo de 8 (oito) dias sem que o sindicato tenha se desincumbido do encargo recebido, poderão os interessados dar conhecimento do fato à federação a que estiver

vinculado o sindicato e, em falta dessa, à correspondente confederação, para que, no mesmo prazo, assuma a direção dos entendimentos. Esgotado esse prazo, poderão os interessados prosseguir diretamente na negociação coletiva, até final.

- Havendo Convenção, acordo ou sentença normativa em vigor, eventual dissídio coletivo deverá ser instaurado dentro dos sessenta dias anteriores ao respectivo termo final, para que o novo instrumento possa ter vigência no dia imediato a esse termo (art. 616, § 3.º, CLT).
- O art. 60 da CLT determina que quaisquer prorrogações de jornada em atividades insalubres somente poderão ser acordadas mediante prévia inspeção da autoridade fiscal do Ministério do Trabalho.
- Nas empresas com mais de 200 empregados, é assegurada a eleição de um representante destes com a finalidade exclusiva de promover-lhes o entendimento direto com os empregadores (art. 11 da CF/1988).

Finalmente, atente-se para a OJ 20 da SDC do TST:

> "OJ 20/SDC/TST. EMPREGADOS SINDICALIZADOS. ADMISSÃO PREFERENCIAL. CONDIÇÃO VIOLADORA DO ART. 8.º, V, DA CF/1988 (INSERIDO DISPOSITIVO) - *DEJT* DIVULGADO EM 16, 17 E 18.11.2010.
>
> Viola o art. 8.º, V, da CF/1988 cláusula de instrumento normativo que estabelece a preferência, na contratação de mão de obra, do trabalhador sindicalizado sobre os demais."

9.4 GREVE

9.4.1 Conceito

Greve é a paralisação coletiva e temporária do trabalho a fim de obter, pela pressão exercida em função do movimento, as reivindicações da categoria, ou mesmo a fixação de melhores condições de trabalho.

A Lei 7.783/1989 (Lei de Greve), em seu art. 2.º, define a greve como sendo a suspensão coletiva, temporária e pacífica, total ou parcial, de prestação pessoal de serviços a empregador.

O direito de greve é assegurado aos trabalhadores, devendo os mesmos decidir sobre a oportunidade de exercê-lo e sobre os interesses que devam por meio dele defender (arts. 9.º da CF/1988 e 1.º da Lei 7.783/1989).

Todavia, a greve deve ser exercida nas condições e limites definidos na Lei 7.783/1989, sob pena de ser considerada abusiva em eventual dissídio coletivo de greve.

9.4.2 Peculiaridades

Em relação à Lei 7.783/1989 (Lei de Greve), podemos destacar as seguintes peculiaridades:

- Frustração da negociação coletiva: A cessação coletiva do trabalho somente poderá ser realizada após a frustração da negociação coletiva ou impossibilidade de recurso via arbitral (art. 3.º).
- Necessidade de realização de assembleia prévia: Caberá ao sindicato da categoria profissional convocar assembleia geral para definir as reivindicações da categoria e a paralisação coletiva (art. 4.º).
- Aviso prévio: O sindicato patronal e a empresa interessada serão avisados da greve com antecedência mínima de 48 horas (art. 3.º, parágrafo único).
- Atividades essenciais: São consideradas atividades essenciais o tratamento e abastecimento de água, produção e distribuição de energia elétrica, gás e combustível; assistência médica e hospitalar; distribuição e comercialização de medicamentos e alimentos; funerários; transporte coletivo; captação e tratamento de esgoto e lixo; telecomunicações; guarda, uso e controle de substâncias radioativas, equipamentos e materiais nucleares; processamento de dados ligados a serviços essenciais; controle de tráfego aéreo e navegação aérea; compensação bancária; atividades médico-periciais relacionadas com o regime geral de previdência social e a assistência social; atividades médico-periciais relacionadas com a caracterização do impedimento físico, mental, intelectual ou sensorial da pessoa com deficiência, por meio da integração de equipes multiprofissionais e interdisciplinares, para fins de reconhecimento de direitos previstos em lei, em especial na Lei nº 13.146, de 6 de julho de 2015 (Estatuto da Pessoa com Deficiência) e outras prestações médico-periciais da carreira de Perito Médico Federal indispensáveis ao atendimento das necessidades inadiáveis da comunidade; atividades portuárias. (Incluído pela Lei nº 14.047/2020). (art. 10).
- Direito dos grevistas: São assegurados aos grevistas o emprego de meios pacíficos tendentes a persuadir ou aliciar os trabalhadores a aderirem à greve, a arrecadação de fundos e a livre divulgação do movimento (art. 6.º).
- Frustração de movimento: É vedado às empresas adotar meios para constranger o empregado ao comparecimento ao trabalho, bem como capazes de frustrar a divulgação do movimento (art. 6.º, § 2.º).
- Livre adesão à greve: As manifestações e atos de persuasão utilizados pelos grevistas não poderão impedir o acesso ao trabalho nem causar ameaça ou dano à propriedade ou pessoa.
- Prestação dos serviços indispensáveis à comunidade nos serviços ou atividades essenciais: Nos serviços ou atividades essenciais, os sindicatos, os

empregadores e os trabalhadores ficam obrigados, de comum acordo, a garantir, durante a greve, a prestação dos serviços indispensáveis ao atendimento das necessidades inadiáveis da comunidade, assim consideradas aquelas que, se não atendidas, coloquem em perigo iminente a sobrevivência, a saúde ou a segurança da população (art. 11 e respectivo parágrafo único).

- Comunicação da greve nos serviços ou atividades essenciais: Na greve em serviços ou atividades essenciais, ficam as entidades sindicais ou os trabalhadores, conforme o caso, obrigados a comunicar a decisão aos empregadores e aos usuários com antecedência mínima de 72 (setenta e duas) horas da paralisação (art. 13).
- Abuso do direito de greve: Constitui abuso do direito de greve a inobservância das normas contidas na Lei 7.783/1989, bem como a manutenção da paralisação após a celebração de acordo, convenção ou decisão da Justiça do Trabalho, salvo descumprimento de cláusula de instrumento normativo ou mesmo pela superveniência de fato novo ou acontecimento imprevisto que modifique substancialmente a relação de trabalho (*cláusula rebus sic stantibus*) (art. 14 e respectivo parágrafo único).
- Suspensão do contrato de trabalho: A greve sempre suspende o contrato de trabalho, devendo as relações obrigacionais do período ser regidas por acordo, convenção, laudo arbitral ou decisão da Justiça do Trabalho (art. 7.º).
- Responsabilidade pelos atos praticados: A responsabilidade pelos atos praticados, ilícitos ou crimes cometidos, no curso da greve, será apurada, conforme o caso, segundo a legislação trabalhista, civil ou penal (art. 15).

Por fim, a EC 45/2004 acrescentou o § 3.º ao art. 114 da CF/1988, estabelecendo que em caso de greve em atividade essencial, com possibilidade de lesão do interesse público, o Ministério Público do Trabalho poderá ajuizar dissídio coletivo, competindo à Justiça do Trabalho decidir o conflito.

9.4.3 *Lockout*

O art. 17 e respectivo parágrafo único da Lei 7.783/1989 dispõem que:

> "Art. 17. Fica vedada a paralisação das atividades por iniciativa do empregador, com o objetivo de frustrar negociação ou dificultar o atendimento de reivindicações dos respectivos empregados (*lockout*).
>
> Parágrafo único. A prática referida no *caput* assegura aos trabalhadores o direito à percepção dos salários durante o período de paralisação".

O *lockout* é a paralisação do trabalho ordenada pelo próprio empregador, seja para frustrar ou dificultar o atendimento das reivindicações dos trabalhadores, seja para exercer pressão perante as autoridades em busca de alguma vantagem econômica.

Ilustrativamente, podemos mencionar o exemplo das greves de transportes coletivos patrocinadas pelas próprias empresas, objetivando pressionar a administração pública a conceder reajustes de tarifas.

Em última análise, a Lei 7.783/1989 proíbe o *lockout*, garantindo aos obreiros todos os direitos trabalhistas durante o período de paralisação do trabalho por iniciativa do empregador, considerando, portanto, o período de *lockout* como de interrupção do liame empregatício.

9.5 DISSÍDIO COLETIVO

9.5.1 Conceito

A Constituição Federal de 1988 em vários momentos prestigiou a negociação coletiva, estimulando a solução dos conflitos pelas próprias partes envolvidas.

Com efeito, o art. 8.º da Carta Maior concedeu autonomia administrativa, financeira e política aos sindicatos, legitimando-os como representantes da categoria respectiva nas questões judiciais e administrativas e tornando obrigatória a participação dos sindicatos nas negociações coletivas de trabalho.

Todavia, muitas vezes a denominada autocomposição dos conflitos coletivos (em que os próprios entes envolvidos chegam a um consenso, celebrando uma convenção coletiva de trabalho ou um acordo coletivo de trabalho) acaba não sendo materializada em função da discordância entre os sindicatos que representam a categoria profissional (trabalhadores) e a categoria econômica (empregadores).

Nessa esteira, o art. 114, § 1.º, da CF/1988 dispõe que, frustrada a negociação coletiva, as partes poderão eleger árbitros para solucionar o impasse. Todavia, no palco do direito coletivo laboral, raramente os sindicatos conflitantes nomeiam árbitro para pôr fim à celeuma, seja pela falta de recursos financeiros para arcar com as despesas do profissional contratado, seja pelo clima de desconfiança surgido entre os entes envolvidos.

Com isso, nasce a possibilidade de as partes se utilizarem de um instrumento de heterocomposição denominado dissídio coletivo, que nada mais é do que uma ação que vai dirimir os conflitos coletivos de trabalho por meio do pronunciamento do Poder Judiciário do Trabalho, seja fixando novas normas e condições de trabalho para determinadas categorias, seja interpretando normas jurídicas preexistentes.

9.5.2 Poder normativo

O poder normativo da Justiça do Trabalho consiste na competência constitucionalmente assegurada aos tribunais laborais de solucionar os conflitos coletivos de trabalho, estabelecendo, por meio da denominada sentença normativa, normas gerais e abstratas de conduta, de observância obrigatória para as categorias profissionais e econômicas abrangidas pela decisão, repercutindo nas relações individuais de trabalho.

O fato é que o poder normativo da Justiça do Trabalho, aliado à contribuição sindical obrigatória e à unicidade sindical, sempre foram considerados pela doutrina fatores impeditivos da liberdade sindical plena no Brasil.

Chegam alguns a afirmar que a função anômala exercida pelo Poder Judiciário laboral (atuando numa função legiferante), como criador de normas heterônomas gerais e abstratas aplicáveis às categorias econômicas e profissionais, e por consequência repercutindo seus efeitos nas relações individuais de trabalho, inibe a autocomposição dos conflitos coletivos de trabalho.

Todavia, a EC 45/2004, ao alterar o § 2.º do art. 114 da Carta Maior, limitou, consideravelmente, o Poder Normativo da Justiça do Trabalho, visto que, doravante, o dissídio coletivo de natureza econômica somente poderá ser proposto se houver mútuo acordo, ou seja, se houver a concordância de ambos os entes sindicais.

Logo, verifica-se que a Justiça do Trabalho transformou-se numa espécie de juízo arbitral, somente podendo atuar e exercer o denominado poder normativo se ambos os entes sindicais concordarem com o ajuizamento do dissídio coletivo. Evidentemente, o objetivo do legislador foi estimular ainda mais a negociação coletiva, limitando, substancialmente, a intervenção da justiça laboral nos conflitos coletivos de trabalho.

Por último, em relação aos limites do poder normativo, estes estão inseridos na própria Constituição Federal de 1988. Logo, a sentença normativa encontra limites na própria lei, somente podendo atuar no vazio, no vácuo deixado propositadamente pela norma, não sendo lícito, entretanto, sobrepor-se ou contrariar a legislação em vigor.

9.5.3 Cabimento

O dissídio coletivo somente poderá ser suscitado uma vez esgotada ou frustrada, total ou parcialmente, a negociação coletiva implementada diretamente pelos entes interessados, ou mesmo intermediada pelo órgão competente do Ministério do Trabalho, mediante a realização das denominadas "mesas de negociação".

A própria Constituição Federal de 1988, art. 114, §§ 1.º e 2.º, condiciona a nomeação de árbitros ou o ajuizamento de dissídio coletivo à frustração da negociação coletiva. Nessa esteira, caso seja suscitado um dissídio coletivo sem o esgotamento da negociação prévia pelos entes interessados, será o processo extinto pelo Tribunal do Trabalho sem resolução do mérito, com base no art. 485, IV, do CPC.

Ademais, após a EC 45/2004, já mencionada, que alterou o art. 114, § 2.º, da Carta de 1988, tornou-se imprescindível, para o cabimento do dissídio coletivo de natureza econômica, que ambos os entes sindicais concordem com o ajuizamento do dissídio, sob pena de não cabimento da instância.

Por outro lado, embora a matéria já fosse pacífica na doutrina e jurisprudência, a nova redação do art. 114, II, da CF/1988, imposta pela EC 45/2004, tornou explícita a competência da Justiça do Trabalho para processar e julgar as ações que envolvam o exercício do direito de greve, entre elas o dissídio coletivo de greve, em geral ajuizada pelo ente patronal em caso de suspensão dos trabalhos pelos obreiros.

O STF fixou tese no RE 846854 (DJe 06.02.2018) estabelecendo que "a justiça comum, federal ou estadual, é competente para julgar a abusividade de greve de servidores públicos celetistas da Administração pública direta, autárquica e fundações públicas".

Logo, não importa se a greve é de servidor público celetista ou estatutário, se for servidor da administração pública direta (União, Estados, Distrito Federal e Municípios), de autarquias ou fundações públicas, a competência será da justiça comum, federal ou estadual.

Se os servidores são federais, a competência será da Justiça Comum Federal, especificamente do Tribunal Regional Federal, se estaduais ou municipais, da Justiça Comum Estadual, especificamente do Tribunal de Justiça.

A competência da Justiça do Trabalho limita-se a declarar a abusividade da greve dos servidores celetistas das empresas públicas e sociedades de economia mista, pois estas sujeitam-se ao regime jurídico próprio das empresas privadas, à luz do art. 173, § 1º, II, da CF.

Frise-se, por último, que em relação aos dissídios coletivos de natureza jurídica, que objetivam interpretar norma jurídica, a nova redação constitucional não impôs a concordância mútua dos entes sindicais, apenas exigindo-a nos dissídios de natureza econômica.

9.5.4 Classificação

Tradicionalmente, os dissídios coletivos classificam-se em:

- De natureza econômica ou de interesse – nestes são reivindicadas novas condições econômicas ou sociais que serão aplicáveis no âmbito das relações individuais de trabalho. Representam a maioria absoluta dos dissídios propostos perante a Justiça do Trabalho, envolvendo quase sempre a discussão sobre o reajuste salarial da categoria profissional. A sentença normativa oriunda do dissídio coletivo de natureza econômica é constitutiva, pois cria novas regras jurídicas de observância obrigatória pelos entes sindicais envolvidos e que repercutem nas relações individuais de trabalho;
- De natureza jurídica – para interpretação de cláusulas de sentenças normativas, de instrumentos de negociação coletiva, acordos e convenções

coletivas, de disposições legais particulares de categoria profissional ou econômica e de atos normativos. A sentença normativa oriunda do dissídio coletivo de natureza jurídica é declaratória, pois objetiva interpretar determinado dispositivo legal ou convencional.

Cabe destacar que o dissídio coletivo de natureza jurídica não se presta a interpretar normas de caráter genérico, conforme entendimento consubstanciado na OJ 7 da SDC/TST.

9.5.5 Partes e iniciativa

Em regra, as partes suscitante e suscitada são as categorias profissionais e econômicas interessadas na fixação das condições de trabalho.

Sobre a legitimidade da entidade sindical, observem-se as orientações jurisprudenciais a seguir:

> "OJ 19/SDC/TST. DISSÍDIO COLETIVO CONTRA EMPRESA. LEGITIMAÇÃO DA ENTIDADE SINDICAL. AUTORIZAÇÃO DOS TRABALHADORES DIRETAMENTE ENVOLVIDOS NO CONFLITO (INSERIDO DISPOSITIVO) - *DEJT* DIVULGADO EM 16, 17 E 18.11.2010.
>
> A legitimidade da entidade sindical para a instauração da instância contra determinada empresa está condicionada à prévia autorização dos trabalhadores da suscitada diretamente envolvidos no conflito."
>
> "OJ 22 SDC. LEGITIMIDADE 'AD CAUSAM' DO SINDICATO. CORRESPONDÊNCIA ENTRE AS ATIVIDADES EXERCIDAS PELOS SETORES PROFISSIONAL E ECONÔMICO ENVOLVIDOS NO CONFLITO. NECESSIDADE (INSERIDO DISPOSITIVO) - *DEJT* DIVULGADO EM 16, 17 E 18.11.2010.
>
> É necessária a correspondência entre as atividades exercidas pelos setores profissional e econômico, a fim de legitimar os envolvidos no conflito a ser solucionado pela via do dissídio coletivo."

Frise-se que, não havendo sindicato representativo da categoria econômica ou profissional, a representação poderá ser instaurada pelas federações correspondentes e, na falta destas, pelas respectivas confederações, no âmbito de sua representação, conforme autorização legal prevista no art. 857, parágrafo único, da CLT.

Com relação aos profissionais liberais, a Lei 7.316/1985 atribuiu às entidades sindicais que integram a Confederação Nacional dos Profissionais Liberais o mesmo poder de representação dos sindicatos representativos das categorias profissionais diferenciadas, tanto em ações individuais como coletivas.

O art. 856 da CLT estabelece que "a instância será instaurada mediante representação escrita ao Presidente do Tribunal. Poderá ser também instaurada por iniciativa do Presidente, ou, ainda, a requerimento da Procuradoria da Justiça do Trabalho, sempre que ocorrer suspensão do trabalho".

Em relação à legitimidade do Ministério Público do Trabalho para suscitar dissídio coletivo de greve em caso de paralisação do trabalho pelos empregados, não há qualquer dúvida, visto que, na qualidade de defensor da ordem jurídica, age o *Parquet* na defesa do interesse público, principalmente em virtude dos prejuízos que a sociedade possa sofrer em face da paralisação abusiva do trabalho, com desrespeito aos mandamentos previstos na Lei 7.783/1989 (Lei de Greve).

Ainda em relação ao dissídio coletivo de greve, além do Ministério Público do Trabalho, também poderá atuar como legitimado ativo da demanda o sindicato representativo da categoria econômica ou as empresas isoladamente consideradas.

9.5.6 Competência de julgamento

A competência em razão da matéria para julgamento do dissídio coletivo é da Justiça do Trabalho, em face do estatuído no art. 114 da Carta Maior.

Quando a base territorial dos sindicatos envolvidos estiver inserta na jurisdição de somente um Tribunal Regional do Trabalho, será este competente, de forma originária, para conhecer do dissídio.

Entretanto, se a base territorial dos entes sindicais abranger a jurisdição territorial de mais de um Tribunal Regional do Trabalho, a competência originária para julgamento do dissídio será do Tribunal Superior do Trabalho.

Em suma, caberá aos Tribunais Regionais do Trabalho ou ao Tribunal Superior do Trabalho o julgamento originário dos dissídios coletivos, dependendo do alcance da base territorial dos entes envolvidos.

Nos tribunais, a competência será exercida pelas seções especializadas em dissídios coletivos, onde houver, e pelo Tribunal Pleno, caso não existam seções específicas para julgamento de dissídio coletivo.

9.5.7 Procedimento

A petição inicial do dissídio coletivo será apresentada em tantas vias quantos forem os suscitados e deverá conter a designação e qualificação dos suscitantes e suscitados, a natureza do estabelecimento ou serviço, os motivos do dissídio e as bases de conciliação, devendo ser escrita, não se admitindo o dissídio coletivo verbal.

A representação dos sindicatos para instauração da instância fica subordinada à aprovação de assembleia, da qual participem os associados interessados na solução do dissídio coletivo, em primeira convocação, por maioria de 2/3 destes, ou, em segunda convocação, por 2/3 dos presentes (art. 859, CLT).

Portanto, será necessário que a petição inicial venha acompanhada de cópia autêntica da ata de assembleia-geral que autorizou o sindicato a propor a ação coletiva, juntamente da listagem de comparecimento à referida assembleia, para que o Tribunal possa verificar o quórum previsto no art. 859 consolidado.

Também constitui documento essencial à propositura do dissídio coletivo a chamada pauta reivindicatória registrada em ata, conforme consubstanciado na OJ 08 da SDC/TST.

Por outro lado, todas as cláusulas previstas na petição inicial do dissídio coletivo devem ser fundamentadas, sob pena de o tribunal não proferir julgamento, conforme previsto no Precedente Normativo 37 do TST.

Havendo convenção coletiva, acordo coletivo ou sentença normativa em vigor, o dissídio coletivo deverá ser instaurado dentro dos 60 dias anteriores ao respectivo termo final do respectivo instrumento, para que o novo instrumento possa ter vigência no dia imediato a esse termo, conforme previsão explícita no art. 616, § 3.º, da CLT.

Tratando-se de categoria diferenciada, é necessário que sejam incluídos como suscitados todos os sindicatos das diversas atividades econômicas às quais os integrantes da categoria suscitante prestem serviços, uma vez que a relação processual se dá entre as partes integrantes do processo, não havendo como a sentença normativa estender seus efeitos a quem não foi parte no dissídio.

Convém não esquecermos que o dissídio coletivo de natureza econômica, após a edição da EC 45/2004, a teor do art. 114, § 2.º, da CF/1988, somente pode ser suscitado se houver comum acordo entre os entes sindicais envolvidos.

No dissídio coletivo não há substituição processual, mas sim legitimação ordinária dos sindicatos.

Recebida e protocolada a petição inicial do dissídio e estando a mesma devidamente instruída, o presidente do tribunal designará audiência de conciliação, dentro do prazo de dez dias, determinando a notificação postal dos dissidentes.

No entanto, se a instância instaurada for a de greve, a audiência deverá ser realizada o mais breve possível, sendo muitas vezes as partes envolvidas notificadas por telefone ou *fax*.

É facultado ao empregador fazer-se representar na audiência pelo gerente, ou por qualquer outro preposto que tenha conhecimento do dissídio, e por cujas declarações será sempre responsável (art. 861, CLT).

No dissídio coletivo não há que falar em contestação, reconvenção, revelia, confissão ou intervenção de terceiros, uma vez que na instância não há pedido, mas sim propostas de criação de novas normas, estando em debate o interesse abstrato de toda uma categoria profissional ou econômica, pelo que a decisão a ser proferida transcende à iniciativa das partes.

Neste sentido, o próprio art. 864 da CLT dispõe que, não havendo acordo ou "não comparecendo ambas as partes ou uma delas, o presidente submeterá o processo a julgamento", não havendo qualquer revelia ou confissão a ser declarada.

A conciliação nos autos do dissídio coletivo é realizada uma única vez, por meio de audiência designada com essa finalidade, presidida pelo presidente do tribunal, ou, conforme o regimento interno, por outro magistrado do tribunal.

Frise-se que o presidente do tribunal não fica adstrito às propostas das partes, podendo apresentar a solução que entender pertinente para a solução do conflito, conforme previsto no art. 862 da CLT.

Sempre que, no decorrer do dissídio, houver ameaça de perturbação da ordem, o presidente requisitará à autoridade competente as providências que se fizerem necessárias.

Quando o dissídio ocorrer fora da sede do tribunal, poderá o presidente do tribunal respectivo delegar ao juiz do trabalho local a atribuição de realizar a audiência de conciliação. Nesse caso, não havendo acordo, a autoridade delegada encaminhará o processo ao tribunal, fazendo exposição circunstanciada dos fatos e indicando a solução que lhe parecer conveniente.

Havendo acordo, o presidente o submeterá à homologação do tribunal na primeira sessão (art. 863, CLT), e a decisão que homologar o acordo também será considerada uma decisão normativa.

Não havendo acordo, o processo será encaminhado ao Ministério Público do Trabalho para emissão de parecer.

Ressalte-se que o art. 11 da Lei 7.701/1988 dispõe que nos processos de dissídio coletivo o Ministério Público emitirá parecer escrito, ou protestará pelo pronunciamento oral, na audiência ou sessão de julgamento.

Após o parecer do Ministério Público do Trabalho, o processo será distribuído ao relator, mediante sorteio. Elaborado o relatório, o processo é encaminhado ao revisor e depois submetido a julgamento pelo tribunal.

9.5.8 Sentença normativa

A sentença normativa é a decisão proferida pelos tribunais (Tribunal Regional do Trabalho ou Tribunal Superior do Trabalho) ao julgarem um dissídio coletivo.

Tratando-se de dissídio coletivo de natureza econômica, a sentença normativa terá natureza constitutiva, pois objetiva criar, constituir novas condições de trabalho.

Por outro lado, quando a sentença normativa for proferida no bojo de um dissídio coletivo de natureza jurídica, tal sentença terá natureza declaratória, pois apenas tem por finalidade interpretar a norma já existente.

Em função do disposto no art. 867, parágrafo único, da CLT, a sentença normativa vigorará:

- A partir da data de sua publicação, quando ajuizado o dissídio coletivo após o prazo previsto no art. 616, § 3.º, da CLT;

- A partir da data do seu ajuizamento, quando não existir acordo coletivo, convenção coletiva ou sentença normativa em vigor;
- A partir do dia imediato ao termo final de vigência do acordo coletivo, convenção coletiva ou sentença normativa, quando ajuizado o dissídio coletivo dentro do prazo previsto no art. 616, § 3.º, da CLT.

O prazo máximo de vigência da sentença normativa será de quatro anos, a teor do art. 868, parágrafo único, da CLT.

Todavia, os tribunais, em regra, objetivando incentivar a negociação coletiva entre os entes sindicais, têm fixado o prazo de vigência da sentença normativa em um ano, almejando, com isso, que na data-base do ano seguinte os sindicatos participem de novas tratativas negociais.

Os efeitos da sentença normativa são *erga omnes*, pois atingirão a todos os organismos sindicais envolvidos no dissídio coletivo, em regra, e a todos os integrantes das categorias econômicas e profissionais, associados ou não, repercutindo nas relações individuais de trabalho.

No entanto, nos processos em que o dissídio é instaurado por empresa, os efeitos da sentença normativa alcançarão apenas os trabalhadores da empresa representados pelo sindicato, sejam associados ou não.

Em relação à coisa julgada, a doutrina e jurisprudência divergem, havendo duas correntes firmadas, conforme abaixo descritas:

- Primeira corrente – sustenta que a sentença normativa somente faz coisa julgada formal, não havendo que falar em coisa julgada material, visto que esta pode ser objeto de cumprimento mesmo antes do seu trânsito em julgado; após um ano de vigência, a sentença poderá ser objeto de revisão, estando submetida, portanto, à cláusula *rebus sic stantibus*; a sentença normativa não comporta execução, e sim ação de cumprimento; a sentença normativa tem eficácia temporária (no máximo quatro anos).
- Segunda corrente – esta é a corrente a qual nos filiamos. Entende ela que a sentença normativa faz coisa julgada formal e material. Ressalte-se que em face das sentenças normativas cabe ação rescisória (Lei 7.701/1988, art. 2.º, I, *c*). Portanto, se cabe ação rescisória em relação à sentença normativa, resta evidente que a atinente sentença normativa produz coisa julgada material. Observe-se, também, que o próprio art. 872, parágrafo único, da CLT proíbe que na ação de cumprimento possam ser rediscutidas as matérias de fato e de direito já decididas na sentença normativa, o que caracteriza, sem dúvida, a imutabilidade da *res judicata*.

Apenas deve-se frisar que, embora a sentença normativa produza coisa julgada formal e material, a sentença normativa estará sujeita à revisão se materializada a cláusula *rebus sic stantibus*. Em outras palavras, decorrido um ano da vigência da sentença normativa, se tiverem sido modificadas as circunstâncias que as ditaram, de modo que tais condições se hajam tornado injustas ou inaplicáveis, a sentença poderá ser revista.

Prolatada a sentença normativa pelo Tribunal Regional do Trabalho competente, o apelo cabível será o recurso ordinário, interposto no prazo de oito dias.

Nessa esteira, a Lei 7.701/1988, art. 9.º, permite que o presidente do Tribunal Superior do Trabalho conceda efeito suspensivo ao recurso ordinário, pelo prazo improrrogável de 120 dias contados da publicação, salvo se este for julgado antes do término do prazo.

A Lei 10.192/2001, no art. 14, também dispõe que "o recurso interposto de decisão normativa da Justiça do Trabalho terá efeito suspensivo, na medida e extensão conferidas em despacho do Presidente do Tribunal Superior do Trabalho".

Caso a sentença normativa seja prolatada de forma originária pelo Tribunal Superior do Trabalho, sendo a decisão não unânime, caberão embargos infringentes (Lei 7.701/1988, art. 2.º, II, *c*, a serem julgados pela SDC (Seção de Dissídios Coletivos), salvo se a decisão atacada estiver em consonância com precedente jurisprudencial do Tribunal Superior do Trabalho ou da súmula de sua jurisprudência predominante (quando somente será possível a utilização de embargos de declaração e eventual recurso extraordinário, se houver ofensa à Constituição Federal de 1988).

Quando os efeitos da sentença normativa abranger apenas uma fração de empregados da empresa, poderá haver a extensão dessa decisão aos demais empregados da mesma empresa e, até mesmo, a extensão a todos os empregados da respectiva categoria profissional (arts. 868 e 869, CLT).

A extensão dos efeitos da sentença normativa aos demais empregados da empresa poderá ser feita pelo tribunal competente, na própria decisão, caso ache justo e conveniente.

A decisão sobre novas condições de trabalho também poderá ser estendida a todos os empregados da mesma categoria profissional compreendida na jurisdição do tribunal, desde que haja solicitação de um ou mais empregadores, dos sindicatos envolvidos, da Procuradoria do Trabalho, ou mesmo *ex officio*, pelo próprio tribunal que houver proferido a decisão.

Nestas hipóteses, para que a decisão possa ser estendida, é necessário que 3/4 dos empregadores e 3/4 dos empregados, ou os respectivos sindicatos, concordem com a extensão da decisão, marcando o tribunal um prazo não inferior a 30 nem superior a 60 dias, a fim de que se manifestem os interessados.

Ouvidos os interessados e a Procuradoria do Trabalho, será o processo submetido a julgamento, e, se o Tribunal estender a decisão, marcará a data em que a extensão deverá entrar em vigor.

Decorrido mais de um ano de sua vigência, caberá revisão das decisões que fixarem condições de trabalho, quando tiverem sido modificadas as circunstâncias que as ditaram, de modo que tais condições se hajam tornado injustas ou inaplicáveis (art. 873, CLT).

Portanto, decorrido mais de um ano e materializada a cláusula *rebus sic stantibus*, a sentença normativa poderá sofrer um processo de revisão pelo tribunal que a tiver proferido.

A revisão poderá ser promovida por iniciativa do tribunal prolator, da Procuradoria do Trabalho, dos sindicatos ou de empregador(es) interessado(s) no cumprimento da decisão.

Quando a revisão for promovida por iniciativa do tribunal prolator ou da Procuradoria, os sindicatos e o(s) empregador(es) interessados serão ouvidos no prazo de 30 dias. Quando promovida por uma das partes interessadas, serão as outras ouvidas também em igual prazo.

A revisão será julgada pelo tribunal que tiver proferido a decisão, depois de ouvida a Procuradoria.

9.5.9 Ação de cumprimento

A sentença normativa proferida no dissídio coletivo, por não ter natureza condenatória, não comporta execução. Portanto, o não cumprimento espontâneo da sentença normativa ensejará a propositura de ação de cumprimento e não de ação executiva.

Com efeito, o art. 872 e seu parágrafo único, da CLT dispõem que:

> "Art. 872. Celebrado o acordo, ou transitada em julgado a decisão, seguir-se-á o seu cumprimento, sob as penas estabelecidas neste Título.
>
> Parágrafo único. Quando os empregadores deixarem de satisfazer o pagamento de salários, na conformidade da decisão proferida, poderão os empregados ou seus sindicatos, independente de outorga de poderes de seus associados, juntando certidão de tal decisão, apresentar reclamação à Junta ou Juízo competente, observado o processo previsto no Capítulo II deste Título, sendo vedado, porém, questionar sobre matéria de fato e de direito já apreciada na decisão".

A ação de cumprimento é uma ação de conhecimento de cunho condenatório proposta pelo sindicato profissional ou pelos próprios trabalhadores interessados, perante a Vara do Trabalho, obedecida a regra do art. 651 da CLT, cujo procedimento é semelhante ao do dissídio individual, não sendo permitido às partes discutir questões de fato ou de direito que já foram apreciadas na sentença normativa, ainda que esta não tenha transitado em julgado.

Caso a ação seja proposta pelo sindicato, estaremos diante de um caso de substituição processual, pois o sindicato estará, em nome próprio, pleiteando direito alheio.

Não obstante a redação do art. 872 da CLT indicar a necessidade do trânsito em julgado da sentença normativa para o ajuizamento da ação de cumprimento, a Lei 7.701/1988, no art. 7.º, § 6.º, passou a estabelecer que a sentença normativa poderá ser objeto de ação de cumprimento a partir do 20.º dia subsequente ao julgamento, fundada no acórdão ou na certidão de julgamento.

Portanto, não é necessário que haja o trânsito em julgado da sentença normativa para o manejo da ação de cumprimento. Neste sentido, cabe destacar a Súmula 246 do TST, *in verbis*:

> "SÚMULA 246, TST. AÇÃO DE CUMPRIMENTO. TRÂNSITO EM JULGADO DA SENTENÇA NORMATIVA. É dispensável o trânsito em julgado da sentença normativa para a propositura da ação de cumprimento".

Ainda em relação à ação de cumprimento, considerando que esta pode ser proposta antes do trânsito em julgado da sentença normativa, caso a decisão normativa seja modificada em grau recursal para determinar a extinção do processo sem resolução do mérito, eventual execução promovida na ação de cumprimento será extinta, uma vez que a norma sobre a qual se apoiava o título exequendo deixou de existir, valendo destacar, sobre o tema, a OJ 277 da SDI-I/TST:

> "OJ 277 DA SDI-I/TST – AÇÃO DE CUMPRIMENTO FUNDADA EM DECISÃO NORMATIVA QUE SOFREU POSTERIOR REFORMA, QUANDO JÁ TRANSITADA EM JULGADO A SENTENÇA CONDENATÓRIA – COISA JULGADA – NÃO CONFIGURAÇÃO. A coisa julgada produzida na ação de cumprimento é atípica, pois dependente de condição resolutiva, ou seja, da não modificação da decisão normativa por eventual recurso. Assim, modificada a sentença normativa pelo TST, com a consequente extinção do processo, sem julgamento do mérito, deve-se extinguir a execução em andamento, uma vez que a norma sobre a qual se apoiava o título exequendo deixou de existir no mundo jurídico".

Por outro lado, frise-se que o prazo prescricional com relação à ação de cumprimento de sentença normativa somente flui a partir da data do seu trânsito em julgado, conforme previsto na Súmula 350 do TST.

A ação de cumprimento também pode ser utilizada para observância de acordo coletivo ou convenção coletiva de trabalho, conforme previsto na Lei 8.984/1995 e na Súmula 286 do TST.

A SDI-I/TST, por meio da OJ 188, firmou entendimento no sentido de que há falta de interesse processual para a ação individual, singular ou plúrima, quando o direito vindicado já tiver sido reconhecido mediante sentença normativa, cabendo, em tal caso, ação de cumprimento.

9.6 MEDIAÇÃO E ARBITRAGEM

Mediação é a intervenção realizada por um terceiro estranho à relação negocial, sem poder decisório, com o objetivo de aproximar as partes na busca de uma solução conciliatória, por meio da assinatura do instrumento normativo autocomposto (convenção ou acordo coletivo de trabalho).

Impende destacar que o mediador, escolhido livremente pelos interessados, não tem qualquer poder decisório sobre a celeuma, atuando apenas no encaminhamento de propostas, eliminando a distância entre as partes e conduzindo-as à assinatura de um instrumento normativo conciliado.

Sendo bem-sucedida a mediação, seguir-se-á a celebração do correspondente acordo ou convenção coletiva de trabalho.

A mediação, que é considerada instrumento de autocomposição, tanto pode ser utilizada no curso de um processo negocial, objetivando sanar impasse em torno de alguma cláusula que impeça o avanço das negociações, como pode ser implementada quando esgotadas todas as possibilidades de solução direta pelas partes.

A arbitragem é uma forma de solução de conflito coletivo realizada por um terceiro estranho à relação negocial (árbitro), livremente escolhido pelos interessados e com poder decisório sobre o impasse.

A CF/1988, no art. 114, § 1.º, menciona que, frustrada a negociação coletiva, as partes poderão eleger árbitros.

A arbitragem é um instrumento de heterocomposição do conflito coletivo, uma vez que é o árbitro quem exercerá o juízo arbitral, proferindo sentença que ponha fim ao litígio.

No Brasil, a arbitragem é disciplinada pela Lei 9.307/1996, cujo art. 1.º dispõe que as pessoas capazes de contratar poderão valer-se da arbitragem para dirimir litígios relativos a direitos patrimoniais disponíveis.

As partes interessadas podem submeter a solução de seus litígios ao juízo arbitral mediante convenção de arbitragem, assim entendida a cláusula compromissória e o compromisso arbitral.

A cláusula compromissória está prevista no art. 4.º da Lei 9.307/1996, consistindo na estipulação contratual do compromisso de submeter à arbitragem os litígios que possam vir a surgir, relativamente ao referido contrato.

O compromisso arbitral, previsto no art. 9.º da Lei 9.307/1996, é a convenção pela qual as partes submetem um litígio à arbitragem de uma ou mais pessoas, podendo ser judicial ou extrajudicial.

Frise-se que, nos termos do art. 13 da Lei 9.307/1996, qualquer pessoa capaz e que tenha a confiança das partes poderá ser designada como árbitro.

A arbitragem diferencia-se da mediação, pois o mediador tão somente formula propostas para a solução do impasse, sem qualquer poder decisório, enquanto o árbitro impõe a solução ao conflito que lhe é submetido.

Na esfera trabalhista, de acordo com o art. 507-A, a arbitragem nos contratos individuais de trabalho é possível, quando a remuneração do trabalhador for superior a duas vezes o limite máximo estabelecido para os benefícios do Regime Geral de Previdência Social, podendo neste caso ser pactuada cláusula compromissória de arbitragem, desde que por iniciativa do empregado ou mediante a sua concordância expressa, nas condições previstas na Lei 9.307, de 23 de setembro de 1996.

9.7 QUESTÕES

1. (OAB 2010.2 – FVG) Com relação ao Direito Coletivo do Trabalho, assinale a alternativa correta.

(A) Acordo coletivo do trabalho é o acordo de caráter normativo pelo qual dois ou mais sindicatos representativos de categorias econômicas e profissionais estipulam condições de trabalho aplicáveis, no âmbito das respectivas representações, às relações individuais de trabalho.

(B) Na greve em serviços ou atividades essenciais, ficam as entidades sindicais ou os trabalhadores, conforme o caso, obrigados a comunicar a decisão aos empregadores e aos usuários com antecedência mínima de 72 (setenta e duas) horas da paralisação.

(C) As centrais sindicais, por força de lei, podem celebrar acordos e convenções coletivos de trabalho.

(D) O recolhimento da contribuição sindical obrigatória ("imposto sindical") somente é exigido dos empregados sindicalizados, em face do princípio da liberdade sindical.

2. (OAB/BA 2011.1 – FGV) Foi celebrada convenção coletiva que fixa jornada em sete horas diárias. Posteriormente, na mesma vigência dessa convenção, foi celebrado acordo coletivo prevendo redução da referida jornada em 30 minutos. Assim, os empregados das empresas que subscrevem o acordo coletivo e a convenção coletiva deverão trabalhar, por dia,

(A) 8 horas, pois a CRFB prevê jornada de 8 horas por dia e 44 horas semanais, não podendo ser derrogada por norma hierarquicamente inferior.

(B) 7 horas e 30 minutos, porque o acordo coletivo, por ser mais específico, prevalece sobre a convenção coletiva, sendo aplicada a redução de 30 minutos sobre a jornada de 8 horas por dia prevista na CRFB.

(C) 7 horas, pois as condições estabelecidas na convenção coletiva, por serem mais abrangentes, prevalecem sobre as estipuladas no acordo coletivo.

(D) 6 horas e 30 minutos, pela aplicação do princípio da prevalência da norma mais favorável ao trabalhador.

3. (OAB/MG - AGOSTO/2008) O prazo de vigência da denominada Sentença Normativa, não pode ser:

(A) superior a 1 (um) ano.
(B) inferior a 1 (um) ano.
(C) superior a 2 (dois) anos.
(D) superior a 4 (quatro) anos.

4. (OAB/MG - AGOSTO/2008) Acorde o direito constitucional trabalhista, assinale a alternativa INCORRETA:

(A) ao sindicato cabe a defesa dos direitos e interesses coletivos ou individuais da categoria em questões judiciais ou administrativas.
(B) o aposentado filiado tem direito a votar e ser votado nas organizações sindicais.
(C) ninguém será obrigado a filiar-se ou manter-se filiado a sindicato.
(D) é vedada a dispensa do empregado sindicalizado, candidato a cargo de direção ou representação sindical, a partir do êxito no processo eletivo e, se homologada a eleição, ainda que suplente, até um ano após o final do mandato, salvo se cometer falta grave nos termos da lei.

5. (OAB 2009.1) No que concerne às convenções coletivas de trabalho, assinale a opção correta.

(A) Acordo coletivo é o negócio jurídico pelo qual dois ou mais sindicatos representativos de categorias econômicas e profissionais estipulam condições de trabalho aplicáveis, no âmbito das respectivas representações, às relações individuais do trabalho.
(B) Para ter validade, a convenção coletiva de trabalho deve ser, obrigatoriamente, homologada pela autoridade competente.
(C) Não é lícito estipular duração de validade superior a dois anos para a convenção coletiva de trabalho.
(D) É facultada a celebração verbal de acordo coletivo de trabalho, desde que presentes, ao menos, duas testemunhas.

6. (OAB-2008.3) Acerca de negociação coletiva de trabalho, assinale a opção correta.

(A) Convenção coletiva de trabalho é o acordo de caráter normativo no qual o sindicato de empregados estipula condições de trabalho aplicáveis no âmbito de uma ou mais empresas.
(B) Tanto o acordo coletivo de trabalho quanto a convenção coletiva de trabalho têm prazo de vigência de, no máximo, dois anos.
(C) Acordo coletivo de trabalho é o acordo de caráter normativo em que dois ou mais sindicatos representativos de categorias econômicas e profissionais estipulam condições de trabalho aplicáveis, no âmbito das respectivas representações, às relações individuais de trabalho.
(D) A participação dos sindicatos nas negociações coletivas de trabalho não é obrigatória.

7. (OAB-2008.3) Suponha que os integrantes da categoria de empregados nas empresas de distribuição de energia elétrica, por meio de interferência da entidade sindical que os representa, pretendam entrar em greve, em vista de não ter sido possível a negociação acerca do reajuste salarial a ser concedido à categoria. Considerando essa situação hipotética, assinale a opção correta.

(A) Não é assegurado a esses empregados o direito de greve.

(B) A atividade executada pelos integrantes dessa categoria profissional não se caracteriza como essencial.

(C) Frustrada a negociação, é facultada a cessação coletiva do trabalho, sendo afastada a possibilidade de recursos via arbitral.

(D) Caso a categoria decida pela greve, a entidade sindical deverá comunicar a decisão aos empregadores e aos usuários com antecedência mínima de 72 horas da paralisação.

8. (XI Exame de Ordem Unificado – FVG) Tendo em vista a proximidade de realização de grande evento na área de esportes, a cidade de Tribobó do Oeste decidiu reformar seu estádio de futebol. Para tanto, após licitação, contratou a empresa Alfa Ltda. para executar a reforma no prazo de um ano. Faltando dois meses para a conclusão da obra e a realização do megaevento, os operários entraram em greve paralisando os trabalhos integralmente. Diante destes fatos, assinale a afirmativa que se coaduna com a legitimidade ativa para instauração do dissídio coletivo.

(A) Tanto a empresa Alfa Ltda. como o Sindicato da categoria dos empregados poderá instaurar a instância, sendo o ato privativo das partes litigantes.

(B) Apenas o Sindicado dos Empregados poderá requerer a instauração do dissídio coletivo, já que se trata do sujeito ativo no caso de greve, sendo a empresa Alfa ré no processo.

(C) Por haver interesse público a legitimidade ativa é exclusiva da empresa e do sindicato, bem como do Ministério Público do Trabalho, em caráter excepcional.

(D) O dissídio poderá ser instaurado pelas partes por representação escrita ao Presidente do Tribunal; bem como por iniciativa do próprio Presidente e, ainda, por requerimento do Ministério Público do Trabalho.

9. (OAB/FGV – XXVI EXAME DE ORDEM) Em 2018, um sindicato de empregados acertou, em acordo coletivo com uma sociedade empresária, a redução geral dos salários de seus empregados em 15% durante 1 ano. Nesse caso, conforme dispõe a CLT,

(A) uma contrapartida de qualquer natureza será obrigatória e deverá ser acertada com a sociedade empresária.

(B) a contrapartida será a garantia no emprego a todos os empregados envolvidos durante a vigência do acordo coletivo.

(C) a existência de alguma vantagem para os trabalhadores para validar o acordo coletivo será desnecessária.

(D) a norma em questão será nula, porque a redução geral de salário somente pode ser acertada por covenção coletiva de trabalho.

10. (OAB/FGV - XXVII EXAME DE ORDEM) Em determinada localidade, existe a seguinte situação: a convenção coletiva da categoria para o período 2018/2019 prevê o pagamento de adicional de 70% sobre as horas extras realizadas de segunda-feira a sábado. Ocorre que a sociedade empresária Beta havia assinado um acordo coletivo para o mesmo período, porém, alguns dias antes, prevendo o pagamento dessas horas extras com adicional de 60%. De acordo com a CLT, assinale a opção que indica o adicional que deverá prevalecer.

(A) Prevalecerá o adicional de 70%, por ser mais benéfico aos empregados.

(B) Diante da controvérsia, valerá o adicional de 50% previsto na Constituição Federal.

(C) Deverá ser respeitada a média entre os adicionais previstos em ambas as normas coletivas, ou seja, 65%.

(D) Valerá o adicional de 60% previsto em acordo coletivo, que prevalece sobre a convenção.

11. (OAB/FGV - XXVII EXAME DE ORDEM) O sindicato dos empregados em tinturaria de determinado município celebrou, em 2018, acordo coletivo com uma tinturaria, no qual, reconhecendo-se a condição financeira difícil da empresa, aceitou a redução do percentual de FGTS para 3% durante 2 anos. Sobre o caso apresentado, de acordo com a previsão da CLT, assinale a afirmativa correta.

(A) É válido o acerto realizado, porque é fruto de negociação coletiva, ao qual a reforma trabalhista conferiu força legal.

(B) Somente se houver homologação do acordo coletivo pela Justiça do Trabalho é que ele terá validade em relação ao FGTS.

(C) A cláusula normativa em questão é nula, porque constitui objeto ilícito negociar percentual de FGTS.

(D) A negociação acerca do FGTS exigiria que, ao menos, fosse pago metade do valor devido, o que não aconteceu no caso apresentado.

12. (OAB/FGV - XXXVII EXAME DE ORDEM) Um sindicato de categoria profissional, após ser procurado por uma sociedade empresária e seguir os trâmites legais, pretende assinar com ela um acordo coletivo que, entre outras cláusulas, fixa redução em 20% da jornada e 20% do salário durante 1 ano para todos os empregados. Em relação a esse acordo coletivo, considerando a previsão da CLT, assinale a afirmativa correta.

(A) O acordo coletivo deverá prever a proteção dos empregados contra dispensa imotivada durante o prazo de vigência do instrumento coletivo.

(B) O acordo coletivo será nulo porque deveria ser pactuado por, no mínimo, 2 anos.

(C) O acordo coletivo será inconstitucional, porque não pode haver redução do salário, haja vista o prejuízo direto que isso causa ao trabalhador.

(D) A redução da jornada e do salário somente seria válida se fosse prevista em convenção coletiva, pois essa previsão é vedada pela CLT no acordo coletivo.

13. OAB/FGV XL EXAME DE ORDEM) Os sindicatos de classe de uma determinada categoria elaboraram uma convenção coletiva normatizando o pagamento do adicional de penosidade. A norma previa vigência de 2 (dois) anos, com término em outubro de 2023. Considerando esses fatos e o que dispõe a CLT, assinale a afirmativa correta.

(A) Mesmo com a vigência encerrada, os trabalhadores que recebiam o adicional possuem direito adquirido, e o pagamento deve prosseguir.

(B) Ao término da vigência da norma coletiva, caso ela não seja renovada, os trabalhadores perderão o direito ao adicional.

(C) Os trabalhadores que já recebiam o adicional continuarão com o direito se isso for homologado pelo Ministério do Trabalho.

(D) A vantagem se incorpora ao contrato de trabalho dos empregados ativos, e os admitidos posteriormente ao dies ad quem da norma coletiva não a receberão.

GABARITO: As respostas destes testes encontram-se no final do livro.

CAPÍTULO

10 CONCEITO, AUTONOMIA, FONTES, PRINCÍPIOS E FORMAS DE SOLUÇÃO DOS CONFLITOS

10.1 CONCEITO

Adaptando-se à nova ordem constitucional trazida pela Emenda Constitucional n.º 45/2004, o doutrinador Carlos Henrique Bezerra Leite conceitua o Direito Processual do Trabalho como:

O ramo da ciência jurídica, constituído por um sistema de normas, princípios, regras e instituições próprias, que tem por objeto promover a pacificação justa dos conflitos individuais, coletivos e difusos decorrentes direta ou indiretamente das relações de emprego e de trabalho, bem como regular o funcionamento dos órgãos que compõem a Justiça do Trabalho.

Conforme entendimento doutrinário, o sistema processual possui três escopos: social (solução de conflitos através da justiça e com segurança jurídica), político (direito dos cidadãos a um processo justo, exercendo seu direito à democracia) e jurídico (tutela dos direitos materiais, com ênfase naqueles considerados fundamentais).

O objetivo do Direito Processual do Trabalho é garantir a satisfação desses três escopos, sob a ótica do direito material do trabalho, e ainda, por força da EC n.º 45/2004, de outros ramos do direito material, quando couber.

Além de regulamentar as relações envolvendo conflitos de natureza individual e coletiva, o Direito Processual do Trabalho tem também a finalidade de regulamentar e organizar o funcionamento dos órgãos da Justiça do Trabalho, bem como de estabelecer suas competências.

10.2 AUTONOMIA DO DIREITO PROCESSUAL DO TRABALHO

Considerando a definição de Direito Processual do Trabalho, é possível concluir que se trata de um ramo da Ciência do Direito. A partir dessa afirmação, surge uma discussão doutrinária questionando se há ou não autonomia deste em relação aos demais ramos.

A discussão teve início na constatação de que o Processo do Trabalho, apesar de suas particularidades, em muito se parece com o processo comum. Existem duas teorias referentes ao tema: a monista e a dualista.

Os defensores da teoria monista afirmam que o Direito Processual do Trabalho é um simples desdobramento do Direito Processual Civil, não possuindo princípios e institutos próprios. O doutrinador Valentim Carrion defende que o direito processual se divide em Direito Processual Penal e Direito Processual Civil, e que dentro deste se encontram outras subespécies, tais como o Direito Processual Trabalhista, o Direito Processual Eleitoral entre outros.

Já os adeptos da teoria dualista defendem a existência de autonomia do Direito Processual do Trabalho em relação ao Direito Processual Civil. Dentre alguns doutrinadores que adotam esta teoria estão Carlos Henrique Bezerra Leite, Amauri Mascaro Nascimento, Sergio Pinto Martins, Humberto Theodoro Junior e Wagner Giglio.

Para definir se determinado ramo do direito possui ou não autonomia, é necessária a análise de diversos critérios, tais como a extensão da matéria, a existência de princípios comuns, a observação de métodos próprios, bem como observar os elementos que compõe a relação jurídica (sujeitos, objeto, e qual é o vinculo de obrigação que os relaciona).

O Direito Processual do Trabalho é dotado de uma ampla legislação, inclusive tem título próprio na CLT. É importante salientar que esta confere ao Processo Civil papel subsidiário no Direito Processual do Trabalho, sendo aplicado apenas quando omissa a legislação trabalhista e ainda quando houver compatibilidade entre seus institutos.

Ao contrário do que afirma a teoria monista, existem princípios que são próprios do Direito Processual do Trabalho. São exemplos: o princípio da proteção, da busca da verdade real, da normatização coletiva etc.

Não se pode negar que o Direito Processual do Trabalho é composto por institutos, princípios e finalidades próprios, bem como tem uma justiça especializada.

Outra observação que fortalece o caráter autônomo do Direito Processual do Trabalho reside no fato de que este vem sendo lecionado como disciplina específica nas grades curriculares dentro e fora do Brasil. Da mesma forma, há várias obras nacionais e estrangeiras versando apenas sobre Direito Processual do Trabalho.

Todas essas constatações fazem com que a teoria dualista seja a posição prevalecente na doutrina.

Fique de olho

O direito processual do trabalho é autônomo, distinto do processo civil, por ter normas jurídicas e princípios que lhe são próprios e o diferenciam dos demais direitos processuais existentes no nosso ordenamento jurídico.

10.3 FONTES DO DIREITO PROCESSUAL DO TRABALHO

As fontes do Direito Processual do Trabalho se confundem com as do Direito em geral. A nomenclatura utilizada para a classificação das fontes varia de acordo com cada doutrina, podendo se apresentar das seguintes formas:

- fontes primárias (leis) e secundárias (costume, jurisprudência e doutrina);

- imediatas ou diretas (leis e costumes) e mediatas ou indiretas (doutrina e jurisprudência);
- materiais (realidade social e valores que o direito procura satisfazer) e formais (leis, costumes, jurisprudência, analogia, equidade e princípios gerais do direito).

Alguns doutrinadores apontam a analogia, os princípios gerais do direito e a equidade como fontes do Direito Processual do trabalho, identificando-as como fontes de explicitação.

Do ponto de vista de outros doutrinadores, entretanto, a analogia não é fonte do direito, mas sim um meio supletivo em caso de lacuna de lei. Consideram ainda que, assim como os costumes, a analogia e os princípios gerais do direito, a equidade também transita entre as fontes e os instrumentos utilizados para a aplicação do direito.

Para fins didáticos, optou-se pela mesma classificação do professor Bezerra Leite, que divide as fontes do Direito Processual do Trabalho em fontes materiais e fontes formais (estas divididas em diretas, indiretas e de explicitação).

- Fontes materiais: provêm do direito material do trabalho, que absorve os fatos sociais, políticos, econômicos, culturais, éticos e morais de determinado povo em um dado momento histórico. A alteração da competência da Justiça do Trabalho apresentada pela EC n.º 45/2004 trouxe um grande alargamento das fontes materiais do Direito Processual do Trabalho.
- Fontes formais: são aquelas positivadas no ordenamento jurídico. É possível dividi-las em:
- Fontes formais diretas: leis (em sentido genérico) e costumes;
- Fontes formais indiretas: doutrina e jurisprudência;
- Fontes formais de explicitação (ou fontes integrativas): analogia, princípios gerais do direito e equidade.

Em relação às **fontes formais diretas**, a Constituição Federal é a principal delas, contendo normas gerais do processo, bem como normas específicas do Direito Processual do Trabalho (arts. 111 a 116, CF/1988). Em seguida, após a lei maior, vêm as leis complementares, ordinárias e delegadas, medidas provisórias, decretos legislativos e resoluções do Congresso Nacional.

Entre as fontes formais diretas infraconstitucionais que norteiam o Processo do Trabalho é possível mencionar: a própria CLT, a Lei 5.584/1970, o CPC (aplicado subsidiariamente em caso de omissão da CLT e havendo compatibilidade de institutos), as Leis n.º 6.830/1980, 7.701/1988, 7.347/1985, 8.078/1990, o Decreto-Lei 779/1969 etc.

Quanto aos costumes, entende-se que serão fontes do Direito Processual do Trabalho quando judicializados e quando o próprio ordenamento prevê autorização para que o juiz os aplique.

Quanto às **fontes formais indiretas**, é fundamental que sua relevância seja respeitada. A doutrina facilita a interpretação do ordenamento jurídico, proporcionando melhor compreensão das normas. Do mesmo modo, recorre-se à jurisprudência para solucionar questões cujas respostas não são diretamente encontradas na lei.

É fundamental o estudo de súmulas, orientações jurisprudenciais e precedentes normativos do TST, considerando que o objetivo destes é uniformizar a jurisprudência referente à interpretação e à aplicação de normas processuais.

Por fim, em relação às **fontes formais por explicitação**, conforme o texto do art. 140 do CPC (aplicável ao Processo do Trabalho), o juiz não se exime de sentenciar ou despachar alegando lacuna ou obscuridade da lei. No julgamento da lide caber-lhe-á aplicar as normas legais; não as havendo, recorrerá à analogia, aos costumes e aos princípios gerais de direito. À luz do art. 140, parágrafo único, do CPC, o juiz só decidirá por equidade nos casos previstos em lei.

Se Liga Na Dica!

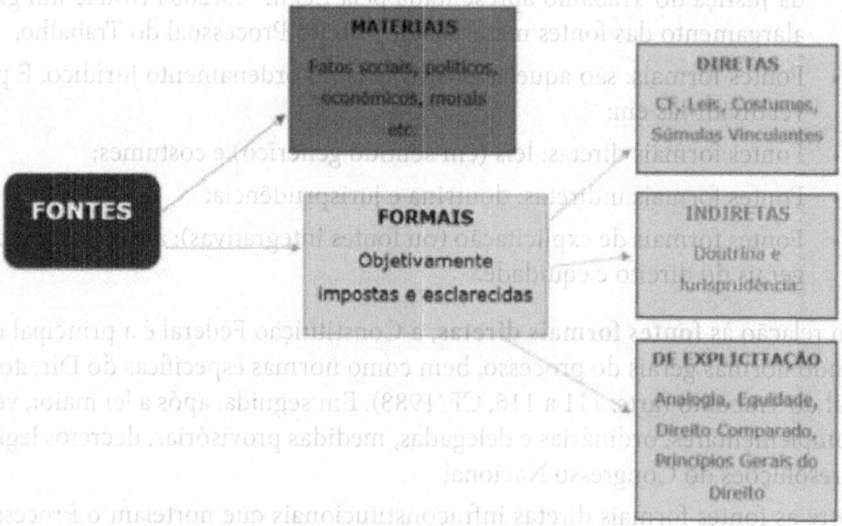

10.4 PRINCÍPIOS DO DIREITO PROCESSUAL DO TRABALHO

Sob a ótica da Ciência do Direito, os princípios são conceituados como proposições fundamentais que informam a compreensão do fenômeno jurídico. São diretrizes centrais que se inferem de um sistema jurídico e, após inferidas, a eles se reportam, informando-o.

10.4.1 Função dos princípios

Os princípios são normas fundamentais que organizam e trazem coerência para o sistema jurídico. Possuem diferentes funções no ordenamento jurídico:

- Informativa: serve para inspirar o legislador;
- Interpretativa: visa a orientar o aplicador do direito, auxiliando-o na compreensão do sentido das normas;
- Normativa: a exemplo da interpretativa, também tem por objetivo orientar o aplicador do direito, que utilizará os princípios tanto para aplicar uma norma a um caso concreto quanto para suprir lacunas existentes em nosso ordenamento jurídico - art. 8º da CLT.

10.4.2 Princípios gerais do direito com destaque no Processo do Trabalho e princípios do Processo do Trabalho

10.4.2.1 Princípio do duplo grau de jurisdição

O princípio do duplo grau de jurisdição assegura aos jurisdicionados a possibilidade de nova análise da demanda por um órgão jurisdicional de hierarquia superior àquele que proferiu a decisão.

Prevaleceu no STF o entendimento de que o duplo grau de jurisdição **não** é uma garantia constitucional. Os fundamentos que embasam esse posicionamento estão na própria Constituição Federal, que prevê ações de competência originária do STF (art. 102, I, "b") e recurso extraordinário de "causas decididas em única ou última instância" (art. 102, III, CF).

No Processo do Trabalho são exemplos de causa de única instância aquelas cujo valor não exceda a dois salários-mínimos, das quais não caberá recurso, salvo se versarem sobre matéria constitucional (art. 2.º, § 4º, Lei 5.584/1970).

O art. 5º, LV, da CF estabelece que "aos litigantes, em processo judicial ou administrativo, e aos acusados em geral são assegurados o contraditório e ampla defesa, com os meios e recursos a ela inerentes". A menção a "recurso" no referido artigo fez com que alguns autores defendessem que o duplo grau de jurisdição estaria assegurado na Constituição. Todavia, o termo está sendo empregado no sentido de ser possível recorrer nas hipóteses e condições estabelecidas em lei para o exercício do contraditório e da ampla defesa.

10.4.2.2 Princípio da inércia ou dispositivo ou da demanda

O processo começa por iniciativa da parte e se desenvolve por impulso oficial, salvo as exceções previstas em lei (art. 2.º, CPC).

A FGV admite, como exceção ao princípio da inércia, que o Presidente do Tribunal suscite o dissídio coletivo na hipótese de paralisação do trabalho (art. 856, CLT).

10.4.2.3 Princípio do impulso oficial ou inquisitivo

O princípio do impulso oficial determina aos Juízos e Tribunais o dever de impulsionar o processo (art. 2.º, CPC).

No Processo do Trabalho tal princípio está previsto em inúmeros dispositivos, sendo exemplos os seguintes:

> "Art. 765, CLT. Os Juízos e Tribunais do Trabalho terão ampla liberdade na direção do processo e velarão pelo andamento rápido das causas, podendo determinar qualquer diligência necessária ao esclarecimento delas".
>
> "Art. 852-D, CLT. O juiz dirigirá o processo com liberdade para determinar as provas a serem produzidas, considerado o ônus probatório de cada litigante, podendo limitar ou excluir as que considerar excessivas, impertinentes ou protelatórias, bem como para apreciá-las e dar especial valor às regras de experiência comum ou técnica".
>
> "Art. 4°, Lei n.º 5.584/1970. Nos dissídios de alçada exclusiva das Juntas e naqueles em que os empregados ou empregadores reclamarem pessoalmente, o processo poderá ser impulsionado de ofício pelo Juiz".

10.4.2.4 Princípio do jus postulandi

Nos termos do art. 791 da CLT, **empregado** e **empregador** podem reclamar pessoalmente na Justiça do Trabalho.

O *jus postulandi* limita-se às varas do trabalho e aos Tribunais Regionais do Trabalho, não se aplicando aos recursos para o TST, às ações rescisórias e aos mandados de segurança (Súmula 425, TST).

O *jus postulandi* não se aplica no caso de homologação de acordo extrajudicial, pois, à luz do art. 855-B da CLT, é obrigatória a representação das partes por advogado.

10.4.2.5 Princípio da irrecorribilidade imediata das decisões interlocutórias no Processo do Trabalho

Decisão interlocutória é todo pronunciamento judicial de natureza decisória que não se enquadre no conceito de sentença (art. 203, § 2°, CPC). Ressalte-se que sentença é o pronunciamento por meio do qual o juiz, com fundamento nos arts. 485 e 487, põe fim à fase cognitiva do procedimento comum, bem como extingue a execução (art. 203, § 1.º, CPC).

Os incidentes do processo serão resolvidos pelo próprio Juízo ou Tribunal, admitindo-se a apreciação das decisões interlocutórias somente em recurso da decisão definitiva (art. 893, § 1.º, CLT), ou seja em regra, são irrecorríveis de imediato no Processo do Trabalho.

Seguem *exceções* à regra da irrecorribilidade imediata das decisões interlocutórias no Processo do Trabalho:

- Exceção de incompetência territorial - decisão terminativa do feito (art. 799, § 2°, CLT e Súmula 214, "c", TST):

O juiz decide a exceção de incompetência territorial relativa através de decisão interlocutória, irrecorrível de imediato, **salvo** quando **terminativa do feito**.

Nos termos da Súmula 214, "c", do TST, a decisão será terminativa do feito quando o juiz acolher a exceção e determinar a remessa dos autos a juiz subordinado ao TRT diverso daquele a que se submete o juízo excepcionado (aquele no qual foi apresentada a exceção).

Neste caso, é cabível a interposição do recurso ordinário de imediato, a ser julgado pelo Tribunal do juízo que proferiu a decisão.

- Incompetência absoluta em razão da matéria: a decisão interlocutória que acolhe a incompetência absoluta, em razão da matéria e remete os autos para outro ramo do Poder Judiciário também é terminativa do feito. Dessa decisão cabe recurso ordinário de imediato.
- Decisão interlocutória do TRT que contraria súmula ou OJ do TST: é recorrível de imediato (Súmula 214, "a", TST). Cabe recurso de revista.
- Decisão interlocutória suscetível de impugnação mediante recurso para o mesmo tribunal é recorrível de imediato (Súmula 214, "b", TST).

10.4.2.6 Princípio da proteção ou da tutela

O referido princípio está ligado à própria razão de ser do Direito do Trabalho. Historicamente, o Direito do Trabalho busca compensar a posição economicamente desfavorável do trabalhador, bem como o desequilíbrio existente entre os polos da relação empregado *x* empregador, atenuando a desigualdade socioeconômica existente entre as partes com uma desigualdade jurídica em sentido contrário.

No Processo do Trabalho, apenas a lei pode conferir tratamentos diferenciados às partes.

Como exemplo, podemos citar as consequências do não comparecimento das partes em audiência. Para o reclamante, a consequência é o arquivamento do processo, o que permite que ele ajuíze novamente a reclamação trabalhista sem nenhum prejuízo. Já para o reclamado, a consequência é a revelia e a confissão ficta, ou seja, a presunção de veracidade dos fatos alegados pela outra parte.

É justo tratar desigualmente os desiguais, na mesma proporção em que se desigualam, e o **favorecimento é qualidade da lei**, não ficando a critério do juiz, o qual deve aplicá-la com objetividade.

É importante frisar que essa proteção é sopesada de forma que não afete o princípio da igualdade entre as partes e não prejudique o andamento do processo.

10.4.2.7 Princípio da oralidade

Apesar de não haver previsão expressa no CPC nem na CLT, o referido princípio possui grande destaque no Processo do Trabalho. Encontra-se implícito nas seguintes regras: reclamatória trabalhista verbal (art. 840, § 2º, CLT); defesa oral, em audiência, no prazo de 20 minutos (art. 847, CLT); as provas são produzidas de forma oral (depoimento das partes, oitiva de testemunhas) e as razões finais que são apresentadas de forma oral, em 10 minutos (art. 850, CLT).

10.4.2.8 Princípio da conciliação

Os dissídios individuais ou coletivos submetidos à apreciação da Justiça do Trabalho serão sempre sujeitos à conciliação. Os juízes e Tribunais empregarão sempre os seus bons ofícios e persuasão no sentido de uma solução conciliatória dos conflitos (art. 764, *caput* e § 1.º, CLT).

As partes podem celebrar acordo que ponha termo ao processo a qualquer tempo:

- depois de encerrado o juízo conciliatório (art. 764, § 3º, CLT);
- após o trânsito em julgado (art. 832, § 6.º, CLT);
- mesmo quando apresentados os cálculos de liquidação (832, § 6.º, CLT).

No procedimento ordinário, a proposta de conciliação é obrigatória em duas oportunidades: quando aberta a audiência (art. 846, CLT) e após as razões finais, antes da sentença (art. 850, CLT).

É faculdade do juiz a homologação de acordo dessa forma, não caberá mandado de segurança contra seu ato de recusa (Súmula 418, TST).

A sentença homologatória de acordo transita em julgado na data de sua homologação. (Súmula 100, V, TST).

10.4.2.9 Princípio da imediatidade ou da imediação

Segundo o princípio da imediatidade, as provas deverão ser produzidas com a participação do juiz.

Pode-se visualizar tal princípio na CLT em seu art. 820, prevendo que o juiz participará da colheita do depoimento das partes e das testemunhas. Veja:

> "Art. 820. As partes e testemunhas serão inquiridas pelo juiz ou presidente, podendo ser reinquiridas, por seu intermédio, a requerimento dos vogais, das partes, seus representantes ou advogados".

O Código de Processo Civil inovou quanto ao depoimento das partes, estabelecendo que as perguntas serão formuladas pelas partes diretamente à testemunha, começando pela que a arrolou, cabendo ao juiz apenas não admitir aquelas que puderem induzir a resposta, não tiverem relação com as questões de fato objeto da atividade probatória ou importarem repetição de outra já respondida (art. 459, CPC). Nota-se que o atual diploma processual afastou nesse caso o princípio da imediatidade. A colheita direta do depoimento das testemunhas pelas partes não se aplica no Processo do Trabalho, na medida em que é contrária ao que determina o art. 820 da CLT. Nesse sentido, mencionamos o art. 11 da IN 39/2016 do TST, que dispõe sobre as normas do Código de Processo Civil de 2015 aplicáveis e inaplicáveis ao Processo do Trabalho.

10.4.2.10 Princípio da busca da verdade real

O referido princípio deriva do princípio da primazia da realidade, e por essa razão ganha destaque no Processo do Trabalho.

Tal princípio encontra amparo no art. 765 da CLT, segundo o qual os juízos e Tribunais têm ampla liberdade para ordenar as diligências que julgarem úteis para o andamento da causa, para reabrir a instrução, ouvir testemunhas etc., podendo também afastar diligências inúteis ou desnecessárias.

Em síntese, o juiz conduz o processo com ampla liberdade para buscar a verdade real.

10.4.2.11 Princípio da normatização coletiva

Trata-se de um princípio específico do Processo do Trabalho. Do ponto de vista do professor Carlos Henrique Bezerra Leite, a Justiça do Trabalho é a única que pode exercer o chamado poder normativo, que consiste no poder de criar normas e condições gerais e abstratas (atividade típica do Poder Legislativo), proferindo sentença normativa com eficácia *ultra partes*, cujos efeitos irradiarão para os contratos individuais dos trabalhadores integrantes da categoria profissional representada pelo sindicato que ajuizou o dissídio coletivo.

Somente a Justiça do Trabalho poderá exercer o poder normativo, somente ela poderá criar normas que se aplicarão a uma coletividade (empregados e empregadores).

Conforme o art. 114, § 2.º, da CF/1988, recusando-se qualquer das partes à negociação coletiva ou à arbitragem, é facultado às mesmas, **de comum acordo**, ajuizar dissídio coletivo de natureza econômica, podendo a Justiça do Trabalho decidir o conflito, respeitadas as disposições mínimas legais de proteção ao trabalho, bem como as convencionadas anteriormente.

10.4.2.12 Princípio da extrapetição

A regra é a adstrição do juiz aos pedidos (princípio da adstrição). Esta comporta exceções, permitindo o deferimento de pedidos não formulados pelo reclamante (princípio da extrapetição). Trata-se dos pedidos implícitos. São exemplos:

- Multa devida no caso de não pagamento das verbas rescisórias incontroversas em primeira audiência, conforme expresso no art. 467 da CLT.
- Os juros e correção monetária, à luz da Súmula 211 do TST e art. 322, § 1.º, do CPC. *In verbis*:

> "SÚMULA 211, TST. Os juros de mora e a correção monetária incluem-se na liquidação, ainda que omisso o pedido inicial ou a condenação".
>
> "Art. 322, § 1.º. O pedido deve ser certo.
>
> § 1.º Compreendem-se no principal os juros legais, a correção monetária e as verbas de sucumbência, inclusive os honorários advocatícios".

- Condenação do reclamado ao pagamento de indenização substitutiva quando há apenas pedido de reintegração, mas esta se mostra desaconselhável, como prevê o art. 496 da CLT. No mesmo sentido é o posicionamento do TST, consubstanciado na Súmula 396, II.
- O juiz poderá, independentemente de pedido, fixar multa diária de 5% do salário-mínimo caso não seja observado o período de gozo de férias fixado em sentença, como determina o art. 137, § 2º, da CLT. *In verbis*:

> "Art. 137. Sempre que as férias forem concedidas após o prazo de que trata o art. 134, o empregador pagará em dobro a respectiva remuneração.
>
> § 1.º Vencido o mencionado prazo sem que o empregador tenha concedido as férias, o empregado poderá ajuizar reclamação pedindo a fixação, por sentença, da época de gozo das mesmas. (...)
>
> § 2.º A sentença cominará pena diária de 5% (cinco por cento) do salário-mínimo da região, devida ao empregado até que seja cumprida. (...)"

10.5 FORMAS DE SOLUÇÃO DOS CONFLITOS TRABALHISTAS

São três as formas de solução dos conflitos trabalhistas: a autocomposição, a autodefesa e a heterocomposição.

10.5.1 Autocomposição

As próprias partes solucionam o conflito através da conciliação, fazendo concessões mútuas. O art. 764 da CLT dispõe que os dissídios individuais ou coletivos submetidos à apreciação da Justiça do Trabalho serão sempre sujeitos à conciliação.

Na autocomposição, uma ou ambas as partes renunciam parte de seu direito.

No Direito do Trabalho, os juízes e tribunais são intensamente incentivados a sempre empregar esforços no sentido de obter a conciliação dos conflitos, permitindo que as partes celebrem acordo a qualquer tempo.

A conciliação é intensamente incentivada, seja no âmbito judicial ou extrajudicial. No âmbito dos dissídios individuais, tem-se como exemplo de tal incentivo a instituição das **comissões de conciliação prévia**. Já no âmbito dos dissídios coletivos, observam-se o reconhecimento dos **acordos e convenções coletivas como instrumentos normativos** (arts. 611 e segs. e 625-E, CLT).

10.5.2 Autodefesa

A autodefesa ou autotutela é uma das primeiras formas de resolução de conflito de interesses. **Há a imposição de uma parte sobre a outra, sem interferência de terceiros.**

O entendimento atual é de que a autodefesa tem funcionado, na verdade, como uma forma de pressão, que objetiva chegar a uma das outras formas de composição do conflito: a heterocomposição ou a autocomposição. No âmbito do Direito do Trabalho, o direito de **greve** é um exemplo de autodefesa, o qual é constitucionalmente permitido (art. 9.º, CF/1988).

A autotutela é meio de exercício direto de coerção por uma das partes; por essa razão, tem sido restringida no ordenamento jurídico.

10.5.3 Heterocomposição

É uma forma de solução dos conflitos trabalhistas na qual **as partes elegem um terceiro**, alheio à relação jurídica controvertida, para solucionar o litígio. As principais formas de heterocomposição são a arbitragem e a tutela ou jurisdição.

Na arbitragem, prevista no art. 114, §§ 1.º e 2.º da CF, o terceiro escolhido como árbitro decide a controvérsia e impõe, com força obrigatória, a decisão às partes.

A tutela ou jurisdição consiste na solução dos litígios trabalhistas através da intervenção do Estado. Trata-se da via jurisdicional.

10.6 QUESTÕES

1. (OAB IX/FGV) Um dos princípios norteadores do Processo do Trabalho é o da celeridade, dada a natureza salarial do crédito trabalhista. Entretanto, por força de Lei, algumas causas especiais possuem preferência na tramitação. Das situações listadas a seguir, assinale aquela que terá preferência em todas as fases processuais.

(A) a que será executada contra a União, Estados ou Municípios.

(B) a que será executada perante o juízo da falência.

(C) a que será executada em face de empregador doméstico

(D) a que será executada em face de empresa pública.

2. (OAB/FGV – XXVI EXAME DE ORDEM) Gustavo foi empregado da empresa Pizzaria Massa Deliciosa. Após a extinção do seu contrato, ocorrida em julho de 2018, as partes dialogaram e confeccionaram um termo de acordo extrajudicial, que levaram à Justiça do Trabalho para homologação. O acordo em questão foi assinado pelas partes e por um advogado, que era comum às partes. Considerando o caso narrado, segundo os ditames da CLT, assinale a afirmativa correta.

(A) Viável a homologação do acordo extrajudicial, porque é fruto de manifestação de vontade das partes envolvidas.

(B) Não será possível a homologação, porque empregado e empregador não podem ter advogado comum.

(C) Impossível a pretensão, porque, na Justiça do Trabalho, não existe procedimento especial de jurisdição voluntária, mas apenas contenciosa.

(D) Para a validade do acordo proposto, seria necessário que o empregado ganhasse mais de duas vezes o teto da Previdência Social.

3. (OAB/FGV – XXXIII EXAME DE ORDEM) Duas irmãs costureiras trabalharam juntas em uma confecção. A mais velha era empregadora da mais nova, que gerenciava a atividade. Devido a um desentendimento em família, a irmã mais nova foi dispensada. Em decorrência da relação fraternal, chegaram a um bom termo sem a necessidade de ajuizamento da demanda. Porém, por segurança de ambas, gostariam de ver garantidos, judicialmente, os termos do acordo e procuraram você, como advogado consultor. Diante disso, observados os termos da CLT, assinale a afirmativa correta.

(A) Deverá ser distribuída uma petição requerendo a homologação de acordo extrajudicial, sendo que as partes deverão obrigatoriamente estar representadas por advogado, ainda que comum.

(B) Deverá ser ajuizada uma ação trabalhista e realizado um acordo na primeira audiência, vigorando o jus postulandi.

(C) Deverá ser distribuída uma petição requerendo a homologação de acordo extrajudicial, sendo que as partes não precisarão estar representadas por advogado, em razão do *jus postulandi*.

(D) Deverá ser distribuída uma petição requerendo a homologação de acordo extrajudicial, sendo que as partes deverão obrigatoriamente estar representadas por advogados distintos.

GABARITO: A resposta deste teste encontra-se no final do livro.

CAPÍTULO

11

JUSTIÇA DO TRABALHO

11.1 ORGANIZAÇÃO DA JUSTIÇA DO TRABALHO

A estrutura básica da Justiça do Trabalho é tratada na Constituição Federal. A estrutura interna dos órgãos da Justiça do Trabalho, por sua vez, é tratada nos regimentos internos de cada órgão.

Nos termos do art. 111 da CF, a Justiça do Trabalho é composta por:

- Tribunal Superior do Trabalho - TST;
- Tribunais Regionais do Trabalho - TRT;
- Juízes do Trabalho.

O inciso III do art. 111 foi alterado pela Emenda Constitucional n.º 24/1999, a mesma que extinguiu a figura dos juízes classistas (representantes da categoria econômica e profissional) e as juntas de conciliação e julgamento, que foram substituídas pelas varas do trabalho.

A Justiça do Trabalho encontra-se organizada em três graus de jurisdição: em primeiro grau, as Varas do Trabalho; em segundo grau, os Tribunais Regionais do Trabalho; em terceiro grau, o Tribunal Superior do Trabalho.

11.1.1 Tribunal Superior do Trabalho – TST

O Tribunal Superior do Trabalho tem sede em Brasília e jurisdição em todo o território nacional. É composto por exatos 27 ministros (art. 111-A, CF).

Fique de olho

Existe um método de memorização (de autoria desconhecida) do número de Ministros de cada Tribunal Superior no Brasil. No caso do TST, o método diz que o TST é composto por "**Trinta Sem Três – TST**", o que logicamente corresponde a **27**.

Exige-se que os ministros sejam brasileiros, com mais de 35 e menos de 70 anos, de notável saber jurídico e reputação ilibada, nomeados pelo Presidente da República, após aprovação pela maioria absoluta do Senado Federal.

Um quinto de seus membros será composto por advogados e membros do Ministério Público do Trabalho (quinto constitucional) com mais de 10 anos de efetiva atividade profissional e com mais de 10 anos de efetivo exercício da profissão, respectivamente. Os demais membros serão desembargadores dos Tribunais Regionais do Trabalho, oriundos da magistratura de carreira, indicados pelo próprio Tribunal Superior (art. 111-A, CF/1988).

A escolha dos membros oriundos do **quinto constitucional** ocorre da seguinte maneira: primeiro, é apresentada ao TST uma lista sêxtupla elaborada pela OAB e pelo Ministério Público indicando os nomes. Recebidas as indicações, o tribunal formará uma lista tríplice. Esta lista é encaminhada ao chefe do Poder Executivo, que, no prazo de 20 dias, escolhe um dentre os três nomes. O escolhido é sabatinado, e, se aprovado pelo Senado, ele será nomeado pelo Presidente da República.

Para provimento dos cargos ocupados por magistrados de carreira são elaboradas pelos Ministros do TST listas tríplices, dispensando-se o respeito aos critérios de antiguidade/merecimento. É importante mencionar que, mesmo se o Juiz integrar essa lista por três vezes seguidas ou cinco alternadas, não será promovido obrigatoriamente.

A competência do Tribunal Superior do Trabalho será fixada em lei. Atualmente, a Lei que a regula é a n.º 7.701/1988.

Funcionarão junto ao TST: a **Escola Nacional de Formação e Aperfeiçoamento de Magistrados do Trabalho;** o **Conselho Superior da Justiça do Trabalho**, que tem, dentre outras funções, a de regulamentar os cursos oficiais para ingresso e promoção na carreira; Centro de Formação e Aperfeiçoamento de Assessores e Servidores do Tribunal Superior do Trabalho e a ouvidoria (art. 65, parágrafo único, RITST e art. 111-A, § 2º, CF).

O Conselho Superior da Justiça do Trabalho é incumbido da supervisão administrativa, financeira, orçamentária e patrimonial da Justiça do Trabalho em primeiro e segundo graus, como órgão central do sistema, cujas decisões terão efeito vinculante.

Fique de olho

O CSJT é um órgão de natureza administrativa. Não julga ações, recursos ou quaisquer incidentes de natureza judicial.

O CSJT exerce supervisão administrativa, orçamentária, financeira e patrimonial sobre os 24 TRTs e sobre as Varas do Trabalho. Portanto, o CSJT não supervisiona administrativamente o TST.

As decisões administrativas do CSJT, em especial aquelas que envolvem a fixação de despesas, têm efeito vinculante sobre os TRTs e, consequentemente, sobre as Varas do Trabalho.

São **órgãos do TST**: o Tribunal Pleno, o Órgão Especial, a Seção de Dissídios coletivos, as Seções de Dissídios Individuais (dividida em 2 subseções) e as Turmas (art. 65, RITST).

11.1.2 Tribunal Regional do Trabalho – TRT

Consoante estabelece o art. 115 da CF, os Tribunais Regionais do Trabalho compõem-se de, no mínimo, sete juízes, recrutados, quando possível, na respectiva região, e nomeados pelo Presidente da República, dentre brasileiros com mais de 30 e menos de 70 anos.

O número de Juízes variará conforme o volume de processos examinados por cada Tribunal. De acordo com o número de Juízes, o Tribunal será ou não dividido em Turmas.

Um quinto desses juízes será selecionado dentre advogados com mais de 10 anos de efetiva atividade profissional e membros do Ministério Público com mais de 10 anos de efetivo exercício, que possuam notório saber jurídico e reputação ilibada, indicados em lista sêxtupla pelos órgãos de representação das respectivas classes. Dessa lista sêxtupla, o Tribunal extrairá lista tríplice, enviada ao Poder Executivo, para que em 20 dias escolha um integrante a ser nomeado (arts. 115, I, e 94, CF/1988).

Fique de olho

O Presidente da República, ao escolher um nome para Desembargador do TRT da lista tríplice, nomeará o escolhido de imediato, sem sabatina.

Os demais serão determinados mediante promoção de juízes do trabalho por antiguidade e merecimento, alternadamente (art. 115, II, CF/1988).

Anteriormente, o art. 112 da CF previa a existência de um Tribunal Regional em cada Estado e no Distrito Federal. Sua atual redação, trazida pela Emenda Constitucional n.º 45/2004 suprimiu tal exigência.

> "Art. 112. A lei criará varas da Justiça do Trabalho, podendo, nas comarcas não abrangidas por sua jurisdição, atribuí-la aos juízes de direito, com recurso para o respectivo Tribunal Regional do Trabalho".

O território nacional está dividido em **24 regiões** para efeito da jurisdição dos tribunais regionais. Portanto, hoje existem 24 regiões e 24 Tribunais Regionais do Trabalho, sendo dois deles situados no Estado de São Paulo, o da 2ª Região (capital de São Paulo, região metropolitana e Baixada Santista) e o da 15ª Região (cidade de Campinas e cidades do interior de São Paulo).

Não há Tribunal Regional do Trabalho nos seguintes Estados: Tocantins, Amapá, Acre e Roraima.

Compete aos Tribunais Regionais do Trabalho elaborar seu próprio Regimento Interno (art. 96, I, "a", CF/1988).

O art. 115 da CF, em seu § 1.º (inserido pela EC n.º 45/2004), determina que os Tribunais Regionais devam criar a **Justiça Itinerante**, com a realização de audiências e demais funções de atividade jurisdicional dentro do limite territorial de sua jurisdição, servindo-se de equipamentos públicos e comunitários.

Os TRTs têm o poder de levar a estrutura de Varas do Trabalho (juiz e servidores) a lugares mais remotos e distantes da sede da Vara, para atender a jurisdicionados dessas localidades, que por razões socioeconômicas e geográficas não conseguem se deslocar até a Vara do Trabalho de sua jurisdição.

Essa atitude é mais comum por parte de TRTs situados em Estados com cidades do interior muito isoladas, como Amazonas, por exemplo.

Reza ainda o art. 115, em seu § 2.º, que os Tribunais Regionais do Trabalho funcionam descentralizadamente, por intermédio das **câmaras regionais**, com objetivo de assegurar o pleno acesso do jurisdicionado à justiça em todas as fases do processo.

Exemplo:

É possível que o TRT da 12ª Região (Santa Catarina), que tem sua estrutura sediada no município de Florianópolis, instale Câmara Regional no município de Chapecó, que se localiza no oeste do Estado, distante da capital, a fim de facilitar que as pessoas domiciliadas no interior catarinense se aproximem do Tribunal.

De acordo com a Lei Orgânica da Magistratura, é possível que Juízes titulares de Varas do Trabalho sejam convocados para atuarem nos Tribunais Regionais do Trabalho.

11.1.3 Juiz do Trabalho

A vara do trabalho é competente para processar e julgar ações decorrentes das relações de trabalho, bem como matérias que não sejam da competência originária dos tribunais.

Nas comarcas onde não houver juiz do trabalho, por lei, os Juízes de Direito poderão ser investidos da jurisdição trabalhista. Das sentenças que proferirem caberá recurso ordinário para o respectivo Tribunal Regional do Trabalho (art. 112, CF/1988 e art. 668, CLT).

Como bem esclarece o professor Mauro Schiavi:

> O Juiz do Trabalho ingressará na carreira como Juiz do Trabalho Substituto, após aprovação em concurso público de provas e títulos, sendo designado pelo Presidente do TRT para auxiliar ou substituir nas Varas do Trabalho. Após dois anos de exercício, o Juiz do Trabalho substituto torna-se vitalício. Alternadamente, por antiguidade ou merecimento, o Juiz será promovido a juiz Titular da Vara do Trabalho e, posteriormente, pelo mesmo critério, a juiz do Tribunal Regional do Trabalho. Além disso, poderá chegar ao posto de Ministro do Tribunal Superior do Trabalho desde que preencha os requisitos constitucionais.

É obrigatória a promoção de juiz que constar por três vezes consecutivas ou cinco alternadas em lista de merecimento. A promoção por merecimento exige que o magistrado tenha dois anos de exercício na respectiva entrância e integre a primeira quinta parte da lista de antiguidade desta, salvo se não houver ninguém que preencha todos os requisitos para aceitar a vaga (art. 93, II, "a" e "'b'", CF/1988).

Em consonância com o art. 95 da CF, os magistrados possuem as seguintes prerrogativas inerentes ao exercício de sua função: vitaliciedade, inamovibilidade e irredutibilidade de subsídios (art. 95, I a III, CF/1988).

A vitaliciedade, **no primeiro grau**, é atingida pelo juiz após dois anos de exercício. Somente é possível perder o cargo durante esse período aquisitivo por decisão do Tribunal a que estiver vinculado, ou por sentença judicial transitada em julgado (art. 95, I, CF).

Salvo autorização judicial, o juiz titular deverá residir na Comarca onde atua (art. 93, VII, CF/1988).

Os arts. 658 e 659 da CLT apresentam um rol de deveres dos Juízes do Trabalho, entre os quais se encontra a obrigação de manter perfeita conduta pública e privada; residir dentro dos limites de sua jurisdição, não podendo ausentar-se sem licença do Presidente do Tribunal Regional; presidir as audiências; apresentar relatórios anuais dos trabalhos do ano anterior ao Presidente do Tribunal Regional etc.

O parágrafo único do art. 95 da CF traz vedações aos juízes, como a de exercer outro cargo ou função, exceto a de magistério, vedação de receber custas ou participação em processo; de exercer advocacia no juízo ou tribunal do qual se afastou, antes de decorridos três anos do afastamento do cargo por aposentadoria ou exoneração, entre outras.

11.1.4 Órgãos auxiliares da Justiça do Trabalho

Os serviços auxiliares da Justiça do Trabalho são prestados por servidores e órgãos de auxílio.

O Capítulo VI da CLT (arts. 710 a 717) é destinado apenas aos serviços auxiliares da Justiça do Trabalho.

À luz do art. 710 da CLT, as secretarias são dirigidas pelo Diretor de Secretaria. De acordo com Mauro Schiavi, elas são compostas pelo diretor de secretaria; pelo assistente de diretor (que substitui o diretor em suas ausências); um assistente de juiz (que auxilia o juiz diretamente); um secretário de audiências, também chamado de datilógrafo de audiências, a quem compete secretariar as audiências e digitar as atas; um assistente de cálculos (a quem compete auxiliar o juiz na elaboração e conferência dos cálculos de liquidação); o oficial de justiça avaliador, a quem compete o cumprimento dos mandados e diligências solicitadas pelo juiz; e pelos demais funcionários da Justiça do Trabalho (analistas e técnicos judiciários), que ingressam mediante concurso público de provas.

11.1.5 Dos distribuidores

Nas localidades em que houver mais de uma Vara do trabalho e nos Tribunais onde existir mais de uma Turma, haverá um distribuidor. Será de sua competência, entre outras, a distribuição do feito rigorosamente por ordem de entrada e o fornecimento de informações sobre os processos distribuídos (arts. 713 a 715, CLT).

Os distribuidores são designados pelo Presidente do TRT, dentre os funcionários das Varas do Trabalho e do TRT, ficando subordinados diretamente a ele (art. 715, CLT).

As atribuições do distribuidor estão disciplinadas no art. 714 da CLT. *In verbis*:

> "Art. 714. Compete ao distribuidor:
>
> a) a distribuição, pela ordem rigorosa de entrada, e sucessivamente a cada Junta, dos feitos que, para esse fim, lhe forem apresentados pelos interessados;
>
> b) o fornecimento, aos interessados, do recibo correspondente a cada feito distribuído;
>
> c) a manutenção de 2 (dois) fichários dos feitos distribuídos, sendo um organizado pelos nomes dos reclamantes e o outro dos reclamados – ambos por ordem alfabética;
>
> d) o fornecimento a qualquer pessoa que o solicite, verbalmente ou por certidão, de informações sobre os feitos distribuídos;
>
> e) a baixa na distribuição dos feitos, quando isto lhe for determinado pelos Presidentes das Juntas, formando, com as fichas correspondentes,

fichários à parte, cujos dados poderão ser consultados pelos interessados, mas não serão mencionados em certidões".

11.2 MINISTÉRIO PÚBLICO DO TRABALHO

São essenciais à Justiça do Trabalho: o Ministério Público, a advocacia pública e as defensorias públicas.

O Ministério Público se divide em dois grandes ramos (art. 128, CF): o Ministério Público da União (MPU) e o Ministério Público dos Estados (MPE).

O Ministério Público da União abrange:

a) Ministério Público Federal;
b) Ministério Público do Trabalho;
c) Ministério Público Militar;
d) Ministério Público do DF e territórios.

Ao Ministério Público são asseguradas as seguintes prerrogativas: vitaliciedade após dois anos de exercício (perdendo o cargo apenas por sentença judicial transitada em julgado), inamovibilidade (salvo por motivo de interesse público, pelo voto da maioria absoluta de seus membros, assegurada ampla defesa) e irredutibilidade de subsídio (art. 128, § 5.º, I, CF/1988).

O art. 128, § 5.º, II e § 6.º, da CF traz como vedações ao Ministério Público: receber honorários, percentagens e custas processuais; exercer a advocacia; participar de sociedade comercial, na forma da lei; exercer qualquer função pública, exceto magistério; exercer atividade político-partidária; receber auxílios sobre qualquer pretexto; vedação do exercício da advocacia antes de decorridos três anos do afastamento do cargo por aposentadoria ou exoneração.

O Ministério Público do Trabalho é uma instituição permanente, indivisível, estruturada em carreira, com autonomia funcional, administrativa e financeira. É instituição independente e permanente, essencial à atividade jurisdicional. Incumbe-lhe a defesa do regime democrático, da ordem jurídica e dos interesses sociais e individuais indisponíveis (art. 127, CF/1988).

Atua de duas formas: judicial e extrajudicial. Nos processos judiciais (como parte ou fiscal da lei) e no âmbito administrativo, respectivamente.

O Ministério Público do Trabalho **é instituição independente do Poder Judiciário e do Poder Executivo.** Não é um quarto Poder; consiste em um órgão do Estado, de natureza constitucional, a serviço da sociedade e do interesse público. O Ministério Público do Trabalho atua perante o Poder Judiciário, mas não pertence a ele.

À luz do art. 85 da LC 75/1993, o Ministério Público do Trabalho é integrado por diversos **órgãos**:

- Procuradoria-Geral do Trabalho;
- Colégio de Procuradores do Trabalho;
- Conselho Superior do MPT;
- Câmara de Coordenação e Revisão do MPT;
- Corregedoria do MPT;
- Subprocuradoria do Trabalho;
- Procuradorias Regionais do Trabalho;
- Procuradorias do Trabalho.

Para escolha do **Procurador-Geral do Trabalho**, chefe do Ministério Público do Trabalho, é formada uma lista tríplice, através do voto dos membros do Colegiado de Procuradores, sendo este nomeado pelo Procurador-Geral da República, dentre integrantes do Ministério Público do Trabalho com mais de 35 anos de idade e mais de 5 anos de carreira.

O mandato do Procurador-Geral do Trabalho é de dois anos, permitida uma recondução.

O **cargo inicial é o de Procurador do Trabalho**, o qual atua perante o Tribunal Regional do Trabalho. O **cargo final é o de Subprocurador-Geral do Trabalho**, os quais atuam junto ao TST.

A Lei Complementar 75/1993, denominada Lei Orgânica do Ministério Público da União (ou LOMPU) dedica o Capítulo II do Título II ao Ministério Público do Trabalho.

O Ministério Público **não tem legitimidade para recorrer na defesa de interesse patrimonial privado**, inclusive de empresas públicas e sociedades de economia mista (OJ 237, I, SDI-1, TST). Possui, entretanto, legitimidade para recorrer de decisão que declara a existência de vínculo empregatício com sociedade de economia mista ou empresa pública, após a Constituição Federal de 1988, sem a prévia aprovação em concurso público, pois é matéria de ordem pública (OJ 237, II, SDI-1, TST).

Outrossim, ao exarar o parecer na remessa de ofício, na qualidade de "custos legis", o Ministério Público não tem legitimidade para arguir a prescrição em favor de entidade de direito público, em matéria de direito patrimonial (OJ 130, SDI-1, TST).

O Ministério Público do Trabalho pode, ainda, arguir, em parecer, na primeira vez que tenha de se manifestar no processo, a **nulidade do contrato de trabalho em favor de ente público**, ainda que a parte não a tenha suscitado, a qual será apreciada, sendo vedada, no entanto, qualquer dilação probatória (OJ 350, SDI-1, TST).

CAPÍTULO

12

COMPETÊNCIA DA JUSTIÇA DO TRABALHO

12.1 COMPETÊNCIA

A competência será designada da seguinte forma: em razão da **matéria**, das **pessoas**, da **função** ou do **território**.

12.2 COMPETÊNCIA MATERIAL E EM RAZÃO DA PESSOA

O art. 114 da CF define a competência material e em razão da pessoa da Justiça do Trabalho:

> "Art. 114. Compete à Justiça do Trabalho processar e julgar:
>
> I – as ações oriundas da relação de trabalho, abrangidos os entes de direito público externo e da administração pública direta e indireta da União, dos Estados, do Distrito Federal e dos Municípios;
>
> II – as ações que envolvam exercício do direito de greve;
>
> III – as ações sobre representação sindical, entre sindicatos, entre sindicatos e trabalhadores, e entre sindicatos e empregadores;
>
> IV – os mandados de segurança, *habeas corpus* e *habeas data*, quando o ato questionado envolver matéria sujeita à sua jurisdição;
>
> V – os conflitos de competência entre órgãos com jurisdição trabalhista, ressalvado o disposto no art. 102, I, 'o';
>
> VI – as ações de indenização por dano moral ou patrimonial, decorrentes da relação de trabalho;
>
> VII – as ações relativas às penalidades administrativas impostas aos empregadores pelos órgãos de fiscalização das relações de trabalho;
>
> VIII – a execução, de ofício, das contribuições sociais previstas no art. 195, I, 'a', e II, e seus acréscimos legais, decorrentes das sentenças que proferir;
>
> IX – outras controvérsias decorrentes da relação de trabalho, na forma da lei".

O termo relação de trabalho (gênero) deve ser compreendido de forma abrangente, albergando todas as relações de trabalho, inclusive aquelas sem vínculo de emprego. Por exemplo, podemos citar o representante comercial (autônomo), a diarista (autônoma/

eventual), o pequeno empreiteiro (autônomo/eventual), o pequeno empreiteiro, também chamado de operário ou artífice (autônomo/eventual), dentre outros.

A inclusão na competência da Justiça do Trabalho das relações de trabalho *lato sensu* (em sentido amplo, compreendendo as não empregatícias) foi, de fato, um marco importantíssimo na história deste ramo do Poder Judiciário.

A Emenda Constitucional n.º 45/2004 foi responsável por uma significativa ampliação da competência da Justiça do Trabalho. O art. 114, inciso I, estabelece que é competência da Justiça do Trabalho processar e julgar as ações oriundas da relação de trabalho, abrangidos os entes de direito público externo e da administração pública direta e indireta da União, dos Estados, do Distrito Federal e dos Municípios.

Contudo, o STF, na ADI 3.395, repetindo o entendimento já exposto na ADI 492, tornou defeso à Justiça do Trabalho a apreciação de causas instauradas entre o Poder Público e os servidores a ele vinculados por típica relação baseada no regime estatutário ou jurídico-administrativo.

Conclui-se pela incompetência da Justiça do Trabalho para julgar demandas entre o Poder Público e seus servidores estatutários. Também não poderá demandar na Justiça do Trabalho o servidor contratado pelo ente público, temporariamente, por regime especial previsto em lei municipal ou estadual, à luz do art. 37, IX, da CF/1988, pois toda contratação temporária apresenta índole administrativa, se previsto regime especial em lei própria.

Assim, o processamento de litígios entre servidores temporários e a Administração Pública na Justiça do Trabalho afronta a autoridade da decisão exarada na ADI 3.395-MC/DF, o que levou os ministros do Plenário do STF, no exame do Recurso Extraordinário n.º 573.202-9/AM, em 21.08.2008, a darem repercussão geral à referida decisão, implicando, nos termos dos arts. 1.035 e 1.036 do CPC (Lei 11.418/2006), a objetivação do julgamento emitido pelo STF, ou seja, os casos análogos serão decididos exatamente no mesmo sentido daquele deliberado pelo órgão pleno no RE n.º 573.202/AM.

No ano de 2020 a ADI 3.395 foi apreciada pela Corte Suprema que proferiu a seguinte decisão:

> "O Tribunal, por maioria, conheceu da ação direta e julgou parcialmente procedente o pedido formulado, confirmando a decisão liminar concedida e fixando, com aplicação de interpretação conforme à Constituição, sem redução de texto, que o disposto no inciso I do art. 114 da Constituição Federal não abrange causas ajuizadas para discussão de relação jurídico-estatutária entre o Poder Público dos Entes da Federação e seus Servidores, nos termos do voto do Relator, vencidos os Ministros Edson Fachin, Marco Aurélio e Rosa Weber, que julgavam improcedente o pedido. O Ministro Roberto Barroso acompanhou o Relator com ressalvas. Não participou deste julgamento, por motivo de licença médica no início da sessão, o Ministro

Celso de Mello (art. 2º, § 5º, da Res. 642/2019). Plenário, Sessão Virtual de 3.4.2020 a 14.4.2020."

Dessa forma, o TST cancelou a OJ 205 da SBDI-110, que estabelecia a competência da Justiça do Trabalho quando alegado o desvirtuamento em tal contratação, mediante a prestação de serviços à Administração para atendimento de necessidade permanente e não para acudir a situação transitória e emergencial.

Sendo assim, é possível ajuizar Reclamatória Trabalhista contra administração pública direta ou indireta na Justiça do Trabalho apenas quando os servidores estiverem a ela vinculados por relação celetista.

Nos demais casos:

a) tratando-se de servidor público federal, a ação poderá ser ajuizada na Justiça Federal.

b) tratando-se de servidor público municipal ou estadual, a reclamatória poderá ser ajuizada na Justiça Estadual.

O art. 114, I, da CF também estabelece que compete à Justiça do Trabalho processar e julgar "as ações oriundas da relação de trabalho, abrangidos os entes de direito público externo ..."

São entes de direito público externo: a) os estados estrangeiros e b) os organismos internacionais.

Quanto a cada um deles, é importante saber se submetem-se à jurisdição brasileira ou se são imunes a ela.

Já em relação aos Estados estrangeiros, a doutrina e a jurisprudência, pautando-se no direito consuetudinário, dividem os atos praticados em: a) atos de gestão e b) atos de império.

Os atos de império são aqueles praticados em decorrência da soberania do Estado estrangeiro, como é o caso da concessão de visto para entrada no país. Tais atos não se sujeitam à jurisdição brasileira. Há quanto a eles **imunidade absoluta de jurisdição**.

Já os de gestão são aqueles em que Estado estrangeiro atua equiparando-se ao particular, em relações estritamente privadas, como é o caso da aquisição de bens e contratação de empregados.

Em relação aos atos de gestão, o Estado estrangeiro **não dispõe de imunidade de jurisdição** perante os órgãos do Poder Judiciário brasileiro. Logo, o ente de Direito Público Externo não poderá invocar privilégio diplomático em processo trabalhista, gerando indevido enriquecimento sem causa do Estado estrangeiro, em detrimento dos obreiros domiciliados no Brasil. A concessão de inaceitável privilégio, para o STF, consagraria censurável desvio ético-jurídico, incompatível com o princípio da boa-fé e inconciliável com os grandes postulados do direito internacional.

Todavia, permanece o entendimento da Suprema Corte de que o ente de direito público externo possui "**imunidade de execução**", ou seja, embora tenha a Justiça laboral competência para processar e julgar demanda envolvendo ente estrangeiro, não possui competência para executar seus julgados, devendo socorrer-se aos apelos diplomáticos, mediante a denominada carta rogatória, salvo em dois casos: a) de renúncia, por parte do Estado estrangeiro, à prerrogativa da intangibilidade dos seus próprios bens e b) de existência, em território brasileiro, de bens, que, embora pertencentes ao Estado estrangeiro, não tenham qualquer vinculação com as finalidades essenciais inerentes às legações diplomáticas ou representações consulares mantidas em nosso País.

Diferentemente dos Estados estrangeiros, que atualmente têm a sua imunidade de jurisdição relativizada, segundo entendimento do próprio Supremo Tribunal Federal, os organismos internacionais permanecem, em regra, detentores do privilégio da **imunidade absoluta**. Os organismos internacionais são associações disciplinadas, em suas relações, por normas escritas, consubstanciadas nos denominados tratados e/ou acordos de sede. Não têm, portanto, a sua imunidade de jurisdição pautada pela regra costumeira internacional, tradicionalmente aplicável aos Estados estrangeiros. Em relação a eles, segue-se a regra de que a imunidade de jurisdição rege-se pelo que se encontra efetivamente avençado nos referidos tratados de sede.

No mesmo sentido é a OJ 416 da SDI-I/TST:

> "IMUNIDADE DE JURISDIÇÃO. ORGANIZAÇÃO OU ORGANISMO INTERNACIONAL. As organizações ou organismos internacionais gozam de imunidade absoluta de jurisdição quando amparados por norma internacional incorporada ao ordenamento jurídico brasileiro, não se lhes aplicando a regra do Direito Consuetudinário relativa à natureza dos atos praticados. Excepcionalmente, prevalecerá a jurisdição brasileira na hipótese de renúncia expressa à cláusula de imunidade jurisdicional."

A Justiça do Trabalho é também competente para julgar:

- Dissídios em que se pleiteie dano moral e patrimonial decorrentes das relações de trabalho (art. 114, inciso VI, CF);
- Ações que envolvam o exercício do direito de greve (inciso II);

O STF fixou tese no RE 846854 (DJe 06.02.2018) instituindo que "a justiça comum, federal ou estadual, é competente para julgar a abusividade de greve de servidores públicos celetistas da Administração pública direta, autárquica e fundações públicas".

Portanto, não importa se a greve é de servidor público celetista ou estatutário, se for servidor da administração pública direta (União, Estados, Distrito Federal e Municípios), de autarquias ou fundações públicas, a competência será da justiça comum, federal ou estadual.

Se os servidores são federais, a competência será da Justiça Comum Federal, especificamente do Tribunal Regional do Trabalho (art. 6°, Lei 7.701/1988, por aplicação analógica); se estaduais ou municipais, da Justiça Comum Estadual, especificamente do Tribunal de Justiça (art. 6°, Lei 7.701/1988, por aplicação analógica).

A competência da Justiça do Trabalho limita-se a declarar a abusividade da greve dos servidores celetistas das empresas públicas e sociedades de economia mista, pois estas sujeitam-se ao regime jurídico próprio das empresas privadas, à luz do art. 173, § 1°, II, da CF.

- Mandado de segurança, *habeas corpus* e *habeas data*, quando o ato questionado envolver matéria trabalhista (inciso IV);
- Dissídios decorrentes da representação sindical, entre sindicato x sindicato; sindicato x trabalhador e sindicato e empregador (inciso III);
- Conflitos de competência entre seus órgãos, salvo nos casos de competência do STJ e do STF (inciso V);
- Ações referentes a penalidades administrativas impostas aos empregadores pelos órgãos de fiscalização do trabalho (inciso VII);
- Execução, de ofício, das contribuições sociais previstas nos art. 195, I, "a", e II, e seus acréscimos legais, decorrentes das sentenças que proferir. Nos termos do art. 876, parágrafo único, da CLT, da Súmula 368, I, do TST e da súmula vinculante 53 do STF, a competência da Justiça do Trabalho, quanto à execução das contribuições previdenciárias, limita-se às sentenças condenatórias em pecúnia que proferir e aos valores, objeto de acordo homologado, que integrem o salário de contribuição;
- A Justiça do Trabalho é competente para a execução da contribuição referente ao Seguro de Acidente do Trabalho (SAT) que tem natureza de contribuição para a seguridade social (arts. 114, VIII, e 195, I, "a", ambos da CF),

pois se destina ao financiamento de benefícios relativos à incapacidade do empregado decorrente de infortúnio no trabalho (súmula 454, TST).

É competência da Justiça do Trabalho processar e julgar as ações decorrentes do não cadastramento do empregado no PIS. Nesse sentido, é a Súmula 300 do TST.

O Plenário do Supremo Tribunal Federal decidiu em 20/02/2013, no julgamento do Recurso Extraordinário (RE) 586456, que cabe à Justiça Comum julgar processos decorrentes de contrato de previdência complementar privada. Como a matéria teve repercussão geral reconhecida, o entendimento passa a valer para todos os processos semelhantes que tramitam nas diversas instâncias do Poder Judiciário – sobretudo na Justiça do Trabalho.

No mesmo julgamento, o STF decidiu também modular os efeitos da decisão e definiu que continuam na Justiça do Trabalho todos os processos que já tiverem sentença de mérito proferida até 20/02/2013. Os demais processos em tramitação que ainda não tenham sentença, a partir desta data, deverão ser remetidos à Justiça Comum.

O STF entendeu que o art. 202, § 2.º, da CF determina que a previdência complementar não integra o contrato de trabalho, tanto que é possível a portabilidade do direito acumulado pelo participante para outro plano, como autoriza o art. 14, II, da LC 109/01.

A competência da Justiça Comum para julgar processos decorrentes de contrato de previdência complementar privada abrange, naturalmente, a complementação de pensão requerida por viúva, de modo que a OJ 26 do TST, que estabelece que "a Justiça do Trabalho é competente para julgar pedidos de complementação de pensão postulada por viúva de ex-empregado, por se tratar de pedido que deriva do contrato de trabalho", deve ser cancelada.

À luz do art. 652, IV, *f*, da CLT, a Justiça do Trabalho é competente para homologação de acordo extrajudicial. Trata-se de procedimento de jurisdição voluntária, em que o juiz apenas homologa o acordo celebrado entre as partes extrajudicialmente, observado o procedimento previsto nos arts. 855-B e 855-C da CLT.

A respeito da competência da Justiça do Trabalho, ressaltem-se as seguintes súmulas vinculantes e matérias correlacionadas:

1) Súmula Vinculante 23:

O art. 114, em seu inciso II, estabelece que: compete à Justiça do Trabalho processar e julgar as ações decorrentes do exercício do direito de greve.

Com base no referido artigo, o STF, através da Súmula Vinculante 23, pacificou a competência da Justiça do Trabalho para julgar as ações possessórias ajuizadas em decorrência do exercício do direito de greve da iniciativa privada: ação de reintegração de posse, quando houver esbulho; ação de manutenção de posse, na hipótese de justo receio de esbulho ou turbação.

Observe o inteiro teor da Súmula Vinculante 23 do STF:

> SÚMULA VINCULANTE 23. "A Justiça do Trabalho é competente para processar e julgar ação possessória ajuizada em decorrência do exercício do direito de greve pelos trabalhadores da iniciativa privada".

As **ações possessórias** (termo genérico) englobam as seguintes **espécies**, abaixo conceituadas no contexto do processo do trabalho:

- **Ação de Reintegração de Posse:** os empregados cometem esbulho contra a posse dos bens do empregador, isto é, tomam para si, abusivamente, a posse dos bens da empresa, como os pátios, as repartições, os veículos etc.
- **Ação de Manutenção de Posse:** os empregados não retiram a posse dos bens do empregador, mas atrapalham seu uso cômodo e integral (cometem **turbação**, que pode ser entendida como **perturbação** da posse).
- **Interdito Proibitório:** os empregados não cometem esbulho e nem turbação, mas ameaçam cometer qualquer deles, de forma expressa ou tácita. Se o empregador sentir tal ameaça, poderá valer-se do interdito proibitório, que é uma espécie de ação possessória.

Cumpre destacar que a Justiça do Trabalho não tem competência para apreciar controvérsias decorrentes do exercício do direito de greve pelo servidor público estatutário, uma vez que o STF, na ADI 3.395, excluiu da competência da Justiça do Trabalho as ações que sejam instauradas entre o poder público e seus servidores estatutários, oriundas das relações de trabalho, tal como é a greve.

2) Súmula Vinculante 25 e ADI 3.684

O inciso IV do art. 114 da CF confere à Justiça do Trabalho competência para processar e julgar os mandados de segurança, *habeas corpus* e *habeas data* quando o ato questionado envolver matéria de sua jurisdição. Apesar de a Justiça do Trabalho ser competente para julgar o *habeas corpus*, o STF, apreciou a ADI 3.684 no ano de 2020 e julgou julgou procedente o pedido formulado na ação direta, de modo a conferir interpretação conforme à Constituição ao seu artigo 114, incisos I, IV e IX, na redação dada pela Emenda Constitucional nº 45, para afastar qualquer interpretação que entenda competir à Justiça do Trabalho processar e julgar ações penais, nos termos da medida cautelar anteriormente deferida pelo Plenário, nos termos do voto do Relator, vencidos os Ministros Edson Fachin e Marco Aurélio.

Nos termos da Súmula Vinculante 25, é ilegal a prisão de depositário infiel:

> SÚMULA VINCULANTE 25. "É ilícita a prisão civil de depositário infiel, qualquer que seja a modalidade do depósito".

Assim, caso o juiz determine a sua prisão, o *habeas corpus* fundamentado na referida súmula poderá ser impetrado, sendo de competência do TRT o seu julgamento.

Ressalte-se que a reclamação constitucional também poderá ser proposta perante o STF para a garantia da autoridade da súmula vinculante (art. 103-A, § 3.º, CF).

Confira o teor da Súmula Vinculante 25 do STF:

A incompetência em razão da matéria é absoluta. Pode ser declarada pelo Juízo, de ofício, ou mediante alegação das partes (art. 795, § 1.º, CLT).

A incompetência material da Justiça do Trabalho deve ser alegada em preliminar de contestação, nos moldes do art. 337, II, do CPC.

12.3 COMPETÊNCIA EM RAZÃO DA FUNÇÃO

A competência funcional ou em razão da função concerne à distribuição das atribuições cometidas aos diferentes órgãos da Justiça do Trabalho, de acordo com o que dispõem a Constituição, as leis processuais e os regimentos internos dos tribunais trabalhistas.

12.4 COMPETÊNCIA TERRITORIAL

A regra para a definição da competência territorial na Justiça do Trabalho é o local da prestação de serviço ou da contratação, consoante reza o *caput* do art. 651 e § 3.º da CLT.

Vamos iniciar o estudo da competência em razão do lugar (territorial) com a regra geral, que abarca a esmagadora maioria dos casos. Confira a redação do caput do art. 651 da CLT:

> Art. 651. A competência das Juntas de Conciliação e Julgamento é determinada pela localidade onde o empregado, reclamante ou reclamado, prestar serviços ao empregador, ainda que tenha sido contratado noutro local ou no estrangeiro.

A Vara do Trabalho competente para conhecer a reclamação trabalhista é aquela que possui jurisdição no **local onde o empregado prestou serviços ao empregador**. Essa regra é aplicável tanto para o caso em que o empregado é reclamante (maioria dos casos) como também para o caso em que ele é reclamado (como em caso de ação de consignação em pagamento, quando a empresa deposita valores ao empregado).

Exemplo prático:

Leandro é contratado pelo restaurante Bom Gosto, na cidade de São Paulo (SP), onde é a sede da empresa, para ocupar o emprego de atendente de caixa. Logo de início, o restaurante, que possui filial em São Bernardo do Campo (SP), informa a Leandro que ele trabalhará nesta filial. Portanto, o lugar onde a futura reclamação trabalhista deverá ser ajuizada é São Bernardo do Campo (SP). **Veja:** se Leandro prestou serviços somente em São Bernardo do Campo (SP), **pouco importa, para fins de competência, se ele foi contratado em outro lugar**.

Existem, no entanto, regras diversas. A segunda mais comum é a do §3° do art. 651:

> §3°. Em se tratando de empregador que promova realização de atividades fora do lugar do contrato de trabalho, é assegurado ao empregado apresentar reclamação no foro da celebração do contrato ou no da prestação dos respectivos serviços.

Nesse sentido, devemos entender o seguinte: se o empregado é contratado para prestar serviços em um município, mas, no curso do contrato, acaba sendo transferido para prestar serviços em outros municípios, a futura reclamação trabalhista poderá ser ajuizada tanto no local onde o contrato foi celebrado como em quaisquer dos locais onde o empregado prestou serviços ao longo do contrato.

Há, ainda, duas regras especiais. Vejamos a regra relativa ao **agente comercial/ viajante comercial**, insculpida no art. 651, §1°, da CLT:

> §1°. Quando for parte de dissídio agente ou viajante comercial, a competência será da Junta da localidade em que a empresa tenha agência ou filial e a esta o empregado esteja subordinado e, na falta, será competente a Junta da localização em que o empregado tenha domicílio ou a localidade mais próxima.

A regra acima normalmente é invocada no caso de **representantes comerciais, sem vínculo empregatício, pleitearem vínculo de emprego** em razão de inobservância das formalidades legais do contrato de trabalho autônomo de representante comercial, nos termos da Lei n. 4.886/1965.

Por último, vejamos a regra do art. 651, §2°:

> §2°. A competência das Juntas de Conciliação e Julgamento, estabelecida neste artigo, estende-se aos dissídios ocorridos em agência ou filial no estrangeiro, desde que o empregado seja brasileiro e não haja convenção internacional dispondo em contrário.

Este parágrafo fala somente que o empregado brasileiro poderá ajuizar reclamação trabalhista no Brasil, mesmo que tenha trabalhado em agência/filial fora do Brasil.

O artigo não deixa clara a localidade, no Brasil, onde a reclamação deverá ser proposta. A maioria dos autores admitem dois lugares:

- local da sede da empresa no Brasil;
- local da contratação antes de o empregado ir para o estrangeiro.

12.5 COMPETÊNCIA EM RAZÃO DO VALOR

Na Justiça do Trabalho esse critério não é utilizado para fixação da competência. O valor dos pedidos apenas determina o rito processual.

12.6 COMPETÊNCIA INTERNACIONAL

Empregado brasileiro contratado para trabalhar no estrangeiro poderá demandar no Brasil, salvo se houver convenção internacional dispondo em contrário (art. 651, § 2.º, CLT).

A grande questão é a seguinte: qual a legislação material aplicável quando o empregado brasileiro é contratado para trabalhar em outro país? São duas as situações:

- empregado brasileiro contratado para trabalhar no estrangeiro, quando não transferido: é regido pelo princípio da territorialidade, segundo o qual a legislação aplicável é a do país da prestação dos serviços.
- empregado transferido: aplica-se a legislação mais favorável (Lei 7.064/1982 – alterada em 2009).

As hipóteses de transferência estão previstas no art. 2.º da Lei 7.064/1982. Observe:

> "Art. 2.º Para os efeitos desta Lei, considera-se transferido:
>
> I – o empregado removido para o exterior, cujo contrato estava sendo executado no território brasileiro;
>
> II – o empregado cedido à empresa sediada no estrangeiro, para trabalhar no exterior, desde que mantido o vínculo trabalhista com o empregador brasileiro;
>
> III – o empregado contratado por empresa sediada no Brasil para trabalhar a seu serviço no exterior".

Para os empregados transferidos aplica-se a legislação material mais favorável, nos termos do art. 3.º da Lei 7.064/1982, *in verbis*:

> "Art. 3.º A empresa responsável pelo contrato de trabalho do empregado transferido assegurar-lhe-á, independentemente da observância da legislação do local da execução dos serviços:
>
> (...)
>
> II – a aplicação da legislação brasileira de proteção ao trabalho, naquilo que não for incompatível com o disposto nesta Lei, quando mais favorável do que a legislação territorial, no conjunto de normas e em relação a cada matéria".

12.7 CONFLITO DE COMPETÊNCIA

À luz do art. 66 do CPC, o conflito de competência pode ser positivo ou negativo. No primeiro caso, dois ou mais juízes se declaram competentes para julgar a causa. Já na segunda hipótese, dois ou mais juízes se declaram incompetentes para julgar o processo. Enfim, pode ocorrer conflito de competência quando houver divergência entre dois ou mais juízes acerca da reunião ou separação de processos.

O conflito de competência originado entre os órgãos da Justiça do Trabalho será solucionado pelas normas contidas na própria CLT (arts. 803 e seguintes, que observam o critério de hierarquia) e pelos arts. 102, I, "o", e 105, I, "d", da CF.

Seguem abaixo os artigos mencionados:

> "Art. 102, CF. Compete ao Supremo Tribunal Federal, precipuamente, a guarda da Constituição, cabendo-lhe:
>
> I – processar e julgar, originariamente:
>
> (...)
>
> o) os conflitos de competência entre o Superior Tribunal de Justiça e quaisquer tribunais, entre Tribunais Superiores, ou entre estes e qualquer outro tribunal;
>
> (...)"
>
> "Art. 105, CF. Compete ao Superior Tribunal de Justiça:
>
> I – processar e julgar, originariamente:
>
> (...)
>
> d) os conflitos de competência entre quaisquer tribunais, ressalvado o disposto no art. 102, I, 'o', bem como entre tribunal e juízes a ele não vinculados e entre juízes vinculados a tribunais diversos;
>
> (...)"
>
> "Art. 803, CLT. Os conflitos de jurisdição podem ocorrer entre:
>
> a) Juntas de Conciliação e Julgamento e Juízos de Direito investidos na administração da Justiça do Trabalho;
>
> b) Tribunais Regionais do Trabalho;
>
> c) Juízos e Tribunais do Trabalho e órgãos da Justiça Ordinária;
>
> d) Revogada pelo Decreto-Lei n.º 8.737, de 19.01.1946".
>
> "Art. 808, CLT. Os conflitos de jurisdição de que trata o art. 803 serão resolvidos:
>
> a) pelos Tribunais Regionais, os suscitados entre Juntas e entre Juízos de Direito, ou entre uma e outras, nas respectivas regiões;
>
> b) pelo Tribunal Superior do Trabalho, os suscitados entre Tribunais Regionais, ou entre Juntas e Juízos de Direito sujeitos à jurisdição de Tribunais Regionais diferentes;
>
> c) Revogada pelo Decreto-Lei n.º 9.797, de 09.09.1946;
>
> d) pelo Supremo Tribunal Federal, os suscitados entre as autoridades da Justiça do Trabalho e as da Justiça Ordinária (esta alínea deve ser confrontada com o art. 105, I, 'd', da Constituição, conforme a seguir demonstrado)".

Assim, os conflitos de competência serão resolvidos pelos TRT's, TST, STJ e STF.

Caberá ao STJ apreciar o conflito quando ocorrer entre órgãos de justiças diferentes. Preceitua o art. 105, I, "d", da CF que incumbe ao STJ resolver os conflitos entre quaisquer tribunais; entre tribunais e juízes a ele não vinculados e entre juízes vinculados a tribunais diversos, ressalvada a competência do STF, prevista no art. 102, I, "o", da CF.

Por sua vez, a competência será do STF quando o conflito envolver tribunal superior. Prevê o art. 102, I, "o", da CF que compete ao STF julgar os conflitos entre o STJ e qualquer outro tribunal; entre tribunais superiores e entre tribunais superiores e qualquer outro tribunal.

Veja quadro com resumo dos conflitos de competência:

Conflito	Observações	Órgão Julgador
• Conflito entre dois juízes do trabalho • Conflito entre juiz do trabalho e juiz de direito investido da jurisdição trabalhista	Ambos subordinados ao mesmo TRT	TRT (art. 808, "a", CLT)
• Conflito entre dois juízes do trabalho • Conflito entre juiz do trabalho e juiz de direito investido da jurisdição trabalhista	Subordinados a TRTs diversos	TST (art. 808, "b", CLT)
• Conflito entre dois TRTs		TST (art. 808, "b", CLT)
• Conflito entre órgãos de justiças diferentes como, por exemplo: a) conflito entre juiz do trabalho e juiz de direito; b) conflito entre juiz do trabalho e juiz federal; c) conflito entre TRT e juiz federal; d) conflito entre TRT e juiz de direito.		STJ (art. 105, I, "d", CF)
• Conflito envolvendo Tribunal Superior.		STF (art. 102, I, "o", CLT)

Em razão do princípio hierárquico, não se configura conflito de competência entre Tribunal Regional do Trabalho e Vara do trabalho a ele vinculada, sendo nesse caso aplicada a Súmula 420 do TST:

> "SÚMULA 420, TST. Não se configura conflito de competência entre Tribunal Regional do Trabalho e Vara do Trabalho a ele vinculada".

Da mesma forma, não há conflito de competência entre um TRT e o TST.

É vedado à parte interessada suscitar conflitos de jurisdição quando já houver oposto na causa exceção de incompetência (art. 806, CLT).

E, por fim, no ato de suscitar o conflito deverá a parte interessada produzir a prova de existência dele (art. 807, CLT).

12.8 QUESTÕES

1. (OAB VIII - FGV) Se for instalado conflito de competência positivo entre dois juízes do Trabalho de Pernambuco, qual será o órgão competente para julgá-lo?

(A) O TST.

(B) O STJ.

(C) O TRT de Pernambuco.

(D) O STF.

2. (OAB V - FGV) Com relação à competência material da Justiça do Trabalho, é correto afirmar que:

(A) não compete à Justiça do Trabalho, mas à Justiça Federal, o julgamento de ação anulatória de auto de infração lavrado por auditor fiscal do trabalho.

(B) é da competência da Justiça do Trabalho o julgamento das ações ajuizadas em face da Previdência Social que versem sobre litígios ou medidas cautelares relativos a acidentes do trabalho.

(C) de acordo com o entendimento do Superior Tribunal de Justiça, é da competência da Justiça do Trabalho processar e julgar a ação de cobrança ajuizada por profissional liberal contra cliente.

(D) a Justiça do Trabalho é competente para julgar ação ajuizada por sindicato de categoria profissional em face de determinada empresa para que esta seja condenada a repassar-lhe as contribuições assistenciais descontadas dos salários dos empregados sindicalizados.

3. (OAB XIII - FGV) Pedro, estivador, logo trabalhador avulso, está insatisfeito com os repasses que lhe são feitos pelos trabalhos no Porto de Tubarão. Pretende ajuizar ação em face do operador portuário e do Órgão Gestor de Mão de Obra – OGMO. Como advogado de Pedro, indique a Justiça competente para o processamento e julgamento da demanda a ser proposta.

(A) Justiça Comum Federal, dado que o avulso não tem vínculo de emprego com os réus e a matéria portuária é de âmbito nacional.

(B) Justiça do Trabalho.

(C) Justiça Comum Estadual, pela ausência de relação empregatícia, sendo o avulso uma espécie de trabalhador autônomo.

(D) Poderá optar pela Justiça Comum Estadual ou Justiça do Trabalho, caso pretenda o reconhecimento de vínculo de emprego.

4. (OAB XIX – FGV) Hudson ajuizou ação na Justiça do Trabalho na qual postula exclusivamente diferenças na complementação de sua aposentadoria. Hudson explica que, durante 35 anos, foi empregado de uma empresa estatal e contribuiu para o ente de previdência privada fechada, da qual a ex-empregadora é instituidora e patrocinadora. Ocorre que, ao longo do tempo, os empregados da ativa tiveram reajustes salariais que não foram observados na complementação da aposentadoria de Hudson, gerando diferenças, que agora o autor cobra tanto da ex-empregadora quanto do ente de previdência privada. Considerando o caso e de acordo com a CLT, assinale a afirmativa correta.

(A) O processo deverá ser remetido pelo Juiz do Trabalho para a justiça estadual.

(B) A reclamação trabalhista deverá ser extinta sem resolução do mérito por falta de competência.

(C) A ação trabalhista deverá ter curso normal, com citação e designação de audiência para produção de provas.

(D) O destino do feito dependerá dos termos da contestação, pois pode haver prorrogação de competência.

5. (OAB XXI EXAME – FGV) De acordo com o entendimento consolidado do STF e do TST, assinale a opção que apresenta situação em que a Justiça do Trabalho possui competência para executar as contribuições devidas ao INSS.

(A) Reclamação na qual se postulou, com sucesso, o reconhecimento de vínculo empregatício.

(B) Ação trabalhista na qual se deferiu o pagamento de diferença por equiparação salarial.

(C) Demanda na qual o empregado teve a CTPS assinada mas não teve o INSS recolhido durante todo o contrato.

(D) Reclamação trabalhista na qual foi reconhecido o pagamento de salário à margem dos contracheques.

6. (OAB XXXV EXAME – FGV) Seu escritório atua exclusivamente na área trabalhista e participará de uma licitação a ser realizada por uma grande empresa pública para escolha de escritórios de advocacia das mais diversas áreas de atuação. Assim sendo, a fim de elaborar a proposta a ser enviada para licitação, você foi incumbido de indicar quais processos seriam da competência da Justiça do Trabalho. Diante disso, considerando o entendimento jurisprudencial consolidado do TST, bem como a Constituição da República Federativa do Brasil, são da competência da Justiça do Trabalho.

(A) as ações relativas às penalidades administrativas impostas aos empregadores pelos órgãos de fiscalização das relações de trabalho.

(B) as causas que envolvam servidores públicos estatutários e os entes de direito público interno.

(C) os conflitos de competência instaurados entre juízes do trabalho e juízes de direito da justiça comum estadual.

(D) as ações que visem a determinar o recolhimento de todas as contribuições previdenciárias oriundas da relação de emprego.

GABARITO: As respostas destes testes encontram-se no final do livro.

CAPÍTULO

13

PARTES E PROCURADORES

13.1 CONCEITO

São as pessoas que pedem e em relação às quais se pede a tutela jurisdicional.

13.2 CAPACIDADE

13.2.1 Capacidade de ser parte

É a capacidade de figurar no processo como autor ou réu. Em geral coincide com a capacidade civil, muito embora seja conferida também a alguns entes despersonalizados.

A personalidade civil e, portanto, a capacidade de ser parte da pessoa física surge com o nascimento com vida, sendo assegurados os direitos do nascituro (art. 2.º, CC).

A personalidade civil da pessoa jurídica inicia-se com a inscrição dos seus atos constitutivos no respectivo registro (art. 45, CC).

Também possuem capacidade de ser parte os entes despersonalizados, como a massa falida, o espólio, o condomínio etc.

13.2.2 Capacidade processual

A **capacidade processual**, também chamada de capacidade de fato ou de exercício, consiste na possibilidade de a parte atuar em juízo "por si só" (art. 70, CPC).

Consoante preceitua o art. 71 do CPC, o incapaz será representado ou assistido por seus pais, por tutor ou por curador, na forma da lei.

As hipóteses de incapacidade civil absoluta estão descritas no art. 3.º do CC:

> "Art. 3º São absolutamente incapazes de exercer pessoalmente os atos da vida civil os menores de 16 (dezesseis) anos".

Os casos de incapacidade relativa estão enumerados no art. 4.º do CC:

> "Art. 4.º São incapazes, relativamente a certos atos ou à maneira de os exercer:
>
> I – os maiores de dezesseis e menores de dezoito anos;
>
> II – os ébrios habituais e os viciados em tóxicos;

III – aqueles que por causa transitória ou permanente não puderem exprimir sua vontade;

IV – os pródigos.

Parágrafo único. A capacidade dos índios será regulada por legislação especial".

No Processo do Trabalho, a capacidade civil plena dos empregados, ou seja, a possibilidade de atuar em juízo "por si só" ocorre aos 18 anos (arts. 7.º, XXXIII, CF e 402, CLT).

Fique de olho

Para ajudar a assimilar esta diferença básica, apresentamos o seguinte mapa mental:

13.2.3 Capacidade postulatória

No Processo Civil a capacidade postulatória é conferida apenas ao advogado legalmente habilitado e ao órgão do Ministério Público do Trabalho. No Processo do Trabalho, nos termos do art. 791 da CLT, tal capacidade é concedida aos empregados e aos empregadores.

13.3 REPRESENTAÇÃO E ASSISTÊNCIA

A **representação**, caracterizada pela atuação em nome de outrem, ocorre quando alguém em nome alheio postula direito que não lhe pertence.

São espécies do gênero representação: **a**) a representação *stricto sensu*, aplicável aos absolutamente incapazes (art. 3.º, CC), e **b**) a assistência, aplicável aos relativamente incapazes (art. 4.º, CC).

A reclamação trabalhista do menor de 18 anos será feita por seus representantes legais e, na falta destes, pela Procuradoria da Justiça do Trabalho, pelo sindicato, pelo Ministério Público estadual ou curador nomeado em juízo (art. 793, CLT).

A CLT emprega o termo representação, fazendo referência ao gênero, de modo que, a depender do caso, poderá se tratar de assistência ou de representação.

Os empregados e os empregadores poderão fazer-se representar na Justiça do Trabalho por intermédio do sindicato, advogado, solicitador ou provisionado, inscrito na Ordem dos advogados do Brasil (art. 791, § 1.º, CLT).

Esta representação é chamada de convencional ou voluntária, ou seja, não se presta a suprir incapacidade.

O artigo 75 do CPC, aplicável ao Processo do Trabalho, trata da representação. *In verbis*:

> "Art. 75. Serão representados em juízo, ativa e passivamente:
>
> I – a União, pela Advocacia Geral da União, diretamente ou mediante órgão vinculado;
>
> II – o Estado e o Distrito Federal, por seus procuradores;
>
> III – o Município, por seu prefeito, procurador ou Associação de Representação de Municípios, quando expressamente autorizada; (Redação dada pela Lei nº 14.341, de 2022)
>
> IV – a autarquia e a fundação de direito público, por quem a lei do ente federado designar;
>
> V – a massa falida, pelo administrador judicial;
>
> VI – a herança jacente ou vacante, por seu curador;
>
> VII – o espólio, pelo inventariante;
>
> VIII – a pessoa jurídica, por quem os respectivos atos constitutivos designarem ou, não havendo essa designação, por seus diretores;
>
> IX – a sociedade e a associação irregulares e outros entes organizados sem personalidade jurídica, pela pessoa a quem couber a administração de seus bens;
>
> X – a pessoa jurídica estrangeira, pelo gerente, representante ou administrador de sua filial, agência ou sucursal aberta ou instalada no Brasil;
>
> XI – o condomínio, pelo administrador ou síndico.
>
> § 1.º Quando o inventariante for dativo, os sucessores do falecido serão intimados no processo no qual o espólio seja parte.
>
> § 2.º A sociedade ou associação sem personalidade jurídica não poderá opor a irregularidade de sua constituição quando demandada.

> § 3.º O gerente de filial ou agência presume-se autorizado pela pessoa jurídica estrangeira a receber citação para qualquer processo.
>
> § 4.º Os Estados e o Distrito Federal poderão ajustar compromisso recíproco para prática de ato processual por seus procuradores em favor de outro ente federado, mediante convênio firmado pelas respectivas procuradorias".
>
> § 5º A representação judicial do Município pela Associação de Representação de Municípios somente poderá ocorrer em questões de interesse comum dos Municípios associados e dependerá de autorização do respectivo chefe do Poder Executivo municipal, com indicação específica do direito ou da obrigação a ser objeto das medidas judiciais. (Incluído pela Lei nº 14.341, de 2022)

À luz do art. 76 do CPC, verificada a incapacidade processual ou a irregularidade da representação da parte, o juiz suspenderá o processo e designará prazo razoável para que seja sanado o vício. Descumprida a determinação: a) caso o processo esteja na instância originária: i) o processo será extinto, se a providência couber ao autor; ii) o réu será considerado revel, se a providência lhe couber; iii) o terceiro será considerado revel ou excluído do processo, dependendo do polo em que se encontre; b) descumprida a determinação em fase recursal perante tribunal, o relator: i) não conhecerá do recurso, se a providência couber ao recorrente; ii) determinará o desentranhamento das contrarrazões, se a providência couber ao recorrido.

13.4 *JUS POSTULANDI*

Os arts. 791 e 839, "a", da CLT estabelecem que empregado e empregador podem demandar pessoalmente na Justiça do Trabalho.

Muito se questionou acerca da constitucionalidade do *jus postulandi*. Alguns, defendiam não ter sido recepcionado pela Constituição Federal, em razão do art. 133 estabelecer que o advogado é indispensável à administração da justiça. Defendiam também sua inaplicabilidade frente ao Estatuto da OAB (Lei 8.906/1994), que em seu art. 1.º, I, institui como privativa do advogado "a postulação a qualquer órgão do Poder Judiciário e aos Juizados Especiais".

Contudo, tal entendimento não prevaleceu, sobretudo porque o STF na ADI 21.127 proposta pela Associação dos Magistrados do Brasil declarou inconstitucional a expressão "qualquer", presente no art. 1.º, I, do Estatuto da OAB.

Logo, o entendimento majoritário é pela aplicabilidade do "*jus postulandi*" no Processo do Trabalho **para os empregados e empregadores**.

O Tribunal Superior do Trabalho relacionou os limites do *jus postulandi* na Súmula 425 do TST:

> "SÚMULA 425, TST. O *jus postulandi* das partes, estabelecido no art. 791 da CLT, limita-se às Varas do Trabalho e aos Tribunais Regionais do

Trabalho, não alcançando a ação rescisória, a ação cautelar, o mandado de segurança e os recursos de competência do Tribunal Superior do Trabalho".

O art. 855-B da CLT dispõe: "O processo de homologação de acordo extrajudicial terá início por petição conjunta, sendo obrigatória a representação das partes por advogado".

Logo, não pode qualquer das partes submeter ao juiz acordo extrajudicial para homologação sem ter advogado constituído por procuração válida.

Portanto, as partes do processo trabalhista precisarão, **necessariamente**, ser representadas por advogado nos seguintes casos:

- Recurso de Revista (**TST**).
- Embargos Infringentes ou Embargos por Divergência (**TST**).
- **Recurso Ordinário ao TST** em processo de competência originária do TRT.
- Ação Rescisória (**em qualquer tribunal**).
- Mandado de Segurança (**em qualquer juízo ou tribunal**).
- Homologação de Acordo Extrajudicial (**em qualquer juízo ou tribunal**).

! Você pode estar se perguntando: por que os autores não citaram a **ação cautelar**?

É porque a ação cautelar não mais existe no ordenamento jurídico, em razão de ter sido extinta pelo Novo CPC, que destinou sua finalidade inteiramente ao instituto da tutela provisória. Dessa forma, a Súmula n. 425 merece uma atualização, para excluir a ação cautelar do rol.

Existe, ainda, um grande detalhe que merece sua atenção. O *habeas corpus* (HC) é um remédio constitucional que, para ser impetrado, independe de advogado, seja em qual instância for.

13.5 SUCESSÃO PROCESSUAL

13.5.1 Conceito

A sucessão processual ocorre quando um sujeito sucede o outro no processo, assumindo a sua posição processual.

13.5.2 Hipóteses

A sucessão processual ocorre pela morte da pessoa (art. 110, CPC), assumindo a sua posição processual o espólio ou os herdeiros do *de cujus*.

Ocorre também a sucessão processual quando se dá a incorporação de uma pessoa jurídica por outra, assumindo aquela que incorporou, ou a fusão de pessoas jurídicas, pois nessas hipóteses a nova pessoa jurídica assumirá a posição processual daquela que deixou de existir.

Uma vez que o empregado está ligado à empresa, a morte de um dos sócios não é causa de sucessão processual, salvo quando o reclamado for pessoa física ou firma individual.

13.6 SUBSTITUIÇÃO PROCESSUAL

13.6.1 Conceito

A substituição processual ocorre quando alguém pleiteia em nome próprio direito alheio, o que é possível desde que autorizado por lei.

Veja o teor do art. 18 do CPC:

> "Art. 18. Ninguém poderá pleitear direito alheio em nome próprio, salvo quando autorizado pelo ordenamento jurídico.
>
> Parágrafo único. Havendo substituição processual, o substituído poderá intervir como assistente litisconsorcial".

Tal instituto não se confunde com a representação processual. Na substituição, o substituto age em nome próprio, postulando direito alheio; enquanto na representação, o representante defende em nome alheio direito alheio.

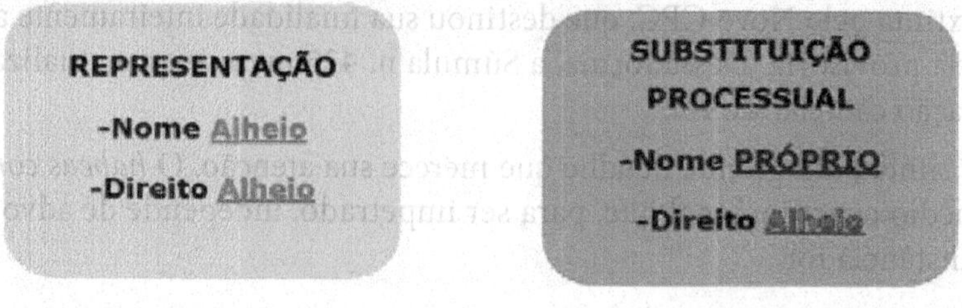

A substituição processual confere à parte legitimidade extraordinária, cabendo ao substituto praticar todos os atos processuais, sendo-lhe vedado apenas, sem a anuência do substituído, transigir, renunciar e reconhecer juridicamente o pedido, pois o direito não lhe pertence.

Tal instituto não se confunde com a representação processual. Na substituição, o substituto age em nome próprio, postulando direito alheio, enquanto na representação o representante defende em nome alheio, direito alheio.

13.6.2 Cooperativa como substituta processual

A Lei 5.764/1971 determinou que o estatuto da cooperativa pode investi-la de poder para agir como substituta processual de seus associados (art. 21, XI, inserido pela Lei 13.806/2010).

O estatuto pode dotar a cooperativa de legitimidade extraordinária autônoma concorrente para agir como substituta processual em defesa dos direitos coletivos de seus associados quando a causa de pedir versar sobre atos de interesse direto dos associados que tenham relação com as operações de mercado da cooperativa. Para tanto, além de tal previsão em seu estatuto, ainda deve haver expressa autorização manifestada individualmente pelo associado ou por meio de assembleia geral que delibere sobre a propositura da medida judicial (art. 88-A da Lei 5.764/1971, inserido pela Lei 13.806/2010).

13.6.3 Sindicato como substituto processual

O Supremo Tribunal Federal consagrou o entendimento de que o inciso III do art. 8° da CF assegurou a possibilidade de substituição processual de forma ampla e irrestrita no Processo do Trabalho pelo sindicato.

O art. 8°, III, da CF estabelece o seguinte:

> "Art. 8.º É livre a associação profissional ou sindical, observado o seguinte:
>
> (...)
>
> III – Ao sindicato cabe a defesa dos direitos e interesses coletivos ou individuais da categoria, inclusive em questões judiciais ou administrativas;
>
> (...)"

Tal posicionamento levou o TST a cancelar a Súmula 310 que estabelecia que o Sindicato somente poderia atuar como substituto processual nas hipóteses previstas em lei e mediante individualização dos substituídos na petição inicial.

Vale frisar ainda que o sindicato atua como substituto processual dos membros da categoria, associados ou não.

13.6.4 Rol de substituídos

Diante do atual entendimento do TST, acompanhando o posicionamento do STF, não é mais necessária a individualização dos substituídos na petição inicial como exigia o TST (Súmula 310, V); todavia, esta se faz indispensável na fase de liquidação de sentença tal como estabelecida a Súmula 310, em seu item VII (individualização dos substituídos e de seus respectivos créditos), para que os créditos possam ser executados no mesmo processo.

13.6.5 Interrupção da prescrição

Entende o TST que a propositura da ação pelo sindicato na qualidade de substituto processual tem o condão de interromper a prescrição para as ações individuais.

Segue o disposto na OJ 359, SDI-1, do TST:

> "OJ 359, SDI-1. A ação movida por sindicato, na qualidade de substituto processual, interrompe a prescrição, ainda que tenha sido considerado parte *ilegítima ad causam*".

13.6.6 Substituição processual pelo sindicato na ação rescisória

O TST entende que o sindicato possui legitimidade para figurar como réu na ação rescisória quando foi autor na ação cuja decisão se pretende desconstituir, considerando desnecessária a citação de todos os empregados substituídos.

Confira o texto da Súmula 406, II, do TST:

> "SÚMULA 406, TST.
>
> (...)
>
> II – O Sindicato, substituto processual e autor da reclamação trabalhista, em cujos autos fora proferida a decisão rescindenda, possui legitimidade para figurar como réu na ação rescisória, sendo descabida a exigência de citação de todos os empregados substituídos, porquanto inexistente litisconsórcio passivo necessário".

13.7 LITISCONSÓRCIO

13.7.1 Conceito

Verifica-se o litisconsórcio quando duas ou mais pessoas figuram no polo ativo e/ou no polo passivo.

13.7.2 Classificação do litisconsórcio

A doutrina classifica o litisconsórcio da seguinte maneira:

a) quanto aos polos:

O litisconsórcio é **ativo** quando há mais de um litigante no polo ativo; **passivo,** quando há mais um litigando no polo passivo e **misto**, nos casos em que há mais de um litigante no polo ativo e passivo.

b) em relação ao momento de sua formação:

O litisconsórcio poderá ser **inicial ou originário** quando se forma no momento da propositura da ação e **ulterior ou superveniente** quando se constitui após a distribuição da reclamação.

c) quanto ao regime de tratamento:

O litisconsórcio poderá ser facultativo ou necessário. Será **facultativo** quando se formar por opção das partes.

O litisconsórcio facultativo está previsto no art. 113 do CPC:

> "Art. 113. Duas ou mais pessoas podem litigar, no mesmo processo, em conjunto, ativa ou passivamente, quando:
>
> I - entre elas houver comunhão de direitos ou de obrigações relativamente à lide;
>
> II - entre as causas houver conexão pelo pedido ou pela causa de pedir;
>
> III - ocorrer afinidade de questões por ponto comum de fato ou de direito".

É exemplo de litisconsórcio facultativo a reclamação ajuizada por diversos reclamantes, postulando reajuste salarial previsto em convenção coletiva de trabalho.

O litisconsórcio será **necessário** quando por determinação de lei mais de um litigante tiver que compor um dos polos da reclamação como condição de eficácia da sentença.

O Código de Processo Civil prevê o litisconsórcio necessário em seu art. 114. Nestes termos:

> "Art. 114. O litisconsórcio será necessário por disposição de lei ou quando, pela natureza da relação jurídica controvertida, a eficácia da sentença depender da citação de todos que devam ser litisconsortes".

O litisconsórcio necessário poderá ser simples ou unitário. Será **simples** quando a decisão não precisar ser a mesma para os litigantes. Será **unitário** enquanto a decisão tiver de ser uniforme para os litigantes (art. 116, CPC).

13.7.3 Litisconsórcio na CLT

A CLT traz em seu art. 842 como requisitos para a configuração do litisconsórcio ativo:

- identidade de matéria; e
- empregados da mesma empresa ou estabelecimento.

Na ação anulatória de cláusula convencional, os sindicatos subscritores de convenção coletiva ou de acordo coletivo de trabalho deverão participar como litisconsortes necessários em ação individual ou coletiva que tenha como objeto a anulação de cláusulas desses instrumentos (art. 611-A, § 5º, CLT)[1].

1. Art. 3º, IN 41/2018, TST. A obrigação de formar o litisconsórcio necessário a que se refere o art. 611-A, § 5º, da CLT dar-se-á nos processos iniciados a partir de 11 de novembro de 2017, data em que entrou em vigor a Lei 13.467/2017 (Reforma Trabalhista) (art. 3º, IN 41/2018, TST).

13.7.4 Prazo para litisconsortes com procuradores diferentes

Conquanto a CLT seja omissa a respeito do prazo para litisconsortes com procuradores diferentes, o TST entende pela inaplicabilidade do art. 229 do CPC, segundo o qual os litisconsortes que tiverem diferentes procuradores, de escritórios de advocacia distintos, quando não implantado o PJe, terão prazos contados em dobro para todas as suas manifestações, em qualquer juízo ou tribunal, por se tratar de norma incompatível com o princípio da celeridade inerente ao processo trabalhista.

Atente-se para a OJ 310 da SDI-1 do TST:

> "OJ 310, SDI-1. Inaplicável ao processo do trabalho a norma contida no art. 229, *caput* e §§ 1.º e 2.º, do CPC de 2015 (art. 191 do CPC de 1973), em razão de incompatibilidade com a celeridade que lhe é inerente".

13.8 PROCURAÇÃO

No Processo do Trabalho, empregado e empregador poderão demandar pessoalmente no âmbito das Varas do Trabalho e dos TRT's (arts. 791 e 839, "a", CLT e Súmula 425, TST), casos em que se faz desnecessária a juntada da procuração. Entretanto, se contratarem advogado, a este só é dado postular em juízo mediante apresentação de procuração (instrumento do mandato).

Segundo o art. 104 do CPC, aplicável ao Processo do Trabalho, o advogado somente poderá postular em juízo sem a juntada imediata da procuração nas seguintes situações: a) para evitar preclusão, b) para evitar prescrição ou decadência; ou c) para a prática de atos reputados urgentes. Nestas hipóteses, a parte pode juntar posteriormente a procuração.

De acordo com o posicionamento do TST, admite-se, em caráter excepcional, que o advogado, independentemente de intimação, exiba a procuração no prazo de 5 (cinco) dias após a interposição do recurso, prorrogável por igual período mediante despacho do juiz. Caso não a exiba, considera-se ineficaz o ato praticado e não se conhece do recurso (Súmula 383, I, TST).

A procuração com cláusula *ad judicia*, que poderá ser por instrumento público ou particular, habilita o advogado para a prática de todos os atos do processo, exceto receber citação, confessar, reconhecer a procedência do pedido, transigir, desistir, renunciar ao direito sobre o qual se funda a ação, receber, dar quitação, firmar compromisso e assinar declaração de hipossuficiência econômica, que devem constar de cláusula específica (art. 105, CPC).

Dessa forma, não se admite mais no Processo do Trabalho que o advogado que possui apenas poderes para o foro em geral declare a hipossuficiência econômica do reclamante, postulando a gratuidade da justiça, como era possível antes do atual Código de Processo Civil.

Nos termos do art. 105, §§ 1.º ao 4.º, do CPC:

> "a) a procuração poderá ser assinada digitalmente, na forma da lei;
>
> b) deverá conter o nome do advogado, seu número de inscrição na Ordem dos Advogados do Brasil e endereço completo;
>
> c) se o outorgado integrar sociedade de advogados, a procuração também deverá conter o nome dessa, seu número de registro na Ordem dos Advogados do Brasil e endereço completo;
>
> d) salvo disposição expressa em sentido contrário constante do próprio instrumento, a procuração outorgada na fase de conhecimento é eficaz para todas as fases do processo, inclusive para o cumprimento de sentença".

Mesmo sem a procuração, a representação poderá estar regularizada quando o advogado acompanhar a parte em audiência e requer a consignação em ata de audiência de sua constituição como procurador da parte, mediante a anuência da parte representada, caso em que o procurador terá poderes para o foro em geral (art. 791, § 3.º, CLT).

Entende o TST que é direito do advogado **substabelecer** independentemente de poderes expressos. Contudo, exige-se para a validade dos atos praticados pelo substabelecido que a outorga de poderes seja anterior ao substabelecimento, caso em que o juiz deve suspender o processo e designar prazo razoável para que seja sanado o vício, ainda que em instância recursal (Súmula 395, III, IV e V, TST).

> "SÚMULA 395, TST.
>
> (...)
>
> III – São válidos os atos praticados pelo substabelecido, ainda que não haja, no mandato, poderes expressos para substabelecer (art. 667, e parágrafos, do Código Civil de 2002). (ex-OJ n.º 108 da SBDI-1 – inserida em 01.10.1997)
>
> IV – Configura-se a irregularidade de representação se o substabelecimento é anterior à outorga passada ao substabelecente. (ex-OJ n.º 330 da SBDI-1 – *DJ* 09.12.2003)
>
> V – Verificada a irregularidade de representação nas hipóteses dos itens II e IV, deve o juiz suspender o processo e designar prazo razoável para que seja sanado o vício, ainda que em instância recursal (art. 76 do CPC de 2015)".

Não é condição de validade do instrumento de mandato a juntada dos atos constitutivos da empresa (OJ 255, SDI-1, TST). O art. 75, inciso VIII, do CPC de 2015, que versa sobre a representação da pessoa jurídica em juízo, não determina a exibição dos estatutos da sociedade como condição de validade do instrumento de mandato outorgado ao seu procurador, salvo se houver impugnação da parte contrária.

O dispositivo legal estabelece apenas que a pessoa jurídica será representada por quem os respectivos atos constitutivos designarem ou, não havendo essa designação, por seus diretores.

Entende o TST (Súmula 456) que para que a procuração tenha validade, deve indicar o nome da entidade outorgante e do signatário dela, pois estes dados constituem elementos que os individualizam. Verificada a irregularidade de representação da parte o juiz, ou no Tribunal, o relator, designará prazo de 5 (cinco) dias para que seja sanado o vício. Descumprida a determinação: a) na fase originária: o processo será extinto sem resolução de mérito, se a providência couber ao reclamante; ou o reclamado será declarado revel, se a providência couber a ele (art. 76, § 1.º, do CPC de 2015); e b) em fase recursal: o relator não conhecerá do recurso, se a providência couber ao recorrente, ou determinará o desentranhamento das contrarrazões, se a providência couber ao recorrido (art. 76, § 2.º, do CPC de 2015).

O TST reconhece que a União, os Estados, o Distrito Federal, os Municípios e as respectivas autarquias e fundações, quando representadas em juízo ativa ou passivamente por seus procuradores estão dispensadas da juntada de instrumento de mandato ou de comprovação do ato de nomeação, devendo, para tanto, declarar-se ao menos exercente do cargo de procurador, não bastando a indicação do número da OAB (Súmula 436, TST).

Essa súmula quer dizer que as pessoas jurídicas de direito público são representadas, no processo, por seus procuradores. Para que os procuradores sejam legitimados a fazer essa representação, é suficiente que eles **declarem, expressamente, que exercem o cargo de procurador**, não sendo necessário juntar cópia de sua nomeação para o cargo.

Para concessão da assistência judiciária gratuita à pessoa natural, basta a declaração de hipossuficiência econômica firmada pela parte ou por seu advogado, desde que munido de procuração com poderes específicos para esse fim (art. 105 do CPC de 2015), conforme estabelece a súmula 463, I, TST.

13.9 HONORÁRIOS ADVOCATÍCIOS

Há 3 tipos de honorários: contratuais, assistenciais (nos casos em que o reclamante é assistido pelo sindicato de sua categoria) e sucumbenciais.

Quanto aos honorários contratuais, cumpre destacar a incompetência da Justiça do Trabalho para ação de cobrança relativas a eles (Súmula 363, STJ).

Nos ateremos a partir de agora, aos honorários advocatícios sucumbenciais. Os honorários passaram a ser devidos em razão da mera sucumbência com a Lei 13.467/2017 (Reforma Trabalhista) para as ações propostas após 11.11.2017, data em que a lei entrou em vigor (art. 6º, IN 41/2018, TST).

O caput do art. 791-A da CLT assegura ao advogado honorários em razão da sucumbência, entre o mínimo de 5% e o máximo de 15%, sobre: 1) o valor que resultar da liquidação da sentença; 2) do proveito econômico obtido ou, 3) não sendo possível mensurá-lo, sobre o valor atualizado da causa.

Na hipótese de procedência parcial, o juízo arbitrará honorários de sucumbência recíproca, vedada a compensação entre os honorários (art. 791, § 3º, CLT). Dessa forma, se o reclamante formular pedidos no importe de R$ 20.000,00, sucumbindo em R$ 10.000,00, e o juiz fixar honorários em 10% para ambas as partes, o reclamante pagará ao advogado do reclamado R$ 1.000,00 e o reclamado ao advogado do reclamante R$ 1.000,00, sendo vedada a compensação.

A sucumbência deve ser avaliada a partir do deferimento ou pedido e não do seu valor. Assim, se o reclamante pediu 3 horas extras por dia e foram deferidas somente 2, o pedido foi julgado procedente; logo, os honorários devem ser suportados pelo reclamado, sobre o valor que resultar da liquidação. Enfatize-se que, à luz do art. 12, § 2º, da IN 41/2018, o valor dos pedidos será meramente estimado.

Se todos os pedidos forem julgados improcedentes, os honorários serão calculados sobre o valor atualizado da causa.

Tendo em vista que cada pedido é uma reclamação em si e que é obrigatória a indicação do valor de cada um deles por estimativa, na hipótese de improcedência de alguns pedidos, os honorários sucumbenciais devem ser calculados com base no valor atribuído aos respectivos pedidos.

O TST entende que os honorários advocatícios devem incidir sobre o valor líquido da condenação, sendo permitida a dedução apenas das despesas processuais, ou seja, sem a dedução de imposto de renda e contribuições previdenciárias, as quais são obrigação da própria parte que recebeu o montante da condenação, conforme se extrai da OJ 348 da SDI-1 do TST.

Ao fixar os honorários, o juízo observará: a) o grau de zelo do profissional; b) o lugar de prestação do serviço; c) a natureza e a importância da causa; e d) o trabalho realizado pelo advogado e o tempo exigido para o seu serviço (art. 791, § 2.º, CLT). Em razão de tais critérios os honorários poderão ser fixados em porcentagens diferentes para o reclamante e para o reclamado.

Basicamente, o juiz olhará para seis fatores antes de fixar os honorários sucumbenciais:

Zelo – Lugar – Natureza – Importância – Trabalho – Tempo

Os honorários são créditos de caráter alimentar devidos ao advogado, razão pela qual é vedada a compensação.

Sendo o advogado titular dos honorários, na hipótese de acordo, as partes devem pactuá-los junto com o próprio advogado e, caso nada fique definido a esse respeito, cada parte pagará os honorários de seu advogado.

Uma vez que vigora no processo do trabalho o *jus postulandi*, segundo o qual empregado e empregador podem demandar sem advogado (art. 791, CLT), se o acordo for realizado em audiência sem que o advogado que atuou na causa esteja presente, os honorários deverão ser fixados pelo juiz, considerando o trabalho realizado na causa e o seu grau de zelo.

Determina o art. 791-A, § 4º, da CLT que vencido o beneficiário da justiça gratuita, desde que não tenha obtido em juízo, ainda que em outro processo, créditos capazes de suportar a despesa, as obrigações decorrentes de sua sucumbência ficarão sob condição suspensiva de exigibilidade e somente poderão ser executadas se, nos dois anos subsequentes ao trânsito em julgado da decisão que as certificou, o credor demonstrar que deixou de existir a situação de insuficiência de recursos que justificou a concessão de gratuidade, extinguindo-se, passado esse prazo, tais obrigações do beneficiário.

Observe que o legislador considera dois momentos distintos:

a) o do trânsito em julgado: os honorários serão pagos com os créditos existentes naquele processo ou em outro, no momento do trânsito em julgado;

b) após o trânsito em julgado: os honorários poderão ser executados se até o final de 2 anos, após o trânsito em julgado da decisão, a parte contrária ou o próprio advogado demonstrarem que deixou de existir a situação de insuficiência de recursos que justificou a concessão de gratuidade;

c) passado o prazo de 2 anos sem que ocorra qualquer situação acima, extingue-se a obrigação.

No segundo caso, em 2 anos o credor pode, por exemplo, demonstrar que o devedor conseguiu um outro emprego e recebe mais do que 40% do teto dos benefícios da Previdência Social ou que recebeu uma herança ou pensão capaz de retirar-lhe a condição de beneficiário da justiça gratuita. Trata-se de condição suspensiva, sendo a obrigação extinta após 2 anos.

Ressalte-se que o § 4º do art. 791-A da CLT aponta inconstitucionalidade material por impor restrições inconstitucionais à garantia da gratuidade da justiça para aqueles que apresentam insuficiência de recursos, violando a garantia constitucional de assistência judiciária integral aos necessitados, especificamente o art. 5º, LXXIV, da CF, que garante que "o Estado prestará assistência jurídica integral e gratuita aos que comprovarem insuficiência de recurso." A Procuradoria-Geral da República ajuizou a ADIn 5.766 requerendo a declaração de inconstitucionalidade da expressão: "desde que não tenha obtido em juízo créditos capazes de suportar a despesa".

No ano de 2021, o STF enfrentou a matéria e, por maioria, julgou parcialmente procedente o pedido formulado na ação direta, para declarar inconstitucionais os arts. 790-B, caput e § 4º, e 791-A, § 4º, da Consolidação das Leis do Trabalho (CLT), vencidos, em parte, os Ministros Roberto Barroso (Relator), Luiz Fux (Presidente), Nunes Marques e Gilmar Mendes. Por maioria, julgou improcedente a ação no tocante ao art. 844, § 2º, da CLT, declarando-o constitucional, vencidos os Ministros Edson Fachin, Ricardo Lewandowski e Rosa Weber. Redigirá o acórdão o Ministro Alexandre de Moraes. Plenário, 20.10.2021 (Sessão realizada por videoconferência – Resolução 672/2020/STF).

Preceitua o art. 791, § 1.º, da CLT que os honorários são devidos também nas ações contra a Fazenda Pública e nas ações em que a parte estiver assistida ou substituída pelo sindicato de sua categoria.

Nos termos do art. 791-A, § 5º, da CLT, são devidos honorários de sucumbência na reconvenção. Não poderia ser diferente, uma vez que a reconvenção é uma outra ação dentro da mesma relação processual.

Os honorários são pedidos implícitos, uma vez que o art. 322, § 1.º, do CPC determina que "compreendem-se no principal os juros legais, a correção monetária e as verbas de sucumbência, inclusive os honorários advocatícios". Logo, o juiz pode deferir os honorários ainda que não haja pedido, não podendo, entretanto, incluí-los nos cálculos sem que tenham sido objeto da decisão.

Caso a decisão seja omissa quanto ao direito aos honorários ou ao seu valor desafia embargos de declaração para que seja sanada a omissão. Contudo, se a decisão transitar em julgado, é cabível ação autônoma para sua definição e cobrança, à luz do art. 85, § 18, do CPC, que se aplica no Processo do Trabalho.

Na ação rescisória são devidos honorários advocatícios nos moldes do CPC, vez que o art. 836 da CLT determina que o Código de Processo Civil regulamentará a matéria. Dessa forma, os honorários serão devidos entre o mínimo de 10% e o máximo de 20% sobre o valor da condenação, do proveito econômico obtido ou, não sendo possível mensurá-lo, sobre o valor atualizado da causa, com fundamento no art. 85, § 2.º, do CPC.

13.10 JUSTIÇA GRATUITA

13.10.1 Beneficiários da Justiça Gratuita

O benefício da justiça gratuita está previsto no art. 790, §§ 3º e 4º, da CLT. Observe:

> "Art. 790, CLT. Nas Varas do Trabalho, nos Juízos de Direito, nos Tribunais e no Tribunal Superior do Trabalho, a forma de pagamento das custas e emolumentos obedecerá às instruções que serão expedidas pelo Tribunal Superior do Trabalho. (Redação dada pela Lei n.º 10.537, de 27.8.2002)
>
> (...)
>
> § 3º É facultado aos juízes, órgãos julgadores e presidentes dos tribunais do trabalho de qualquer instância conceder, a requerimento ou de ofício, o benefício da justiça gratuita, inclusive quanto a traslados e instrumentos, àqueles que perceberem salário igual ou inferior a 40% (quarenta por cento) do limite máximo dos benefícios do Regime Geral de Previdência Social.
>
> § 4º O benefício da justiça gratuita será concedido à parte que comprovar insuficiência de recursos para o pagamento das custas do processo."

Em primeiro lugar, esclarece-se que o benefício da justiça gratuita é devido às pessoas físicas e jurídicas, uma vez que o art. 790, § 3º, da CLT vale-se da palavra "àqueles" para se referir aos que farão jus à gratuidade da justiça. A CLT está em consonância com o disposto no art. 5.º, LXXIV, da CF, segundo o qual "o Estado prestará assistência jurídica integral e gratuita aos que comprovarem insuficiência de recursos".

Fique de olho

A justiça gratuita pode ser dada, inclusive, de ofício pelo juiz à parte.

A justiça gratuita, portanto, será concedida em duas hipóteses; a) para aqueles que receberem salário igual ou inferior a 40% do limite máximo dos benefícios do Regime Geral de Previdência Social e b) para aqueles que receberem mais, porém não tiverem recursos para arcar com as despesas do processo.

Discute-se se as pessoas físicas e jurídicas devem comprovar sua situação econômica para valerem-se do benefício da justiça gratuita. O debate deve-se à redação do § 4º, do art. 790, da CLT, que determina que "o benefício da justiça gratuita será concedido à parte que comprovar insuficiência de recursos para o pagamento das custas do processo".

Entendemos que para a pessoa física basta a declaração de ausência de recursos, sendo tal comprovação exigida apenas para a pessoas jurídica.

A nosso ver, esta é a interpretação correta. Antes mesmo do disposto no art. 790, § 4º, da CLT, a Constituição, em seu art. 5.º, LXXIV, já se referia à comprovação da insuficiência de recursos, e os Tribunais entendiam que para a pessoa física bastava a simples declaração de tal insuficiência, sendo inexigível qualquer demonstração de pobreza.

A CLT determina a comprovação da insuficiência de recursos, mas não esclarece em quais situações ou como a prova deve ser realizada, hipóteses em que o art. 769 da CLT e 15 do CPC autorizam a aplicação supletiva do CPC, neste caso do art. 99, § 3.º do CPC.

Por seu turno, o art. 99, § 3.º do CPC, prevê a presunção de veracidade da alegação de que não há recursos financeiros para arcar com as despesas processuais apenas para a pessoa natural, sendo que a pessoa jurídica deverá comprovar tal impossibilidade financeira.

A declaração de hipossuficiência econômica de pessoa física pode ser firmada pela parte ou por seu advogado, desde que munido de procuração com poderes específicos para esse fim, conforme exige o art. 105 do CPC.

As pessoas jurídicas devem fazer prova cabal da impossibilidade de arcar com as despesas do processo, uma vez que não milita a seu favor a presunção de pobreza.

Nesse sentido é o posicionamento do TST, consubstanciado na Súmula 463 do TST:

> "SÚMULA 463, TST. ASSISTÊNCIA JUDICIÁRIA GRATUITA. COMPROVAÇÃO (conversão da Orientação Jurisprudencial nº 304 da SBDI-1, com alterações decorrentes do CPC de 2015) - Res. 219/2017, DEJT divulgado em 28, 29 e 30.06.2017 - republicada - DEJT divulgado em 12, 13 e 14.07.2017.
>
> I - A partir de 26.06.2017, para a concessão da assistência judiciária gratuita à pessoa natural, basta a declaração de hipossuficiência econômica firmada pela parte ou por seu advogado, desde que munido de procuração com poderes específicos para esse fim (art. 105 do CPC de 2015);
>
> II - No caso de pessoa jurídica, não basta a mera declaração: é necessária a demonstração cabal de impossibilidade de a parte arcar com as despesas do processo".

13.10.2 Abrangência do benefício da gratuidade da justiça

Segundo o art. 790-B, *caput* e § 4º, da CLT[2], a responsabilidade pelo pagamento dos honorários periciais é da parte sucumbente na pretensão objeto da perícia, ainda que beneficiária da justiça gratuita. Somente no caso em que o beneficiário da justiça gratuita não tenha obtido em juízo créditos capazes de suportar a despesa referida, ainda que em outro processo, a União responderá pelo encargo.

Deve-se ressaltar neste ponto, que o STF, por maioria, julgou parcialmente procedente o pedido formulado na ação direta, para **declarar inconstitucionais** os arts. 790-B, *caput* e § 4º, da Consolidação das Leis do Trabalho (CLT).

Nos termos do art. 791-A da CLT[3], ao advogado, ainda que atue em causa própria, serão devidos honorários de sucumbência, fixados entre o mínimo de 5% e o máximo de 15% sobre o valor que resultar da liquidação da sentença, do proveito econômico obtido ou, não sendo possível mensurá-lo, sobre o valor atualizado da causa.

Na hipótese de procedência parcial, o juízo arbitrará honorários de sucumbência, sendo vedada a compensação (art. 791, § 3.º, CLT).

Determina o art. 791-A, § 4º, da CLT que vencido o beneficiário da justiça gratuita, desde que não tenha obtido em juízo, ainda que em outro processo, créditos capazes de suportar a despesa, as obrigações decorrentes de sua sucumbência ficarão sob condição suspensiva de exigibilidade e somente poderão ser executadas se, nos dois anos subsequentes ao trânsito em julgado da decisão que as certificou, o credor demonstrar que deixou de existir a situação de insuficiência de recursos que justificou a concessão de gratuidade, extinguindo-se, passado esse prazo, tais obrigações do beneficiário.

Atenção! O STF, por maioria, julgou parcialmente procedente o pedido formulado na ação direta, **para declarar inconstitucional** o art. 791-A, § 4º, da Consolidação das Leis do Trabalho (CLT).

À luz do art. 844, *caput*, da CLT, o não comparecimento do reclamante à audiência importa o arquivamento da reclamação.

Estabelecem os §§ 2º e 3º do art. 844 da CLT que a ausência do reclamante importará a sua condenação ao pagamento de custas processuais, ainda que beneficiário da justiça gratuita, salvo se comprovar, no prazo de quinze dias, que a ausência ocorreu por motivo legalmente justificável. O pagamento de tais custas é condição para a propositura de nova demanda.

---

2. Art. 5º, IN 41/2018, TST. O art. 790-B, caput e §§ 1º a 4º, da CLT, não se aplica aos processos iniciados antes de 11 de novembro de 2017, data em que entrou em vigor a Lei 13.467/2017 (Reforma Trabalhista).
3. Art. 6º, IN 41/2018, TST. Na Justiça do Trabalho, a condenação em honorários advocatícios sucumbenciais, prevista no art. 791-A, e parágrafos, da CLT, será aplicável apenas às ações propostas após 11 de novembro de 2017, data em que entrou em vigor a Lei 13.467/2017 (Reforma Trabalhista). Nas ações propostas anteriormente, subsistem as diretrizes do art. 14 da Lei 5.584/1970 e das Súmulas 219 e 329 do TST.

O STF julgou improcedente a ação direita de inconstitucionalidade, nº 5766, no tocante ao art. 844, § 2º, da CLT, **declarando-o constitucional**.

Também está abrangida pela gratuidade da justiça a memória de cálculos quando exigida para a instauração da execução (art. 98, VII, CPC). Esta foi uma importante definição do legislador aplicável ao processo do trabalho, pois o art. 879, § 6º, da CLT preceitua que "tratando-se de cálculos de liquidação complexos, o juiz poderá nomear perito para a elaboração e fixará, depois da conclusão do trabalho, o valor dos respectivos honorários com observância, entre outros, dos critérios de razoabilidade e proporcionalidade", mas não define quem fará o pagamento, mormente nos casos de gratuidade da justiça. Nesta hipótese, aplica-se o CPC, de modo que o beneficiário de tal gratuidade estará isento de antecipar os honorários do perito.

Institui o art. 98, VIII, do CPC que ainda estão incluídos pela gratuidade da justiça os depósitos previstos em lei para interposição de recurso, para propositura de ação e para a prática de outros atos processuais inerentes ao exercício da ampla defesa e do contraditório. Frise-se, inclusive, que tal benefício abrange o depósito recursal, nos termos do art. 899, § 10, da CLT.

Uma grande mudança introduzida pelo atual CPC foi a estabelecida em seu art. 98, IX, que estende a gratuidade da justiça para atos cartorários, notariais ou de registro, decorrentes de processo em que houver a concessão da gratuidade da justiça. Refere-se aos atos necessários à efetivação da decisão judicial ou à continuidade do processo. O notário ou registrador poderá suscitar a dúvida quanto à insuficiência de recursos, após praticar o ato, requerendo, ao juízo competente para decidir questões notariais ou registrais, a revogação total ou parcial do benefício ou a sua substituição pelo parcelamento, caso em que o beneficiário será citado para, em 15 (quinze) dias, manifestar-se sobre esse requerimento (art. 98, § 8.º, CPC). Uma vez que o notário ou registrador sejam vencedores na dúvida, poderão expedir uma certidão incluindo o valor das custas que valerá como título executivo extrajudicial.

13.10.3 Não Extensão do Benefício da Gratuidade da Justiça

As multas processuais que lhe sejam impostas não se incluem nos benefícios da gratuidade da justiça (art. 98, § 4.º, CPC).

A concessão do benefício confere ao beneficiário o direito de não ter de adiantar as despesas, mas se no final o beneficiário for vencido será responsável por elas. Reza o art. 98, § 2.º, do CPC que "a concessão da gratuidade não afasta a responsabilidade do beneficiário pelas despesas processuais e pelos honorários advocatícios decorrentes de sua sucumbência". O responsável será condenado nas verbas de sucumbência adiantadas ou não. Uma vez vencido o beneficiário da gratuidade da justiça, as obrigações decorrentes de sua sucumbência ficarão sob condição suspensiva de exigibilidade, podendo ser executadas, se nos cinco anos subsequentes o credor demonstrar que deixou de existir a situação de insuficiência de recursos (art. 98, § 3.º, CPC).

Caso em cinco anos não seja demonstrada a mudança de sua situação financeira, as despesas não poderão mais ser exigidas.

13.10.4 Modulação da Concessão dos Benefícios

O atual Código previu a modulação dos benefícios da gratuidade da justiça, estabelecendo que poderá ser concedida: a) em relação a um ou a alguns atos; b) em relação a todos os atos; c) com redução percentual das despesas processuais; e d) com parcelamento das despesas processuais.

Tal determinação está prevista nos §§ 4.º e 5.º do art. 98 do CPC. *In verbis:*

> "Art. 98, §§ 4.º e 5.º. A pessoa natural ou jurídica, brasileira ou estrangeira, com insuficiência de recursos para pagar as custas, as despesas processuais e os honorários advocatícios tem direito à gratuidade da justiça, na forma da lei.
>
> (...)
>
> § 4.º A concessão de gratuidade não afasta o dever de o beneficiário pagar, ao final, as multas processuais que lhe sejam impostas.
>
> § 5.º A gratuidade poderá ser concedida em relação a algum ou a todos os atos processuais, ou consistir na redução percentual de despesas processuais que o beneficiário tiver de adiantar no curso do procedimento".

13.10.5 Requerimento da Gratuidade da Justiça

O pedido de gratuidade da justiça será feito na petição inicial, na contestação, na petição de ingresso do terceiro no processo ou em recurso (art. 99, CPC). O pedido superveniente poderá ser formulado por meio de simples petição nos próprios autos, não sendo o processo suspenso (art. 99, § 1.º, CPC).

Do mesmo modo, o benefício da gratuidade da justiça poderá ser requerido em qualquer fase do processo, e, na seara trabalhista, inclusive de ofício. Observe o disposto no art. 790, § 3º, CLT:

> "Art. 790, § 3.º. É facultado aos juízes, órgãos julgadores e presidentes dos tribunais do trabalho de qualquer instância conceder, a requerimento ou de ofício, o benefício da justiça gratuita, inclusive quanto a traslados e instrumentos, àqueles que perceberem salário igual ou inferior a 40% (quarenta por cento) do limite máximo dos benefícios do Regime Geral de Previdência Social".

No mesmo sentido, veja o entendimento do TST, de acordo com o disposto na OJ 269 da SDI-1 do TST:

> OJ 269 da SDI-1 do TST. JUSTIÇA GRATUITA. REQUERIMENTO DE ISENÇÃO DE DESPESAS PROCESSUAIS. MOMENTO OPORTUNO

> (inserido item II em decorrência do CPC de 2015) – Res. 219/2017, DEJT divulgado em 28, 29 e 30.06.2017 – republicada – DEJT divulgado em 12, 13 e 14.07.2017
>
> I – O benefício da justiça gratuita pode ser requerido em qualquer tempo ou grau de jurisdição, desde que, na fase recursal, seja o requerimento formulado no prazo alusivo ao recurso;
>
> II – Indeferido o requerimento de justiça gratuita formulado na fase recursal, cumpre ao relator fixar prazo para que o recorrente efetue o preparo (art. 99, § 7.º, do CPC de 2015).

Ressalte-se o disposto no item II da OJ 269 da SDI-1 do TST, acima transcrita, o qual está em conformidade com o art. 99, § 7.º, do CPC, que estabelece que quando a concessão da gratuidade for feita em grau de recurso, o requerente estará dispensado de realizar o preparo. O relator examinará a gratuidade, e se a indeferir fixará prazo para a realização do recolhimento.

O atual diploma processual preceitua que a declaração de hipossuficiência de recursos por parte do advogado requer poderes especiais para tanto, nas condições prescritas em seu art. 105.

O juiz somente poderá indeferir o pedido de gratuidade da justiça se houver nos autos elementos que evidenciem a falta dos pressupostos legais para a sua concessão. Porém, em atenção aos princípios da cooperação e do contraditório, antes de indeferir o pedido, o juiz deverá determinar à parte a comprovação do preenchimento dos referidos pressupostos (art. 99, § 2.º, CPC).

Consoante já exposto, presume-se verdadeira a alegação de insuficiência de recursos deduzida exclusivamente por pessoa natural (art. 99, § 3.º, CPC), isto é, a pessoa jurídica terá de comprovar tal situação.

A assistência do requerente por advogado particular não impede a concessão da gratuidade da justiça (art. 99, § 4.º, CPC). O atual diploma processual deixa claro que o fato de a parte ter advogado particular não significa que ela tem condições financeiras de arcar com as demais despesas processuais.

Caso o advogado seja particular e o recurso interposto verse apenas sobre honorários, como é matéria que interessa apenas ao advogado, este deverá arcar com as despesas processuais, não podendo aproveitar o benefício da gratuidade concedido à parte. Estará dispensado do preparo, quando for o caso, apenas se comprovar que ele, advogado, tem também direito à gratuidade (art. 99, § 5.º, CPC).

O direito à gratuidade da justiça é pessoal, não se estendendo a litisconsorte ou a sucessor do beneficiário, salvo requerimento e deferimento expresso (art. 99, § 6.º, CPC). A gratuidade é divisível e leva em conta a especificidades de cada um.

Quando a concessão de gratuidade for feita em grau de recurso, o requerente estará dispensado de realizar o preparo. O relator examinará a gratuidade, e se indeferir fixará prazo para a realização do recolhimento (art. 99, § 7.º, CPC e OJ 269, II, TST).

13.10.6 Impugnação ao Pedido de Gratuidade da Justiça

Segundo o *caput* do art. 100 do atual CPC, deferido o pedido de gratuidade, a parte ex-adversa poderá oferecer impugnação na contestação (se requerida na petição inicial); na réplica (se requerida na contestação); nas contrarrazões (se requerida no recurso) e no prazo de 15 dias (se requerida em petição avulsa). A impugnação será feita nos próprios autos, sem suspensão do processo.

Caso o benefício seja revogado, a parte arcará com as despesas processuais que deixou de adiantar, e, pagará, somente em caso de má-fé, até o décuplo de seu valor a título de multa, que será revertida em favor da Fazenda Pública estadual ou federal, e poderá ser inscrita em dívida ativa.

13.10.7 Recurso

São quatro as decisões que se aplicam à gratuidade da justiça: a que concede a gratuidade, a que a indefere, a que a revoga e a que não a revoga. Todas elas são decisões interlocutórias. Da decisão que concede o pedido de gratuidade da justiça cabe o pedido de sua revogação, e o mesmo se aplica às decisões que a indeferem. Aquelas que não concedem de plano o pedido de gratuidade são impugnáveis no Processo do Trabalho por meio do recurso da decisão definitiva (art. 893, § 1.º, CLT).

Caso sobrevenha o trânsito em julgado de decisão que revoga a gratuidade, a parte deverá efetuar o recolhimento de todas as despesas de cujo adiantamento foi dispensada, inclusive as relativas ao recurso interposto, se houver, no prazo fixado pelo juiz, sem prejuízo de aplicação das sanções previstas em lei. Se o autor não efetuar o recolhimento, o processo será extinto sem resolução de mérito, e, nos demais casos, não poderá ser deferida a realização de nenhum ato ou diligência requerida pela parte enquanto não for efetuado o depósito (art. 102, CPC).

13.11 ASSISTÊNCIA JUDICIÁRIA

A assistência judiciária gratuita consiste no patrocínio gratuito da causa, e, à luz do art. 5.º, LXXIV, da CF, cabe ao "Estado prestar assistência judiciária gratuita e integral aos que comprovarem insuficiência de recursos". Observe:

> Art. 5.º Todos são iguais perante a lei, sem distinção de qualquer natureza, garantindo-se aos brasileiros e aos estrangeiros residentes no País a inviolabilidade do direito à vida, à liberdade, à igualdade, à segurança e à propriedade, nos termos seguintes:
>
> (...)
>
> LXXIV, "o Estado prestará assistência jurídica integral e gratuita aos que comprovarem insuficiência de recursos".

O art. 14, § 1.º, da Lei 5.584/1970 trazia os requisitos para que a assistência fosse prestada pelo sindicato, assegurando-a ao trabalhador que recebesse salário igual ou inferior a 2 salários-mínimos ou que, recebendo salário maior, declarasse que não tinha condições de demandar sem prejuízo de seu próprio sustento ou de sua família. Observe:

> Art. 14, Lei 5.584/1970. Na Justiça do Trabalho, a assistência judiciária a que se refere a Lei n.º 1.060, de 5 de fevereiro de 1950, será prestada pelo Sindicato da categoria profissional a que pertencer o trabalhador.
>
> § 1.º A assistência é devida a todo aquele que perceber salário igual ou inferior ao dobro do mínimo legal, ficando assegurado igual benefício ao trabalhador de maior salário, uma vez provado que sua situação econômica não lhe permite demandar, sem prejuízo do sustento próprio ou da família.

A Lei 13.467/2017 alterou o §3º do art. 790 da CLT e incluiu o § 4º ao mesmo artigo, caracterizando como necessitados aqueles que perceberem salário igual ou inferior a 40% do limite máximo dos benefícios do Regime Geral de Previdência Social ou que, recebendo mais, não tenham condições de arcar com as despesas do processo, passando a ser esses os requisitos para a assistência judiciária gratuita pelo sindicato.

Bezerra Leite[4] adverte que "é importante notar que a Lei Complementar 80, de 12 de janeiro de 1994, que dispõe sobre a organização da Defensoria Pública, não revogou a Lei 5.584/1970, pois aquela é lei geral aplicável a todas as pessoas e em qualquer processo no âmbito da Justiça Comum, federal ou estadual; esta é lei especial aplicável, exclusivamente, no âmbito dos processos que tramitam na Justiça (especial) do Trabalho nos quais figurem como partes empregado e empregador".

Reforce-se que a assistência judiciária será prestada ao trabalhador pelo seu sindicato profissional, mesmo que o obreiro não seja associado ao respectivo ente sindical, de acordo com o previsto no art. 18 da Lei 5.584/1970, não sendo lícito, portanto, ao sindicato profissional negar assistência jurídica ao trabalhador (ou mesmo condicioná-lo à sua associação) pelo simples fato de ele não ser sindicalizado.

Uma vez concedidos os benefícios da assistência judiciária gratuita ao reclamante, na hipótese de sucumbência do reclamado, este será condenado a pagar honorários advocatícios, entre o mínimo de 5% e o máximo de 15%, sobre o valor que resultar da liquidação da sentença, do proveito econômico obtido ou, não sendo possível mensurá-lo, sobre o valor atualizado da causa reversíveis ao advogado (art. 791-A, CLT).

O art. 791-A, § 1º, da CLT determina que os honorários sucumbenciais são devidos ainda que a parte esteja assistida pelo sindicato. Por serem honorários sucumbenciais e não assistenciais, são de titularidade do advogado, que pode revertê-los ao sindicato contratualmente.

---

4. BEZERRA LEITE, Carlos Henrique. Curso de direito processual do trabalho. 14. ed. São Paulo: Saraiva, 2016. p. 541.

Em síntese, no Processo do Trabalho, a assistência judiciária é prestada pelo sindicato ao trabalhador com insuficiência de recursos para pagar as custas, as despesas processuais e os honorários advocatícios (ou seja, que receber salário igual ou inferior a 40% do limite máximo dos benefícios do Regime Geral de Previdência Social ou que, recebendo mais, não tenham condições de arcar com as despesas do processo), caso em que serão devidos honorários advocatícios sucumbenciais ao advogado, entre o mínimo de 5% e o máximo de 15%, sobre o valor que resultar da liquidação, do proveito econômico obtido ou, não sendo possível mensurá-lo, sobre o valor atualizado da causa.

13.12 DEVERES DAS PARTES

Os princípios da boa-fé e da lealdade processual impõem às partes um dever de conduta ética e moral. Em consonância com ele, em seu art. 77, o CPC elenca os deveres das partes e de todos aqueles que participam do processo. Comprove:

> "Art. 77. Além de outros previstos neste Código, são deveres das partes, de seus procuradores e de todos aqueles que de qualquer forma participem do processo:
>
> I – expor os fatos em juízo conforme a verdade;
>
> II – não formular pretensão ou de apresentar defesa quando cientes de que são destituídas de fundamento;
>
> III – não produzir provas e não praticar atos inúteis ou desnecessários à declaração ou à defesa do direito;
>
> IV – cumprir com exatidão as decisões jurisdicionais, de natureza provisória ou final, e não criar embaraços à sua efetivação;
>
> V – declinar, no primeiro momento que lhes couber falar nos autos, o endereço residencial ou profissional onde receberão intimações, atualizando essa informação sempre que ocorrer qualquer modificação temporária ou definitiva;
>
> VI – não praticar inovação ilegal no estado de fato de bem ou direito litigioso".

O art. 78 do CPC estabelece também que "é vedado às partes, a seus procuradores, aos juízes, aos membros do Ministério Público e da Defensoria Pública e a qualquer pessoa que participe do processo empregar expressões ofensivas nos escritos apresentados". Os parágrafos deste mesmo artigo estabelecem que: a) quando expressões ou condutas ofensivas forem manifestadas oral ou presencialmente, o juiz advertirá o ofensor de que não as deve usar ou repetir, sob pena de lhe ser cassada a palavra; e b) de ofício ou a requerimento do ofendido, o juiz determinará que as expressões ofensivas sejam riscadas e, a requerimento do ofendido, determinará a expedição de certidão com inteiro teor das expressões ofensivas e a colocará à disposição da parte interessada.

13.13 LITIGÂNCIA DE MÁ-FÉ

As partes devem proceder em juízo com lealdade e boa-fé, respondendo por perdas e danos aquele que pleitear de má-fé como reclamante, reclamado ou interveniente, à luz do art. 793-A da CLT.

Logo, o comportamento desleal e revestido de má-fé e malícia pode acarretar prejuízos à parte contrária e à administração da justiça, ensejando um retardamento na prestação da tutela jurisdicional pelo Estado, respondendo a parte desleal pelo dano processual causado.

O art. 793-B da CLT relaciona as condutas que caracterizam a litigância de má-fé. Observe:

> Art. 793-B. Considera-se litigante de má-fé aquele que:
>
> I – deduzir pretensão ou defesa contra texto expresso de lei ou fato incontroverso;
>
> II – alterar a verdade dos fatos;
>
> III – usar do processo para conseguir objetivo ilegal;
>
> IV – opuser resistência injustificada ao andamento do processo;
>
> V – proceder de modo temerário em qualquer incidente ou ato do processo;
>
> VI – provocar incidente manifestamente infundado;
>
> VII – interpuser recurso com intuito manifestamente protelatório.

O litigante de má-fé será condenado, de ofício ou a requerimento, a pagar: a) multa, que deverá ser superior a 1% e inferior a 10% do valor corrigido da causa; b) a indenizar a parte contrária pelos prejuízos que esta sofreu; c) a arcar com os honorários advocatícios e d) a pagar todas as despesas que a pare contrária efetuou (art. 793-C, CLT).

Quanto aos honorários, ressalte-se que serão fixados entre o mínimo de 5% e o máximo de 15%, como prevê o art. 791-A, da CLT, calculados sobre o valor da multa.

Quando forem dois ou mais os litigantes de má-fé, o juízo condenará cada um na proporção de seu respectivo interesse na causa ou solidariamente aqueles que se coligaram para lesar a parte contrária (art. 793-C, § 1º, CLT).

Em sendo o valor da causa irrisório ou inestimável, a multa poderá ser fixada em até duas vezes o limite máximo dos benefícios do Regime Geral de Previdência Social (art. 793-C, § 2º, CLT).

O valor da indenização será fixado pelo juízo ou, caso não seja possível mensurá-lo, liquidado por arbitramento ou pelo procedimento comum, nos próprios autos (art. 793, § 3.º, CLT).

Todas as disposições sobre a litigância de má-fé previstas na CLT equiparam-se às do CPC, com exceção do disposto no art. 793-D, que determina que a multa por litigância de má-fé será aplicada à testemunha que alterar a verdade dos fatos ou omitir fatos essenciais ao julgamento da causa, sendo a execução realizada nos próprios autos. É imensa a importância deste dispositivo para promover a verdade no processo, uma vez anteriormente a testemunha respondia apenas pelo crime de falso testemunho. Raríssimos são os casos em que a testemunha foi condenada por tal crime no Processo do Trabalho.

Os arts. 793-A, 793-B e 793-C, § 1º, da CLT, que, em regra, caracterizam as condutas do litigante de má-fé, têm aplicação imediata (art. 7º, IN 41/2018, TST). Por sua vez, as penalidades e a multa aplicável à testemunha, previstas respectivamente no art. 793-C, e §§ 2º e 3º, da CLT são aplicáveis apenas nas ações ajuizadas depois de 11.11.2017 (arts. 8º, 9º e 10, IN 41/2018).

13.14 QUESTÕES

1. (OAB VIII – FGV) A respeito do preposto no Processo do trabalho, de acordo com a legislação, assinale a afirmativa correta.

(A) Não precisa ter conhecimento dos fatos, uma vez que tal característica é própria das testemunhas.

(B) Não precisa ter conhecimento dos fatos, já que atua como representante do empregador.

(C) Deve ter conhecimento dos fatos.

(D) Deve ter conhecimento da interpretação do empregador quanto aos fatos ocorridos.

2. (OAB VI – FGV) Quanto à nomeação de advogado na Justiça do Trabalho, com poderes para o foro em geral, é correto afirmar que

(A) na Justiça do Trabalho, a nomeação de advogado com poderes para o foro em geral poderá ser efetivada mediante simples registro na ata de audiência, a requerimento verbal do advogado interessado e com a anuência da parte representada.

(B) as partes que desejarem a assistência de advogado sempre deverão outorgar poderes para o foro em geral por intermédio de instrumento de mandato, com firma devidamente reconhecida.

(C) na Justiça do Trabalho, o advogado pode atuar sem que lhe sejam exigidos poderes outorgados pela parte, haja vista o princípio do *jus postulandi*.

(D) somente o trabalhador poderá reclamar na Justiça do Trabalho sem a necessidade de nomeação de advogado, uma vez que o princípio do jus postulandi somente se aplica à parte hipossuficiente.

3. (OAB IX – FGV – questão adaptada) Na Justiça do Trabalho, segundo o entendimento sumulado pelo TST, é correto afirmar-se que o jus postulandi:

(A) não se aplica à ação rescisória, ao mandado de segurança e aos recursos de competência do TST.

(B) não tem mais aplicação na Justiça do Trabalho desde o advento da emenda constitucional 45.

(C) aplica-se em todas as causas cujo valor seja inferior a 20 salários-mínimos, porque, a partir deste patamar, o advogado é indispensável.

(D) aplica-se irrestritamente na seara trabalhista, em todas as esferas, instâncias e ações, sendo uma de suas características marcantes.

4. (OAB XIX - FGV) A sociedade empresária Sucos Naturais Ltda., empresa de pequeno porte, teve contra si ajuizada uma reclamação trabalhista, na qual Alice, uma de suas ex-empregadas, postula o pagamento de horas extras. Para a audiência, a sociedade empresária enviou como preposto o empregado que foi contratado para substituir Alice. Em razão disso, o advogado da reclamante protestou contra tal fato, requerendo a aplicação da confissão, pois o preposto não havia presenciado os fatos. Segundo a sistemática da CLT, assinale a afirmativa correta.

(A) A impugnação deve ser acolhida, pois não se pode admitir a existência de um preposto que não tenha testemunhado os fatos.

(B) A lei é omissa acerca de o preposto precisar, ou não, ter testemunhado os fatos, daí por que, diante da omissão legislativa, caberá ao juiz definir.

(C) A impugnação deve ser acolhida, pois é necessário que o preposto tenha vivenciado os fatos, tanto assim que ele obrigatoriamente deverá ser empregado da empresa.

(D) A impugnação deve ser rejeitada, pois o preposto precisa apenas ter conhecimento dos fatos.

5. (OAB XVII - FGV) Brenda aufere um salário-mínimo e meio e ajuizou reclamação trabalhista contra o empregador, postulando diversas verbas que entende fazer jus. Na petição inicial, não houve requerimento de gratuidade de justiça nem declaração de miserabilidade jurídica. O pedido foi julgado improcedente, mas, na sentença, o juiz concedeu, de ofício, a gratuidade de justiça. Diante da situação e do comando legal, assinale a afirmativa correta.

(A) Houve julgamento extra petita no tocante à gratuidade, atraindo a nulidade do julgado, já que isso não foi requerido na petição inicial.

(B) A Lei é omissa a respeito, daí por que o juiz, invocando o princípio da proteção, poderia conceder espontaneamente a gratuidade de justiça.

(C) A sociedade empresária poderia recorrer para ver reformada a sentença, no tocante à concessão espontânea da gratuidade de justiça, tratando-se de julgamento *ultra petita*.

(D) O juiz agiu dentro do padrão legal, pois é possível a concessão da gratuidade de justiça de ofício, desde que presentes os requisitos legais, como era o caso.

6. (OAB VI - FGV) Silvio contratou você como advogado para ajuizar ação trabalhista em face do empregador. Entretanto, na audiência, o juiz constatou que não havia procuração nos autos. Diante disso, você requereu fosse efetivado registro em ata de audiência no qual Silvio o constituía como procurador. Silvio anuiu com o requerimento.

Com base na hipótese narrada, nos termos da CLT, assinale a afirmativa correta.

(A) O mandato, no caso, é válido e os poderes são apenas para o foro em geral.

(B) O mandato, no caso, é inválido, e seria necessário e obrigatório o requerimento de prazo para juntada de procuração.

(C) O mandato, no caso, é válido e os poderes são para o foro em geral, bem como os especiais, dentre eles os poderes para transigir.

(D) O mandato é válido apenas para a representação na audiência, devendo os demais atos serem regularizados e juntada a procuração para atos futuros.

7. (OAB/FGV – XXVII EXAME DE ORDEM) Em reclamação trabalhista ajuizada em fevereiro de 2018, os pedidos formulados por Paulo em face do seu ex-empregador foram julgados totalmente procedentes. Em relação à verba honorária, de acordo com a CLT, sabendo-se que o patrocínio de Paulo foi feito por advogado particular por ele contratado, assinale a afirmativa correta.

(A) Não haverá condenação em honorários advocatícios, porque o autor não está assistido pelo sindicato de classe.

(B) Haverá condenação em honorários de, no mínimo, 10% e de, no máximo, 20% em favor do advogado.

(C) Haverá condenação em honorários de, no mínimo, 5% e de, no máximo, 15% em favor do advogado.

(D) Somente se a assistência do advogado do autor for gratuita é que haverá condenação em honorários, de até 20%.

8. (OAB/FGV – XXXVIII EXAME DE ORDEM) Você advoga para um ex-empregado, em sede de reclamação trabalhista em face de uma sociedade empresária, e também em face dos sócios desta.

O curso processual vem sendo bastante conturbado. A parte ré deduziu fatos manifesta e notoriamente inverídicos em juízo; ela vem utilizando meios e modos de retardar o desfecho processual, arrolando testemunhas que não são localizadas, requerendo a substituição de testemunhas e provocando adiamentos desnecessários de audiências, no intuito de suscitar eventual futura nulidade.

Seu cliente perguntou se as condutas poderiam ensejar o requerimento e consequente condenação em litigância de má-fé, em razão de considerar que tais condutas representam procedimento contrário à boa ordem processual.

Nesse sentido, de acordo com o texto da CLT, assinale a afirmativa correta.

(A) Não é vedado a parte promover incidentes processuais sem fundamento, com intuito de retardar o andamento processual, já que o amplo direito de defesa é assegurado constitucionalmente.

(B) Os valores da multa de litigância de má-fé sempre incidem sobre o valor da causa, ainda que irrisório o valor, pois existem as demais reparações previstas na lei.

(C) Não constitui conduta passível de litigância de má-fé a parte formular alegações em sede de contestação contrárias a texto expresso de lei, pois cabe ao juiz rechaçar a alegação.

(D) As condutas ensejam litigância de má-fé e têm previsão legal, sendo passíveis de multa superior a 1% e inferior a 10% sobre o valor corrigido da causa, entre outras penalidades.

9. (OAB/FGV – XXXIX EXAME DE ORDEM) John estava empregado em uma sociedade empresária de óleo e gás, mas foi injustamente dispensado por justa causa, com base em uma falsa acusação de consumo de álcool a bordo da plataforma, no dia 20/03/2023.

Você, como advogado de John, ajuizou reclamação trabalhista e a única testemunha do seu cliente não fala ou entende português, apenas inglês. Você a arrolou como testemunha, e já requereu e obteve o benefício da gratuidade de justiça.

Sobre seu requerimento para a produção da prova, assinale a afirmativa correta.

(A) Você deverá requerer ao juiz um intérprete, que será custeado pela ré, se sucumbente no objeto da prova, ou pela União, se você for a parte sucumbente.

(B) Deverá ser requerido ao juiz um intérprete, que, independentemente da gratuidade de justiça, deverá ser custeado pela parte a quem o depoimento interessar.

(C) Considerando que seu cliente fala inglês, ele poderá servir de intérprete pelo princípio da economia processual.

(D) A gratuidade de justiça não alcança o intérprete, sendo apenas para custas e perícias judiciais, logo a parte autora deverá custear a despesa processual.

10. (OAB/FGV – XLI EXAME DE ORDEM) Tereza ajuizou reclamação trabalhista contra o seu exempregador, que foi julgada totalmente procedente, com a concessão de 10% de honorários advocatícios sucumbenciais.

Transitado em julgado sem interposição de recurso, o juiz determinou que o calculista da Vara calculasse o valor da dívida. As partes verificaram as contas elaboradas, sem haver discordância. Ocorre que, dez dias depois, sem que o executado ainda tivesse sido citado para pagar a dívida, você, como advogado(a) de Tereza, revisitou os cálculos de liquidação da Contadoria e notou que, por falha involuntária, os honorários advocatícios sucumbenciais não haviam sido incluídos na conta, e que o prazo para impugnação da sentença de liquidação já havia transcorrido.

Sobre os honorários advocatícios, considerando os fatos narrados e o que dispõe a CLT, assinale a afirmativa correta.

(A) O advogado de Tereza perdeu o direito aos honorários.

(B) O causídico ainda poderá perseguir os honorários, mas deverá fazê-lo em ação própria.

(C) Os honorários poderão ser incluídos na conta, se houver concordância expressa do executado.

(D) Os honorários, por se tratar de erro material de cálculo, poderão ser incluídos na conta, mesmo após o prazo para impugnação.

GABARITO: As respostas destes testes encontram-se no final do livro.

CAPÍTULO

14

NULIDADES

14.1 CONCEITO E CLASSIFICAÇÃO

O professor Renato Saraiva ensina que "a nulidade do ato ocorre quando lhe falta algum requisito que a lei prescreve como necessário para a sua validade".

A nulidade do ato pode ocorrer de forma absoluta ou relativa. A nulidade será **absoluta** quando a norma inobservada disser respeito ao interesse público, como, por exemplo, a incompetência absoluta, casos em que poderá ser decretada de ofício ou a requerimento da parte.

Já a nulidade será **relativa** quando violar norma de interesse das partes, como, por exemplo, a incompetência relativa. Para que seja reconhecida, a nulidade relativa depende de alegação da parte na primeira oportunidade que tiver de falar em audiência ou nos autos (art. 795, CLT).

A eficácia dos atos processuais pode ser contestada em face do apontamento de o ato ser nulo, anulável ou inexistente.

- ato nulo: o ato processual é inteiramente praticado, mas o vício dele é grave, e notoriamente tem potencial de causar prejuízo a alguém;

  Exemplo: intimação de uma parte sem advogado por meio de Diário Eletrônico.

- ato anulável: o vício do ato processual não é presumido como grave, e pode, em grande parte dos casos, não causar prejuízo a ninguém. É possível que alguém seja prejudicado, mas o prejuízo deve ser devidamente demonstrado;

  Exemplo: prática de ato processual após as 20 horas (o art. 770 da CLT delimita o horário de prática de atos processuais das 6 às 20 horas).

- ato inexistente: o ato processual não é inteiramente praticado, faltando algum pressuposto essencial para sua formação.

  Exemplo: sentença proferida por juiz aposentado (desprovido de poder jurisdicional) ou audiência presidida por intruso disfarçado de juiz.

A CLT dispõe de poucos dispositivos que tratam das nulidades processuais. Em razão disso, algumas normas do processo civil aplicam-se supletiva e subsidiariamente nesse ponto.

As nulidades, no processo do trabalho, são abarcadas pelos **artigos 794 a 798 da CLT**.

14.2 PRINCÍPIOS

Seguem os princípios que norteiam o sistema de nulidades citados pela maior parte dos doutrinadores:

a) Princípio da transcendência ou do prejuízo

Relacionado com o princípio da instrumentalidade das formas, o princípio da transcendência impõe como condição para a declaração de nulidade de determinado ato a existência de **prejuízo** (art. 794, CLT).

Mesmo que determinado ato processual seja nulo (ou anulável), a nulidade não será declarada pelo juiz se esse ato não tiver o poder de causar prejuízo a alguma das partes.

b) Princípio da instrumentalidade das formas ou da finalidade

Pelo princípio da instrumentalidade das formas ou da finalidade caso a lei prescreva determinada forma, sem cominação de nulidade, se o ato praticado de forma diversa alcançar a sua finalidade, será considerado válido.

Esse princípio está implícito nos arts. 188 e 277 do CPC:

> "Art. 188. Os atos e os termos processuais independem de forma determinada, salvo quando a lei expressamente a exigir, considerando-se válidos os que, realizados de outro modo, lhe preencham a finalidade essencial".

> "Art. 277. Quando a lei prescrever determinada forma, o juiz considerará válido o ato se, realizado de outro modo, lhe alcançar a finalidade".

c) Princípio da convalidação ou da Preclusão

Consoante o princípio da convalidação ou da preclusão, se a **nulidade relativa** não for arguida no momento oportuno, os atos inválidos se tornarão válidos (serão convalidados), de modo que a parte prejudicada não poderá mais arguí-la em outra oportunidade (art. 795, CLT).

Esse princípio consagrou o usual "protesto judicial", utilizado em audiência pelas partes e procuradores para arguição de nulidade relativa, evitando-se assim a preclusão ou a convalidação.

O art. 795, § 2.º, da CLT institui que o juiz poderá declarar *ex officio* a incompetência de foro. Ressalte-se que por "incompetência de foro" deve-se entender a incompetência do foro trabalhista, ou seja, a incompetência da Justiça do Trabalho (em razão da matéria e das pessoas), portanto; é o caso de incompetência absoluta, a qual de fato pode ser reconhecida de ofício pelo Juiz ou Tribunal.

> "Art. 795, § 2.º O juiz ou Tribunal que se julgar incompetente determinará, na mesma ocasião, que se faça remessa do processo, com urgência, à autoridade competente, fundamentando sua decisão".

d) Princípio do interesse

Pelo princípio do interesse, como a ninguém é permitido valer-se de sua própria torpeza, consagra-se a impossibilidade de declaração da nulidade quando arguída por quem lhe tiver dado causa (arts. 796, "b", CLT e 276, CPC).

e) Princípio da economia processual

Também denominado princípio da renovação dos atos processuais viciados ou do saneamento das nulidades. Segundo este princípio, somente serão anulados os atos processuais que não possam ser aproveitados. Assim, a nulidade não será pronunciada: a) quando for possível suprir a falta ou repetir ato (art. 796, "a", CLT) ou b) quando a causa for julgada a favor de quem a alegação de nulidade aproveitaria (art. 282, § 2.º, CPC).

f) Princípio da utilidade

Pelo princípio da utilidade, consagra-se o maior aproveitamento possível dos atos processuais.

Consoante esse princípio, ao declarar um ato nulo, o juiz dirá a que outros atos esta nulidade se estende. À luz do art. 798 da CLT, o juiz proclamará nulos somente os atos **posteriores** que deste dependam ou sejam consequência.

14.3 QUESTÃO

1. (OAB V - FGV) A respeito das nulidades no processo do trabalho, é correto afirmar que:

(A) declarada a nulidade, por qualquer fundamento, todos os atos processuais posteriores serão nulos.

(B) as partes poderão alegar nulidade enquanto estiver aberta a instrução, mesmo que já tenham tido oportunidade de manifestação nos autos.

(C) é desnecessária a provocação da parte para a declaração de nulidade.

(D) só serão considerados nulos os atos que alegadamente causarem manifesto prejuízo às partes litigantes.

GABARITO: A resposta deste teste encontra-se no final do livro.

CAPÍTULO

15 ATOS, PRAZOS E TERMOS PROCESSUAIS

15.1 ATOS PROCESSUAIS

15.1.1 Considerações Gerais

Os atos processuais podem ser praticados:

a) pelo juiz: despachos, decisões interlocutórias e sentenças (art. 203, CPC) e também a presidência das audiências, a supervisão dos trabalhos da secretaria, o atendimento aos advogados etc.;

b) pelas partes: petição inicial, contestação, recursos, depoimento pessoal, entre outros; e

c) atos dos auxiliares: notificação, penhora, avaliação, perícia etc.

15.1.2 Princípios dos atos processuais no Processo do Trabalho

Na opinião do professor Mauro Schiavi, aplicam-se ao tema atos processuais os seguintes princípios:

a) publicidade: nos termos do art. 93, IX, da CF e do art. 770 da CLT, os atos processuais serão públicos, salvo quando o contrário determinar o interesse social.

A publicidade dos atos processuais será restringida pelo interesse social. Isso significa que, por motivos de **interesse social**, um ou mais atos processuais podem ser praticados em sigilo.

> Art. 189, CPC. Os atos processuais são públicos, todavia tramitam em segredo de justiça os processos:
>
> I - em que o exija o interesse público ou social;
>
> II - que versem sobre casamento, separação de corpos, divórcio, separação, união estável, filiação, alimentos e guarda de crianças e adolescentes;
>
> III - em que constem dados protegidos pelo direito constitucional à intimidade;
>
> IV - que versem sobre arbitragem, inclusive sobre cumprimento de carta arbitral, desde que a confidencialidade estipulada na arbitragem seja comprovada perante o juízo.

b) limites temporais: os atos processuais realizar-se-ão nos dias úteis das 6h às 20h (art. 770, CLT), podendo ser realizados fora do horário normal, mediante autorização do juiz (art. 212, § 2.º, CPC).

A penhora poderá ser realizada em domingos e feriados, salvo se houver expressa determinação do juiz (art. 770, parágrafo único, CLT) e desde que respeitado o art. 5.º, XI, da CF, o qual estabelece que "a casa é asilo inviolável do indivíduo, ninguém nela podendo penetrar sem consentimento do morador, salvo em caso de flagrante delito ou desastre, ou para prestar socorro, ou, durante o dia, por determinação judicial".

c) **forma:** à luz do art. 771 da CLT, "os atos e termos processuais poderão ser escritos a tinta, datilografados ou a carimbo".

d) **documentação:** os atos processuais devem ser documentados, conforme se verifica pela redação dos arts. 772 e 773 da CLT, *in verbis*:

> "Art. 772. Os atos e termos processuais, que devam ser assinados pelas partes interessadas, quando estas, por motivo justificado, não possam fazê-lo, serão firmados a rogo, na presença de 2 (duas) testemunhas, sempre que não houver procurador legalmente constituído".
>
> "Art. 773. Os termos relativos ao movimento dos processos constarão de simples notas, datadas e rubricadas pelos secretários ou escrivães".

15.1.3 Informatização do processo judicial

Os atos processuais eletrônicos serão realizados por intermédio do Sistema Processo Judicial Eletrônico (PJe) instalado na Justiça do Trabalho nos termos da Lei nº 11.419/2006, dos arts. 193 a 199, do CPC e da Resolução 185/2017 do Conselho Superior da Justiça do Trabalho.

Destacam-se as seguintes características do Sistema de Processo Judicial Eletrônico da Justiça do Trabalho – PJe-JT.

À luz do art. 1.º, § 2.º, da Lei 11.419/2006, considera-se:

a) Meio Eletrônico: qualquer forma de armazenamento ou tráfego de documentos e arquivos digitais;

b) Transmissão Eletrônica: toda forma de comunicação a distância com a utilização de redes de computadores, preferencialmente a rede mundial de computadores;

c) Assinatura Eletrônica: são as seguintes formas de comunicação inequívoca do signatário:

- Assinatura digital: baseada em certificado digital, emitido por Autoridade Certificadora credenciada, na forma de lei específica;
- Mediante cadastro do usuário no poder judiciário, como disciplinado pelos órgãos respectivos.

15.1.3.1 Do acesso

Vigora no Processo do Trabalho o "jus postulandi" (art. 791, CLT), segundo o qual empregado e empregador podem demandar pessoalmente na Justiça do Trabalho. Nesses casos, partes ou terceiros interessados desassistidos de advogados poderão apresentar peças processuais e documentos em papel nos locais competentes para recebê-los, que serão inseridos nos autos eletrônicos pela unidade judiciária (art. 4.º da Resolução 185/2017 do CSJT).

O credenciamento dos advogados no PJe dar-se-á pela identificação do usuário por meio de seu certificado digital e remessa do formulário eletrônico disponibilizado no portal de acesso ao PJe, devidamente preenchido e assinado digitalmente (art. 5.º, *caput*, da Resolução 185/2017 CSJT).

Por sua vez, a sociedade de advogados fará seu credenciamento pela remessa do formulário eletrônico disponibilizado no portal de acesso ao PJe, devidamente preenchido e assinado digitalmente, dispensando-se a identificação do usuário por meio de seu certificado digital (art. 5.º, § 1.º, da Resolução 185/2017 do CSJT).

As alterações de dados cadastrais poderão ser feitas pelos próprios usuários, a qualquer momento, utilizando funcionalidade específica do PJe para este fim, salvo as informações obtidas de bancos de dados credenciados, como Receita Federal, Justiça Eleitoral e Ordem dos Advogados do Brasil - OAB -, que deverão ser atualizadas diretamente nas respectivas fontes (art. 5.º, § 2.º, da Resolução 185/2017 do CSJT).

Os advogados e sociedades de advogados devem requerer sua habilitação para atuar nos autos eletrônicos cujas partes representarão, juntando a procuração (art. 5.º, § 6.º, da Resolução 185/2017 do CSJT).

É atribuição do magistrado determinar, por despacho ou delegação de ato ordinatório, a alteração da autuação para inativação de advogado indevidamente habilitado, ou que deixou de representar quaisquer das partes (art. 5.º, § 7.º, da Resolução 185/2017 do CSJT).

Os documentos digitalizados juntados em processo eletrônico estarão disponíveis para acesso por meio da rede externa pelas respectivas partes processuais, pelos advogados, independentemente de procuração nos autos, pelos membros do Ministério Público e pelos magistrados, sem prejuízo da possibilidade de visualização nas secretarias dos órgãos julgadores, à exceção daqueles que tramitarem em segredo de justiça (art. 11, § 6º, Lei 11.419/2006 - incluído pela Lei 13.793/2019).

Os sistemas de informações pertinentes a processos eletrônicos devem possibilitar que advogados, procuradores e membros do Ministério Público cadastrados, mas não vinculados a processo previamente identificado, acessem automaticamente todos os atos e documentos processuais armazenados em meio eletrônico, desde que demonstrado interesse para fins apenas de registro, salvo nos casos de processos em segredo de justiça (art. 11, § 7º, Lei 11.419/2006 - incluído pela Lei 13.793/2019).

Para que o advogado, procurador ou membro do Ministério Público tenha acesso a autos eletrônicos, deve fazer um cadastro identificando-se. Esse cadastro não é sujeito a aprovação, bastando que comprove sua condição profissional. O objetivo é a identificação das pessoas que acessam o sistema. A demonstração de interesse faz-se pela simples busca do processo, ou seja, não se exige petição justificando a busca pelas informações.

O Estatuto da OAB prevê o mesmo, dispondo que, inclusive em processos e procedimentos eletrônicos, é direito do advogado:

a) "examinar, em qualquer órgão dos Poderes Judiciário e Legislativo, ou da Administração Pública em geral, autos de processos findos ou em andamento, mesmo sem procuração, quando não estiverem sujeitos a sigilo ou segredo de justiça, assegurada a obtenção de cópias, com possibilidade de tomar apontamentos" (art. 7º, XIII, e § 13, da Lei 8.906/1994 – Estatuto da Advocacia, incluído pela Lei 13.793/2019).

b) "examinar, em qualquer instituição responsável por conduzir investigação, mesmo sem procuração, autos de flagrante e de investigações de qualquer natureza, findos ou em andamento, ainda que conclusos à autoridade, podendo copiar peças e tomar apontamentos, em meio físico ou digital" (art. 7º, XIV e § 13, da Lei 8.906/1994 – Estatuto da Advocacia, alterado pela Lei 13.793/2019). O acesso do advogado aos processos e procedimentos de investigação poderá ser delimitado pela autoridade competente aos elementos de prova relacionados a diligências em andamento e ainda não documentados nos autos, quando houver risco de comprometimento da eficiência, da eficácia ou da finalidade das diligências (art. 7º, §§ 11 e 13, da Lei 8.906/1994 – Estatuto da Advocacia, alterado pela Lei 13.793/2019).

Da mesma forma, o Código de Processo Civil estabelece que, inclusive nos processos eletrônicos, é direito do advogado "examinar, em cartório de fórum e secretaria de tribunal, mesmo sem procuração, autos de qualquer processo, independentemente da fase de tramitação, assegurados a obtenção de cópias e o registro de anotações, salvo na hipótese de segredo de justiça, nas quais apenas o advogado constituído terá acesso aos autos" (art. 107, I e § 5º, do CPC – alterado pela Lei 13.793/2019).

15.1.3.2 Da disponibilidade do sistema

Determina a Resolução 185/2017 do CSJT (art. 10) que a disponibilidade do PJe será aferida na forma definida pelo Conselho Nacional de Justiça – CNJ. Por sua vez, a Resolução 185 (Consolidada) do Conselho Nacional de Justiça de 2013 versa sobre o acesso ao sistema nos arts. 7.º ao 13.

Segundo o art. 8.º da Resolução 185 Consolidada, o sistema ficará disponível 24 horas por dia, salvo durante os períodos de manutenção.

Considera-se indisponibilidade do sistema PJe-JT a falta de oferta ao público externo, diretamente ou por meio de WebService, de qualquer um dos seguintes serviços (art. 9º da Resolução 185 Consolidada/CNJ):

I – consulta aos autos digitais;

II – transmissão eletrônica de atos processuais;

III – acesso a citações, intimações ou notificações eletrônicas feitas via sistema.

As manutenções programadas do sistema serão sempre informadas ostensivamente com pelo menos 5 dias de antecedência e realizadas, preferencialmente, entre 0h de sábado e 22h de domingo, ou entre 0h e 6h dos demais dias da semana (arts. 8.º e 12, da Resolução 185 Consolidada do CNJ).

Toda indisponibilidade do sistema PJe será registrada em relatório de interrupções de funcionamento acessível ao público no sítio do Tribunal e dos Conselhos, devendo conter, pelo menos, as seguintes informações: a) data, hora e minuto de início da indisponibilidade; b) data, hora e minuto de término da indisponibilidade; c) os serviços que ficaram indisponíveis e d) V – assinatura digital do responsável pela unidade de tecnologia da informação do TRT, ou a quem este delegar, com efeito de certidão, devendo – enquanto não implementada a juntada automática nos processos – estar acessível, preferencialmente, em tempo real, ou, no máximo, até às 12h do dia seguinte ao da indisponibilidade (art. 10, § 2.º, da Resolução 185 Consolidada do CNJ e art. 10 da Resolução 185/2017 do CSJT).

Os prazos que vencerem no dia da ocorrência de indisponibilidade serão prorrogados para o dia útil seguinte à retomada de funcionamento, quando (art. 11 da Resolução 185 Consolidada do CNJ):

> i) a indisponibilidade for superior a 60 minutos ininterruptos ou não, entre as 6h00 e as 23h00;
>
> ii) por qualquer tempo, entre as 23h00 e as 24h00.

Os prazos fixados em hora ou minuto serão prorrogados até as 24 horas do dia útil seguinte quando (art. 11, § 2.º, CNJ):

> i – ocorrer a indisponibilidade superior a 60 minutos ininterruptos ou não, nas últimas 24 horas do prazo; ou
>
> ii – ocorrer a indisponibilidade nos 60 minutos anteriores ao término do prazo.

A indisponibilidade entre 0h e 6h00, feriados e finais de semana não levará à prorrogação do prazo (art. 11, § 1.º, da Resolução 185 Consolidada, do CNJ).

15.1.3.3 Petições e documentos

O sistema receberá arquivos com tamanho máximo definido por ato do Tribunal ou Conselho e apenas nos formatos definidos pela Presidência do Conselho Nacional de Justiça, o qual não poderá ser inferior a 1.5Mb (art. 13, *caput* e § 1.º, Resolução 185 Consolidada, do CNJ).

Será admitido peticionamento fora do PJe, pelas vias ordinárias, nas seguintes hipóteses: a) se o PJe estiver indisponível e o prazo para a prática do ato não for prorrogável na forma do art. 12 ou essa prorrogação puder causar perecimento do direito; b) para a prática de ato urgente ou destinado a impedir perecimento de direito, quando o usuário externo não possua, em razão de caso fortuito ou força maior, assinatura digital (art. 13, § 3.º, Resolução Consolidada 185, do CNJ).

Os documentos produzidos eletronicamente, os extratos digitais, bem como os documentos digitalizados e juntados aos autos pelos órgãos da Justiça do Trabalho e seus auxiliares, pelos membros do Ministério Público, pelas procuradorias e por advogados públicos e privados, têm a mesma força probante dos originais, ressalvada a alegação motivada e fundamentada de adulteração (art. 14, *caput*, da Resolução Consolidada 185 do CNJ).

Os documentos originais digitalizados deverão ser preservados pelo seu detentor até o trânsito em julgado da sentença ou, quando admitida, até o final do prazo para propositura de ação rescisória (art. 14, § 2.º, da Resolução Consolidada 185 do CNJ).

A arguição de falsidade dos documentos será processada eletronicamente na forma da lei processual em vigor (art. 14, § 3.º, da Resolução Consolidada 185 do CNJ).

Deverão ser apresentados em secretaria os documentos cuja digitalização se mostre tecnicamente inviável devido ao grande volume, tamanho/formato ou por motivo de ilegibilidade. Os documentos deverão ser apresentados na secretaria no prazo de 10 dias contados do envio da petição eletrônica comunicando o fato. Após o trânsito em julgado, os referidos documentos serão devolvidos, incumbindo-se à parte preservá-los até o final do prazo para propositura da ação rescisória, quando admitida (art. 14, § 4.º, da Resolução Consolidada 185 do CNJ).

Os documentos apresentados pelas partes que se valerem do *jus postulandi* deverão ser retirados no prazo de 45 dias. Após esse prazo a Unidade Judiciária correspondente poderá inutilizar os documentos mantidos sob sua guarda em meio impresso (art. 15, parágrafo único, da Resolução Consolidada 185 do CNJ).

As petições, documentos e seus respectivos anexos enviados sem observância das normas vigentes poderão ser indisponibilizados por expressa determinação do magistrado, com o registro de movimento e exclusão da petição e documentos, assinalando-se, se for o caso, novo prazo para a adequada apresentação da petição (art. 15, *caput* e § 1.º, da Resolução 185/2017 do CSJT).

Os documentos digitalizados e anexados às petições eletrônicas serão classificados e organizados de forma a facilitar o exame dos autos eletrônicos. Quando a forma de apresentação dos documentos puder ensejar prejuízo ao exercício do contraditório e da ampla defesa, deverá o juiz determinar nova apresentação e a exclusão dos anteriormente juntados (art. 17 da Resolução Consolidada 185 do CNJ).

Os órgãos do Poder Judiciário do Trabalho manterão instalados equipamentos à disposição das partes, advogados e interessados para consulta ao conteúdo dos autos digitais, digitalização e envio de peças processuais e documentos em meio eletrônico, bem como auxílio técnico presencial às pessoas com deficiência ou que comprovem idade igual ou superior (art. 18 da Resolução Consolidada 185 do CNJ).

15.1.3.4 Atos Processuais

No processo eletrônico, todas as citações, intimações e notificações, inclusive da Fazenda Pública, far-se-ão por meio eletrônico, nos termos da Lei 11.419, de 19 de dezembro de 2006, e caso viabilizem o acesso à íntegra do processo correspondente serão consideradas vista pessoal do interessado para todos os efeitos legais (art. 19 da Resolução Consolidada 185 do CNJ).

No expediente de notificação inicial ou de citação constará indicação da forma de acesso ao inteiro teor da petição inicial no endereço referente à consulta pública do PJe, cujo acesso também será disponibilizado nos sítios dos TRTs e do CSJT na rede mundial de computadores (art. 18 da Resolução 185/2017 do CSJT).

Os avisos de recebimento (ARs) devidamente assinados pelo recebedor das comunicações feitas pelos Correios deverão ser digitalizados e os respectivos arquivos juntados aos autos eletrônicos (art. 24 da Resolução Consolidada 185 do CNJ).

A petição inicial conterá, além dos requisitos do art. 840, § 1°, da CLT, a indicação do CPF ou CNPJ das partes e, sempre que possível, também os seguintes dados: a) o CEI (Cadastro Específico do INSS contendo número da matrícula do empregador pessoa física); b) o Número de Identificação do Trabalhador (NIT) perante o INSS; c) o PIS ou PASEP; d) o número da CTPS do empregado; e e) o CNAE (Classificação Nacional de Atividades Econômicas – código do ramo de atividade) do empregador (art. 19, *caput* e § 1°, da Resolução 185/2017 do CSJT).

O PJe fornecerá, na distribuição da ação, o número atribuído ao processo, o órgão julgador para o qual foi distribuída e, se for o caso, o local, a data e o horário de realização da audiência, da qual estará a parte autora imediatamente intimada. Os dados da autuação automática serão conferidos pela unidade judiciária, que procederá, com determinação do magistrado e registro no PJe, à intimação da parte para alteração em caso de desconformidade com a petição e documentos. A ausência de retificação dos dados da autuação automática, referente à petição inicial, no prazo de 15 dias, ensejará a aplicação do disposto no art. 321, parágrafo único, do CPC, ou seja, o indeferimento da petição inicial (art. 19, *caput* e §§ 2.° e 3.°, da Resolução 185/2017 do CSJT).

A contestação ou a reconvenção e seus respectivos documentos deverão ser protocolados no PJe até a realização da proposta de conciliação infrutífera, com a utilização de equipamento próprio, sendo automaticamente juntados, facultada a apresentação de defesa oral, na forma do art. 847 da CLT. (art. 22 da Resolução 185/2017 do CSJT).

As partes poderão atribuir segredo de justiça à petição inicial e sigilo à contestação, reconvenção, petições incidentais e documentos, desde que, justificadamente, fundamentem uma das hipóteses do art. 770, *caput*, da CLT e dos arts. 189 ou 773 do CPC. O magistrado poderá determinar a exclusão de petições e documentos indevidamente protocolados sob sigilo (art. 22, §§ 2.º e 3.º, da Resolução 185/2017 do CSJT).

Diferentemente da opção de sigilo que a parte só pode atribuir nas hipóteses previstas em lei, o reclamado pode manter a contestação e os documentos os acompanham ocultos até a realização da proposta conciliatória infrutífera (art. 22, § 4.º, da Resolução 185/2017 do CSJT).

Na hipótese de celebração de acordo, a contestação, a exceção e documentos que as acompanham serão excluídos do PJe (art. 22, § 5.º, da Resolução 185/2017 do CSJT).

As audiências serão sempre reduzidas a termo, ainda que gravadas em áudio e vídeo, e o arquivo eletrônico que utilize linguagem padronizada de marcação genérica daí decorrente será, ao final da audiência: a) imediatamente assinado pelo magistrado, impossibilitando a alteração de sua forma e conteúdo; ou b) facultativamente enviado ao PJe, imediatamente após o término da audiência, também impossibilitando a alteração de sua forma e conteúdo (art. 23, da Resolução 185/2017, CSJT).

Na hipótese de celebração de acordo e ausência de assinatura imediata do arquivo eletrônico que utilize linguagem padronizada de marcação genérica e, havendo requerimento da parte, a ata deverá ser impressa, assinada manualmente pelas partes e magistrado e, então, digitalizada e inserida no PJe (art. 23, § 3.º, da Resolução 185/2017 do CSJT).

15.1.3.5 Contagem dos Prazos Processuais

No processo judicial eletrônico, o prazo processual começa a contar a partir do momento em que o advogado faz a consulta. Caso não o faça no prazo máximo de 10 dias, a intimação será tida por consumada. O primeiro dos 10 dias será a data subsequente ao da disponibilização do ato de comunicação no sistema, seja dia útil ou não. Todavia, caso o décimo dia recaia em dia sem expediente forense, a consumação da intimação ocorrerá no primeiro dia útil subsequente. Em síntese, o primeiro dos 10 dias pode coincidir com o período sem expediente forense, entretanto, se o 10.º recair em dia sem expediente, prorroga-se para o próximo dia útil a consumação da intimação. A partir do primeiro dia útil seguinte, ainda, começa a correr o prazo para a prática do ato (art. 5.º da Lei 11.419/2006 e art. 21 da Resolução Consolidada 185 do CNJ).

15.1.4 Comunicação dos atos processuais

No Processo Civil, a comunicação dos atos processuais é estabelecida através da citação e da intimação.

Citação é o ato pelo qual são convocados o réu, o executado ou o interessado para integrar a relação processual (art. 238, CPC).

Já a **intimação** é o ato pelo qual se dá ciência a alguém dos atos e dos termos do processo (art. 269, CPC).

No Processo do Trabalho, o termo notificação ora é empregado no sentido de citação, ora é empregado para fazer referência à intimação.

À luz do art. 841 da CLT, após ser distribuída a reclamação a uma das Varas do Trabalho. Automaticamente, o escrivão ou chefe de secretaria, no prazo de 48h, encaminhará a segunda via da petição inicial para o reclamado, notificando-o, ao mesmo tempo, para que compareça em audiência.

A notificação é encaminhada via postal com aviso de recebimento, presumindo-se recebida no prazo de 48h, sendo ônus do destinatário provar o não recebimento dentro deste prazo (Súmula 16, TST).

Tem prevalecido na jurisprudência o entendimento de que a notificação será considerada válida quando entregue na empresa a quem tenha **poderes** para recebê-la, a qualquer **empregado**, ao **zelador do prédio comercial** e ainda quando deixada na **caixa postal da empresa.**

Caso o réu crie embaraços ao recebimento da notificação postal ou não seja encontrado, a citação será feita por **edital** inserto em jornal oficial ou no que publicar o expediente forense e, na falta, será afixado na vara do trabalho (art. 841, § 1º, CLT).

Se não for possível notificar o réu, o correio deverá devolver a notificação no Juízo de origem no prazo de 48h (art. 774, parágrafo único, CLT). Em decorrência disso, o TST presume que a notificação foi recebida no prazo de 48 horas (Súmula 16, TST). Trata-se de presunção relativa, de modo que o destinatário poderá comprovar o não recebimento neste prazo.

No Processo do Trabalho não há citação por hora certa e no procedimento sumaríssimo não há citação por edital (art. 852-B, II, CLT).

Ao mesmo tempo em que dá ciência ao réu, a notificação referida no art. 841 da CLT o intima para que compareça em audiência, a qual, nos termos do referido artigo, **será a primeira desimpedida depois de 5 dias**, ou seja, entre a data do recebimento da notificação e a data da audiência deve decorrer no mínimo 5 dias, sendo este o prazo para a elaboração da defesa no Processo do Trabalho.

Com fundamento no art. 841, § 2º, o reclamante será intimado da audiência no ato da distribuição, entretanto, caso não seja possível, a notificação será realizada via postal com aviso de recebimento.

O reclamado domiciliado no exterior será notificado por **carta rogatória**. Caso domiciliado no Brasil, porém perante outra comarca, o juiz deve se valer da **carta precatória**, muito embora alguns juízes na prática venham utilizando a notificação via postal, sob o argumento de que o art. 247 do CPC autoriza a citação postal em qualquer comarca do país.

Na fase de execução, a citação será feita pelo oficial de justiça, muito embora não se exija que seja pessoal (art. 880, CLT).

Nos termos dos arts. 246, V, e 270 do CPC, a citação e as intimações poderão ser realizadas por meio eletrônico, conforme regulado em lei própria.

Ressalte-se que o art. 246, § 1.º, estabelece que, com exceção das microempresas e das empresas de pequeno porte, as empresas públicas e privadas são obrigadas a manter cadastro nos sistemas de processo em autos eletrônicos, para efeito de recebimento de citações e intimações, as quais serão efetuadas preferencialmente por esse meio.

Em 24 de maio de 2011, o Pleno do Tribunal Superior do Trabalho aprovou a Súmula 427 do TST determinando que:

> "SÚMULA 427, TST. Havendo pedido expresso de que as intimações e publicações sejam realizadas exclusivamente em nome de determinado advogado, a comunicação em nome de outro profissional constituído nos autos é nula, salvo se constatada a inexistência de prejuízo".

15.2 TERMOS PROCESSUAIS

A redução a termo de um ato processual consiste na sua reprodução gráfica. A CLT tratou dos termos processuais nos arts. 771 a 773. Confira:

> "Art. 771. Os atos e termos processuais poderão ser escritos a tinta, datilografados ou a carimbo".

> "Art. 772. Os atos e termos processuais, que devam ser assinados pelas partes interessadas, quando estas, por motivo justificado, não possam fazê-lo, serão firmados a rogo, na presença de 2 (duas) testemunhas, sempre que não houver procurador legalmente constituído".

> "Art. 773. Os termos relativos ao movimento dos processos constarão de simples notas, datadas e rubricadas pelos secretários ou escrivães".

A Lei 11.419/2006, que dispõe sobre a informatização do processo judicial, a comunicação eletrônica dos atos processuais e o processo eletrônico, alterou o art. 193 do CPC, passando a instituir que os atos processuais podem ser total ou parcialmente digitais, de forma a permitir que sejam produzidos, comunicados, armazenados e validados por meio eletrônico, na forma da lei.

15.3 PRAZOS PROCESSUAIS

15.3.1 Classificação dos prazos

Os prazos processuais classificam-se quanto à origem de sua fixação em: **legais** (estabelecidos em lei), **judiciais** (fixados pelo juiz) e **convencionais** (são acordados entre os litigantes como, por exemplo, a suspensão do processo para tentativa de conciliação, à luz do art. 313, II, CPC).

Quanto à sua natureza, são – **dilatórios** (podem ser ampliados pelo juiz – art. 139, VI, CPC) e **peremptórios** (não podem ser prorrogados por iniciativa das partes ou do juiz, salvo nas comarcas onde for difícil o transporte, em que a prorrogação não poderá exceder a 2 meses. Tal limite não se aplica aos casos de calamidade pública – art. 222, CPC).

Quanto aos destinatários, os prazos classificam-se em **próprios** (destinados às partes) e **impróprios** (destinados aos juízes e seus auxiliares).

Os prazos poderão ser ainda, **particulares** (dirigidos apenas a uma das partes) ou **comuns** (concernentes a ambas as partes).

15.3.2 Início e contagem dos prazos processuais

Os arts. 774 e 775 da CLT diferenciam o momento do **início do prazo** do **início da contagem** do prazo.

O prazo **inicia-se** a partir da data em que a intimação ou notificação tenha sido realizada pessoalmente, ou em que for recebida a notificação ou daquela em que for publicado ou afixado o edital (art. 774, CLT).

À luz do art. 775 da CLT, os prazos são contados em dias úteis, nos mesmos moldes do art. 219 do CPC, que determina que "na contagem de prazo em dias, estabelecido por lei ou pelo juiz, computar-se-ão somente os úteis".

Exemplo prático:

Sávio Sardinha, reclamante, recebe intimação por via postal, em 05/03, para manifestar-se sobre o laudo pericial produzido pelo perito em seu processo, no prazo de 5 dias. O dia 05/03 é o **dia do começo**, pois foi neste dia que Sávio Sardinha recebeu o famoso "susto", isto é, a intimação. Logo, o dia do começo será excluído da contagem. Se o dia seguinte (06/03) não for feriado, a contagem do prazo se iniciará efetivamente neste dia (06/03).

Incumbe à parte comprovar, apenas quando da interposição do recurso, a existência de feriado local que leve à prorrogação do prazo recursal, nos termos do art. 1003, § 6.º, do CPC. Caso não o faça, o relator deverá conceder o prazo de 5 dias para que seja sanado o vício, sob pena de não conhecer o recurso por intempestividade, como determina o art. 932, parágrafo único, do CPC, que consagra o princípio da primazia da decisão de mérito (Súmula 385, I, TST).

No mesmo sentido dispõe a Súmula 385, I, do TST. Observe-se:

> "SÚMULA 385. FERIADO LOCAL OU FORENSE. AUSÊNCIA DE EXPEDIENTE. PRAZO RECURSAL. PRORROGAÇÃO. COMPROVAÇÃO. NECESSIDADE (alterada em decorrência do CPC de 2015) – Res. 220/2017 – DEJT divulgado em 21, 22 e 25.09.2017)
>
> I – Incumbe à parte o ônus de provar, quando da interposição do recurso, a existência de feriado local que autorize a prorrogação do prazo recursal (art. 1.003, § 6.º, do CPC de 2015). No caso de o recorrente alegar a existência de feriado local e não o comprovar no momento da interposição do recurso, cumpre ao relator conceder o prazo de 5 (cinco) dias para que seja sanado o vício (art. 932, parágrafo único, do CPC de 2015), sob pena de não conhecimento se da comprovação depender a tempestividade recursal".

Naturalmente, os Tribunais Regionais e o TST, enquanto juízos "ad quem", não são obrigados a ter ciência da ocorrência de feriado forense, ou seja, dos dias úteis em que não houve expediente forense ou este foi encerrado antes do horário normal. Por isso, cabe à autoridade que proferir a decisão de admissibilidade certificar o expediente nos autos (Súmula 385, II, TST). Caso não o faça, o TST, na Súmula 385, reconhece o direito da parte de produzir prova documental superveniente, em agravo de instrumento, agravo interno, agravo regimental, ou embargos de declaração, visando a reconsideração da tempestividade, desde que, em momento anterior, não tenha havido a concessão de prazo para a comprovação da ausência de expediente forense (Súmula 385, III, TST).

Observe o disposto nos itens II e III da Súmula 385 do TST:

> "SÚMULA 385. FERIADO LOCAL OU FORENSE. AUSÊNCIA DE EXPEDIENTE. PRAZO RECURSAL. PRORROGAÇÃO. COMPROVAÇÃO. NECESSIDADE (alterada em decorrência do CPC de 2015) – Res. 220/2017 – DEJT divulgado em 21, 22 e 25.09.2017)
>
> (...)
>
> II – Na hipótese de feriado forense, incumbirá à autoridade que proferir a decisão de admissibilidade certificar o expediente nos autos;
>
> III – Admite-se a reconsideração da análise da tempestividade do recurso, mediante prova documental superveniente, em agravo de instrumento, agravo interno, agravo regimental, ou embargos de declaração, desde que, em momento anterior, não tenha havido a concessão de prazo para a comprovação da ausência de expediente forense."

Quando a intimação for realizada na sexta-feira (dia do início do prazo), a contagem do prazo terá início na segunda-feira, salvo se não for dia útil ou se não houver expediente forense, caso em que fluirá a partir do dia útil que se seguir (Súmula 1, TST).

Quando a intimação ocorrer no sábado, tem-se por realizada na segunda-feira (se dia útil, com expediente forense), sendo este o dia início do prazo e terça (se dia útil, com expediente forense) o dia do início da contagem do prazo (Súmula 262, I, TST). O art. 229 do CPC institui que litisconsortes que tiverem diferentes procuradores, de escritórios de advocacia distintos, quando não implantado o PJe, terão prazos contados em dobro para todas as suas manifestações, em qualquer juízo ou tribunal. Tal dispositivo legal **não** se aplica ao Processo do Trabalho por ser incompatível com o princípio da celeridade inerente ao Processo Trabalhista (OJ 310, SDI-1, TST).

Ainda quanto aos prazos, vale destacar que o Ministério Público tem **prazo em dobro para todas as manifestações**, à luz do art. 180 do CPC. Não se aplica o benefício da contagem em dobro quando a lei estabelecer, de forma expressa, prazo próprio para o Ministério Público (art. 180, § 2.º, CPC), como é caso do art. 12, da Lei 12.016/2009 - Lei do Mandado de Segurança, que prevê que o representante do Ministério Público tem o prazo improrrogável de 10 dias para opinar.

As pessoas jurídicas de direito público (União, Estados, Municípios, Distrito Federal e suas respectivas autarquias e fundações de direito público) têm prazo em dobro para todas as suas manifestações processuais (art. 183, CPC), com exceção apenas da contestação, cujo prazo é em quádruplo (art. 1º, II, Decreto-lei 779/1969).

Saliente-se que a Empresa de Correios e Telégrafos (EBCT) equipara-se à Fazenda Pública quanto as prerrogativas processuais de impenhorabilidade de seus bens, rendas e serviços, foro, prazos e custas processuais (art. 12, Decreto-lei 509/1969[1]). Logo, conta com prazo em quádruplo para contestar e em dobro para todas as demais manifestações.

Estabelece o art. 841 da CLT que entre a data do recebimento da notificação e a data da audiência deve decorrer um prazo mínimo de 5 dias. Uma vez que a contestação é apresentada em audiência, esse é o prazo mínimo para a elaboração da contestação. Para a Fazenda Pública, esse prazo é em quádruplo; assim, entre a data do recebimento da notificação e a data da audiência deve decorrer no mínimo 20 dias.

Nos termos da OJ 192 da SDI-1 do TST, a Fazenda tem prazo em **dobro para interpor embargos de declaração**, ou seja, 10 dias.

Quando a parte não comparecer à audiência em prosseguimento para prolação da sentença, o prazo para recurso será contado da data de sua intimação, nos termos da Súmula 197 do TST.

Entretanto, se embora presente, a ata da audiência de julgamento não for juntada ao processo em 48 horas, o prazo para o recurso será contado da data em que a parte receber a intimação (Súmula 30, TST).

---

1 Art. 12, Decreto-lei 509/1969 - "A ECT gozará de isenção de direitos de importação de materiais e equipamentos destinados aos seus serviços, dos privilégios concedidos à Fazenda Pública, quer em relação a imunidade tributária, direta ou indireta, impenhorabilidade de seus bens, rendas e serviços, quer no concernente a foro, prazos e custas processuais".

À luz do art. 218, § 3.º, do CPC, não havendo previsão legal ou fixação do prazo pelo juiz, será de 5 dias o prazo para a prática do ato processual.

A Lei 5.010, de 30.05.1966, em seu art. 62, estabeleceu como feriado, entre outros, o recesso forense anual, no período compreendido entre 20 de dezembro e 6 de janeiro, *in verbis*:

> "Art. 62. Além dos fixados em lei, serão feriados na Justiça Federal, inclusive nos Tribunais Superiores:
>
> I – os dias compreendidos entre 20 de dezembro e 6 de janeiro, inclusive;
>
> II – os dias da Semana Santa, compreendidos entre a quarta-feira e o domingo de páscoa;
>
> III – os dias de segunda e terça-feira de Carnaval;
>
> IV – os dias 11 de agosto, 1.º e 2.º de novembro e 8 de dezembro".

Portanto, durante o recesso forense, a Justiça do Trabalho suspende o expediente forense e assim o atendimento ao público, garantindo atendimento aos casos urgente por meio dos plantões judiciários, tal como ocorre no período noturno, nos finais de semana e feriados.

Convém destacar que o art. 93, XII, com a redação dada pela EC 45/2004, aboliu as férias coletivas nos juízos e tribunais de segundo grau, funcionando, nos dias em que não houver expediente forense normal, juízes em plantão permanente. No entanto, o recesso forense não foi abolido pela Carta Maior, permanecendo em vigor a Lei 5.010/1966.

Institui o art. 775-A da CLT que se suspende o curso do prazo processual nos dias compreendidos entre 20 de dezembro e 20 de janeiro, inclusive. Durante a suspensão do prazo, não se realizarão audiências nem sessões de julgamento (art. 775-A, § 2.º, CLT). Já os juízes, os membros do Ministério Público, da Defensoria Pública e da Advocacia Pública e os auxiliares da Justiça exercerão suas atribuições normalmente durante o período referido, ressalvadas as férias individuais e os feriados instituídos por lei (art. 775-A, § 1.º, CLT).

O recesso forense e o art. 775-A da CLT, que prevê a suspensão dos prazos dos dias 20/12 a 20/01, coexistem, como esclarece o Conselho Nacional de Justiça, na Resolução 244/2016. Desse modo, em síntese: a) no recesso forense (20/12 a 06/01) não há expediente forense. Há apenas o plantão judiciário para medidas urgentes e b) no período de suspensão dos prazos processuais, entre os dias 20/12 a 20/01 ficam suspensos apenas os prazos processuais, as audiências e sessões de julgamento. Excetuado o período de recesso forense e ressalvadas as férias individuais e os feriados instituídos por lei, os juízes, os membros do Ministério Público, da Defensoria Pública e da Advocacia Pública e os auxiliares da Justiça exercerão suas atribuições normalmente durante esse intervalo de tempo.

TÔ SABENDO

Suspensão Processual: 20/12 a 20/01 (art. 775-A da CLT)

✖

Recesso Forense: 20/12 a 06/01 (art. 62 da Lei n. 5.010/1966)

Cumpre enfatizar que a Emenda Constitucional n.º 45/2004 incluiu o inciso XII no art. 93 da CF, vedando as férias coletivas dos juízos e tribunais de segundo grau, estabelecendo que nos dias em que não houver expediente forense normal, funcionará plantão permanente.

Reza o art. 221 do CPC que os prazos processuais suspendem-se também em razão de obstáculo criado pela parte ou ocorrendo qualquer das hipóteses do artigo 313 do CPC:

> "I – pela morte ou perda da capacidade processual de qualquer das partes, de seu representante legal ou de seu procurador);
>
> II – convenção das partes;
>
> III – pela arguição de suspeição ou impedimento do juiz;
>
> IV – pela admissão do incidente de resolução de demandas repetitivas;
>
> V – quando a sentença de mérito:
>
> a) depender do julgamento de outra causa ou da declaração de existência ou de inexistência de relação jurídica que constitua o objeto principal de outro processo pendente;
>
> b) tiver de ser proferida somente após a verificação de determinado fato ou a produção de certa prova, requisitada a outro juízo.
>
> VI – por motivo de força maior;
>
> VII – quando se discutir em juízo questão decorrente de acidentes e fatos da navegação de competência do Tribunal Marítimo;
>
> VIII – nos demais casos regulamentados por lei.
>
> IX – pelo parto ou pela concessão de adoção, quando a advogada responsável pelo processo constituir a única patrona da causa;
>
> X – quando o advogado responsável pelo processo constituir o único patrono da causa e tornar-se pai".

Nesses casos, o prazo será restituído por tempo igual ao que faltava para sua complementação.

Suspendem-se os prazos durante a execução de programa instituído pelo Poder Judiciário para promover a autocomposição, incumbindo aos tribunais especificar, com antecedência, a duração dos trabalhos (art. 221, parágrafo único, CPC).

Destaca-se que o ajuizamento da ação interrompe o prazo de prescrição no Processo do Trabalho quanto aos pedidos idênticos (Súmula 268, TST).

15.3.3 Principais prazos trabalhistas

Hipóteses	Prazo	Fundamento
Audiência	Primeira desimpedida depois de 5 dias contados do recebimento da notificação.	Art. 841, CLT
Defesa Verbal	20 minutos	Art. 847, CLT
Manifestação do exceto em exceção de incompetência	Apresentada no prazo de cinco dias a contar da notificação para audiência	Art. 800, CLT
Razões Finais	10 minutos	Art. 850, CLT
Recurso ordinário	8 dias	Art. 895, CLT
Recurso de revista	8 dias	Art. 896, CLT
Embargos ao TST	8 dias	Art. 894, CLT
Agravo de petição	8 dias	Art. 897, "a", CLT
Agravo de instrumento	8 dias	Art. 897, "b", CLT
Embargos de declaração	5 dias	Art. 897-A, CLT
Recurso extraordinário	15 dias	Arts. 102, III, CF
Embargos à execução	5 dias contados da garantia do juízo	Art. 884, CLT
Embargos à execução pela Fazenda Pública	30 dias	Art. 910, CPC e Art. 1.º-B, Lei 9.494/1997
Ação rescisória	2 anos contados do dia subsequente ao trânsito em julgado.	Art. 975, CPC e Súmula 100, I, TST
Inquérito judicial para apuração de falta grave	30 dias contados da suspensão do empregado.	Art. 853, CLT
Mandado de segurança	120 dias contados da ciência do ato impugnado.	Art. 23, Lei 12.016/2009

Hipóteses	Prazo	Fundamento
Prazo para o Ministério Público do Trabalho manifestar-se nos autos.	Para em dobro para todas as manifestações	Arts. 180, CPC
Prazo para as pessoas jurídicas de direito público	Prazo em dobro para todas as manifestações	Art. 183, CPC
Prescrição bienal	2 anos contados do término do contrato de trabalho.	Arts. 7.º, XXIX e 11, CLT
Prescrição quinquenal	5 anos contados do ajuizamento da ação	Arts. 7.º, XXIX e 11, CLT e Súmula 308, TST
Litisconsortes com procuradores diferentes	Não tem prazo em dobro.	OJ 310, SDI-1, TST

15.4 QUESTÕES

1. (OAB XVIII - FGV) Em ação trabalhista, a parte ré recebeu a notificação da sentença em um sábado. Assinale a opção que, de acordo com a CLT, indica o dia a partir do qual se iniciará a contagem do prazo recursal.

(A) O início do prazo será na segunda-feira e a contagem do prazo deverá ser iniciada na terça-feira, se forem dias úteis.

(B) O início do prazo será na segunda-feira e a contagem do prazo também deverá ser iniciada na própria segunda-feira, se dia útil.

(C) O início do prazo será no sábado, mas a contagem do prazo será iniciada na terça-feira, se dia útil.

(D) O início do prazo será no sábado, mas a contagem do prazo será iniciada na segunda-feira, se dia útil.

2. (OAB/FGV - XXVII EXAME DE ORDEM) Seu escritório foi contratado pela empresa Alumínio Brilhante Ltda. para assisti-la juridicamente em uma audiência. Você foi designado(a) para a audiência. Forneceram-lhe cópia da defesa e dos documentos, e afirmaram que tudo já havia sido juntado aos autos do processo eletrônico. Na hora da audiência, tendo sido aberta esta, bem como os autos eletrônicos do processo, o juiz constatou que a defesa não estava nos autos, mas apenas os documentos. Diante disso, o juiz facultou-lhe a opção de apresentar defesa. Nos exatos termos previstos na CLT, você deverá:

(A) entregar a cópia escrita que está em sua posse.

(B) aduzir defesa oral em 20 minutos.

(C) requerer o adiamento da audiência para posterior entrega da defesa.

(D) requerer a digitalização da sua defesa para a juntada no processo.

03. (OAB/FGV – XXVIII EXAME DE ORDEM) Alaor, insatisfeito com o pequeno lucro do restaurante do qual era sócio, retirou-se da sociedade empresária e averbou, na respectiva junta comercial, novo contrato social, onde constava sua retirada. O empresário, 36 meses após esse fato, foi surpreendido com sua citação em uma reclamação trabalhista ajuizada dias antes. Sobre a hipótese apresentada, considerando a atual redação da CLT, assinale a afirmativa correta.

(A) Alaor responde solidariamente pelos débitos da sociedade na ação trabalhista em referência.

(B) Alaor responde subsidiariamente pelos débitos da sociedade na ação trabalhista em referência.

(C) Alaor não mais responde, na ação trabalhista em referência, pelos débitos da sociedade.

(D) No caso, primeiro responde a empresa devedora, depois, os sócios atuais e, em seguida, os sócios retirantes, que é o caso de Alaor.

GABARITO: As respostas destes testes encontram-se no final do livro.

CAPÍTULO

16 AÇÃO TRABALHISTA

16.1 CONCEITO DE AÇÃO

A jurisdição, instrumento através do qual uma lide é solucionada pelo Estado, é inerte, dependendo da manifestação de vontade de uma das partes do conflito para que a tutela jurisdicional possa ser prestada. Essa provocação da jurisdição ocorre por meio da ação.

Ação é o direito subjetivo de invocar a tutela jurisdicional do Estado, visando à pacificação do conflito de interesses (satisfação do bem da vida pretendido). O direito de ação é abstrato (subjetivo) e autônomo (não coincide com o direito principal).

A ação pode ser interpretada como o **direito à obtenção de uma tutela jurisdicional**. É o conceito processual do direito de ação. Para a obtenção da tutela jurisdicional é imprescindível a presença dos pressupostos processuais e das condições para o exercício regular do direito de ação.

O direito de ação não é absoluto, pois existem algumas exigências a serem atendidas para possibilitar o seu exercício. Para que exista a ação, alguns elementos são necessários: as partes, o pedido e a causa de pedir.

16.2 PROCEDIMENTOS NO PROCESSO DO TRABALHO

No Processo Trabalhista existem dois tipos de procedimento: o comum, que é dividido em ordinário, sumário e sumaríssimo; e o especial, que é utilizado nas ações especiais previstas na CLT ou nas ações especiais do Processo Civil aplicáveis subsidiariamente ao Processo do Trabalho.

O procedimento comum se divide nos seguintes ritos:

- sumário: aplicado às causas cujo valor não ultrapasse a 2 salários-mínimos (art. 2.º, §§ 3.º e 4.º, Lei 5.584/1970);
- sumaríssimo: conferido às causas cujo valor esteja acima de 2 e não ultrapasse a 40 salários-mínimos (art. 852-A e seguintes, CLT); e
- ordinário: atribuído às causas cujo valor supera de 40 salários-mínimos

O que define o procedimento, em regra, é o valor da causa. Para a fixação do procedimento é constitucional o uso do salário-mínimo (Súmula 356, TST).

16.2.1 Procedimento sumário

O procedimento sumário, instituído pela Lei 5.584/1970, não está previsto na CLT. Tem a finalidade de garantir maior celeridade aos processos trabalhistas, cujo valor não ultrapasse a 2 salários-mínimos (considerado o valor do salário-mínimo vigente na data da propositura da ação). Essas causas trabalhistas, também chamadas de "dissídios de alçada", possuem características relevantes, previstas nos §§ 3.º e 4.º do art. 2.º da referida lei:

- Quando o valor da causa for de até 2 salários-mínimos, será dispensável o resumo dos depoimentos, devendo constar na ata a conclusão do juiz quanto à matéria de fato.
- Não caberá nenhum recurso das sentenças proferidas nas ações sujeitas a esse procedimento, considerando o salário-mínimo vigente na data de ajuizamento da ação, exceto se versar sobre matéria constitucional (art. 2.º, § 4.º, Lei 5.584/1970).

16.2.2 Procedimento sumaríssimo

O procedimento sumaríssimo está previsto nos arts. 852-A a 852-I da CLT. Tem como característica privilegiar a celeridade e a economia processual.

Nos termos do art. 852-A da CLT, esse procedimento aplica-se aos dissídios individuais, cujo valor não exceda a 40 vezes o salário-mínimo na data do ajuizamento da ação.

Às **empresas públicas e sociedades de economia mista** não se garante a mesma prerrogativa, porque essas entidades exploram a atividade econômica, de modo que não seria lógico gozarem dos benefícios concedidos à administração pública no exercício de funções públicas. Isso ocasionaria uma desigualdade de mercado em relação aos particulares.

O procedimento sumaríssimo não se aplica aos dissídios coletivos.

Segundo o disposto no art. 852-B da CLT, são requisitos da petição inicial no procedimento sumaríssimo: a) pedido certo, determinado e líquido e b) o reclamante deve fornecer o nome e o endereço do reclamado, pois não há no procedimento sumaríssimo citação por edital.

A inobservância de qualquer um desses requisitos resultará no arquivamento do processo, ou seja, na extinção do processo sem resolução do mérito e na condenação do reclamante ao pagamento de custas (art. 852-B, § 1.º, CLT).

No procedimento sumaríssimo, a **audiência é una**, ou seja, todos os atos da audiência inicial, bem como os de **instrução e julgamento**, realizar-se-ão em uma única audiência (art. 852-C, CLT).

Aberta a sessão, o juiz esclarecerá as partes presentes sobre as vantagens da conciliação e usará os meios adequados de persuasão para a solução conciliatória do litígio, em qualquer fase da audiência (art. 852-E, CLT).

A audiência, na qual deverá ser proferida a sentença, tem de ser designada para o prazo máximo de 15 dias do ajuizamento (art. 852-B, III, CLT), podendo, todavia, ser interrompida, caso em que o seu prosseguimento e a solução da lide devem ocorrer no máximo em mais 30 dias. Assim, uma causa sujeita ao procedimento sumaríssimo poderá ser apreciada no prazo máximo de 45 dias. As partes serão intimadas da sentença na própria audiência em que prolatada (arts. 852-H, § 7.º e 852-I, § 3.º, CLT).

Na ata de audiência serão registrados resumidamente os atos essenciais, as afirmações fundamentais das partes e as informações úteis à solução da causa trazidas pela prova testemunhal (art. 852-F, CLT).

Consoante o art. 852-H, todas as provas deverão ser produzidas na audiência, ainda que não requeridas previamente.

A audiência una obriga a parte a impugnar todos os documentos apresentados pela parte contrária **oralmente naquela sessão**, salvo em caso de absoluta impossibilidade, a critério do juiz (art. 852-H, § 1.º, CLT).

As partes devem observar o limite máximo de 2 testemunhas por parte, as quais deverão comparecer em audiência independentemente de intimação (art. 852-H, § 2.º, CLT).

Caso a testemunha não se apresente, o juiz só determinará a intimação da mesma, **diante da apresentação do convite**. Se porventura, após a intimação a testemunha não comparecer na audiência, será ordenada a sua condução coercitiva e o pagamento de multa (art. 852-H, § 3.º, CLT).

A prova pericial será produzida no procedimento sumaríssimo em decorrência da imposição da lei ou quando exigida para a prova do fato. Em audiência, o juiz fixará o prazo, o objeto da perícia e nomeará o perito (art. 852-H, § 4.º, CLT).

As partes terão o prazo comum de 5 dias para manifestação em relação ao laudo pericial (art. 852-H, § 6.º, CLT).

O art. 852-E da CLT fixa que o juiz detém a faculdade de realizar a tentativa conciliatória em **qualquer momento** da audiência.

No procedimento sumaríssimo todos os incidentes e exceções que possam interferir no prosseguimento da audiência e do processo deverão ser decididos de plano. O restante das questões será decidido na sentença (art. 852-G, CLT).

Das sentenças proferidas no procedimento sumaríssimo, as partes poderão interpor recurso ordinário para o Tribunal Regional do Trabalho. Uma vez recebido no Tribunal, o recurso será imediatamente distribuído, devendo o relator liberá-lo no prazo máximo de **10 dias**, e a Secretaria do Tribunal ou Turma colocá-lo imediatamente em pauta para julgamento, sem revisor (art. 895, § 1.º, II, CLT).

O parecer do representante do Ministério Público que estará presente na sessão de julgamento, se este entender necessário, será oral, com registro na certidão de julgamento (art. 895, § 1.º, III, CLT).

O acórdão neste procedimento consiste unicamente na certidão de julgamento, com a indicação suficiente do processo e parte dispositiva e das razões de decidir do voto prevalente. Se a sentença for confirmada pelos próprios fundamentos, a certidão de julgamento, registrando tal circunstância, servirá de acórdão (art. 895, § 1.º, IV, CLT).

Os Tribunais Regionais, divididos em Turmas, poderão designar Turma para o julgamento dos recursos ordinários interpostos das sentenças prolatadas nas demandas sujeitas ao procedimento sumaríssimo (art. 895, § 2.º, CLT).

16.2.3 Procedimento ordinário

Todas as ações que não se enquadrarem nos procedimentos sumário e sumaríssimo tramitarão através do procedimento ordinário.

16.3 COMISSÃO DE CONCILIAÇÃO PRÉVIA

O objetivo da comissão de conciliação prévia é a realização de **acordo extrajudicial** entre as partes conflitantes. A comissão de conciliação prévia é competente para conciliar apenas os **conflitos individuais** do trabalho (art. 625-A, CLT).

Sua **composição** é paritária, sendo metade dos seus membros formada por representantes do empregador e a outra metade eleita pelos empregados. **Apenas os representantes dos empregados, titulares e suplentes, são detentores de estabilidade provisória no emprego, sendo vedada a sua dispensa sem justa causa** até 1 ano após o término do mandato (art. 625-B, § 1.º, CLT).

O representante dos empregados nessa comissão desenvolverá seu trabalho normalmente na empresa, afastando-se de suas atividades apenas quando convocado para atuar como conciliador, sendo computado como tempo de trabalho efetivo o despendido nessa atividade (art. 625-B, § 2.º, CLT).

A comissão poderá ser **instituída no âmbito das empresas ou dos sindicatos.** Nesta hipótese terá sua constituição e normas de funcionamento definidas em convenção ou acordo coletivo (art. 625-C, CLT).

A passagem pela comissão de conciliação prévia era obrigatória, à luz do art. 625-D da CLT. O Plenário do Supremo Tribunal Federal decidiu, em 1º de agosto de 2018, nas Adins 2139 e 2160, dar interpretação conforme a Constituição Federal ao artigo 625-D da CLT para determinar que o empregado pode escolher entre a conciliação e ingressar com reclamação trabalhista no Judiciário.

A passagem pela comissão de conciliação prévia **suspende os prazos de prescrição bienal e quinquenal** até a data da sessão ou até 10 dias, o que ocorrer antes.

As comissões de conciliação prévia têm **prazo de 10 dias para a realização da sessão de tentativa de conciliação** a partir da provocação do interessado (art. 625-F,

CLT). Se for agenda para período posterior, esse poderá aguardar a sua realização, ciente de que após o 10.º dia o prazo prescricional voltará a correr ou optar por não a esperar. Nesse caso, a comissão deve conceder às partes uma declaração de tentativa conciliatória frustrada (art. 625-F, parágrafo único, CLT).

Caso o acordo seja celebrado, a comissão lavrará o termo de conciliação, o qual constituirá um **título executivo extrajudicial,** que se descumprido poderá ser executado na Justiça do Trabalho (arts. 625-E e 876, CLT).

O título referido possui **eficácia liberatória geral,** ou seja, dá quitação ao contrato de trabalho como um todo, exceto quanto às parcelas expressamente ressalvadas (art. 625-E, parágrafo único, CLT).

16.4 QUESTÕES

1. (OAB VII – FGV) Nos processos trabalhistas submetidos ao rito sumaríssimo, é correta afirma que

(A) não cabe a produção de prova pericial.

(B) a citação por edital somente será permitida se efetivamente for comprovado pelo autor que o réu se encontro em local incerto ou desconhecido.

(C) o recurso ordinário terá parecer circunstanciado escrito do Ministério Público do Trabalho nos casos em que o desembargador relator entender estritamente necessário, diante da existência de interesse público a ser tutelado.

(D) se submetem ao rito sumaríssimo as causas cujo valor não exceda a quarenta vezes o salário-mínimo vigente na data do ajuizamento da ação.

2. (OAB X – FGV) José ajuizou reclamação trabalhista contra a empresa Libertação Ltda., valendo-se do procedimento sumaríssimo. Contudo, José não liquidou os pedidos. De acordo com a CLT, o juiz deve

(A) conceder prazo de 15 dias para que José sane o vício.

(B) enviar os autos ao calculista da Vara, que liquidará o pedido.

(C) arquivar a reclamação trabalhista e condenar o autor em custas.

(D) prosseguir na reclamação e enfrentar o assunto caso provocado pela ré.

3. (OAB XII – FGV) Paulo ajuizou reclamação trabalhista pelo rito sumaríssimo em face da sua empregadora Carregada Ltda. Arrolou suas testemunhas na petição inicial e pediu a notificação das mesmas, solicitação que foi indeferida. Na audiência, o advogado de Paulo requereu o adiamento pela ausência das testemunhas, dizendo que protestava pelo indeferimento da notificação e por isso não convidou espontaneamente as testemunhas. O requerimento foi indeferido pelo juiz, que prosseguiu com a audiência.

Sobre a decisão do juiz, a partir da hipótese apresentada, assinale a opção correta.

(A) A decisão foi equivocada, devendo ser deferido o adiamento, pois o prosseguimento do feito poderia gerar a nulidade por cerceamento de defesa.

(B) A decisão foi correta, já que o procedimento sumaríssimo não contempla a oitiva de testemunhas.

(C) A decisão foi correta, pois o procedimento sumaríssimo não admite a intimação de testemunhas.

(D) A decisão foi correta, pois no procedimento sumaríssimo as testemunhas deverão comparecer à audiência independentemente de intimação. Em caso de ausência e mediante comprovação de convite, as testemunhas serão intimadas.

4. (OAB VIII – FGV) A respeito do procedimento sumaríssimo no processo do trabalho, assinale a afirmativa correta.

(A) A apreciação da reclamação trabalhista deverá ocorrer no prazo máximo de quinze dias de seu ajuizamento.

(B) A citação por edital somente é cabível se esgotadas todas as tentativas de se localizar o reclamado.

(C) As partes devem ser intimadas da sentença por notificação postal.

(D) Não cabe a interposição de recurso de revista.

5. (OAB XVIII – FGV) Em sede de reclamação trabalhista sob o rito sumaríssimo, as testemunhas do autor não compareceram à audiência, apesar de convidadas verbalmente por ele. Na audiência, nada foi comprovado acerca da alegação do convite às testemunhas. Diante disso, assinale a afirmativa correta.

(A) A audiência deverá prosseguir, pois não cabe a intimação das testemunhas, uma vez que não foi comprovado o convite a elas.

(B) As testemunhas deverão ser intimadas porque a busca da verdade real é um princípio que deve sempre prevalecer.

(C) As testemunhas deverão ser conduzidas coercitivamente, porque não se admite que descumpram seu dever de cidadania.

(D) O feito deverá ser adiado para novo comparecimento espontâneo das testemunhas.

6. (OAB XX EXAME – FGV) Carlos tinha 17 anos quando começou a trabalhar na sociedade empresária ABCD Ltda. No dia seguinte ao completar 18 anos foi dispensado. A sociedade empresária pagou as verbas rescisórias, mas não pagou as horas extras trabalhadas ao longo de todo o contrato de trabalho.

Para o caso apresentado, na qualidade de advogado de Carlos, assinale a afirmativa correta.

(A) A ação deverá ser ajuizada no prazo de dois anos contados da dispensa.

(B) Sendo Carlos menor na época da contratação e durante quase todo o pacto laboral, não corre prescrição bienal, iniciando-se a quinquenal a partir da data da dispensa.

(C) A ação deverá ser proposta no prazo de cinco anos após a dispensa, já que Carlos era menor quando da contratação, não correndo prescrição.

(D) Não há prazo prescricional para ajuizamento da ação, pois não corre prescrição para o empregado menor e Carlos trabalhou sempre nessa condição.

7. (OAB XX EXAME – FGV) Em audiência trabalhista sob o rito sumaríssimo, o advogado da ré aduziu que suas testemunhas estavam ausentes. Sem apresentar qualquer justificativa ou comprovante de comunicação às testemunhas, requereu o adiamento do feito. Diante disso, estando presentes as testemunhas do autor, o juiz indagou do advogado do autor se ele concordava ou não com o adiamento, requerendo justificativa.

Sobre o caso relatado, na qualidade de advogado do autor, assinale a afirmativa correta.

(A) Deve concordar com o adiamento, já que ausentes as testemunhas, essas poderão ser intimadas para comparecimento na próxima audiência.

(B) Deve se opor ao adiamento, requerendo o prosseguimento do feito, pois, não havendo comprovação do convite às testemunhas, a audiência não poderá ser adiada para intimação das mesmas.

(C) Deve se opor ao adiamento imediato, requerendo a oitiva de suas testemunhas e protestar por depoimentos pessoais para, na próxima audiência, serem ouvidas as testemunhas da ré.

(D) Deve concordar com o adiamento, pois a lei não exige justificativa ou comprovação de convite às testemunhas.

8. (OAB/FGV – XXVII EXAME DE ORDEM) Juca ajuizou ação trabalhista em face da sua ex-empregadora, empresa privada do ramo de mineração. Paulo também ajuizou ação, mas em face de seu ex-empregador, uma empresa de prestação de serviços, e do Município de Nova Iguaçu, no Rio de Janeiro, para quem prestou serviços, requerendo a responsabilização subsidiária. Os respectivos advogados atribuíram o valor correspondente a 20 salários-mínimos à causa de Juca e de 15 salários-mínimos à causa de Paulo. Diante disso, assinale a afirmativa correta.

(A) A causa de Juca correrá sob o procedimento sumaríssimo e a de Paulo, sob o ordinário.

(B) Ambas as causas correrão sob o procedimento sumaríssimo.

(C) Ambas as causas correrão sob o procedimento ordinário.

(D) A causa de Juca correrá sob o procedimento ordinário e a de Paulo, sob o sumaríssimo.

9. (OAB/FGV – XXXII EXAME DE ORDEM) Melissa era uma empregada terceirizada do setor de limpeza que atuou durante todo o seu contrato em uma sociedade de economia mista federal, que era a tomadora dos serviços (contratante). Após ter sido dispensada e não ter recebido nem mesmo as verbas resilitórias, Melissa ajuizou reclamação trabalhista contra o ex-empregador e contra a sociedade de economia mista federal, requerendo desta a responsabilidade subsidiária por ser tomadora dos serviços. O volume dos pedidos de Melissa alcança o valor de R$ 17.000,00. Considerando os fatos narrados, assinale a afirmativa correta.

(A) A ação tramitará pelo procedimento sumaríssimo, de modo que Melissa poderá conduzir, no máximo, duas testemunhas.

(B) Diante do valor dos pedidos formulados, a reclamação deverá se submeter ao rito sumário e, da decisão que vier a ser proferida, não caberá recurso.

(C) A reclamação adotará o rito especial misto e será possível a citação por edital caso o ex-empregador não seja localizado na fase de conhecimento.

(D) A demanda observará rito ordinário, independentemente do valor do pedido de Melissa, pois um dos réus é ente público.

10. (OAB/FGV – XL EXAME DE ORDEM) Reinaldo, trabalhador rural, atua na Fazenda Boa Esperança como tratorista desde 1990. Em janeiro de 2021, o empregador de Reinaldo o dispensou sem justa causa, sendo que o ex-empregado ajuizou reclamação trabalhista em novembro de 2023.

Sobre a situação apresentada, nos termos da Constituição Federal, assinale a afirmativa correta.

(A) A prescrição para o trabalhador rural só tem início após uma prestação de contas, que não foi feita, razão pela qual não existe prescrição total.

(B) Como forma de proteção especial ao empregado rural, a lei garante que a ação possa ser proposta em até 5 (cinco) anos da extinção do contrato.

(C) Caso o reclamado suscite em defesa a prescrição extintiva, o juiz deverá acolhê-la.

(D) Somente se as verbas da extinção forem quitadas no sindicato de classe rural é que a prescrição bimestral terá início.

GABARITO: As respostas destes testes encontram-se no final do livro.

CAPÍTULO

17

PETIÇÃO INICIAL

17.1 RECLAMAÇÃO TRABALHISTA VERBAL E ESCRITA

O § 1º do art. 840 da CLT estabelece os requisitos da petição inicial trabalhista, ao dispor que:

> Art. 840 – A reclamação poderá ser escrita ou verbal.
>
> § 1º Sendo escrita, a reclamação deverá conter a designação do juízo, a qualificação das partes, a breve exposição dos fatos de que resulte o dissídio, o pedido, que deverá ser certo, determinado e com indicação de seu valor, a data e a assinatura do reclamante ou de seu representante.

Portanto, a inicial trabalhista deverá conter, obrigatoriamente:

- Designação da autoridade judiciária a quem for dirigida – deverá o reclamante indicar a autoridade competente que apreciará os termos contidos na peça vestibular.
- Qualificação das partes – a peça vestibular deverá conter os nomes completos do reclamante e reclamado, os prenomes, o estado civil, a existência de união estável, a profissão, o número de inscrição no Cadastro de Pessoas Físicas ou no Cadastro Nacional da Pessoa Jurídica, o endereço eletrônico, o domicílio e a residência do autor e do réu, nos termos do art. 319, II, do CPC.
- Breve exposição dos fatos de que resulte o dissídio – em regra, no Processo do Trabalho não é peculiar o formalismo exigido no processo civil. Ao elaborar a inicial, basta uma breve exposição dos fatos que deram origem ao dissídio e consequente pedido.

Doutrina e jurisprudência divergem sobre a necessidade ou não de a inicial trabalhista indicar os fundamentos jurídicos do pedido.

Nessa esteira, parte da doutrina entende que a fundamentação jurídica não foi exigida como requisito da petição inicial trabalhista em função da possibilidade do *jus postulandi* na Justiça do Trabalho, em que empregados e empregadores poderão reclamar pessoalmente, sem a presença de advogados, ou seja, possuem capacidade postulatória (art. 791, CLT).

Outra corrente, à qual nos filiamos, embora reconheça que não devam ser exigidos os rigorismos do Código de Processo Civil, entende ser fundamental a indicação da causa de pedir, principalmente para assegurar os princípios do devido processo legal e da ampla defesa.

A causa de pedir é o porquê do pedido do autor, ou seja, é formada pelos fatos essenciais da causa, mais os fundamentos jurídicos do pedido.

No Processo do Trabalho, menos formalista e onde a parte poderá postular sem a presença de advogado, abdica-se do formalismo ocioso, mas não daquele necessário à segurança das partes. Assim, são irrecusáveis, a exemplo do processo comum (art. 319, II, CPC), a narração do fato e o fundamento em que se respalda o pedido.

- Pedido – O pedido, sem dúvida, é a parte mais importante da petição inicial, assumindo relevante papel no estabelecimento dos limites de atuação do magistrado no julgamento da lide, uma vez que, diante de um pedido certo, determinado e líquido, não será lícito ao juiz deferir ao demandante bem da vida (pedido mediato) diverso ou superior ao postulado. O valor de cada pedido deve ser indicado por estimativa para as ações propostas após 11.11.2017, data em que entrou em vigor a Reforma Trabalhista (art. 12, IN 41/2018, TST).

  Isso significa que o valor do pedido não precisa ser exato e assim não poderá limitar a condenação ou a sucumbência. Assim, se postuladas as horas extras laboradas além da 8ª hora diária e/ou 44ª horas semanais, sendo estimado como valor R$ 20.000,00, uma vez deferidas as horas extras, os valores exatos devidos serão apurados em liquidação de sentença, não estando limitados ao valor de R$ 20.000,00. Da mesma forma, se a liquidação apurar valor menor, não incidirão honorários sucumbenciais sobre a diferença.

- Data e assinatura do subscritor – Sendo escrita a petição inicial, deverá ser datada e assinada pelo subscritor (pela própria parte, em função do *jus postulandi*, ou por seu representante). Sendo verbal, a data a ser considerada será aquela em que o demandante comparecer à Vara do Trabalho para apresentar sua reclamação, devendo também ser assinada pela parte ou seu representante, após reduzida a termo a inicial apresentada oralmente. Neste contexto, petição inicial sem a assinatura da parte ou de seu representante será considerada apócrifa, importando na inexistência do próprio processo.
- Valor da causa – o art. 840, §1º da CLT determina que em todos os procedimentos no Processo do Trabalho o pedido deve ser líquido. Sendo o valor da causa a somatória de todos os pedidos, este é um requisito da petição inicial.

Comparando-se os requisitos exigidos para a petição inicial no processo civil (art. 319, CPC) com os requisitos da petição inicial trabalhista (art. 840, § 1º, CLT), verificamos que no processo do trabalho não é requisito da petição inicial a indicação das provas com que o reclamante pretende demonstrar a verdade dos fatos alegados e a menção da opção ou não do reclamante pela realização da audiência de conciliação e de mediação.

O art. 840, § 1º da CLT não elenca a especificação das provas como requisito essencial da petição inicial trabalhista, principalmente pelo fato de que as provas são produzidas em audiência no Processo do Trabalho.

Já quanto às audiências de conciliação e mediação (art. 334, CPC), o art. 2º, IV da Instrução Normativa 39/2016 do TST determina que são incabíveis no Processo do Trabalho:

> Art. 2º Sem prejuízo de outros, não se aplicam ao Processo do Trabalho, em razão de inexistência de omissão ou por incompatibilidade, os seguintes preceitos do Código de Processo Civil:
>
> (...)
>
> IV – art. 334 (audiência de conciliação ou de mediação);

A reclamação **trabalhista verbal** primeiro será distribuída, depois reduzida a termo. Após a distribuição, o reclamante deverá comparecer em juízo para redução no prazo de 5 dias (art. 786, CLT).

Se o reclamante não comparecer em juízo para redução a termo no prazo de 5 (cinco) dias a contar da distribuição, não poderá ajuizar nova reclamação trabalhista pelo prazo de 6 meses, sendo tal impossibilidade denominada no Processo do Trabalho de perempção (art. 731, CLT).

Determinam os §§ 2º e 3º do art. 844 da CLT que a ausência do reclamante importará na sua condenação ao pagamento de custas processuais, ainda que beneficiário da justiça gratuita, salvo se comprovar, no prazo de quinze dias, que a ausência ocorreu por motivo legalmente justificável. O pagamento de tais custas é condição para a propositura de nova demanda.

O art. 844, § 2º da CLT aponta inconstitucionalidade material por impor restrições inconstitucionais à garantia da gratuidade da justiça àqueles que apresentam insuficiência de recursos, violando as garantias constitucionais de amplo acesso à jurisdição e à assistência judiciária integral aos necessitados, viola mais especificamente o art. 5.º, XXXV da CF, que determina que "a lei não excluirá da apreciação do Poder Judiciário lesão ou ameaça a direito" e o art. 5.º, LXXIV, da CF, que garante que "o Estado prestará assistência jurídica integral e gratuita aos que comprovarem insuficiência de recurso". A Procuradoria-Geral da República ajuizou a ADIn 5.766 com tais fundamentos.

A reclamação trabalhista verbal observará os requisitos da petição inicial acima elencados, sendo emitida em duas vias, datadas e assinadas pelo escrivão ou secretário. Uma das vias é destinada ao processo, e a segunda é encaminhada ao reclamado juntamente com a notificação.

No inquérito judicial para apuração de falta grave, a petição inicial somente poderá ser escrita (art. 853, CLT).

O art. 11, § 3.º, da CLT determina que a interrupção da prescrição ocorrerá pelo ajuizamento de reclamação trabalhista, mesmo que em juízo incompetente, ainda que venha a ser extinta sem resolução do mérito.

Em sua súmula 268, o TST deixa claro que no Processo do Trabalho é o ajuizamento da ação que interrompe a prescrição quanto aos pedidos idênticos:

> "SÚMULA 268. PRESCRIÇÃO. INTERRUPÇÃO. AÇÃO TRABALHISTA ARQUIVADA (nova redação) – Res. 121/2003, DJ 19, 20 e 21.11.2003.
> A ação trabalhista, ainda que arquivada, interrompe a prescrição somente em relação aos pedidos idênticos".

À luz do art. 202 do CC, o ajuizamento da ação interrompe a prescrição apenas uma vez:

> "Art. 202. A interrupção da prescrição, que somente poderá ocorrer uma vez, dar-se-á:"
>
> (...)

O ajuizamento da ação interrompe a prescrição bienal e quinquenal. A interrupção da prescrição é útil quando a ação ajuizada é extinta sem resolução do mérito, caso em que é possível a propositura de uma nova reclamação trabalhista.

Assim, uma vez que a prescrição pressupõe inércia do reclamante, apenas do trânsito em julgado da decisão proferida na ação anteriormente ajuizada é que este torna-se inerte, e assim reinicia o prazo de 2 anos da prescrição bienal para o ajuizamento de uma nova reclamação.

Já a prescrição quinquenal conta-se da data do ajuizamento da primeira reclamação trabalhista. Isso porque o art. 202, parágrafo único, do CC preceitua que "a prescrição interrompida recomeça a correr da data do ato que a interrompeu, ou do último ato do processo para a interromper", ou seja, do ajuizamento da primeira ação.

17.2 ADITAMENTO DA PETIÇÃO INICIAL

O aditamento da petição inicial é a possibilidade de alterar o pedido ou a causa de pedir.

Preceitua o art. 329, I do CPC que o autor poderá, até a citação, aditar ou alterar o pedido ou a causa de pedir, independentemente de consentimento do réu.

Por outro lado, dispõe o art. 329, II do CPC que, feita a citação e até o saneamento do processo, o aditamento só será permitido com consentimento do réu, assegurado o contraditório mediante a possibilidade de manifestação deste no prazo mínimo de 15 (quinze) dias, facultado o requerimento de prova suplementar.

A Consolidação das Leis do Trabalho é omissa em relação à possibilidade de aditamento da petição inicial, permitindo a aplicação subsidiária do Código de Processo Civil, em face do disposto no art. 769 consolidado. No entanto, considerando que o processo do trabalho é dotado de regras e princípios próprios, em que a contestação é apresentada em audiência, as normas sobre o aditamento da petição inicial previstas no Código de Processo Civil devem ser adaptadas ao processo laboral.

Neste contexto, a doutrina trabalhista majoritária admite que o aditamento da petição inicial seja requerido até a audiência, antes da apresentação da resposta do réu.

Em outras palavras, nos domínios do processo do trabalho, permitem-se a emenda, a ampliação, a retificação, enfim, o aditamento da petição inicial até a apresentação da defesa pelo reclamado, o que ocorre em audiência.

Portanto, o aditamento da petição inicial pode ser requerido pelo reclamante até no dia da audiência, desde que antes da apresentação da defesa pelo reclamado. Acolhendo o aditamento, o juiz designará nova audiência para que o réu possa também contestar o novo pedido objeto do aditamento, respeitado o prazo mínimo para defesa de 5 dias, previsto no art. 841 da CLT.

Todavia, apresentada a defesa, o autor não mais poderá requerer o aditamento da inicial, salvo se o reclamado anuir.

17.3 EMENDA E INDEFERIMENTO DA PETIÇÃO INICIAL

A emenda da petição inicial objetiva corrigir seus vícios sanáveis.

Em relação ao indeferimento da petição inicial, o art. 330 do CPC dispõe que:

> "Art. 330. A petição inicial será indeferida quando:
>
> I – for inepta;
>
> II – a parte for manifestamente ilegítima;
>
> III – o autor carecer de interesse processual;
>
> IV – não atendidas as prescrições dos arts. 106 e 321.
>
> § 1.º Considera-se inepta a petição inicial quando:
>
> I – lhe faltar pedido ou causa de pedir;
>
> II – o pedido for indeterminado, ressalvadas as hipóteses legais em que se permite o pedido genérico;
>
> III – da narração dos fatos não decorrer logicamente a conclusão;
>
> IV – contiver pedidos incompatíveis entre si.
>
> § 2.º Nas ações que tenham por objeto a revisão de obrigação decorrente de empréstimo, de financiamento ou de alienação de bens, o autor terá de, sob pena de inépcia, discriminar na petição inicial, dentre as obrigações contratuais, aquelas que pretende controverter, além de quantificar o valor incontroverso do débito.
>
> § 3.º Na hipótese do § 2.º, o valor incontroverso deverá continuar a ser pago no tempo e modo contratados".

As hipóteses de indeferimento da petição inicial estão previstas no art. 330 do CPC, acima transcrito. Entretanto, é preciso separá-las em dois grupos: a) aquelas dos incisos I a III, que levam à extinção imediata do processo sem resolução do mérito, sem a intimação das partes para modificar a petição inicial; e b) e as do inciso IV, em que o indeferimento ocorrerá apenas se não atendida a determinação judicial nos prazos previstos nos art. 106 e 321 do CPC.

Esse é o posicionamento adotado pelo Tribunal Superior do Trabalho, consubstanciado na Súmula 263, *in verbis*:

> "SÚMULA 263 DO TST. PETIÇÃO INICIAL – INDEFERIMENTO – INSTRUÇÃO OBRIGATÓRIA DEFICIENTE (atualizada em decorrência do CPC de 2015) – Resolução 208/2016, *DEJT* divulgado em 22, 25 e 26.04.2016). Salvo nas hipóteses do art. 330 do CPC de 2015 (art. 295 do CPC de 1973), o indeferimento da petição inicial, por encontrar-se desacompanhada de documento indispensável à propositura da ação ou não preencher outro requisito legal, somente é cabível se, após intimada para suprir a irregularidade em 15 (quinze) dias, mediante indicação precisa do que deve ser corrigido ou completado, a parte não o fizer (art. 321 do CPC de 2015)".

Determina o art. 106 do CPC que cabe ao advogado que postular em causa própria declarar, na petição inicial ou na contestação, o endereço, seu número de inscrição na Ordem dos Advogados do Brasil e o nome da sociedade de advogados da qual participa, para o recebimento de intimações. Caso não o faça, primeiro o juiz ordenará que se supra a omissão, no prazo de 5 dias e, se a prescrição não for atendida, indeferirá a petição inicial.

Por sua vez, o art. 840, § 1º, da CLT em conjunto com os arts. 319 e 320 do CPC contemplam os requisitos da petição inicial no processo do trabalho. Uma vez inobservados, ou se petição inicial apresentar defeitos e irregularidades capazes de dificultar o julgamento de mérito, o juiz em um primeiro momento determinará que o autor, no prazo de 15 dias, a emende ou a complete, indicando com precisão o que deve ser corrigido ou completado e se ele não o fizer, indeferirá a petição inicial (art. 321, CPC).

Também são hipóteses de indeferimento da petição inicial: a inépcia da petição inicial, a ilegitimidade de parte e a falta de interesse processual. Porém nesses casos, o juiz indefere de plano a petição inicial, sem a intimação prévia da parte.

Cumpre destacar que nos domínios do processo do trabalho, não é comum o indeferimento liminar da petição inicial pelos magistrados, principalmente pelo fato de que, em regra, o primeiro contato do juiz com a petição inicial ocorre na audiência, sendo a notificação para a audiência ato automático realizado pelos servidores da Vara do Trabalho. Todavia, nada impede que o juiz, antes mesmo da expedição da notificação pela secretaria da Vara, analise e indefira a petição inicial.

Tema polêmico diz respeito à possibilidade ou não de o juiz determinar a emenda da petição inicial quando o reclamante não formula pedido líquido. Os art. 840, §§ 1º e 3º da CLT e art. 852-B, § 1.º da CLT impõem a extinção do processo sem resolução do mérito se o reclamante não apresentar pedidos líquidos, sem prever a prévia intimação do reclamante para emendar a petição inicial no prazo de 15 dias, como determina o art. 321 do CPC.

Entendemos que a omissão da CLT autoriza a aplicação supletiva do art. 321 do CPC como autorizam os arts. 769 da CLT e 15 do CPC. O princípio da primazia da decisão de mérito orienta o nosso sistema jurídico e afastar do processo do trabalho a necessidade de intimar o reclamante para emendar a petição inicial nesses casos seria negar a aplicação de tal princípio, promovendo justamente o contrário do que se busca, que é a análise do mérito.

17.4 DESISTÊNCIA DA AÇÃO

A CLT dispõe expressamente sobre o momento final para o reclamante desistir da ação sem o consentimento do réu no art. 841, § 3.º:

> Art. 841. (...)
>
> § 3.º Oferecida a contestação, ainda que eletronicamente, o reclamante não poderá, sem o consentimento do reclamado, desistir da ação.

Após a contestação o reclamante não poderá desistir sem o consentimento do réu (art. 485, § 4º, CPC).

17.5 QUESTÕES

1. (OAB/FGV – XXIII EXAME DE ORDEM) Reinaldo, Wilma e Teodoro trabalharam no restaurante Fino Paladar Ltda. Todos procuraram o mesmo advogado para apresentar reclamação trabalhista: Reinaldo diz que não recebeu horas extras, Wilma informa que não recebeu as verbas resilitórias e Teodoro diz que não recebeu a participação nos lucros. Diante da situação retratada, e de acordo com a CLT, assinale a afirmativa correta.

(A) Não é possível o ajuizamento de reclamação plúrima, porque os pedidos são distintos.

(B) A CLT não traz os requisitos para o litisconsórcio ativo e, por isso, ficará a critério do juiz aceitar o ingresso conjunto.

(C) Cabe manejo da reclamação plúrima, porque o empregador é o mesmo.

(D) No caso apresentado, caberá o ajuizamento de dissídio coletivo.

2. (OAB/FGV – XXXVI EXAME DE ORDEM) Amanda ajuizou reclamação trabalhista contra a Sociedade Empresária Brinquedos Infantis Ltda., na qual atuou como caixa durante 7 meses. A reclamada foi citada e apresentou defesa sem sigilo no sistema Pje, com os documentos correspondentes, 2 dias antes da audiência. No dia da audiência, feito o pregão, a juíza tentou a conciliação entre as partes, sem sucesso. Então, recebeu formalmente a defesa e deu vista à advogada da autora. Após analisar a contestação em mesa, a advogada de Amanda pediu a palavra pela ordem e requereu a desistência da reclamação trabalhista, com o que não concordou o advogado da reclamada. Considerando a situação e as normas previstas na CLT, assinale a afirmativa correta.

(A) A desistência pode ser homologada, porque requerida antes do início da instrução.

(B) O requerimento deve ser homologado pelo magistrado, uma vez que a desistência jamais depende da concordância do reclamado.

(C) A desistência não poderá ser homologada, porque tendo a contestação sido oferecida, a desistência depende da concordância do reclamado.

(D) O requerimento não pode ser atendido, porque tanto a desistência quanto a renúncia dependem de aquiescência do reclamado se a defesa tiver sido apresentada sem sigilo.

3. (OAB/FGV – XXXVII EXAME DE ORDEM) Pedro, Luzia e Rogério são empregados da sociedade empresária ABC e ajuizaram reclamação trabalhista individual contra ela. Pedro tem 55 anos de idade e postula na sua ação horas extras; Luzia tem 42 anos de idade e em sua ação requer o pagamento de 2 períodos de férias vencidas; Rogério tem 34 anos de idade e, na sua demanda, postula o pagamento dos salários retidos dos últimos 2 meses de trabalho. Em razão do alto salário que os três empregados recebiam, todas as ações tramitam pelo rito ordinário. A respeito dessas reclamações trabalhistas, assinale a opção que indica, de acordo com a CLT, a(as) que terá(ão) preferência na tramitação processual.

(A) A de Rogério.

(B) A de Luzia.

(C) A de Pedro.

(D) A de Luzia e a de Pedro.

GABARITO: A resposta deste teste encontra-se no final do livro.

CAPÍTULO

18 AUDIÊNCIA NO PROCESSO DO TRABALHO

18.1 CONSIDERAÇÕES GERAIS

Nas audiências aplica-se o **princípio da concentração**, segundo o qual os atos de conciliação, defesa, provas, razões finais e sentença se concentram em uma única sessão.

Este princípio não é absoluto. Os seguintes artigos possibilitam a sua mitigação: a) o art. 844, § 1º da CLT, segundo o qual o juiz poderá adiar a audiência por motivo relevante; b) o art. 849 da CLT dispõe que, por motivo de força maior, a audiência poderá ser concluída em outra data; c) o art. 362, I do CPC, ao dispor que a audiência poderá ser adiada, por uma única vez, por convenção das partes ou em razão do não comparecimento justificado do perito, das partes, das testemunhas ou dos advogados; e d) o art. 765 da CLT, que assegura ao juiz ampla liberdade na direção do processo.

Nos termos do art. 841 da CLT, a audiência será a primeira desimpedida depois de 5 dias, ou seja, entre a data do recebimento da notificação e a data da audiência deverão decorrer pelo menos 5 dias, sendo este o prazo para a elaboração da defesa no Processo do Trabalho.

O horário das audiências será das **8h às 18h**, em dias úteis, com duração máxima de **5 horas contínuas**, salvo quando houver matéria urgente. As audiências ocorrerão na sede do Juízo ou Tribunal, podendo ser realizada em outro local desde que mediante afixação de edital na sede do Juízo com antecedência mínima de 24 horas. É permitida a convocação de audiências extraordinárias, contanto que respeitada a regra de fixação do edital na sede do juízo com 24 horas de antecedência (art. 813, CLT).

Há uma tolerância para o atraso do juiz de 15 minutos (art. 815, §1º, CLT). A mesma regra, entretanto, não se aplica às partes (OJ 245, SDI-1, TST).

Se até 30 (trinta) minutos após a hora marcada, a audiência, injustificadamente, não houver sido iniciada, as partes e os advogados poderão retirar-se, consignando seus nomes, devendo o ocorrido constar do livro de registro das audiências. Nesta hipótese, a audiência deverá ser remarcada pelo juiz para a data mais próxima possível, vedada a aplicação de qualquer penalidade às partes, nos termos dos §§ 2º e 3º do art. 815 da CLT, acrescentado pela Lei 14.657/2023.

O juiz ou presidente é o responsável por manter a ordem na audiência, podendo determinar que se retirem do recinto aqueles que a perturbarem (art. 816, CLT).

Qualquer terceiro que demonstre interesse jurídico pode requerer certidão dos atos realizados na audiência.

Os atos processuais deverão ser registrados em ata. E não só os atos, mas todos os fatos relevantes, tais como as ausências, atrasos, requerimentos, protestos antipreclusivos, providências determinadas pelo juiz etc., sendo a ata ao final assinada pelo juiz (art. 851, *caput* e § 2.º, CLT).

18.2 TRÂMITE DA AUDIÊNCIA

O art. 849 da CLT estabelece que a audiência no **procedimento ordinário** é **contínua**, salvo por motivo de força maior, quando a sua continuação poderá ser designada para uma nova data, ou seja, em regra a audiência deveria ser una.

Já o art. 852-C determina que "as demandas sujeitas a **rito sumaríssimo** serão instruídas e julgadas em audiência **única**, sob a direção de juiz presidente ou substituto, que poderá ser convocado para atuar simultaneamente com o titular".

No horário previamente designado para o início da audiência, o juiz instituirá o pregão, que de acordo com o professor Mauro Schiavi:

> "(...) é ato formal, realizado pelo funcionário da audiência, determinando o chamamento das partes para que ingressem na sala de audiência. Antes da EC 24/1999, quem realizava o pregão das audiências eram os Juízes Classistas. Atualmente, o pregão é feito pelo microfone ou até mesmo o funcionário dirige-se à porta da audiência e realiza a chamada".

Iniciada a sessão, o juiz fará a primeira tentativa conciliatória. Realizado o acordo, será lavrado o termo de conciliação assinado pelas partes e pelo juiz, consignando-se o prazo e as demais condições para o seu cumprimento, dentre as quais poderá constar a de ficar a parte obrigada a satisfazer integralmente o pedido ou a pagar uma indenização convencionada se o acordo não for cumprido (arts. 846 e 852-E, CLT).

Se não for possível a conciliação, ocorrerá a leitura da petição inicial, quando esta não for dispensada por ambas as partes (é de praxe a dispensa desta leitura), e depois a apresentação da defesa, em 20 minutos (art. 847, CLT).

É de praxe a apresentação de defesa escrita. Uma vez implantado o PJe, a defesa deve ser enviada por escrito antes da audiência, caso contrário, poderá ser apresentada em audiência (art. 847, CLT).

Após a apresentação da defesa, ocorrerá a réplica, em 15 dias, nos moldes dos arts. 350 e 437, § 1.º, do CPC, tendo em vista que a CLT é omissa.

No procedimento sumaríssimo, à luz do art. 852-H, § 1.º, sobre os documentos apresentados por uma das partes manifestar-se-á imediatamente a parte contrária, sem interrupção da audiência, salvo absoluta impossibilidade, a critério do juiz.

A audiência seguirá com o depoimento das partes (art. 848, CLT), oitiva de testemunhas, peritos e técnicos (art. 848, *caput* e § 2.º, CLT).

Segundo o art. 775, § 2º, da CLT, ao juízo compete alterar a ordem de produção dos meios de prova, adequando-os às necessidades do conflito de modo a conferir maior efetividade à tutela do direito. O juiz deverá levar em conta a distribuição do ônus da prova no processo para determinar a ordem da produção das provas.

Nos termos do art. 850 da CLT, "terminada a instrução, poderão as partes aduzir razões finais, em prazo não excedente de 10 (dez) minutos para cada uma..."

Após as razões finais, o juiz renovará a proposta de conciliação e proferirá sentença (art. 850, CLT).

A ata de julgamento deverá ser juntada aos autos no prazo máximo de 48 horas (art. 851, § 2.º, CLT), caso contrário, o prazo para recurso será contado da data em que a parte receber a intimação da sentença (Súmula 30, TST).

18.3 COMPARECIMENTO DAS PARTES EM AUDIÊNCIA

O Processo do Trabalho é um "processo de partes", devendo comparecer em audiência o reclamante e o reclamado. No entanto, a CLT prevê hipóteses em que eles podem se fazer representar em audiência.

O reclamante que por doença ou outro motivo poderoso (ponderoso) não puder comparecer em audiência poderá fazer-se substituir por outro empregado que pertença à mesma profissão ou pelo sindicato da categoria profissional a que pertence (§ 2º, art. 843, CLT).

Muito embora o § 2.º faça menção à representação, a jurisprudência entende que não é o caso, não tendo o sindicato ou o outro empregado da mesma profissão os poderes que lhes são inerentes, tais como confessar, transigir, desistir, renunciar etc. Eles comparecem em audiência apenas para evitar o arquivamento do feito.

À luz do art. 843 da CLT, nas reclamatórias plúrimas (litisconsórcio ativo) e nas ações de cumprimento os sindicatos poderão fazer-se representar em audiência pelo sindicato de sua categoria.

Já o reclamado de fato poderá fazer-se representar em qualquer caso por um gerente ou outro preposto, cujas declarações obrigarão o proponente (art. 843, § 1º, CLT).

O art. 843, § 3º da CLT institui expressamente que o preposto não precisa ser empregado da empresa. Ressalte-se que não se admite que o advogado acumule também a função de preposto (art. 23, Código de Ética e Disciplina da OAB e art. 13, § 3º, IN 41/2018, TST)[1].

---

1. Art. 23, Código de Ética e Disciplina da OAB. "É defeso ao advogado funcionar no mesmo processo, simultaneamente, como patrono e preposto do empregador ou cliente."
Art. 13, IN 41/2018, TST. Os arts. 840 e 844, §§ 2º, 3º e 5º, da CLT, com as redações dadas pela Lei 13.467, de 13 de julho de 2017, não retroagirão, aplicando-se, exclusivamente, às ações ajuizadas a partir de 11 de

Vale destacar que a Lei Complementar 123, de 14.12.2006, que instituiu o Estatuto Nacional da Microempresa e da Empresa de Pequeno Porte, estabeleceu no art. 54 que é facultado ao empregador de microempresa ou de empresa de pequeno porte fazer-se substituir ou representar perante a Justiça do Trabalho por terceiros que conheçam dos fatos, ainda que não possuam vínculo trabalhista ou societário.

O comparecimento das partes em audiência pode ser assim resumido:

Representação			
Quem deve comparecer em audiência?	**Quando?**	**Quem?**	**Audiência**
Empregado	Doença; Motivo poderoso.	Sindicato; Empregado da mesma profissão.	Será adiada. O representante não poderá: • Confessar • Transigir • Renunciar etc.
Empregador	Sempre	Gerente ou outro preposto.	As declarações do preposto obrigarão o reclamado.

18.4 CONSEQUÊNCIAS DO NÃO COMPARECIMENTO DAS PARTES EM AUDIÊNCIA

O não comparecimento do reclamante na audiência **inicial ou una** importará o arquivamento da reclamação; enquanto o não comparecimento do reclamado importará em revelia e confissão quanto à matéria de fato (art. 844, CLT).

Caso ambos não compareçam à audiência, prevalece o entendimento de que o processo deve ser arquivado, por ser a consequência menos danosa para as partes, uma vez que o reclamante poderá ajuizar novamente a reclamação trabalhista.

Será decretada a revelia da empresa se o preposto não comparecer em audiência (art. 844, CLT). Apesar disso, se o advogado da reclamada estiver presente na audiência, serão aceitos a contestação e os documentos eventualmente apresentados por ele (art. 844, § 5º, CLT)[2].

novembro de 2017.§ 1º Aplica-se o disposto no art. 843, § 3º, da CLT somente às audiências trabalhistas realizadas após 11 de novembro de 2017.

2. Art. 12, IN 41/2018, TST. Os arts. 840 e 844, §§ 2º, 3º e 5º, da CLT , com as redações dadas pela Lei 13.467, de 13 de julho de 2017, não retroagirão, aplicando-se, exclusivamente, às ações ajuizadas a partir de 11 de novembro de 2017.

Cumpre destacar que a revelia não gera a confissão quanto à matéria de fato, se as alegações de fato formuladas pelo reclamante estiverem em contradição com prova constante dos autos (art. 844, § 4º, IV, CLT).

O art. 23 do Código de Ética e Disciplina da OAB proíbe que o advogado funcione no mesmo processo simultaneamente como patrono e preposto do empregador ou cliente.

O não comparecimento do reclamante à audiência de conciliação importa o arquivamento da reclamação trabalhista (extinção do processo sem resolução do mérito).

Na hipótese de ausência do reclamante, este será condenado ao pagamento das custas (2% sobre o valor da causa), ainda que beneficiário da justiça gratuita, salvo se comprovar, no prazo de quinze dias, que a ausência ocorreu por motivo legalmente justificável, sendo o pagamento das custas condição para a propositura de nova demanda (art. 844, §§ 2º e 3º, CLT).

O STF julgou improcedente a ação de inconstitucionalidade nº 5.766 ajuizada pela Procuradoria Geral da República no tocante ao art. 844, § 2º, da CLT, declarando-o constitucional.

Caso o reclamante dê causa a dois arquivamentos da reclamação trabalhista por não comparecer em audiência (art. 844, CLT), não poderá ajuizar nova reclamação com a mesma causa de pedir e pedidos pelo prazo de seis meses, sendo tal impedimento hipótese de perempção no Processo do Trabalho (art. 732, CLT).

Nos termos da OJ 152 da SDI-1 do TST, pessoa jurídica de direito público sujeita-se à revelia prevista no art. 844 da CLT.

Tendo em vista que o objetivo do depoimento das partes é a obtenção da confissão real, o não comparecimento do reclamante ou do reclamado à **audiência de instrução**, em que tenha sido intimado a depor, sob as consequências da lei, implicará a confissão ficta (Súmula 74, I, TST).

A confissão ficta pode ser confrontada com a prova pré-constituída nos autos, não implicando cerceamento de defesa o indeferimento de provas posteriores. Tal vedação somente se aplica a parte confessa, não afetando o exercício, pelo magistrado, do poder/dever de conduzir o processo (Súmula 74, II e III, TST).

Considerando que a audiência é contínua (art. 849, CLT) e que, após prestarem os depoimentos, as partes podem se retirar do recinto, prosseguindo a audiência apenas com seus representantes (art. 848, § 1.º), o não comparecimento do reclamante ou do reclamado à audiência, **quando adiada a instrução após contestada a ação**, não implicará o arquivamento do processo ou acarretará revelia e confissão ficta para o reclamado (Súmula 9, TST).

Segue quadro esquematizado com as consequências do não comparecimento das partes em audiência. Observe:

Consequências do não Comparecimento das Partes em Audiência		
Parte	Audiência	Consequência em decorrência do não comparecimento em audiência.
Reclamante	Inicial ou una	Arquivamento
Reclamado	Inicial ou una	Revelia e confissão ficta
Ambos	Inicial ou una	Arquivamento
Reclamante	Audiência em prosseguimento em que tenha sido intimada a depor.	Confissão ficta
Reclamado	Audiência em prosseguimento em que tenha sido intimada a depor.	Confissão ficta
Ambos	Audiência em prosseguimento em que tenha sido intimada a depor.	Confissão ficta para ambos; se não houver provas, o processo se resolverá pelas regras de distribuição ônus da prova.
Reclamante	Audiência de encerramento da instrução (quando adiada a instrução, após contestada a ação).	Não gera o arquivamento.
Reclamado	Audiência de encerramento da instrução (quando adiada a instrução, após contestada a ação).	Não gera a revelia e confissão ficta.

18.5 QUESTÕES

1. (OAB 2010.2 – FGV) No dia 23/05/2003, Paulo apresentou reclamação verbal perante o distribuidor do fórum trabalhista, o qual, após livre distribuição, o encaminhou para a 132ª Vara do Trabalho do Rio de Janeiro. Entretanto, Paulo mudou de ideia e não compareceu à secretaria da Vara para reduzi-la a termo. No dia 24/12/2003, Paulo retornou ao distribuidor da Justiça do Trabalho e, decidido, apresentou novamente a sua reclamação verbal, cuja livre distribuição o encaminhou para a 150ª Vara do Trabalho do Rio de Janeiro. Desta vez, o trabalhador se dirigiu à secretaria da Vara, reduziu a reclamação a termo e saiu de lá ciente de que a audiência inaugural seria no dia 01/02/2004. Contudo, ao chegar o dia da audiência, Paulo mudou de ideia mais uma vez e não compareceu, gerando o arquivamento dos autos. Diante desta situação concreta, é correto afirmar que:

(A) Paulo não poderá ajuizar uma nova reclamação verbal, uma vez que a CLT proíbe o ajuizamento sucessivo de três reclamações desta modalidade.

(B) Paulo poderá ajuizar uma nova reclamação verbal, uma vez que somente a segunda foi reduzida a termo, gerando apenas um arquivamento dos autos por ausência do autor na audiência inaugural.

(C) Paulo não poderá ajuizar uma nova reclamação verbal, uma vez que deu ensejo à perempção prevista no CPC, aplicável subsidiariamente ao processo do trabalho.

(D) Paulo poderá ajuizar nova reclamação trabalhista, mas apenas na forma escrita e assisti do obrigatoriamente por advogado.

2. (OAB X – FGV) Em reclamação trabalhista movida contra um município, este não comparece à audiência inaugural. Diante dessa hipótese, assinale a afirmativa correta.

(A) Não se cogita de revelia porque o direito é indisponível.

(B) Aplica-se a revelia contra o ente público.

(C) Não há revelia, mas se aplica a confissão.

(D) O juiz deve designar audiência de instrução, haja vista tratar-se de ente público.

3. (OAB XI – FGV) Um determinado trabalhador ajuizou uma reclamação trabalhista e, na data designada, faltou injustificadamente à audiência. Seu advogado requereu o desentranhamento dos documentos, no que foi atendido. Dois meses depois, apresentou a mesma reclamação, mas posteriormente resolve desistir dela em mesa de audiência, o que foi homologado pelo magistrado, sendo extinto o processo sem resolução do mérito. Caso queira ajuizar uma nova ação, o trabalhador

(A) terá de aguardar o prazo de seis meses, pois contra ele será aplicada a pena de perempção.

(B) poderá ajuizar a nova ação de imediato, contanto que pague o valor de uma multa que será arbitrada pelo juiz.

(C) não precisará aguardar nenhum prazo para ajuizar nova ação.

(D) deverá aguardar seis meses para ajuizar ação contra aquele empregador, mas não para outros que porventura venha a ter.

4. (OAB XI – FGV) Ícaro, piloto de avião, foi empregado da empresa Voe Alto Linhas Aéreas S/A de 12 de maio de 2010 a 20 de abril de 2012. Ao ser dispensado, deixou de receber parte de seus haveres trabalhistas da extinção, razão pela qual ajuizou reclamação trabalhista. A audiência foi designada para 10/10/2013. Porém, nessa data Ícaro estaria fora do país, já que necessitado de emprego e com a escassez do mercado nacional, empregou-se como piloto na China, onde reside, e não faz voos para o Brasil. Você é o advogado de Ícaro que, naturalmente, tem pressa em receber seus direitos sonegados. Assinale a alternativa que indica a medida legal a ser adotada para o mais rápido desenrolar do processo.

(A) Deverá ser requerido o adiamento da audiência sem data posterior e, tão logo Ícaro informe quando poderá estar no Brasil, será requerido ao juiz a designação da realização da audiência.

(B) Como advogado de Ícaro você deverá ter procuração com poderes especiais para representá-lo e assisti-lo em audiência suprindo assim a ausência.

(C) Tendo em vista tratar-se de motivo relevante, e estar devidamente comprovado, Ícaro poderá fazer-se representar por outro empregado de mesma profissão ou por seu sindicato de classe.

(D) Tendo em vista tratar-se de motivo poderoso, e estar devidamente comprovado, Ícaro poderá fazer-se representar por membro de sua família ou outro empregado da mesma empresa empregadora.

5. (OAB XIV – FGV) Determinada audiência, designada para as 10h, só teve início às 12h, ocasião em que o preposto e o advogado da empresa já tinham se ausentado. A pauta de audiências fora pontualmente iniciada pelo juiz; porém, a complexidade de processos e depoimentos gerou atrasos substanciais.

A partir da situação sugerida, assinale a opção correta.

(A) Não haverá a revelia, pois o atraso do juiz está limitado a 15 minutos, podendo as parte se retirar.

(B) Diante do atraso, o juiz deverá adiar a audiência, já que a parte ré está ausente, mas se fez presente no horário inicial.

(C) O juiz deverá aguardar a parte ausente por 15 minutos, pelo princípio da reciprocidade.

(D) A audiência deverá ser realizada normalmente, cabendo a aplicação da revelia e confissão à parte ré.

6. (OAB XV – FGV) Jorge, que presta serviços a uma companhia aérea na China, é autor de um processo em face da Viação Brasil S/A, sua ex-empregadora. Na data da audiência, Jorge estará, comprovadamente, trabalhando na China.

Considerando que Jorge tem interesse no desfecho rápido de seu processo, deverá

(A) requerer o adiamento para data próxima.

(B) dar procuração com poderes específicos ao seu advogado para que este o represente.

(C) fazer-se representar por outro empregado da mesma profissão ou pelo seu sindicato.

(D) deixar arquivar a demanda e ajuizar uma nova.

7. (OAB X – FGV) Em reclamação trabalhista movida contra um município, este não comparece à audiência inaugural. Diante dessa hipótese, assinale a afirmativa correta.

(A) Não se cogita de revelia porque o direito é indisponível.

(B) Aplica-se a revelia contra o ente público.

(C) Não há revelia, mas se aplica a confissão.

(D) O juiz deve designar audiência de instrução, haja vista tratar-se de ente público.

8. (OAB XI – FGV) Um determinado trabalhador ajuizou uma reclamação trabalhista e, na data designada, faltou injustificadamente à audiência. Seu advogado requereu o desentranhamento dos documentos, no que foi atendido. Dois meses depois, apresentou a mesma reclamação, mas posteriormente resolve desistir dela em mesa de audiência, o que foi homologado pelo magistrado, sendo extinto o processo sem resolução do mérito. Caso queira ajuizar uma nova ação, o trabalhador

(A) terá de aguardar o prazo de seis meses, pois contra ele será aplicada a pena de perempção.

(B) poderá ajuizar a nova ação de imediato, contanto que pague o valor de uma multa que será arbitrada pelo juiz.

(C) não precisará aguardar nenhum prazo para ajuizar nova ação.

(D) deverá aguardar seis meses para ajuizar ação contra aquele empregador, mas não para outros que porventura venha a ter.

9. (OAB XX EXAME – FGV) Mário ajuizou reclamação trabalhista em face de seu ex-empregador. No dia da audiência, não compareceu, razão pela qual o processo foi arquivado. Em nova ação proposta em idênticos termos, o juiz extinguiu o feito sem resolução do mérito, pois a ré não foi localizada. Imediatamente, Mário ajuizou a demanda pela terceira vez. Na audiência, com todos presentes, o advogado da sociedade empresária aduziu que o juiz deveria extinguir o processo sem resolução do mérito em razão da perempção, pois não decorreu o prazo de seis meses entre o segundo e o terceiro processo.

Sobre a hipótese apresentada, na qualidade de advogado de Mário, assinale a afirmativa correta.

(A) Deverá ser requerido que o juiz apenas suspenda o processo.

(B) Deverá desistir da ação para evitar a condenação em custas.

(C) Deverá aduzir que o prazo de seis meses é contado da primeira ação.

(D) Deverá aduzir que não houve perempção e requerer o prosseguimento do feito.

10. (OAB/FGV – XXVI EXAME DE ORDEM) Uma sociedade empresária ajuizou ação de consignação em pagamento em face do seu ex-empregado, com o objetivo de realizar o depósito das verbas resilitórias devidas ao trabalhador e obter quitação judicial da obrigação. No dia designado para a audiência una, a empresa não compareceu nem se justificou, estando presente o ex-empregado. Indique, de acordo com a CLT, o instituto jurídico que ocorrerá em relação ao processo.

(A) Revelia.

(B) Remarcação da audiência.

(C) Arquivamento.

(D) Confissão ficta.

11. (OAB/FGV – XXXIV EXAME DE ORDEM) Em 7 de fevereiro de 2022 (uma segunda-feira), Carlos ajuizou reclamação trabalhista pelo rito ordinário contra a Sociedade Empresária Calçados Ícaro Ltda., postulando vários direitos que afirma terem sido lesados ao longo dos 3 (três) anos nos quais trabalhou na empresa. A Vara para a qual o processo foi sorteado é extremamente organizada, tendo comprovadamente ocorrido a citação em 9 de fevereiro (quarta-feira) e designada a audiência una para o dia 11 de fevereiro (sexta-feira). Todos os dias da referida semana são úteis. Diante dos fatos e do que dispõe a CLT, assinale a afirmativa correta.

(A) A audiência deve ser remarcada, se houver pedido do reclamado, porque não se observou prazo mínimo de 5 (cinco) dias úteis contados da citação.

(B) A Justiça do Trabalho deve primar pela celeridade, daí porque a designação de audiência breve é válida, pois respeitado o prazo legal de 48 (quarenta e oito) horas.

(C) Inválida a data marcada para a audiência porque a Lei determina um interregno mínimo de 8 (oito) dias úteis contados da citação.

(D) Se a audiência fosse na modalidade presencial não seria válida pelo curto espaço para deslocamento, mas se fosse telepresencial seria válida.

12. (OAB/FGV – XXXIII EXAME DE ORDEM) Maurício ajuizou reclamação trabalhista, em agosto de 2021, contra a sua ex-empregadora, a sociedade empresária Sorvetes Glacial Ltda., postulando o pagamento de horas extras e verbas resilitórias. No dia da audiência inaugural, feito o pregão com pontualidade, o autor compareceu acompanhado de seu advogado, estando ainda presente o advogado da empresa, mas ausente o preposto. O advogado do réu requereu que se aguardasse o prazo de 15 minutos, mas diante da negativa do advogado do autor, que não concordou em aguardar, teve início a audiência. O advogado do autor requereu a aplicação da revelia e o advogado do réu informou que havia protocolizado defesa com documentos pelo processo judicial eletrônico (PJe), requerendo que fossem recebidos. Diante da situação e dos termos da CLT, assinale a afirmativa correta.

(A) Deverá ser aplicada a revelia em razão da ausência do preposto e desprezada a defesa.

(B) Há nulidade do ato porque a CLT determina que se aguarde a parte até 15 minutos após o horário designado.

(C) Sendo a CLT omissa a respeito, caberá ao juiz definir se haverá revelia ou remarcação da audiência.

(D) Defesa e os documentos apresentados devem ser aceitos.

13. (OAB/FGV – XXXVIII EXAME DE ORDEM) Pedro Arnaldo ajuizou reclamação trabalhista em face da ex-empregadora. No dia da audiência, rejeitada a possibilidade de acordo, o feito foi contestado. A parte ré, porém, requereu o adiamento em razão da ausência de uma testemunha, que estava intimada regularmente. Na audiência seguinte Pedro Arnaldo, sem qualquer justificativa, não compareceu.

Diante disso, nos termos da CLT e do entendimento jurisprudencial consolidado do TST, assinale a afirmativa correta.

(A) A ausência do reclamante, quando adiada a instrução após contestada a ação em audiência, não importa arquivamento do processo.

(B) A ausência do reclamante importará no arquivamento do feito na hipótese.

(C) O feito deverá ser novamente adiado para o comparecimento do reclamante, que não deu causa ao adiamento anterior.

(D) Ausente o interesse de agir, o feito deverá ser extinto sem resolução do mérito.

14. (OAB/FGV – XL EXAME DE ORDEM) Em determinada reclamação trabalhista, com a presença das partes e dos advogados, ocorreu a 1ª audiência apenas para a tentativa de conciliação, que não teve sucesso. Então, o juiz recebeu a defesa e deferiu as provas testemunhais e os depoimentos pessoais recíprocos, sob pena de confissão, designando a data da instrução.

Chegado o dia da audiência de instrução, as partes foram apregoadas e nenhuma delas estava presente, não havendo qualquer justificativa para as ausências.

Assinale a opção que indica o que deve ocorrer com esse processo.

(A) O juiz deverá designar nova audiência.

(B) O juiz deve aplicar a confissão somente em desfavor do autor.

(C) O magistrado julgará de acordo com a distribuição do ônus da prova.

(D) O processo será arquivado.

15. (OAB/FGV – XLI EXAME DE ORDEM) Pedro é advogado e sua audiência está marcada para as 17 horas, mas ele está preocupado, porque já são 16h30, sua audiência não foi apregoada e ele viu, pela pauta, que ainda há três processos complexos de instrução para serem apreciados pelo magistrado que são anteriores ao seu, sendo certo que o início da pauta de audiências se deu às 14 horas. Considerando os fatos narrados e o que dispõe a CLT, assinale a afirmativa correta.

(A) A audiência de Pedro ocorrerá independentemente do horário em que as anteriores terminarem.

(B) Cada juiz determina o horário de término de suas audiências.

(C) As audiências devem ocorrer até as 18 horas, salvo situação urgente.

(D) As audiências devem ser paralisadas às 17h30.

GABARITO: As respostas destes testes encontram-se no final do livro.

CAPÍTULO

19

CONCILIAÇÃO

19.1 CONCILIAÇÃO NOS DISSÍDIOS INDIVIDUAIS E COLETIVOS

Com fulcro no art. 764 da CLT, os dissídios individuais e coletivos serão sempre sujeitos à conciliação.

Na audiência no Processo do Trabalho duas tentativas conciliatórias são obrigatórias: a primeira quando aberta a sessão (art. 846, CLT) e a segunda após as razões finais e antes da sentença (art. 850, CLT).

No procedimento sumaríssimo, o art. 852-E estabelece que "aberta a sessão, o juiz esclarecerá as partes presentes sobre as vantagens da conciliação e usará os meios adequados de persuasão para a solução conciliatória do litígio, em qualquer fase da audiência".

Realizado o acordo, lavrar-se-á o termo de acordo, consignando-se o prazo e demais condições para seu cumprimento (art. 846, § 1.º, CLT). Entre as condições referidas poderá ficar estabelecido que a parte que não cumprir o acordo fica obrigada a satisfazer integralmente o pedido ou pagar uma indenização convencionada, sem prejuízo do cumprimento do acordo (art. 846, § 2.º, CLT).

As partes poderão celebrar o acordo em qualquer fase do processo: durante e até mesmo depois de encerrado o juízo conciliatório (art. 764, § 3.º, CLT); após o trânsito em julgado e até mesmo depois de elaborados os cálculos de liquidação (art. 832, § 6.º da CLT – primeira parte).

Incidirá contribuição previdenciária sobre o valor do acordo celebrado e homologado após o trânsito em julgado (art. 43, § 5.º, Lei 8.212/1991), desde que respeitada a proporcionalidade de valores entre as parcelas de natureza salarial e indenizatórias deferidas na sentença condenatória e as parcelas objeto do acordo (OJ 376, SDI-1, TST).

Assim, quando o juiz profere uma sentença condenatória ou homologatória de acordo, deve descriminar a natureza jurídica de cada uma das parcelas deferidas, ou seja, esclarecer se tem natureza salarial ou indenizatória, pois em relação àquelas há incidência de INSS (art. 832, § 3.º, CLT).

Quando realizado um acordo após o trânsito em julgado, a contribuição previdenciária incidirá sobre o valor do acordo e não da condenação, entretanto, ao discriminar as parcelas objeto do acordo, deve ser respeitada a proporcionalidade de valores entre as parcelas de natureza salarial e indenizatórias deferidas na sentença e as parcelas objeto do acordo. Dessa forma, caso 50% do valor da condenação corresponda a parcelas de natureza salarial, não menos de 50% do valor do acordo deverá corresponder a parcelas do mesmo cunho (OJ 376, SDI-1, TST).

A Justiça do Trabalho não é competente para executar as contribuições devidas a terceiros do sistema S (Sesi, Sesc, Senai etc.).

Por fim, a Justiça do Trabalho é competente para executar as contribuições previdenciárias decorrentes dos acordos firmados perante a Comissão de Conciliação Prévia.[1]

É faculdade do juiz a homologação de acordo. Logo, é incabível o mandado de segurança contra o ato do juiz que se recusou à homologação (Súmula 418, TST).

Portanto, se as partes ficarem insatisfeitas com a atitude do juiz de não homologar o acordo, elas **não poderão** ajuizar mandado de segurança para buscar a homologação.

O juiz homologa acordo por sentença, que é irrecorrível, salvo para a União, que poderá interpor recurso ordinário quanto às contribuições previdenciárias no prazo de 16 dias (art. 831, parágrafo único, CLT).

À luz do item V da Súmula 100 do TST, o termo conciliatório transita em julgado na data da sua homologação judicial.

Como o acordo faz transitar em julgado a reclamação trabalhista, não caberá nenhum recurso, no mesmo processo, contra a decisão homologatória. O único meio de impugnação possível será a **ação rescisória**, desde que demonstrados seus demais requisitos legais. Para conhecê-los, remeto aos comentários sobre a ação rescisória no Processo do Trabalho.

Esta é a regra da Súmula 259 do TST:

> Súmula 259 do TST:
>
> Só por ação rescisória é impugnável o termo de conciliação previsto no parágrafo único do art. 831 da CLT.

1. TST-E-RR-40600-80.2009.5.09.0096, SBDI-I, Rel. Min. José Roberto Freire Pimenta, 24.05.2012 (Informativo n.º 10 do TST).

19.2 QUESTÕES

1. (OAB/FGV – XXXV EXAME DE ORDEM) Jeane era cuidadora de Dulce, uma senhora de idade que veio a falecer. A família de Dulce providenciou o pagamento das verbas devidas pelo extinção do contrato, mas, logo após, Jeane ajuizou ação contra o espólio, postulando o pagamento, em dobro, de 3 (três) períodos de férias alegadamente não quitadas. Designada audiência, a inventariante do espólio informou que não tinha qualquer documento de pagamento de Jeane, pois era a falecida quem guardava e organizava toda a documentação. Por não ter provas, a inventariante concordou em realizar um acordo no valor de R$ 6.000,00 (seis mil reais), pagos no ato, por transferência PIX, e homologado de imediato pelo juiz. Passados 7 (sete) dias da audiência, quando fazia a arrumação das coisas deixadas por Dulce para destinar à doação, a inventariante encontrou, no fundo de uma gaveta, os recibos de pagamento das 3 (três) férias que Jeane reclamava, devidamente assinadas pela então empregada. Diante da situação retratada, da previsão na CLT e do entendimento consolidado do TST, assinale a afirmativa correta.

(A) Nada poderá ser feito pela inventariante, porque o acordo homologado faz coisa julgada material.

(B) A parte interessada poderá interpor recurso ordinário contra a decisão homologatória.

(C) A inventariante poderá ajuizar ação rescisória para desconstituir o acordo.

(D) Deverá ser ajuizada ação de cobrança contra Jeane para reaver o valor pago.

2. (OAB/FGV – XXXVI EXAME DE ORDEM) Na audiência de uma reclamação trabalhista, estando as partes presentes e assistidas por seus respectivos advogados, foi homologado pelo juiz um acordo no valor de R$ 50.000,00 (cinquenta mil reais), tendo sido atribuído ao valor a natureza indenizatória, com as parcelas devidamente identificadas. O reclamante e o INSS, cinco dias após, interpuseram recurso ordinário contra a decisão de homologação do acordo – o reclamante, dizendo-se arrependido quanto ao valor, afirmando que teria direito a uma quantia muito superior; já o INSS, insurgindo-se contra a indicação de todo o valor acordado como tendo natureza indenizatória, prejudicando a autarquia previdenciária no tocante ao recolhimento da cota previdenciária. Diante do caso apresentado e nos termos da CLT, assinale a afirmativa correta.

(A) Tanto o reclamante quanto o INSS podem recorrer da decisão homologatória, e seus recursos terão o mérito apreciado.

(B) No caso, somente o reclamante poderá recorrer, porque o INSS não tem legitimidade para recorrer de recursos, já que não foi parte.

(C) Somente o INSS pode recorrer, porque, para o reclamante, o acordo valerá como decisão irrecorrível.

(D) Nenhuma das partes nem o INSS podem recorrer contra o acordo, porque a homologação na Justiça do Trabalho é soberana.

GABARITO: As respostas destes testes encontram-se no final do livro.

CAPÍTULO

20

RESPOSTAS DO RÉU

20.1 ESPÉCIES DE RESPOSTAS DO RÉU

São respostas do réu no processo do trabalho a contestação, a reconvenção (apresentada na contestação) e as exceções de incompetência e de suspeição e impedimento.

À luz do art. 847 da CLT, a defesa deve ser apresentada em audiência, de forma oral, em 20 minutos. Todavia, normalmente é apresentada por escrito, podendo ser complementada oralmente.

O art. 847, parágrafo único, da CLT assegura expressamente o direito do reclamado de apresentar defesa escrita pelo sistema de processo judicial eletrônico até a audiência.

A contestação ou a reconvenção e seus respectivos documentos deverão ser protocolados no PJe até a realização da proposta de conciliação infrutífera, com a utilização de equipamento próprio, sendo automaticamente juntados, facultada a apresentação de defesa oral, na forma do art. 847 da CLT. (art. 22, da Resolução 185/2017, CSJT).

No expediente de notificação inicial ou de citação constará recomendação para que a contestação ou a reconvenção e os documentos que as acompanham sejam protocolados no PJe com pelo menos 48h de antecedência da audiência. O autor poderá atribuir segredo de justiça ao processo no momento da propositura da ação, cabendo ao magistrado, após a distribuição, decidir sobre a manutenção ou exclusão dessa situação, nos termos do art. 189 do CPC e art. 770, caput, da CLT. Com exceção da petição inicial, as partes poderão atribuir sigilo às petições e documentos, nos termos do parágrafo único do art. 773 do CPC. (art. 22, §§ 2.º e 3.º, da Resolução 185/2017 do CSJT).

O réu poderá atribuir sigilo à contestação e à reconvenção, bem como aos documentos que as acompanham, devendo o magistrado retirar o sigilo caso frustrada a tentativa conciliatória (art. 22, § 5.º, da Resolução 185/2017 do CSJT).

20.2 EXCEÇÕES

O atual Código de Processo Civil eliminou a figura exceção, admitindo apenas uma resposta do réu, a contestação, de modo que determinou que a incompetência relativa deverá ser tratada em preliminar de contestação (art. 337, II, CPC) e o impedimento e a suspeição, por simples petição, no prazo de 15 dias, a contar do conhecimento do fato (art. 146, CPC).

A CLT, por sua vez, mantém a terminologia exceção (art. 799, CLT), de modo que permanecerá usual no processo do trabalho petição com essa denominação para arguição de incompetência territorial, suspeição e impedimento.

A incompetência territorial deve ser arguida em peça processual denominada exceção de incompetência e tramitará segundo as regras previstas no art. 800 da CLT.

Por sua vez, a suspeição e o impedimento serão arguidas em petições denominadas exceções de suspeição e impedimento, porém o trâmite é o do art. 146 do CPC.

Nada impede que seja arguida mais de uma exceção ao mesmo tempo, devendo a exceção de impedimento e suspeição do juiz ser apreciadas antes da exceção de incompetência (primeiro julga-se o impedimento do juiz, depois a suspeição e, por último, a incompetência), uma vez que o magistrado impedido ou suspeito não poderá sequer declarar a incompetência ou competência do juízo.

O oferecimento de qualquer das espécies de exceção acarreta a suspensão do processo até que a questão seja decidida.

Analisemos as hipóteses de exceção.

20.2.1 Exceção de incompetência

Cabe destacar que a incompetência absoluta é arguida, em regra, em preliminar de contestação (art. 337, II, do CPC – defesa processual). Dispõe o art. 64, §1.º, do digesto processual civil que a incompetência absoluta deve ser declarada de ofício e pode ser alegada em qualquer tempo e grau de jurisdição, independentemente de exceção.

Contudo, não sendo a incompetência absoluta deduzida no prazo da contestação, ou na primeira oportunidade em que couber à parte falar nos autos, responderá a esta integralmente pelo pagamento das custas.

O atual Código de Processo Civil elimina a figura exceção, admitindo apenas uma resposta do réu, a contestação, de modo que determinou que a incompetência relativa deverá ser tratada em preliminar de contestação (art. 337, II, CPC), e o impedimento e a suspeição, por simples petição, no prazo de 15 dias, a contar do conhecimento do fato (art. 146, CPC).

A CLT determina que a incompetência territorial será arguida por exceção de incompetência, logo não é omissa a respeito do tema, razão pela qual é inaplicável o CPC no Processo do Trabalho nesse particular.

A fixação da competência territorial das Varas do Trabalho dá-se nos moldes do art. 651 da CLT, o qual dispõe que:

> "Art. 651. A competência das Varas do Trabalho é determinada pela localidade onde o empregado, reclamante ou reclamado, prestar serviços ao empregador, ainda que tenha sido contratado noutro local ou no estrangeiro.

§ 1.º Quando for parte no dissídio agente ou viajante comercial, a competência será da Vara da localidade em que a empresa tenha agência ou filial e a esta o empregado esteja subordinado e, na falta, será competente a Vara da localização em que o empregado tenha domicílio ou a localidade mais próxima.

§ 2.º A competência das Varas do Trabalho, estabelecida neste artigo, estende-se aos dissídios ocorridos em agência ou filial no estrangeiro, desde que o empregado seja brasileiro e não haja convenção internacional dispondo em contrário.

§ 3.º Em se tratando de empregador que promova realização de atividades fora do lugar do contrato de trabalho, é assegurado ao empregado apresentar reclamação no foro da celebração do contrato ou no da prestação dos respectivos serviços".

Cumpre salientar que a incompetência relativa não pode ser declarada de ofício (Súmula 33 do STJ), significa dizer que, não havendo apresentação da exceção de incompetência no prazo de 5 dias a contar da notificação, antes da audiência, tem-se a chamada prorrogação de competência, ou seja, o juízo, inicialmente incompetente, passa a ser competente.

Logo, proposta a ação trabalhista pelo reclamante perante a Vara do Trabalho incompetente e, não oposta, pelo reclamado, a exceção declinatória do foro, prorroga-se a competência da atinente Vara do Trabalho.

O art. 800 da CLT estabelece que a exceção de incompetência territorial deverá ser apresentada no prazo de cinco dias a contar da notificação, antes da audiência e em peça que sinalize a existência desta exceção[1].

Uma vez protocolada a exceção, o processo será suspenso e não se realizará a audiência até que se decida a exceção (art. 800, § 1º, CLT).

Os autos serão imediatamente conclusos ao juiz, que intimará o reclamante e, se existentes, os litisconsortes, para manifestação no prazo comum de cinco dias (art. 800, § 2º, CLT).

Se entender necessária a produção de prova oral, o juízo designará audiência, garantindo o direito de o excipiente e de suas testemunhas serem ouvidos, por carta precatória, no juízo que este houver indicado como competente (art. 800, § 3º, CLT).

Decidida a exceção de incompetência territorial, o processo retomará seu curso, com a designação de audiência, a apresentação de defesa e a instrução processual perante o juízo competente (art. 800, § 4º, CLT).

---

1. Art. 11, IN 41/2018, TST. A exceção de incompetência territorial, disciplinada no art. 800 da CLT , é imediatamente aplicável aos processos trabalhistas em curso, desde que o recebimento da notificação seja posterior a 11 de novembro de 2017, data em que entrou em vigor a Lei 13.467/2017 (Reforma Trabalhista).

O art. 799, § 2.º, da CLT dispõe que "das decisões sobre exceções de suspeição e incompetência, salvo, quanto a estas, se terminativas do feito, não caberá recurso, podendo, no entanto, as partes alegá-las novamente no recurso que couber da decisão final".

Interpretando o art. 799, § 2.º, da CLT, admite o Tribunal Superior do Trabalho a interposição de recurso ordinário da decisão interlocutória que, acolhendo exceção de incompetência em razão do lugar (relativa), remete os autos para Tribunal Regional distinto daquele a que se vincula o juízo excepcionado (que proferiu a decisão interlocutória), conforme se vislumbra pela análise da Súmula 214 do TST, com redação dada pela Resolução 127/2005, publicada no *DJU* em 16.03.2005, *in verbis*:

> "SÚMULA 214, TST. DECISÃO INTERLOCUTÓRIA. IRRECORRIBILIDADE. Na Justiça do Trabalho, nos termos do art. 893, § 1.º, da CLT, as decisões interlocutórias não ensejam recurso de imediato, salvo nas hipóteses de decisão:
>
> a) de Tribunal Regional do Trabalho contrária à Súmula ou Orientação Jurisprudencial do Tribunal Superior do Trabalho;
>
> b) suscetível de impugnação mediante recurso para o mesmo Tribunal;
>
> c) que acolhe exceção de incompetência territorial, com a remessa dos autos para Tribunal Regional distinto daquele a que se vincula o juízo excepcionado, consoante o disposto no art. 799, § 2.º, da CLT".

Enfim, cabe salientar que o art. 795, § 1.º, da CLT, de forma inadvertida, estabeleceu que deverá ser declarada *ex officio* a nulidade fundada em incompetência de foro.

A doutrina combate tal dispositivo legal, pois, em verdade, somente pode ser declarada de ofício pelo magistrado trabalhista a incompetência absoluta, ou seja, em razão da matéria ou da hierarquia (art. 64, § 1.º, CPC). Logo, a incompetência do foro prevista no art. 795, § 1.º, consolidado, refere-se à competência em razão da matéria ou da pessoa (incompetência do foro trabalhista) e não em razão do território.

20.2.2 Exceção de suspeição e impedimento

A imparcialidade do juiz, um dos sustentáculos do princípio do juiz natural, consiste na inexistência de impedimento ou suspeição para julgamento da demanda pelo magistrado, e se apresenta como pressuposto de desenvolvimento válido e regular do processo.

O art. 799 da CLT institui que, nas causas da jurisdição da Justiça do Trabalho, somente podem ser opostas, com suspensão do feito, as exceções de suspeição ou incompetência, não se referindo o texto consolidado à figura do impedimento.

A omissão da Consolidação das Leis do Trabalho a respeito da exceção de impedimento ocorreu porque o texto consolidado foi promulgado em 1943, ainda sob a égide do Código de Processo Civil de 1939, o qual não se referia à figura do impedimento, espécie de exceção introduzida a partir do digesto processual civil de 1973.

Neste contexto, e sob a influência do Código de Processo Civil de 1939, o art. 801 da CLT, ao estabelecer as hipóteses de suspeição arguíveis no âmbito laboral, em verdade acabou incluindo em seu rol situações que não ensejam a suspeição do magistrado, mas sim o próprio impedimento do juiz para processar e julgar o feito.

Vejamos:

> "Art. 801. O juiz, presidente ou vogal, é obrigado a dar-se por suspeito, e pode ser recusado por algum dos seguintes motivos, em relação à pessoa do litigante:
>
> a) inimizade pessoal;
>
> b) amizade íntima;
>
> c) parentesco por consanguinidade ou afinidade até o terceiro grau civil;
>
> d) interesse particular na causa;
>
> Parágrafo único. Se o recusante houver praticado algum ato pelo qual haja consentido na pessoa do juiz, não mais poderá alegar exceção de suspeição, salvo sobrevindo novo motivo. A suspeição não será também admitida, se do processo constar que o recusante deixou de alegá-la anteriormente, quando já a conhecia, ou que, depois de conhecida, aceitou o juiz recusado ou, finalmente, se procurou de propósito o motivo de que ela se originou".

Nessa esteira, embora a doutrina divirja sobre o tema, entendemos que as hipóteses previstas no art. 801 da CLT são meramente exemplificativas, aplicando-se, de forma subsidiária, os arts. 144 e 145 do CPC, que elencam possibilidades de impedimento e suspeição, *in verbis*:

> "Art. 144. Há impedimento do juiz, sendo-lhe vedado exercer suas funções no processo:
>
> I – em que interveio como mandatário da parte, oficiou como perito, funcionou como membro do Ministério Público ou prestou depoimento como testemunha;
>
> II – de que conheceu em outro grau de jurisdição, tendo proferido decisão;
>
> III – quando nele estiver postulando, como defensor público, advogado ou membro do Ministério Público, seu cônjuge ou companheiro, ou qualquer parente, consanguíneo ou afim, em linha reta ou colateral, até o terceiro grau, inclusive;
>
> IV – quando for parte no processo ele próprio, seu cônjuge ou companheiro, ou parente, consanguíneo ou afim, em linha reta ou colateral, até o terceiro grau, inclusive;

> V – quando for sócio ou membro de direção ou de administração de pessoa jurídica parte no processo;
>
> VI – quando for herdeiro presuntivo, donatário ou empregador de qualquer das partes;
>
> VII – em que figure como parte instituição de ensino com a qual tenha relação de emprego ou decorrente de contrato de prestação de serviços;
>
> VIII – em que figure como parte cliente do escritório de advocacia de seu cônjuge, companheiro ou parente, consanguíneo ou afim, em linha reta ou colateral, até o terceiro grau, inclusive, mesmo que patrocinado por advogado de outro escritório;
>
> IX – quando promover ação contra a parte ou seu advogado.
>
> § 1.º Na hipótese do inciso III, o impedimento só se verifica quando o defensor público, o advogado ou o membro do Ministério Público já integrava o processo antes do início da atividade judicante do juiz.
>
> § 2.º É vedada a criação de fato superveniente a fim de caracterizar impedimento do juiz.
>
> § 3.º O impedimento previsto no inciso III também se verifica no caso de mandato conferido a membro de escritório de advocacia que tenha em seus quadros advogado que individualmente ostente a condição nele prevista, mesmo que não intervenha diretamente no processo".
>
> "Art. 145. Há suspeição do juiz:
>
> I – amigo íntimo ou inimigo de qualquer das partes ou de seus advogados;
>
> II – que receber presentes de pessoas que tiverem interesse na causa antes ou depois de iniciado o processo, que aconselhar alguma das partes acerca do objeto da causa ou que subministrar meios para atender às despesas do litígio;
>
> III – quando qualquer das partes for sua credora ou devedora, de seu cônjuge ou companheiro ou de parentes destes, em linha reta até o terceiro grau, inclusive;
>
> IV – interessado no julgamento do processo em favor de qualquer das partes.
>
> § 1.º Poderá o juiz declarar-se suspeito por motivo de foro íntimo, sem necessidade de declarar suas razões.
>
> § 2.º Será ilegítima a alegação de suspeição quando:
>
> I – houver sido provocada por quem a alega;
>
> II – a parte que a alega houver praticado ato que signifique manifesta aceitação do arguido".

Não há dúvida de que as hipóteses de suspeição e impedimento se extraem dos arts. 144 e 145 do CPC. Também não há dúvida de que devem ser arguidas por exceção de suspeição e impedimento, posto que a CLT não é omissa quanto ao tema e adota essa nomenclatura em seu art. 799. Entretanto, quanto ao seu processamento aplica-se o CPC.

A CLT tornou-se inaplicável quanto ao processamento das exceções de suspeição e impedimento, pois segundo consta em seu art. 802, 1.º, se o juiz não se reconhecer suspeito ou impedido, designará uma audiência e julgará a exceção. O mesmo foi estabelecido para um órgão colegiado: a Junta de Conciliação e Julgamento. A partir da EC 24/1999, com a extinção das juntas de conciliação e julgamento, a jurisdição na 1.ª instância passou a ser exercida pelo juiz titular ou substituto de forma singular (art. 116, CF).

As alterações determinadas pela EC 24/1999 são incompatíveis com o disposto no § 1.º do art. 802 da CLT, já que não faz sentido o próprio juiz peitado (suspeito ou impedido) instruir e julgar a exceção de suspeição ou impedimento contra si oposta. O julgamento deveria ser feito por um órgão colegiado, dele não participando o juiz "interessado". À medida em que a Vara do Trabalho passa a funcionar apenas com juiz singular, a CLT tornou-se omissa quanto ao tema. Assim, o processamento das exceções de suspeição e impedimento deve ser regido pelo CPC.

O atual Código de Processo Civil preceitua, em seu art. 146, *caput* e parágrafos, a parte alegará o impedimento ou a suspeição em 15 dias, a contar do conhecimento do fato, em petição específica dirigida ao juiz do processo, na qual indicará o fundamento da recusa, podendo instruí-la com documentos em que se fundar a alegação e com rol de testemunhas.

Se reconhecer o impedimento ou a suspeição ao receber a petição, o juiz ordenará, imediatamente, a remessa dos autos a seu substituto legal. Caso contrário, a autuação em apartado da petição e, no prazo de 15 (quinze) dias, apresentará suas razões, acompanhadas de documentos e de rol de testemunhas, se houver, ordenando a remessa do incidente ao tribunal.

Caso seja acolhida a alegação, tratando-se de impedimento ou de manifesta suspeição, o tribunal condenará o juiz nas custas e remeterá os autos ao seu substituto legal, podendo o juiz recorrer da decisão. Neste caso, o tribunal fixará o momento a partir do qual o juiz não poderia ter atuado e decretará a nulidade dos seus atos, se praticados quando já presente o motivo de impedimento ou de suspeição.

Segue o disposto no art. 146 do CPC:

> "Art. 146. No prazo de 15 (quinze) dias, a contar do conhecimento do fato, a parte alegará o impedimento ou a suspeição, em petição específica dirigida ao juiz do processo, na qual indicará o fundamento da recusa, podendo instruí-la com documentos em que se fundar a alegação e com rol de testemunhas.
>
> § 1.º Se reconhecer o impedimento ou a suspeição ao receber a petição, o juiz ordenará imediatamente a remessa dos autos a seu substituto legal,

> caso contrário, determinará a autuação em apartado da petição e, no prazo de 15 (quinze) dias, apresentará suas razões, acompanhadas de documentos e de rol de testemunhas, se houver, ordenando a remessa do incidente ao tribunal.
>
> § 2.º Distribuído o incidente, o relator deverá declarar os seus efeitos, sendo que, se o incidente for recebido:
>
> I – sem efeito suspensivo, o processo voltará a correr;
>
> II – com efeito suspensivo, o processo permanecerá suspenso até o julgamento do incidente.
>
> (...)"

Frise-se, por fim, que, com fulcro no art. 801, parágrafo único, da CLT, se o recusante houver praticado algum ato pelo qual haja consentido na pessoa do juiz, não mais poderá alegar exceção de suspeição, salvo sobrevindo novo motivo. A suspeição não será também admitida se do processo constar que o recusante deixou de alegá-la anteriormente, quando já a conhecia, ou que, depois de conhecida, aceitou o juiz recusado ou, finalmente, se procurou de propósito o motivo de que ela se originou.

20.3 CONTESTAÇÃO

No que tange à contestação, tendo em vista a omissão da CLT, aplicam-se subsidiariamente ao Processo do Trabalho os arts. 336 e 341 do CPC:

> "Art. 336. Incumbe ao réu alegar, na contestação, toda a matéria de defesa, expondo as razões de fato e de direito com que impugna o pedido do autor e especificando as provas que pretende produzir".
>
> "Art. 341. Incumbe também ao réu manifestar-se precisamente sobre as alegações de fato constantes da petição inicial, presumindo-se verdadeiras as não impugnadas, salvo se:
>
> I – não for admissível, a seu respeito, a confissão;
>
> II – a petição inicial não estiver acompanhada de instrumento que a lei considerar da substância do ato;
>
> III – estiverem em contradição com a defesa, considerada em seu conjunto.
>
> Parágrafo único. O ônus da impugnação especificada dos fatos não se aplica ao defensor público, ao advogado dativo e ao curador especial".

O art. 336 do CPC, de aplicação subsidiária ao processo do trabalho, contempla o princípio da eventualidade, dispondo que compete ao réu alegar, na contestação, toda a matéria de defesa, expondo as razões de fato e de direito com que impugna o pedido do autor.

Em outras palavras, o princípio da eventualidade determina que todos os meios de defesa sejam apresentados em uma única oportunidade processual, possibilitando que o magistrado, caso não aceite um deles, possa conhecer dos posteriores. Logo, toda a matéria de defesa deve ser arguida na contestação, sob pena de preclusão.

Por sua vez, o art. 341 do CPC prevê o princípio da impugnação específica, determinando que incumbe também ao réu manifestar-se precisamente sobre as alegações de fato constantes da petição inicial, presumindo-se verdadeiras as não impugnadas, salvo se: a) não for admissível, a seu respeito, a confissão; b) a petição inicial não estiver acompanhada de instrumento que a lei considerar da substância do ato; c) estiverem em contradição com a defesa, considerada em seu conjunto. O ônus da impugnação especificada dos fatos não se aplica ao defensor público, ao advogado dativo e ao curador especial.

O princípio da impugnação específica, portanto, impede que o réu apresente contestação genérica, em que o demandado se limita a indicar que os argumentos do autor não merecem guarida, requerendo, simplesmente, a improcedência dos pedidos contidos na peça vestibular, sem especificar as razões que subsidiam essa conclusão.

Em outras palavras, o réu deverá impugnar, individual e especificamente, todos os pedidos postulados pelo autor, sendo considerada a contestação por negação geral ineficaz, presumindo-se verdadeiros os fatos articulados na petição inicial.

Nessa perspectiva, após a apresentação da contestação, não se admite que o réu complemente a sua defesa, salvo se versarem sobre direito superveniente (matéria surgida após a apresentação da contestação), se tratar de questões de ordem pública (as quais o juiz pode conhecer de ofício, como as hipóteses previstas no art. 337 do CPC, exceto compromisso arbitral) ou em caso de matérias que a lei permita serem conhecidas a qualquer tempo e grau de jurisdição, hipóteses em que não se opera a preclusão consumativa, conforme previsto no art. 342 do CPC, *in verbis*:

> "Art. 342. Depois da contestação, só é lícito ao réu deduzir novas alegações quando:
>
> I - relativas a direito ou a fato superveniente;
>
> II - competir ao juiz conhecer delas de ofício;
>
> III - por expressa autorização legal, puderem ser formuladas em qualquer tempo e grau de jurisdição".

Caso o réu não conteste a ação, reputar-se-ão verdadeiros os fatos afirmados pelo autor (art. 344, CPC).

Na contestação, as defesas do réu podem ser classificadas em: a) **defesas processuais** e b) **defesas de mérito.**

A **defesa processual** é dirigida contra o processo, devendo ser arguida em preliminar de contestação. São defesas processuais, dentre as enumeradas no art. 337

do CPC, as seguintes: inexistência ou nulidade de citação, incompetência absoluta, incorreção do valor da causa, inépcia da petição inicial, litispendência, coisa julgada, conexão, incapacidade da parte, defeito de representação ou falta de autorização, ausência de legitimidade e interesse processual, falta de caução ou outra prestação que a lei exige como preliminar e ainda a indevida concessão do benefício da gratuidade da justiça. A perempção prevista no inciso IV e a falta de caução, estabelecida no inciso XI, não são aplicáveis no Processo do Trabalho. A convenção de arbitragem (inciso IX) também é inaplicável aos dissídios individuais.

Consoante referido, em preliminar na contestação o réu poderá arguir a ilegitimidade e, nesse caso, deverá indicar o réu legítimo, se souber. O autor, por sua vez, poderá: a) manter-se inerte (entendendo que não tem fundamento); b) promover a substituição (reconhecendo que errou, ou c) poderá ainda incluir o nome indicado como um litisconsorte passivo (arts. 338 e 339, CPC).

A defesa processual classifica-se em **dilatória** ou **peremptória**:

a) Dilatória: é a defesa processual em que não se busca a extinção do processo, mas, apenas, dilatar a solução da causa, sem extinção do processo. É o caso da incompetência absoluta da justiça do trabalho para o julgamento de todos os pedidos (em que se busca a remessa dos autos para o juízo competente) e da conexão e continência (nas quais se busca a reunião de processos). Embora não seja arguida na contestação, a exceção de incompetência também é uma exceção dilatória, uma vez que se acolhida leva à remessa dos autos ao juízo competente.

b) Peremptória: é a defesa processual na qual se busca a extinção do processo, sem resolução do mérito. É o caso das demais preliminares de contestação previstas no art. 301 do CPC e aplicáveis ao Processo do Trabalho.

Por sua vez, a **defesa de mérito** visa a impugnar os pedidos formulados pelo autor, podendo ser **direta** ou **indireta**.

a) Direta: é a defesa de mérito em que o réu nega o fato constitutivo do direito do autor, como, por exemplo, quando o reclamante alega ter direito às horas extras e o reclamado nega que o reclamante tenha laborado em regime de sobrejornada no curso do contrato de trabalho.

b) Indireta: ocorre quando, reconhecendo o fato em que se fundou a ação, outro lhe opuser o réu, impeditivo, modificativo ou extintivo do direito do autor.

Podemos exemplificar os fatos impeditivos, modificativos e extintivos do direito do autor da seguinte maneira:

A alegação de fato impeditivo pelo réu é o que provoca a ineficácia dos fatos arguidos pelo demandante. A título de exemplo podemos mencionar a hipótese em que o reclamante requer o pagamento da indenização compensatória de 40% do FGTS e o reclamado alega que a dispensa ocorreu por justa causa, em função de falta grave cometida pelo trabalhador, sendo a indenização indevida. Trata-se de fato impeditivo do direito do autor.

Já o fato modificativo provoca a alteração dos fatos alegados pelo demandante. Como exemplo podemos citar a reclamação trabalhista em que o reclamante postula os depósitos do FGTS relativos a todo o período do contrato de trabalho e o reclamado demonstra que houve recolhimento parcial dos depósitos fundiários. Neste caso está arguindo um fato modificativo do direito do autor.

Por último, o fato extintivo extingue a obrigação assumida pelo demandado, não podendo mais esta ser exigida do réu. A renúncia, a transação, a decadência e a prescrição são exemplos típicos de fatos extintivos do direito do autor alegados pelo réu.

20.3.1 Prescrição

À luz dos arts. 7.º, XXIX, da CF e 11, I, da CLT, o prazo de prescrição das verbas trabalhistas é de cinco anos, observados dois anos para a propositura da ação, após a extinção do contrato de trabalho. Confira:

> Art. 11 da CLT. A pretensão quanto a créditos resultantes das relações de trabalho prescreve em cinco anos para os trabalhadores urbanos e rurais, até o limite de dois anos após a extinção do contrato de trabalho.
>
> I - (revogado);
>
> II - (revogado).
>
> § 1.º O disposto neste artigo não se aplica às ações que tenham por objeto anotações para fins de prova junto à Previdência Social. (Incluído pela Lei n.º 9.658, de 5.6.1998)
>
> § 2.º Tratando-se de pretensão que envolva pedido de prestações sucessivas decorrente de alteração ou descumprimento do pactuado, a prescrição é total, exceto quando o direito à parcela esteja também assegurado por preceito de lei.
>
> § 3.º A interrupção da prescrição somente ocorrerá pelo ajuizamento de reclamação trabalhista, mesmo que em juízo incompetente, ainda que venha a ser extinta sem resolução do mérito, produzindo efeitos apenas em relação aos pedidos idênticos.

A prescrição quinquenal conta-se retroativamente da data do ajuizamento da ação e não do término do contrato de trabalho, como determina a Súmula 308, I, do TST:

> "SÚMULA 308, TST. PRESCRIÇÃO QUINQUENAL (incorporada a Orientação Jurisprudencial 204 da SBDI-1) - Res. 129/2005, *DJ* 20, 22 e 25.04.2005.
>
> I. Respeitado o biênio subsequente à cessação contratual, a prescrição da ação trabalhista concerne às pretensões imediatamente anteriores a cinco anos, contados da data do ajuizamento da reclamação e, não, às anteriores ao quinquênio da data da extinção do contrato. (ex-OJ 204 da SBDI-1 - inserida em 08.11.2000)

> II. A norma constitucional que ampliou o prazo de prescrição da ação trabalhista para 5 (cinco) anos é de aplicação imediata e não atinge pretensões já alcançadas pela prescrição bienal quando da promulgação da CF/1988. (ex-Súmula 308 – Res. 6/1992, *DJ* 05.11.1992)"

Segundo o art. 11, § 2º, da CLT, tratando-se de pretensão que envolva pedido de prestações sucessivas decorrente de alteração ou descumprimento do pactuado, a prescrição é total, exceto quando o direito à parcela esteja também assegurado por preceito de lei. Observe:

> "Art. 11 da CLT. A pretensão quanto a créditos resultantes das relações de trabalho prescreve em cinco anos para os trabalhadores urbanos e rurais, até o limite de dois anos após a extinção do contrato de trabalho.
>
> (...)
>
> § 2º Tratando-se de pretensão que envolva pedido de prestações sucessivas decorrente de alteração ou descumprimento do pactuado, a prescrição é total, exceto quando o direito à parcela esteja também assegurado por preceito de lei."

No mesmo sentido é a Súmula 294 do TST:

> SÚMULA 294 DO TST. PRESCRIÇÃO. ALTERAÇÃO CONTRATUAL. TRABALHADOR URBANO (mantida) – Res. 121/2003, DJ 19, 20 e 21.11.2003.
>
> Tratando-se de ação que envolva pedido de prestações sucessivas decorrente de alteração do pactuado, a prescrição é total, exceto quando o direito à parcela esteja também assegurado por preceito de lei.

A distinção entre prescrição total e parcial produz-se em função do título jurídico a conferir fundamento e validade à parcela pretendida. Se o título jurídico da parcela está assegurado por norma legal, a *actio nata* incide em cada parcela especificamente lesionada, sendo parcial a prescrição, que é contada do vencimento de cada prestação periódica resultante do direito legalmente protegido. Se a verba foi concedida por instrumento infralegal, seja o regulamento empresarial, seja o contrato, a prescrição é total (Súmula 294, TST).

O prazo de prescrição para todas as parcelas trabalhistas (previstas em lei ou não) é de 5 anos. Ocorre que quando a parcela está prevista em lei o direito renova-se a cada ano, mês, dia ou semana, dependo da verba. Nas parcelas não decorrentes de lei isso não ocorre, contando-se o prazo de prescrição do ato único de supressão ou da alteração da parcela.

Dessa forma, se a parcela está prevista em lei, basta contar os 5 anos da data do ajuizamento da ação. Estarão prescritas as verbas postuladas anteriores aos últimos cinco anos. Isso porque mesmo que a supressão da verba devida tenha ocorrido há mais de 5 anos, o direito foi sendo renovado pela lei. Logo a prescrição é parcial, ou seja, apenas uma parte das verbas estarão prescritas, as anteriores aos últimos cinco anos contados da data do ajuizamento da ação. Esta é também conhecida como prescrição quinquenal.

Por sua vez, quanto à prescrição parcial cumpre destacar que o art. 468 da CLT determina que é ilícita a alteração contratual que traga prejuízo ao empregado. Logo, é legal a alteração ou supressão de parcela não prevista em lei que assegura direito ao empregado. A inércia do exequente em postulá-la leva à prescrição. O prazo de prescrição neste caso é de 5 anos, contados da data da supressão ou da alteração da parcela. Uma vez transcorrido esse prazo, se a parcela não for postulada ocorre a prescrição total, ou seja, toda a parcela estará fulminada pela prescrição. Diversamente das parcelas previstas em lei, esta não se renova ano a ano, mês a mês etc.

Em síntese, para identificar a prescrição parcial (quinquenal), basta contar os 5 anos da data do ajuizamento da ação para trás. As verbas anteriores aos últimos 5 anos estarão prescritas. Para encontrar a prescrição total devem-se contar os 5 anos da data da supressão ou da alteração da parcela não prevista em lei e observar se a ação foi ajuizada após esse prazo. Em caso afirmativo, terá ocorrido a prescrição de toda a parcela.

O Plenário do Supremo Tribunal Federal (recurso extraordinário com agravo (ARE) 709212, com repercussão geral reconhecida) declarou a inconstitucionalidade das normas que previam prazo prescricional de 30 anos para ações relativas a valores não depositados no Fundo de Garantia do Tempo de Serviço (FGTS). O entendimento é o de que o FGTS está expressamente definido na Constituição da República (art. 7.°, inciso XXIX) como direito dos trabalhadores urbanos e rurais e, portanto, deve se sujeitar à prescrição trabalhista, de cinco anos. Assim, se a Constituição regula a matéria, a lei ordinária não poderia tratar o tema de outra forma. De acordo com o ministro relator Gilmar Mendes, o prazo prescricional de 30 anos do art. 23 da Lei 8.036/1990 e do art. 55 do Decreto 99.684/1990, que regulamentam o FGTS, está "em descompasso com a literalidade do texto constitucional e atenta contra a necessidade de certeza e estabilidade nas relações jurídicas". O STF modulou os efeitos da decisão para determinar que nos casos cujo termo inicial da prescrição – ou seja, a ausência de depósito no FGTS – ocorra após a data do julgamento do referido recurso extraordinário, aplica-se, desde logo, o prazo de cinco anos. Para aqueles em que o prazo prescricional já esteja em curso, aplica-se o que ocorrer primeiro: 30 anos, contados do termo inicial, ou cinco anos, a partir do julgamento.

Dessa forma, a Súmula 362 do TST, que previa a prescrição trintenária foi reeditada. Veja a sua redação:

> "SÚMULA 362, TST. FGTS. PRESCRIÇÃO (redação alterada) – Res. 198/2015, republicada em razão de erro material – *DEJT* divulgado em 12, 15 e 16.06.2015.

> I – Para os casos em que a ciência da lesão ocorreu a partir de 13.11.2014, é quinquenal a prescrição do direito de reclamar contra o não recolhimento de contribuição para o FGTS, observado o prazo de dois anos após o término do contrato;
>
> II – Para os casos em que o prazo prescricional já estava em curso em 13.11.2014, aplica-se o prazo prescricional que se consumar primeiro: trinta anos, contados do termo inicial, ou cinco anos, a partir de 13.11.2014 (STF-ARE-709212/DF)".

Como as verbas trabalhistas prescrevem em cinco anos contados da data do ajuizamento da ação, as horas extras postuladas, por exemplo, anteriores aos últimos cinco anos contados da data do ajuizamento da ação, encontram-se prescritas e, como o acessório segue a sorte do principal, o FGTS incidente sobre essas horas extras, que não foram pagas durante a relação contratual e encontram-se prescritas, também está prescrito.

Nesse sentido é a Súmula 206 do TST:

> "SÚMULA 206, TST. FGTS. INCIDÊNCIA SOBRE PARCELAS PRESCRITAS (nova redação) – Res. 121/2003, *DJ* 19, 20 e 21.11.2003. A prescrição da pretensão relativa às parcelas remuneratórias alcança o respectivo recolhimento da contribuição para o FGTS".

O art. 11, § 1.º, da CLT prevê a imprescritibilidade das ações declaratórias quando determina que não se aplicam os prazos prescricionais às ações que objetivem apenas o reconhecimento do vínculo de emprego para fins de anotação da CTPS para fazer prova junto à Previdência. Observe:

> "Art. 11 da CLT. A pretensão quanto a créditos resultantes das relações de trabalho prescreve em cinco anos para os trabalhadores urbanos e rurais, até o limite de dois anos após a extinção do contrato de trabalho.
>
> I – (revogado);
>
> II – (revogado).
>
> § 1.º O disposto neste artigo não se aplica às ações que tenham por objeto anotações para fins de prova junto à Previdência Social." (Incluído pela Lei n.º 9.658, de 5.6.1998)

Entende o TST que, em caso de terceirização, a ação declaratória em que o empregado postula vínculo de emprego com a tomadora dos serviços, se proposta antes do término do contrato de trabalho, tem o condão de interromper a prescrição para futura ação condenatória, em que o reclamante requeira, por exemplo, a sua reintegração. O direito do reclamante de buscar sua reintegração no emprego surge com o trânsito em julgado da decisão proferida na ação declaratória de vínculo de emprego, e não com o término do contrato de trabalho. Vislumbra-se que a tomadora violou o direito do empregado à reintegração apenas depois de reconhecido o vínculo de emprego. Violado o direito, nasce a pretensão e inicia-se a contagem do prazo de prescrição.

Observe a OJ 401 da SDI-1 do TST:

> "OJ 401 da SDI-1. PRESCRIÇÃO. MARCO INICIAL. AÇÃO CONDENATÓRIA. TRÂNSITO EM JULGADO DA AÇÃO DECLARATÓRIA COM MESMA CAUSA DE PEDIR REMOTA AJUIZADA ANTES DA EXTINÇÃO DO CONTRATO DE TRABALHO (*DEJT* divulgado em 02, 03 e 04.08.2010).
>
> O marco inicial da contagem do prazo prescricional para o ajuizamento de ação condenatória, quando advém a dispensa do empregado no curso de ação declaratória que possua a mesma causa de pedir remota, é o trânsito em julgado da decisão proferida na ação declaratória e não a data da extinção do contrato de trabalho".

Élisson Miessa Santos e Henrique Correia[2] enumeram os requisitos para o enquadramento da orientação jurisprudencial:

> "De plano, percebe-se que o fato a ensejar a aplicação dessa orientação é específico, exigindo pelo menos quatro requisitos: 1) terceirização ilícita; 2) ação declaratória ajuizada durante a relação de trabalho, postulando o vínculo direto com a tomadora do serviço; 3) decisão reconhecendo o vínculo com a tomadora; 4) ação condenatória em face da tomadora do serviço".

Para o TST, a mudança de regime jurídico de celetista para estatutário implica extinção do contrato de trabalho, iniciando-se a partir de então o prazo de prescrição bienal. Observe a Súmula 382 do TST:

> "SÚMULA 382, TST. MUDANÇA DE REGIME CELETISTA PARA ESTATUTÁRIO. EXTINÇÃO DO CONTRATO. PRESCRIÇÃO BIENAL (conversão da Orientação Jurisprudencial 128 da SBDI-1) – Res. 129/2005, *DJ* 20, 22 e 25.04.2005. A transferência do regime jurídico de celetista para estatutário implica extinção do contrato de trabalho, fluindo o prazo da prescrição bienal a partir da mudança de regime". (ex-OJ 128 da SBDI-1 – inserida em 20.04.1998)

A petição com pedido de homologação de acordo extrajudicial formulada nos termos dos arts. 855-B a 855-E da CLT suspende o prazo prescricional da ação exclusivamente quanto aos direitos nela especificados, o qual voltará a fluir no dia útil

---

2. SANTOS, Élisson Miessa; CORREIA, Henrique. Súmulas e Orientações Jurisprudenciais do TST organizadas e comentadas. 2. ed. Salvador: Juspodivm, 2012. p. 558.

seguinte ao do trânsito em julgado da decisão que negar a homologação do acordo (art. 855-E, parágrafo único, CLT).

No tocante à interrupção do prazo prescricional, o art. 11, § 3.º da CLT determina que a interrupção da prescrição ocorrerá pelo ajuizamento de reclamação trabalhista, mesmo que em juízo incompetente, ainda que venha a ser extinta sem resolução do mérito.

O TST, em sua Súmula 268, também estabelece que é o ajuizamento da ação que interrompe a prescrição quanto aos pedidos idênticos:

> "SÚMULA 268. PRESCRIÇÃO. INTERRUPÇÃO. AÇÃO TRABALHISTA ARQUIVADA (nova redação) – Res. 121/2003, DJ 19, 20 e 21.11.2003. A ação trabalhista, ainda que arquivada, interrompe a prescrição somente em relação aos pedidos idênticos".

À luz do art. 202 do CC, o ajuizamento da ação interrompe a prescrição apenas uma vez:

> "Art. 202. A interrupção da prescrição, que somente poderá ocorrer uma vez, dar-se-á:"
>
> (...)

O ajuizamento da ação interrompe a prescrição bienal e a quinquenal. A interrupção da prescrição é útil quando a ação ajuizada é extinta sem resolução do mérito, caso em que é possível a propositura de uma nova reclamação trabalhista.

Já a prescrição quinquenal conta-se da data do ajuizamento da primeira reclamação trabalhista. Isso porque o art. 202, parágrafo único do CC preceitua que "a prescrição interrompida recomeça a correr da data do ato que a interrompeu, ou do último ato do processo para a interromper", ou seja, do ajuizamento da primeira ação.

O art. 11-A, *caput* e §§ 1.º e 2.º da CLT torna aplicável ao processo do trabalho a prescrição intercorrente mediante requerimento ou de ofício, de modo que a Súmula 114 do TST, que determina o contrário, deve ser cancelada.

Observe o disposto no art. 11-A, § 1.º, da CLT:

> Art. 11-A. Ocorre a prescrição intercorrente no processo do trabalho no prazo de dois anos.
>
> § 1.º A fluência do prazo prescricional intercorrente inicia-se quando o exequente deixa de cumprir determinação judicial no curso da execução.
>
> § 2.º A declaração da prescrição intercorrente pode ser requerida ou declarada de ofício em qualquer grau de jurisdição.

A prescrição intercorrente conta-se a partir do descumprimento da ordem da determinação judicial feita ao exequente no curso da execução, desde que realizada após 11.11.2017 (art. 2º, IN 41/2018, TST).

Prescrição intercorrente é a perda de um direito pelo decurso do tempo, em razão da inércia da parte, que não toma iniciativa no sentido de praticar atos processuais necessários para a execução da dívida, paralisando o processo, por mais de 2 anos.

Ressalte-se que só há prescrição intercorrente quando o exequente deixar de praticar ato que dependa exclusivamente dele para a continuação da execução.

Será aplicável somente se o exequente preencher dois requisitos cumulativamente:

a) O ato depender exclusivamente para continuação da execução; e

b) O executado for intimado (intimação pessoal) da determinação judicial.

O TST entende que o fluxo da prescrição intercorrente se conta a partir do descumprimento da determinação judicial a que alude o § 1° do art. 11-A da CLT, desde que feita após 11.11. 2017, data em que entrou em vigor a Lei 13.467/2017 (Reforma Trabalhista) (art. 2°, IN 41/2018, TST).

A prescrição intercorrente é frequente na liquidação por procedimento comum, em que a continuação do processo depende do exequente alegar e provar fatos novos (art. 509, II, CPC).

Frise-se, entretanto, que a contagem da prescrição não se inicia de imediato em dois casos: a) quando não localizados bens, ou b) quando não localizado o executado.

O art. 40, *caput* e §§ 2.° e 3.°, da Lei 6.830/1980 e o art. 921, III e §§ 1.° ao 5.°, do CPC determinam que o juiz suspenderá a execução se não localizado o devedor ou encontrados bens sobre os quais possa recair a penhora e nesse período não corre a prescrição.

A suspensão perdurará pelo prazo máximo de 1 ano. Não localizado devedor ou bens penhoráveis o processo será arquivado e iniciará o prazo de prescrição intercorrente de 2 anos.

Encontrados que sejam, a qualquer tempo, o devedor ou os bens, serão desarquivados os autos para prosseguimento da execução.

Ressalte-se que se da decisão que ordenar o arquivamento tiver decorrido o prazo prescricional, o juiz, depois de ouvido o exequente, poderá, de ofício, reconhecer a prescrição intercorrente e decretá-la de imediato (art. 40, § 4.°, Lei 6.830/1980).

Observe o disposto nos art. 40, *caput* e §§ 2.° e 3.°, da Lei 6.830/1980 e no art. 921, III e §§ 1.° ao 5.°, do CPC:

> Art. 40, Lei 6.830/1980. O Juiz suspenderá o curso da execução, enquanto não for localizado o devedor ou encontrados bens sobre os quais possa recair a penhora, e, nesses casos, não correrá o prazo de prescrição.
>
> § 1.° Suspenso o curso da execução, será aberta vista dos autos ao representante judicial da Fazenda Pública.

§ 2.º Decorrido o prazo máximo de 1 (um) ano, sem que seja localizado o devedor ou encontrados bens penhoráveis, o Juiz ordenará o arquivamento dos autos.

§ 3.º Encontrados que sejam, a qualquer tempo, o devedor ou os bens, serão desarquivados os autos para prosseguimento da execução.

§ 4.º Se da decisão que ordenar o arquivamento tiver decorrido o prazo prescricional, o juiz, depois de ouvida a Fazenda Pública, poderá, de ofício, reconhecer a prescrição intercorrente e decretá-la de imediato.

Art. 921. Suspende-se a execução:

(...)

III – quando o executado não possuir bens penhoráveis;

(...)

§ 1.º Na hipótese do inciso III, o juiz suspenderá a execução pelo prazo de 1 (um) ano, durante o qual se suspenderá a prescrição.

§ 2.º Decorrido o prazo máximo de 1 (um) ano sem que seja localizado o executado ou que sejam encontrados bens penhoráveis, o juiz ordenará o arquivamento dos autos.

§ 3.º Os autos serão desarquivados para prosseguimento da execução se a qualquer tempo forem encontrados bens penhoráveis.

§ 4º O termo inicial da prescrição no curso do processo será a ciência da primeira tentativa infrutífera de localização do devedor ou de bens penhoráveis, e será suspensa, por uma única vez, pelo prazo máximo previsto no § 1º deste artigo. (Redação dada pela Lei nº 14.195, de 2021)

§ 4º-A A efetiva citação, intimação do devedor ou constrição de bens penhoráveis interrompe o prazo de prescrição, que não corre pelo tempo necessário à citação e à intimação do devedor, bem como para as formalidades da constrição patrimonial, se necessária, desde que o credor cumpra os prazos previstos na lei processual ou fixados pelo juiz. (Incluído pela Lei nº 14.195, de 2021)

~~§ 5º O juiz, depois de ouvidas as partes, no prazo de 15 (quinze) dias, poderá, de ofício, reconhecer a prescrição de que trata o § 4º e extinguir o processo.~~

§ 5º O juiz, depois de ouvidas as partes, no prazo de 15 (quinze) dias, poderá, de ofício, reconhecer a prescrição no curso do processo e extingui-lo, sem ônus para as partes. (Redação dada pela Lei nº 14.195, de 2021)

§ 6º A alegação de nulidade quanto ao procedimento previsto neste artigo somente será conhecida caso demonstrada a ocorrência de efetivo prejuízo, que será presumido apenas em caso de inexistência da intimação de que trata o § 4º deste artigo. (Incluído pela Lei nº 14.195, de 2021)

§ 7º Aplica-se o disposto neste artigo ao cumprimento de sentença de que trata o art. 523 deste Código. (Incluído pela Lei nº 14.195, de 2021)

Enfim, é importante destacar que somente depois de ouvidas as partes, no prazo de 15 dias, o juiz poderá, de ofício, reconhecer a prescrição intercorrente e extinguir o processo (art. 921, § 5.º, CPC).

20.3.2 Compensação e Retenção

Nos termos do art. 767 da CLT e da Súmula 48 do TST, a compensação e a retenção só podem ser arguidas na contestação.

A **compensação** poderá ocorrer quando reclamante e reclamado forem credores e devedores reciprocamente (art. 368, CC), sendo a dívida de natureza trabalhista (Súmula 18, TST). A compensação não poderá ultrapassar o valor da condenação.

Tendo em vista que no momento da extinção do contrato de trabalho o empregador poderá descontar do valor devido a título de verbas rescisórias no máximo o equivalente a um mês de remuneração (art. 477, § 5.º, CLT), se o ex-empregado ajuizar uma reclamação trabalhista em face do ex-empregador, este poderá requerer, na contestação, a compensação dos valores ainda devidos pelo ex-empregado, desde que não ultrapassem o valor da condenação.

O professor Carlos Henrique Bezerra Leite cita como exemplos de compensação:

> a) aviso-prévio não dado pelo empregado-reclamante que pede a sua demissão (CLT, art. 487, § 2.º); b) prejuízo decorrente de dolo causado pelo empregado-reclamante no curso do contrato de trabalho (CLT, art. 462, § 1.º). Em ambos os casos, a lei faculta ao reclamado pedir ao juiz que autorize a compensação de tais débitos com os eventuais créditos a que o empregador reclamante tenha direito.

Já Christovão Piragibe Tostes Malta afirma que:

> A **retenção** consiste em não devolver a coisa que se retém legitimamente, para compelir-se o proprietário a um pagamento a que está obrigado. Um hotel, por exemplo, pode reter a bagagem de um hóspede para obrigá-lo ao pagamento das despesas da hospedagem. O empregado, vendedor pracista, a quem foi confiado o mostruário da empresa, pode recusar-se a devolvê-lo enquanto o empregador não lhe pagar os salários atrasados.

20.4 RECONVENÇÃO

A reconvenção é uma pretensão do réu contra o autor dentro da mesma relação processual em que está sendo demandado.

A CLT é omissa quanto à reconvenção, por isso aplicam-se subsidiariamente, por força do seu art. 769, os dispositivos do CPC quanto ao tema – art. 343, *caput*, e parágrafos.

Determina o atual Código de Processo Civil que a reconvenção será apresentada na contestação, observados os seguintes requisitos:

a) o juízo deve ser absolutamente competente para ambas as ações, principal e reconvencional;

b) compatibilidade de rito;

c) haver conexão entre a reconvenção, a ação principal ou algum dos fundamentos da defesa. Há conexão entre duas ou mais ações quando lhes for comum o objeto ou a causa de pedir, nos moldes do art. 55 do CPC.

Na reconvenção, que deve ser apresentada na contestação, o reclamado passa a se chamar reclamado-reconvinte e o autor, reclamante-reconvindo.

A reconvenção pode ser proposta contra o autor e terceiro, e também pelo réu em litisconsórcio com terceiro (art. 343, §§ 3.º e 4.º, CPC).

- Caso o autor seja substituto processual, o reconvinte deverá afirmar ser titular de direito em face do substituído, e a reconvenção deverá ser proposta em face do autor, também na qualidade de substituto processual (art. 343, § 5.º, CPC).

Caso não sejam preenchidos todos os requisitos, mas sendo a controvérsia oriunda da relação do trabalho, o reclamado (reconvinte) poderá propor reclamação autônoma na Justiça do Trabalho.

Apresentada a reconvenção em audiência, o juiz deve designar nova audiência para que o autor apresente a sua defesa.

Por fim, o art. 343, § 2.º, do CPC, expõe uma característica importante da reconvenção: a autonomia. A reconvenção não é uma ação acessória, tendo em vista que a desistência da ação principal pelo autor (reconvindo), ou a existência de qualquer outra causa que venha a extinguir a ação principal não obsta o prosseguimento da reconvenção.

À luz do art. 791-A, § 5º, da CLT, são devidos honorários de sucumbência na reconvenção. Não poderia ser diferente, uma vez que a reconvenção é uma outra ação dentro da mesma relação processual.

20.5 IMPUGNAÇÃO AO VALOR DA CAUSA

A impugnação ao valor da causa se qualifica como modalidade de defesa, pelo fato de impugnar requisito da petição inicial, adequando o valor da causa à pretensão econômica postulada, gerando, por consequência, a modificação da base de cálculo das custas judiciais atinentes e honorários advocatícios sucumbenciais.

O reclamado tem interesse na elevação do valor da causa para adequá-lo à pretensão econômica deduzida em juízo, afastando os valores a menor indicados pelo reclamante, uma vez que na hipótese de improcedência o reclamante deverá pagar honorários advocatícios entre o mínimo de 5% e o máximo de 15% do valor da causa, nos termos do art. 791-A da CLT.

O Estado, por sua vez, tem interesse na majoração do valor da causa, pois na hipótese de improcedência as custas serão maiores.

O art. 840, § 1º da CLT determina que é requisito da petição inicial a indicação do valor correspondente a cada pedido. Sendo o valor da causa a somatória de todos os pedidos, este é um requisito da petição inicial.

Se o reclamante não indicar o valor da causa, estará inobservando um dos requisitos da petição inicial previsto nos art. 840, § 1º da CLT e 319 do CPC, caso em que o juiz deverá conceder o prazo de 15 (quinze) dias para que o reclamante emende a petição inicial, sob pena de indeferimento da mesma (art. 321, CPC).

Por outro lado, indicado o valor da causa na inicial, o juiz poderá corrigi-lo, de ofício, quando verificar que não corresponde ao conteúdo patrimonial em discussão ou ao proveito econômico perseguido pelo autor, e o réu poderá impugnar o valor da causa em preliminar de contestação, consoante determinam os arts. 292, § 3.º e 293 do CPC, *in verbis*:

> "Art. 292. O valor da causa constará da petição inicial ou da reconvenção e será:
>
> (...)
>
> § 3.º O juiz corrigirá, de ofício e por arbitramento, o valor da causa quando verificar que não corresponde ao conteúdo patrimonial em discussão ou ao proveito econômico perseguido pelo autor, caso em que se procederá ao recolhimento das custas correspondentes.".
>
> "Art. 293. O réu poderá impugnar, em preliminar da contestação, o valor atribuído à causa pelo autor, sob pena de preclusão, e o juiz decidirá a respeito, impondo, se for o caso, a complementação das custas".

20.6 QUESTÕES

1. (OAB VI – FGV) No processo trabalhista, a compensação ou retenção

(A) só poderá ser arguida como matéria de defesa.

(B) poderá ser arguida em qualquer fase do processo, mesmo na execução definitiva da sentença.

(C) poderá ser arguida em qualquer momento, até que a sentença seja proferida pelo juiz de 1ª instância.

(D) poderá ser arguida em qualquer momento, até que a sentença tenha transitado em julgado.

2. (OAB IX – FGV) Uma das espécies de resposta é a reconvenção, que vem a ser a ação do réu contra o autor no mesmo feito e juízo em que é demandado. Malgrado não estar formalmente previsto na CLT, é pacífico o cabimento da reconvenção nas lides trabalhistas. Das hipóteses abaixo listadas, assinale aquela em que, pela natureza da pretensão deduzida, seria inviável a apresentação de reconvenção na Justiça do Trabalho.

(A) Quando a empresa pretender a condenação do empregado no valor do aviso-prévio por ele não concedido, ao pedir demissão.

(B) Quando a empresa pretender o ressarcimento por dano causado pelo empregado no decorrer do contrato de trabalho.

(C) Quando a empresa pretender a devolução do valor de um curso pago em benefício do empregado e pelo qual o obreiro comprometeu-se a não pedir demissão durante determinado período, o que depois foi descumprido pelo trabalhador.

(D) Quando a empresa pretender a devolução de valor pago pela compra de um bem do seu empregado que, após, verificou possuir vício redibitório.

3. (OAB X – FGV) Em reclamação trabalhista movida contra um município, este não comparece à audiência inaugural. Diante dessa hipótese, assinale a afirmativa correta.

(A) Não se cogita de revelia porque o direito é indisponível.

(B) Aplica-se a revelia contra o ente público.

(C) Não há revelia, mas se aplica a confissão.

(D) O juiz deve designar audiência de instrução, haja vista tratar-se de ente público.

4. (OAB/FGV – XXII EXAME) A sociedade empresária Sanear Conservação e Limpeza Ltda. ajuizou ação de consignação em pagamento em face do ex-empregado Pedro Braga, afirmando que ele se negava a receber as verbas resilitórias a que faria jus. Citado, Pedro Braga apresentou resposta sob a forma de contestação e reconvenção, postulando diversos direitos alegadamente lesados e incluindo no polo passivo a sociedade empresária Réptil Imobiliária, tomadora dos serviços terceirizados do empregado, requerendo dela a responsabilidade subsidiária.

Diante da situação retratada e da norma de regência, assinale a afirmativa correta.

(A) Não é possível, em sede de reconvenção, ajuizar ação contra quem não é parte na lide principal.

(B) A pretensão de Pedro somente se viabilizará se a sociedade empresária Réptil Imobiliária concordar em figurar na reconvenção.

(C) Não há óbice a se incluir na reconvenção pessoa que não figure na lide original.

(D) A Lei processual é omissa a respeito; assim ficará a critério do juiz aceitar a inclusão da sociedade empresária Réptil Imobiliária.

5. (OAB/FGV – XXIV EXAME DE ORDEM) Um empregado de 65 anos foi admitido em 10/05/2011 e dispensado em 10/01/2013. Ajuizou reclamação trabalhista em 05/12/2016, postulando horas extras e informando, na petição inicial, que não haveria prescrição porque apresentara protesto judicial quanto às horas extras em 04/06/2015, conforme documentos que juntou aos autos. Diante da situação retratada, considerando a Lei e o entendimento consolidado do TST, assinale a afirmativa correta.

(A) A prescrição ocorreu graças ao decurso do tempo e à inércia do titular.

(B) A prescrição foi interrompida com o ajuizamento do protesto.

(C) A prescrição ocorreu, porque não cabe protesto judicial na seara trabalhista.

(D) A prescrição não corre para os empregados maiores de 60 anos.

6. (OAB/FGV – XL EXAME DE ORDEM) Jeferson trabalhou em São Paulo de 2018 a 2023, quando foi dispensado sem justa causa e voltou para sua cidade de origem, Fortaleza/CE. Entendendo ter realizado sobrejornada sem receber, Jeferson contratou um advogado na sua cidade que ajuizou reclamação trabalhista distribuída a uma das Varas de Fortaleza/CE requerendo o pagamento de horas extras.

A ex-empregadora foi citada para a audiência, que ocorrerá em quatro meses, mas pretende deslocar o feito para São Paulo, pois foi o único local da prestação de serviços e onde o autor foi contratado. Para tanto, a ex-empregadora o(a) contratou como advogado(a).

Na qualidade de advogado(a) da sociedade empresária, considerando os fatos e o que dispõe a CLT, assinale a afirmativa correta.

(A) A sociedade empresária poderá apresentar a exceção de incompetência territorial até a audiência.

(B) A sociedade empresária deve apresentar a exceção de incompetência territorial em até dez dias corridos, contados da citação.

(B) A sociedade empresária deverá apresentar a exceção de incompetência territorial em cinco dias úteis, contados da citação.

(D) Não se poderá apresentar exceção de incompetência territorial, porque a ação pode ser ajuizada no domicílio do autor, ainda que não coincida com o local da prestação dos serviços.

GABARITO: As respostas destes testes encontram-se no final do livro.

CAPÍTULO 21

PROVAS NO PROCESSO DO TRABALHO

21.1 FASE PROBATÓRIA

A fase probatória está regulamentada na CLT, nos arts. 818 a 830. A legislação trabalhista é bastante sintética no que diz respeito ao tema.

O objeto da prova é demonstrar em juízo a existência ou não de um fato, visando ao convencimento do juiz. Apenas excepcionalmente cabe à parte comprovar o direito municipal, estadual, estrangeiro ou consuetudinário (art. 376, CPC).

À luz do art. 374 do CPC, não dependem de prova os fatos:

> "I - notórios;
>
> II - afirmados por uma parte e confessados pela parte contrária;
>
> III - admitidos no processo como incontroversos; e
>
> IV - em cujo favor milita presunção legal de existência ou de veracidade".

21.2 ÔNUS DA PROVA

O ônus da prova é um encargo atribuído a um sujeito para demonstrar determinadas alegações de fato, sob pena de arcar com a situação de desvantagem advinda da não demonstração do fato.

São destinatários de tais regras: as partes (ônus subjetivo ou formal) e o juiz (ônus objetivo ou material). Às partes, na medida em que as orienta sobre o que lhes cabe comprovar, pois arcarão com as consequências da ausência ou insuficiência da demonstração dos fatos cuja prova lhes cabia. Trata-se, então, de regra de conduta das partes. Por sua vez, também se dirige ao juiz, pois o instituto é igualmente visto como uma regra de julgamento a ser aplicado por ele no momento de proferir a sentença, quando a prova se mostre insuficiente ou inexistente.[1]

Pelo princípio da aquisição processual, as provas pertencem ao processo independentemente de quem as tenha produzido, de modo que, no instante do julgamento, o juiz analisará as provas constantes dos autos em busca dos fatos que restaram comprovados. Caso não esteja convencido quanto à ocorrência de determinados fatos, julgará de acordo com as regras de distribuição do ônus da prova, uma vez que não

1. Daniel Amorim Assumpção. Manual de direito processual civil. 5. ed. Rio de Janeiro: Forense; São Paulo: Método, 2013. p. 420.

se admite que não seja proferida a sentença quando há um *non liquet* (do latim, *non liquere*: "não está claro") em matéria de fato. Assim, se o ônus da prova cabia ao autor e ele não se desincumbiu deste, o pedido será julgado improcedente, ou seja, o autor arcará com as consequências negativas advindas da ausência ou insuficiência de prova. Da mesma forma, se o ônus cabia ao réu e dele este não se desincumbiu, o pedido será julgado procedente.

As regras de distribuição do ônus da prova, por isso, são aplicadas no momento do julgamento. Entretanto, não se deve diminuir a importância de sua função subjetiva, visto que orientam a atividade probatória e a demonstração da verdade.

O art. 818 da CLT prevê a distribuição do ônus da prova nos mesmos moldes do art. 373 do CPC, determinando que cabe ao autor o ônus da prova dos fatos constitutivos de seu direito, e ao réu o ônus da prova dos fatos modificativos, impeditivos ou extintivos do direito do autor. *In verbis*:

> Art. 818. O ônus da prova incumbe:
>
> I – ao reclamante, quanto ao fato constitutivo de seu direito;
>
> II – ao reclamado, quanto à existência de fato impeditivo, modificativo ou extintivo do direito do reclamante.

O art. 818, § 1º, da CLT conferiu ao juiz a distribuição do ônus da prova, consideradas as particularidades do caso concreto, sendo denominada distribuição dinâmica do ônus da prova.

> "Art. 818. (...)
>
> § 1º Nos casos previstos em lei ou diante de peculiaridades da causa relacionadas à impossibilidade ou à excessiva dificuldade de cumprir o encargo nos termos deste artigo ou à maior facilidade de obtenção da prova do fato contrário, poderá o juízo atribuir o ônus da prova de modo diverso, desde que o faça por decisão fundamentada, caso em que deverá dar à parte a oportunidade de se desincumbir do ônus que lhe foi atribuído."

O juiz, de ofício ou a requerimento, poderá distribuir diversamente o ônus da prova nas seguintes hipóteses:

a) na hipótese de impossibilidade ou de excessiva dificuldade de cumprir o encargo nos moldes fixados estaticamente pelo legislador;

b) quando houver maior facilidade de obtenção de prova de modo diverso.

Saliente-se que a distribuição do ônus pode ser realizada a favor do reclamante ou do reclamado, devendo a decisão ser fundamentada, como expressamente determina o § 1.º referido.

A distribuição do ônus da prova pelo juiz já vinha sendo adotada em nosso ordenamento jurídico, e durante muito tempo se discutiu qual o momento para a sua realização. A CLT definiu tal momento.

O art. 818, § 2º da CLT determina que a decisão que determinar a distribuição do ônus da prova deverá ser proferida antes da abertura da instrução e, a requerimento da parte, implicará o adiamento da audiência e possibilitará provar os fatos por qualquer meio em direito admitido:

> Art. 818. (...)
>
> § 2º A decisão referida no § 1º deste artigo deverá ser proferida antes da abertura da instrução e, a requerimento da parte, implicará o adiamento da audiência e possibilitará provar os fatos por qualquer meio em direito admitido.

Frise-se que é nula a decisão que inverte o ônus probatório sem permitir à parte a quem ele foi atribuído desincumbir-se deste, como determina o art. 818, § 3º da CLT:

> Art. 818. (...)
>
> § 3º A decisão referida no § 1º deste artigo não pode gerar situação em que a desincumbência do encargo pela parte seja impossível ou excessivamente difícil.

A distribuição do ônus da prova pelo juiz não pode gerar situação em que a desincumbência do encargo pela parte seja impossível ou excessivamente difícil, ou seja, o juiz não pode distribuir o encargo probatório de modo a tornar a prova diabólica para a parte ex-adversa.

Sob a ótica de Fredie Didier:[2] "Nas hipóteses em que identificada a hipótese de prova diabólica para ambas as partes, não deve haver a utilização da dinamização probatória. Em tal situação deve ser utilizada a regra da inesclarecibilidade, de forma a analisar qual das partes assumiu o risco da situação de dúvida insolúvel, devendo esta ser submetida à decisão desfavorável".

Emora o ônus da prova das horas extras seja do reclamante, o encargo probatório da jornada de trabalho é do empregador quando ele tiver mais de 20 empregados, pois, com fundamento no art. 74, § 2.º da CLT, cabe a ele o registro da jornada, sendo maior a sua aptidão para produzir a prova nesse caso.

Como exemplo também podemos citar a Súmula 443, que atribui ao empregador ônus que seria do empregado. Veja:

> "SÚMULA 443 DO TST. DISPENSA DISCRIMINATÓRIA. PRESUNÇÃO. EMPREGADO PORTADOR DE DOENÇA GRAVE. ESTIGMA OU PRECONCEITO. DIREITO À REINTEGRAÇÃO – Res. 185/2012, DEJT divulgado em 25, 26 e 27.09.2012.

2 Op. cit., p. 126.

> Presume-se discriminatória a despedida de empregado portador do vírus HIV ou de outra doença grave que suscite estigma ou preconceito. Inválido o ato, o empregado tem direito à reintegração no emprego".

Com base no art. 775, § 2º da CLT, ao juízo compete alterar a ordem de produção dos meios de prova, adequando-os às necessidades do conflito de modo a conferir maior efetividade à tutela do direito. O juiz deverá levar em conta a distribuição do ônus da prova no processo para determinar a ordem da produção das provas.

O TST tem diversas súmulas e OJs a respeito da distribuição do ônus da prova.

À luz da Súmula 212 do TST, o ônus de provar o **término do contrato de trabalho**, quando negados a prestação de serviço e o despedimento é do empregador, pois o princípio da continuidade da relação de emprego constitui presunção favorável ao empregado.

As **anotações apostas na CTPS** do empregado pelo empregador geram presunção relativa de veracidade – *juris tantum* –, admitindo prova em contrário (Súmula 12, TST).

Presume-se recebida a **notificação** 48 horas depois de sua postagem. O seu não recebimento ou a entrega após o decurso desse prazo constitui ônus de prova do destinatário (Súmula 16, TST).

O ônus da prova da **jornada de trabalho** delimitada na inicial, em regra, é do empregado, pois esta representa fato constitutivo do direito às horas extras.

Apesar disso, quando o empregador tiver mais de 20 empregados, como tem o dever de manter o controle da jornada dos obreiros (art. 74, § 2º, CLT), deve juntar os cartões de ponto em juízo, sob pena de atrair para si o ônus da prova, presumindo-se verdadeira a jornada descrita na petição inicial.

A presunção de veracidade da jornada de trabalho, ainda que prevista em instrumento normativo, pode ser elidida por prova em contrário. Veja quadro abaixo:

Recte	Rcdo	Número de empregados	Obrigação de juntar cartões	Juntou?	Ônus
Requer HE	Nega	até 20	Não	Não	Recte
Requer HE	Nega	Mais de 20	Sim	Sim	Recte
Requer HE	Nega	Mais de 20	Sim	Não	Recdo
Requer	Nega	Mais de 20	Sim	Sim, porém são britânicos (horários de entrada e saída uniformes) – cartões inválidos.	Recdo

Ressalte-se que o art. 12 da LC 150/2015 estabelece que "é obrigatório o registro do horário de trabalho do empregado doméstico por qualquer meio manual, mecânico ou eletrônico, desde que idôneo". Dessa forma, ainda que o empregador tenha apenas um empregado doméstico é obrigatório o registro dos seus horários de entrada, saída e intervalos. A consequência da ausência do registro ou da anotação de horários uniformes sempre de acordo com a jornada contratual, é a presunção de veracidade da jornada descrita pelo empregado em sua petição inicial, ficando com o empregador o ônus de provar que não é verdadeira.

A decisão que defere horas extras com base em prova oral ou documental não ficará limitada ao tempo por ela abrangido, desde que o julgador fique convencido de que o procedimento questionado superou aquele período (OJ 233, SDI-1, TST). Dessa forma, ainda que a testemunha tenha trabalhado com o autor por apenas um ano, o juiz, convencendo-se de que essa era uma prática comum por parte do empregado, pode deferir horas extras por período superior.

Segundo estabelece a Súmula 6, VIII do TST, é ônus do empregador comprovar os fatos impeditivos, modificativos os extintivos da **equiparação salarial.**

O termo inicial do direito ao **salário-família** coincide com a prova da filiação. Caso seja realizada em juízo, corresponde à data de ajuizamento do pedido, salvo se comprovado que anteriormente o empregador se recusara a receber a respectiva certidão (Súmula 254, TST).

É do empregador o ônus de comprovar que o empregado não satisfaz os requisitos indispensáveis para a concessão do vale-transporte ou que não pretende fazer uso do benefício (Súmula 460, TST).

Por fim, nos termos da Súmula 461 do TST, é do empregador o ônus da prova em relação à regularidade dos depósitos do FGTS, pois o pagamento é fato extintivo do direito do autor.

No que atine à prova da existência ou não da relação de emprego, para a distribuição do ônus da prova, devemos considerar as seguintes situações:

Se o reclamante requerer em juízo o reconhecimento do vínculo de emprego e a reclamada negar a prestação de tais serviços, é do empregado o ônus de provar o fato constitutivo do seu direito;

Se o reclamante requerer em juízo o reconhecimento do vínculo de emprego e a reclamada, na defesa, admitir a prestação de serviços do obreiro, não como empregado, mas como trabalhador autônomo, será do empregador o ônus de comprovar que a relação havida não era de emprego (fato obstativo do direito do autor).

21.3 MEIOS DE PROVA

Na produção de provas, as partes devem se ater a meios legais, moralmente legítimos e formalmente corretos (art. 369, CPC). Não são admissíveis, no Processo do Trabalho, as provas obtidas através de meios ilícitos (art. 5.º, LVI, CF/1988).

21.3.1 Depoimento pessoal e interrogatório

O CPC diferencia o depoimento pessoal e o interrogatório.

O depoimento pessoal é meio de prova que visa o interrogatório da parte, a fim de obter a confissão. Assim, se a parte, pessoalmente intimada para prestar depoimento pessoal e advertida da pena de confesso não comparecer ou, comparecendo, se recusar a depor, o juiz aplicar-lhe-á a pena de confissão. O depoimento pessoal pode ser requerido pela parte ex-adversa ou determinado pelo juiz (art. 385, *caput* e § 1.º, CPC).

Observe o disposto no art. 385, *caput* e § 1.º do CPC:

> Art. 385. Cabe à parte requerer o depoimento pessoal da outra parte, a fim de que esta seja interrogada na audiência de instrução e julgamento, sem prejuízo do poder do juiz de ordená-lo de ofício.
>
> § 1.º Se a parte, pessoalmente intimada para prestar depoimento pessoal e advertida da pena de confesso, não comparecer ou, comparecendo, se recusar a depor, o juiz aplicar-lhe-á a pena.

O interrogatório é determinado pelo juiz, que pode determina-lo a qualquer momento. Tem por objetivo o esclarecimento dos fatos, não produzindo a pena de confissão, à luz do art. 139, VII, do CPC.

> Art. 139. O juiz dirigirá o processo conforme as disposições deste Código, incumbindo-lhe:
>
> (...)
>
> VIII – determinar, a qualquer tempo, o comparecimento pessoal das partes, para inquiri-las sobre os fatos da causa, hipótese em que não incidirá a pena de confesso.

Nos domínios do processo do trabalho a Consolidação das Leis do Trabalho refere-se apenas ao interrogatório, não diferenciando os institutos. Vejamos:

> "Art. 848. Terminada a defesa, seguir-se-á a instrução do processo, podendo o presidente, *ex officio* ou a requerimento de qualquer juiz temporário, interrogar as partes."

Por essa razão, alguns sustentam que não há depoimento pessoal no processo do trabalho. Entretanto esse não é o nosso posicionamento e tão pouco do TST, como se observa na súmula 74, I, do TST:

> SÚMULA 74, I, TST. CONFISSÃO. (atualizada em decorrência do CPC de 2015) – Res. 208/2016, DEJT divulgado em 22, 25 e 26.04.2016.
>
> I – Aplica-se a confissão à parte que, expressamente intimada com aquela cominação, não comparecer à audiência em prosseguimento, na qual deveria depor. (ex-Súmula 74 – RA 69/1978, *DJ* 26.09.1978)

O requerimento de uma das partes para oitiva da parte contrária poderá ser indeferido (de forma fundamentada) pelo juiz, sem que isso, necessariamente, configure cerceio de defesa, o que ocorre quando a sentença se pauta em outras provas constantes dos autos.

O atual diploma processual possibilita que o depoimento pessoal da parte que residir em comarca, seção ou subseção judiciária diversa daquela onde tramita o processo seja colhido por meio de videoconferência ou outro recurso tecnológico de transmissão de sons e imagens em tempo real, o que poderá ocorrer, inclusive, durante a realização da audiência de instrução e julgamento (art. 385, § 3.º, CPC).

Nos termos do art. 775, § 2º da CLT, ao juízo compete alterar a ordem de produção dos meios de prova, adequando-os às necessidades do conflito, de modo a conferir maior efetividade à tutela do direito. O juiz deverá levar em conta a distribuição do ônus da prova no processo para determinar a ordem da produção das provas. Desse modo, se for do reclamante o ônus da prova quanto ao único pedido formulado, o juiz deve determinar que o depoimento pessoal do reclamado preceda ao do reclamante, uma vez que este visa a confissão real.

21.3.2 Prova testemunhal

Trata-se da prova obtida através do relato daquele que possui conhecimento sobre o fato litigioso. Toda pessoa capaz, que não seja impedida ou suspeita e que tenha conhecimento dos fatos, pode ser testemunha (arts. 829, CLT e 447, CPC).

O suspeito ou impedido pode ser ouvido como informante e não prestará o compromisso de dizer a verdade.

Entende o TST que não torna suspeita a testemunha o simples fato de estar litigando ou de ter litigado contra o mesmo empregador (Súmula 357, TST).

No procedimento ordinário, o número máximo de testemunhas é de 3, no sumaríssimo é de 2 e no inquérito judicial para apuração de falta grave é de 6 (arts. 821 e 852-H, § 2.º, CLT).

Para ajudar a memorizar o número de testemunhas por procedimento, apresentamos a ilustração abaixo:

Quanto ao comparecimento das testemunhas, observe o quadro a seguir:

<table>
<tr><th>Procedimento ordinário</th><th>Procedimento sumaríssimo</th></tr>
<tr><td>Arts. 825 e 845 da CLT.</td><td>Art. 852-H, §§ 2.º e 3.º.</td></tr>
<tr><td colspan="2">Nos dois procedimentos as testemunhas devem comparecer em audiência independentemente de intimação.</td></tr>
<tr><td>Se elas não comparecem espontaneamente, o juiz adiará a audiência e determinará a intimação das testemunhas.</td><td>Se as testemunhas não comparecem, o juiz adiará a audiência e determinará a sua intimação, se comprovado o convite.</td></tr>
<tr><td colspan="2">Se mesmo após a intimação elas não comparecerem, o juiz adiará a audiência e determinará a sua condução coercitiva e pagamento de multa.</td></tr>
</table>

No Processo do Trabalho não há exigência de apresentação de **rol** de testemunhas (arts. 825, 845, 852-H, § 2.º, CLT).

Ao início da inquirição, a testemunha prestará o compromisso de dizer a verdade do que souber e lhe for perguntado (art. 458, CPC), sendo ela advertida pelo juiz de que incorrerá em sanção penal caso faça afirmação falsa, se cale ou oculte a verdade (crime de falso testemunho – CP, art. 342).

O art. 793-D da CLT determina que a multa por litigância de má-fé será aplicada à testemunha que alterar a verdade dos fatos ou omitir fatos essenciais ao julgamento da causa, sendo a execução desta nos próprios autos. É imensa a importância deste dispositivo para promover a verdade no processo, uma vez que são raríssimos os casos em que a testemunha foi condenada por faltar com a verdade no processo do trabalho.

Entende o TST que após a colheita da prova oral, a aplicação de multa à testemunha dar-se-á na sentença e será precedida de instauração de incidente mediante o qual o juiz indicará o ponto ou os pontos controvertidos no depoimento, assegurados o contraditório, a defesa, com os meios a ela inerentes, além de possibilitar a retratação (art. 10, parágrafo único, IN 41/2018, TST).

Embora o legislador não tenha previsto a instauração do incidente, o entendimento do TST está em consonância com o princípio do contraditório substancial, que tem 3 vertentes: o direito à informação, o direito de reação e o direito de reação em tempo de influenciar a decisão do juiz.

Quanto ao direito de retratação, não previsto em lei, e assegurado pelo TST, entendemos que está em consonância com o art. 342, § 2º, do CP, que versa sobre o crime de falso testemunho e institui que "o fato deixa de ser punível se, antes da sentença no processo em que ocorreu o ilícito, o agente se retrata ou declara a verdade". O dispositivo aplica-se analogicamente.

O depoimento de uma testemunha **não poderá ser ouvido** pelas demais que tenham de depor no processo (art. 824, CLT). As testemunhas poderão ser indagadas de ofício pelo juiz e, a seguir, reinquiridas pelas partes, por seu intermédio (arts. 820 e 848, § 2.º, CLT).

À luz do art. 775, § 2º, da CLT, ao juízo compete alterar a ordem de produção dos meios de prova, adequando-os às necessidades do conflito, de modo a conferir maior efetividade à tutela do direito. O juiz deverá levar em conta a distribuição do ônus da prova no processo para determinar a ordem da produção das provas.

A declaração em juízo de partes e testemunhas que **não falarem a língua nacional**, bem como de **surdos-mudos** ou **mudos que não saibam escrever**, será realizada por meio de intérprete nomeado pelo juiz. As despesas correrão por conta da parte sucumbente, salvo se beneficiária de justiça gratuita (art. 819, § 2º, CLT).

O documento redigido em língua estrangeira somente poderá ser juntado aos autos quando acompanhado de versão para a língua portuguesa tramitada por via diplomática ou pela autoridade central, ou firmada por tradutor juramentado (art. 192, parágrafo único, CPC).

Seja na condição de parte ou de testemunha, o trabalhador não poderá ter seu dia de trabalho **descontado** em razão de falta para comparecer em audiência (arts. 822, 473, VIII, CLT e Súmula 155, TST).

Se a testemunha for **servidor público** e tiver de depor em horário de expediente, será requisitada ao chefe da repartição a autorização para comparecimento em audiência (art. 823, CLT).

O art. 457 do CPC, aplicável ao Processo do Trabalho, regulamenta a contradita. Estabelece que, antes de depor, a testemunha será qualificada, declarará ou confirmará seus dados e informará se tem relações de parentesco com a parte ou interesse no objeto do processo. É lícito à parte contraditar a testemunha, arguindo-lhe a incapacidade, o impedimento ou a suspeição, bem como, caso a testemunha negue os fatos que lhe são imputados, provar a contradita com documentos ou com testemunhas, até 3 (três), apresentadas no ato e inquiridas separadamente. Sendo provados ou confessados os fatos, o juiz dispensará a testemunha ou lhe tomará o depoimento como informante.

21.3.3 Prova documental

A CLT não sistematizou a prova documental como o Código de Processo Civil. É possível encontrar em alguns de seus arts., de forma desorganizada, menção a documentos. Entre eles, os artigos 777, 780 e 830. Nas questões referentes ao tema em que a CLT for omissa, aplicar-se-á o CPC.

Os documentos devem ser juntados na petição inicial pelo autor e na defesa pelo réu (arts. 787, CLT e 434, CPC).

Na **fase recursal** não é possível juntar documentos, exceto se comprovado o justo impedimento para sua oportuna apresentação ou se referentes a fato posterior à sentença (Súmula 8, TST).

Até o final da instrução, as partes podem juntar documentos novos, sendo permitido o contraditório quando (art. 435, CPC): a) tratar de fatos ocorridos depois dos articulados e b) para contrapô-los aos que foram produzidos nos autos.

O **advogado pode declarar a autenticidade do documento** juntado em cópia para fazer prova no processo, sob sua responsabilidade pessoal. Impugnada a autenticidade da cópia, a parte que a produziu será intimada para apresentar a cópia devidamente autenticada ou o original, cabendo ao serventuário competente proceder à conferência e certificar a conformidade entre esses documentos (art. 830, CLT).

Conforme entendimento da Orientação Jurisprudencial 36 da SDI-I do TST, tratando-se de **documento comum** às partes (uma sentença normativa, por exemplo), cujo conteúdo não seja impugnado, terá validade mesmo que em cópia não autenticada.

Em relação ao **procedimento sumaríssimo**, o art. 852-H, *caput*, e § 1.º da CLT ensina que "todas as provas serão produzidas na audiência de instrução e julgamento, ainda que não requeridas previamente". Sobre os documentos apresentados por uma das partes, manifestar-se-á imediatamente a parte contrária, sem interrupção da audiência, salvo absoluta impossibilidade, a critério do juiz.

Caso uma das partes necessite de documentos que estão em posse da outra parte para provar suas alegações, deverá solicitar ao juiz que determine sua exibição, sob pena de serem considerados verdadeiros os fatos que a parte interessada pretendia provar com tais documentos se o requerido não efetuar a exibição nem fizer nenhuma declaração no prazo de 5 dias ou se a recusa for havida por ilegítima (art. 400, I e II, CPC).

A parte contra quem foi produzida prova documental tem a possibilidade de alegar sua falsidade na contestação, na réplica ou no prazo de 15 dias da intimação da juntada do documento questionado aos autos (art. 430, CPC).

Uma vez arguida, a falsidade será resolvida como questão incidental, salvo se a parte requerer que o juiz a decida como questão principal (art. 430, parágrafo único, CPC).

Depois de ouvida a outra parte em 15 dias, será realizado o exame pericial, salvo se a parte que produziu o documento concordar em retirá-lo (art. 342, CPC).

A declaração sobre a falsidade do documento, quando suscitada como questão principal, constará da parte dispositiva da sentença e sobre ela incidirá também a autoridade da coisa julgada (art. 433, CPC).

21.3.4 Prova pericial

A perícia será realizada quando a prova dos fatos alegados depender de conhecimentos técnicos ou científicos. Pode ser requerida pelas partes ou determinada de ofício pelo juiz.

Pode se constituir em **exame** (de pessoas ou documentos), **vistoria** (imóveis) ou **avaliação** (para apuração de valores) (art. 464, CPC).

A perícia é obrigatória nos casos previstos em lei, como nos adicionais de periculosidade e insalubridade, hipóteses em que ela deverá ser realizada ainda que o réu seja revel e confesso quanto à matéria de fato (art. 195, § 2.º, CLT).

O pagamento de adicional de periculosidade efetuado por mera liberalidade da empresa, ainda que de forma proporcional ao tempo de exposição ao risco ou em percentual inferior ao máximo legalmente previsto, dispensa a realização da prova técnica exigida pelo art. 195 da CLT, pois torna incontroversa a existência do trabalho em condições perigosas (Súmula 453, TST).

A prova pericial também não será produzida quando não for possível a sua realização, como na hipótese de fechamento da empresa, caso em que o juiz poderá julgar utilizando-se de outros meios de prova (OJ 278, SDI-1, TST).

Quanto ao adicional de insalubridade, ressalte-se que o juiz pode deferi-lo por agente diverso do apontado na petição inicial (Súmula 293, TST).

Ela também será produzida, inclusive no procedimento sumaríssimo, quando decorrer de imposição da lei ou se for exigida para a prova do fato (art. 852-H, § 4.º, CLT).

O perito será médico ou engenheiro do trabalho, sem ordem de preferência (art. 195, CLT e OJ 165, SDI-I, TST).

O juiz não fica adstrito ao laudo pericial, podendo formar seu convencimento com base em outros fatos ou elementos provados nos autos, indicando na sentença os motivos que o levaram a considerar ou a deixar de considerar as conclusões do laudo, levando em conta o método utilizado pelo perito (art. 479, CPC).

O juiz nomeia o perito que apresentará o laudo pericial no prazo fixado por este.

Após a nomeação do perito, as partes têm 15 dias para arguir o impedimento ou a suspeição do perito, se for o caso; apresentar **quesitos e indicar assistente técnico** (art. 465, § 1.º, CPC).

O assistente técnico apresentará seu laudo/parecer no mesmo prazo fixado pelo juiz para que o perito apresente o laudo pericial (art. 3.º, Lei 5.584/1970), sob pena de ser desentranhado dos autos.

Quanto ao laudo pericial, **as partes têm o direito de se manifestar**. No procedimento ordinário o prazo será fixado pelo juiz e no sumaríssimo é comum de 5 dias por determinação do art. 852-H, § 6.º, da CLT.

Segundo o art. 790-B, *caput* e § 4.º, da CLT, a responsabilidade pelo pagamento dos honorários periciais é da parte sucumbente na pretensão objeto da perícia, ainda que beneficiária da justiça gratuita. Somente no caso em que o beneficiário da justiça gratuita não tenha obtido em juízo créditos capazes de suportar a despesa referida, ainda que em outro processo, a União responderá pelo encargo. Por isso, ao fixar o valor dos honorários periciais, o juízo deverá respeitar o limite máximo estabelecido pelo Conselho Superior da Justiça do Trabalho (art. 790-B, § 1º, CLT)[3].

O STF, por maioria, julgou parcialmente procedente o pedido formulado na ação direta de inconstitucionalidade nº 5.766, ajuizada pela Procuradoria-Geral da República para declarar inconstitucional o art. 790-B, caput e § 4º, da Consolidação das Leis do Trabalho (CLT).

Determina expressamente o art. 790-B, § 3º, da CLT que "o juízo não poderá exigir adiantamento de valores para realização de perícias".

O mesmo se depreende da OJ 98 da SDI-II/TST, *in verbis*:

> "OJ 98 da SDI-II/TST – MANDADO DE SEGURANÇA. CABÍVEL PARA ATACAR EXIGÊNCIA DE DEPÓSITO PRÉVIO DE HONORÁRIOS PERICIAIS. Inserida em 27.09.2002 (nova redação – *DJ* 22.08.2005)
> É ilegal a exigência de depósito prévio para custeio dos honorários periciais, dada a incompatibilidade com o processo do trabalho, sendo cabível o mandado de segurança visando à realização da perícia, independentemente do depósito".

O juízo poderá deferir parcelamento dos honorários periciais (art. 790-B, § 2º, CLT).

Os honorários do assistente serão de responsabilidade da parte que o indicar, mesmo que seja vencedora no objeto da perícia (Súmula 341, TST).

É ilegal a **exigência de depósito prévio de honorários periciais** na relação de emprego, cabendo mandado de segurança contra o ato do juiz (OJ 98, SDI, II, TST). Já nas relações de trabalho diversas das relações de emprego tal exigência é possível (art. 6.º, IN 27/2005, TST).

É lícito ao juiz determinar, de ofício ou a requerimento da parte, a realização de nova perícia, quando a matéria não lhe parecer suficientemente esclarecida. Terá por objeto os mesmos fatos sobre os quais recaiu a primeira. Destina-se a corrigir eventuais erros ou inexatidões. A segunda não substitui a primeira (art. 480, CPC).

3. Art. 5º, IN 41/2018, TST. O art. 790-B, caput e §§ 1º a 4º, da CLT , não se aplica aos processos iniciados antes de 11 de novembro de 2017, data em que entrou em vigor a Lei 13.467/2017 (Reforma Trabalhista).

21.3.5 Inspeção judicial

A CLT não prevê a inspeção judicial. No entanto, tal meio de prova, previsto no Código de Processo Civil, se mostra compatível com o Processo do Trabalho.

A inspeção judicial poder ser realizada pelo juiz, de ofício ou a requerimento da parte, deslocando-se para o local onde se encontra determinada pessoa ou coisa, com o intuito de esclarecer fato relevante para o julgamento da lide (arts. 481, CPC).

As partes possuem direito de assistir à inspeção, prestando esclarecimentos e fazendo observações que sejam interessantes para a causa (art. 483, parágrafo único, CPC).

Segundo o art. 484 do CPC, concluída a diligência, o juiz mandará lavrar auto circunstanciado, mencionando nele tudo quanto for útil ao julgamento da causa.

21.4 PROVA EMPRESTADA

Prova emprestada é aquela produzida em determinado processo e aproveitada em outro.

O atual Código de Processo Civil prevê expressamente a prova emprestada no art. 372, ressaltando a observância do contraditório e determinando que o juiz atribuirá a ela o valor que considerar adequado:

> "Art. 372. O juiz poderá admitir a utilização de prova produzida em outro processo, atribuindo-lhe o valor que considerar adequado, observado o contraditório".

21.5 ATA NOTARIAL

A ata notarial está prevista no art. 384 do CPC e o seu objetivo é o de documentar ou atestar a existência ou o modo de existir de algum fato mediante ata lavrada por tabelião. Os dados representados por imagem ou som gravados em arquivos eletrônicos poderão constar da ata notarial. Atente-se para o teor do art. 384 do CPC:

> "Art. 384. A existência e o modo de existir de algum fato podem ser atestados ou documentados, a requerimento do interessado, mediante ata lavrada por tabelião.
>
> Parágrafo único. Dados representados por imagem ou som gravados em arquivos eletrônicos poderão constar da ata notarial".

21.6 QUESTÕES

1. (OAB 2010.2 – FGV) Com relação às provas no processo do trabalho, assinale a alternativa correta.

(A) As testemunhas devem ser necessariamente arroladas pelas partes dentro do prazo estabelecido pelo juiz, a fim de que sejam notificadas para comparecimento à audiência.

(B) Cada uma das partes não pode indicar mais de três testemunhas, inclusive nas causas sujeitas ao procedimento sumaríssimo, salvo quando se tratar de inquérito para apuração de falta grave, caso em que este número pode ser elevado a seis.

(C) Na hipótese de deferimento de prova técnica, é vedada às partes a apresentação de peritos assistentes.

(D) Nas causas sujeitas ao procedimento sumaríssimo, somente quando a prova do fato o exigir, ou for legalmente imposta, será deferida prova técnica, incumbindo ao juiz, desde logo, fixar o prazo, o objeto da perícia e nomear perito.

2. (OAB V – FGV) A respeito da prova testemunhal no processo do trabalho, é correto afirmar que:

(A) em se tratando de ação trabalhista pelo rito ordinário ou sumaríssimo, as partes poderão ouvir no máximo três testemunhas cada; sendo inquérito, o número é elevado para seis.

(B) apenas as testemunhas arroladas previamente poderão comparecer à audiência a fim de serem ouvidas.

(C) no processo do trabalho sumaríssimo, a simples ausência da testemunha na audiência enseja a sua condução coercitiva.

(D) as testemunhas comparecerão à audiência independentemente de intimação e, no caso de não comparecimento, serão intimadas ex officio ou a requerimento da parte.

3. (OAB VI – FGV) Cíntia Maria ajuíza reclamação trabalhista em face da empresa Tictac Ltda., postulando o pagamento de horas extraordinárias, aduzindo que sempre labutou no horário das 8h às 19h, de segunda a sexta-feira, sem intervalo intrajornada. A empresa ré oferece contestação, impugnando o horário indicado na inicial, afirmando que a autora sempre laborou no horário das 8h às 17h, com 1 hora de pausa alimentar, asseverando ainda que os controles de ponto que acompanham a defesa não indicam a existência de labor extraordinário. À vista da defesa ofertada e dos controles carreados à resposta do réu, a parte autora, por intermédio de seu advogado, impugna os registros de frequência porque não apresentam qualquer variação no registro de entrada e saída, assim como porque não ostentam sequer a pré-assinalação do intervalo intrajornada. Admitindo-se a veracidade das argumentações do patrono da parte autora e com base na posição do TST acerca da matéria, é correto afirmar que

(A) compete ao empregado o ônus de comprovar o horário de trabalho indicado na inicial, inclusive a supressão do intervalo intrajornada, a teor do disposto no art. 818 da CLT.

(B) diante da impugnação apresentada, inverte-se o ônus probatório, que passa a ser do empregador, prevalecendo o horário da inicial, se dele não se desincumbir por outro meio probatório, inclusive no que se refere à ausência de intervalo intrajornada.

(C) em se tratando de controles de ponto inválidos, ao passo que não demonstram qualquer variação no registro de entrada e saída, não poderá a ré produzir qualquer outra prova capaz de confirmar suas assertivas, porquanto a prova documental é a única capaz de demonstrar a jornada de trabalho cumprida.

(D) diante da impugnação apresentada, inverte-se o ônus probatório, que passa a ser do empregador, prevalecendo o horário da inicial, se dele não se desincumbir, exceto quanto ao intervalo intrajornada, cujo ônus probatório ainda pertence à parte autora.

4. (OAB VI - FGV - DUQUE DE CAXIAS) No Processo do Trabalho, em relação ao ônus da prova, assinale a alternativa correta.

(A) É do empregador quanto à alegação de inexistência de vínculo de emprego, se admitida a prestação de serviços com outra qualidade.

(B) É sempre do empregador nas reclamações versando sobre horas extras.

(C) É sempre da parte que fizer a alegação, não importando o comportamento da parte contrária a respeito.

(D) É sempre do empregador nas reclamações versando sobre equiparação salarial.

5. (OAB VII - FVG) Josenildo da Silva ajuizou reclamação trabalhista em face da empresa Arca de Noé Ltda., postulando o pagamento de verbas resilitórias, em razão de dispensa imotivada; de horas extraordinárias com adicional de 50% (cinquenta por cento); das repercussões devidas em face da percepção das parcelas salariais não contabilizadas e de diferenças decorrentes de equiparação salarial com paradigma por ele apontado. Na defesa, a reclamada alega que, após discussão havida com colega de trabalho, o reclamante não mais retornou à empresa, tendo sido surpreendida com o ajuizamento da ação, que a empresa não submete seus empregados a jornada extraordinária; que jamais pagou qualquer valor ao reclamante que não tivesse sido contabilizado e que não havia identidade de funções entre o autor e o paradigma indicado. Considerando que a ré possui 20 empregados e que não houve a juntada de controles de ponto, assinale a alternativa correta.

(A) Cabe ao reclamante o ônus de provar a dispensa imotivada.

(B) Cabe à reclamada o ônus da prova quanto à diferença entre as funções do equiparando e do paradigma.

(C) Cabe ao reclamante o ônus de provar o trabalho extraordinário.

(D) Cabe à reclamada o ônus da prova no tocante à ausência de pagamento de salário não contabilizado.

6. (OAB VII – FGV) Arlindo dos Santos ajuizou ação trabalhista em face do seu antigo empregador, pleiteando adicional de insalubridade e indenização por danos morais. Nas suas alegações contidas na causa de pedir, Arlindo argumentou que trabalhou permanentemente em contato com produtos químicos altamente tóxicos, o que lhe acarretou, inclusive, problemas de saúde. Em contestação, o réu negou veemente a existência de condições insalubres e, por consequência, a violação do direito fundamental à saúde do empregado, não apenas porque o material utilizado por Arlindo não era tóxico, como também porque ele sempre utilizou equipamento de proteção individual (luvas e máscara). Iniciada a fase instrutória, foi feita prova pericial. Ao examinar o local de trabalho, o perito constatou que o material usado por Arlindo não era tóxico como mencionado por ele na petição inicial. Entretanto, verificou que o autor trabalhou submetido a níveis de ruído muito acima do tolerado e sem a proteção adequada. Assim, por força desse outro agente insalubre não referido na causa de pedir, concluiu que o autor fazia jus ao pagamento do adicional pleiteado com o percentual de 20%. Com base nessa situação concreta, é correto afirmar que o juiz deve julgar

(A) improcedente o pedido de pagamento de adicional de insalubridade, uma vez que está vinculado aos fatos constantes da causa de pedir, tal como descritos pelo autor na petição inicial.

(B) procedente em parte o pedido de pagamento de adicional de insalubridade, concedendo apenas metade do percentual sugerido pelo perito, haja vista a existência de agente insalubre distinto daquele mencionado na causa de pedir.

(C) improcedente o pedido de pagamento de adicional de insalubridade, uma vez que a existência de ruído não é agente insalubre.

(D) procedente o pedido de pagamento de adicional de insalubridade, uma vez que a constatação de agente insalubre distinto do mencionado na causa de pedir e não prejudica o pedido respectivo.

7. (OAB XI – FGV – questão adaptada) Após trabalhar como empregado durante 6 meses, Paulo ajuizou reclamação trabalhista em face de sua ex-empregadora, a empresa Alfa Beta LTDA., pretendendo horas extras, nulidade do pedido de demissão por coação, além de adicional de insalubridade. Na primeira audiência o feito foi contestado, negando a ré o trabalho extraordinário, a coação e a atividade insalubre. Foram juntados controles de ponto e carta de próprio punho de Paulo pedindo demissão, documentos estes que foram impugnados pelo autor. Não foi produzida a prova técnica (perícia). Para a audiência em prosseguimento, as partes estavam intimadas pessoalmente para depoimentos pessoais, sob pena de confissão, mas não compareceram, estando presentes apenas os advogados. Declarando as partes que não têm outras provas a produzir, o Juiz encerrou a instrução, seguindo o processo concluso para sentença. Com base nestas considerações, analise a distribuição do ônus da prova e assinale a afirmativa correta.

(A) A ausência das partes gera a confissão ficta recíproca, devendo ser aplicada a regra de que para os fatos constitutivos cabe o ônus da prova ao autor, e para os extintivos, modificativos e impeditivos, o ônus será do réu. Assim, todos os pedidos deverão ser julgados improcedentes.

(B) Não há confissão em razão da presença dos advogados. Mas não havendo outras provas, os pedidos deverão ser julgados improcedentes.

(C) Em razão da confissão, presumem-se verdadeiros os fatos alegados. Tal aliado ao princípio da proteção ao hipossuficiente leva à presunção de que Paulo foi coagido a pedir demissão, trabalhava extraordinariamente e faz jus ao adicional de insalubridade. Logo, os pedidos procedem.

(D) Em razão da confissão, os pedidos de horas extras e nulidade do pedido de demissão procedem. Porém, improcede o de adicional de insalubridade, pois necessária a prova pericial para configurar o grau de insalubridade. Logo, este pleito improcede.

8. (OAB XII – FGV) Carlos Alberto foi caixa numa instituição bancária e ajuizou reclamação trabalhista, postulando o pagamento de horas extras, já que em uma das agências, na qual trabalhou por dois anos, cumpria jornada superior à legal. Em contestação, foram apresentados os controles, que não continham sobrejornada, e por essa razão foram expressamente impugnados pelo acionante. Na instrução, o banco não produziu prova, mas Carlos Alberto conduziu uma testemunha que com ele trabalhou sete meses na agência em questão e ratificou a jornada mais extensa declarada na petição inicial.

Diante desta situação e de acordo com o entendimento consolidado do TST, assinale a afirmativa correta.

(A) Uma vez que a testemunha trabalhou com o autor somente sete meses, este é o limite de tempo que limitará eventual condenação.

(B) Se o juiz se convencer, pela prova testemunhal, que a sobrejornada ocorreu nos dois anos, poderá deferir as horas extras em todo o período.

(C) Uma vez que a testemunha trabalhou com o autor em período inferior à metade do tempo questionado, não poderá ser fator de convencimento acerca da jornada.

(D) Considerando que os controles foram juntados, uma única testemunha não poderia servir de prova da jornada cumprida.

9. (OAB XIV – FGV) Sandro Vieira ajuizou reclamação trabalhista contra a empresa Trianon Bebidas e Energéticos Ltda. pleiteando o pagamento de horas extras, pois alegou trabalhar de 2ª feira a sábado, das 9h às 19h, com intervalo de uma hora para refeição. Em defesa, a ré negou a jornada descrita na petição inicial, mas não juntou os controles de ponto. Em audiência, ao ser interrogado, o preposto informou que a ré possuía 28 empregados no estabelecimento.

Diante da situação retratada, e considerando o entendimento consolidado do TST, assinale a opção correta.

(A) Aplica-se a pena de confissão pela ausência de juntada dos controles, sendo então considerada verdadeira a jornada da petição inicial, na qual o juiz irá se basear na condenação de horas extras.

(B) Haverá inversão do ônus da prova, que passará a ser da empresa, prevalecendo a jornada da inicial se dele não se desincumbir com sucesso.

(C) Diante do impasse, e considerando que, com menos de 30 empregados, a empresa não é obrigada a manter controle escrito dos horários de entrada e saída dos empregados, o juiz decidirá a quem competirá o ônus da prova.

(D) A falta de controle quando a empresa possui mais de 20 empregados é situação juridicamente imperdoável, o que autoriza o indeferimento da oitiva das testemunhas da empresa porventura presentes à audiência.

10. (OAB XV – FGV) Simone, ré em uma demanda trabalhista ajuizada por sua ex-empregada doméstica, em audiência una requereu ao juiz o adiamento para juntada de documento suplementar, que não conseguiu obter, pois se referia ao depoimento prestado pela ora autora em outro processo como testemunha, no qual confessava nunca haver laborado em horário extraordinário. O documento não foi obtido por Simone, pois, logo após a audiência daquele processo, os autos seguiram para conclusão, sem que fosse permitido a ela o acesso ao depoimento. O juiz da causa ora em audiência indeferiu o adiamento requerido por Simone, e, ao sentenciar, condenou a ao pagamento de horas extras. No prazo de recurso ordinário, Simone finalmente teve acesso ao documento que comprovava a inexistência do labor extraordinário.

Diante da situação apresentada, assinale a afirmativa correta.

(A) Simone poderá juntar o documento no recurso ordinário.

(B) Não cabe juntada do documento em recurso ordinário.

(C) Precluiu a possibilidade de produção da prova documental por Simone.

(D) Simone só poderia juntar o documento em embargos de declaração.

11. (OAB XIX – FGV) José ajuizou reclamação trabalhista em face da sociedade empresária ABCD Ltda., requerendo horas extras. A sociedade empresária apresentou contestação negando as horas extras e juntou os cartões de ponto, os quais continham horários variados de entrada e saída, marcados por meio de relógio de ponto. O advogado do autor impugnou a documentação. Com base no caso apresentado, assinale a afirmativa correta.

(A) Na qualidade de advogado do autor, você não precisará produzir qualquer outra prova, pois já impugnou a documentação.

(B) Na qualidade de advogado da ré, você deverá produzir prova testemunhal, já que a documentação foi impugnada.

(C) Na qualidade de advogado do autor, o ônus da prova será do seu cliente, razão pela qual você deverá produzir outros meios de prova em razão da sua impugnação à documentação.

(D) Dada a variação de horários nos documentos, presumem-se os mesmos inválidos diante da impugnação, razão pela qual só caberá o ônus da prova à empresa ré.

12. (OAB XVIII – FGV) Marcos ajuizou reclamação trabalhista em face de sua ex-empregadora, a sociedade empresária Cardinal Roupas Ltda., afirmando ter sofrido acidente do trabalho (doença profissional). Em razão disso, requereu indenização por danos material e moral. Foi determinada a realização de perícia, que concluiu pela ausência de nexo causal entre o problema sofrido e as condições ambientais. Na audiência de instrução, foram ouvidas cinco testemunhas e colhidos os depoimentos pessoais. Com base na prova oral, o juiz se convenceu de que havia o nexo causal e os demais requisitos para a responsabilidade civil, pelo que deferiu o pedido. Diante da situação retratada, e em relação aos honorários periciais, assinale a afirmativa correta.

(A) O trabalhador sucumbiu no objeto da perícia feita pelo expert, de modo que pagará os honorários.

(B) Uma vez que a perícia não identificou o nexo causal, mas o juiz, sim, os honorários serão rateados entre as partes.

(C) A empresa pagará os honorários, pois foi sucumbente na pretensão objeto da perícia.

(D) Não havendo disposição a respeito, ficará a critério do juiz, com liberdade, determinar quem pagará os honorários.

13. (OAB XVIII - FGV) A empresa XPTO Ltda., necessitando dispensar empregado estável, ajuizou inquérito para apuração de falta grave em face de seu empregado. No dia da audiência, a empresa apresentou seis testemunhas, protestando pela oitiva de todas. O empregado apresentou três testemunhas, afirmando ser este o limite na Justiça do Trabalho. Assinale a alternativa que mostra qual advogado agiu da forma determinada na CLT.

(A) O advogado da empresa agiu corretamente, pois trata-se de inquérito para apuração de falta grave.

(B) O juiz determinou que a empresa dispensasse três das seis testemunhas, pois é necessário o equilíbrio com a outra parte. Logo, ambos os advogados agiram corretamente, levando o número de testemunhas que entendiam cabível.

(C) O advogado do empregado está correto, pois o limite de testemunhas para o processo de rito ordinário é de três para cada parte.

(D) Os dois advogados se equivocaram, pois o limite legal é de três por processo no rito ordinário, sendo as testemunhas do juízo.

14. (OAB XVII - FGV) A papelaria Monte Fino Ltda. foi condenada numa reclamação trabalhista movida pelo ex-empregado Sérgio Silva. Uma das parcelas reivindicadas e deferidas foi o 13.º salário, que a sociedade empresária insistia haver pago, mas não tinha o recibo em mãos porque houve um assalto na sociedade empresária, quando os bandidos levaram o cofre, as matérias-primas e todos os arquivos com a contabilidade e os documentos da sociedade empresária. Recuperados os arquivos pela polícia, agora, no momento do recurso, a Monte Fino Ltda. pretende juntar o recibo provando o pagamento, inclusive porque a sentença nada mencionou acerca da possível dedução de valores pagos sob o mesmo título. De acordo com o caso apresentado e o entendimento jurisprudencial consolidado, assinale a afirmativa correta.

(A) É possível a juntada do documento no caso concreto, porque provado o justo impedimento para sua oportuna apresentação.

(B) O momento de apresentação da prova documental já se esgotou, não sendo possível fazê-lo em sede de recurso.

(C) Pelo princípio da primazia da realidade, qualquer documento pode ser apresentado com sucesso em qualquer grau de jurisdição, inclusive na fase de execução, independentemente de justificativa.

(D) Há preclusão, e o juiz não pode aceitar a produção da prova em razão do princípio da proteção, pois isso diminuiria a condenação.

15. (OAB XXI EXAME – FGV) Em pedido de reenquadramento formulado em reclamação trabalhista, foi designada perícia, com honorários adiantados pelo autor, e ambas as partes indicaram assistentes técnicos. Após a análise das provas, o pedido foi julgado procedente. Diante da situação, da legislação em vigor e do entendimento consolidado do TST, assinale a afirmativa correta.

(A) O autor, tendo se sagrado vencedor, será ressarcido pelos honorários pagos ao perito e ao seu assistente técnico.

(B) O autor não terá o ressarcimento dos honorários que pagou ao seu assistente técnico, porque sua indicação é faculdade da parte.

(C) O autor, segundo previsão da CLT, terá o ressarcimento integral dos honorários pagos ao perito e metade daquilo pago ao seu assistente técnico.

(D) O juiz, inexistindo previsão legal ou jurisprudencial, deverá decidir se os honorários do assistente técnico da parte serão ressarcidos.

16. (OAB XXI EXAME – FGV) Um empregado ajuizou reclamação trabalhista postulando o pagamento de vale transporte, jamais concedido durante o contrato de trabalho, bem como o FGTS não depositado durante o pacto laboral.

Em contestação, a sociedade empresária advogou que, em relação ao vale transporte, o empregado não satisfazia os requisitos indispensáveis para a concessão; no tocante ao FGTS, disse que os depósitos estavam regulares.

Em relação à distribuição do ônus da prova, diante desse panorama processual e do entendimento consolidado pelo TST, assinale a afirmativa correta.

(A) O ônus da prova, em relação ao vale transporte, caberá ao reclamante e, no tocante ao FGTS, à reclamada

(B) O ônus da prova para ambos os pedidos, diante das alegações, será do reclamante.

(C) O ônus da prova, em relação ao vale transporte, caberá ao reclamado e, no tocante ao FGTS, ao reclamante.

(D) O ônus da prova para ambos os pedidos, diante das alegações, será da sociedade empresária.

17. (OAB/FGV – XXIII EXAME DE ORDEM) Rômulo ajuizou ação trabalhista em face de sua ex-empregadora, a empresa Análise Eletrônica Ltda. Dentre outros pedidos, pretendeu indenização por horas extras trabalhadas e não pagas, férias vencidas não gozadas, nem pagas, e adicional de periculosidade. Na audiência, foi requerida e deferida a perícia, a qual foi custeada por Rômulo, que se sagrou vitorioso no respectivo pedido. Contudo, os pedidos de horas extras e férias foram julgados improcedentes. Rômulo também indicou e custeou assistente técnico, que cobrou o mesmo valor de honorários que o perito do juízo. Observados os dados acima e o disposto na CLT, na qualidade de advogado(a) que irá orientar Rômulo acerca do custeio dos honorários periciais e do assistente técnico, assinale a afirmativa correta.

(A) Tendo Rômulo sido vitorioso no objeto da perícia, não há que se falar em pagamento de honorários periciais e do assistente técnico, pois a ré os custeará.

(B) Independentemente do resultado no objeto da perícia, como ao final o rol de pedidos foi parcialmente procedente, Rômulo custeará os honorários periciais e do assistente técnico.

(C) Em virtude da aplicação do princípio da celeridade, descabe a indicação de assistente técnico no processo do trabalho, não cabendo a aplicação subsidiária do CPC nesse mister.

(D) Tendo Rômulo sido vitorioso no objeto da perícia, os honorários periciais serão custeados pela parte sucumbente no seu objeto, porém os honorários do assistente técnico serão de responsabilidade da parte que o indicou.

18. (OAB/FGV – XXIV EXAME DE ORDEM – questão adaptada) Jorge trabalhou em uma sociedade empresária francesa, no Brasil. Entendendo que o valor das horas extras não lhe havia sido pago corretamente, ajuizou ação trabalhista. Como impugnara os controles de horário, necessitou apresentar prova testemunhal, porém, sua única testemunha, apesar de trabalhar a seu lado, não fala português. Diante disso, Jorge requereu ao juiz a nomeação de um intérprete. Nesse caso, nada mais estando em discussão no processo, assinale a opção que indica a quem caberá o custeio dos honorários do intérprete.

(A) A parte sucumbente, salvo se beneficiária de justiça gratuita.

(B) À União, porque Jorge é autor da ação.

(C) Ao réu, já que era empregador de Jorge e da testemunha, que era de nacionalidade igual à da sociedade empresária.

(D) O depoimento ocorrerá fora do processo, por tradutor juramentado, custeado pela parte requerente, que depois deverá juntá-lo ao processo.

19. (OAB/FGV – XXIV EXAME DE ORDEM) Rodolfo Alencar ajuizou reclamação trabalhista em desfavor da sociedade empresária Sabonete Silvestre Ltda. Em síntese, ele afirma que cumpria longa jornada de trabalho, mas que não recebia as horas extras integralmente. A defesa nega o fato e advoga que toda a sobrejornada foi escorreitamente paga, nada mais sendo devido ao reclamante no particular. Na audiência designada, cada parte conduziu duas testemunhas, que começaram a ser ouvidas pelo juiz, começando pelas do autor. Após o magistrado fazer as perguntas que desejava, abriu oportunidade para que os advogados fizessem indagações, e o patrono do autor passou a fazer suas perguntas diretamente à testemunha, contra o que se opôs o juiz, afirmando que as perguntas deveriam ser feitas a ele, que, em seguida, perguntaria à testemunha. Diante do incidente instalado e de acordo com o regramento da CLT, assinale a afirmativa correta.

(A) Correto o advogado, pois, de acordo com o CPC, o advogado fará perguntas diretamente à testemunha.

(B) A CLT não tem dispositivo próprio, daí por que poderia ser admitido tanto o sistema direto quanto o indireto.

(C) A CLT determina que o sistema seja híbrido, intercalando perguntas feitas diretamente pelo advogado, com indagações realizadas pelo juiz.

(D) Correto o magistrado, pois a CLT determina que o sistema seja indireto ou presidencial.

20. (OAB/FGV – XXXIX EXAME DE ORDEM) Em uma reclamação trabalhista na qual o reclamante postula apenas o pagamento das verbas devidas pela extinção do contrato, a sociedade empresária alegou em sua defesa que nada seria devido porque o ex-empregado praticou uma falta grave e, por isso, foi dispensado por justa causa.

Na audiência de instrução, cada parte conduziu duas testemunhas e, após ouvir os depoimentos pessoais, e considerando a tese da contestação, o juiz decidiu ouvir primeiramente as testemunhas do reclamado e após as do reclamante.

Diante dos fatos e da previsão contida na CLT, assinale a afirmativa correta.

(A) Errou o juiz, pois de acordo com a CLT as testemunhas do reclamante devem ser ouvidas antes daquelas conduzidas pelo reclamado, haja vista o direito de defesa.

(B) Uma vez que a CLT não dispõe sobre a ordem de produção das provas, fica a critério do magistrado a definição, inclusive a ordem de produção da prova oral e a quantidade de testemunhas admitidas.

(C) O juiz tem o poder de alterar a ordem de realização das provas, inclusive a oitiva das testemunhas, tendo em vista as alegações das partes e adequando-as às necessidades do conflito.

(D) A forma realizada pelo magistrado nulificou a produção das provas e a sentença, que poderá ser anulada para que a instrução seja refeita com renovação das provas na ordem correta.

GABARITO: As respostas destes testes encontram-se no final do livro.

CAPÍTULO

22

SENTENÇA E COISA JULGADA

22.1 CONCEITO E CARACTERÍSTICAS

O art. 203, § 1.º, do CPC define sentença como o pronunciamento por meio do qual o juiz, com fundamento nos arts. 485 e 487, põe fim à fase cognitiva do procedimento comum, bem como extingue a execução.

A sentença é formada por relatório, fundamentação e parte dispositiva (arts. 832, CLT e 489, CPC).

Relatório: identifica as partes, apresenta o objeto da lide e resume as principais ocorrências processuais. Objetiva também demonstrar que o juiz analisou todo o processo. No procedimento sumaríssimo, o relatório é dispensável (art. 852-I, CLT). Com exceção desta hipótese, sentença sem relatório é nula.

Fundamentação: mostra a motivação do julgador.

Dispositivo: preceito no qual o juiz acolhe, rejeita os pedidos ou extingue o processo sem resolução do mérito. A sentença sem dispositivo é inexistente.

Não se considera fundamentada a sentença nas hipóteses do art. 489, § 1.º, do CPC:

> Art. 489. São elementos essenciais da sentença:
>
> (...)
>
> § 1.º Não se considera fundamentada qualquer decisão judicial, seja ela interlocutória, sentença ou acórdão, que:
>
> I – se limitar à indicação, à reprodução ou à paráfrase de ato normativo, sem explicar sua relação com a causa ou a questão decidida;
>
> II – empregar conceitos jurídicos indeterminados, sem explicar o motivo concreto de sua incidência no caso;
>
> III – invocar motivos que se prestariam a justificar qualquer outra decisão;
>
> IV – não enfrentar todos os argumentos deduzidos no processo capazes de, em tese, infirmar a conclusão adotada pelo julgador;
>
> V – se limitar a invocar precedente ou enunciado de súmula, sem identificar seus fundamentos determinantes nem demonstrar que o caso sob julgamento se ajusta àqueles fundamentos;
>
> VI – deixar de seguir enunciado de súmula, jurisprudência ou precedente invocado pela parte, sem demonstrar a existência de distinção no caso em julgamento ou a superação do entendimento.
>
> (...)

No procedimento sumaríssimo, a sentença mencionará os elementos de convicção do juiz, com resumo dos fatos relevantes ocorridos em audiência, sendo dispensado o relatório (art. 852, I, CLT).

As sentenças podem ser terminativas ou definitivas:

Terminativa: provimento judicial que resolve o procedimento no primeiro grau de jurisdição sem apreciar o mérito. Ocorre em todas as hipóteses do art. 485 do CPC.

Definitiva: provimento judicial que, apreciando e resolvendo o mérito da demanda, pode implicar a extinção do procedimento em primeiro grau de jurisdição. Ocorre em todas as hipóteses do art. 487 do CPC.

A sentença deverá apresentar ainda:

a) prazo e condições para o seu cumprimento (art. 832, § 1.º, CLT);

b) valor das custas processuais a serem pagas pelo vencido (art. 832, § 2.º, CLT);

c) valor provisoriamente arbitrado à condenação (art. 789, § 2º, CLT);

d) nas decisões cognitivas ou homologatórias o juiz deverá discriminar a natureza jurídica das parcelas e instituirá o limite de responsabilidade de cada uma das partes pelo recolhimento das contribuições previdenciárias, se for o caso (art. 832, § 3.º, CLT).

Os juros de mora incidem sobre o valor da condenação já corrigida monetariamente (Súmula 200, TST). Ambos incluem-se na liquidação ainda que omisso o pedido inicial ou a condenação (art. 322, § 1.º, CPC e Súmula 211, TST). Trata-se de pedidos implícitos.

A atualização dos créditos decorrentes de condenação judicial será feita pela variação do IPCA-E, ou por índice que venha substituí-lo, calculado pelo IBGE, que deverá ser aplicado de forma uniforme por todo o prazo decorrido entre a condenação e o cumprimento da sentença (art. 897, § 7º, CLT).

Os honorários também são pedidos implícitos, uma vez que o art. 322, § 1.º do CPC determina que "compreendem-se no principal os juros legais, a correção monetária e as verbas de sucumbência, inclusive os honorários advocatícios. Logo, o juiz pode deferir os honorários ainda que não haja pedido, não podendo, entretanto, incluí-los nos cálculos de sem que tenham sido objeto da decisão.

Caso a decisão seja omissa quanto ao direito aos honorários ou ao seu valor, desafia embargos de declaração para que seja sanada a omissão. Contudo, se a decisão transitar em julgado, é cabível ação autônoma para sua definição e cobrança, nos termos do art. 85, § 18 do CPC, que se aplica no Processo do Trabalho.

A decisão judicial transitada em julgado poderá ser levada a protesto, gerar inscrição do nome do executado em órgãos de proteção ao crédito ou no Banco Nacional de Devedores Trabalhistas (BNDT), nas condições da lei, depois de transcorrido o prazo de quarenta e cinco dias a contar da citação do executado, se não houver garantia do juízo (art. 883-A, CLT)[1].

---

1. Art. 15, IN 41/2018, TST. O prazo previsto no art. 883-A da CLT, para as medidas de execução indireta nele especificadas, aplica-se somente às execuções iniciadas a partir de 11 de novembro de 2017.

22.2 PUBLICAÇÃO DA SENTENÇA

A intimação da sentença ocorre na audiência em que foi proferida. O **réu revel** deverá ser intimado via postal com aviso de recebimento (art. 852, CLT).

A ata da audiência de julgamento deve ser juntada ao processo no prazo de 48 horas (art. 851, § 2.º, CLT). Caso este não seja observado, o prazo do recurso será contado a partir da data que for recebida a intimação da sentença pela parte (Súmula 30, TST).

O juiz cumpre e exaure seu dever jurisdicional com a prolação da sentença, que somente poderá ser modificada mediante recurso. Tratando-se de erros materiais da sentença, estes poderão ser corrigidos a requerimento da parte ou da Procuradoria da Justiça do Trabalho, ou mesmo de ofício pelo juiz, desde que a execução ainda não tenha sido iniciada (arts. 833 e 897-A, § 1.º, CLT).

22.3 SENTENÇA DE IMPROCEDÊNCIA LIMINAR DO PEDIDO

O art. 332 do Código de Processo Civil prevê as hipóteses de improcedência liminar do pedido e aplica-se ao Processo do Trabalho, como determina o TST na IN 39/2016:

> "Art. 332. Nas causas que dispensem a fase instrutória, o juiz, independentemente da citação do réu, julgará liminarmente improcedente o pedido que contrariar:
>
> I – enunciado de súmula do Supremo Tribunal Federal ou do Superior Tribunal de Justiça;
>
> II – acórdão proferido pelo Supremo Tribunal Federal ou pelo Superior Tribunal de Justiça em julgamento de recursos repetitivos;
>
> III – entendimento firmado em incidente de resolução de demandas repetitivas ou de assunção de competência;
>
> IV – enunciado de súmula de tribunal de justiça sobre direito local.
>
> § 1.º O juiz também poderá julgar liminarmente improcedente o pedido se verificar, desde logo, a ocorrência de decadência ou de prescrição.
>
> § 2.º Não interposta a apelação, o réu será intimado do trânsito em julgado da sentença, nos termos do art. 241".

No âmbito do processo do trabalho, encontramos espaço para a aplicação subsidiária da regra agora prevista no art. 332 do CPC. Em verdade, tal dispositivo prestigia o princípio da celeridade e economia processual, evitando-se a utilização desnecessária e onerosa da já sobrecarregada máquina judiciária laboral para processamento de ações cujo posicionamento quanto ao mérito pelo juízo já tenha sido expressivamente manifestado em julgados anteriores.

O TST, entretanto, na IN 39/2016 esclarece que o art. 332 do CPC deverá ser aplicado ao Processo do Trabalho com as seguintes adaptações:

> "Art. 7.º Aplicam-se ao Processo do Trabalho as normas do art. 332 do CPC, com as necessárias adaptações à legislação processual trabalhista, cumprindo ao juiz do trabalho julgar liminarmente improcedente o pedido que contrariar:
>
> I – enunciado de súmula do Supremo Tribunal Federal ou do Tribunal Superior do Trabalho (CPC, art. 927, inciso V);
>
> II – acórdão proferido pelo Supremo Tribunal Federal ou pelo Tribunal Superior do Trabalho em julgamento de recursos repetitivos (CLT, art. 896-B; CPC, art. 1046, § 4º);
>
> III – entendimento firmado em incidente de resolução de demandas repetitivas ou de assunção de competência;
>
> IV – enunciado de súmula de Tribunal Regional do Trabalho sobre direito local, convenção coletiva de trabalho, acordo coletivo de trabalho, sentença normativa ou regulamento empresarial de observância obrigatória em área territorial que não exceda à jurisdição do respectivo Tribunal (CLT, art. 896, "b", a *contrario sensu*).
>
> Parágrafo único. O juiz também poderá julgar liminarmente improcedente o pedido se verificar, desde logo, a ocorrência de decadência."

22.4 JULGAMENTO ANTECIPADO PARCIAL DO MÉRITO

O julgamento antecipado parcial do mérito está previsto no art. 356 do CPC, o qual se aplica ao Processo do Trabalho, com exceção do quinto parágrafo, como determina o TST, na IN 39/2016, que versa sobre as normas do Código de Processo Civil de 2015 aplicáveis e inaplicáveis na seara processual trabalhista.

O juiz decidirá parcialmente o mérito quando um ou mais dos pedidos formulados ou parcela deles:

> I – mostrar-se incontroverso;
>
> II – estiver em condições de imediato julgamento, nos termos do art. 355 do CPC, ou seja: a) não houver necessidade de produção de outras provas; ou b) se o réu for revel e sofrer o efeito de se considerarem verdadeiros os fatos alegados pela parte reclamante e não houver requerimento de prova (art. 356, *caput*, CPC).

A decisão que julgar parcialmente o mérito poderá reconhecer a existência de obrigação líquida ou ilíquida (art. 356, § 1.º, CPC).

A parte poderá liquidar ou executar, desde logo, a obrigação reconhecida na decisão que julgar parcialmente o mérito, independentemente de caução, ainda que haja recurso contra essa interposto. Nesse caso, se houver trânsito em julgado da decisão, a execução será definitiva (art. 356, §§ 2.º e 3.º, CPC).

A liquidação e o cumprimento da decisão que julgar parcialmente o mérito poderão ser processados em autos suplementares, a requerimento da parte ou a critério do juiz (art. 356, § 4.º, CPC).

O parágrafo quinto é inaplicável ao Processo do Trabalho porque determina que "a decisão proferida com base neste artigo é impugnável por agravo de instrumento". Trata-se de decisão interlocutória e, portanto, irrecorrível de imediato no Processo do Trabalho.

22.5 COISA JULGADA

A coisa julgada é uma garantia constitucional, prevista no art. 5.º, XXXVI, da CF/88 e representa a imutabilidade da sentença ou acórdão, bem como de seus efeitos. Poderá ser formal ou material.

Coisa julgada formal: possui natureza processual e torna a decisão imutável dentro do processo. Ocorre quando há esgotamento dos recursos ou pelo transcurso de prazo sem sua interposição tempestiva.

Coisa julgada material: produz efeitos exteriores ao processo e tem por fundamento a estabilidade das relações jurídicas. A decisão que julgar a lide possui força de lei, assim, após o trânsito em julgado, esta decisão somente poderá ser reexaminada através do meio adequado, ou seja, a ação rescisória.

CAPÍTULO 23

RECURSOS NO PROCESSO DO TRABALHO

23.1 CONCEITO

Recurso é o meio hábil para se obter o reexame de uma decisão desfavorável, podendo ser dirigido ao mesmo órgão prolator ou à instância superior. É um direito e um ônus do vencido, pois é necessária a provocação do judiciário.

23.2 PRINCÍPIOS DOS RECURSOS NO PROCESSO DO TRABALHO

Princípio do duplo grau de jurisdição: consiste na possibilidade de reexame das decisões através de recurso por órgão hierarquicamente superior. Contudo, esse princípio não é uma garantia constitucional. Os recursos são cabíveis nas hipóteses previstas em lei e observadas as condições por ela previstas para o seu cabimento.

Princípio da taxatividade: a lei indica de forma taxativa os recursos cabíveis. Conclusão: o rol de recursos previstos em lei é fechado/taxativo/*numerus clausus*.

Princípio da singularidade ou da unirrecorribilidade: cabe apenas um único recurso de cada decisão. Não será possível a interposição de dois ou mais recursos contra a mesma decisão ao mesmo tempo. Cada recurso tem uma função específica, uma natureza.

Princípio da fungibilidade ou conversibilidade: encontra respaldo no art. 277 do CPC. Admite que o juiz receba o recurso incorreto como se fosse o adequado. Isso é possível desde que: a) haja dúvida objetiva sobre o recurso cabível e que não seja caso de erro grosseiro; e b) haja compatibilidade técnica entre os dois recursos. Caso o prazo de ambos seja diferente, o recurso só será admitido se interposto no prazo menor.

Princípio da proibição da *reformatio in pejus*: o recurso não pode gerar reforma da decisão impugnada de modo a agravar a situação jurídica do recorrente, salvo se houver recurso da outra parte. Constituem exceções ao princípio da *reformatio in pejus* as matérias que podem ser conhecidas de ofício pelo juiz, envolvendo questões de ordem pública, como as condições da ação e os pressupostos processuais.

23.3 CARACTERÍSTICAS GERAIS DOS RECURSOS

a) Recursos cabíveis:

São recursos cabíveis no Processo do Trabalho: o recurso ordinário, o recurso de revista, os embargos de declaração, os embargos ao TST, o agravo de petição, o agravo de instrumento, o agravo regimental e inominado (arts. 893 e 897-A, CLT).

b) Forma de interposição e efeitos:

Os recursos serão interpostos por simples petição e têm, **em regra, efeito meramente devolutivo** (art. 899, CLT), ou seja, não possuem efeito suspensivo, não tendo o condão de impedir o início da execução provisória, a qual se limita à penhora. Nesta podem ser praticados apenas atos de constrição dos bens, não podendo ocorrer atos de expropriação.

c) Contrarrazões:

À luz do art. 900 da CLT, as contrarrazões deverão ser apresentadas no mesmo prazo do recurso.

d) Decisões interlocutórias:

Em regra, as decisões interlocutórias são **irrecorríveis de imediato** no Processo do Trabalho. Cabe às partes impugná-las por meio de recurso das decisões definitivas (art. 893, § 1.º, CLT).

Constituem exceção à regra da irrecorribilidade imediata das decisões interlocutórias:

- Exceção de incompetência territorial – decisão terminativa do feito (art. 799, § 2.º, CLT e Súmula 214, "c", TST).

O juiz decide a exceção de incompetência territorial relativa através de decisão interlocutória, irrecorrível de imediato, salvo, quando terminativa do feito.

Com base na Súmula 214, "c", do TST, a decisão será terminativa do feito quando o juiz acolher a exceção e determinar a remessa dos autos a juiz subordinado a TRT diverso daquele a que se submete o juízo excepcionado (aquele no qual foi apresentada a exceção).

Neste caso, é cabível a interposição do recurso ordinário de imediato, a ser julgado pelo Tribunal do juízo que proferiu a decisão.

- Incompetência absoluta em razão da matéria: a decisão interlocutória que acolhe a incompetência absoluta, em razão da matéria e remete os autos para outro ramo do Poder Judiciário também é terminativa do feito. Desta decisão cabe recurso ordinário de imediato.
- Decisão interlocutória do TRT que contraria súmula ou OJ do TST: é recorrível de imediato (Súmula 214, "a", TST). Cabe recurso de revista.
- Decisão interlocutória suscetível de impugnação mediante recurso para o mesmo tribunal é recorrível de imediato (Súmula 214, "b", TST).

e) Recurso adesivo

Muito embora seja cabível no Processo do Trabalho, a CLT não trata do recurso adesivo, sendo, portanto, aplicáveis os arts. 997 e seguintes do CPC.

Podem ser interpostos de forma adesiva: o recurso ordinário, o recurso de revista, os embargos ao TST e o agravo de petição, sendo desnecessário que a matéria nele veiculada esteja relacionada com a do recurso interposto pela parte contrária (Súmula 283, TST). O mesmo vale para o recurso extraordinário.

O recurso adesivo exige, basicamente, dois requisitos: sucumbência recíproca e a interposição de recurso por uma das partes.

O prazo para a interposição é o mesmo de que a parte dispõe para responder o recurso principal (art. 997, § 2.º, I, CPC).

Preenchidos os requisitos do recurso adesivo, o seu procedimento será o mesmo do recurso principal.

O recurso adesivo é dependente do recurso principal, de forma que se o recurso principal não for conhecido ou se a parte desistir dele, o adesivo também não será processado (art. 997, § 2.º, III, CPC). Ressalte-se que a parte recorrente poderá desistir do recurso a qualquer tempo, sendo desnecessária a concordância da parte contrária ou dos litisconsortes (art. 998, CPC).

O recurso adesivo não dispensa a parte recorrente do preparo, ou seja, da realização do depósito ou do recolhimento das custas, quando for o caso (art. 997, § 2.º, CPC).

23.4 EFEITOS DOS RECURSOS

Quanto aos efeitos dos recursos, podem ser destacados:

23.4.1 Devolutivo

No processo do trabalho, os recursos, ordinariamente, são dotados apenas de efeito devolutivo, ou seja, não possuem efeito suspensivo, permitindo-se ao credor a extração da carta de sentença para realização da execução provisória (art. 899, CLT). Ressalte-se, entretanto, que quando implantado o processo judicial eletrônico na sua integralidade não haverá a formação de autos suplementares (art. 12, Lei 11.419/2006) e, tampouco, a extração de carta de sentença.

Fique de olho

Na Justiça do Trabalho, fala-se em **efeito devolutivo em profundidade.** A profundidade do efeito devolutivo é interpretada do seguinte modo: o *juízo ad quem* recebe em devolução toda a matéria envolvida pelo recorrente no recurso, inclusive com todos os fundamentos trazidos na petição inicial e na contestação, mesmo que a sentença não tenha adotado tais fundamentos e ainda que as contrarrazões do recurso não os mencionem.

Essa interpretação foi fixada na **Súmula 393, item I, do TST**:

> Súmula 393, item I, TST
>
> **O efeito devolutivo em profundidade do recurso ordinário, que se extrai do § 1º do art. 1.013 do CPC de 2015 (art. 515, §1º, do CPC de 1973), transfere ao Tribunal a apreciação dos fundamentos da inicial ou da defesa, não examinados pela sentença, ainda que não renovados em contrarrazões, desde que relativos ao capítulo impugnado.**

23.4.2 Suspensivo

No processo laboral, em regra, os recursos não são dotados de efeito suspensivo.

O efeito suspensivo consiste na suspensão dos efeitos da decisão recorrida até que o *juízo ad quem* julgue o recurso interposto, para decidir se reforma, ou não, a decisão recorrida.

O pedido de efeito suspensivo pode ser feito no próprio processo, desde que demonstrados alguns pressupostos (previstos no art. 1.012, §4º, do CPC). Tais pressupostos são alternativos, isto é, pode ser preenchido tanto um quanto outro.

23.4.3 Translativo

Em relação às questões de ordem pública, as quais devem ser conhecidas de ofício, não se opera a preclusão, podendo o juiz ou tribunal decidi-las, ainda que não constem das razões recursais ou das contrarrazões, gerando o denominado efeito translativo do recurso.

De outra forma, pode-se dizer que o ordenamento jurídico vigente permite à autoridade julgadora do apelo conhecer de questões não ventiladas no recurso ou contrarrazões, sem que isso consista num julgamento *ultra* ou *extra petita*, como, por exemplo, nas hipóteses dos arts. 485, §3.º, e 337, § 5.º, ambos do CPC (que elencam matérias conhecidas de ofício pelo magistrado).

23.4.4 Substitutivo

Estabelece o art. 1.008 do CPC que o julgamento proferido pelo tribunal substituirá a sentença ou a decisão recorrida no que tiver sido objeto de recurso.

O efeito substitutivo nasce quando o tribunal aprecia e julga o mérito da causa, operando-se a substituição da sentença *a quo* pelo acórdão do tribunal, na parte objeto do apelo.

Todavia, caso o tribunal não julgue o mérito do recurso, não se operará o chamado efeito substitutivo.

23.4.5 Extensivo

O efeito extensivo do recurso se caracteriza pela possibilidade de a sua decisão atingir matérias não impugnadas e/ou sujeitos que não recorreram.

O efeito extensivo do recurso é aplicado em caso de litisconsórcio unitário, em que a decisão tenha de ser uniforme para todos os litisconsortes.

Nesse sentido, estabelece o art. 1.005 do CPC que o recurso interposto por um dos litisconsortes a todos aproveita, salvo se distintos ou opostos os seus interesses.

Em contrapartida, sempre que os interesses dos litisconsortes forem distintos, o recurso interposto por um não aproveitará aos demais, não se operando o efeito extensivo do recurso.

23.4.6 Regressivo

O efeito regressivo do recurso consiste na possibilidade de retratação ou reconsideração pela mesma autoridade prolatora da decisão.

Esse efeito, no âmbito laboral, ocorre nos recursos de agravo de instrumento e agravo regimental, sendo lícito à autoridade julgadora, em função dos princípios da economia processual e celeridade, reconsiderar a decisão objeto do agravo.

Ocorre, por exemplo, no agravo de instrumento e nas seguintes hipóteses de recurso ordinário:

a) Indeferimento da petição inicial: o art. 331 confere ao juiz, no prazo de 5 dias, a possibilidade se retratar, caso o autor interponha o recurso ordinário do indeferimento da petição inicial.

b) Improcedência liminar do pedido: o art. 332, § 3.º, do CPC confere ao juiz, no prazo de 5 dias, a possibilidade se retratar, caso o autor interponha o recurso ordinário da decisão de improcedência liminar do pedido.

c) Da decisão do juiz que extingue o processo sem resolução do mérito: o art. 485, § 7.º, do CPC confere ao juiz, no prazo de 5 dias, a possibilidade se retratar, caso o autor interponha o recurso ordinário da decisão que extingue o processo sem resolução do mérito.

Quanto ao agravo de instrumento, exemplificativamente, se um recurso não foi conhecido por ausência de um pressuposto recursal (ex.: intempestividade, falta de preparo etc.), e a parte, em eventual agravo de instrumento, demonstrar a presença de todos os requisitos de admissibilidade recursal, pode o juiz *a quo* reconsiderar a decisão e conhecer do recurso principal, perdendo o objeto o agravo de instrumento interposto.

23.5 PRESSUPOSTOS DE ADMISSIBILIDADE

Os pressupostos de admissibilidade são exigências legais, que devem ser cumpridas a fim de que seja analisado o mérito do recurso.

Os pressupostos são subdivididos em **intrínsecos** (subjetivos) e **extrínsecos** (objetivos). Todos devem ser preenchidos, sob pena do não conhecimento do recurso. Os pressupostos são previamente analisados pelo juízo que proferiu a decisão recorrida e, posteriormente, no Tribunal, pelo relator.

Os pressupostos de admissibilidade **intrínsecos**, também chamados de subjetivos, relacionam-se com as partes. São eles: a legitimidade, a capacidade e o interesse.

Já os pressupostos de admissibilidade **extrínsecos**, também chamados de objetivos, referem-se ao recurso. São pressupostos de admissibilidade extrínsecos: a recorribilidade da decisão, adequação, tempestividade, depósito recursal, custas e regularidade de representação. Segue a análise de cada um deles:

a) Recorribilidade do ato: o ato precisa ser recorrível. Despachos de mero expediente e a maioria quase absoluta das decisões interlocutórias não o são, ou não o são de imediato. As sentenças de procedimento sumário que não versarem sobre matéria constitucional são irrecorríveis.

b) Adequação do recurso: deve ser utilizado o recurso próprio e adequado para impugnar aquele ato.

Fique de olho

Quando o recurso apresentado for inadequado, será possível, em alguns casos, que o *juízo ad quem* convalide esse vício e receba o recurso como se fosse a peça adequada. Isso é o que estudamos como **Princípio da Fungibilidade.**

c) Tempestividade: O conhecimento do recurso depende de sua interposição dentro do prazo legal. O prazo dos recursos no Processo do Trabalho é unificado e corresponde a 8 dias, salvo os embargos de declaração, cujo prazo é de 5 dias e o recurso extraordinário, em que o prazo é de 15 dias.

No Processo do Trabalho, litisconsortes com procuradores diferentes, de escritórios de advocacia diversos, não possuem prazo em dobro para recorrer (OJ 310, SDI-I, TST).

Outrossim, as pessoas jurídicas de direito público (União, Estados, Municípios, Distrito Federal, e suas respectivas autarquias e fundações de direito público) têm prazo em dobro para todas as suas manifestações processuais (art. 183, CPC), com exceção apenas da contestação, cujo prazo é em quádruplo (art. 1º, II, Decreto-lei 779/1969).

Institui o art. 841 da CLT que entre a data do recebimento da notificação e a data da audiência deve decorrer um prazo mínimo de 5 dias. Uma vez que a contestação é apresentada em audiência, esse é o prazo mínimo para a sua elaboração. Para a

Fazenda Pública esse prazo é em quádruplo; logo, entre a data do recebimento da notificação e a data da audiência deve decorrer no mínimo 20 dias.

Da mesma forma, nos termos do art. 180 do CPC, o Ministério Público tem prazo em dobro para todas as manifestações, cuja contagem terá início a partir de sua intimação pessoal, a qual far-se-á por carga, remessa ou meio eletrônico. Não se aplica o benefício da contagem em dobro quando a lei estabelecer, de forma expressa, prazo próprio para o Ministério Público (art. 180, § 2.º, CPC), como é caso do art. 12, da Lei 12.016/2009 - Lei do Mandado de Segurança, que prevê que o representante do Ministério Público tem o prazo improrrogável de 10 dias para opinar.

A Lei 5.010, de 30.05.1966, em seu art. 62, estabeleceu como feriado, entre outros, o recesso forense anual, no período compreendido entre 20 de dezembro e 6 de janeiro, *in verbis*:

> "Art. 62. Além dos fixados em lei, serão feriados na Justiça Federal, inclusive nos Tribunais Superiores:
>
> I - os dias compreendidos entre 20 de dezembro e 6 de janeiro, inclusive;
>
> II - os dias da Semana Santa, compreendidos entre a quarta-feira e o domingo de páscoa;
>
> III - os dias de segunda e terça-feira de Carnaval;
>
> IV - os dias 11 de agosto, 1.º e 2.º de novembro e 8 de dezembro".

Portanto, durante o recesso forense, a Justiça do Trabalho suspende o expediente forense e assim o atendimento ao público, garantindo atendimento aos casos urgentes por meio dos plantões judiciários, tal como ocorre no período noturno, nos finais de semana e feriados.

Convém destacar que o art. 93, XII, com a redação dada pela EC 45/2004, aboliu as férias coletivas nos juízos e tribunais de segundo grau, funcionando, nos dias em que não houver expediente forense normal, juízes em plantão permanente. No entanto, o recesso forense não foi abolido pela Carta Maior, permanecendo em vigor a Lei 5.010/1966.

Institui o art. 775-A da CLT que suspende-se o curso do prazo processual nos dias compreendidos entre 20 de dezembro e 20 de janeiro, inclusive. Durante a suspensão do prazo, não se realizarão audiências nem sessões de julgamento (art. 775-A, § 2.º, CLT). Já os juízes, os membros do Ministério Público, da Defensoria Pública e da Advocacia Pública e os auxiliares da Justiça exercerão suas atribuições normalmente durante o período referido, ressalvadas as férias individuais e os feriados instituídos por lei (art. 775-A, § 1.º, CLT).

O recesso forense e o art. 775-A da CLT, que prevê a suspensão dos prazos dos dias 20/12 a 20/01, coexistem, como esclarece o Conselho Nacional de Justiça, na Resolução 244/2016. Desse modo, em síntese: a) no recesso forense (20/12 a 06/01) não há expediente forense. Há apenas o plantão judiciário para medidas urgentes e b) no período de suspensão dos prazos processuais, entre os dias 20/12 a 20/01 ficam suspensos apenas os prazos processuais, as audiências e sessões de julgamento. Excetuado o período de recesso forense e ressalvadas as férias individuais e os feriados instituídos por lei, os juízes, os membros do Ministério Público, da Defensoria Pública e da Advocacia Pública e os auxiliares da Justiça exercerão suas atribuições normalmente durante esse período.

À luz do art. 775 da CLT, os prazos são contados em dias úteis, nos mesmos moldes do art. 219 do CPC, que determina que "na contagem de prazo em dias, estabelecido por lei ou pelo juiz, computar-se-ão somente os úteis".

Cabe à parte comprovar, quando da interposição do recurso, a existência de feriado local e de dia útil em que não haja expediente forense, admitindo-se, entretanto, a reconsideração da análise da tempestividade do recurso, mediante prova documental superveniente, em agravo regimental, agravo de instrumento ou embargos de declaração (Súmula 385, TST).

Naturalmente, os Tribunais Regionais e o TST, enquanto juízos "ad quem" não são obrigados a ter ciência da ocorrência de feriado forense, ou seja, dos dias úteis em que não houve expediente forense ou este foi encerrado antes do horário normal. Por isso, cabe à autoridade que proferir a decisão de admissibilidade certificar o expediente nos autos (Súmula 385, II, TST). Caso não o faça, o TST, na Súmula 385, reconhece o direito da parte de produzir prova documental superveniente, em agravo de instrumento, agravo interno, agravo regimental, ou embargos de declaração, visando a reconsideração da tempestividade, desde que, em momento anterior, não tenha havido a concessão de prazo para a comprovação da ausência de expediente forense (Súmula 385, III, TST).

Ressalte-se que, segundo o atual entendimento do TST, é tempestivo o recurso interposto antes de publicado o acórdão impugnado. O mesmo institui o art. 218, § 4.º, do CPC, segundo o qual: "Será considerado tempestivo o ato praticado antes do termo inicial do prazo".

d) Depósito recursal: O depósito recursal possui natureza de garantia do juízo, portanto, **só é realizado pelo reclamado e se este for empregador** ou **tomador** dos serviços.

A IN 27/2005 do TST estabelece no parágrafo único de seu art. 2° que o depósito recursal também é exigido para as novas ações de competência da Justiça do Trabalho nos moldes da CLT. Logo, o tomador dos serviços também deverá efetuar o depósito para a interposição de recurso quando houver condenação em pecúnia e não se enquadrar em nenhuma das hipóteses de isenções previstas em lei.

Exigem depósito recursal: recurso ordinário, recurso de revista, embargos ao TST (divergência), recurso ordinário em ação rescisória, agravo de instrumento e agravo de petição (quando não estiver garantido o juízo).

OBS 1: Da decisão proferida no incidente de desconsideração da personalidade jurídica na fase de execução, é desnecessário o depósito recursal para a interposição do agravo de petição.

OBS 2: Como os embargos infringentes está ligado ao dissídio coletivo, ele busca impugnar sentença normativa. Portanto, não temos decisão condenatória em pecúnia, sendo descabido, assim, o depósito recursal.

OBS 3: Tema 679 do STF: Surge incompatível com a Constituição Federal exigência de depósito prévio como condição de admissibilidade do recurso extraordinário, no que não recepcionada a previsão constante do §1º do artigo 899 da Consolidação das Leis do Trabalho, sendo inconstitucional a contida na cabeça do artigo 40 da Lei nº 8.177 e, por arrastamento, no inciso II da Instrução Normativa nº 3/1993 do Tribunal Superior do Trabalho.

OBS 4: No que se refere ao recurso adesivo, ele deverá observar as mesmas regras do recurso principal.

Para o recurso ordinário, recurso de revista, embargos ao TST e recurso ordinário em ação rescisória a regra para o depósito recursal é a seguinte:

IMPORTANTE MEMORIZAR
• O reclamado depositará o valor da condenação ainda não depositado, até o limite do teto estabelecido pelo TST

O teto estabelecido pelo TST, **a partir de 1° de agosto de 2024**, é de:

a) R$ 13.133,46, no caso de interposição de Recurso Ordinário;

b) R$ 26.266,92, no caso de interposição de Recurso de Revista, Embargos e Recurso Ordinário em Ação Rescisória.

A Lei 12.275/2010 inseriu o § 7° no art. 899 da CLT, passando a exigir depósito recursal para interposição do **agravo de instrumento**, no importe de 50% do valor do depósito de recurso que se pretende destrancar. Saliente-se, entretanto, que quando todo o valor da condenação já estiver depositado nada mais poderá ser exigido a título de depósito recursal. Assim, para apurar o valor a ser depositado deve ser utilizado o seguinte raciocínio:

IMPORTANTE
• O reclamado depositará o valor da condenação, ainda não depositado, até o limite de 50% do valor do depósito do recurso que se pretende destrancar.

Todavia, a Lei 13.015/2014 incluiu no art. 899 da CLT o § 8º, estipulando uma hipótese em que não será necessária a realização do depósito recursal para interposição de agravo de instrumento. Trata-se do caso em que este recurso tiver a finalidade de destrançar recurso de revista que se insurge contra decisão que contraria a jurisprudência uniforme do Tribunal Superior do Trabalho, consubstanciada nas suas súmulas ou em orientação jurisprudencial.

Caso a arguição de contrariedade à súmula ou à orientação jurisprudencial seja infundada, temerária ou artificiosa, o agravo de instrumento será considerado deserto (art. 23, parágrafo único, Ato 491/SEGJUD.GP/2014 – Presidência do TST).

Contudo, a dispensa do § 8º do art. 899 da CLT não será aplicável aos casos em que o agravo de instrumento se refira a pelo menos uma parcela da condenação que não seja objeto de arguição de contrariedade a súmula ou a orientação jurisprudencial do TST (art. 23, *caput*, Ato 491/SEGJUD.GP/2014 – Presidência do TST).

Somente haverá depósito recursal quando houver decisão condenatória, em que a empresa tenha sido condenada a pagar certa quantia (Súmula 161, TST), sendo devido também em caso de interposição de recurso adesivo.

O depósito recursal poderá ser substituído por fiança bancária ou seguro garantia judicial (art. 899, § 11, da CLT[1]).

A fiança bancária consiste em um contrato em que o banco garante o cumprimento da obrigação de seu cliente, que é o reclamado.

Por sua vez, o seguro garantia judicial é um contrato de seguro firmado pelo reclamado com uma seguradora, que garante o pagamento de depósitos judiciais em dinheiro e/ou a penhora de bens que possam ser devidos pelo segurado/executado na pendência de execução judicial.

O valor do depósito recursal será reduzido pela metade para entidades sem fins lucrativos, empregadores domésticos, microempreendedores individuais, microempresas e empresas de pequeno porte (art. 899, § 9º, CLT[2]).

São isentos do depósito recursal os beneficiários da justiça gratuita, as entidades filantrópicas e as empresas em recuperação judicial (art. 899, § 10, CLT[3]).

Também são isentas as pessoas jurídicas de direito público (art. 1.º, IV, do Decreto-lei 779/1969 e item X da IN 3/1993 do TST) e o Ministério Público do Trabalho.

Todavia, em relação às empresas públicas e às sociedades de economia mista, em caso de recurso deverá ser recolhido o respectivo depósito recursal (Súmula 170, TST).

1. O dispositivo será aplicável aos recursos interpostos contra as decisões proferidas a partir de 11.11.2017, data em que entrou em vigor a Lei 13.467/2017 (Reforma Trabalhista) (art. 20, IN 41/2018, TST).
2. O dispositivo será aplicável aos recursos interpostos contra as decisões proferidas a partir de 11.11.2017, data em que entrou em vigor a Lei 13.467/2017 (Reforma Trabalhista) (art. 20, IN 41/2018, TST).
3. O dispositivo será aplicável aos recursos interpostos contra as decisões proferidas a partir de 11.11.2017, data em que entrou em vigor a Lei 13.467/2017 (Reforma Trabalhista) (art. 20, IN 41/2018, TST).

A massa falida também não está sujeita ao pagamento de custas nem ao depósito recursal (Súmula 86, TST).

No entanto, em relação às empresas em liquidação extrajudicial, a Súmula 86 do TST estabelece a obrigatoriedade do recolhimento das custas e depósito recursal.

Uma vez depositado integralmente o valor da condenação, o juízo estará garantido, de modo que nenhum outro depósito precisará ser realizado pelo recorrente, salvo se majorada a condenação (Súmula 128, I, TST).

Transitada em julgado a decisão recorrida, o juiz ordenará o levantamento imediato do depósito recursal em favor da parte vencedora (art. 899, § 1º, CLT).

O depósito recursal será feito em conta vinculada ao juízo e corrigido com os mesmos índices da poupança (art. 899, § 4º, CLT[4]).

À luz da Súmula 245 do TST, o depósito recursal deve ser feito e comprovado no prazo alusivo ao recurso, e a interposição antecipada do recurso não prejudica a dilação legal. A Súmula aplica-se ao recurso ordinário, recurso de revista, embargos ao TST e recurso extraordinário. No caso do agravo de instrumento, o depósito deve ser realizado e comprovado no ato da interposição do recurso (art. 899, § 7º, CLT).

Assim como ocorre com as custas, na hipótese de recolhimento insuficiente do depósito recursal, o recorrente deverá ser intimado para promover a complementação no prazo de 5 dias e somente se não o fizer ocorrerá a deserção (art. 1007, § 2.º, do CPC e OJ 140, SDI-1, TST). Trata-se de exemplo do princípio da primazia da decisão de mérito.

Havendo condenação solidária de duas ou mais empresas, o depósito recursal efetuado por uma delas aproveita as demais, desde que a empresa que realizou o depósito não pleiteie sua exclusão da lide (Súmula 128, TST).

No dissídio coletivo não é exigido o depósito recursal, pois neste caso a natureza jurídica da sentença é constitutiva ou declaratória, e nunca condenatória.

Quanto à ação rescisória, estabelece a Súmula 99 do TST a obrigatoriedade de o empregador vencido, em caso de recurso, efetuar o depósito recursal, sob pena de o apelo não ser conhecido por falta de preparo (deserção).

O recolhimento do valor da multa imposta como sanção por litigância de má-fé (art. 793-C, CLT) não é pressuposto objetivo para interposição dos recursos de natureza trabalhista, pois entende o TST que tal multa não se qualifica como custas processuais (OJ 409, SDI-1, TST).

4. O dispositivo será aplicável aos recursos interpostos contra as decisões proferidas a partir de 11/.11.2017, data em que entrou em vigor a Lei 13.467/2017 (Reforma Trabalhista) (art. 20, IN 41/2018, TST).

Com o objetivo de facilitar o estudo do leitor, preparamos um quadro sintético indicando os recursos em que será obrigatório o depósito recursal por parte do empregador recorrente e outros em que não haverá dito recolhimento. Vejamos:

Recursos sem depósito recursal	Recursos com depósito recursal obrigatório por parte do empregador recorrente
Agravo de petição	Recurso ordinário
Agravo regimental	Recurso de revista
Embargos de declaração	Embargos no TST
	Recurso adesivo
	Agravo de instrumento

Requerida a concessão de gratuidade da justiça em recurso, o recorrente estará dispensado de comprovar o recolhimento do preparo, incumbindo ao relator, neste caso, apreciar o requerimento e, se indeferi-lo, fixar prazo para realização do recolhimento (art. 99, § 7.º, CPC).

e) Custas processuais:

Nas relações de emprego, na fase de conhecimento as custas serão recolhidas pela parte vencida.

O valor das custas incidirá à base de 2%, com valor mínimo de R$ 10,64 e o máximo de quatro vezes o limite máximo dos benefícios do Regime Geral de Previdência Social e serão calculadas (art. 789, CLT[5]):

- quando houver acordo ou condenação, sobre o respectivo valor;
- quando houver extinção do processo, sem resolução do mérito, ou julgado totalmente improcedente o pedido, sobre o valor da causa;
- no caso de procedência do pedido formulado em ação declaratória e em ação constitutiva, sobre o valor da causa;
- quando o valor for indeterminado, sobre o que o juiz fixar.

As custas serão recolhidas pela parte vencida, que, **se recorrer**, deverá recolhê-las no prazo do recurso (8 dias), e, **se não recorrer**, após o trânsito em julgado (art. 789, § 1º, CLT). O recolhimento é efetuado por meio de GUIA GRU.

5. O teto máximo de custas é de quatro vezes o limite maior dos benefícios do Regime Geral de Previdência Social, previsto no art. 789, caput, da CLT. Aplica-se nas decisões que fixem custas, proferidas a partir de 11 de novembro de 2017, data que entrou em vigor a Lei 13.467/2017 (Reforma Trabalhista) (art. 4º, IN 41/2018, TST).

Na hipótese de recolhimento insuficiente das custas o recorrente deverá ser intimado para promover a complementação no prazo de cinco dias e, somente se não o fizer, ocorrerá a deserção (art. 1.007, § 2.º, CPC). Trata-se de exemplo do princípio da primazia da decisão de mérito.

No caso de inversão do ônus da sucumbência em segundo grau, aplica-se a Súmula 25.

Em caso de **acordo**, o pagamento das custas caberá em partes iguais aos litigantes, salvo se dispuserem de forma diversa (art. 789, § 3º, CLT).

São **isentos** do recolhimento de custas: a) os beneficiários da justiça gratuita; b) a União, os Estados, os Municípios, o DF e as respectivas autarquias e fundações públicas que não explorem atividade econômica; c) o Ministério Público do Trabalho; e d) a massa falida (art. 790-A, CLT e Súmula 86, TST).

A União, os Estados, os Municípios, o Distrito Federal e as respectivas autarquias e fundações públicas que não explorem atividade econômica não estão dispensadas de reembolsar as despesas realizadas pela parte vencedora (art. 790-A, parágrafo único, CLT).

Os órgãos de fiscalização da atividade profissional e as empresas em liquidação extrajudicial não estão isentos do pagamento de custas (art. 790-A, parágrafo único, CLT).

Na fase de execução, as custas processuais serão recolhidas pelo executado, ao final, em valor definido no art. 789-A da CLT.

Em sede de dissídio coletivo, as partes vencidas responderão solidariamente pelo recolhimento das custas calculadas pelo Presidente do Tribunal ou arbitradas na decisão (art. 789, § 4º, CLT).

Tratando-se de empregado que não tenha obtido o benefício da justiça gratuita, ou a isenção de custas, o sindicato que houver intervindo no processo responderá solidariamente pelo pagamento das custas devidas (art. 790, § 1º, CLT).

Não ocorrerá deserção do recurso quando as custas não forem devidamente calculadas e não houver intimação da parte para preparo do recurso, devendo elas serem recolhidas ao final (Súmula 25, TST).

f) Regularidade de representação

O advogado não será admitido a postular em juízo sem procuração, salvo para evitar preclusão, decadência ou prescrição, ou para praticar ato considerado urgente. Assim, deverá exibir a procuração no prazo de 15 dias, prorrogável por igual período por despacho do juiz. O ato não ratificado será considerado ineficaz relativamente àquele em cujo nome foi praticado, respondendo o advogado pelas despesas e por perdas e danos, nos termos do art. 104, §§ 1.º e 2.º, do CPC:

> "Art. 104, CPC. O advogado não será admitido a postular em juízo sem procuração, salvo para evitar preclusão, decadência ou prescrição, ou para praticar ato considerado urgente.

> § 1.º Nas hipóteses previstas no *caput*, o advogado deverá, independentemente de caução, exibir a procuração no prazo de 15 (quinze) dias, prorrogável por igual período por despacho do juiz.
>
> § 2.º O ato não ratificado será considerado ineficaz relativamente àquele em cujo nome foi praticado, respondendo o advogado pelas despesas e por perdas e danos."

Ressalte-se que ao estabelecer que é admitido postular em juízo sem procuração para evitar a preclusão, o atual Código de Processo Civil consagrou a possibilidade de juntada a posteriori da procuração na fase recursal.

Por sua vez, o art. 76, § 2º do atual CPC prevê também expressamente a possibilidade de regularização processual na fase recursal em prazo razoável previsto pelo juiz:

> Art. 76, CPC. Verificada a incapacidade processual ou a irregularidade da representação da parte, o juiz suspenderá o processo e designará prazo razoável para que seja sanado o vício.
>
> § 1.º Descumprida a determinação, caso o processo esteja na instância originária:
>
> I – o processo será extinto, se a providência couber ao autor;
>
> II – o réu será considerado revel, se a providência lhe couber;
>
> III – o terceiro será considerado revel ou excluído do processo, dependendo do polo em que se encontre.
>
> § 2.º Descumprida a determinação em fase recursal perante tribunal de justiça, tribunal regional federal ou tribunal superior, o relator:
>
> I – não conhecerá do recurso, se a providência couber ao recorrente;
>
> II – determinará o desentranhamento das contrarrazões, se a providência couber ao recorrido.

Cumpre destacar que o TST, no art. 3.º, I, da IN 39/2016, deixou claro que entende que o art. 76 do CPC é aplicável ao Processo do Trabalho.

Dessa forma, o CPC prevê duas situações distintas: a) ausência de procuração, caso em que se aplica o art. 104 do CPC; e b) a procuração foi juntada aos autos, porém houve irregularidade de representação, hipótese em que se aplica o art. 76 do CPC.

Em ambos os casos, o TST entende que o prazo para a juntada de procuração e regularização da representação é de 5 dias, ainda que o art. 104 do CPC contemple o prazo de 15 dias, como se extrai da Súmula 383 do TST, o que nos parece que o fez por equívoco:

> SÚMULA-383. RECURSO. MANDATO. IRREGULARIDADE DE REPRESENTAÇÃO. CPC DE 2015, ARTS. 104 E 76, § 2.º (nova redação em decorrência do CPC de 2015) – Res. 210/2016, DEJT divulgado em 30.06, 1.º e 04.07.2016

> I – É inadmissível recurso firmado por advogado sem procuração juntada aos autos até o momento da sua interposição, salvo mandato tácito. Em caráter excepcional (art. 104 do CPC de 2015), admite-se que o advogado, independentemente de intimação, exiba a procuração no prazo de 5 (cinco) dias após a interposição do recurso, prorrogável por igual período mediante despacho do juiz. Caso não a exiba, considera-se ineficaz o ato praticado e não se conhece do recurso.
>
> II – Verificada a irregularidade de representação da parte em fase recursal, em procuração ou substabelecimento já constante dos autos, o relator ou o órgão competente para julgamento do recurso designará prazo de 5 (cinco) dias para que seja sanado o vício. Descumprida a determinação, o relator não conhecerá do recurso, se a providência couber ao recorrente, ou determinará o desentranhamento das contrarrazões, se a providência couber ao recorrido (art. 76, § 2.º, do CPC de 2015).

À luz da OJ 120 da SDI-1 do TST, é válido o recurso assinado ao menos na petição de apresentação ou nas razões recursais. Entretanto, verificada a total ausência de assinatura no recurso, o juiz ou o relator concederá prazo de 5 (cinco) dias para que seja sanado o vício. Descumprida a determinação, o recurso será reputado inadmissível (art. 932, parágrafo único, do CPC de 2015).

g) Multa por litigância de má-fé

O recolhimento do valor da multa imposta como sanção por litigância de má-fé (art. 81 do CPC de 2015) não é pressuposto objetivo para interposição dos recursos de natureza trabalhista (OJ 409, SDI-1, TST).

Fique de olho

Conclusão: a multa por litigância de má-fé (entre 1% e 10%) não precisa ser depositada para efeitos de admissibilidade recursal. Logo, tal multa não se insere no conceito de "preparo".

23.6 RECURSOS EM ESPÉCIE

23.6.1 Recurso ordinário

Cabe recurso ordinário no Processo do Trabalho em duas hipóteses:

a) das decisões definitivas e terminativas das varas do trabalho (art. 895, I, CLT) e b) das decisões definitivas ou terminativas dos Tribunais Regionais do Trabalho em ações de sua competência originária (art. 895, II, CLT), como é o caso do dissídio coletivo, mandado de segurança, ação rescisória e etc.

A competência para o julgamento da **ação rescisória** está definida em lei e, a depender da decisão, sua desconstituição se dará perante um juízo diferente, podendo ser esquematizada do seguinte modo:

COMPETÊNCIA – AÇÃO RESCISÓRIA	
Decisão a ser desconstituída	**Juízo competente**
Sentença	TRT
TRT	TRT
TST	TST

Frise-se que da decisão do TRT em ação rescisória cabe recurso ordinário para o TST (Súmula 158, TST).

Quando o mandado de segurança for de competência originária do TRT, desta decisão caberá recurso ordinário a ser julgado pelo TST (Súmula 201, TST).

O recurso ordinário é dirigido ao juízo que proferiu a decisão para análise dos pressupostos recursais. Admitido o recurso pelo juízo *a quo*, a parte recorrida será intimada para apresentar as contrarrazões, no mesmo prazo do recurso, conforme estabelece o art. 900 da CLT. Após o recebimento das contrarrazões, e mantida a admissibilidade do recurso, será realizada a remessa do recurso ao Tribunal.

O juízo *ad quem* reexaminará os pressupostos recursais e, em verificando a presença de todos eles, apreciará o mérito do recurso.

Esclarece-se que o CPC institui, em seu art. 1.010, § 3.º, que é desnecessária a análise dos pressupostos de admissibilidade da apelação pelo juízo a quo. O TST, entretanto, entende que esse dispositivo não se aplica no Processo do Trabalho, como se observa no art. 2.º, XI, da IN 39/2016.

O julgamento proferido pelo tribunal substituirá a decisão recorrida. Trata-se do efeito substitutivo das decisões (art. 1.008, CPC).

No procedimento sumaríssimo, o recurso ordinário deve ser imediatamente distribuído, devendo o relator liberá-lo no prazo máximo de 10 dias para que seja colocado em pauta para julgamento, sem revisor (art. 895, § 1.º, II, CLT).

Nesse procedimento é facultado ao Ministério Público do Trabalho exarar parecer **oral** quando entender necessário, o qual será registrado na certidão de julgamento (art. 895, § 1.º, III, CLT).

No procedimento sumaríssimo, o acórdão consistirá unicamente na certidão de julgamento que contenha a indicação suficiente do processo e da parte dispositiva, e das razões de decidir do voto prevalente. Se a sentença for confirmada pelos seus próprios fundamentos, a certidão de julgamento, registrando tal circunstância servirá de acórdão (art. 895, § 1.º, IV, CLT).

O **efeito devolutivo em profundidade do recurso ordinário** extrai-se dos §§ 1.º e 2.º do art. 1.013 do CPC, que transfere automaticamente ao Tribunal a apreciação de fundamento da defesa não examinado pela sentença, ainda que não renovado em contrarrazões. Nesse sentido, atente-se para a Súmula 393 do TST.

Com o advento do atual Código de Processo Civil, a Súmula 393 do TST foi alterada apenas quanto à sua parte final, uma vez que passou a estabelecer que será transferido automaticamente ao Tribunal pedido não apreciado na sentença, ainda que não renovado em contrarrazões, desde que relativo ao capítulo impugnado (item I).

Observe o disposto no art. 1.013, § 3.º, do CPC:

> "Art. 1.013. A apelação devolverá ao tribunal o conhecimento da matéria impugnada.
>
> (...)
>
> § 3.º Se o processo estiver em condições de imediato julgamento, o tribunal deve decidir desde logo o mérito quando:
>
> I – reformar sentença fundada no art. 485;
>
> II – decretar a nulidade da sentença por não ser ela congruente com os limites do pedido ou da causa de pedir;
>
> III – constatar a omissão no exame de um dos pedidos, hipótese em que poderá julgá-lo;
>
> IV – decretar a nulidade de sentença por falta de fundamentação".

O art. 496 do CPC estabelece o duplo grau de jurisdição obrigatório (chamado de reexame necessário), nos casos de sentença proferida em face de pessoas jurídicas de direito público (União, Estado, Distrito Federal, Municípios, autarquias e fundações públicas), bem como a sentença que julgar procedentes, no todo ou em parte, os embargos à execução de dívida ativa da Fazenda Pública:

> "Art. 496. Está sujeita ao duplo grau de jurisdição, não produzindo efeito senão depois de confirmada pelo tribunal, a sentença:
>
> I – proferida contra a União, os Estados, o Distrito Federal, os Municípios e suas respectivas autarquias e fundações de direito público;
>
> II – que julgar procedentes, no todo ou em parte, os embargos à execução fiscal.
>
> § 1.º Nos casos previstos neste artigo, não interposta a apelação no prazo legal, o juiz ordenará a remessa dos autos ao tribunal, e, se não o fizer, o presidente do respectivo tribunal avocá-los-á.
>
> § 2.º Em qualquer dos casos referidos no § 1.º, o tribunal julgará a remessa necessária.
>
> § 3.º Não se aplica o disposto neste artigo quando a condenação ou o proveito econômico obtido na causa for de valor certo e líquido inferior a:
>
> I – 1.000 (mil) salários-mínimos para a União e as respectivas autarquias e fundações de direito público;

> II – 500 (quinhentos) salários-mínimos para os Estados, o Distrito Federal, as respectivas autarquias e fundações de direito público e os Municípios que constituam capitais dos Estados;
>
> III – 100 (cem) salários-mínimos para todos os demais Municípios e respectivas autarquias e fundações de direito público.
>
> § 4.º Também não se aplica o disposto neste artigo quando a sentença estiver fundada em:
>
> I – súmula de tribunal superior;
>
> II – acórdão proferido pelo Supremo Tribunal Federal ou pelo Superior Tribunal de Justiça em julgamento de recursos repetitivos;
>
> III – entendimento firmado em incidente de resolução de demandas repetitivas ou de assunção de competência;
>
> IV – entendimento coincidente com orientação vinculante firmada no âmbito administrativo do próprio ente público, consolidada em manifestação, parecer ou súmula administrativa".

Entende o TST, como se observa pelo art. 3.º, X, da IN 39/2016 do TST, que o art. 496, *caput*, e seus parágrafos são aplicáveis ao Processo do Trabalho, inclusive no que diz respeito às exceções à remessa necessária previstas no § 3.º do referido artigo. Observe o disposto na Súmula 303 do TST:

> SÚMULA 303, TST. FAZENDA PÚBLICA. REEXAME NECESSÁRIO (nova redação em decorrência do CPC de 2015) – Res. 211/2016, *DEJT* divulgado em 24, 25 e 26.08.2016.
>
> I – Em dissídio individual, está sujeita ao reexame necessário, mesmo na vigência da Constituição Federal de 1988, decisão contrária à Fazenda Pública, salvo quando a condenação não ultrapassar o valor correspondente a: a) 1.000 (mil) salários-mínimos para a União e as respectivas autarquias e fundações de direito público; b) 500 (quinhentos) salários-mínimos para os Estados, o Distrito Federal, as respectivas autarquias e fundações de direito público e os Municípios que constituam capitais dos Estados; c) 100 (cem) salários-mínimos para todos os demais Municípios e respectivas autarquias e fundações de direito público.
>
> II – Também não se sujeita ao duplo grau de jurisdição a decisão fundada em:
>
> a) súmula ou orientação jurisprudencial do Tribunal Superior do Trabalho;
>
> b) acórdão proferido pelo Supremo Tribunal Federal ou pelo Tribunal Superior do Trabalho em julgamento de recursos repetitivos;
>
> c) entendimento firmado em incidente de resolução de demandas repetitivas ou de assunção de competência;
>
> d) entendimento coincidente com orientação vinculante firmada no âmbito administrativo do próprio ente público, consolidada em manifestação, parecer ou súmula administrativa.

> III – Em ação rescisória, a decisão proferida pelo Tribunal Regional do Trabalho está sujeita ao duplo grau de jurisdição obrigatório quando desfavorável ao ente público, exceto nas hipóteses dos incisos anteriores. (ex-OJ 71 da SBDI-1 – inserida em 03.06.1996)
>
> IV – Em mandado de segurança, somente cabe reexame necessário se, na relação processual, figurar pessoa jurídica de direito público como parte prejudicada pela concessão da ordem. Tal situação não ocorre na hipótese de figurar no feito como impetrante e terceiro interessado pessoa de direito privado, ressalvada a hipótese de matéria administrativa. (ex-OJs 72 e 73 da SBDI-1 – inseridas, respectivamente, em 25.11.1996 e 03.06.1996)

Não cabe **recurso de revista** por parte de ente público que não interpôs recurso ordinário voluntário da decisão de primeira instância, salvo se agravada a condenação em segunda instância (OJ 334, SDI-1).

Nos termos da Súmula 45 do STJ, no reexame necessário é defeso ao Tribunal agravar a condenação imposta à Fazenda Pública.

Há três hipóteses em que, uma vez interposto o recurso ordinário, o juiz poderá retratar-se em 5 dias: a) indeferimento da petição inicial; b) improcedência liminar do pedido; e c) extinção do processo sem resolução do mérito.

Considerando que o recurso ordinário não possui efeito suspensivo, sendo apenas dotado de efeito devolutivo, o recorrente poderá nas razões requerer tal efeito mediante requerimento dirigido ao tribunal, ao relator ao presidente ou ao vice-presidente do tribunal recorrido, por aplicação subsidiária ao processo do trabalho do art. 1.029, § 5.º, do CPC de 2015 (Súmula 414, I, TST).

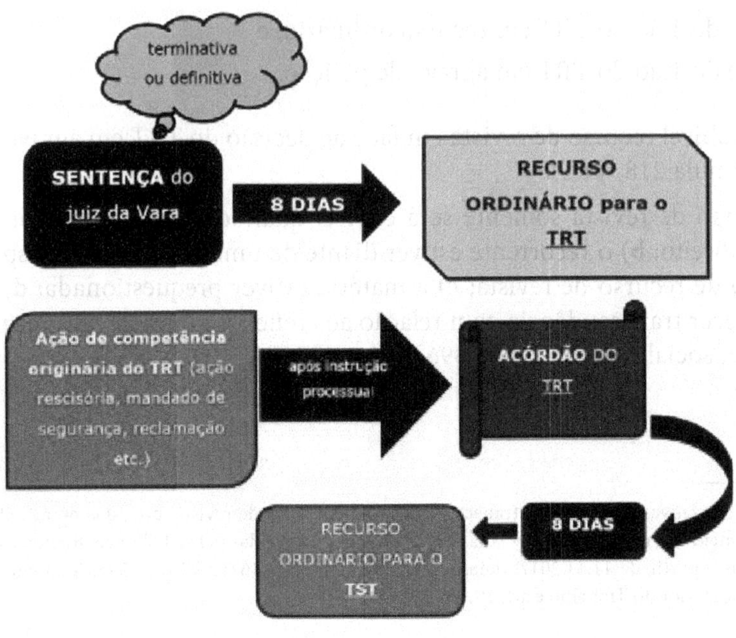

23.6.2 Recurso de revista

23.6.2.1 Natureza

Os recursos classificam-se em recurso de natureza ordinária ou extraordinária, segundo tabela a seguir:

Recursos de natureza ordinária	Recursos de natureza extraordinária
RO, agravo de petição e embargos infringentes	RR, embargos ao TST e recurso extraordinário.
Objetivo: revisão da decisão.	Objetivo: uniformização de jurisprudência.
Matérias: fatos, provas e direito.	Matérias: só matérias de direito (Súmulas 126, TST e 279, STF)

> "SÚMULA 126, TST. Incabível o recurso de revista ou de embargos (CLT, arts. 896 e 894, "b", CLT) para reexame de fatos e provas".
>
> "SÚMULA 279, STF. Para simples reexame de prova não cabe recurso extraordinário".

Importante saber que o recurso de revista é cabível apenas **em dissídios individuais, o que significa dizer que não é cabível em dissídios coletivos, sendo possível nas ações coletivas, como é o caso da ação civil pública.**

23.6.2.2 Hipóteses de cabimento

Cabe recurso de revista em **duas** hipóteses:

1) de decisão do TRT em recurso ordinário; e
2) de decisão do TRT em agravo de petição.

Não é cabível recurso de revista em face de decisão do TRT em agravo de instrumento (Súmula 218, TST).

O recurso de revista somente será cabível quando: **a)** a questão for exclusivamente de direito; **b)** o recorrente estiver diante de uma das hipóteses específicas de cabimento de recurso de revista; **c)** a matéria estiver prequestionada; **d)** quando a causa oferecer transcendência com relação aos reflexos gerais de natureza econômica, política, social e jurídica (art. 896-A, § 1º, CLT)[6].

---

6. As normas relativas ao exame da transcendência dos recursos de revista, previstas no art. 896-A da CLT, somente incidirão naqueles interpostos contra decisões proferidas pelos Tribunais Regionais do Trabalho publicadas a partir de 11.11.2017, data da vigência da Lei 13.467/2017 (art. 246, Regimento Interno do Tribunal Superior do Trabalho e art. 19, IN 41/2018, TST).

23.6.2.3 Hipóteses específicas de cabimento do recurso de revista

As hipóteses específicas de cabimento do recurso de revista variam de acordo com o procedimento.

Esclarece-se, desde logo, que os dissídios de alçada, sujeitos ao **procedimento sumário,** são de única instância. Da sentença proferida neste procedimento é cabível recurso apenas se houver violação à Constituição Federal (art. 2.º, § 4.º, Lei 5.584/1970).

O STF e o TST entendem que nos dissídios de alçada é cabível o recurso ordinário e o recurso de revista para o TST, limitados à arguição de violação à Constituição, para somente então ser cabível recurso extraordinário para o STF, uma vez que a CLT prevê como hipótese de cabimento desses recursos a violação à Constituição. Esse também é o nosso entendimento.

No **procedimento sumaríssimo,** o recurso de revista é oportuno quando o acórdão do TRT contrariar a Constituição Federal, súmula do TST, ou súmula vinculante do STF (art. 896, § 9º, CLT). Não é hipótese de cabimento de recurso de revista neste procedimento a contrariedade à orientação jurisprudencial (Súmula 442, TST).

Recurso de revista na **execução** é cabível apenas quando houver ofensa literal e direta à Constituição da República (art. 896, § 2º, CLT e Súmula 266, TST). Entretanto, nas execuções fiscais e nas controvérsias da fase de execução que envolvam a Certidão Negativa de Débitos Trabalhistas (CNDT) cabe recurso de revista por violação à lei federal, divergência jurisprudencial e ofensa à Constituição Federal (art. 896, § 10, CLT).

No **procedimento ordinário,** à luz do art. 896, "a" e "c", da CLT, o recurso de revista é cabível nos seguintes casos:

a) violação literal e direta à Constituição Federal;
b) violação literal à lei federal;
c) contrariedade à súmula do TST;
d) contrariedade à orientação jurisprudencial do TST (OJ 219, SDI-1, TST);
e) contrariedade à súmula vinculante do STF;
f) quando, na interpretação de lei federal, a decisão recorrida contrariar outro TRT (Pleno ou Turma); e
g) quando o acórdão recorrido divergir, na interpretação de lei federal, de decisão da Seção de Dissídios Individuais I ou II do TST.

Divergência jurisprudencial ocorre, **por exemplo,** quando o TRT da 9ª região julga um caso estabelecendo que não basta que as verbas rescisórias tenham sido depositadas no prazo previsto no art. 477, § 6.º, da CLT, para afastar a incidência da multa do art. 477, § 8.º, da CLT, devendo a homologação da rescisão ocorrer também no prazo. Por outro lado, o TRT 4ª região julga que basta que o depósito das verbas rescisórias seja realizado no prazo para que a multa do 477, § 8.º, da CLT não tenha cabimento. Há, neste caso, uma divergência, uma vez que os tribunais interpretam o art. 477, § 8.º, da CLT de forma diversa.

No **procedimento ordinário** cabe, ainda, recurso de revista por **divergência jurisprudencial** na hipótese do **art. 896, "b", da CLT**, ou seja, quando o acórdão recorrido der ao mesmo dispositivo de lei estadual, convenção coletiva de trabalho, acordo coletivo, sentença normativa ou regulamento empresarial de observância obrigatória em área territorial que exceda a jurisdição do Tribunal Regional prolator da decisão recorrida, interpretação divergente, na forma da alínea "a" do art. 896 da CLT.

Como exemplo, podemos citar um caso hipotético em que o TRT da 9.ª região, ao julgar o recurso ordinário, interprete cláusula de acordo coletivo de trabalho de aplicação na área de jurisdição de mais de um TRT (TRT 9ª região e da 12.ª região, por exemplo) de forma diversa da adotada pelo TRT da 12.ª região. Da mesma forma o regulamento de uma empresa de âmbito nacional pode ser interpretado de forma diversa por mais de um TRT.

É importante frisar que o recurso de revista somente será cabível nesses casos quando a norma inobservada (lei estadual, acordo coletivo de trabalho convenção coletiva de trabalho ou regulamento de empresa) seja de aplicação na área de jurisdição de mais de um TRT. Nesse sentido é o item I, da OJ 147, da SDI-1, do TST:

> "OJ 147, SDI-1, TST. Lei estadual, normal coletiva ou norma regulamentar. Conhecimento indevido do recurso de revista por divergência jurisprudencial.
>
> I – É inadmissível o recurso de revista fundado tão somente em divergência jurisprudencial, a parte não comprovar que a lei estadual, a norma coletiva ou o regulamento empresarial extrapolam o âmbito do TRT prolator de decisão recorrida".

Em casos como este, caberá recurso de revista se a decisão recorrida contrariar o entendimento de outro TRT, súmula do TST, orientação jurisprudencial do TST (OJ 219, SDI-1, TST), súmula vinculante do STF ou, acórdão da Seção de Dissídios Individuais:

Cumpre destacar quanto à divergência na interpretação de lei estadual, que somente poderá ocorrer no estado de São Paulo, único no qual existem dois TRTs (TRT 2ª Região e TRT 15ª Região), uma vez que eles podem interpretar a mesma lei de forma diferente.

Ressaltem-se quanto à **divergência jurisprudencial** os seguintes dispositivos:

a) Sob pena de não conhecimento, é ônus da parte (art. 896, § 1º-A, CLT):

> "I – indicar o trecho da decisão recorrida que consubstancia o prequestionamento da controvérsia objeto do recurso de revista;

> II – indicar, de forma explícita e fundamentada, contrariedade a dispositivo de lei, súmula ou orientação jurisprudencial do Tribunal Superior do Trabalho que conflite com a decisão regional;
>
> III – expor as razões do pedido de reforma, impugnando todos os fundamentos jurídicos da decisão recorrida, inclusive mediante demonstração analítica de cada dispositivo de lei, da Constituição Federal, de súmula ou orientação jurisprudencial cuja contrariedade aponte.
>
> IV - transcrever na peça recursal, no caso de suscitar preliminar de nulidade de julgado por negativa de prestação jurisdicional, o trecho dos embargos declaratórios em que foi pedido o pronunciamento do tribunal sobre questão veiculada no recurso ordinário e o trecho da decisão regional que rejeitou os embargos quanto ao pedido, para cotejo e verificação, de plano, da ocorrência da omissão."

b) A divergência apta a ensejar o recurso de revista **deve ser atual,** não se considerando como tal a ultrapassada por súmula do Tribunal Superior do Trabalho ou do Supremo Tribunal Federal, ou superada por iterativa e notória jurisprudência do Tribunal Superior do Trabalho (art. 896, § 7º, CLT).

c) Súmulas e orientações jurisprudenciais aplicadas por analogia não autorizam o conhecimento ou provimento do recurso de revista.

d) Quando o recurso fundar-se em **dissenso de julgados**, incumbe ao recorrente o ônus de produzir **prova da divergência jurisprudencial**, mediante certidão, cópia ou citação do repositório de jurisprudência, oficial (TRT ou TST) ou credenciado (no *site* do TST há a relação de repositórios credenciados), inclusive em mídia eletrônica, em que houver sido publicada a decisão divergente, ou ainda pela reprodução de julgado disponível na internet, com indicação da respectiva fonte, mencionando, em qualquer caso, as circunstâncias que identifiquem ou assemelhem os casos confrontados (art. 896, § 8º, CLT).

Ressalte-se que os Tribunais Regionais deverão manter e dar publicidade as suas súmulas e teses jurídicas prevalecentes mediante banco de dados, organizando-as por questão jurídica decidida e divulgando-as, preferencialmente, na rede mundial de computadores (art. 6.º, Ato 491, da Presidência do TST, referendado pelo Pleno do TST). O intuito é o de facilitar aos jurisdicionados a pesquisa sobre o entendimento predominante no Tribunal.

Da decisão denegatória do recurso de revista caberá agravo, no prazo de 8 (oito) dias (art. 896, § 12, CLT).

23.6.2.4 Prequestionamento

O prequestionamento é pressuposto do recurso de revista, assim como dos demais recursos de natureza extraordinária. A matéria estará prequestionada quando houver sido tratada no acórdão impugnado (Súmula 297, I, TST), ou seja, o TST só conhecerá o recurso se houver manifestação explícita do TRT no acórdão sobre a discussão abordada no recurso de revista.

Contanto que o TRT não se pronuncie quanto à matéria impugnada, deverão ser opostos embargos de declaração com o objetivo de que se manifeste a respeito de tal matéria, sob pena de preclusão (Súmulas 297, II, e 184, TST).

Entretanto, se apesar de opostos embargos de declaração, o Tribunal não se manifestar em relação à matéria impugnada, será considerada prequestionada (Súmula 297, III, TST).

Registre-se que a palavra "explicitamente" presente no inciso I da Súmula 297 do TST não faz alusão ao dispositivo legal, exigindo-se apenas que seja evidenciada a tese sustentada na decisão, sendo indiferente a referência expressa da norma legal (OJ 118, SDI-1, TST).

Segundo o art. 896, §1º-A, I, CLT, o recorrente deve indicar o trecho da decisão recorrida que consubstancia o prequestionamento da controvérsia objeto do recurso de revista.

23.6.2.5 Transcendência

O recurso de revista será analisado se oferecer transcendência com relação aos reflexos gerais de natureza econômica, política, social ou jurídica. Isso significa que a causa não pode produzir reflexos apenas para as partes, mas ultrapassa aquela relação processual.

O art. 896-A da CLT impõe como pressuposto de admissibilidade do recurso de revista a transcendência, regulamentando a matéria.

O Tribunal Superior do Trabalho, no recurso de revista, examinará previamente se a causa oferece transcendência com relação aos reflexos gerais de natureza econômica, política, social ou jurídica.

São indicadores de transcendência, entre outros (art. 896-A, § 1º, CLT):

> I – econômica, o elevado valor da causa;
>
> II – política, o desrespeito da instância recorrida à jurisprudência sumulada do Tribunal Superior do Trabalho ou do Supremo Tribunal Federal;
>
> III – social, a postulação, por reclamante-recorrente, de direito social constitucionalmente assegurado;
>
> IV – jurídica, a existência de questão nova em torno da interpretação da legislação trabalhista.

As normas relativas ao exame da transcendência dos recursos de revista, previstas no art. 896-A da CLT, somente incidirão naqueles interpostos contra decisões proferidas pelos Tribunais Regionais do Trabalho publicadas a partir de 11.11.2017, data da vigência da Lei 13.467/2017 (art. 246, Regimento Interno do Tribunal Superior do Trabalho e art. 19, IN 41/2018, TST).

O juízo de admissibilidade do recurso de revista exercido pela Presidência dos Tribunais Regionais do Trabalho limita-se à análise dos pressupostos intrínsecos e extrínsecos do apelo, não abrangendo o critério da transcendência das questões nele veiculadas (art. 896-A, § 6º, CLT). Apenas o relator poderá realizar tal análise.

Em face da decisão monocrática do relator que denegar seguimento ao recurso de revista por não demonstrar transcendência, cabe agravo para o colegiado (art. 896-A, § 2º, CLT).

Interposto o agravo, o recorrente poderá realizar sustentação oral sobre a questão da transcendência, durante cinco minutos em sessão (art. 896-A, § 3º, CLT).

Mantido o voto do relator quanto à não transcendência do recurso, será lavrado acórdão com fundamentação sucinta, que constituirá decisão irrecorrível no âmbito do tribunal (art. 896-A, § 4º, CLT).

23.6.3 Embargos ao TST

Cabem no Processo do Trabalho embargos infringentes ao TST, a serem julgados pela Seção de dissídios coletivos (art. 894, I, "a", CLT) e embargos por divergência (art. 894, II, CLT).

Os primeiros, embargos infringentes, são cabíveis nas hipóteses indicadas no art. 894, I, "a", da CLT. Observe-se:

> "Art. 894, CLT. No Tribunal Superior do Trabalho cabem embargos, no prazo de 8 dias:
>
> I – de decisão não unânime de julgamento que:
>
> a) conciliar, julgar ou homologar conciliação em dissídios coletivos que excedam a competência territorial dos Tribunais Regionais do Trabalho e estender ou rever as sentenças normativas do Tribunal Superior do Trabalho, nos casos previstos em lei";

Os embargos por divergência ao TST serão julgados pela SDI, sendo cabíveis na hipótese de decisões de Turma do TST que contrariarem:

a) acórdão de outra Turma do TST;
b) acórdão da SDI;
c) súmula do TST;
d) orientação jurisprudencial do TST; ou
e) súmula vinculante do STF.

A **divergência apta a ensejar os embargos** deve ser atual, não se considerando tal a ultrapassada por súmula do Tribunal Superior do Trabalho ou do Supremo Tribunal Federal, ou superada por iterativa e notória jurisprudência do Tribunal Superior do Trabalho (art. 894, § 2.º, CLT).

O Ministro Relator denegará seguimento aos embargos:

> I – se a decisão recorrida estiver em consonância com súmula da jurisprudência do Tribunal Superior do Trabalho ou do Supremo Tribunal Federal, ou com iterativa, notória e atual jurisprudência do Tribunal Superior do Trabalho, cumprindo-lhe indicá-la;
>
> II – nas hipóteses de intempestividade, deserção, irregularidade de representação ou de ausência de qualquer outro pressuposto extrínseco de admissibilidade.

Da decisão denegatória dos embargos caberá agravo, no prazo de 8 (oito) dias.

Tendo em vista que o recurso de revista na execução é cabível só quando houver ofensa à Constituição Federal (art. 896, § 2º, CLT), da decisão da turma do TST proferida em recurso de revista na execução serão admissíveis embargos ao TST, quando a decisão recorrida contrariar acórdão de outra turma do TST ou da SDI, desde que diga respeito a interpretação da Constituição Federal, ou seja, a divergência hábil a ensejar o recurso de revista nesta fase processual condiciona-se à interpretação de dispositivo constitucional.

Nesse sentido:

> "SÚMULA 433, TST. EMBARGOS. ADMISSIBILIDADE. PROCESSO EM FASE DE EXECUÇÃO. ACÓRDÃO DE TURMA PUBLICADO NA VIGÊNCIA DA LEI N.º 11.496, DE 26.06.2007. DIVERGÊNCIA DE INTERPRETAÇÃO DE DISPOSITIVO CONSTITUCIONAL – Res. 177/2012, *DEJT* divulgado em 13, 14 e 15.02.2012.
>
> A admissibilidade do recurso de embargos contra acórdão de Turma em Recurso de Revista em fase de execução, publicado na vigência da Lei n.º 11.496, de 26.06.2007, condiciona-se à demonstração de divergência jurisprudencial entre Turmas ou destas e a Seção Especializada em Dissídios Individuais do Tribunal Superior do Trabalho em relação à interpretação de dispositivo constitucional".

Contudo, a Lei 13.015/2014 acrescentou o § 10 ao art. 896 da CLT, determinando que nas execuções fiscais e nas controvérsias da fase de execução que envolvam a Certidão Negativa de Débitos Trabalhistas (CNDT) caberá recurso de revista por violação à lei federal, por divergência jurisprudencial e por ofensa à Constituição Federal, o que significa que nesses casos também serão cabíveis os embargos ao TST para SDI-1.

Uma vez que a legislação determinava que cabia recurso de revista no **procedimento sumaríssimo** apenas na hipótese de violação à Constituição e contrariedade à súmula do TST, este Tribunal, na Súmula 458 do TST, estabeleceu que neste procedimento também só caberiam embargos ao TST quando demonstrada a divergência jurisprudencial entre Turmas do TST, fundada em interpretações diversas acerca da aplicação de mesmo dispositivo constitucional ou de matéria sumulada.

Contudo, a Lei 13.015/2014 acrescentou mais uma hipótese de cabimento de recurso de revista no procedimento sumaríssimo – o confronto com súmula vinculante do STF. Observando o mesmo raciocínio, também são cabíveis embargos ao TST quando demonstrada a divergência jurisprudencial entre Turmas do TST, fundada em interpretações diversas sobre súmula vinculante.

Observe que os embargos por divergência ao TST são de recurso de natureza extraordinária e, como tal, exigem o prequestionamento, ou seja, que a matéria recorrida tenha sido tratada no acórdão impugnado. No procedimento sumaríssimo, o necessário prequestionamento somente poderá ser alcançado quanto às matérias objeto do recurso de revista, que compreendem:

a) violação à Constituição;

b) contrariedade à súmula do TST;

c) contrariedade à súmula vinculante do STF.

Dessa forma, apenas nessas hipóteses caberão embargos ao TST no procedimento sumaríssimo.

Ressalte-se que os embargos são cabíveis em face de decisão do órgão colegiado do Tribunal Superior do Trabalho, sendo inadmissíveis contra decisão monocrática exarada nos moldes dos arts. 932 do CPC e 894, § 3.º, da CLT, pois o comando legal restringe seu cabimento à pretensão de reforma de decisão colegiada proferida por Turma do Tribunal Superior do Trabalho.

23.6.4 Agravo de instrumento

Sua finalidade é a de **destrancar o recurso**, ou seja, impugnar o despacho que nega seguimento a recurso (art. 897, "b", CLT). Caso o juízo *a quo* impeça a tramitação regular do recurso, por entender que os pressupostos de admissibilidade não estão presentes, o meio apropriado para impugnar este despacho denegatório é o agravo de instrumento.

Poderá ser interposto em face das decisões que denegarem seguimento ao **recurso ordinário**, ao **recurso de revista**, ao **recurso extraordinário** e ao **agravo de petição**.

Também cabe agravo de instrumento para destrancar o recurso interposto de forma adesiva.

Não cabe agravo de instrumento das decisões que denegarem seguimento ao recurso de embargos ao TST, sendo, nesse caso, o agravo regimental o recurso adequado nos termos dos arts. 2º, II, "d" e 3º, III, "c", da Lei nº 7.701/88.

A Lei 12.275/2010 alterou o texto do art. 899, § 7º, da CLT, tornando necessário o **depósito** recursal de 50% do valor do depósito de recurso que se pretende destrancar para interposição do agravo de instrumento.

Quando o agravo de instrumento tem a finalidade de destrancar recurso de revista que se insurge contra decisão que contraria a jurisprudência uniforme do Tribunal Superior do Trabalho, consubstanciada nas suas súmulas ou em orientação jurisprudencial, não haverá obrigatoriedade de se efetuar o depósito recursal (art. 899, § 8º, CLT).

A dispensa de depósito recursal não será aplicável aos casos em que o agravo de instrumento se refira a uma parcela de condenação, ou que, pelo menos, não seja objeto de arguição de contrariedade à súmula ou à orientação jurisprudencial do Tribunal Superior do Trabalho (art. 23, Ato 491/14 da Presidência do TST, referendado pelo Órgão Especial do TST).

O agravo de instrumento será dirigido ao juiz prolator do despacho, no prazo de 8 dias, podendo este **reconsiderar** a decisão que denegou seguimento ao recurso principal, ou seja, o agravo de instrumento admite juízo de retratação.

Caso o juiz mantenha a decisão agravada, a outra parte será intimada para apresentar **contraminuta ao agravo de instrumento**, bem como as **contrarrazões ao recurso principal**, no prazo de 8 dias (art. 897, § 6.º, CLT).

O agravo será julgado pelo Tribunal que seria competente para conhecer o recurso cuja interposição foi denegada (art. 897, § 4.º, CLT).

Uma vez provido o agravo, a Turma deliberará sobre o julgamento do recurso principal, observando-se a partir de então, se for o caso, o procedimento relativo a tal recurso (art. 897, § 7.º, CLT). O julgamento do recurso principal é possível já que, para interposição do agravo, se faz necessária a sua formação, com a juntada de cópia das peças indicadas no § 5.º do art. 897 da CLT. Note-se que tal artigo também foi alterado pela Lei 12.275/2010.

São **peças obrigatórias** para a formação do agravo: a) cópia da decisão agravada, b) certidão da respectiva intimação; c) cópia das procurações outorgadas aos advogados do agravante e do agravado; d) cópia da petição inicial; e) da contestação, f) da decisão originária; e g) comprovantes do recolhimento das custas e do depósito recursal do recurso trancado e a comprovação do depósito que se refere o § 7º do art. 899 da CLT (depósito para interposição do agravo de instrumento no importe de 50% do valor do depósito do recurso ao qual se pretende destrancar).

São **facultativas**, outras peças que o agravante reputar úteis ao deslinde da matéria de mérito controvertida.

Segundo a OJ 217 da SDI-I do TST, não é necessária a juntada dos comprovantes de depósito e de custas do recurso ordinário para interposição do agravo de instrumento que vise destrancar recurso de revista, desde que não sejam objeto de discussão neste recurso.

A partir da implantação integral do PJe-JT no segundo grau de jurisdição dos Tribunais Regionais do Trabalho, será dispensada a formação de autos suplementares.

Uma vez que não há mais processos físicos no âmbito do TST, já que os processos são digitalizados no TRT para posterior remessa ao TST, o agravo de instrumento interposto de despacho que negar seguimento a recurso para o Tribunal Superior do Trabalho deve ser processado nos autos do recurso denegado (art. 1.º, Res. Administrativa 1418/2010, TST).

O agravo de instrumento interposto contra despacho que não receber agravo de petição **não** suspende a execução (art. 897, § 2.º, CLT).

O recurso de revista é dirigido ao Presidente do TRT (art. 896, § 1º, CLT). Ainda que o advogado possua mandato com poderes limitados ao âmbito deste tribunal, poderá interpor recurso de revista ou agravo de instrumento visando a destrancá-los, já que estes são interpostos perante o TRT (OJ 374, SDI-1, TST).

23.6.5 Embargos de declaração

Os embargos de declaração estão previstos no art. 897-A da CLT, aplicando-se também os arts. 1.022 a 1.026 do CPC. Consoante o art. 9.º da IN 39/2016 do TST, "o cabimento dos embargos de declaração no Processo do Trabalho, para impugnar qualquer decisão judicial, rege-se pelo art. 897-A da CLT e, supletivamente, pelo Código de Processo Civil (arts. 1.022 a 1.025; §§ 2.º, 3.º e 4.º do art. 1.026), excetuada a garantia de prazo em dobro para litisconsortes (§ 1.º do art. 1.023)".

Cabem embargos de declaração contra qualquer decisão judicial, no prazo de 5 dias. Para a Fazenda, este prazo é contado em dobro (OJ 192 da SDI-I, TST).

São **hipóteses** de cabimento dos embargos de declaração: esclarecer obscuridade ou eliminar contradição (art. 1.022, I, CPC), suprir omissão de ponto ou questão sobre o qual devia se pronunciar o juiz de ofício ou a requerimento (art. 1.022, II, CPC) e corrigir erro material (art. 1.022, III, CPC). No Processo do Trabalho, esse recurso também é cabível por manifesto equívoco na análise dos pressupostos extrínsecos do recurso.

Considera-se omissa a decisão que:

> I – deixe de se manifestar sobre tese firmada em julgamento de casos repetitivos ou em incidente de assunção de competência aplicável ao caso sob julgamento; e
>
> II – incorrer em qualquer das condutas descritas no art. 489, § 1.º, CPC.

Os embargos declaratórios também podem ser opostos com o intuito de **prequestionamento** da matéria (Súmula 297, TST). A matéria estará prequestionada quando no acórdão recorrido houver tese explícita sobre a matéria que se deseja impugnar. Caso contrário, devem ser opostos embargos de declaração, sob pena de preclusão (Súmula 184, TST).

Os embargos de declaração são dirigidos ao juiz que proferiu a sentença (art. 1.023, CPC) ou, no Tribunal, ao relator (art. 1.024, § 1.º, CPC), com o objetivo de eliminar eventual vício presente na decisão originada por omissão, obscuridade, contradição ou manifesto equívoco em relação aos pressupostos extrínsecos. Quando os embargos de declaração forem opostos contra decisão de relator ou outra decisão unipessoal proferida em tribunal, o órgão prolator da decisão embargada decidi-los-á monocraticamente (art. 1.024, § 2.º, CPC).

Em regra, **não há manifestação** da outra parte nos embargos de declaração. Entretanto, se o juiz vislumbrar efeito modificativo no julgado, deverá permitir a manifestação da outra parte em 5 dias, sob pena de **nulidade** da decisão, nos termos do art. 897-A, § 2.º, da CLT. Nesse aspecto, podemos mencionar também a OJ 142 da SDI-1 do TST.

A interposição dos embargos de declaração **interrompe** (zera) o prazo para interposição de outros recursos até que seja proferida a decisão, para as **duas partes, salvo quando** intempestivos, irregular a representação da parte ou ausente a sua assinatura (art. 897-A, § 3.º, CLT).

Os erros materiais poderão ser corrigidos de ofício ou a requerimento de qualquer das partes (art. 897-A, § 1.º, CLT).

Quando manifestamente protelatórios os embargos, o juiz ou o tribunal, declarando que o são, condenará o embargante a pagar ao embargado multa não excedente de 2% sobre o valor da causa. Na reiteração de embargos protelatórios, a multa é elevada a até 10%, ficando condicionada a interposição de qualquer outro recurso ao depósito do valor respectivo, à exceção da Fazenda Pública e do beneficiário de gratuidade da justiça, que a recolherão ao final (art. 1.026, §§ 2.º e 3.º, CPC).

Os embargos de declaração com efeito modificativo possibilitam a interposição de recurso ordinário complementar.

Vale enfatizar ainda que também cabem embargos declaratórios em face de decisão monocrática do relator nas hipóteses previstas no art. 932 do CPC, se a parte pretende tão somente juízo integrativo retificador da decisão e, não, modificação do julgado (Súmula 421, I, TST). Se a parte postular a revisão no mérito da decisão monocrática, cumpre ao relator converter os embargos de declaração em agravo, em face dos princípios da fungibilidade e celeridade processual, submetendo-o ao pronunciamento do Colegiado após a intimação do recorrente para, no prazo de 5 (cinco) dias, complementar as razões recursais, de modo a ajustá-las às exigências do art. 1.021, § 1.º, do CPC de 2015 (Súmula 421, II, TST).

23.6.6 Agravo de petição

O agravo de petição é o recurso adequado para impugnar a sentença proferida na execução no Processo do Trabalho, no prazo de 8 dias (art. 897, "a", CLT).

Esse recurso possui um pressuposto de admissibilidade específico, qual seja, a delimitação das matérias e valores impugnados, sob pena de não ser recebido (art. 897, § 1.º, CLT). O pressuposto tem a finalidade de permitir a imediata e definitiva execução dos valores incontroversos.

Dessa forma, é incabível o mandado de segurança por parte do executado, a fim de impedir a execução em relação aos valores incontroversos (Súmula 416, TST).

23.6.7 Agravo interno e agravo regimental

A doutrina não é unânime quanto à distinção de agravo interno e agravo regimental.

Alguns sustentam que o atual Código de Processo Civil deixou claro que não há qualquer distinção, uma vez que o art. 1.021 refere-se apenas a agravo interno:

> Art. 1.021. Contra decisão proferida pelo relator caberá agravo interno para o respectivo órgão colegiado, observadas, quanto ao processamento, as regras do regimento interno do tribunal.
>
> § 1.º Na petição de agravo interno, o recorrente impugnará especificadamente os fundamentos da decisão agravada.
>
> § 2.º O agravo será dirigido ao relator, que intimará o agravado para manifestar-se sobre o recurso no prazo de 15 (quinze) dias, ao final do qual, não havendo retratação, o relator levá-lo-á a julgamento pelo órgão colegiado, com inclusão em pauta.
>
> § 3.º É vedado ao relator limitar-se à reprodução dos fundamentos da decisão agravada para julgar improcedente o agravo interno.
>
> § 4.º Quando o agravo interno for declarado manifestamente inadmissível ou improcedente em votação unânime, o órgão colegiado, em decisão fundamentada, condenará o agravante a pagar ao agravado multa fixada entre um e cinco por cento do valor atualizado da causa.
>
> § 5.º A interposição de qualquer outro recurso está condicionada ao depósito prévio do valor da multa prevista no § 4.º, à exceção da Fazenda Pública e do beneficiário de gratuidade da justiça, que farão o pagamento ao final.

Para outros, a exemplo de Élisson Miessa[7], com quem concordamos, o agravo interno está previsto nos arts. 894, § 3.º, da CLT e 1.021 do CPC, aplicável ao Processo do Trabalho; enquanto o agravo regimental, no regimento interno do tribunal.

7. MIESSA, Élisson. Manual dos Recursos Trabalhistas – teoria e prática. Salvador: Juspodivm, 2016. 2. ed. p. 450.

Portanto, estaremos diante do agravo regimental quando o recurso não tiver previsão legal, mas estiver disciplinado no regimento interno do tribunal. Por outro lado, havendo previsão legal, o recurso será o agravo interno.

Em verdade, o agravo interno é cabível nas hipóteses de agravo previstas em lei, tais como:

- das decisões monocráticas não proferidas com base no art. 894, § 4.º, da CLT;
- das decisões monocráticas proferidas nas condições do art. 932 do CPC, ou seja, decisão do relator que monocraticamente apreciar o pedido de tutela provisória;
- não conhecer de recurso inadmissível, prejudicado ou que não tenha impugnado especificamente os fundamentos da decisão; negar provimento ou dar provimento ao recurso, nos casos do art. 932, V e V, do CPC; decidir incidente de desconsideração da personalidade jurídica, quando instaurado originariamente no tribunal;
- em face de decisão monocrática do relator no julgamento dos recursos, à luz dos arts. 1.021 do CPC e 9.º, parágrafo único, da Lei 5.584/1970;
- A Lei 7.701/1988, nos arts. 2.º, II, "d", e 3.º, III, estabelece a possibilidade de interposição de agravo regimental contra a decisão que indeferir recurso em ações coletivas e nos embargos de divergência em ações individuais. Muito embora faça referência a agravo regimental, na verdade, trata-se de agravo interno.

O prazo do agravo regimental e interno é de 8 dias.

O prazo do agravo é contado em dobro, caso o agravante seja pessoa jurídica de direito público ou mesmo o Ministério Público.

O agravo interno é interposto perante o órgão judicial que proferiu a decisão impugnada, havendo também a possibilidade do juízo de reconsideração ou retratação. Já o agravo regimental será julgado pelo órgão colegiado definido no regimento interno do tribunal.

O processamento do agravo regimental também depende do previsto no regimento interno de cada tribunal.

> "OJ 412 DA SDI-I/TST. AGRAVO INTERNO OU AGRAVO REGIMENTAL. INTERPOSIÇÃO EM FACE DE DECISÃO COLEGIADA. NÃO CABIMENTO. ERRO GROSSEIRO. INAPLICABILIDADE DO PRINCÍPIO DA FUNGIBILIDADE RECURSAL (nova redação em decorrência do CPC de 2015) – Res. 209/2016, *DEJT* divulgado em 01, 02 e 03.06.2016.
>
> É incabível agravo interno (art. 1.021 do CPC de 2015, art. 557, § 1.º, do CPC de 1973) ou agravo regimental (art. 235 do RITST) contra decisão proferida por Órgão colegiado. Tais recursos destinam-se, exclusivamente,

a impugnar decisão monocrática nas hipóteses previstas. Inaplicável, no caso, o princípio da fungibilidade ante a configuração de erro grosseiro".

O agravo regimental tramita nos próprios autos do processo principal, exceto se o regimento interno do tribunal dispuser de forma diversa, como se pode observar da leitura da OJ 132 da SDI-I do TST:

> "OJ 132 DA SDI-I/TST. AGRAVO REGIMENTAL. PEÇAS ESSENCIAIS NOS AUTOS PRINCIPAIS (inserida em 27.11.1998).
>
> Inexistindo lei que exija a tramitação do agravo regimental em autos apartados, tampouco previsão no Regimento Interno do Regional, não pode o agravante ver-se apenado por não haver colacionado cópia de peças dos autos principais, quando o agravo regimental deveria fazer parte dele".

Estabelece a IN 39/2013 do TST que o art. 1.021 do CPC relativo ao agravo interno aplica-se ao Processo do Trabalho, exceto quanto ao prazo, que na seara trabalhista é de 8 dias:

> "Art. 1.021. Contra decisão proferida pelo relator caberá agravo interno para o respectivo órgão colegiado, observadas, quanto ao processamento, as regras do regimento interno do tribunal.
>
> § 1.º Na petição de agravo interno, o recorrente impugnará especificadamente os fundamentos da decisão agravada.
>
> § 2.º O agravo será dirigido ao relator, que intimará o agravado para manifestar-se sobre o recurso no prazo de 15 (quinze) dias, ao final do qual, não havendo retratação, o relator levá-lo-á a julgamento pelo órgão colegiado, com inclusão em pauta.
>
> § 3.º É vedado ao relator limitar-se à reprodução dos fundamentos da decisão agravada para julgar improcedente o agravo interno.
>
> § 4.º Quando o agravo interno for declarado manifestamente inadmissível ou improcedente em votação unânime, o órgão colegiado, em decisão fundamentada, condenará o agravante a pagar ao agravado multa fixada entre um e cinco por cento do valor atualizado da causa.
>
> § 5.º A interposição de qualquer outro recurso está condicionada ao depósito prévio do valor da multa prevista no § 4.º, à exceção da Fazenda Pública e do beneficiário de gratuidade da justiça, que farão o pagamento ao final".

23.7 QUESTÕES

1. (OAB VI – FGV) Uma ação é movida contra duas empresas integrantes do mesmo grupo econômico e uma terceira, que alegadamente foi tomadora dos serviços durante parte do contrato. Cada empresa possui um advogado. No caso de interposição de recurso de revista,

(A) o prazo será computado em dobro porque há litisconsórcio passivo com procuradores diferentes.

(B) o prazo será contado normalmente.

(C) o prazo será de 10 dias.

(D) fica a critério do juiz deferir a dilação do prazo para não prejudicar os réus quanto à ampla defesa.

2. (OAB 2010.2 – FGV) Pedro ajuizou ação em face de seu empregador objetivando a satisfação dos pedidos de horas extraordinárias, suas integrações e consectárias. O seu pedido foi julgado improcedente. Recorre ordinariamente, pretendendo a substituição da decisão por outra de diverso teor, tempestivamente. Na análise da primeira admissibilidade recursal há um equívoco, e se nega seguimento ao recurso por intempestivo. Desta decisão, tempestivamente, se interpõe o recurso de agravo por instrumento, que tem seu conhecimento negado pelo Tribunal Regional, por ausência do depósito recursal referente à metade do valor do recurso principal que se pretendia destrancar, nos termos do art. 899, § 7º, da Consolidação das Leis do Trabalho. Quanto à conduta do Desembargador Relator, é corretor afirmar que:

(A) ela está correta, uma vez que o referido artigo afirma que nos casos de interposição do recurso de agravo por instrumento é necessária a comprovação do depósito recursal de 50% do valor do depósito referente ao recurso que se pretende dar seguimento.

(B) ela está correta, uma vez que o preparo é requisito de admissibilidade recursal e, por isso, não pode estar ausente, sob pena de não conhecimento do recurso.

(C) ela está equivocada, pois em que pese haver a necessidade do preparo para a interposição do recurso de agravo por instrumento, no problema acima, o pedido foi julgado improcedente sendo recorrente o autor, portanto, dispensável o preparo no que se refere a depósito recursal.

(D) ela está equivocada, pois o recurso de agravo por instrumento, na esfera laboral é o único, juntamente com os embargos por declaração, que não necessita de preparo para a sua interposição.

3. (OAB IV – FGV) Lavrado auto de infração contra uma empresa por alegada violação às normas da CLT, o valor da multa importa em R$ 5.000,00. Pretendendo recorrer administrativamente da multa, a empresa:

(A) não precisará recolher qualquer multa para ter apreciado o seu recurso administrativo.

(B) não precisará depositar a multa, pois isso somente será obrigatório se desejar ajuizar ação anulatória perante a Justiça do Trabalho.

(C) para ser isenta do depósito da multa, deverá valer-se de ação própria requerendo judicialmente a isenção até o julgamento do recurso administrativo.

(D) deverá recolher o valor da multa, que ficará retida até o julgamento do recurso administrativo.

4. (OAB VI – FGV – DUQUE DE CAXIAS) Carlos José Pereira teve julgados procedentes os pedidos de equiparação salarial e de pagamento das diferenças salariais daí decorrentes. Iniciada a execução provisória, Carlos apresentou seus cálculos de liquidação, requerendo a sua homologação. O juiz, contudo, abriu prazo para que a parte contrária se manifestasse sobre os cálculos. Feito o contraditório, o juiz acabou por homologar os cálculos apresentados pela demandada e, com base nesse valor, expediu o mandado de citação, penhora e avaliação. Vinte e quatro horas após a expedição, o executado garantiu o juízo e requereu a expedição de alvará para o exequente, com a consequente extinção da execução. O juiz indeferiu o requerimento do executado, sob o argumento de que deveria aguardar o decurso de cinco dias a contar da garantia efetuada. Passados os cinco dias, o juiz julgou extinta a execução pelo cumprimento da obrigação e determinou a expedição de alvará em favor do exequente, intimando-o dessa decisão. Com base na situação acima descrita, é correto afirmar que o exequente tem o direito de interpor

(A) apelação no prazo de 15 dias, uma vez que não foi intimado da garantia do juízo e, portanto, não lhe foi dada a oportunidade de impugnar a sentença de homologação dos cálculos.

(B) agravo de petição no prazo de 8 dias, uma vez que não foi intimado da garantia do juízo e, portanto, não lhe foi dada a oportunidade de impugnar a sentença de homologação dos cálculos.

(C) recurso ordinário no prazo de 8 dias, uma vez que não foi intimado da garantia do juízo e, portanto, não lhe foi dada a oportunidade de impugnar a sentença de homologação dos cálculos.

(D) agravo de instrumento no prazo de 10 dias, uma vez que não foi intimado da garantia do juízo e, portanto, não lhe foi dada a oportunidade de impugnar a sentença de homologação dos cálculos.

5. (OAB VII – FGV – questão adaptada) Com relação aos recursos no direito processual do trabalho, é correto afirmar que

(A) cabe a interposição de recurso de revista em face de acórdão regional proferido em agravo de instrumento.

(B) o recurso adesivo é compatível com o processo do trabalho e cabe, no prazo de 8 (oito) dias, nas hipóteses de interposição do recurso ordinário, de agravo de petição, de revista e de embargos, sendo necessário que a matéria nele veiculada esteja relacionada com a do recurso interposto pela parte contrária.

(C) são cabíveis embargos de declaração opostos em face de decisão de admissibilidade do recurso de revista.

(D) na Justiça do Trabalho todas as decisões interlocutórias são irrecorríveis de imediato.

6. (OAB X – FGV) Sobre o manejo do recurso adesivo na Justiça do Trabalho, assinale a afirmativa correta.

(A) É cabível e a matéria nele veiculada não precisa estar relacionada ao recurso principal.

(B) É incabível na Justiça do Trabalho porque não há previsão dele na CLT.

(C) É cabível, pressupondo sucumbência recíproca e, caso interposto pela empresa, ela fica isenta de preparo.

(D) É cabível, mas a matéria nele veiculada precisa estar relacionada ao recurso principal.

7. (OAB XII – FGV) A empresa Restaurante M foi condenada em reclamação trabalhista a pagar diversos direitos sonegados a um dos seus ex-empregados. Na sentença, entendendo que o ex-empregador teve um comportamento processual reprovável, o juiz ainda o condenou como litigante de má-fé. De acordo com o entendimento pacificado do TST, caso a empresa pretenda recorrer ordinariamente desta decisão, ela

(A) deverá recolher as custas, o depósito recursal e o valor da multa por litigância de má-fé para viabilizar o recurso.

(B) não havendo nenhum normativo a respeito, deverá opor embargos declaratórios, requerendo ao juiz que diga se o depósito da multa é necessário.

(C) em razão da peculiaridade do Processo do Trabalho, deverá recolher a multa, imediatamente, pela metade e o restante quando do trânsito em julgado, caso mantida.

(D) não precisará recolher o valor da multa, já que tal recolhimento não é pressuposto para interposição dos recursos trabalhistas.

8. (OAB XIII – FGV) Em outubro de 2013, Gilberto ajuizou ação contra a empresa CSC Computadores Ltda., na qual ainda trabalha, postulando o pagamento de vale-transporte de 2 meses e o ticket refeição de 3 meses. O juiz julgou procedente o pedido e, para tanto, valeu-se da Lei n.º 7.418/1985 (Lei do Vale-transporte) e da análise da norma coletiva da categoria do autor, que, na cláusula 8ª, garante o benefício da alimentação. A sentença foi prolatada de forma líquida, no valor total de R$ 657,00, mesmo valor de alçada arbitrado na audiência. Diante do que prevê a Lei, assinale a afirmativa correta.

(A) Desta sentença não caberá recurso, tendo em vista a matéria discutida, bem como por se tratar de causa de alçada exclusiva da Vara.

(B) Caberá recurso de apelação, já que a Constituição Federal garante o duplo grau de jurisdição.

(C) Caberá recurso ordinário, no prazo de 8 dias, por qualquer dos litigantes.

(D) Por envolver análise de Lei Federal, a sentença deve ser submetida ao duplo grau de jurisdição obrigatório.

9. (OAB IV – FGV – questão adaptada) A respeito do recurso de revista, é correto afirmar que:

(A) é cabível para corrigir injustiças de decisões em recurso ordinário, havendo apreciação das provas produzidas nos autos do processo.

(B) é cabível nas causas sujeitas ao procedimento sumaríssimo, somente por contrariedade à súmula de jurisprudência uniforme do Tribunal Superior do Trabalho, à súmula vinculante e violação direta à Constituição da República.

(C) é cabível em sede de execução, de decisão em embargos à execução, nas mesmas hipóteses de cabimento das decisões decorrentes de recurso ordinário.

(D) não é cabível para reforma de decisão visando à uniformização de jurisprudência e restabelecimento da lei federal violada.

10. (OAB XIV – FGV – questão adaptada) Em ação que tramitou sob o procedimento sumaríssimo, o juiz decidiu determinado pedido de forma contrária ao disposto em orientação jurisprudencial do TST. Em sede de recurso ordinário, com o mesmo fundamento, o TRT manteve a decisão de primeiro grau. Diante disso, a parte entendeu por bem interpor recurso de revista.

A partir do caso apresentado, assinale a opção correta.

(A) O recurso de revista não deverá ser admitido, pois o fundamento da decisão não é contrário à Constituição Federal ou à súmula do TST, ou à súmula vinculante do STF.

(B) É cabível o recurso, pois a decisão é contrária ao entendimento do TST.

(C) O recurso de revista é incabível no procedimento sumaríssimo. Logo, não deverá ser admitido.

(D) Deverá ser admitido o recurso de revista, em razão do princípio do duplo grau de jurisdição obrigatório.

11. (OAB XIX - FGV) João foi empregado da sociedade empresária Girassol Terceirização Ltda. e trabalhou como vigilante terceirizado na sociedade empresária Passo Fundo Ltda. durante todo o seu contrato. João foi dispensado e não recebeu nenhuma verba da extinção contratual, motivando-o a ajuizar ação contra ambas as sociedades empresárias. Em audiência, a sociedade empresária Girassol Terceirização Ltda. comprovou documentalmente ter sido decretada a sua falência, ao passo que a sociedade empresária Passo Fundo Ltda. comprovou, nas mesmas condições, ter conseguido a recuperação judicial. As partes estiveram regularmente representadas e assistidas, nenhuma delas requereu a sua exclusão da lide e o pedido foi julgado procedente em parte, com condenação principal da sociedade empresária Girassol e responsabilidade subsidiária da sociedade empresária Passo Fundo.

Diante da situação retratada, da previsão legal e do entendimento do TST, considerando que as sociedades empresárias recorrerão, assinale a afirmativa correta.

(A) Diante da situação jurídica das sociedades empresárias, elas ficam dispensadas do preparo.

(B) A sociedade empresária Girassol precisará realizar preparo, mas a sociedade empresária Passo Fundo, não.

(C) Ambas as sociedades empresárias precisarão realizar o preparo integralmente.

(D) A sociedade empresária Girassol não precisará realizar preparo, mas a sociedade empresária Passo Fundo, sim.

12. (OAB XVI - FGV) Jairo requereu adicional de periculosidade em ação trabalhista movida em face de seu empregador. A gratuidade de justiça foi deferida e o perito realizou o laudo para receber ao final da demanda, tudo nos termos e nas limitações de valores fixados pelo Conselho Superior da Justiça do Trabalho. Contudo, não foi constatada atividade em situação que ensejasse o pagamento do adicional pretendido. Diante disso, assinale a afirmativa correta.

(A) A União fica responsável pelo pagamento dos honorários periciais.

(B) Como Jairo é beneficiário da gratuidade de justiça, está isento do pagamento de custas; logo, não poderá custear os honorários do perito, que ficam dispensados.

(C) A parte ré fica responsável pelo custeio da perícia, em face da inversão do ônus da prova pela hip empregado.

(D) Jairo deverá custear os honorários com os créditos que vier a receber no restante da demanda ou em outra demanda.

13. (OAB XVI – FGV) O Desembargador Relator de um recurso ordinário, ao verificar que a matéria posta em debate já era sumulada pelo TRT do qual é integrante, resolveu julgar, monocraticamente, o recurso. Diante do caso e da jurisprudência consolidada do TST, assinale a afirmativa correta.

(A) A atitude está equivocada, pois, na Justiça do Trabalho, não cabe julgamento monocrático pelo TRT.

(B) O julgamento monocrático está correto e dessa decisão não caberá recurso, com o objetivo de abreviar o trânsito em julgado.

(C) É possível o uso subsidiário do art. 932 do CPC, de modo que a decisão monocrática é válida na hipótese, e caberá recurso contra a decisão.

(D) A única possibilidade de julgamento monocrático válido é aquele feito pelo TST.

14. (OAB/FGV – XXII EXAME DE ORDEM) Lucas é vigilante. Nessa condição, trabalhou como terceirizado durante um ano em um estabelecimento comercial privado e, a seguir, em um órgão estadual da administração direta, no qual permaneceu por dois anos. Dispensado, ajuizou ação contra o ex-empregador e contra os dois tomadores dos seus serviços (a empresa privada e o Estado), pleiteando o pagamento de horas extras durante todo o período contratual e a responsabilidade subsidiária dos tomadores nos respectivos períodos em que receberam o serviço. A sentença julgou procedente o pedido e os réus pretendem recorrer. Em relação às custas, com base nos ditames da CLT, assinale a afirmativa correta.

(A) Cada réu deverá recolher 1/3 das custas.

(B) Havendo participação do Estado, ninguém pagará custas.

(C) Somente o Estado ficará dispensado das custas.

(D) Cada réu deverá recolher a integralidade das custas.

15. (OAB/FGV – XXII EXAME DE ORDEM) Em reclamação trabalhista que se encontra na fase de execução, o executado apresentou exceção de pré-executividade. Após ser conferida vista à parte contrária, o juiz julgou-a procedente e reconheceu a nulidade da citação e de todos os atos subsequentes, determinando nova citação para que o réu pudesse contestar a demanda. Considerando essa situação e o que dispõe a CLT, assinale a opção que indica o recurso que o exequente deverá apresentar para tentar reverter a decisão.

(A) Apelação.

(B) Agravo de Petição.

(C) Recurso de Revista.

(D) Recurso Ordinário.

16. (OAB/FGV – XXIV EXAME DE ORDEM) Contra ato de Juiz do Trabalho que determinou a antecipação de honorários periciais do seu cliente, mesmo não tendo ele condições financeiras para arcar com esse custo, você, na defesa dos interesses do cliente, impetrou mandado de segurança contra o ato judicial, mas, por unanimidade, não teve a segurança concedida. De acordo com a CLT, assinale a opção que indica o procedimento a ser adotado para tentar reverter a decisão.

(A) Interpor Recurso Ordinário para o TST.

(B) Interpor Agravo de Instrumento para o STF.

(C) Interpor Agravo Interno para o próprio TRT.

(D) Nada mais pode ser feito, porque se trata de decisão irrecorrível.

17. (OAB/FGV – XXV EXAME DE ORDEM) Em determinada Vara do Trabalho foi prolatada uma sentença que, após publicada, não foi objeto de recurso por nenhum dos litigantes. Quinze meses depois, uma das partes ajuizou ação rescisória perante o Tribunal Regional do Trabalho local, tendo o acórdão julgado improcedente o pedido da rescisória. Ainda inconformada, a parte deseja que o TST aprecie a demanda.

Assinale a opção que indica, na hipótese, o recurso cabível para o Tribunal Superior do Trabalho.

(A) Recurso Ordinário.

(B) Recurso de Revista.

(C) Recurso Especial.

(D) Agravo de Instrumento.

18. (OAB/FGV – XXV EXAME DE ORDEM) Em sede de reclamações trabalhista duas sociedades empresárias foram condenadas em primeira instância. A Massa Falida da Calçados Sola Dura Ltda. e a Institutos de Seguros Privados do Brasil, sociedade empresária em liquidação extrajudicial.

Acerca do depósito recursal, na qualidade de advogado das empresas você deverá

(A) deixar de recolher o depósito recursal e custas nos dois casos, já que se trata de massa falida de empresa em liquidação extrajudicial.

(B) deixar de recolher o depósito recursal e as custas no caso da massa falida, mas recolher ambos para a empresa em liquidação extrajudicial.

(C) recolher nos dois casos o depósito recursal e as custas, sob pena de deserção.

(D) deixar de recolher o depósito recursal no caso da massa falida, mas recolher ambos para a empresa em liquidação extrajudicial e as custas para a massa falida.

19. (OAB/FGV – XXVI EXAME DE ORDEM) Vando ajuizou reclamação trabalhista em desfavor da sociedade empresária Cetro Dourado Ltda., na qual trabalhou por 5 anos e 3 meses, na condição de vigia noturno. A sociedade empresária não compareceu à audiência, daí por que o pedido foi julgado procedente à sua revelia. Contudo, a sociedade empresária interpôs recurso ordinário no prazo legal e efetuou o recolhimento das custas e do depósito recursal, mas com valor inferior ao devido (R$ 10,00 a menos nas custas e R$ 500,00 a menos no depósito recursal). Com base na situação retratada na lei e no entendimento consolidado do TST, assinale a afirmativa correta.

(A) O recurso não pode ser conhecido, porque houve revelia; assim, a sociedade empresária fica juridicamente impedida de recorrer.

(B) Na Justiça do Trabalho não existe possibilidade de se sanar vício referente à diferença no preparo, motivo pelo qual o recurso será considerado deserto.

(C) O juiz deverá assinalar prazo de 5 dias para que a sociedade empresária efetue o recolhimento da diferença das custas e do depósito recursal, sob pena de deserção.

(D) Em tese, seria possível que a sociedade empresária recolhesse a diferença das custas, mas não há previsão jurisprudencial de prazo para complementar o depósito recursal.

20. (OAB – XXVIII EXAME DE ORDEM) Francisco trabalhou em favor de uma empresa em Goiânia/GO. Após ser dispensado, mudou-se para São Paulo e neste Estado ajuizou reclamação trabalhista contra o ex-empregador. Este, após citado em Goiânia/GO, apresentou petição de exceção de incompetência territorial logo no segundo dia. Em razão disso, o juiz suspendeu o processo e conferiu vista ao exceto. Em seguida, proferiu decisão acolhendo a exceção e determinando a remessa dos autos ao juízo distribuidor de Goiânia/GO, local onde os serviços de Francisco foram prestados e que, no entendimento do magistrado, seria o juízo competente para julgar a reclamação trabalhista. Diante da situação retratada e do entendimento consolidado do TST, assinale a afirmativa correta.

(A) O reclamante nada poderá fazer por se tratar de decisão interlocutória.

(B) Francisco poderá interpor de imediato Recurso Ordinário no prazo de 8 dias.

(C) Sendo as decisões interlocutórias irrecorríveis, Pedro deverá impetrar Mandado de Segurança.

(D) O recurso cabível para tentar reverter a decisão é o Agravo de Petição.

21 (OAB – XXVIII EXAME DE ORDEM) No curso de uma ação trabalhista que se encontra em fase de execução de sentença, a executada, citada para pagar e garantir o juízo, apresentou exceção de pré-executividade almejando a nulidade de todos os atos, uma vez que não havia sido regularmente citada. Após regular trâmite, o juiz julgou procedente a exceção de pré-executividade e anulou todos os atos processuais praticados desde a citação, concedendo ainda prazo para a reclamada contestar a reclamação trabalhista. Sobre a hipótese, assinale a opção que indica o recurso cabível, a ser manejado pelo exequente, contra a decisão da exceção de pré-executividade.

(A) Apelação.

(B) Recurso Ordinário.

(C) Agravo de Instrumento.

(D) Agravo de Petição.

22 (OAB/FGV – XXVIII EXAME DE ORDEM) Prolatada a sentença em uma reclamação trabalhista, o autor opõe embargos de declaração no 3º dia contado da publicação e afirma que existe erro material no julgado, pois o número do processo encontra-se equivocado, assim como o nome das partes. Diante da situação retratada e dos termos da CLT, assinale a afirmativa correta.

(A) O juiz não precisará dar vista dos embargos à parte contrária, diante da natureza do erro.

(B) A Lei é omissa a respeito, daí porque o juiz usará da equidade para ver se é o caso de conferir vista à parte adversa.

(C) Havendo, no caso em exame, possibilidade de efeito modificativo do julgado, a parte contrária poderá se manifestar em 8 dias.

(D) Independentemente do recurso e seu efeito perante o julgado, é direito da parte contrária se manifestar sobre os embargos em 10 dias.

23. (Ano: 2020 Banca: FGV Órgão: OAB Prova: FGV – 2020 – OAB – Exame de Ordem Unificado XXXI – Primeira Fase) Heloísa era empregada doméstica e ajuizou, em julho de 2019, ação contra sua ex-empregadora, Selma Reis. Após regularmente instruída, foi prolatada sentença julgando o pedido procedente em parte.

A sentença foi proferida de forma líquida, apurando o valor devido de R$ 9.000,00 (nove mil reais) e custas de R$ 180,00 (cento e oitenta reais). A ex-empregadora, não se conformando com a decisão, pretende dela recorrer.

Indique a opção que corresponde ao preparo que a ex-empregadora deverá realizar para viabilizar o seu recurso, sabendo-se que ela não requereu gratuidade de justiça porque tem boas condições financeiras.

(A) Tratando-se de empregador doméstico, só haverá necessidade de recolher as custas.

(B) Deverá recolher integralmente as custas e o depósito recursal.

(C) Por ser empregador doméstico, basta efetuar o recolhimento do depósito recursal.

(D) Deverá recolher as custas integralmente e metade do depósito recursal.

24. (Ano: 2020 Banca: FGV Órgão: OAB Prova: FGV – 2020 – OAB – Exame de Ordem Unificado XXXI – Primeira Fase) Em setembro de 2019, durante a audiência de um caso que envolvia apenas pedido de adicional de insalubridade, o Juiz do Trabalho determinou a realização de perícia e que a reclamada antecipasse os honorários periciais. Inconformada com essa decisão, a sociedade empresária impetrou mandado de segurança contra esse ato judicial, mas o TRT, em decisão colegiada, não concedeu a segurança.

Caso a sociedade empresária pretenda recorrer dessa decisão, assinale a opção que indica a medida recursal da qual deverá se valer.

(A) Agravo de Instrumento.

(B) Recurso Ordinário.

(C) Agravo de Petição.

(D) Recurso de Revista.

25. (OAB/FGV – XXXII EXAME DE ORDEM) Helena ajuizou reclamação trabalhista, na qual requereu o pagamento do 13º salário integral do último ano trabalhado, no valor de R$ 1.300,00, indicando o referido valor à causa. A sociedade empresária alegou, em defesa, a quitação regular de tal verba, mas não fez prova documental ou testemunhal desse fato. Em razão disso, o pedido foi julgado procedente, tendo o juiz proferido sentença líquida cujo valor, já incluídos juros e correção monetária, passou a ser de R$ 1.345,00.

Sobre esse caso, de acordo com as leis de regência, assinale a afirmativa correta.

(A) A sociedade empresária poderá interpor recurso de apelação no prazo de 15 dias.

(B) O recurso não será admitido, haja vista o valor da condenação e a matéria tratada.

(C) O juiz deverá submeter a decisão ao duplo grau de jurisdição obrigatório, uma vez que a condenação é inferior a 5 salários mínimos.

(D) A sociedade empresária poderá interpor recurso ordinário contra a sentença, mas deverá comprovar o recolhimento de custas e o depósito recursal.

26. (OAB/FGV – XXXIV EXAME DE ORDEM) Plínio Barbosa ajuizou uma reclamação trabalhista em face de seu empregador. O valor da causa era de 30 (trinta) salários-mínimos, com valor vigente na data do ajuizamento da ação. O pedido único da ação está baseado em entendimento sumulado pelo TST, cabendo aplicação literal da Súmula. Ainda assim, o juiz de primeiro grau julgou improcedente o pedido. Você, na qualidade de advogado (a) de Plínio, apresentou o recurso cabível, mas o TRT respectivo manteve a decisão, sem que houvesse no acórdão dúvida, contradição, obscuridade ou contradição. Considerando que a decisão do TRT foi publicada numa segunda-feira, assinale a opção que indica a medida judicial que você adotaria para o caso.

(A) Não cabe mais qualquer recurso em razão do tipo de procedimento da ação.

(B) Caberá recurso de agravo de instrumento.

(C) Caberá recurso de agravo de petição.

(D) Caberá recurso de revista.

27. (OAB/FGV – XXXIV EXAME DE ORDEM) Numa reclamação trabalhista que se encontra na fase de execução e diante da extrema complexidade dos cálculos, o juiz determinou a liquidação a cargo de um perito judicial. Apresentado o laudo, em que pese ambas as partes discordarem das contas apresentadas pelo especialista, elas foram homologadas pelo juiz. A sociedade empresária garantiu o juízo e ajuizou embargos à execução, enquanto o exequente apresentou impugnação à sentença de liquidação. O juiz julgou improcedentes ambas as ações, mantendo a homologação já feita. Somente a sociedade empresária interpôs agravo de petição no prazo legal. Sobre o caso, considerando os fatos narrados e o entendimento consolidado do TST, assinale a afirmativa correta.

(A) No prazo de contrarrazões, o exequente poderá, querendo, interpor agravo de petição de forma adesiva.

(B) O recurso adesivo não é aceito na Justiça do Trabalho porque a CLT é omissa a respeito.

(C) Caberá ao exequente apenas apresentar contrarrazões, pois o recurso adesivo só tem cabimento para os recursos ordinário e de revista.

(D) Agravo de petição adesivo é aceito na seara trabalhista, sendo necessário que a matéria nele veiculada esteja relacionada com a do recurso interposto pela parte contrária.

28. (OAB/FGV – XXXIV EXAME DE ORDEM) Beatriz foi empregada de uma entidade filantrópica por 2 (dois) anos e 3 (três) meses. Terminada a relação de emprego no final de 2021, Beatriz ajuizou reclamação trabalhista 1 (um) mês após, pelo procedimento sumaríssimo, postulando diversos direitos supostamente lesados, além de honorários advocatícios. Regularmente contestado e instruído, o pedido foi julgado procedente em parte, sendo que a ex-empregadora recorreu da sentença no prazo legal juntando o recolhimento das custas. Sobre essa hipótese, de acordo com o que dispõe a CLT, assinale a afirmativa correta.

(A) O recurso terá o seguimento negado de plano, já que a exempregadora não efetuou o depósito recursal.

(B) O juiz deverá conceder prazo para que a recorrente sane o vício e efetue o recolhimento do depósito recursal, sob pena de deserção.

(C) O recurso terá seguimento normal e será apreciado desde que a recorrente recolha metade do depósito recursal até a apreciação do recurso pelo Relator.

(D) O recurso está com o preparo adequado porque, diante da natureza jurídica da ex-empregadora, ela é isenta do depósito recursal.

29. (OAB/FGV – XXXIII EXAME DE ORDEM) A sociedade empresária Refeições Tempero de Casa Ltda. é ré em uma reclamação trabalhista movida por sua ex-empregada Rosângela, que lá atuou como cozinheira. Após devidamente contestada e instruída, foi prolatada sentença, em outubro de 2021, julgando os pedidos procedentes em parte. Ocorre que no mesmo dia da publicação da sentença, a sociedade empresária teve sua recuperação judicial deferida pela justiça estadual. Nada foi decidido a respeito de gratuidade de justiça para a sociedade empresária. Diante da situação apresentada, da previsão contida na CLT e considerando que a sociedade pretende recorrer da sentença, assinale a afirmativa correta.

(A) Com a recuperação judicial deferida, a sociedade empresária fica dispensada de efetuar qualquer preparo para recorrer.

(B) A sociedade empresária terá de recolher as custas, mas não precisará efetuar o depósito recursal para recorrer.

(C) Como a sociedade empresária não teve a falência decretada, mas sim a recuperação judicial deferida, efetuará normalmente o preparo.

(D) A sociedade empresária, diante da recuperação judicial deferida, pagará metade das custas e do depósito recursal.

30. (OAB/FGV – XXXIII EXAME DE ORDEM) Uma sociedade de economia mista do Estado do Maranhão, após devidamente citada em reclamação trabalhista de um empregado, apresentou defesa e produziu provas em juízo, mas foi condenada na sentença. Assinale a opção que, de acordo com a CLT, indica o prazo que a empresa em questão possui para recorrer ao TRT.

(A) 8 dias úteis.

(B) 16 dias úteis.

(C) 8 dias corridos.

(D) 16 dias corridos.

31. (OAB/FGV – XXXIII EXAME DE ORDEM) Renata, professora de Artes, lecionou na Escola do Futuro. Em sede de reclamação trabalhista, um de seus pedidos foi julgado improcedente, sendo certo que o que você pleiteava, na qualidade de advogado(a) de Renata, estava fundamentado na aplicação incontroversa de súmula do TST a respeito da matéria. Ainda assim, o TRT respectivo, ao julgar seu recurso, manteve a decisão de primeira instância. Considerando que a referida decisão não deixou margem à oposição de embargos de declaração, assinale a opção que indica a medida jurídica a ser adotada.

(A) Interposição de agravo de instrumento.

(B) Interposição de agravo de petição.

(C) Ajuizamento de ação rescisória.

(D) Interposição de recurso de revista.

32. (OAB/FGV – XXXVI EXAME DE ORDEM) No bojo de uma execução trabalhista, o juízo, a requerimento da exequente, utilizou todas as ferramentas tecnológicas disponíveis para tentar apreender dinheiro ou bens do executado, não tendo sucesso. O juízo, também a requerimento da exequente, deferiu a instauração do incidente de desconsideração da personalidade jurídica (IDPJ) em face dos sócios, que foram citados e se manifestaram. Diante dos argumentos apresentados, o IDPJ foi julgado improcedente, isentando os sócios de qualquer responsabilidade. Considerando a situação de fato e a previsão legal, assinale a afirmativa correta.

(A) A exequente poderá interpor recurso de agravo de petição.

(B) Não caberá recurso da decisão em referência por ser interlocutória.

(C) Caberá à exequente, se desejar, interpor recurso ordinário.

(D) A exequente poderá interpor agravo de instrumento.

33. (OAB/FGV – XXXVI EXAME DE ORDEM) Após a admissão e o julgamento de um recurso de revista, um motorista por aplicativo, que requereu vínculo empregatício com uma plataforma, teve o seu pedido julgado improcedente por uma das turmas do Tribunal competente. Na mesma semana, outro recurso de revista foi julgado de forma diametralmente oposta por outra turma do mesmo Tribunal, reconhecendo o vínculo de emprego. Diante desta contradição nos julgamentos, assinale a opção que indica o recurso cabível para uniformizar o entendimento desse Tribunal e em que órgão ele será apreciado.

(A) Embargos, para a Seção de Dissídios Individuais do TST.

(B) Recurso Ordinário, a ser julgado pelo órgão Pleno do TRT da Região.

(C) Embargos de Declaração, a ser apreciado pelo STF.

(D) Conflito Negativo de Competência, para o órgão especial do STJ.

34. (OAB/FGV – XXXVII EXAME DE ORDEM) Natália ajuizou reclamação trabalhista contra o ex-empregador e a ação adotou o rito sumaríssimo. Natália teve procedência parcial do seu pedido, tendo havido recurso do ex-empregador. O TRT local manteve a sentença, mas, na ótica da sociedade empresária, a decisão violou frontalmente uma orientação jurisprudencial (OJ) do TST, daí porque interpôs recurso de revista para tentar revertê-la sob esse fundamento. Diante do fato apresentado e das normas previstas na CLT, assinale a afirmativa correta.

(A) O recurso de revista não será admitido, porque não houve violação de Súmula do TST, de Súmula vinculante do STF e nem violação direta da Constituição Federal.

(B) O recurso em exame será admitido, porque cabe ao TST manter a autoridade da sua jurisprudência contra decisões que a violem.

(C) O recurso de revista não será admitido, porque ele só tem cabimento para as causas que tramitam pelo procedimento ordinário, o que não é a hipótese.

(D) O recurso de revista, no caso apresentado, sempre será admitido se houver alegação de violação às Súmulas e às orientações jurisprudenciais do TST, bem como violação de Lei Federal.

35. (OAB/FGV – XXXVIII EXAME DE ORDEM) Depois de fracassar a tentativa pacífica de negociação para realizar uma convenção coletiva de âmbito municipal, o sindicato dos empregados ajuizou dissídio coletivo que, depois de regularmente processado nos moldes da Lei, recebeu sua sentença normativa. Ocorre que o sindicato dos empregadores não concorda com algumas das cláusulas fixadas, e pretende recorrer da decisão.

Diante da situação retratada e dos termos da CLT, assinale a afirmativa correta.

(A) Caberá recurso ordinário para o TST.

(B) Por se tratar de sentença normativa, é irrecorrível.

(C) Caberá recurso de revista para o TST.

(D) Caberá recurso ordinário para o TRT.

36. (OAB/FGV – XXXVIII EXAME DE ORDEM) Tomás teve o pedido de sua reclamação trabalhista julgado procedente em parte. Com o trânsito em julgado, adveio a fase executória e o juiz lhe conferiu prazo para apresentar os cálculos atualizados, o que foi feito. Desse cálculo, a executada foi intimada a se manifestar, mas quedou-se inerte. Em seguida, após ratificação pelo calculista da Vara, o juiz homologou o cálculo de Tomás e citou o executado para pagamento.

O executado apresentou guia de depósito do valor homologado e, 5 dias após, ajuizou embargos à execução, questionando os cálculos homologados, entendendo que estavam majorados.

Diante da situação retratada e da previsão da CLT, assinale a afirmativa correta.

(A) Os embargos não serão apreciados porque intempestivos, já que o prazo é de 3 dias úteis.

(B) Cabíveis embargos à execução no prazo de até 5 dias úteis após a garantia do juízo, daí, o mérito dele será apreciado.

(C) Há preclusão porque a empresa silenciou acerca dos cálculos, logo o mérito dos embargos não será apreciado.

(D) Os embargos são tempestivos, não há preclusão mas faltou realizar o preparo com acréscimo de 30%, daí o mérito não será apreciado.

37. (OAB/FGV – XXXIX EXAME DE ORDEM) De uma sentença trabalhista, que julgou o pedido procedente em parte, somente o reclamante recorreu. No prazo de 8 dias da intimação acerca do recurso, a sociedade empresária apresentou contrarrazões ao recurso ordinário e recurso ordinário adesivo.

Do recurso adesivo, o juiz concedeu vista ao reclamante, que se manifestou desistindo do recurso principal.

Diante do caso retratado e dos termos da legislação em vigor, assinale a afirmativa correta.

(A) Não existe previsão de recurso adesivo na CLT e, por isso, ele não pode ser interposto na Justiça do Trabalho.

(B) O recurso adesivo pode ser manejado na seara trabalhista, e, com a desistência do recurso principal, o adesivo será admitido e apreciado pelo TRT.

(C) O recurso adesivo, com a desistência do recurso principal, não poderá ser conhecido, ocorrendo assim o trânsito em julgado da sentença.

(D) A desistência do recurso principal dependerá de concordância da parte contrária, porque isso pode gerar consequência ao recurso adesivo.

38. (OAB/FGV – XL EXAME DE ORDEM) Você é advogado de um trabalhador em sede de reclamação trabalhista. Em que pese o direito de seu cliente ser constitucionalmente assegurado, pois se trata de férias não gozadas um ano após o período aquisitivo, que tampouco foram indenizadas, a sentença de primeiro grau considerou o pedido improcedente. Do mesmo modo o recurso pertinente contra essa decisão também teve o provimento negado.

Diante disso, considerando a decisão contrária ao dispositivo constitucional, você interpôs o recurso cabível, que não foi admitido sob a alegação de que não preenchia os pressupostos para tanto.

Diante disso, assinale a afirmativa que apresenta, corretamente, a medida a ser adotada no interesse do seu cliente, sendo certo que as decisões não contêm nenhum vício de dúvida, omissão, obscuridade ou contradição.

(A) Recurso de Revista.
(B) Agravo de Instrumento.
(C) Recurso Extraordinário.
(D) Agravo de Petição.

39. (OAB/FGV – XLI EXAME DE ORDEM) Em sede de reclamação trabalhista, a decisão deferindo horas extras para o autor transitou em julgado. Após a liquidação de sentença e fixado o débito em R$ 10.000,00, a sociedade empresária que é ré foi intimada a pagar.

Ocorre que, você, advogado(a) da sociedade empresária ré, entendeu que os valores estavam incorretos. Seu cliente teve um veículo penhorado para garantir a execução. Você apresentou embargos à execução tempestivamente, contestados pela parte contrária.

O juiz julgou improcedente sua alegação e manteve o valor. Seu cliente lhe perguntou se haveria mais alguma medida para discutir o valor.

Admitindo que você foi notificado da decisão na data de ontem e que ela não contém nenhum vício processual formal, assinale a opção que indica o recurso cabível.

(A) Agravo de Instrumento.
(B) Agravo de Petição.
(C) Ordinário.
(D) Recurso de Revista.

40. (OAB/FGV – XLI EXAME DE ORDEM) Pietro está sendo executado na Justiça do Trabalho e, em seu processo, o juiz acionou todas as ferramentas tecnológicas disponíveis para tentar apreender dinheiro ou bens, mas não teve sucesso. Como última e radical tentativa de coerção, o exequente requereu a suspensão do passaporte de Pietro, o que foi deferido pelo magistrado e cumprido.

Inconformado, Pietro o contratou como advogado(a) e você impetrou habeas corpus para garantir o direito de locomoção do seu cliente, comprovando que ele adquiriu passagem aérea para uma viagem ao exterior, mas que estava impossibilitado de deixar o território nacional. Em decisão colegiada, o TRT negou, no mérito, o salvo conduto a Pietro, e, em razão disso, você pretende recorrer da decisão.

Assinale a opção que indica a medida judicial correta que você deverá apresentar e para que órgão.

(A) Recurso Ordinário para o TST.

(B) Agravo de Petição para o STJ.

(C) Recurso de Revista para o TST.

(D) Agravo de Instrumento para o TRT da Região.

41. (OAB/FGV – 42º EXAME DE ORDEM) Em sede de reclamação trabalhista você advoga para a parte autora. Dos três pedidos formulados, você sagrou-se vitorioso em dois, horas extras e equiparação salarial, sucumbindo apenas no pedido de integração da habitação. Atendendo a um desejo de seu cliente, optou–se por não recorrer, tendo o prazo recursal transcorrido integralmente. A ré, por sua vez e no seu prazo, apresentou recurso pertinente e, agora, o processo encontra–se com prazo para você contrarrazoar o recurso da ré. Ocorre que seu cliente mudou de opinião, já que o processo irá se alongar por conta do recurso da ré. Diante disso, indagou-lhe se caberia alguma medida processual para que fosse reexaminada a questão relativa à integração da habitação.

Com base no enunciado e no entendimento consolidado do TST, assinale a afirmativa correta.

(A) Caberá recurso adesivo.

(B) Caberá recurso ordinário.

(C) Caberá agravo de instrumento.

(D) Não há medida a ser adotada, transitando em julgado a decisão do pedido de integração da habitação.

GABARITO: As respostas destes testes encontram-se no final do livro.

CAPÍTULO

24

EXECUÇÃO

24.1 TÍTULOS EXECUTIVOS TRABALHISTAS JUDICIAIS E EXTRAJUDICIAIS

O art. 876 da CLT disciplina os títulos executivos trabalhistas, dividindo-os em judiciais e extrajudiciais, quais sejam:

a) judiciais:

- sentenças transitadas em julgado;
- sentenças sujeitas a recurso desprovido de efeito suspensivo;
- acordos judiciais não cumpridos.

b) extrajudiciais:

- termos de compromisso de ajustamento de conduta firmados perante o Ministério Público do Trabalho;
- termos de conciliação firmados perante a comissão de conciliação prévia.

Perceba que essa lista apresenta títulos executivos **judiciais** e títulos executivos **extrajudiciais**.

TÍTULOS EXECUTIVOS JUDICIAIS: são os produzidos com atividade do Poder Judiciário (decisões judiciais, acordos homologados pelo juiz).

TÍTULOS EXECUTIVOS EXTRAJUDICIAIS: são os produzidos sem nenhuma interferência do Poder Judiciário (Termos de Ajuste de Conduta, Termos de Conciliação da CCP).

Fique de olho

Esta lista de títulos executivos, todavia, é **exemplificativa**. Existem outros títulos que podem ser executados na Justiça do Trabalho, mas que não se fazem presentes no rol do art. 876.

Vale destacar que a CF/1988, no art. 114, VIII (por força da EC 45/2004), a Súmula Vinculante 53 do STF, a Súmula 368, I, do TST e o parágrafo único do art. 876 da CLT determinam que serão executados de ofício pela Justiça do Trabalho os créditos previdenciários devidos em decorrência das sentenças ou acordos proferidos pelos juízes e Tribunais do Trabalho.

Também são títulos executivos extrajudiciais executáveis na Justiça do Trabalho as multas inscritas na Dívida Ativa da União provenientes dos autos de infração lavrados pelos Auditores Fiscais do Trabalho (art. 114, VII, CF/1988 c/c o art. 784, IX, CPC).

Além desses, o cheque e a nota promissória também são títulos executáveis na Justiça do Trabalho. À luz do art. 13 da IN 39/2016 do TST, "por aplicação supletiva do art. 784, I (art. 15, CPC), o cheque e a nota promissória emitidos em reconhecimento de dívida inequivocamente de natureza trabalhista também são títulos extrajudiciais para efeito de execução perante a Justiça do Trabalho", na forma dos arts. 876 e seguintes da CLT.

Impende destacar que a arbitragem é cabível nos dissídios coletivos (art. 114, § 1.º, da CF) e nos dissídios individuais cujos contratos de trabalho tenham remuneração superior a duas vezes o limite máximo estabelecido para os benefícios do Regime Geral de Previdência Social, desde que pactuada cláusula compromissória de arbitragem, por iniciativa do empregado ou mediante a sua concordância expressa, antes ou após o término do contrato (art. 507-A, CLT). Portanto, a sentença arbitral, quando condenatória, é um título executivo, podendo ser executada na Justiça do Trabalho (art. 31 da Lei 9.307/1996).

24.2 EXECUÇÃO PROVISÓRIA E DEFINITIVA

A execução de título executivo extrajudicial será sempre definitiva. Entretanto, tratando-se de título judicial, ela poderá ser provisória ou definitiva.

A execução será **provisória** quando o julgamento de recurso estiver pendente, ou seja, a sentença não tiver transitado em julgado.

O início da execução depende de requerimento da parte. Apenas quando a parte estiver demandando sem advogado, a execução poderá ser iniciada de ofício (art. 878, CLT)[1].

Considerando que os recursos no Processo do Trabalho possuem efeito meramente devolutivo, é possível que seja requerido o início da execução provisória, que segue apenas até a penhora (art. 899, CLT).

Por sua vez, a execução será **definitiva** depois que a sentença ou acórdão tiverem transitado em julgado, porém seu início deverá ser requerido pela parte (art. 878, CLT).

1. Art. 13. A partir da vigência da Lei 13.467/2017, a iniciativa do juiz na execução de que trata o art. 878 da CLT e no incidente de desconsideração da personalidade jurídica a que alude o art. 855-A da CLT ficará limitada aos casos em que as partes não estiverem representadas por advogado.

24.3 LIQUIDAÇÃO

A liquidação de sentença será necessária quando a sentença proferida na fase de conhecimento for ilíquida. Trata-se de uma etapa preparatória da execução.

Exemplo: na sentença, o juiz do trabalho condenou a empresa reclamada a pagar ao reclamante a seguinte parcela trabalhista:

→ 10 horas extras por mês, com integração e reflexo nas demais parcelas Intimada desta sentença, a empresa ainda não tem como saber quanto deve pagar ao reclamante. Na fase de liquidação de sentença, a empresa saberá qual é o valor correspondente a cada uma dessas parcelas, já atingidas pelos reflexos da integração das horas extras.

Há três modalidades de liquidação de sentença: por cálculos, procedimento comum (a CLT ainda se refere a ela como liquidação por artigos) e arbitramento (art. 879, *caput*, CLT):

a) Cálculos: a liquidação mediante cálculos depende apenas de simples operações aritméticas, pois a sentença oferece todos os elementos necessários para determinar o valor condenatório.

b) Procedimento Comum: impõe-se a liquidação por meio de artigos se houver necessidade de alegar e provar fatos novos, para quantificar ou individualizar o objeto da condenação (art. 509, II, CPC). Na liquidação pelo procedimento comum, o juiz determinará a intimação do requerido, na pessoa de seu advogado ou da sociedade de advogados a que estiver vinculado, para, querendo, apresentar contestação no prazo de 15 (quinze) dias.

c) Arbitramento: consiste em exame ou vistoria pericial de pessoas ou coisas, com a finalidade de apurar o *quantum* relativo à obrigação pecuniária que deverá ser adimplida pelo devedor, ou, em determinados casos, de individualizar, com precisão, o objeto da condenação. Esta modalidade será utilizada quando não for possível liquidar a sentença por simples cálculos ou por artigos. Neste caso, o juiz intimará as partes para a apresentação de pareceres ou documentos elucidativos, no prazo que fixar, e, caso não possa decidir de plano, nomeará perito, observando-se, no que couber, o procedimento da prova pericial (art. 510, CPC).

Uma vez transitada em julgado a decisão, na liquidação não será possível modificar ou inovar a sentença liquidanda, nem discutir matéria pertinente à causa principal (art. 879, § 1º, CLT).

O cálculo das contribuições previdenciárias deve ser incluído na liquidação de sentença (art. 879, § 1º-A, CLT).

Em se tratando de liquidação por cálculos, estes, inclusive quanto às contribuições previdenciárias, poderão ser apresentados pelas partes ou pelos órgãos auxiliares da Justiça do Trabalho, a critério do juiz, que, preferencialmente, deverá intimar as partes para apresentá-los (art. 879, §§ 1º-B e 3º, CLT).

À luz do § 6º do art. 879 da CLT, na hipótese de cálculos de liquidação complexos, o juiz poderá nomear perito para a sua elaboração e fixará, depois da conclusão do trabalho, o valor dos respectivos honorários com observância, entre outros, dos critérios de razoabilidade e proporcionalidade.

O § 2º do art. 879 da CLT impõe ao juiz oportunizar a manifestação das partes no prazo comum de 8 dias, tão logo elaborados os cálculos[2]. Vejamos:

> "Art. 879. (...)
>
> § 2º Elaborada a conta e tornada líquida, o juízo deverá abrir às partes prazo comum de oito dias para impugnação fundamentada com a indicação dos itens e valores objeto da discordância, sob pena de preclusão"[3].

Cabe destacar que as impugnações aos cálculos não podem ser genéricas, mas devem ser especificados todos os pontos de divergência.

Incumbe mencionar que, após a manifestação das partes, o juiz deverá proceder à intimação da União para manifestação, no prazo de 10 dias, sob pena de preclusão (art. 879, § 3º, CLT).

Na sequência, o juiz apreciará os cálculos e proferirá sentença de liquidação, fixando o valor da execução, encerrando assim a fase de liquidação.

Prevê o art. 879, § 7º, da CLT que a atualização dos créditos decorrentes de condenação judicial será feita pela variação do IPCA-E, ou por índice que venha substituí-lo, calculado pelo IBGE, que deverá ser aplicado de forma uniforme por todo o prazo decorrido entre a condenação e o cumprimento da sentença:

> O Tribunal, por maioria, julgou parcialmente procedente a ação, para conferir interpretação conforme à Constituição ao art. 879, § 7º, e ao art. 899, § 4º, da CLT, na redação dada pela Lei 13.467 de 2017, no sentido de considerar que à atualização dos créditos decorrentes de condenação judicial e à correção dos depósitos recursais em contas judiciais na Justiça do Trabalho deverão ser aplicados, até que sobrevenha solução legislativa, os mesmos índices de correção monetária e de juros que vigentes para as condenações cíveis em geral, quais sejam a incidência do IPCA-E na fase pré-judicial e, a partir da citação, a incidência da taxa SELIC (art. 406 do Código Civil), nos termos do voto do Relator, vencidos os Ministros Edson Fachin, Rosa Weber, Ricardo Lewandowski e Marco Aurélio. Por fim, por maioria, modulou os efeitos da decisão, ao entendimento de que (i) são reputados válidos e não ensejarão qualquer rediscussão (na ação em curso ou em nova demanda,

2. Art. 14, IN 41/2018, TST. A regra inscrita no art. 879, § 2º, da CLT , quanto ao dever de o juiz conceder prazo comum de oito dias para impugnação fundamentada da conta de liquidação, não se aplica à liquidação de julgado iniciada antes de 11 de novembro de 2017.
3. Art. 14, IN 41/2018, TST. A regra inscrita no art. 879, § 2º, da CLT , quanto ao dever de o juiz conceder prazo comum de oito dias para impugnação fundamentada da conta de liquidação, não se aplica à liquidação de julgado iniciada antes de 11 de novembro de 2017.

> incluindo ação rescisória) todos os pagamentos realizados utilizando a TR (IPCA-E ou qualquer outro índice), no tempo e modo oportunos (de forma extrajudicial ou judicial, inclusive depósitos judiciais) e os juros de mora de 1% ao mês, assim como devem ser mantidas e executadas as sentenças transitadas em julgado que expressamente adotaram, na sua fundamentação ou no dispositivo, a TR (ou o IPCA-E) e os juros de mora de 1% ao mês; (ii) os processos em curso que estejam sobrestados na fase de conhecimento (independentemente de estarem com ou sem sentença, inclusive na fase recursal) devem ter aplicação, de forma retroativa, da taxa Selic (juros e correção monetária), sob pena de alegação futura de inexigibilidade de título judicial fundado em interpretação contrária ao posicionamento do STF (art. 525, §§ 12 e 14, ou art. 535, §§ 5º e 7º, do CPC) e (iii) igualmente, ao acórdão formalizado pelo Supremo sobre a questão dever-se-á aplicar eficáciaerga omnese efeito vinculante, no sentido de atingir aqueles feitos já transitados em julgado desde que sem qualquer manifestação expressa quanto aos índices de correção monetária e taxa de juros (omissão expressa ou simples consideração de seguir os critérios legais), vencidos os Ministros Alexandre de Moraes e Marco Aurélio, que não modulavam os efeitos da decisão. Impedido o Ministro Luiz Fux (Presidente). Presidiu o julgamento a Ministra Rosa Weber (Vice-Presidente). Plenário, 18.12.2020 (Sessão realizada por videoconferência - Resolução 672/2020/STF).

24.4 EXECUÇÃO POR QUANTIA CERTA CONTRA DEVEDOR SOLVENTE

Conforme já estudado anteriormente, após a fase de liquidação, será fixado o valor da execução na sentença de liquidação.

Proferida a sentença de liquidação, é expedido mandado de citação, penhora e avaliação, a ser cumprido pelo oficial de justiça (art. 880, § 2.º, CLT), para que o executado pague ou garanta o juízo, no prazo de 48 horas. Para garantia do juízo, o executado poderá depositar o valor da execução ou nomear bens à penhora.

A citação, segundo o art. 880, § 2.º, da CLT, será realizada por oficial de justiça. Contudo, se o executado, procurado por 2 (duas) vezes no espaço de 48 (quarenta e oito) horas, não for encontrado, ela será feita por edital. Este será publicado no jornal oficial ou, na falta deste, afixado na sede da Junta ou Juízo, durante 5 (cinco) dias (art. 880, § 3.º, CLT).

Após a citação, o executado pode pagar, extinguindo a obrigação, depositar o valor devido, nomear bens ou oferecer seguro garantia judicial (arts. 881 e 882, CLT).

Nos termos do art. 884, § 6º, da CLT, a exigência da garantia ou penhora não se aplica às entidades filantrópicas e/ou àqueles que compõem ou compuseram a diretoria dessas instituições[4].

---

4. Art. 16, IN 41/2018, TST. O art. 884, § 6º, da CLT aplica-se às entidades filantrópicas e seus diretores, em processos com execuções iniciadas após 11/11/2017, data em que entrou em vigor a Lei 13.467/2017 (Reforma Trabalhista).

Se o executado não pagar ou garantir o juízo, o juiz mandará penhorar os bens que forem necessários ao pagamento da importância da condenação, observada a ordem de penhora prevista no art. 835 do CPC (art. 882, CLT).

Serão penhorados bens no valor da execução, acrescido de custas e juros de mora equivalentes aos aplicados à caderneta de poupança, devidos a partir da data do ajuizamento da reclamação trabalhista.

São **impenhoráveis** os bens descritos no art. 833 do CPC:

> Art. 833. São impenhoráveis:
>
> I – os bens inalienáveis e os declarados, por ato voluntário, não sujeitos à execução;
>
> II – os móveis, os pertences e as utilidades domésticas que guarnecem a residência do executado, salvo os de elevado valor ou os que ultrapassem as necessidades comuns correspondentes a um médio padrão de vida;
>
> III – os vestuários, bem como os pertences de uso pessoal do executado, salvo se de elevado valor;
>
> IV – os vencimentos, os subsídios, os soldos, os salários, as remunerações, os proventos de aposentadoria, as pensões, os pecúlios e os montepios, bem como as quantias recebidas por liberalidade de terceiro e destinadas ao sustento do devedor e de sua família, os ganhos de trabalhador autônomo e os honorários de profissional liberal, ressalvado o § 2.º;
>
> V – os livros, as máquinas, as ferramentas, os utensílios, os instrumentos ou outros bens móveis necessários ou úteis ao exercício da profissão do executado;
>
> VI – o seguro de vida;
>
> VII – os materiais necessários para obras em andamento, salvo se essas forem penhoradas;
>
> VIII – a pequena propriedade rural, assim definida em lei, desde que trabalhada pela família;
>
> IX – os recursos públicos recebidos por instituições privadas para aplicação compulsória em educação, saúde ou assistência social;
>
> X – a quantia depositada em caderneta de poupança, até o limite de 40 (quarenta) salários-mínimos;
>
> XI – os recursos públicos do fundo partidário recebidos por partido político, nos termos da lei;
>
> XII – os créditos oriundos de alienação de unidades imobiliárias, sob regime de incorporação imobiliária, vinculados à execução da obra.
>
> § 1.º A impenhorabilidade não é oponível à execução de dívida relativa ao próprio bem, inclusive àquela contraída para sua aquisição.
>
> § 2.º O disposto nos incisos IV e X do *caput* não se aplica à hipótese de penhora para pagamento de prestação alimentícia, independentemente de sua origem, bem como às importâncias excedentes a 50 (cinquenta)

> salários-mínimos mensais, devendo a constrição observar o disposto no art. 528, § 8.º, e no art. 529, § 3.º.
>
> § 3.º Incluem-se na impenhorabilidade prevista no inciso V do caput os equipamentos, os implementos e as máquinas agrícolas pertencentes a pessoa física ou a empresa individual produtora rural, exceto quando tais bens tenham sido objeto de financiamento e estejam vinculados em garantia a negócio jurídico ou quando respondam por dívida de natureza alimentar, trabalhista ou previdenciária.

Observe que o art. 833, § 2.º, do CPC versa sobre a impenhorabilidade de verbas de natureza alimentar e os valores depositados em caderneta de poupança até 40 salários-mínimos (incisos IV e X), estabelecendo o seguinte: a) a possibilidade da penhora do salário no que exceder a 50 salários-mínimos mensais, sendo indiferente se a dívida é ou não de caráter alimentar; e b) e penhorabilidade de qualquer importância para pagamento de verbas de natureza alimentar independentemente de sua origem.

Também é impenhorável o bem de família, descrito no art. 1º da Lei 8.009/1990 e, além disso, as importâncias creditadas nas contas vinculadas ao FGTS em nome dos trabalhadores são impenhoráveis (art. 2º, § 2º, Lei 8.036/1990 e art. 17, Decreto 99.684/1990).

A Lei Complementar 150/2015 revogou em seu art. 46 o art. 3.º, I, da Lei 8.009/1990, que assegurava a possibilidade de penhora do bem de família no caso dos trabalhadores domésticos. Dessa forma, o bem de família do empregador doméstico passou a ser impenhorável também nos casos de reclamações trabalhistas propostas por seus empregados ou ex-empregados.

Para realizar a penhora em dinheiro, utiliza-se o sistema BacenJud. Trata-se da penhora *online*, que consiste no acordo celebrado entre o TST e o Banco Central, com a finalidade de tornar mais célere o procedimento da execução.

Como o art. 878 da CLT determina que a execução não pode ocorrer de ofício, como regra no processo do trabalho, a penhora de dinheiro através do convênio BacenJud depende de requerimento da parte, à luz do art. 854 do CPC.

O art. 854 do CPC prevê o procedimento para penhora de dinheiro pelo BacenJud, o qual é aplicável ao Processo do Trabalho, consoante dispõe o art. 3º, XIX, da IN 39/2016 do TST:

> "Art. 854. Para possibilitar a penhora de dinheiro em depósito ou em aplicação financeira, o juiz, a requerimento do exequente, sem dar ciência prévia do ato ao executado, determinará às instituições financeiras, por meio de sistema eletrônico gerido pela autoridade supervisora do sistema financeiro nacional, que torne indisponíveis ativos financeiros existentes em nome do executado, limitando-se a indisponibilidade ao valor indicado na execução.
>
> § 1.º No prazo de 24 (vinte e quatro) horas a contar da resposta, de ofício, o juiz determinará o cancelamento de eventual indisponibilidade

excessiva, o que deverá ser cumprido pela instituição financeira em igual prazo.

§ 2.º Tornados indisponíveis os ativos financeiros do executado, este será intimado na pessoa de seu advogado ou, não o tendo, pessoalmente.

§ 3.º Incumbe ao executado, no prazo de 5 (cinco) dias, comprovar que:

I – as quantias tornadas indisponíveis são impenhoráveis;

II – ainda remanesce indisponibilidade excessiva de ativos financeiros.

§ 4.º Acolhida qualquer das arguições dos incisos I e II do § 3º, o juiz determinará o cancelamento de eventual indisponibilidade irregular ou excessiva, a ser cumprido pela instituição financeira em 24 (vinte e quatro) horas.

§ 5.º Rejeitada ou não apresentada a manifestação do executado, converter-se-á a indisponibilidade em penhora, sem necessidade de lavratura de termo, devendo o juiz da execução determinar à instituição financeira depositária que, no prazo de 24 (vinte e quatro) horas, transfira o montante indisponível para conta vinculada ao juízo da execução.

§ 6.º Realizado o pagamento da dívida por outro meio, o juiz determinará, imediatamente, por sistema eletrônico gerido pela autoridade supervisora do sistema financeiro nacional, a notificação da instituição financeira para que, em até 24 (vinte e quatro) horas, cancele a indisponibilidade.

§ 7.º As transmissões das ordens de indisponibilidade, de seu cancelamento e de determinação de penhora previstas neste artigo far-se-ão por meio de sistema eletrônico gerido pela autoridade supervisora do sistema financeiro nacional.

§ 8.º A instituição financeira será responsável pelos prejuízos causados ao executado em decorrência da indisponibilidade de ativos financeiros em valor superior ao indicado na execução ou pelo juiz, bem como na hipótese de não cancelamento da indisponibilidade no prazo de 24 (vinte e quatro) horas, quando assim determinar o juiz.

§ 9.º Quando se tratar de execução contra partido político, o juiz, a requerimento do exequente, determinará às instituições financeiras, por meio de sistema eletrônico gerido por autoridade supervisora do sistema bancário, que tornem indisponíveis ativos financeiros somente em nome do órgão partidário que tenha contraído a dívida executada ou que tenha dado causa à violação de direito ou ao dano, ao qual cabe exclusivamente a responsabilidade pelos atos praticados, na forma da lei".

Nos termos do art. 835, § 2.º, do CPC, para fins de substituição da penhora, equiparam-se a dinheiro a fiança bancária e o seguro garantia judicial, desde que em valor não inferior ao do débito constante da inicial, acrescido de trinta por cento.

Determina a OJ 59, SDI-2, do TST que "a carta de fiança bancária e o seguro garantia judicial, desde que em valor não inferior ao do débito em execução, acrescido de 30%, equivalem a dinheiro para efeito da gradação dos bens penhoráveis, instituída no art. 835 do CPC de 2015" (art. 655 do CPC de 1973).

A fim de evitar o excesso de penhora, ou seja, impedir que ela incida sobre contas diferentes de uma mesma empresa, o Provimento 03/2003 da Corregedoria Geral permite o cadastro de conta bancária sobre a qual poderá recair o bloqueio *on-line.*

Ainda sobre a **penhora on-line**, cumpre ressaltar:

- Na execução definitiva, a penhora em dinheiro pode ser realizada sempre, podendo o juiz, inclusive, afastar outros bens nomeados à penhora (Súmula 417, I, TST).
- Na execução provisória, reza o art. 805 do CPC que, quando o credor puder, por diversos meios, promovê-la, o juiz determinará que se faça pelo modo menos gravoso ao devedor. Ao executado que alegar ser a medida executiva mais gravosa incumbe indicar outros meios mais eficazes e menos onerosos, sob pena de manutenção dos atos executivos já estabelecidos (art. 805, parágrafo único, CPC). O art. 805 e parágrafo são aplicáveis ao Processo do Trabalho, consoante institui o TST na IN 39/2016.

Havendo discordância do credor em execução definitiva, não tem o executado direito líquido e certo a que os valores penhorados em dinheiro fiquem depositados no próprio banco. (Súmula 417, II, TST).

Uma vez garantido o juízo, o executado terá 05 dias para apresentar embargos à execução e o exequente, o mesmo prazo para mostrar impugnação à sentença de liquidação, sendo ambas as petições endereçadas ao juiz.

Segundo o § 1° do art. 884 da CLT, são **matérias de embargos à execução** o cumprimento da decisão ou do acordo, a quitação ou a prescrição da dívida.

A apresentação dos embargos à execução é dependente da garantia do juízo, eis que seu prazo de 5 dias se inicia somente após o cumprimento desse requisito. Os embargos, no Processo do Trabalho, tramitam nos mesmos autos da execução e consistem no principal meio de defesa do devedor nesta fase.

Os embargos à execução serão apresentados perante o juiz do trabalho, sendo processados nos mesmos autos da execução.

Aplica-se ao Processo do Trabalho o art. 914, § 2.º do CPC segundo o qual na execução por carta precatória os embargos serão oferecidos no juízo deprecante ou no juízo deprecado, mas a competência para julgá-los é do juízo deprecante, salvo se versarem unicamente sobre vícios ou defeitos da penhora, da avaliação ou da alienação dos bens efetuadas no juízo deprecado.

Após a manifestação das partes por meio de embargos à execução e impugnação à sentença de liquidação, pelo exequente, também com prazo de 5 dias, o juiz proferirá sentença.

A intimação das partes da sentença dar-se-á via postal (art. 886, § 1.º, CLT). A sentença na execução poderá ser impugnada por meio de agravo de petição (art. 897, "a", CLT).

O acórdão proferido pelo TRT em agravo de petição poderá ser impugnado por meio do recurso de revista para o TST, desde que haja ofensa à Constituição Federal (art. 896, § 2º, CLT) ou, nas execuções fiscais e nas controvérsias da fase de execução que envolvam a Certidão Negativa de Débitos Trabalhistas, por violação a lei federal, por divergência jurisprudencial e por ofensa à Constituição Federal (art. 896, § 10, CLT).

24.5 EXECUÇÃO DE PRESTAÇÕES SUCESSIVAS

Nos casos de execução por prestações sucessivas, o procedimento será o mesmo utilizado contra devedor solvente. Entretanto, apresenta peculiaridades em relação às prestações devidas, conforme disposto nos arts. 891 e 892 da CLT. Confira:

> "Art. 891. Nas prestações sucessivas por tempo determinado, a execução pelo não pagamento de uma prestação compreenderá as que lhe sucederem".
>
> "Art. 892. Tratando-se de prestações sucessivas por tempo indeterminado, a execução compreenderá inicialmente as prestações devidas até a data do ingresso na execução".

24.6 EXECUÇÃO CONTRA A FAZENDA PÚBLICA

Na execução contra a Fazenda Pública há um processamento diferenciado, uma vez que os bens públicos envolvidos são impenhoráveis. Após a sentença de liquidação, a Fazenda Pública é citada apenas para oferecer embargos no prazo de 30 dias (art. 1.º-B, Lei 9.494/1997 e art. 910, CPC).

O pagamento é feito através de precatório, ou seja, o valor devido é incluído no orçamento público para que seja pago em exercício financeiro futuro. O processamento dos precatórios está regulamentado no art. 100 da CF.

Caso a ordem de preferência não seja observada, o Presidente do Tribunal pode instituir o sequestro da quantia devida, após oitiva do chefe do Ministério Público (OJ 3, Tribunal Pleno, TST).

Tratando-se de obrigações de pequeno valor, não é aplicável o procedimento do precatório. Os limites dos débitos de "pequeno valor" estão definidos em Lei:

- Fazenda Pública Federal: até 60 salários-mínimos (arts. 3.º e 17, Lei 10.259/2001);

- Fazenda Pública dos Estados e Distrito Federal: até 40 salários-mínimos (art. 87, I, ADCT);
- Fazenda Pública Municipal: até 30 salários-mínimos (art. 87, II, ADCT).

Nesse sentido pode ser citada a OJ 1 do Tribunal Pleno do TST:

> "OJ 1. Há dispensa da expedição de precatório, na forma do art. 100, § 3.º, da CF/1988, quando a execução contra a Fazenda Pública não exceder os valores definidos, provisoriamente, pela Emenda Constitucional 37/2002, como obrigações de pequeno valor, inexistindo ilegalidade, sob esse prisma, na determinação de sequestro da quantia devida pelo ente público".

No caso de reclamações plúrimas, a OJ 9 do Tribunal Pleno do TST estabelece que:

A aferição do que vem a ser obrigação de pequeno valor, para efeito de dispensa de formação de precatório e aplicação do disposto no § 3.º do art. 100 da CF/1988, deve ser realizada considerando-se os créditos de cada reclamante.

Não estão sujeitas ao regime dos precatórios as empresas públicas e sociedades de economia mista exploradoras de atividade econômica (art. 173, § 1.º, II, CF).

Por fim, destacamos a Resolução nº 314, de 22 de outubro de 2021 que dispõe sobre a gestão dos Precatórios e das Requisições de Pequeno Valor no âmbito da Justiça do Trabalho.

Embora a Resolução não seja cobrada no Exame de Ordem, sugerimos a leitura aos examinandos para conhecimento.

24.7 EMBARGOS DE TERCEIROS

Os embargos de terceiros não estão previstos na CLT, razão pela qual se aplicam subsidiariamente os arts. 674 e seguintes do CPC.

Quem, não sendo parte no processo, sofrer constrição ou ameaça de constrição sobre bens que possua ou sobre os quais tenha direito incompatível com o ato constritivo, poderá requerer seu desfazimento ou sua inibição por meio de embargos de terceiro.

Os embargos poderão ser apresentados a qualquer tempo no processo de conhecimento enquanto não transitada em julgado a sentença e, no cumprimento de sentença ou no processo de execução, até 5 (cinco) dias depois da adjudicação, da alienação por iniciativa particular ou da arrematação, mas sempre antes da assinatura da respectiva carta.

Em relação ao trâmite dos embargos de terceiro, o art. 676 do CPC institui que "os embargos serão distribuídos por dependência ao juízo que ordenou a constrição e autuados em apartado".

O juiz poderá ainda designar audiência para produção de provas, se necessário.

Quando propostos na fase de execução, da sentença de embargos de terceiros cabe agravo de petição.

Nos casos de ato de constrição realizado por carta precatória, os embargos serão oferecidos no juízo deprecado, salvo se indicado pelo juízo deprecante o bem constrito ou se já devolvida a carta (art. 676, parágrafo único, CPC).

Nesse sentido é a Súmula 419 do TST:

> "SÚMULA 419, TST. Na execução por carta precatória, os embargos de terceiro serão oferecidos no juízo deprecado, salvo se indicado pelo juízo deprecante o bem constrito ou se já devolvida a carta (art. 676, parágrafo único, do CPC de 2015)".

24.8 EXCEÇÃO DE PRÉ-EXECUTIVIDADE

A exceção de pré-executividade decorre de construção doutrinária e jurisprudencial, constituindo meio de defesa para que o executado, sem garantir o juízo, possa alegar matérias de ordem pública, nulidades do título e outros temas relevantes que possam impedir o processo executivo.

Diante da ausência de normas positivadas, a exceção de pré-executividade será oposta por simples petição ao juiz e não possui prazo para a apresentação, podendo assim ser empregada a qualquer momento da execução.

Todas as vezes que for apresentada a exceção de pré-executividade:

- O juiz pode concordar e analisar o mérito, proferindo decisão definitiva na execução, da qual caberá agravo de petição (art. 897, "a", CLT); ou
- Não aceitar, caso em que pronunciará mera decisão interlocutória, irrecorrível de imediato. Se tal decisão violar direito líquido e certo da parte, por não haver meio próprio para impugná-la, poderá ser impetrado o mandado de segurança (art. 893, § 1.º, CLT).

O art. 11-A, *caput* e §§ 1.º e 2.º, da CLT torna aplicável a prescrição intercorrente mediante requerimento ou de ofício no processo do trabalho, de modo que a Súmula 114 do TST, que determina o contrário, deve ser cancelada.

A exceção de pré-executividade tem uma **remota previsão no CPC**, que não é expressa, mas os termos do dispositivo fazem-nos lembrar dessa exceção. Trata-se do art. 518:

> "Todas as questões relativas à validade do procedimento de cumprimento da sentença e dos atos executivos subsequentes poderão ser arguidas pelo executado nos próprios autos e nestes serão decididas pelo juiz."

24.9 ATOS DE ENCERRAMENTO DA EXECUÇÃO

Após o trânsito em julgado da execução é o momento de satisfazer o crédito do exequente. Assim, se para garantia do juízo o executado depositou a quantia devida em dinheiro, o juiz por simples despacho determinará sua liberação (art. 899, § 1º, CLT). Caso, entretanto, o executado tenha nomeado outros bens à penhora, o juiz deve instituir a sua avaliação e determinar os atos necessários para a alienação do bem.

A alienação em hasta pública é formalista, onerosa e demorada, apresentando-se como a maneira menos eficaz de alcançar um preço justo e compatível para o bem expropriado.

Nesse contexto, o meio expropriatório preferencial é a adjudicação pelo próprio exequente por preço não inferior ao da avaliação (art. 876, CPC).

Não efetivada a adjudicação, o exequente poderá solicitar a alienação do bem por iniciativa particular ou por intermédio de corretor ou leiloeiro público credenciado perante o órgão judiciário (art. 880, CPC).

Logo, somente em última hipótese é que se fará a alienação do bem em leilão (art. 886, CPC), dando preferência para que a alienação seja realizada por meio eletrônico (rede mundial de computadores), com uso de páginas virtuais criadas pelos Tribunais ou por entidades públicas ou privadas, e não sendo possível a sua realização por meio eletrônico, o leilão será presencial (art. 882, CPC).

Assim, penhorados os bens necessários à garantia do juízo e resolvidos eventuais embargos, o exequente será notificado para manifestar sua intenção ou não pela adjudicação dos bens, nunca por preço inferior ao da avaliação, permitindo-se ao credor, caso não deseje exercer a adjudicação, que requeira a sua alienação por iniciativa própria ou por intermédio de corretor credenciado perante a autoridade judiciária laboral.

A hasta pública deverá ser anunciada em edital afixado na sede do juízo ou tribunal e publicado no jornal local, se houver, com a antecedência de 20 dias (art. 888, CLT).

A arrematação será realizada pelo maior lance (art. 888, § 1.º, CLT). Entretanto não se admitirá preço vil, ou seja, inferior a 50% do valor da avaliação (art. 891, CPC).

O arrematante deverá garantir o lance com o sinal correspondente a 20% do seu valor, pagando o restante dentro de 24 horas, sob pena de perder o preço da arrematação em benefício da execução, voltando à praça os bens executados (art. 888, §§ 2.º e 4.º, CLT).

A adjudicação prefere à arrematação (art. 888, § 1.º, CLT). Mesmo quando o bem já tiver sido arrematado por um terceiro, o exequente poderá adjudicá-lo, isto é, ficar com ele para si. Desta forma, a adjudicação se dá quando o credor toma para si o bem, o que deve ocorrer por valor não inferior ao da avaliação (art. 876, CPC).

Não havendo licitante e não requerendo o exequente a adjudicação dos bens penhorados, poderão eles ser vendidos por leiloeiro nomeado pelo juiz (art. 888, § 3.º, CLT).

A adjudicação prefere à remissão, que consiste no pagamento tempestivo dos valores devidos, a fim de evitar a expropriação do bem.

24.10 INCIDENTE DE DESCONSIDERAÇÃO DA PERSONALIDADE JURÍDICA

A desconsideração da personalidade jurídica do executado permite que os atos executórios alcancem os bens particulares dos sócios, segundo duas teorias: a) quando se verifica a insuficiência do patrimônio societário (teoria menor), e b) quando se verifica a insuficiência do patrimônio societário e, concomitantemente, restar comprovado o abuso da personalidade jurídica, caracterizado pelo desvio de finalidade, ou pela confusão patrimonial (teoria maior).

A teoria menor está pautada no art. 28, § 5.º, do CDC:

> "Art. 28. O juiz poderá desconsiderar a personalidade jurídica da sociedade quando, em detrimento do consumidor, houver abuso de direito, excesso de poder, infração da lei, fato ou ato ilícito ou violação dos estatutos ou contrato social. A desconsideração também será efetivada quando houver falência, estado de insolvência, encerramento ou inatividade da pessoa jurídica provocados por má administração.
>
> (...)
>
> § 5.º Também poderá ser desconsiderada a pessoa jurídica sempre que sua personalidade for, de alguma forma, obstáculo ao ressarcimento de prejuízos causados aos consumidores".

Por sua vez, a teoria maior está prevista no art. 50 do CC:

> Art. 50. Em caso de abuso da personalidade jurídica, caracterizado pelo desvio de finalidade ou pela confusão patrimonial, pode o juiz, a requerimento da parte, ou do Ministério Público quando lhe couber intervir no processo, desconsiderá-la para que os efeitos de certas e determinadas relações de obrigações sejam estendidos aos bens particulares de administradores ou de sócios da pessoa jurídica beneficiados direta ou indiretamente pelo abuso.

A teoria menor, prevista no art. 28, § 5.º, do CDC, é aplicável no processo do trabalho, pois está em consonância com os princípios da celeridade, proteção ao trabalhador hipossuficiente, da efetividade da execução trabalhista e do privilégio do crédito laboral, merecendo plena aplicação ao processo do trabalho.

Desta forma, basta que se verifique a insuficiência de bens por parte da pessoa jurídica para arcar com a condenação trabalhista, para que seja possível a desconsideração da personalidade jurídica da empresa, visto que esta constitui obstáculo ao ressarcimento de prejuízos causados aos consumidores.

Sem versar sobre os requisitos para a desconsideração da personalidade jurídica da empresa, o CPC instituiu regras para o seu processamento. Previu, desta forma, o incidente de desconsideração da personalidade jurídica da empresa em seus arts. 133 a 137 e a CLT, no art. 855-A, determina que estes dispositivos se aplicam ao Processo do Trabalho[5].

Aquele cujo patrimônio busca-se alcançar fará parte do processo. Por isso, o incidente de desconsideração da personalidade jurídica pode ser considerado uma espécie de intervenção de terceiros. Trata-se de uma intervenção provocada, ou seja, ele não compõe o processo espontaneamente.

Determina o art. 133 do CPC que o incidente de desconsideração da personalidade jurídica será instaurado a pedido da parte ou do Ministério Público, ou seja, não será processado de ofício, estando em consonância com o art. 878 da CLT, segundo o qual "a execução será promovida pelas partes, permitida a execução de ofício pelo juiz ou pelo Presidente do Tribunal apenas nos casos em que as partes não estiverem representadas por advogado".

Ressalte-se que o atual diploma processual previu a desconsideração inversa da personalidade jurídica (art. 133, § 2.º, CPC), a qual ocorre quando se litiga contra o indivíduo e busca-se bens na pessoa jurídica.

Dispensa-se a instauração do incidente se a desconsideração da personalidade jurídica for requerida na petição inicial, hipótese em que será citado o sócio ou a pessoa jurídica (art. 134, § 2.º, CPC).

O requerimento suspende o processo e o requerente deve demonstrar o preenchimento dos pressupostos legais específicos para desconsideração da personalidade jurídica, ou seja, a insuficiência de patrimônio da pessoa demandada (teoria menor - art. 28, § 5.º, CDC).

A pessoa jurídica ou o sócio será citado para se manifestar e requerer as provas cabíveis no prazo de 15 dias, sendo a decisão interlocutória (art. 135, CPC).

Acolhido o pedido de desconsideração, a alienação ou a oneração de bens havida em fraude de execução será ineficaz em relação ao requerente (art. 137, CPC).

Esclarece o art. 855-A, § 1º que da decisão interlocutória que acolher ou rejeitar o incidente:

---

5. Art. 13, IN 41/2018, TST. A partir da vigência da Lei 13.467/2017, a iniciativa do juiz na execução de que trata o art. 878 da CLT e no incidente de desconsideração da personalidade jurídica a que alude o art. 855-A da CLT ficará limitada aos casos em que as partes não estiverem representadas por advogado.

I – na fase de cognição, não cabe recurso de imediato, na forma do art. 893, § 1º, da CLT;

II – na fase de execução, cabe agravo de petição, independentemente de garantia do juízo;

III – cabe agravo interno se proferida pelo relator em incidente instaurado originariamente no tribunal.

A instauração do incidente suspenderá o processo, sem prejuízo de concessão da tutela de urgência de natureza cautelar de que trata o art. 301 do CPC (art. 855-A, § 2º, CLT), sendo muito utilizada para o bloqueio de contas

Em síntese, o incidente será aplicável na seara trabalhista com algumas adaptações:

- Poderá ser instaurado a requerimento da parte e do Ministério Público.
- A pessoa jurídica ou o sócio será citado para manifestar-se e requerer as provas cabíveis no prazo de 15 dias.
- A decisão é interlocutória.
- Se examinado na fase de cognição, não cabe recurso de imediato.
- Se examinado na fase de execução, cabe agravo de petição, independentemente de garantia do juízo.
- Se apreciado pelo Relator, em incidente instaurado originariamente no tribunal (CPC, art. 932, inciso VI), caberá agravo interno.

24.11 QUESTÕES

1. (OAB 2010.3 – FGV) Segundo o texto da Consolidação das Leis do Trabalho, é correto afirmar que a lei de execução fiscal:

(A) é fonte subsidiária para a aplicação das normas na execução trabalhista.

(B) somente é fonte subsidiária para aplicação das normas na execução trabalhista caso não exista regramento sobre o assunto no Código de Processo Civil, que é a primeira fonte subsidiária da legislação processual do trabalho.

(C) somente é fonte subsidiária do Processo do Trabalho na execução das contribuições previdenciárias.

(D) somente é fonte subsidiária do Processo do Trabalho na execução das contribuições previdenciárias e sindicais

2. (OAB IX – FGV) A liquidação tem por objetivo a apuração do *quantum debeatur* nas sentenças proferidas de forma ilíquida e que tenham deferido, ao menos em parte, a pretensão deduzida. De acordo com a CLT, assinale a alternativa que indica as formas possíveis de liquidação da sentença nas obrigações de dar (pagar) e, caso o juiz conceda prazo às partes para manifestação, o número de dias para a impugnação.

(A) Artigos, cálculo ou arbitramento. Prazo de 8 dias.

(B) Cálculo, arbitramento ou artigos. Prazo de 10 dias.

(C) Artigos ou arbitramento. Prazo de 15 dias.

(D) Cálculo ou arbitramento. Prazo de 5 dias.

3. (OAB VII – FGV – questão adaptada) Relativamente à execução trabalhista, assinale a afirmativa correta.

(A) Pode ser por título judicial ou extrajudicial. São títulos extrajudiciais os termos de ajustes de conduta firmados perante o Ministério Público de Trabalho, os termos de conciliação firmados perante as Comissões de Conciliação Prévia e os cheques sem fundo passados sem relação com a relação de trabalho.

(B) Pode ser por título judicial ou extrajudicial. São títulos judiciais unicamente as decisões passadas em julgado com efeito suspensivo e são títulos extrajudiciais os termos de ajustes de conduta firmados perante o Ministério Público do Trabalho e os termos de conciliação firmado perante as Comissões de Conciliação Prévia.

(C) Dependem de prévia liquidação, pelo que só podem ser executados a sentença e o acordo não cumpridos.

(D) Pode ser por título judicial, caso do acordo descumprido, e por título extrajudicial, caso do termo de ajustes de conduta firmado perante o Ministério Público do Trabalho.

4. (OAB IX – FGV) De acordo com a Consolidação das Leis do Trabalho, assinale a afirmativa correta.

(A) Não há citação para a execução, uma vez que a fase executiva pode ser iniciada de ofício.

(B) A citação na execução será realizada por via postal.

(C) A citação na execução será realizada por mandado.

(D) A citação na execução será realizada por mandado, mas, se o executado não for encontrado após três tentativas, caberá a citação por edital.

5. (OAB VIII – FGV) Em 30/7/2008 foi efetuada a penhora de um veículo BMW, modelo X1, por meio de carta precatória executória. Depois de devolvida a carta, o executado Eliezer Filho, proprietário do veículo, opôs embargos à execução em 4/8/2008, dirigindo essa ação incidental ao juízo deprecante. Em seus embargos, alegando a existência de um grosseiro vício, o embargante apontou para a irregularidade na avaliação do bem, uma vez que constou do auto da constrição judicial sua avaliação em R$ 15.000,00, montante muito baixo do valor de mercado. Logo, por força do princípio da execução menos onerosa ao devedor, requereu a reavaliação do bem, sob pena de nulidade da execução. Com base nesse caso concreto, é correto afirmar que o juiz deprecante

(A) deve remeter os autos ao juízo deprecado, uma vez que o ato de avaliação foi por ele praticado, sendo sua a competência para decidir.

(B) deve realizar o julgamento antecipado da lide e acolher os embargos, haja vista o notório erro de avaliação.

(C) deve determinar a realização de perícia, a fim de aferir o correto valor de mercado do bem.

(D) não deve conhecer dos embargos e extinguir o processo sem julgamento do mérito, haja vista a sua intempestividade.

6. (OAB X – FGV) A requerimento do credor e após não localizar bens da pessoa jurídica ex-empregadora, o juiz desconsiderou a personalidade jurídica numa reclamação trabalhista, incluiu um dos sócios no polo passivo e o citou para pagamento. Este sócio, então, depositou a quantia exequenda, mas pretende questionar o valor da execução. Assinale a alternativa que indica a maneira pela qual ele materializará seu inconformismo.

(A) Ação Rescisória.

(B) Embargos de Terceiro.

(C) Impugnação de Credor.

(D) Embargos à Execução.

7. (OAB XV – FGV) A sociedade empresária "V" Ltda., executada em ação trabalhista, apresentou embargos à execução arrolando testemunhas, o que foi indeferido pelo juiz, ao argumento de que não se tratava de processo de conhecimento.
Sobre o caso apresentado, assinale a afirmativa correta.

(A) Correta a decisão do juiz, pois já fora ultrapassada a fase de conhecimento.

(B) Errada a decisão do juiz, pois era cabível a prova testemunhal em sede de embargos à execução, podendo o juiz indeferir as testemunhas se desnecessários os depoimentos.

(C) Errada a decisão do juiz, sendo cabível a prova testemunhal, não podendo indeferir as testemunhas, cabendo, nesse caso, arguição de nulidade da decisão.

(D) Correta a decisão do juiz, já que a matéria da execução está restrita a valores.

8. (OAB 2010.3 – FGV) Tício, gerente de operações da empresa Metalúrgica Comercial, foi eleito dirigente sindical do Sindicato dos Metalúrgicos. Seis meses depois, juntamente com Mévio, empregado representante da CIPA (Comissão Interna para Prevenção de Acidentes) da empresa por parte dos empregados, arquitetaram um plano para descobrir determinado segredo industrial do seu empregador e repassá-lo ao concorrente mediante pagamento de numerário considerável. Contudo, o plano foi descoberto antes da venda, e a empresa, agora, pretende dispensar ambos por falta grave. Você foi contratado como consultor jurídico para indicar a forma de fazê-lo. O que deve ser feito?

(A) Ajuizamento de inquérito para apuração de falta grave em face de Tício e Mévio, no prazo decadencial de 30 dias, caso tenha havido suspensão deles para apuração dos fatos.

(B) Simples dispensa por falta grave para ambos os empregados, pois o inquérito para apuração de falta grave serve apenas para a dispensa do empregado estável decenal.

(C) Ajuizamento de inquérito para apuração de falta grave em face de Tício, no prazo decadencial de 30 dias, caso tenha havido suspensão dele para apuração dos fatos; e simples dispensa por justa causa em relação a Mévio, independentemente de inquérito.

(D) Ajuizamento de inquérito para apuração de falta grave em face de Tício, no prazo decadencial de 30 dias, contados do conluio entre os empregados; e simples dispensa por justa causa em relação a Mévio, independentemente de inquérito.

9. (OAB XIX – FGV) Na fase de execução de uma reclamação trabalhista, as partes se apresentaram ao juiz da causa postulando a homologação de acordo que envolveria 80% do valor que estava sendo executado. Diante dessa situação, de acordo com a CLT e o entendimento consolidado do TST, assinale a afirmativa correta.

(A) O juiz não pode homologar o acordo porque estará violando a coisa julgada, pois o pagamento estará sendo feito em valor inferior àquele determinado pela Justiça.

(B) O juiz tem a obrigação de homologar o acordo, se essa é a legítima vontade das partes, sem vícios ou dúvidas.

(C) O acordo, uma vez homologado, faz coisa julgada material para todos, sem exceção, somente podendo ser desconstituído por ação anulatória.

(D) É possível a homologação do acordo, que pode ser realizado a qualquer momento, mas ficará a critério do juiz fazê-lo à luz do caso concreto.

10. (OAB XVII – FGV) No bojo de uma execução trabalhista, a sociedade empresária executada apresentou uma exceção de pré-executividade, alegando não ter sido citada para a fase de conhecimento. Em razão disso, requereu a nulidade de todo o processo, desde a citação inicial. O juiz conferiu vista à parte contrária para manifestação e, em seguida, determinou a conclusão dos autos. Após analisar as razões da parte e as provas produzidas, convenceu-se de que a alegação da sociedade empresária era correta e, assim, anulou todo o feito desde o início. Diante desse quadro, assinale a afirmativa correta.

(A) Contra essa decisão caberá agravo de petição.

(B) Trata-se de decisão interlocutória e, portanto, não passível de recurso imediato.

(C) Caberá a interposição de recurso ordinário.

(D) Caberá a interposição de agravo de instrumento.

11. (OAB XVII – FGV) A sociedade empresária Beta S.A. teve a falência decretada durante a tramitação de uma reclamação trabalhista, fato devidamente informado ao juízo. Depois de julgado procedente em parte o pedido de diferenças de horas extras e de parcelas rescisórias, nenhuma das partes recorreu da sentença, que transitou em julgado dessa forma. Teve, então, início a execução, com a apresentação dos cálculos pelo autor e posterior homologação pelo juiz. Diante da situação, assinale a afirmativa correta.

(A) Há equívoco, pois, a partir da decretação da falência, a ação trabalhista passa a ser da competência do juízo falimentar, que deve proferir a sentença.

(B) O pagamento do valor homologado deverá ser feito no juízo da falência, que é universal.

(C) A execução será feita diretamente na Justiça do Trabalho, porque o título executivo foi criado pelo Juiz do Trabalho.

(D) Essa é a única hipótese de competência concorrente, ou seja, poderá ser executado tanto na Justiça do Trabalho quanto na Justiça comum.

12. (OAB XXI EXAME – FGV) O juiz, em ação trabalhista proposta por Carlos em face da sociedade empresária ABCD Ltda., julgou procedente, em parte, o rol de pedidos. Nenhuma das partes apresentou qualquer recurso. O pedido versava exclusivamente sobre horas extras e reflexos, estando nos autos todos os controles de horário, recibos salariais, o termo de rescisão de contrato de trabalho (TRCT) e demais documentos inerentes ao contrato de trabalho em referência. Todos os documentos eram incontroversos.

Com base no caso apresentado, como advogado(a) de Carlos, assinale a opção o que indica a modalidade a ser adotada para promover a liquidação de sentença.

(A) Por cálculos.

(B) Por arbitramento.

(C) Por artigos.

(D) Por execução por quantia certa.

13. (OAB XXI EXAME – FGV) Em determinada reclamação trabalhista, o empregador foi condenado ao pagamento de diversas parcelas, havendo ainda condenação subsidiária da União na condição de tomadora dos serviços.

Na execução, depois de homologado o cálculo e citado o empregador para pagamento, as tentativas de recebimento junto ao devedor principal fracassaram, daí por que a execução foi direcionada contra a União, que agora pretende questionar o valor da dívida.

Diante da situação apresentada, assinale a afirmativa correta.

(A) A União pode embargar a execução no prazo legal, após a garantia do juízo.

(B) A CLT não permite que a União, por ser devedora subsidiária, ajuíze embargos de devedor.

(C) A garantia do juízo para ajuizar embargos de devedor é desnecessária, por se tratar de ente público.

(D) A União, por se tratar de recurso, terá o prazo em dobro para embargar a execução.

14. (OAB/FGV – XXII EXAME) Expedida carta precatória executória numa demanda trabalhista, o juízo deprecante cita o devedor para pagamento, mas ele permanece inerte. Então, o oficial de justiça retorna e penhora um dos imóveis do executado, avaliando-o e garantindo o juízo. Imediatamente o executado ajuíza embargos de devedor, alegando que o bem penhorado foi subavaliado, apresentando a documentação que entende provar que o valor de mercado do bem é muito superior àquele lançado no auto pelo oficial de justiça. Sobre a hipótese apresentada, de acordo com a legislação em vigor e o entendimento consolidado do TST, assinale a opção que, justificadamente, indica o juízo competente para apreciar os embargos.

(A) O juízo deprecante é competente, pois dele se origina a execução.

(B) O julgamento poderá competir aos juízos deprecante ou ao deprecado, porque a Lei não traz previsão.

(C) O juízo deprecado será competente, porque a matéria se refere a suposto vício na penhora.

(D) A Lei e a jurisprudência são omissas a respeito, daí por que a parte poderá escolher qual dos juízos apreciará os embargos.

15. (OAB/FGV – XXIII EXAME DE ORDEM) A sociedade empresária Arco Íris Limpeza Ltda. foi citada para pagar o valor de uma dívida trabalhista homologada pelo juiz e, sem apresentar guia de pagamento ou arrolar bens, apresentou embargos de devedor, nos quais aponta diversas inconsistências nos cálculos. Diante disso, de acordo com a CLT, assinale a afirmativa correta.

(A) A Justiça do Trabalho passou a adotar o sistema do CPC, pelo qual não há necessidade de garantir o juízo para embargar, de modo que os embargos serão apreciados.

(B) A CLT prevê que, para o ajuizamento de embargos de devedor, é necessário garantir o juízo com 50% do valor da dívida exequenda, o que não aconteceu na espécie.

(C) Sem a garantia do juízo, o executado não poderá ajuizar embargos de devedor, de modo que as matérias por ele trazidas não serão apreciadas naquele momento.

(D) A CLT determina quem, havendo ajuizamento de embargos de devedor, o executado é obrigado a declarar, o valor que entende devido e a depositar essa quantia à disposição do juízo.

16. (OAB/FGV – XXIV EXAME DE ORDEM) Em sede de processo trabalhista, após o trânsito em julgado da sentença e elaborada a conta de liquidação, foi aberto prazo comum de 8 dias para que as partes se manifestassem sobre a mesma. Contudo, o réu não se manifestou, e o autor concordou com a conta do juízo, que foi homologada. Considerada essa hipótese, em sede de embargos à execução do réu, interposto 05 dias após a garantia do juízo, este pretende discutir a conta de liquidação, aduzindo incorreção nos valores.

Você, como advogado(a) do autor deverá, em resposta,

(A) suscitar a preclusão do direito aos embargos à execução e expor as razões pelas quais entende pela validade dos cálculos do juízo.

(B) suscitar apenas que a conta está correta.

(C) suscitar a intempestividade dos embargos.

(D) suscitar apenas que a conta está correta e requerer o levantamento dos valores incontroversos.

17. (OAB/FGV – XXV EXAME DE ORDEM) Em reclamação trabalhista já na fase de execução, o juiz determinou que o autor apresentasse os cálculos de liquidação, determinação esta que foi cumprida pelo exequente em fevereiro de 2018. Então, o calculista do juízo analisou as contas e entendeu que elas estavam corretas, pelo que o juiz homologou os cálculos ofertados e determinou a citação do executado para pagamento em 48 horas, sob pena de execução.

Considerando a narrativa apresentada e os termos da CLT, assinale a afirmativa correta.

(A) Agiu corretamente o juiz, porque as contas foram atestadas pelo calculista como corretas.

(B) Equivocou-se o magistrado, porque deveria obrigatoriamente conferir vista dos cálculos ao executado.

(C) Uma vez que o juiz do Trabalho tem amplo poder de direção e controle do processo, sua decisão está amparada na norma cogente.

(D) O juiz tem a faculdade de abrir vista ao executado por 10 dias, mas não obrigação de fazê-lo.

18. (OAB/FGV – XXV EXAME DE ORDEM) Jéssica trabalhou na sociedade empresária Móveis Perfeitos Ltda. por 4 (quatro) anos, quando foi dispensada sem justa causa, sem receber as verbas resilitórias. Em razão disso, ajuizou reclamação trabalhista pelo rito ordinário postulando os direitos relativos à sua saída, além de horas extras, equiparação salarial, adicional de insalubridade e indenização por dano moral porque foi privada da indenização que serviria para pagar as suas contas regulares.

Na audiência designada, após feito o pregão, a sociedade empresária informou, e comprovou documentalmente, que conseguira no mês anterior a sua recuperação judicial, motivo pelo qual requereu a suspensão da reclamação trabalhista por 180 dias, conforme previsto em Lei, sob pena de o prosseguimento acarretar a nulidade do feito.

Diante da situação concreta e dos termos da legislação em vigor, assinale a afirmativa correta.

(A) A sociedade empresária está correta, porque, em havendo concessão de recuperação judicial, a Lei determina a suspensão de todas as ações.

(B) A Lei não traz nenhuma previsão a respeito, daí por que ficará a critério do prudente arbítrio do juiz deferir a suspensão processual requerida.

(C) A sociedade empresária está equivocada, pois a suspensão da reclamação trabalhista somente ocorreria na fase executória, o que não é o caso.

(D) O Juiz do Trabalho, tendo sido deferida a recuperação judicial, deve suspender o processo, declarar sua incompetência e enviar os autos à Justiça Estadual.

19. (OAB/FGV – XXVI EXAME DE ORDEM) Uma entidade filantrópica foi condenada em reclamação trabalhista movida por uma ex-empregada, em fevereiro de 2018. A sentença transitou em julgado e agora se encontra na fase de execução. Apresentados os calculo e conferida vista à executada, o juiz homologou a conta apresentada pela exequente. Em relação à pretensão da entidade de ajuizar embargos de devedor para questionar a decisão homologatória, assinale a afirmativa correta.

(A) Não há necessidade de garantia do juízo, no caso apresentado, para o ajuizamento de embargos de devedor.

(B) Se a executada deseja questionar os cálculos, deverá garantir o juízo com dinheiro ou bens e, então, ajuizar embargos de devedor.

(C) A executada, por ser filantrópica, poderá ajuizar embargos à execução, desde que garanta a dívida em 50%.

(D) A entidade filantrópica não tem finalidade lucrativa, daí por que não pode ser empregadora, de modo que a execução contra ela não se justifica, e ela poderá ajuizar embargos a qualquer momento.

20. (OAB/FGV – XXVII EXAME DE ORDEM) A sociedade empresária Alfa S. A. está sendo executada na Justiça do Trabalho e, em 13.03.2018, recebeu citação para pagamento da dívida que possui em relação a um processo. Mesmo citada, a sociedade empresária permaneceu inerte, pelo que, no 10.º dia contado da citação, o juízo iniciou, a requerimento do exequente a tentativa de bloqueio pelo sistema Bacen-Jud. e, paralelamente, inscreveu o nome do executado no Banco Nacional de Devedores Trabalhistas (BNDT). Diante da situação apresentada e dos termos da CLT, assinale a afirmativa correta.

(A) A atitude do magistrado está correta, eis que não houve o pagamento voluntário da dívida no prazo legal, sendo a inserção imediata no BNDT uma adequada medida coercitiva judicial.

(B) A Lei deixa ao arbítrio do juiz determinar a partir de quando o nome do devedor deve ser inserido em cadastro restritivo de crédito, inclusive no BNDT.

(C) A Justiça do Trabalho não atua mais com inserção e retirada do nome de devedores no BNDT, pelo que a atitude do magistrado é inócua e contrária às regras da CLT.

(D) A decisão que determinou a inserção do nome do devedor no BNDT está equivocada, porque somente poderia ocorrer 45 dias depois de ele não pagar, nem garantir o juízo.

21. (OAB/FGV – XXXII EXAME DE ORDEM) No decorrer de uma execução trabalhista, não se conseguiu penhorar nenhum bem da empresa executada nem reter qualquer numerário dela em ativos financeiros. Então, o exequente instaurou um incidente de desconsideração de personalidade jurídica para direcionar a execução em face de um sócio. O referido sócio foi citado e, no prazo de 15 dias, manifestou-se contrariamente à sua execução. Submetida a manifestação ao contraditório e não havendo outras provas a produzir, o juiz julgou procedente o incidente e incluiu o sócio no polo passivo da execução na condição de executado, sendo, então, publicada essa decisão. Considerando a situação retratada e os ditames da CLT, assinale a afirmativa correta.

(A) Por ser interlocutória, essa decisão é irrecorrível, devendo o sócio se submeter ao comando e pagar a dívida.

(B) O sócio em questão poderá recorrer da decisão independentemente de garantia do juízo.

(C) Sendo a Lei omissa a respeito, caberá ao juiz definir se a decisão do incidente poderá ser objeto de recurso e se será necessário garantir o juízo.

(D) O sócio poderá recorrer da decisão, mas terá de garantir o juízo em 50%.

22. (OAB/FGV – XXXII EXAME DE ORDEM) Após ser alvo de um inquérito civil junto ao Ministério Público do Trabalho – MPT, tendo sido investigada pela prática de suposta irregularidade, a sociedade empresária Vida Global assinou um Termo de Ajuste de Conduta (TAC) com o MPT para sanar o problema e evitar a judicialização daquela situação, o que poderia abalar sua credibilidade perante os investidores nacionais e estrangeiros.

Ocorre que a sociedade empresária não cumpriu o que foi estipulado no TAC, seja no tocante à obrigação de fazer, seja no pagamento de multa pelo dano moral coletivo.

Diante dessa situação, e de acordo com os termos da CLT, assinale a afirmativa correta.

(A) O parquet deverá propor execução de título judicial.

(B) O MPT deverá ajuizar execução de título extrajudicial.

(C) A ação própria para a cobrança será o inquérito judicial.

(D) O MPT deverá propor reclamação trabalhista pelo rito ordinário.

23. (OAB/FGV – XXXII EXAME DE ORDEM) A sociedade empresária de transportes Mundo Pequeno Ltda. foi condenada ao pagamento de horas extras e diferença salarial na ação movida por Mauro Duarte, seu ex-empregado.

Após o trânsito em julgado e apuração do valor devido, a executada foi citada para efetuar o pagamento de R$ 120.000,00. Ocorre que a sociedade empresária pretende apresentar embargos à execução, pois entende que o valor homologado é superior ao devido, mas não tem o dinheiro disponível para depositar nos autos.

Sobre o caso relatado, de acordo com o que está previsto na CLT, assinale a afirmativa correta.

(A) Na Justiça do Trabalho não é necessário garantir o juízo para ajuizar embargos à execução.

(B) A sociedade empresária poderá apresentar seguro-garantia judicial para então apresentar embargos à execução.

(C) A sociedade empresária poderá assinar uma nota promissória judicial e, com isso, ter direito a ajuizar embargos de devedor.

(D) Se for comprovada a situação de necessidade, a sociedade empresária, depositando 50% do valor da dívida, poderá embargar.

24. (OAB/FGV – XXXIV EXAME DE ORDEM) Ramon conseguiu, em uma reclamação trabalhista, a sentença de procedência parcial dos seus pedidos, sendo condenado o ex-empregador a pagar vários direitos, mediante condenação subsidiária da União como tomadora dos serviços. A sentença transitou em julgado nestes termos, houve liquidação regular e foi homologado o valor da dívida em R$15.000,00 (quinze mil reais), conforme cálculos apresentados pelo exequente. Ramon tentou executar por várias formas o ex-empregador, sem sucesso, e então requereu ao juiz o direcionamento da execução em face da União, que foi citada, mas discordou dos cálculos apresentados, reputando-os majorados. Diante da situação apresentada e dos termos da legislação em vigor, assinale a afirmativa correta.

(A) Caberá à União depositar o valor da dívida e, então, no prazo legal, ajuizar embargos à execução.

(B) Se a União não depositar voluntariamente a quantia, terá bens penhorados no valor da dívida e, após, poderá ajuizar embargos à execução.

(C) A Lei prevê que sendo o ente público o devedor, ainda que subsidiário, bastará depositar metade do valor homologado para ajuizar embargos à execução.

(D) É desnecessária a garantia do juízo para a União ajuizar embargos à execução.

25. (OAB/FGV – XXXV EXAME DE ORDEM) Em determinada reclamação trabalhista, que se encontra na fase de execução, não foram localizados bens da sociedade empresária executada, motivando o credor a instaurar o incidente de desconsideração de personalidade jurídica (IDPJ), para direcionar a execução contra os sócios atuais da empresa. Os sócios foram, então, citados para manifestação. Diante da situação retratada e da previsão da CLT, assinale a afirmativa correta.

(A) É desnecessária a garantia do juízo para que a manifestação do sócio seja apreciada.

(B) A CLT determina que haja a garantia do juízo, mas com fiança bancária ou seguro garantia judicial.

(C) A Lei determina que haja garantia do juízo em 50% para que a manifestação do sócio seja analisada.

(D) Será necessário garantir o juízo com bens ou dinheiro para o sócio ter a sua manifestação apreciada.

26. (OAB/FGV – XXXV EXAME DE ORDEM) As entidades, mesmo as filantrópicas, podem ser empregadoras e, portanto, reclamadas na Justiça do Trabalho. A entidade filantrópica Beta foi condenada em uma reclamação trabalhista movida por uma ex-empregada e, após transitado em julgado e apurado o valor em liquidação, que seguiu todos os trâmites de regência, o juiz homologou o crédito da exequente no valor de R$ 25.000,00 (vinte e cinco mil reais). A ex-empregadora entende que o valor está em desacordo com a coisa julgada, pois, nas suas contas, o valor devido é bem menor, algo em torno de 50% do que foi homologado e cobrado. Sobre o caso, diante do que dispõe a CLT, assinale a afirmativa correta.

(A) Para ajuizar embargos à execução, a entidade, por ser filantrópica, não precisará garantir o juízo.

(B) Por ser entidade filantrópica, a Lei expressamente proíbe o ajuizamento de embargos à execução.

(C) É possível o ajuizamento dos embargos, desde que a entidade filantrópica deposite nos autos os R$ 25.000,00 (vinte e cinco mil reais).

(D) Os embargos somente poderão ser apreciados se a entidade depositar o valor que reconhece ser devido.

27. (OAB/FGV – XXXVI EXAME DE ORDEM) Numa execução trabalhista, o juiz homologou os cálculos do exequente, declarando devido o valor de R$ 30.000,00. Instado a pagar voluntariamente a dívida, o executado quedou-se inerte e, após requerimento do exequente, o juiz acionou o convênio com o Banco Central para bloqueio do numerário nos ativos financeiros da empresa. A ferramenta de bloqueio conseguiu, após várias tentativas, capturar R$ 20.000,00 das contas do executado. Diante dessa situação e das disposições da CLT, assinale a afirmativa correta.

(A) A empresa poderá, de plano, ajuizar embargos à execução, que serão apreciados, porque não é necessária a garantia do juízo.

(B) O executado ainda não poderá ajuizar embargos à execução e, se o fizer, não serão apreciados, porque o juízo não se encontra integralmente garantido.

(C) Os embargos à execução podem ser ajuizados e apreciados, porque já se conseguiu apreender mais da metade do valor exequendo, que é o requisito previsto na CLT.

(D) A empresa não poderá embargar a execução, porque não existe tal previsão na CLT.

28. (OAB/FGV – XXXVII EXAME DE ORDEM) Arthur ajuizou reclamação trabalhista em face de seu ex-empregador – a sociedade empresária Alfa –, e dos 3 sócios dela, valendo-se do incidente de desconsideração da personalidade jurídica (IDPJ) na fase de cognição. Argumentou na petição inicial que assim procedeu para que, em havendo sucesso na pretensão, os sócios já constem do título executivo judicial, o que abreviaria a futura execução. Diante da situação retratada e da previsão contida na CLT, assinale a afirmativa correta.

(A) O incidente de desconsideração da personalidade jurídica (IDPJ), na Justiça do Trabalho, somente pode ser feito na fase de execução.

(B) O incidente de desconsideração da personalidade jurídica (IDPJ), na seara trabalhista, pode ser feito na fase de conhecimento ou de execução.

(C) O incidente de desconsideração da personalidade jurídica (IDPJ) na fase de conhecimento dependerá da concordância dos sócios.

(D) A opção pelo incidente de desconsideração da personalidade jurídica (IDPJ), por exigência expressa da CLT, deve ter, na fase de conhecimento, sua necessidade provada por documentos.

29. (OAB/FGV – XXXIX EXAME DE ORDEM) O Município de Sete Lagoas/MG foi condenado de forma subsidiária numa reclamação trabalhista envolvendo terceirização. Sendo infrutífera a execução contra o prestador dos serviços, a execução foi direcionada em desfavor do Município, que pretende ajuizar embargos à execução questionando os cálculos.

Sobre o caso, de acordo com a Lei de Regência, assinale a afirmativa correta

(A) Será obrigatório garantir o juízo, porque não há privilégios na Justiça do Trabalho.

(B) É desnecessária a garantia do juízo diante da natureza jurídica do executado.

(C) Para serem admitidos os embargos, o Município deverá depositar metade do valor exequendo.

(D) O juízo precisa ser garantido com seguro fiança judicial para não abalar as finanças do ente público.

30. (OAB/FGV – XL EXAME DE ORDEM) Você advoga para o empregado, credor em uma reclamação trabalhista cuja decisão transitou em julgado.

A liquidação de sentença foi promovida e, após manifestações das partes, foi homologado o cálculo da parte ré. Você continua entendendo que há erro nos cálculos homologados e pretende continuar a discutir a matéria.

Diante disso, assinale a opção que apresenta a medida a ser adotada no interesse do seu cliente.

(A) Deverá ser apresentado embargos à execução no prazo de cinco dias independentemente da garantia da execução ou da penhora.

(B) Não cabe qualquer medida, uma vez que se operou a preclusão, pois já houve manifestação sobre a conta de liquidação.

(C) Na sua manifestação, a ser feita em dez dias após a garantia do juízo, não há restrição de matéria, podendo ser discutido não só os cálculos, mas também a sentença de conhecimento.

(D) Após a garantia da execução ou penhorados os bens, você poderá apresentar impugnação à sentença de liquidação em cinco dias.

31. (OAB/FGV – XLI EXAME DE ORDEM) Em determinada reclamação trabalhista, o recurso ordinário interposto pela ex-empregadora encontra-se pendente de julgamento e alcança todo o objeto da condenação.

Para agilizar o procedimento, o reclamante iniciou a execução provisória do julgado, apresentando os cálculos de liquidação pertinentes, que foram submetidos à análise do adversário, da contadoria do juízo e, depois, homologados por serem reputados corretos.

O juiz concedeu 48 horas para que a sociedade empresária depositasse a quantia nos autos, o que foi cumprido. Logo depois o exequente peticionou a liberação do valor homologado a seu favor.

Diante desses fatos e do disposto na CLT, assinale a afirmativa correta.

(A) Inviável a pretensão, porque a execução provisória fica limitada ao bloqueio ou à penhora.

(B) É possível a liberação, desde que o trabalhador assine um termo de compromisso garantindo que devolverá a quantia caso a decisão seja revertida pelo Tribunal.

(C) Tendo o crédito trabalhista natureza alimentar, o juiz poderá liberar o valor sem qualquer condição.

(D) Na Justiça do Trabalho, como regra, os recursos têm efeito suspensivo, de modo que não é possível a execução provisória, havendo evidente falha do juiz.

32. (OAB/FGV – 42º EXAME DE ORDEM) Em 2024, o Juiz proferiu sentença ilíquida em reclamação trabalhista, na qual você advoga para o autor, que foi julgada procedente. O feito havia sido ajuizado no final do ano de 2022.

O Juízo elaborou e tornou líquida a conta, tendo aberto um prazo para as partes se manifestarem. A parte ré silenciou–se e você apresentou sua impugnação, que não foi acolhida pelo Juiz. Ato contínuo, houve decisão homologatória da sentença de liquidação. As partes foram intimadas. A ré garantiu o juízo e apresentou embargos à execução. Você apresentou impugnação de credor e contraminuta aos embargos à execução apresentados pela ré.

Diante desta circunstância, assinale a afirmativa correta.

(A) Você deverá sustentar em contraminuta aos embargos à execução que a ré apenas poderia questionar a sentença de liquidação por meio dos embargos à penhora.

(B) Tendo em vista que sua impugnação à conta do juízo foi rejeitada, a matéria atinente à sua impugnação de credor deve ser diversa, não podendo ser renovada a discussão da impugnação à conta de liquidação.

(C) Na sua contraminuta, assim como na impugnação de credor, caberá apenas discutir a matéria relativa às razões pelas quais os valores apurados estariam incorretos, não havendo o que se arguir acerca da não impugnação da ré à conta de liquidação, por ser facultativa.

(D) Está preclusa a arguição de matérias que impugnam os cálculos homologados em sede de embargos à execução da ré, uma vez que a parte não apresentou impugnação aos cálculos no momento oportuno, cabendo ao advogado do autor formular essa alegação na contraminuta aos embargos da ré.

GABARITO: As respostas destes testes encontram-se no final do livro.

CAPÍTULO

25

PROCEDIMENTOS ESPECIAIS NO PROCESSO DO TRABALHO

25.1 AÇÃO RESCISÓRIA

À luz do art. 836 da CLT, a ação rescisória é conveniente no Processo do Trabalho, aplicando-se os arts. 966 a 975 do CPC, com exceção apenas do depósito prévio. Ressalte-se que consoante exposto no art. 3.º, XXVI, da IN 39/2016, os arts. 966 a 975 do CPC aplicam-se no Processo do Trabalho.

No Processo Civil, de acordo com o art. 968, II, do CPC, o depósito prévio para a propositura da ação é de 5% sobre o valor da causa. Já no Processo do Trabalho, o **depósito prévio é de 20%** do valor da causa da ação rescisória, salvo prova de miserabilidade jurídica do autor da ação (art. 836, CLT).

A ação rescisória visa a desconstituir, nas hipóteses do art. 966, incisos I a VIII, do CPC (art. 966, *caput* e § 2.º, CPC):

> a) sentença ou acórdão de mérito;
>
> b) decisão transitada em julgado que, embora não seja de mérito, impeça:
>
> I – nova propositura da demanda; ou
>
> II – admissibilidade do recurso correspondente.

As hipóteses de cabimento da ação rescisória no Processo do Trabalho previstas no art. 966 do CPC são as seguintes:

> "Art. 966. A decisão de mérito, transitada em julgado, pode ser rescindida quando:
>
> I – se verificar que foi proferida por força de prevaricação, concussão ou corrupção do juiz;
>
> II – for proferida por juiz impedido ou por juízo absolutamente incompetente;
>
> III – resultar de dolo ou coação da parte vencedora em detrimento da parte vencida ou, ainda, de simulação ou colusão entre as partes, a fim de fraudar a lei;
>
> IV – ofender a coisa julgada;
>
> V – violar manifestamente norma jurídica;
>
> VI – for fundada em prova cuja falsidade tenha sido apurada em processo criminal ou venha a ser demonstrada na própria ação rescisória;

> VII – obtiver o autor, posteriormente ao trânsito em julgado, prova nova cuja existência ignorava ou de que não pôde fazer uso, capaz, por si só, de lhe assegurar pronunciamento favorável;
>
> VIII – for fundada em erro de fato verificável do exame dos autos.
>
> § 1.º Há erro de fato quando a decisão rescindenda admitir fato inexistente ou quando considerar inexistente fato efetivamente ocorrido, sendo indispensável, em ambos os casos, que o fato não represente ponto controvertido sobre o qual o juiz deveria ter se pronunciado".

Assim sendo, o juízo competente desconstituirá a decisão e, se for o caso, proferirá novo julgamento.

Nas hipóteses de **juízo incompetente** e **ofensa à coisa julgada** só haverá juízo rescindente, isto é, só existirá a rescisão do julgado, **sem que haja novo julgamento**. Isso se dá, porque no primeiro caso a competência para julgar a lide não é da Justiça do Trabalho e no segundo não há novo julgamento porque já existe uma decisão protegida pelo manto da coisa julgada. Cabe então ao Judiciário apenas rescindir a segunda decisão, mantendo a anterior. Nos demais casos, haverá o juízo rescindente, bem como o juízo rescisório, ou seja, haverá a rescisão de uma decisão e o novo julgamento pelo Tribunal.

O direito de propor ação rescisória se extingue no prazo decadencial de **2 anos**, contados do trânsito em julgado da última decisão proferida no Processo (art. 975, CPC).

Tem legitimidade para propor a ação: a) quem foi parte no processo ou o seu sucessor a título universal ou singular; b) o terceiro juridicamente interessado; e c) o Ministério Público (art. 967, CPC).

O CPC, em seu art. 967, III, estabelece que o Ministério Público pode propor ação rescisória nas hipóteses em que: a) não foi ouvido no processo em que lhe era obrigatória a intervenção; b) a decisão rescindenda é o efeito de simulação ou de colusão das partes, a fim de fraudar a lei; c) em outros casos em que se imponha sua atuação.

O Tribunal Superior do Trabalho entende que tais suposições são meramente exemplificativas, podendo o Ministério Público propor ação rescisória por qualquer dos fundamentos enumerados no art. 966 do CPC (Súmula 407, TST).

A revelia na ação rescisória não produz confissão ficta, pois o que se ataca na ação é a decisão, ato oficial do Estado, acobertado pelo manto da coisa julgada (Súmula 398, TST).

A depender da decisão que se pretende desconstituir, a legislação estabelece um juízo diverso como o competente para processar e julgar a ação rescisória, conforme quadro a seguir:

COMPETÊNCIA - AÇÃO RESCISÓRIA	
Decisão a ser desconstituída	**Juízo competente**
Sentença	TRT
TRT	TRT
TST	TST

Atente-se para o fato de que se o acórdão do TST não apreciar o mérito da causa, como ocorre quando a Corte não conhece do recurso interposto, a ação rescisória voltar-se-á contra o acórdão regional que tenha adentrado no mérito, sendo competente o TRT para processá-la e julgá-la.

Dessa forma, os itens I e II da Súmula 192 do TST determinam que "se não houver o conhecimento de recurso de revista ou de embargos, a competência para julgar ação que vise a rescindir a decisão de mérito é do Tribunal Regional do Trabalho, salvo se o acórdão rescindendo do Tribunal Superior do Trabalho que não conhece de recurso de embargos ou de revista, analisando arguição de violação de dispositivo de lei material ou decidindo em consonância com súmula de direito material ou com iterativa, notória e atual jurisprudência de direito material da Seção de Dissídios Individuais, examina o mérito da causa, cabendo ação rescisória da competência do Tribunal Superior do Trabalho.

Das decisões proferidas pelo TRT em ação rescisória cabe recurso ordinário para o TST (art. 895, II, CLT e Súmula 158, TST). Neste Tribunal, o recurso ordinário é julgado pela Seção de Dissídios Individuais, nos termos do art. 3.º, III, "a", da Lei 7.701/1988.

A propositura da ação rescisória não impede o cumprimento da decisão rescindenda, ressalvada a concessão de tutela provisória (art. 969, CPC).

É cabível a condenação ao pagamento de honorários advocatícios em ação rescisória no processo trabalhista.

25.2 MANDADO DE SEGURANÇA

Trata-se de remédio constitucional que visa a proteger direito líquido e certo violado por autoridade coatora, não protegido por *habeas corpus* e *habeas data* (art. 5.º, LXIX, CF/1988 e art. 1.º da Lei 12.016/2009).

O prazo do mandado de segurança é de **120 dias**, contados da ciência, pelo interessado, do ato impugnado (art. 23, Lei 12.016/2009).

A competência da Justiça do Trabalho para processar e julgar o mandado de segurança, quando o ato questionado envolver matéria sujeita à sua jurisdição, está conferida no art. 114, inciso IV, da CF.

O professor Mauro Schiavi defende que:

> "Em razão do aumento da competência da Justiça do Trabalho, os Mandados de Segurança passaram a ser cabíveis contra atos de outras autoridades, além das judiciárias, como nas hipóteses dos incisos III e IV do artigo 114 da CF; em face dos Auditores Fiscais e Delegados do Trabalho, Oficiais de Cartórios que recusam o registro de entidade sindical, e até mesmo ato dos membros do Ministério Público do Trabalho em Inquéritos Civis Públicos, uma vez que o inciso IV do artigo114 diz ser da competência da justiça do trabalho o *mandamus* quando o *ato questionado envolver matéria sujeita à sua jurisdição*".

Ressalte-se que as Delegacias Regionais do Trabalho foram substituídas pelas atuais Superintendências Regionais do Trabalho.

Dessa forma, a competência da Justiça do Trabalho pode ser esquematizada da seguinte forma:

<table>
<tr><th colspan="2">COMPETÊNCIA – MANDADO DE SEGURANÇA</th></tr>
<tr><th>Autoridade Coatora</th><th>Juízo competente</th></tr>
<tr><td>Auditor fiscal do trabalho;</td><td rowspan="2">Juiz</td></tr>
<tr><td>Superintendente regional do trabalho;</td></tr>
<tr><td>Oficial de cartório (Quando recusar-se a registrar a entidade sindical);</td><td></td></tr>
<tr><td>Membro do Ministério Público do Trabalho (inquéritos civis)</td><td></td></tr>
<tr><td>JUIZ</td><td>TRT</td></tr>
<tr><td>TRT</td><td>TRT</td></tr>
<tr><td>TST</td><td>TST</td></tr>
</table>

Da decisão proferida em mandado de segurança, impetrado perante a vara do trabalho cabe recurso ordinário para o TRT. Da decisão proferida em mandado de segurança, impetrado perante o TRT cabe recurso ordinário para o TST (art. 895, II, CLT e Súmula 201, TST), o qual será julgado pela Seção de Dissídios Individuais do TST, conforme estabelece o art. 3.º, III, "a", da Lei 7.701/1988.

Exigindo o mandado de segurança prova documental pré-constituída, inaplicável o art. 321 do CPC quando verificada, na petição inicial do "mandamus", a ausência de documento indispensável ou de sua autenticação, ou seja, ao impetrante não será concedido o prazo de 15 dias para a juntada dos documentos, para somente depois, se não cumprido o comando judicial, ocorrer o indeferimento da petição inicial (Súmula 415, TST).

Não se concederá mandado de segurança quando se tratar de ato passível de recurso administrativo com efeito suspensivo, independentemente de caução; de decisão judicial da qual caiba recurso com efeito suspensivo; de decisão judicial transitada em julgado (art. 5.º, Lei 12.016/2009).

Nos casos de competência originária dos tribunais, caberá ao relator a instrução do processo, sendo assegurada a defesa oral na sessão do julgamento do mérito ou do pedido liminar (art. 16, Lei 12.016/2009, alterado pela Lei 13.676/2018).

O mandado de segurança é incompatível nas seguintes hipóteses (Súmulas 266, 267, 268 do STF, Súmula 33 do TST, OJ's 92 e 140 da SDI-2 do TST):

- contra lei em tese;
- mediante ato judicial passível de recurso ou correição;
- diante de decisão judicial com trânsito em julgado;
- perante decisão judicial transitada em julgado;
- para impugnar despacho que acolheu ou indeferiu liminar em outro mandado de segurança;
- em oposição a decisão judicial passível de reforma mediante recurso próprio, ainda que com efeito diferido.

25.3 AÇÃO DE CONSIGNAÇÃO EM PAGAMENTO

Em razão da ausência de normas específicas na CLT referentes à ação de consignação em pagamento, aplica-se, subsidiariamente, o CPC no que diz respeito ao tema.

Trata-se de ação proposta pelo devedor em face do credor, objetivando extinguir obrigação de dar coisa devida ou quantia certa (art. 539, CPC).

Tanto o devedor (seja ele empregado ou empregador) quanto o terceiro interessado no pagamento da dívida podem integrar o polo ativo da referida ação. Consequentemente, o polo passivo poderá ser preenchido tanto pelo empregado como pelo empregador, desde que estejam na posição de credor.

Entende-se que no Processo do Trabalho, em relação à competência para propositura da ação de consignação em pagamento, respeita-se o previsto no art. 651 da CLT, que determina como foro competente aquele do local da prestação do serviço.

Na Justiça do Trabalho, as hipóteses mais comuns de utilização da consignação em pagamento são:

- dispensa com ou sem justa causa: quando o empregado se nega a receber as verbas rescisórias. O empregador tem interesse na consignação, pois o atraso no pagamento de tais verbas poderá levar à incidência da multa do art. 477, § 8.º, da CLT;

- morte ou ausência do empregado: sempre que o empregador não sabe quem é o legitimado a receber as verbas devidas ao empregado, ou se não houver herdeiros;
- todas as vezes que o empregado se recusa a receber ou dar quitação. Por exemplo, quando se recusa a receber comissões pactuadas em contrato. O empregador tem interesse na consignação, pois a falta de tal pagamento pode resultar em rescisão indireta do contrato de trabalho;
- cada vez que o empregador se recusa a receber do empregado mostruários de venda. Trata-se de um dos poucos exemplos em que o empregado se utiliza da ação de consignação.

O art. 542 do CPC determina os requisitos da petição inicial da ação de consignação em pagamento. De acordo com o referido dispositivo, o autor deverá requerer o depósito da quantia ou da coisa devida, a ser efetivado no prazo de 5 dias contados do deferimento, bem como a citação do réu para levantar o depósito ou oferecer resposta.

Apesar de não haver previsão, valendo-se do art. 765 da CLT, entende-se que o juiz pode designar audiência para tentativa de composição do conflito.

Em consonância com o art. 544 do CPC, na contestação, o réu poderá alegar que não houve recusa ou mora em receber a quantia ou coisa devida; que foi justa a recusa; que o depósito não se efetuou no prazo ou no lugar do pagamento; ou que o depósito não é integral.

Alegada a insuficiência do depósito, é lícito ao autor completá-lo, em 10 (dez) dias, salvo se corresponder a prestação cujo inadimplemento acarrete a rescisão do contrato.

Nesse caso, o réu poderá levantar, desde logo, a quantia ou a coisa depositada, com a consequente liberação parcial do autor, prosseguindo o processo quanto à parcela controvertida.

A sentença que concluir pela insuficiência do depósito determinará, sempre que possível, o montante devido e valerá como título executivo, facultado ao credor promover-lhe o cumprimento nos mesmos autos, após liquidação, se necessária (art. 545, CPC). Desta sentença caberá recurso ordinário.

25.4 AÇÃO CIVIL PÚBLICA

Trata-se da ação de responsabilidade por danos morais e patrimoniais causados ao meio ambiente; ao consumidor; à ordem urbanística; a bens e direitos de valor artístico, estético, histórico, turístico e paisagístico; por infração da ordem econômica e da economia popular (art. 1.º, Lei 7.347/1985).

Conforme o art. 83, III, da LC 75/1993, compete ao Ministério Público do Trabalho promover a ação civil pública no âmbito da Justiça do Trabalho, para defesa de interesses coletivos, quando desrespeitados os direitos sociais constitucionalmente garantidos. De acordo com os arts. 127 e 129, incisos III e IX, da CF, a ação civil pública pode ainda ser ajuizada na defesa dos interesses difusos e dos interesses sociais, individuais indisponíveis e homogêneos.

Possuem legitimidade para propor a ação civil pública (art. 5.º, Lei 7.347/1985):

- o Ministério Público;
- a Defensoria Pública;
- a União, os Estados, o Distrito Federal e os Municípios;
- a autarquia, empresa pública, fundação ou sociedade de economia mista;
- a associação que, concomitantemente, esteja constituída há pelo menos 1 (um) ano nos termos da lei civil e inclua, entre suas finalidades institucionais: a proteção ao meio ambiente, ao consumidor, à ordem econômica, à livre concorrência ou ao patrimônio artístico, estético, histórico, turístico e paisagístico.

Em relação à competência territorial para propositura da ação civil pública, leva-se em consideração a extensão do dano a ser reparado à luz da OJ 130 da SDI-2 do TST. Observe:

> "OJ 130, SDI-2. I – A competência para a Ação Civil Pública fixa-se pela extensão do dano. II – Em caso de dano de abrangência regional, que atinja cidades sujeitas à jurisdição de mais de uma Vara do Trabalho, a competência será de qualquer das varas das localidades atingidas, ainda que vinculadas a Tribunais Regionais do Trabalho distintos. III – Em caso de dano de abrangência suprarregional ou nacional, há competência concorrente para a Ação Civil Pública das varas do trabalho das sedes dos Tribunais Regionais do Trabalho. IV – Estará prevento o juízo a que a primeira ação houver sido distribuída".

25.5 AÇÃO DE CUMPRIMENTO

Quando em um dissídio coletivo é proferida uma sentença normativa ou decisão normativa (ato que homologa acordo entre as partes em dissídio coletivo), seu conteúdo não é executado, mas sim cumprido. Tal cumprimento pode dar-se espontaneamente ou coercitivamente, mediante a propositura de uma ação de cumprimento.

Além da sentença normativa e da decisão normativa, a ação de cumprimento visa a fazer cumprir disposição de convenção coletiva ou acordo coletivo de trabalho não cumprido espontaneamente pelo empregador (Súmula 286, TST). A ação de cumprimento possui natureza jurídica de ação de conhecimento, do tipo condenatória.

Todas as vezes que o direito já for reconhecido através de decisão normativa, a medida admissível será a ação de cumprimento, havendo falta de interesse de agir para a propositura da ação individual (OJ 188, SDI-1, TST).

A vara do trabalho do local da prestação de serviço é competente para julgar a ação de cumprimento.

No trâmite da ação de cumprimento, não se permite discussão de questões de fato ou de direito que já foram apreciadas na sentença normativa, ainda que esta não tenha transitado em julgado (art. 872, parágrafo único, CLT).

É possível ajuizar ação de cumprimento mesmo que a sentença normativa ainda não tenha transitado em julgado, salvo se lhe for concedido efeito suspensivo ao recurso ordinário eventualmente interposto (Súmula 246, TST, art. 7.º, § 6.º e art. 10, Lei 7.701/1988).

A petição inicial da ação de cumprimento deve ser instruída com a cópia da sentença normativa ou certidão de julgamento do dissídio coletivo, contendo as cláusulas que foram deferidas pelo Tribunal (art. 872, CLT).

Em se tratando de ação de cumprimento de acordo ou convenção coletiva de trabalho, tais instrumentos devem, obrigatoriamente, acompanhar a petição inicial, sob pena de indeferimento (art. 787, CLT e art. 321, CPC).

O prazo de prescrição com relação à ação de cumprimento de decisão normativa flui apenas a partir da data de seu trânsito em julgado (Súmula 350, TST).

25.6 INQUÉRITO JUDICIAL PARA APURAÇÃO DE FALTA GRAVE

Trata-se de uma ação constitutiva (negativa) necessária para apuração de falta grave que autoriza a resolução do contrato de trabalho do empregado estável por iniciativa do empregador. Observe o teor do art. 494 da CLT:

> "Art. 494. O empregado acusado de falta grave poderá ser suspenso de suas funções, mas a sua despedida só se tornará efetiva após o inquérito em que se verifique a procedência da acusação".

Alguns trabalhadores, por se encontrarem em situações especiais, não podem ser despedidos sem apuração de falta grave através de inquérito.

Há divergência na doutrina e na jurisprudência quanto às hipóteses em que se exige inquérito judicial para apuração de falta grave para dispensa do empregado. Entende-se que somente por meio de inquérito poderão ser dispensados por justa causa os seguintes empregados: a) o estável decenal (art. 492, CLT), o dirigente sindical (art. 8°, VIII, CF; art. 543, § 3°, CLT e Súmulas 197 do STF e 379 do TST); os empregados membros do Conselho Nacional da Previdência Social (art. 3.º, § 7.º, Lei 8.213/1991) e os empregados eleitos diretores de sociedades cooperativas (art. 55 da Lei 5.764/1971).

Ressalte-se que não há que se falar em inquérito judicial para apuração de falta grave nas hipóteses de dispensa de trabalhador acidentado, gestante, cipeiro e, apesar do posicionamento em sentido contrário do professor Carlos Henrique Bezerra Leite, do representante dos empregados na comissão de conciliação prévia.

Em relação ao procedimento, o empregador apresentará reclamação por escrito à vara do trabalho, dentro do prazo decadencial de 30 dias, contados da data da suspensão do empregado (art. 853, CLT).

No inquérito judicial para apuração de falta grave, o empregador deverá comprovar a falta grave do empregado, podendo valer-se de no máximo 6 testemunhas.

Caso seja reconhecida a inexistência da falta grave, o empregador será compelido a reintegrar o empregado e a pagar-lhe os salários e demais vantagens a que teria direito no período de afastamento (art. 495, CLT). O inquérito é uma ação de caráter dúplice.

25.7 TUTELAS DE URGÊNCIA E EVIDÊNCIA

O atual Código de Processo Civil inovou quanto às tutelas cautelares e antecipadas, não destinando um livro às cautelares consoante fez o Código de 1973.

No atual diploma legal há um livro que trata da tutela provisória e as divide em tutelas de urgência e de evidência (arts. 294 a 311, CPC), e o TST entende que se aplica ao Processo do Trabalho, consoante preceitua o art. 3.º, VI, da IN 39/2016 do TST.

A tutela de urgência, de natureza cautelar ou antecipada, pode ser concedida em caráter antecedente ou incidental, e será concedida quando preenchidos os mesmos requisitos; ou seja, quando houver elementos que evidenciem a probabilidade do direito – *fumus boni iuris* – e o perigo de dano ou o risco ao resultado útil do processo – periculum in mora (art. 300, CPC). A tutela de urgência de natureza cautelar pode ser efetivada mediante arresto, sequestro, arrolamento de bens, registro de protesto contra alienação de bem e qualquer outra medida idônea para asseguração do direito (art. 301, CPC).

Segundo o art. 302 do CPC, independentemente da reparação por dano processual, a parte responde pelo prejuízo que a efetivação da tutela de urgência causar à parte adversa, se:

> "I – a sentença lhe for desfavorável;
>
> II – obtida liminarmente a tutela em caráter antecedente, não fornecer os meios necessários para a citação do requerido no prazo de 5 (cinco) dias;
>
> III – ocorrer a cessação da eficácia da medida em qualquer hipótese legal;

IV – o juiz acolher a alegação de decadência ou prescrição da pretensão do autor.

Parágrafo único. A indenização será liquidada nos autos em que a medida tiver sido concedida, sempre que possível".

A tutela de urgência, cautelar ou antecipada, pode ser concedida em caráter antecedente ou incidental (art. 294, parágrafo único, CPC). A tutela provisória de evidência somente pode ser requerida em caráter incidente.

A tutela de urgência incidental é requerida dentro do processo em que se pede ou já se pediu a tutela definitiva e tem o objetivo de adiantar seus efeitos, seja de satisfação (antecipação da tutela) ou de acautelamento.

É antecedente a tutela provisória requerida antes da formulação dos pedidos da tutela definitiva e tem por propósito adiantar seus efeitos.

25.7.1 Tutela de urgência antecipada

Quando se tratar de tutela provisória de urgência satisfativa (antecipada), antecedente à petição inicial, pode limitar-se: 1) ao requerimento da tutela antecipada; e 2) à indicação do pedido de tutela final, com a exposição da lide, do direito que se busca realizar e do perigo de dano ou do risco ao resultado útil do processo (art. 303, *caput*, CPC). O autor deve indicar o valor da causa, que deve levar em consideração o pedido de tutela final (art. 303, § 4.º, CPC).

Uma vez concedida a tutela satisfativa (antecipada) em caráter antecedente, será observado o seguinte procedimento:

1) o autor deverá aditar a petição inicial, nos mesmos autos, com a complementação de sua argumentação, a juntada de novos documentos e a confirmação do pedido de tutela final e a indicação de que pretende valer-se do benefício da antecipação da tutela. Deverá fazê-lo em 15 (quinze) dias ou em outro prazo maior que o juiz fixar, sob pena de extinção do processo sem resolução do mérito (art. 303, §§ 1.º, I, 2.º, 3.º e 5.º, CLT).

2) será designada no Processo do Trabalho a audiência de instrução e julgamento para a apresentação da defesa.

Caso entenda que não há elementos para a concessão de tutela antecipada, o órgão jurisdicional determinará a emenda da petição inicial em até 5 (cinco) dias, sob pena de ser indeferida e de o processo ser extinto sem resolução de mérito (art. 303, § 6.º, CPC).

25.7.2 Tutela de urgência cautelar

Por sua vez, quando se tratar de tutela provisória cautelar em caráter antecedente, a petição inicial indicará: a lide e seu fundamento e a exposição sumária do direito que se objetiva assegurar e o perigo de dano ou o risco ao resultado útil do processo (art. 305, CPC).

Frise-se que caso o juiz entenda que o pedido tem natureza antecipada, observará o procedimento previsto para a tutela provisória antecipada, previsto no caput do art. 303 do CPC (art. 305, parágrafo único, CPC).

O réu, então, será citado para, no prazo de 5 (cinco) dias, contestar o pedido e indicar as provas que pretende produzir (art. 306, CPC).

Não sendo contestado o pedido, os fatos alegados pelo autor presumir-se-ão aceitos pelo réu como ocorridos, caso em que o juiz decidirá dentro de 5 (cinco) dias (art. 307, *caput*, CPC).

Efetivada a tutela cautelar, o pedido principal terá de ser formulado pelo autor no prazo de 30 (trinta) dias, caso em que será apresentado nos mesmos autos em que deduzido o pedido de tutela cautelar (art. 308, CPC).

O pedido principal pode ser formulado conjuntamente com o pedido de tutela cautelar, momento em que a causa de pedir poderá ser modificada (art. 308, §§ 1.º e 2.º, CPC).

Apresentado o pedido principal, as partes serão intimadas para comparecer na audiência de instrução e julgamento no processo do trabalho.

Prevê o art. 309 do CPC que cessa a eficácia da tutela concedida em caráter antecedente, se:

> "I – o autor não deduzir o pedido principal no prazo legal;
>
> II – não for efetivada dentro de 30 (trinta) dias;
>
> III – o juiz julgar improcedente o pedido principal formulado pelo autor ou extinguir o processo sem resolução de mérito".

Se por qualquer motivo cessar a eficácia da tutela cautelar, é vedado à parte renovar o pedido, salvo sob novo fundamento (art. 309, parágrafo único, CPC).

O indeferimento da tutela cautelar não obsta que a parte formule o pedido principal, nem influi no julgamento deste, salvo se o motivo do indeferimento for o reconhecimento de decadência ou de prescrição (art. 310, CPC).

25.7.3 Tutela de Evidência

A tutela de evidência será concedida, independentemente da demonstração de perigo de dano ou de risco ao resultado útil do processo, quando: a) ficar caracterizado o abuso do direito de defesa ou o manifesto propósito protelatório da parte; b) as alegações de fato puderem ser comprovadas apenas documentalmente e houver tese firmada em julgamento de casos repetitivos ou em súmula vinculante; c) se tratar de pedido reipersecutório fundado em prova documental adequada do contrato de depósito, caso em que será decretada a ordem de entrega do objeto custodiado, sob cominação de multa; e d) a petição inicial for instruída com prova documental suficiente dos fatos constitutivos do direito do autor, a que o réu não oponha prova capaz de gerar dúvida razoável (art. 311 CPC).

25.8 QUESTÕES

1. (OAB XIII – FGV) Rômulo impetrou mandado de segurança contra ato praticado por Juiz do Trabalho que teria violado um direito seu, líquido e certo. Por descuido, Rômulo deixou de juntar os documentos pertinentes, indispensáveis. Verificando o equívoco, o Relator deverá, de acordo com a jurisprudência consolidada do TST,

(A) conceder prazo improrrogável de 10 dias para o impetrante sanar o vício, sob pena de indeferimento da petição inicial.

(B) prosseguir normalmente no trâmite processual, pois a matéria não pode ser conhecida de ofício.

(C) indeferir a petição inicial de plano e extinguir o processo sem resolução do mérito.

(D) solicitar à autoridade coatora que, juntamente com as informações que serão prestadas, envie cópia dos documentos faltantes.

2. (OAB 2010.3 – FGV) O sindicato representante de determinada categoria profissional ajuizou ação civil pública em face da Construtora Beta Ltda., postulando sua condenação na obrigação de se abster de coagir seus empregados a deixarem de se filiar ao respectivo ente sindical. A pretensão foi julgada procedente, tendo transitado em julgado a decisão condenatória. Diante dessa situação hipotética, assinale a alternativa correta.

(A) Seria obrigatória a intervenção do Ministério Público do Trabalho como fiscal da lei nesse processo.

(B) O ajuizamento dessa ação civil pública visou à tutela de interesses ou direitos meramente individuais.

(C) A sentença fará coisa julgada às partes entre as quais é dada (interpares), não beneficiando nem prejudicando terceiros.

(D) A competência funcional para julgamento dessa ação civil pública é do Tribunal Regional do Trabalho que tenha jurisdição no local onde se situa a sede da empresa.

3. (OAB 2010.2 – FGV) Segundo a legislação e a jurisprudência sobre a ação rescisória no Processo do Trabalho, assinale a afirmativa correta.

(A) Toda decisão que extingue o processo sem resolução de mérito, uma vez transitada em julgado, é passível de corte rescisório.

(B) É ajuizada independente de depósito prévio, em razão da previsão específica do Processo do Trabalho.

(C) Quando for de competência originária de Tribunal Regional do Trabalho, admitirá o recurso de revista para o Tribunal Superior do Trabalho.

(D) A sentença de mérito proferida por prevaricação, concussão ou corrupção do juiz, uma vez transitada em julgado, é passível de corte rescisório.

4. (OAB XI – FGV) No acordo coletivo em vigor firmado pela empresa Pluma Comércio de Óculos Ltda. existe uma cláusula na qual os seus empregados podem adquirir as mercadorias lá produzidas a preço de custo. Emerson, empregado desta firma, pretendia comprar um par de óculos, mas o empregador exigiu que ele pagasse também o valor da margem mínima de lucro do comércio local. Diante do ocorrido, assinale a alternativa que contempla a ação que, de acordo com a CLT, deverá ser ajuizada por Emerson para fazer prevalecer o seu direito.

(A) Execução de Título Extrajudicial.

(B) Mandado de Segurança.

(C) Ação de Cumprimento.

(D) Ação Monitória.

5. (OAB XII – FGV) Pedro realizou um acordo em reclamação trabalhista que moveu contra o seu ex-empregador, conferindo quitação quanto ao extinto contrato de trabalho e, em contrapartida, recebeu, no ato da homologação judicial, a quantia de R$ 2.500,00 em espécie. Dez dias após, Pedro arrependeu-se de ter aceitado a transação, entendendo que a quantia recebida seria inferior à que faria jus. Considerando as circunstâncias do caso e de acordo com o entendimento legal e jurisprudencial, assinale a afirmativa correta.

(A) Pedro poderá ajuizar ação rescisória, no prazo de dois anos, cujo prazo se inicia oito dias após a homologação do acordo.

(B) Pedro poderá ajuizar ação anulatória, buscando o desfazimento do ato jurídico.

(C) Pedro nada poderá fazer, pois houve trânsito em julgado, impedindo recursos, além do que o motivo apresentado não autoriza ação rescisória.

(D) Pedro poderá ajuizar nova ação, postulando outros direitos que não aqueles postulados na ação que redundou no acordo, permitindo a dedução dos R$ 2.500,00 recebidos.

6. (OAB XIV – FGV) Plínio, empregado da Padaria Pão Bom Ltda., insatisfeito com o trabalho, procurou seu empregador pedindo para ser mandado embora. O empregador aceitou a proposta, desde que tudo fosse realizado por intermédio de um acordo na Justiça do Trabalho, motivo pelo qual foi elaborada ação trabalhista pedindo verbas rescisórias. No dia da audiência, as partes disseram que se conciliaram, mas o juiz, ao indagar Plínio, compreendeu o que estava ocorrendo e decidiu não homologar o acordo.

Para a hipótese, assinale a opção correta.

(A) Plínio deverá impetrar Mandado de Segurança para obter a homologação do acordo.

(B) A homologação do acordo é faculdade do juiz, que poderá não homologá-lo.

(C) Sendo a conciliação um princípio do processo do trabalho, deverá o processo ser remetido para outra Vara para homologação por outro juiz.

(D) Plínio deverá interpor reclamação correicional para obter a homologação do acordo.

7. (OAB XIV – FGV) Geraldo requereu na sua petição inicial, e teve deferida, a concessão de tutela antecipada para sua imediata reintegração, haja vista ser dirigente sindical. O ex empregador, cientificado, impetrou Mandado de Segurança, no qual obteve liminar revogando a tutela antecipada concedida. Logo depois, a reclamação trabalhista de Geraldo foi instruída na Vara do Trabalho e encaminhada para sentença, que julgou procedente o pedido, tendo o juiz concedido novamente a tutela antecipada, agora na sentença.

Diante do quadro retratado, de acordo com o entendimento sumulado pelo TST, assinale a opção correta.

(A) O juiz poderia conceder a tutela na sentença, e, nesse caso, o Mandado de Segurança perde o objeto.

(B) O Juiz não poderia conceder novamente a tutela antecipada, haja vista que ela havia sido revogada pelo Tribunal.

(C) Se a tutela antecipada foi revogada, somente havendo autorização do TRT ela poderia ser revigorada, de modo que o juiz subverteu a ordem processual vigente, cabendo reclamação correicional.

(D) Poderá a parte ré impetrar novo mandado de segurança, agora contra a tutela antecipada concedida na sentença.

8. (OAB/FGV – XXII EXAME) Jorge foi dispensado e, no dia designado para homologação da ruptura contratual, a empresa informou que não tinha dinheiro para pagar a indenização. O TRCT estava preenchido, com o valor total de R$ 5.000,00 que Jorge deveria receber. Diante da situação narrada pela empresa e da extrema necessidade de Jorge, o sindicato concordou em fazer a homologação apenas para liberar o FGTS e permitir o acesso ao seguro-desemprego, lançando no TRCT um carimbo de que nada havia sido pago. Jorge, então, ajuizou ação monitória na Justiça do Trabalho, cobrando a dívida de R$ 5.000,00.

Sobre a situação narrada, assinale a afirmativa correta.

(A) O comportamento de Jorge é viável, sendo que, nesse caso, o juiz expedirá mandado de pagamento, nos moldes do CPC.

(B) Na Justiça do Trabalho, a ação monitória somente é possível em causas de até dois salários-mínimos, sendo que da sentença não caberá recurso, o que não é a hipótese retratada.

(C) Jorge deveria ajuizar ação de execução de título extrajudicial, que é a natureza jurídica do TRCT preenchido, mas não quitado.

(D) Jorge agiu mal, porque não cabe ação monitória na Justiça do Trabalho, em razão da incompatibilidade de procedimentos.

9. (OAB/FGV – XXVII EXAME DE ORDEM) Em uma reclamação trabalhista, o autor afirmou ter sido vítima de discriminação estética, pois fora dispensado pelo ex- empregador por não ter querido raspar o próprio bigode. Requereu, na petição inicial, tutela de urgência para ser imediatamente reintegrado em razão de prática discriminatória. O juiz, não convencido da tese de discriminação, indeferiu a tutela de urgência e determinou a designação de audiência, com a respectiva citação. Como advogado(a) do autor, assinale a opção que contém, de acordo com a Lei e o entendimento consolidado do TST, a medida judicial a ser manejada para reverter a situação e conseguir a tutela de urgência desejada.

(A) Interpor recurso ordinário seguido de medida cautelar.

(B) Nada poderá ser feito, por tratar-se de decisão interlocutória, que é irrecorrível na Justiça do Trabalho.

(C) Impetrar mandado de segurança.

(D) Interpor agravo de instrumento.

10. (OAB/FGV – XXXVII EXAME DE ORDEM) Uma sociedade empresária de grande porte, condenada na Justiça do Trabalho, verificando a nulidade de sua citação em uma reclamação trabalhista que se encontra na fase executória, pretende ajuizar ação rescisória. Seus advogados se dedicaram à peça e agora chegou o momento do ajuizamento da ação. Em relação a custas e depósito prévio, de acordo com a CLT, assinale a afirmativa correta.

(A) Nas ações rescisórias, não há custas no depósito prévio.

(B) A sociedade empresária sujeita-se ao depósito prévio de 20% (vinte por cento) do valor da causa.

(C) Não haverá necessidade de qualquer preparo porque, estando a causa na fase de execução, não cabe ação rescisória.

(D) Devem ser recolhidas custas no importe de 2% sobre o valor da condenação.

11 (OAB/FGV – XXXIX EXAME DE ORDEM) Determinada sociedade empresária, sua cliente, recebeu a visita de fiscais do trabalho, os quais apontaram haver irregularidades quanto às condições de trabalho de alguns empregados, bem como entenderam irregular, no dia, estarem nas dependências da empresa pessoas prestadoras de serviço por intermédio de MEI – Micro Empreendedor Individual.

Diante disso, foram lavrados dois autos de infração aplicando multas severas, sendo concedido prazo de 30 dias para pagamento, sob pena de fechamento do estabelecimento. Não foi facultado à sua cliente nenhum direito à ampla defesa, sendo certo que, de fato, nada foi verificado pelos fiscais. A sociedade empresária tem a documentação de todas as condições de trabalho e alega que os prestadores de serviço são autônomos.

Assinale a opção que indica a medida juridicamente cabível que melhor atenda, com urgência, aos interesses da sua cliente de sustar os autos de infração.

(A) Mandado de Segurança na Justiça do Trabalho.

(B) Agravo de Petição na Justiça do Trabalho.

(C) Mandado de Segurança na Justiça Federal.

(D) Agravo de Instrumento na Justiça do Trabalho.

GABARITO: As respostas destes testes encontram-se no final do livro.

CAPÍTULO

26

DISSÍDIO COLETIVO

26.1 DISSÍDIO COLETIVO

Dissídios Coletivos são ações de natureza jurídica coletiva, que visam à tutela de direitos coletivos da categoria.

Em razão de o objeto do dissídio coletivo, de modo geral, referir-se a direitos pertencentes a uma categoria profissional ou econômica (direitos coletivos em sentido estrito), os legitimados para ajuizarem-no são as entidades sindicais, sujeitos de representatividade coletiva.

Existem duas maneiras de solução dos conflitos coletivos:

- Autocompositivas – convenção coletiva de trabalho, acordo coletivo de trabalho e mediação;
- Heterocompositivas – jurisdição e arbitragem (art. 114, §§ 1.°, 2.° e 3.°, CF).

Quanto à **arbitragem**, vale destacar: o **MPT** pode "atuar como árbitro, se assim for solicitado pelas partes, nos dissídios de competência da Justiça do Trabalho" (art. 83, XI, LC 75/1993).

De acordo com o art. 241 do RITST, os dissídios coletivos subdividem-se em:

> "I – de natureza econômica, para a instituição de normas e condições de trabalho;
>
> II – de natureza jurídica, para interpretação de cláusulas de sentenças normativas, de instrumentos de negociação coletiva, acordos e convenções coletivas, de disposições legais particulares de categoria profissional ou econômica e de atos normativos;
>
> III – originários, quando inexistentes ou em vigor normas e condições especiais de trabalho, decretadas em sentença normativa;
>
> IV – de revisão, quando destinados a reavaliar normas e condições coletivas de trabalho preexistentes que se tornarem injustas ou ineficazes pela modificação das circunstâncias que as ditaram;
>
> V – de declaração sobre a paralisação do trabalho decorrente de greve."
>
> O dissídio coletivo de natureza econômica (art. 114, § 2.°, CF) subdivide-se em: a) originário (art. 867, parágrafo único, *a*, CLT); b) revisional (arts. 873 a 875, CLT); e c) de extensão, que visa a estender a toda a categoria as normas ou condições que tiverem como destinatário apenas parte dela (arts. 868 a 871, CLT)".

A Constituição da República estabeleceu como requisito específico para os dissídios coletivos de natureza econômica o **comum acordo** (art. 114, § 2.º, CF).

Os **dissídios coletivos de greve** podem ter natureza exclusivamente **declaratória**, quando apenas declararem a abusividade ou não da greve, ou **natureza mista,** se além da declaração ainda constituir novas relações de trabalho (art. 114, § 3.º, CF e art. 8.º da Lei 7.783/1989).

O Ministério Público do Trabalho pode suscitar dissídio coletivo em caso de greve em atividade essencial, com possibilidade de lesão do interesse público (art. 114, § 3.º, CF).

No **dissídio coletivo de extensão**, o Tribunal pode estender as condições de trabalho a todos os empregados de uma mesma empresa ou categoria, embora o dissídio tenha sido suscitado por apenas uma parte deles (art. 868, CLT).

A decisão também poderá ser estendida a toda a categoria, mas só por solicitação de um ou mais empregadores, ou de qualquer sindicato destes; um ou mais sindicatos de empregados; *ex officio*, pelo Tribunal que houver proferido a decisão; ou por solicitação do Ministério Público do Trabalho. Além da solicitação exige-se para extensão da decisão a toda a categoria a concordância de 3/4 (três quartos) dos empregadores e 3/4 (três quartos) dos empregados, ou os respectivos sindicatos.

O **dissídio coletivo de revisão** poderá ser proposto assim que decorrido mais de um ano da vigência da sentença normativa (art. 873, CLT).

As **partes** no dissídio coletivo são suscitante e suscitado.

O dissídio coletivo é uma ação de **competência** originária dos Tribunais, TRT e TST, segundo o âmbito territorial do conflito ou a representação das entidades sindicais, de modo que, se o dissídio limitar-se à base territorial do TRT, este será o Tribunal competente para julgá-lo (art. 678, I, "a", CLT e art. 6º, Lei 7.783/1989); se ultrapassar referida base, será de competência do TST (art. 702, I, "b", CLT e art. 2.º, I, "a", Lei 7.701/1988).

Há, porém, uma única exceção à regra da competência, determinando que se o dissídio coletivo abranger jurisdição dos TRTs da 2.ª e 15.ª Regiões (São Paulo e Campinas, respectivamente), não será caso de competência do TST, mas sim do TRT da 2.ª Região.

Possuem **legitimidade** para suscitar o dissídio coletivo, de um lado, necessariamente, o sindicato da categoria profissional e, do outro lado, o sindicato da categoria econômica ou empresa(s).

Embora bastante criticado, o art. 856 da CLT estabelece que os Presidentes dos Tribunais Regionais do Trabalho têm legitimidade para suscitar o dissídio em caso de greve.

> "Art. 856. A instância será instaurada mediante representação escrita ao Presidente do Tribunal. Poderá ser também instaurada por iniciativa do

presidente, ou, ainda, a requerimento da Procuradoria da Justiça do Trabalho, sempre que ocorrer suspensão do trabalho".

Ainda sobre o referido tema, observe o art. 857 da CLT:

> "Art. 857. A representação para instaurar a instância em dissídio coletivo constitui prerrogativa das associações sindicais, excluídas as hipóteses aludidas no art. 856, quando ocorrer suspensão do trabalho".

Quando não houver sindicato representativo da categoria profissional ou econômica, o dissídio coletivo poderá ser ajuizado pelas federações e, na ausência destas, pelas confederações, no âmbito de suas representações (art. 857, parágrafo único, CLT).

O procedimento do dissídio coletivo é mais simples e possui instrução probatória restrita. Está previsto nos arts. 856 a 875 da CLT e permite a aplicação subsidiária do CPC naquilo que for compatível, quando houver omissão da CLT.

O art. 616, § 3.º, da CLT estabelece prazo para instauração do dissídio coletivo.

Havendo convenção, acordo ou sentença normativa em vigor, o dissídio coletivo deverá ser instaurado dentro dos 60 (sessenta) dias anteriores ao respectivo termo final, para que o novo instrumento possa ter vigência no dia imediato a esse termo.

A **petição inicial** do dissídio coletivo deverá ser escrita (art. 856, CLT), dirigida ao Presidente do Tribunal, que designará uma audiência de conciliação (art. 860, CLT).

O Presidente do Tribunal não está adstrito às propostas de conciliação das partes (art. 862, CLT). Existindo ou não o acordo, o processo será distribuído, por sorteio, para relator e revisor, sendo julgado pela SDC.

A decisão proferida em dissídio coletivo denomina-se **sentença normativa.** Tal decisão possui natureza constitutiva e não é executada, mas cumprida, por meio de **ação de cumprimento** proposta perante o juiz do trabalho (art. 872, CLT).

Ao julgar o dissídio coletivo deve ser observada a orientação contida na Súmula 190 do TST, a qual determina que:

Ao julgar ou homologar ação coletiva ou acordo nela havido, o Tribunal Superior do Trabalho exerce o poder normativo constitucional, não podendo criar ou homologar condições de trabalho que o Supremo Tribunal Federal julgue inconstitucionais.

O recurso compatível para impugnar a sentença normativa proferida pelo TRT é o ordinário, de competência do TST, que será julgado pela SDI (art. 895, II, CLT).

Em caso de acordo, apenas o MPT poderá interpor recurso ordinário (art. 83, VI, LC 75/1993 e art. 7.º, § 5.º, Lei 7.701/1988).

Se a decisão proferida em dissídio coletivo de competência originária do TST não for unânime, serão admissíveis embargos infringentes, salvo se a decisão recorrida estiver em consonância com jurisprudência ou súmula do TST (art. 894, I, "a", CLT).

Em regra, os recursos terão efeito meramente devolutivo (art. 6.º, Lei 4.725/1965). Todavia, a Lei 7.701/1988 estabelece que o recurso ordinário interposto de sentença normativa poderá ter **efeito suspensivo** na medida e extensão conferidas em despacho pelo Presidente do TST.

De acordo com o entendimento do TST, a sentença normativa somente produz coisa julgada formal (Súmula 397, TST).

26.2 QUESTÕES

1. (OAB XI – FGV) Tendo em vista a proximidade de realização de grande evento na área de esportes, a cidade de Tribobó do Oeste decidiu reformar seu estádio de futebol. Para tanto, após licitação, contratou a empresa Alfa Ltda. para executar a reforma no prazo de um ano. Faltando dois meses para a conclusão da obra e a realização do megaevento, os operários entraram em greve paralisando os trabalhos integralmente. Diante destes fatos, assinale a afirmativa que se coaduna com a legitimidade ativa para instauração do dissídio coletivo.

(A) Tanto a empresa Alfa Ltda. como o Sindicato da categoria dos empregados poderá instaurar a instância, sendo o ato privativo das partes litigantes.

(B) Apenas o Sindicado dos Empregados poderá requerer a instauração do dissídio coletivo, já que se trata do sujeito ativo no caso de greve, sendo a empresa Alfa ré no processo.

(C) Por haver interesse público a legitimidade ativa é exclusiva da empresa e do sindicato, bem como do Ministério Público do Trabalho, em caráter excepcional.

(D) O dissídio poderá ser instaurado pelas partes por representação escrita ao Presidente do Tribunal; bem como por iniciativa do próprio Presidente e, ainda, por requerimento do Ministério Público do Trabalho.

2. (OAB XVI – FGV) Julgado dissídio coletivo entre uma categoria profissional e a patronal, em que foram concedidas algumas vantagens econômicas à categoria dos empregados, estas não foram cumpridas de imediato pela empresa Alfa Ltda. Diante disso, o sindicato profissional decidiu ajuizar ação de cumprimento em face da empresa. Sobre o caso apresentado, assinale a afirmativa correta.

(A) Deverá aguardar o trânsito em julgado da decisão, para ajuizar a referida ação.

(B) Poderá ajuizar a ação, pois o trânsito em julgado da sentença normativa é dispensável.

(C) Não juntada a certidão de trânsito em julgado da sentença normativa, o feito será extinto sem resolução de mérito.

(D) Incabível a ação de cumprimento, no caso.

3. (OAB XXI EXAME - FGV) O órgão do Ministério Público do Trabalho foi procurado por um grupo de trabalhadores da construção civil. Eles denunciam que o sindicato de classe obreiro está sendo omisso na busca de direitos e vantagens para a categoria, tanto assim que há cinco anos eles não têm reajuste salarial nem é elaborada uma convenção coletiva.

Na hipótese narrada, sobre a situação do MPT, de acordo com o entendimento do TST e do STF, assinale a afirmativa correta.

(A) O parquet poderá ajuizar dissídio coletivo de natureza econômica na Justiça do Trabalho, em substituição ao sindicato de classe omisso, evitando maiores prejuízos para os trabalhadores.

(B) O órgão do Ministério Público não poderá ajuizar dissídio coletivo, pois sua atribuição fica limitada ao caso de greve em serviço essencial, o que não é o caso.

(C) O MPT poderá entabular negociação diretamente com o sindicato dos empregadores e, elaborada a convenção coletiva, levar à homologação do Poder Judiciário.

(D) O Ministério Público poderá instaurar inquérito civil e, apurando a irregularidade, ajuizar ação na Justiça do Trabalho, requerendo a condenação criminal dos dirigentes do sindicato por ato de improbidade.

4. (OAB/FGV - XXXVII EXAME DE ORDEM) Foi proferida uma sentença normativa em dissídio coletivo envolvendo os sindicatos de determinada categoria. Na decisão transitada em julgado foi determinada a entrega mensal de ticket refeição e ticket alimentação no valor de R$ 150,00 cada. Ocorre que uma das sociedades empresárias vinculadas ao sindicato da categoria econômica não está cumprindo a sentença normativa, que se encontra em vigor. De acordo com a CLT, para que a cláusula normativa seja observada, o sindicato deve se valer de uma ação

(A) monitória.

(B) de execução de título extrajudicial.

(C) civil coletiva.

(D) de cumprimento.

GABARITO: As respostas destes testes encontram-se no final do livro.

CAPÍTULO 27

LEI GERAL DE PROTEÇÃO DE DADOS NAS RELAÇÕES DE TRABALHO

27.1 INTRODUÇÃO

Como vão os seus dados?

Iniciamos esse capítulo de uma forma não tão convencional, exatamente para chamar a sua atenção sobre o tema que será abordado e os profundos impactos nas relações de emprego. O objetivo deste capítulo, além de desenvolver alguns aspectos teóricos é trazer para a prática, como iremos aplicar essa proteção de dados.

Podemos começar lembrando que estamos vivendo a "Revolução Industrial 4" ou a "Quarta Revolução Industrial" ou "Momento 4.0". O que quer dizer isso? A tecnologia da informação está cada vez mais célere, mais rápida e não conseguimos dar conta de tudo que está acontecendo. Temos vivenciado nos últimos dez anos a criação de uma comunidade social nova ou uma forma de envio de informação (e-mail, telegrama, e-mail corporativo, WhatsApp). Ou seja, se só estivéssemos avançando numa privacidade-flexibilizada ou relativizada não teria a necessidade do direito regular as consequências do direito ou as sanções de um abuso, mas o que vivenciamos não é bem isso.

Podemos exemplificar com um caso clássico ocorrido no ano de 2014 em que a empresa Amazon realizou processo seletivo para novos empregados realizada por inteligência artificial. Isto é, por processo automatizado. Não era uma pessoa humana que fazia a análise dos currículos. Foram recebidos em torno de 70.000 currículos no primeiro mês e o computador conseguia com os algoritmos em segundos, selecionar 7 perfis adequado para aquele determinado cargo.

Começamos dessa forma perceber que a informação, que é a retirada desses dados pessoais (o que gosta, o que compra, o que come, qual é a sua opinião política ou o seu time de futebol) tudo isso começou a ter valor econômico e infelizmente, desvirtuamento do seu uso.

É bom lembrar (antes de entrarmos no Brasil) que na Europa no ano de 2018 tivemos o Regulamento Geral de Proteção de Dados. A Europa é pioneira e trata de qualquer dado, inclusive com transmissão internacional. E a lei brasileira (apesar de não ser igual) tem uma inspiração grande no regulamento europeu com algumas diferenças: lá há um capítulo específico, comando específico para empregados e na nossa legislação não. Temos que ter "olhos de direito do trabalho" para traduzir os dispositivos para o Direito do Trabalho. Significa fazer uma "ginástica", mas já fizemos muito isso com o advento do Código Civil e do Código de Processo Civil.

Art. 64, Lei nº 13.709/2018. Os direitos e princípios expressos nesta Lei não excluem outros previstos no ordenamento jurídico pátrio relacionados à matéria ou nos tratados internacionais em que a República Federativa do Brasil seja parte.

Observe que a LGPD não é uma lei que revoga aquela regra de proteção de dados, ela apenas incrementa e regulamenta de forma mais aprofundada.

27.2 MISSÕES DA LGPD

A primeira finalidade de qualquer lei é regular a outra para não vivermos em uma anarquia. Ao tratar do tema, ela automaticamente traz segurança jurídica.

A segunda, obviamente é respeitar os direitos fundamentais. Entre esses direitos fundamentais, temos a liberdade e a privacidade. A privacidade até pouco tempo era o direito ao anonimato, o direito de alguém não invadir a imagem de uma pessoa, dos seus amigos e de quem convive com ela. Ou seja, o indivíduo ter a liberdade de explorar suas preferências ou opções, sem que outras pessoas fiquem controlando. Isso mudou porque as próprias pessoas hoje se expõem.

Lembro na minha época de mestrado, as pessoas debatendo se a privacidade ou os direitos da personalidade são renunciáveis ou não. A posição quase unânime era pela irrenunciabilidade, pois estamos diante de direitos imateriais. Até aparecer o reality show Big Brother, o que faz iniciar as primeiras "brigas judiciais", a respeito dessa possível relativização da privacidade-intimidade. Nesse contexto várias decisões, inclusive do STF entenderam que não é renunciável, mas ela pode ser comercializada. Isto é, o produto dessa informação pode vir a ser comercializado, o que dá uma relativização dessa privacidade.

Hoje não se quer mais impedir o avanço da tecnologia, a livre iniciativa, a economia da informação, mas também não se quer ir totalmente contra a privacidade. Nesse contexto que entra a privacidade flexibilizada. O que isso quer dizer? Eu sou o titular dos meus dados (o que são dados? Qualquer coisa que diz respeito a mim de uma forma identificável).

Exemplo: "**TRABALHO não dá trabalho**" é uma frase-lema utilizada e registrada somente pelo Prof. Rogério Renzetti.

Esse conjunto de dados não é patrimônio da empresa que captou os dados e vende (comercializa). Essa empresa que tem milhões de e-mail, perfis, não pode usar para fins comerciais ou até outros fins, sem a autorização do titular do dado, salvo, algumas exceções para cumprimento de ordem legal, contratual, políticas públicas e etc.

Embora a lei não traga como missão, acrescentaria também que é a responsabilização daqueles que desrespeitarem essas missões. Não é só para trazer segurança jurídica e sim, para responsabilizar todo aquele que descumpre as regras básicas de proteção de dados.

27.3 FUNDAMENTOS

> Art. 2º, Lei nº 13.709/2018. A disciplina da proteção de dados pessoais tem como fundamentos:
>
> I - o respeito à privacidade;
>
> II - a autodeterminação informativa;
>
> III - a liberdade de expressão, de informação, de comunicação e de opinião;
>
> IV - a inviolabilidade da intimidade, da honra e da imagem;
>
> V - o desenvolvimento econômico e tecnológico e a inovação;
>
> VI - a livre iniciativa, a livre concorrência e a defesa do consumidor; e
>
> VII - os direitos humanos, o livre desenvolvimento da personalidade, a dignidade e o exercício da cidadania pelas pessoas naturais.

É errado falar que a LGPD veio para proibir o uso de dados. É um erro essa frase! Ao contrário, ela veio dispor que: quer usar, use, mas de uma forma responsável com boa-fé. Se não forem cumpridos os parâmetros mínimos, não se cuidar, não se preparar, não gastar dinheiro para proteção desses dados (investir) o usuário dos dados será responsabilizado.

Outra informação importante é que a LGPD não se trata de uma lei trabalhista, não aborda o Direito do Trabalho. Para dizer a verdade ela não fez menção ao Direito do Trabalho. Algumas questões são até incompatíveis com as regras trabalhistas.

Hoje o próprio indivíduo que determina quais às informações irá transmitir.

Exemplo: uma pessoa vai comprar uma camisa e o vendedor pede o seu CPF, o seu e-mail, o seu telefone. O pior é que as pessoas fornecem! Isso acabou! As pessoas precisam aprender a mudar a sua mentalidade para conhecer e aplicar os seus direitos. Para mudarmos todos esses paradigmas e saber que hoje a pessoa natural tem essa autodeterminação informativa (o sujeito determina quais os dados quer passar para a loja), salvo os casos que existem determinações legais e outras exceções trazidas pela lei.

Não falamos mais que a privacidade é intocável. Isto é, afasta-se o conceito clássico de privacidade total (direito ao anonimato) e nos aproximamos cada vez mais de uma boa-fé. Significa que aquele que recebe os dados tem o dever de agir com boa-fé, de informar, de dever de transparência, de controlar, de preservar etc.

Merece destaque, a menção neste capítulo da Emenda Constitucional nº 115 de 2022 que altera o texto constitucional e passa a incluir a proteção de dados pessoais entre os direitos e garantias fundamentais, além de fixar a competência privativa da União para legislar sobre a proteção e tratamento de dados pessoais.

27.4 PRINCÍPIOS

> Art. 6º, Lei nº 13.709/2018. As atividades de tratamento de dados pessoais deverão observar a boa-fé e os seguintes princípios:

I – finalidade: realização do tratamento para propósitos legítimos, específicos, explícitos e informados ao titular, sem possibilidade de tratamento posterior de forma incompatível com essas finalidades;

II – adequação: compatibilidade do tratamento com as finalidades informadas ao titular, de acordo com o contexto do tratamento;

III – necessidade: limitação do tratamento ao mínimo necessário para a realização de suas finalidades, com abrangência dos dados pertinentes, proporcionais e não excessivos em relação às finalidades do tratamento de dados;

IV – livre acesso: garantia, aos titulares, de consulta facilitada e gratuita sobre a forma e a duração do tratamento, bem como sobre a integralidade de seus dados pessoais;

V – qualidade dos dados: garantia, aos titulares, de exatidão, clareza, relevância e atualização dos dados, de acordo com a necessidade e para o cumprimento da finalidade de seu tratamento;

VI – transparência: garantia, aos titulares, de informações claras, precisas e facilmente acessíveis sobre a realização do tratamento e os respectivos agentes de tratamento, observados os segredos comercial e industrial;

VII – segurança: utilização de medidas técnicas e administrativas aptas a proteger os dados pessoais de acessos não autorizados e de situações acidentais ou ilícitas de destruição, perda, alteração, comunicação ou difusão;

VIII – prevenção: adoção de medidas para prevenir a ocorrência de danos em virtude do tratamento de dados pessoais;

IX – não discriminação: impossibilidade de realização do tratamento para fins discriminatórios ilícitos ou abusivos;

X – responsabilização e prestação de contas: demonstração, pelo agente, da adoção de medidas eficazes e capazes de comprovar a observância e o cumprimento das normas de proteção de dados pessoais e, inclusive, da eficácia dessas medidas.

Quem pode ter acesso a ficha de dados dos empregados? O empregador precisa limitar apenas ao pessoal do RH? Só eles podem ter acesso ou pode compartilhar, por exemplo, com outra PJ, como por exemplo o contador? O empregador precisa ter muita cautela, dar treinamentos etc.

Perguntar o endereço na fase pré-contratual é necessário? Já vi empresas negando a contratação porque o vale-transporte seria mais caro para o empregador. Seria esse um motivo legítimo? Deve ser muito bem analisado caso a caso. A questão é polêmica. Na entrevista de emprego, entendemos que é sim um dado discriminatório perguntar o endereço do candidato. O número de filhos também seria um dado discriminatório na fase pré-contratual? Isso ensejaria para o empregador o pagamento de mais salário-família.

Daí a dificuldade de se colher dados para o momento pré-contratual. O correto seria apenas questionar: qual é a sua experiência, qual é a sua formação e dependendo da função, o gênero.

27.5 DESTINATÁRIO DA LGPD

> Art. 1º, Lei nº 13.709/2018 Esta Lei dispõe sobre o tratamento de dados pessoais, inclusive nos meios digitais, por pessoa natural ou por pessoa jurídica de direito público ou privado, com o objetivo de proteger os direitos fundamentais de liberdade e de privacidade e o livre desenvolvimento da personalidade da pessoa natural.
>
> Parágrafo único. As normas gerais contidas nesta Lei são de interesse nacional e devem ser observadas pela União, Estados, Distrito Federal e Municípios.

Só a Pessoa Física tem a proteção dos seus dados "manipulados" por outra Pessoa Física ou Pessoa Jurídica.

Se essa regra é aplicada a Pessoa Jurídica de Direito Público, como faremos com o princípio da transparência pública e os dados dos empregados públicos? Seus salários, matrículas, datas de admissão etc? A sugestão é utilizar a transparência com os dados anonimizados, isto é, sem identificar aquele trabalhador.

Atenção! Lembrando que as iniciais de uma pessoa podem levar a identificação.

27.6 A QUEM A LGPD NÃO SE APLICA

A lei só é aplicada a pessoa natural **NÃO** se aplica a pessoa jurídica.

Atenção! Se a lei não é aplicável a pessoa jurídica, então pode-se utilizar os dados da pessoa jurídica (imagem, logomarca, segredo industrial)? Não é bem assim! A pessoa jurídica também tem proteção da sua personalidade, de seus bens imateriais, mas para isso vamos para outros ordenamentos, outras fontes de direito com a CF, CDC, CLT (que permite o dano moral que o empregador sofre).

O empregador doméstico quando tem os dados do seu empregado doméstico, ele não consome os dados só para ele, ele consome para ele e para o governo. Nesse sentido, entendemos neste primeiro momento, que o empregador doméstico tem que respeitar a LGPD porque embora seja uma pessoa natural, ele não consome sozinho os dados do empregado doméstico. Os dados também são consumidos pela Caixa Econômica Federal, por exemplo.

Atenção! Mesmo sem a LGPD, havendo violação de privacidade dos empregados de forma desnecessária no âmbito do direito consumerista, existem algumas condenações fundadas em responsabilidade civil e algumas atuações administrativas, como por exemplo, o PROCON que já aplicou multas administrativas baseadas em outras legislações e não com fundamentos na LGPD.

A LGPD acaba tangenciando, tocando em pontos, que só cabem para aplicação trabalhista como dispor com dados sensíveis a filiação em sindicatos. Outra hipótese está no art. 20, que trata exatamente das decisões automatizadas para traçar o perfil profissional e aí obviamente estamos falando do Direito do Trabalho. Outro ponto é quando a LGPD fala no "**encarregado**", "**operador**", "**controlador**" e acaba mostrando que teremos que ter esses cuidados nas relações de trabalho (até mesmo se o encarregado pode ser empregado ou precisa ser autônomo).

É importante, por fim destacar, que embora a LGPD não diga expressamente a sua aplicabilidade ao Direito do Trabalho, ela não precisa fazer de forma expressa, pois estamos diante de uma **LEI GERAL**.

27.7 LGPD NAS RELAÇÕES DE TRABALHO

Vamos repetir essa frase em face da sua importância para os operadores da área trabalhista: a LGPD não traz nenhum dispositivo expresso que se refere especificamente à proteção de dados pessoais nas relações de trabalho, o que poderia suscitar discussões quanto ao seu alcance. No entanto, o próprio art. 1º (que já destacamos) da LGPD deixa claro que a lei é voltada para proteger os dados pessoais de pessoas naturais que sejam tratados por pessoas físicas ou jurídica de direito público ou privado.

Nos termos do art. 5º, X, da LGPD, tratamento de dados corresponde a toda operação realizada com dados pessoais, como as que se referem a coleta, produção, recepção, classificação, utilização, acesso, reprodução, transmissão, distribuição, processamento, arquivamento, armazenamento, eliminação, avaliação ou controle da informação, modificação, comunicação, transferência, difusão ou extração.

Na prática laboral, há constantemente o tratamento de dados dos empregados e demais prestadores de serviços nas determinadas fases ou etapas contratuais:

PRÉ-CONTRATUAL: obtenção de dados de identificação, currículo, referências do candidato à vaga de emprego etc.;
CONTRATUAL: registro de empregados, dados bancários para pagamento de salários, filiação sindical, dados relativos à saúde como exames ocupacionais, atestados médicos etc.;
PÓS-CONTRATUAL: o armazenamento das informações dos antigos empregados para fins trabalhistas, previdenciários e para disponibilização aos órgãos de fiscalização.

Desta forma, a LGPD é aplicada também nas relações de emprego para proteção dos dados pessoais dos empregados. Observe que, de acordo com o legislador, o empregado é titular dos dados pessoais que serão objeto de tratamento e o empregador corresponde ao controlador, que é a pessoa natural ou jurídica, de direito público ou privado, a quem competem as decisões referentes ao tratamento de dados pessoais.

A grande preocupação da nova legislação foi a de elencar os requisitos e hipóteses necessárias para que os dados pessoais possam ser devidamente utilizados pelos controladores, no nosso caso, aplicável às empresas.

> Art. 7º, Lei nº 13.709/2018. O tratamento de dados pessoais somente poderá ser realizado nas seguintes hipóteses:
>
> I - mediante o fornecimento de consentimento pelo titular;
>
> II - para o cumprimento de obrigação legal ou regulatória pelo controlador;
>
> III - pela administração pública, para o tratamento e uso compartilhado de dados necessários à execução de políticas públicas previstas em leis e regulamentos ou respaldadas em contratos, convênios ou instrumentos congêneres, observadas as disposições do Capítulo IV desta Lei;
>
> IV - para a realização de estudos por órgão de pesquisa, garantida, sempre que possível, a anonimização dos dados pessoais;
>
> V - quando necessário para a execução de contrato ou de procedimentos preliminares relacionados a contrato do qual seja parte o titular, a pedido do titular dos dados;
>
> VI - para o exercício regular de direitos em processo judicial, administrativo ou arbitral, esse último nos termos da Lei nº 9.307, de 23 de setembro de 1996 (Lei de Arbitragem);
>
> VII - para a proteção da vida ou da incolumidade física do titular ou de terceiro;
>
> VIII - para a tutela da saúde, exclusivamente, em procedimento realizado por profissionais de saúde, serviços de saúde ou autoridade sanitária;
>
> IX - quando necessário para atender aos interesses legítimos do controlador ou de terceiro, exceto no caso de prevalecerem direitos e liberdades fundamentais do titular que exijam a proteção dos dados pessoais; ou
>
> X - para a proteção do crédito, inclusive quanto ao disposto na legislação pertinente.

Aplicando as hipóteses do art. 7º. da LGPD às relações de emprego, podemos sustentar que os dados pessoais poderão ser exigidos dos empregados, especialmente para as hipóteses de cumprimento de obrigação legal, dados necessários para a execução do contrato a pedido do empregado e interesses legítimos do controlador.

Ademais, além das 3 hipóteses acima, entendemos que os dados pessoais somente poderão ser tratados pela empresa com o expresso consentimento do trabalhador, preferivelmente realizado por meio escrito para resguardar a empresa de eventuais discussões quanto à sua utilização.

O legislador conferiu ainda, tratamento especial aos dados pessoais sensíveis.

> Art. 5º Lei nº 13.709/2018. Para os fins desta Lei, considera-se:
>
> II – dado pessoal sensível: dado pessoal sobre origem racial ou étnica, convicção religiosa, opinião política, filiação a sindicato ou a organização de caráter religioso, filosófico ou político, dado referente à saúde ou à vida sexual, dado genético ou biométrico, quando vinculado a uma pessoa natural;

Há discussão quanto à sua exigência especialmente nas denominadas organizações de tendência (instituições que se destinam à difusão de uma determinada ideologia pela manifestação de um interesse coletivo). Assim, surge o questionamento se um colégio católico estaria autorizado a obter dados pessoais sensíveis dos professores da instituição.

No tocante aos trabalhadores que são adventistas, haveria o questionamento quanto à obtenção das informações religiosas do empregado, pois, por motivos religiosos, eles não trabalham no período compreendido entre o pôr do sol de sexta-feira e o pôr do sol de sábado.

O TST já decidiu que a ausência do empregado em plantões na empresa entre sexta-feira e sábado trouxe prejuízos aos demais trabalhadores e não deveria ser admitido pela empresa.

Observe o julgado:

> RECURSO DE REVISTA. PRETENSÃO DO RECLAMANTE DE NÃO TRABALHAR AOS SÁBADOS EM RAZÃO DE PROFESSAR A RELIGIÃO ADVENTISTA. 1. O e. TRT da 21ª Região manteve a condenação da Reclamada a "fixar o repouso semanal remunerado do Reclamante das 17:30 horas da sexta-feira às 17:30 horas do sábado, com anotação na CTPS", tendo em vista que o Reclamante é adventista. 2. A Reclamada aponta inúmeras inconstitucionalidades em tal decisão, basicamente por não haver lei que ampare a pretensão e porque seu eventual acolhimento prejudicaria a organização de escala de plantões de eletricistas nos finais de semana. 3.Realmente, conforme doutrina de Hermenêutica hoje majoritariamente aceita, o conflito aparente entre princípios constitucionais (diferentemente do que se dá entre meras regras do ordenamento) resolve-se por meio da busca ponderada de um núcleo essencial de cada um deles, destinada a assegurar que nenhum seja inteiramente excluído daquela determinada relação jurídica. 4. Ora, no presente caso, mesmo que por absurdo se considere que o poder diretivo do empregador seja não uma simples contrapartida ontológica e procedimental da assunção dos riscos da atividade

econômica pelo empregador, mas sim um desdobramento do princípio da livre iniciativa com o mesmo status constitucional que a cláusula pétrea da liberdade de crença religiosa, ainda assim não haveria como reformar-se o v. acórdão recorrido. 5. Isso porque a pretensão deduzida pelo Reclamante de não trabalhar aos sábados é perfeitamente compatível com a faceta organizacional do poder diretivo da Reclamada: afinal, o e. TRT da 21ª Região chegou até mesmo a registrar a localidade em que o Reclamante poderia fazer os plantões de finais de semana (a saber, escala entre as 17:30h de sábado e as 17:30h do domingo, no Posto de Atendimento de Caicó-RN), sendo certo que contra esse fundamento a Reclamada nada alega na revista ora sub judice. 6.Tem-se, portanto, que, conforme brilhantemente destacado pelo i. Juízo a quo, a procedência da pretensão permite a aplicação ponderada de ambos os princípios em conflito aparente. 7. Já a improcedência da pretensão levaria ao resultado oposto: redundaria não apenas na impossibilidade de o Reclamante continuar a prestar serviços à Reclamada – posto que as faltas ocorridas em todos os sábados desde 2008 certamente implicariam alguma das condutas tipificadas no artigo 482 da CLT – e na consequente privação de direitos por motivo de crença religiosa de que trata a parte inicial do artigo 5º, VIII, da Constituição Federal de 1988; como também, de quebra, na afronta também à parte final daquele mesmo dispositivo, já que a obrigação a todos imposta pelos artigos 7º, XV, da Constituição e 1º da Lei nº 605/49 é apenas de trabalhar no máximo seis dias por semana, e não de trabalhar aos sábados. 8. Por outro lado, para ser considerada verdadeira, a extraordinária alegação de que a vedação de trabalho do Reclamante aos sábados poderia vir a colocar em xeque o fornecimento de energia elétrica no Estado do Rio Grande do Norte demandaria prova robusta, que não foi produzida – ou pelo menos sobre ela não se manifestou o i. Juízo a quo, o que dá na mesma, tendo em vista a Súmula nº 126 do TST. 9. Incólumes, portanto, os artigos 468 da CLT, 1º, IV, in fine, 5º, II, VI e XXII, 7º, XV, 170, IV, e 175 da Constituição Federal de 1988. Recurso de revista não conhecido. Tribunal Superior do Trabalho TST – RECURSO DE REVISTA: RR 51400-80.2009.5.21.0017.

Por sua vez, há decisão do TST no sentido de que o empregador deveria admitir que o descanso semanal remunerado de empregado adventista coincida com o período entre 17:30 de sexta-feira e 17:30 de sábado, pois decisão contrária poderia violar o princípio da liberdade religiosa do trabalhador.

Veja o julgado:

RECURSO DE REVISTA. DIFERENÇAS SALARIAIS. RESCISÃO CONTRATUAL POR DISPENSA DISCRIMINATÓRIA. PLANTÕES NOS SÁBADOS. EMPREGADO ADVENTISTA. REINTEGRAÇÃO. I. O que pondera, no presente caso, não é a conclusão de que a demissão do Reclamante foi discriminatória, uma vez que foi realizada após regular procedimento administrativo e por causa do não comparecimento às situações de emergência previstas no contrato de trabalho. II. Com isso, a rigor, discriminação não houve pois consta do acórdão que "a prova dos autos indica de forma cristalina que a demissão do autor não foi simplesmente motivada por discriminação religiosa, porém, as ausências aos plantões decorreram da observância do Reclamante aos preceitos religiosos". II. a interpretação dada pela Corte Regional configura uma discriminação favorável ao Empregado que professa a fé adventista, que não poderia ser escalado para plantões entre o pôr de sol de sexta-feira e o pôr do sol de sábado, em uma equipe composta de quatro eletricistas, que por norma de segurança do trabalho (NR 10), tem que atuar em duplas, configurando privilégio do Reclamante, em detrimento aos colegas de trabalho, ao Empregador e aos usuários do serviço público essencial de eletricidade. III. Recurso de revista de que se conhece e a que se dá provimento.

Diante da maior restrição ao uso desses dados sensíveis, a empresa somente poderá exigi-los do empregado quando houver expressa previsão em lei como é o caso da filiação sindical para desconto de contribuições sindicais, confederativa e assistencial ou quando houver expresso consentimento do trabalhador, permitindo o seu uso.

Fato curioso é que a LGPD dedicou tópico específico acerca do tratamento de dados de crianças e adolescentes. De acordo com o art. 14 da lei, os dados de criança e adolescentes devem ser tratados em seu melhor interesse.

> Art. 14, Lei nº 13.709/2018. O tratamento de dados pessoais de crianças e de adolescentes deverá ser realizado em seu melhor interesse, nos termos deste artigo e da legislação pertinente.
>
> § 1º O tratamento de dados pessoais de crianças deverá ser realizado com o consentimento específico e em destaque dado por pelo menos um dos pais ou pelo responsável legal.
>
> § 2º No tratamento de dados de que trata o § 1º deste artigo, os controladores deverão manter pública a informação sobre os tipos de dados coletados, a forma de sua utilização e os procedimentos para o exercício dos direitos a que se refere o art. 18 desta Lei.
>
> § 3º Poderão ser coletados dados pessoais de crianças sem o consentimento a que se refere o § 1º deste artigo quando a coleta for necessária para contatar os pais ou o responsável legal, utilizados uma única vez e sem armazenamento, ou para sua proteção, e em nenhum caso poderão ser repassados a terceiro sem o consentimento de que trata o § 1º deste artigo.

> § 4º Os controladores não deverão condicionar a participação dos titulares de que trata o § 1º deste artigo em jogos, aplicações de internet ou outras atividades ao fornecimento de informações pessoais além das estritamente necessárias à atividade.
>
> § 5º O controlador deve realizar todos os esforços razoáveis para verificar que o consentimento a que se refere o § 1º deste artigo foi dado pelo responsável pela criança, consideradas as tecnologias disponíveis.
>
> § 6º As informações sobre o tratamento de dados referidas neste artigo deverão ser fornecidas de maneira simples, clara e acessível, consideradas as características físico-motoras, perceptivas, sensoriais, intelectuais e mentais do usuário, com uso de recursos audiovisuais quando adequado, de forma a proporcionar a informação necessária aos pais ou ao responsável legal e adequada ao entendimento da criança.

Pela disposição supra, entendemos que a empresa deverá buscar o consentimento dos representantes legais dos empregados adolescentes sobre o uso dos dados pessoais desses trabalhadores sempre que possível. Dessa forma, na contratação, o fornecimento dos dados de qualificação pessoal deve ser acompanhado de autorização expressa dos pais ou de seus representantes.

Convém lembrar que a CLT já traz diversos dispositivos acerca da necessidade de participação dos representantes legais dos adolescentes. Inicialmente, compete aos representantes legais do menor de 18 anos prestar declarações para a retirada da Carteira de Trabalho e Previdência Social – CTPS. Além disso, para a assinatura do recibo de quitação das verbas rescisórias, há a necessidade de assistência dos representantes legais, sob pena de nulidade, conforme previsto no art. 439 da CLT.

Agora vamos abordar algumas situações específicas que exigiram novo tratamento e cautela pelos empregadores.

FASE PRÉ-CONTRATUAL: é comum a realização de processos seletivos para a escolha dos novos empregados. Nesse caso, podem ser realizadas entrevistas, dinâmicas de grupo e/ou individuais, análise de currículos, busca por referências profissionais, dentre outras.

Neste momento, surgem dúvidas quanto à proteção dos dados pessoais contidos nos currículos ou fichas de inscrições dos candidatos à vaga de emprego. Com a nova lei, as empresas devem exigir o consentimento do candidato quanto à possibilidade de manutenção de seu currículo na base de dados da empresa ou a necessidade de sua eliminação.

FASE CONTRATUAL: uma hipótese que apresenta muitas dúvidas e divergências é o uso da biometria dos empregados da empresa.

> Art. 5º, Lei nº 13.709/2018. Para os fins desta Lei, considera-se:
>
> (...)

> II – dado pessoal sensível: dado pessoal sobre origem racial ou étnica, convicção religiosa, opinião política, filiação a sindicato ou a organização de caráter religioso, filosófico ou político, dado referente à saúde ou à vida sexual, dado genético ou biométrico, quando vinculado a uma pessoa natural;

O registro de ponto eletrônico pelo uso de biometria depende de autorização prévia e expressa de cada trabalhador, que deverá ser exigida pelas empresas de forma cautelosa para evitar questionamentos futuros.

Muitas vezes, os dados biométricos são obrigatórios para o acesso à empresa. Nesses casos, é necessário destacar que o seu uso deve se restrito somente ao fim a que se destina, sendo vedada a utilização para outra finalidade sem o consentimento expresso do trabalhador.

Também são considerados dados sensíveis as informações de saúde dos trabalhadores e que podem ser transmitidos à empresa por meio de atestados médicos ocupacionais e planos de saúde empresariais.

No tocante ao tema dos atestados médicos, a exigência de CID em atestados médicos é tema que já era polêmico na própria jurisprudência do TST. A sigla CID corresponde à Classificação Estatística Internacional de Doenças e Problemas Relacionados com a Saúde.

Atenção! De acordo com os informativos nº 114 e 191, o TST já entendeu pela nulidade de cláusula de convenção coletiva de trabalho que prevê a obrigatoriedade da inserção do CID (Classificação Internacional de Doenças) no atestado médico do empregado. De acordo com a decisão no Informativo nº 114, a apresentação do CID obriga o empregado a informar acerca de seu estado de saúde, o que viola o direito fundamental a sua privacidade e intimidade.

> Ação anulatória. Atestado Médico. Exigência da inserção da Classificação Internacional de Doenças – CID. Nulidade de cláusula de convenção coletiva de trabalho. É nula cláusula constante de convenção coletiva de trabalho que exija a inserção da Classificação Internacional de Doenças (CID) nos atestados médicos apresentados pelos empregados. Tal exigência obriga o trabalhador divulgar informações acerca de seu estado de saúde para exercer seu direito de justificar a ausência ao trabalho por motivo de doença. Essa imposição viola o direito fundamental à intimidade e à privacidade (art. 5º, X, da CF), sobretudo por não existir, no caso, necessidade que decorra da atividade profissional. Sob esses fundamentos, a Seção Especializada em Dissídios Coletivos, por unanimidade, conheceu do recurso ordinário e, no mérito, por maioria, negou-lhe provimento, vencido o Ministro Ives Gandra Martins Filho. TST-RO-268-11.2014.5.12.0000, SDC, rel. Min. Maria Cristina Irigoyen Peduzzi, 17.8.2015.

> Ação anulatória. Atestados médicos e odontológicos. Exigência de indicação do código referente à Classificação Internacional de Doenças - CID. Nulidade de cláusula de norma coletiva. É nula cláusula de norma coletiva que condiciona a validade de atestados médicos e odontológicos apresentados pelos empregados à indicação do código referente à Classificação Internacional de Doenças - CID. Tal exigência obriga o trabalhador a divulgar informações acerca de seu estado de saúde para exercer seu direito de justificar a ausência ao trabalho por motivo de doença, em afronta às regulamentações do Conselho Federal de Medicina e às garantias constitucionais de inviolabilidade da intimidade, da vida privada, da honra e da imagem (art. 5º, X, da CF). Sob esses fundamentos, a SDC, por unanimidade, conheceu do recurso ordinário, e, por maioria, negou-lhe provimento para manter a decisão do Tribunal Regional que declarara nula a cláusula em apreço. Vencidos os Ministros Ives Gandra Martins Filho, Dora Maria da Costa e Guilherme Augusto Caputo Bastos. TST-RO-213-66.2017.5.08.0000, SDC, rel. Min. Kátia Magalhães Arruda, 19.2.2019.

Em sentido contrário ao Informativo nº 114 supramencionado, o TST já decidiu no Informativo nº 126, que a cláusula normativa que prevê a exigência do CID é válida, uma vez que traz benefícios ao meio ambiente de trabalho e auxilia o empregador a tomar medidas no combate a doenças recorrentes.

> Ação anulatória. Atestado Médico. Exigência da inserção da Classificação Internacional de Doenças (CID). Validade da cláusula de convenção coletiva de trabalho. Não violação do direito fundamental à intimidade e à privacidade. Não viola o direito fundamental à intimidade e à privacidade (art. 5º, X, da CF), cláusula constante de convenção coletiva de trabalho que exija a inserção da Classificação Internacional de Doenças (CID) nos atestados médicos apresentados pelos empregados. Essa exigência, que obriga o trabalhador a divulgar informações acerca de seu estado de saúde para exercer seu direito de justificar a ausência ao trabalho por motivo de doença, traz benefícios para o meio ambiente de trabalho, pois auxilia o empregador a tomar medidas adequadas ao combate de enfermidades recorrentes e a proporcionar melhorias nas condições de trabalho. Sob esse entendimento, a SDC, por unanimidade, conheceu do recurso ordinário e, no mérito, pelo voto prevalente da Presidência, deu-lhe provimento para julgar improcedente o pedido de anulação da cláusula em questão. Vencidos os Ministros Mauricio Godinho Delgado, relator, Kátia Magalhães Arruda e Maria de Assis Calsing. TST-RO480-32.2014.5.12.0000, SDC, rel. Min. Mauricio Godinho Delgado, red. p/ o acórdão Min. Ives Gandra Martins Filho, 14.12.2015.

FASE PÓS-CONTRATUAL: Há discussão quanto ao armazenamento dos dados do empregado após a extinção do contrato. De acordo com o art. 15, III, da LGDP, o tratamento dos dados pessoais ocorrerá na hipótese de comunicação do titular, solicitando que os dados sejam eliminados.

> Art. 15, Lei nº 13.709/2018. O término do tratamento de dados pessoais ocorrerá nas seguintes hipóteses:
>
> I – verificação de que a finalidade foi alcançada ou de que os dados deixaram de ser necessários ou pertinentes ao alcance da finalidade específica almejada;
>
> II – fim do período de tratamento;
>
> III – comunicação do titular, inclusive no exercício de seu direito de revogação do consentimento conforme disposto no § 5º do art. 8º desta Lei, resguardado o interesse público; ou
>
> IV – determinação da autoridade nacional, quando houver violação ao disposto nesta Lei.

Importante destacar, que a maioria dos dados dos ex-empregados devem ser armazenados por prazo indeterminado, pois poderão ser requeridos em eventuais fiscalizações das condições de trabalho pelos Auditores-Fiscais do Trabalho ou no âmbito de reclamações trabalhistas, inclusive a pedido do Ministério Público do Trabalho.

Desta forma, amparado pelo art. 16, I, da LGPD, o empregador poderá manter os dados dos empregados com a função de cumprimento de obrigação legal ou regulatória pelo controlador, ainda que haja pedido de eliminação pelo trabalhador. A manutenção desses dados não autoriza a sua divulgação para terceiros, especialmente se puder trazer prejuízos ao titular.

Por fim, no tocante há possibilidade de regulamentação do uso de dados pessoais por norma coletiva (convenção ou acordo coletivo de trabalho), poderia o sindicato estabelecer em negociação coletiva os dados dos empregados que ficarão disponíveis às empresas? O tema não é pacífico.

A Reforma Trabalhista teve como foco central a valorização do negociado com a ampliação significativa das hipóteses em que a convenção coletiva e o acordo coletivo prevalecem sobre a legislação. Dessa forma, os sindicatos possuem mais força para negociar diversos temas da relação de emprego como observamos de forma exaustiva ao longo desta obra.

No entanto, neste primeiro momento, entendemos que as entidades sindicais não podem versar sobre o tratamento de dados sensíveis dos trabalhadores nos instrumentos coletivos de trabalho, pois essas informações versam sobre direitos fundamentais dos trabalhadores. O seu uso depende da autorização individual de cada empregado, respeitando a vontade de cada trabalhador quanto aos seus dados.

Em suma, no Direito do Trabalho, a manifestação coletiva prevalece sobre a vontade individual do trabalho (regra). No entanto, existem 3 exceções atualmente em que a manifestação individual prevalece sobre o coletivo:

1 - filiação sindical;

2 - autorização para desconto de contribuição sindical; e

3 - tratamento de dados pessoais sensíveis do trabalhador.

CAPÍTULO

28

GABARITOS

1. DIREITO INDIVIDUAL DO TRABALHO – INTRODUÇÃO

01 – C
02 – C
03 – A
04 – C
05 – A
06 – A
07 – D
08 – D

2. CONTRATO INDIVIDUAL DE TRABALHO

01 – B
02 – B
03 – D
04 – D
05 – C
06 – A
07 – B
08 – A
09 – C
10 – D
11 – C
12 – C
13 – D
14 – A
15 – B
16 – D
17 – A
18 – C
19 – A
20 – C
21 – C
22 – A
23 – A
24 – A
25 – A
24 – D
25 – D
26 – D
27 – C

3. ALTERAÇÃO, INTERRUPÇÃO E SUSPENSÃO DO CONTRATO DE TRABALHO

01 – C
02 – C
03 – A
04 – B
05 – C
06 – A
07 – B
08 – B
09 – D
10 – C
11 – A
12 – C
13 – A
14 – B
15 – D
16 – C
17 – A
18 – D
19 – B
20 – A
21 – B
22 – A
23 – A
24 – D
25 – B
26 - A

4. REMUNERAÇÃO E SALÁRIO

01 – D
02 – B

03 – B
04 – D
05 – D
06 – D
07 – B
08 – B
09 – D
10 – D
11 – B
12 – B
13 – A
14 – B
15 – B
16 – B
17 – A
18 – C
19 – B
20 – C
21 – B
22 – A
23 – B
24 – C
25 – A
26 – D
27 - C

17 – B
18 – B
19 – C
20 – D
21 – B
22 – B
23 – B
24 – B
25 – B
26 - C

5. JORNADA DE TRABALHO

01 – D
02 – A
03 – D
04 – C
05 – B
06 – B
07 – C
08 – D
09 – C
10 – A
11 – A
12 – D
13 – A
14 – B
15 – A
16 – A

6. AVISO-PRÉVIO E EXTINÇÃO DO CONTRATO DE TRABALHO

01 – D
02 – D
03 – B
04 – A
05 – A
06 – D
07 – D
08 – A
09 – B
10 – C
11 – B
12 – C
13 – D
14 – D
15 – B
16 – A
17 – A
18 – A
19 – C
20 – B
21 – A
22 – A
23 – D
24 – C
25 – A
26 – B
27 – B
28 – A
29 – B
30 - C

7. ESTABILIDADE E FGTS

01 – C
02 – D
03 – C
04 – B
05 – C
06 – C
07 – C
08 – D
09 – A
10 – D
11 – C
12 – C
13 – B
14 – A
15 – C
16 – B
17 – B
18 – A
19 – A
20 – C
21 - B

9. DIREITO COLETIVO DO TRABALHO

01 – B
02 – D
03 – D
04 – D
05 – C
06 – B
07 – D
08 – D
09 – B
10 – D
11 – C
12 – A
13 - B

10. CONCEITO, AUTONOMIA, FONTES, PRINCÍPIOS E FORMAS DE SOLUÇÃO DOS CONFLITOS

01 – B
02 – B
03 – D

12. COMPETÊNCIA DA JUSTIÇA DO TRABALHO

01 – C
02 – D
03 – B
04 – A
05 – B
06 – A

13. PARTES E PROCURADORES

01 – C
02 – A
03 – A
04 – D
05 – D
06 – B
07 – C
08 – D
09 – A
10 – D

14. NULIDADES

01 – D

15. ATOS, PRAZOS E TERMOS PROCESSUAIS

01 – A
02 – B
03 – C

16. AÇÃO TRABALHISTA

01 – D
02 – C
03 – D
04 – A

05 – A
06 – A
07 – B
08 – A
09 – A
10 – C

17. PETIÇÃO INICIAL

01 – A
02 – C
03 – A

18. AUDIÊNCIA NO PROCESSO DO TRABALHO

01 – B
02 – B
03 – C
04 – C
05 – D
06 – C
07 – B
08 – C
09 – D
10 – C
11 – A
12 – D
13 – A
14 – C
15 – C

19. CONCILIAÇÃO

01 – C
02 – C

20. RESPOSTAS DO RÉU

01 – A
02 – D
03 – B
04 – C

05 – A
06 – C

21. PROVAS NO PROCESSO DO TRABALHO

01 – D
02 – D
03 – B
04 – A
05 – C
06 – D
07 – D
08 – B
09 – B
10 – A
11 – C
12 – C
13 – A
14 – A
15 – B
16 – D
17 – D
18 – A
19 – D
20 – C

23. RECURSOS NO PROCESSO DO TRABALHO

01 – B
02 – C
03 – A
04 – B
05 – C
06 – A
07 – D
08 – A
09 – B
10 – A
11 – A
12 – D
13 – C
14 – C

15 – B
16 – A
17 – B
18 – A
19 – C
20 – B
21 – D
22 – A
23 – D
24 – B
25 – B
26 – D
27 – A
28 – D
29 – B
30 – A
31 – D
32 – A
33 – A
34 – A
35 – A
36 – C
37 – C
38 – B
39 – B
40 – A
41 – A

24. EXECUÇÃO

01 – A
02 – A
03 – D
04 – C
05 – A
06 – D
07 – B
08 – C
09 – D
10 – A
11 – B
12 – A

13 – C
14 – C
15 – C
16 – A
17 – C
18 – A
19 – A
20 – D
21 – B
22 – B
23 – B
24 – D
25 – A
26 – A
27 – B
28 – B
29 – B
30 – D
31 – A
32 – D

25. PROCEDIMENTOS ESPECIAIS NO PROCESSO DO TRABALHO

01 – C
02 – A
03 – D
04 – C
05 – C
06 – B
07 – A
08 – A
09 – C
10 – B
11 – A

26. DISSÍDIO COLETIVO

01 – D
02 – B
03 – B
04 – D

EDITORA
*Jus*PODIVM
www.editorajuspodivm.com.br

Impresso por:

Docuprint
CNPJ 01.036.332/0001-99

JUS4372